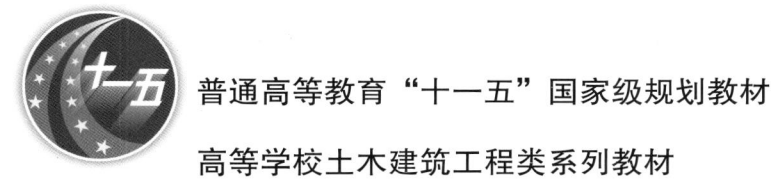

高等学校土木建筑工程类系列教材

（第二版）

建筑工程经济与企业管理

- 主　编　何亚伯
- 副主编　张海涛　杨海红
- 编　者　王望珍　孔文涛　叶　青

武汉大学出版社
WUHAN UNIVERSITY PRESS

图书在版编目(CIP)数据

建筑工程经济与企业管理/何亚伯主编;张海涛,杨海红副主编.
—2版.—武汉:武汉大学出版社,2009.3(2018.8重印)
普通高等教育"十一五"国家级规划教材
高等学校土木建筑工程类系列教材
ISBN 978-7-307-06730-1

Ⅰ.建⋯　Ⅱ.①何⋯　②张⋯　③杨⋯　Ⅲ.①建筑经济—高等学校—教材　②建筑工业—工业企业管理—高等学校—教材　Ⅳ.F407.9

中国版本图书馆 CIP 数据核字(2008)第 198724 号

责任编辑:李汉保　　责任校对:刘　欣　　版式设计:支　笛

出版发行:**武汉大学出版社**　(430072　武昌　珞珈山)
（电子邮件:cbs22@whu.edu.cn　网址:www.wdp.com.cn）
印刷:武汉图物印刷有限公司
开本:787×1092　1/16　印张:28.5　字数:686 千字　插页:1
版次:2005 年 8 月第 1 版　　2009 年 3 月第 2 版
　　2018 年 8 月第 2 版第 14 次印刷
ISBN 978-7-307-06730-1/F·1218　　　　定价:48.00 元

版权所有,不得翻印;凡购买我社的图书,如有质量问题,请与当地图书销售部门联系调换。

高等学校土木建筑工程类系列教材
编 委 会

主　　任　　何亚伯　　武汉大学土木建筑工程学院，教授、博士生导师，副院长
副 主 任　　吴贤国　　华中科技大学土木工程与力学学院，教授、博士生导师
　　　　　　吴　瑾　　南京航空航天大学土木系，教授，副系主任
　　　　　　夏广政　　湖北工业大学土木建筑工程学院，教授
　　　　　　陆小华　　汕头大学工学院，教授，处长
编　　委　　(按姓氏笔画为序)
　　　　　　王海霞　　南通大学建筑工程学院，讲师
　　　　　　刘红梅　　南通大学建筑工程学院，副教授，副院长
　　　　　　宋军伟　　江西蓝天学院土木建筑工程系，副教授，系主任
　　　　　　杜国锋　　长江大学城市建设学院，副教授，副院长
　　　　　　肖胜文　　江西理工大学建筑工程系，副教授
　　　　　　徐思东　　江西理工大学建筑工程系，讲师
　　　　　　欧阳小琴　江西农业大学工学院土木系，讲师，系主任
　　　　　　张海涛　　江汉大学建筑工程学院，讲师
　　　　　　张国栋　　三峡大学土木建筑工程学院，副教授
　　　　　　陈友华　　孝感学院教务处，讲师
　　　　　　姚金星　　长江大学城市建设学院，副教授
　　　　　　梅国雄　　南昌航空大学土木建筑学院，教授，院长
　　　　　　程赫明　　昆明理工大学土木建筑工程学院，教授，副校长
　　　　　　曾芳金　　江西理工大学建筑与测绘学院土木工程教研室，教授，主任

内 容 简 介

本书系统地阐述了建筑业的基本经济规律、建筑工程经济的评价原理与方法、建筑企业管理的基本理论与管理方法。主要内容包括：基本建设与建筑业、建设项目投资估算与资金时间价值、建设项目技术经济评价（建设项目技术经济评价方法、建设项目的财务评价、国民经济评价、经济评价中的不确定性分析、设计与施工方案技术经济评价、建设项目后评价）、技术经济预测与决策、建设项目可行性研究、价值工程在建设项目评价中的应用、建筑企业管理概论、建筑企业计划管理与合同管理、建筑企业质量管理、建筑企业成本管理、建筑企业生产要素管理、建筑企业风险管理与建筑施工企业财务管理。

本书可以作为高等学校土木工程、工程管理等专业本科生的教材或教学参考书，也可以作为建设单位、施工企业、建设监理等部门工程技术人员与管理人员的培训教材或参考书。

序

建筑业是国民经济的支柱产业，就业容量大，产业关联度高，全社会50%以上固定资产投资要通过建筑业才能形成新的生产能力或使用价值，建筑业增加值占国内生产总值较高比率。土木建筑工程专业人才的培养质量直接影响建筑业的可持续发展，乃至影响国民经济的发展。高等学校是培养高新科学技术人才的摇篮，同时也是培养土木建筑工程专业高级人才的重要基地，土木建筑工程类教材建设始终应是一项不容忽视的重要工作。

为了提高高等学校土木建筑工程类课程教材建设水平，由武汉大学土木建筑工程学院与武汉大学出版社联合倡议、策划，组建高等学校土木建筑工程类课程系列教材编委会，在一定范围内，联合多所高校合作编写土木建筑工程类课程系列教材，为高等学校从事土木建筑工程类教学和科研的教师，特别是长期从事土木建筑工程类教学且具有丰富教学经验的广大教师搭建一个交流和编写土木建筑工程类教材的平台。通过该平台，联合编写教材，交流教学经验，确保教材的编写质量，同时提高教材的编写与出版速度，有利于教材的不断更新，极力打造精品教材。

本着上述指导思想，我们组织编撰出版了这套高等学校土木建筑工程类课程系列教材，旨在提高高等学校土木建筑工程类课程的教育质量和教材建设水平。

参加高等学校土木建筑工程类系列教材编委会的高校有：武汉大学、华中科技大学、南京航空航天大学、湖北工业大学、汕头大学、南通大学、江汉大学、三峡大学、孝感学院、长江大学、昆明理工大学、江西理工大学12所院校。

高等学校土木建筑工程类系列教材涵盖土木工程专业的力学、建筑、结构、施工组织与管理等教学领域。本系列教材的定位，编委会全体成员在充分讨论、商榷的基础上，一致认为在遵循高等学校土木建筑工程类人才培养规律，满足土木建筑工程类人才培养方案的前提下，突出以实用为主，切实达到培养和提高学生的实际工作能力的目标。本教材编委会明确了近30门专业主干课程作为今后一个时期的编撰、出版工作计划。我们深切期望这套系列教材能对我国土木建筑事业的发展和人才培养有所贡献。

武汉大学出版社是中共中央宣传部与国家新闻出版署联合授予的全国优秀出版社之一，在国内有较高的知名度和社会影响力。武汉大学出版社愿尽其所能为国内高校的教学与科研服务。我们愿与各位朋友真诚合作，力争把该系列教材打造成为国内同类教材中的精品，为高等教育的发展贡献力量！

高等学校土木建筑工程类系列教材编委会
2008年8月

第二版前言

本书第一版是武汉大学出版社组织出版的 21 世纪高等学校土木工程类系列教材之一，是根据国家教育部关于土木建筑工程类专业本科生培养目标和土木建筑工程专业指导委员会制定的课程教学大纲的要求编写的。

为了适应我国的投资与管理模式以及现代企业制度的改革，配合最新的国家经济法规、财税制度，尤其是《建设项目经济评价方法与参数》（第三版）中的要求，同时借鉴了相关领域国内外近年来取得的研究成果，对本书第一版做了一些修正，形成了本书的第二版。《建筑工程经济与企业管理》（第二版）基本保留了第一版的总体结构，按照《建设项目经济评价方法与参数》（第三版）中的要求对"建设项目技术经济评价"、"建设项目可行性研究"两章内容进行了调整与修正。对部分章节的内容做了补充或精简。

本书已列为普通高等教育"十一五"国家级规划教材，因此在教材修订中保留了第一版的特点并进一步更新和提高。第二版编写力求符合精品教材的规范要求，在教材内容上注重与国家现行法规、标准、方法等相衔接，紧跟学科发展的进程，充分反映《建筑工程经济与企业管理》作为一门综合性科学所具有的交叉性、拓展性、目的性和实践性。

本书共分 13 章，具体编写分工如下：

何亚伯编写第 1 章、第 3 章；
杨海红编写第 2 章、第 11 章；
叶青编写第 4 章；
张海涛编写第 5 章、第 6 章和第 9 章；
王望珍编写第 7 章、第 12 章和第 13 章；
孔文涛编写第 8 章和第 10 章。
全书由何亚伯组织统稿。

本书修订中参考了许多专家的相关著作、兄弟院校的教材以及相关文献资料，其中主要资料已列入本书参考文献，或在书中注明，在此谨向各位作者表示衷心感谢！

由于作者的水平有限，难免存在各种问题和不足，敬请读者一如既往地给予指正与帮助。

作 者

2008 年 10 月

前　言

　　根据土木工程专业的业务培养目标，要求本专业毕业生成为能在房屋建筑、地下建筑、隧道、道路、桥梁、矿井等的设计、研究、施工、教育、管理、投资、开发部门从事技术或管理工作的高级工程技术人才。因此，作为土木工程专业的学生，除了要精通工程技术外，还必须懂得一定的工程经济学知识和企业管理知识。建立必要的经济意识、掌握经济分析和经济决策的方法和技能、培养解决实际工程经济问题的能力；深入了解现代企业管理理论与方法、适应我国建筑企业转换经营机制和建立现代企业制度的要求，满足新形势下对建筑企业管理人才的要求。

　　建筑工程经济与企业管理是土木工程专业的一门必修课程，是由技术科学、经济学与管理科学等相互融合渗透而形成的一门综合性科学。主要研究建筑业的基本经济规律、工程项目经济效益的分析原理和方法、投资的决策、工程管理的基本理论、建筑企业的经营与管理方法等。通过本课程的学习，使学生建立起正确的经济观点，较系统地掌握技术经济分析方法，学会工程管理的基本原理与方法论，并对建筑工程具有初步的科学管理能力。

　　本书较全面地阐述了建筑业的基本经济规律、建筑工程经济的评价原理与方法、建筑企业管理的基本理论与管理方法。本书共分两部分。前一部分以揭示工程技术与经济效果的内在联系为基本出发点，以工程项目的技术与经济分析为主线，阐述了建设项目的技术经济评价的原理与主要方法，其内容包括建设项目投资估算与资金时间价值、建设项目技术经济评价方法、建设项目的财务评价、国民经济评价、经济评价中的不确定性分析、设计与施工方案技术经济评价、建设项目后评价、建设项目可行性研究、价值工程。后一部分主要围绕现代企业管理展开讨论，主要内容包括企业管理基本原理、现代企业制度、建筑企业计划管理与合同管理、建筑企业质量管理、建筑企业成本管理、建筑企业生产要素管理、建筑企业风险管理以及建筑企业财务管理等。

　　本书是武汉大学出版社组织出版的 21 世纪高等学校土木工程类系列教材之一，是根据国家教育部关于土木工程类专业本科生培养目标和土木工程专业指导委员会制定的课程教学大纲的要求编写的。本书理论体系较为完整，除了对建筑工程经济与企业管理的基本原理和方法进行了较为系统的阐述外，还增添了一些较新的内容，如建筑企业风险管理和国际企业财务管理等方面的知识，使其内容更加充实。同时，十分注意理论联系实际，强调实用性，结合例题进行讲解，有利于读者的学习和理解。根据本课程学时较少、涉及面较宽和内容较多等特点，在编写中力求抓住重点，简明扼要，通俗易懂。

　　本书可以作为高等学校土木工程专业、工程管理等专业的教材或教学参考书，也可以作为建设单位、施工企业、建设监理等部门工程技术人员和管理人员的培训教材或参考书。

本书共分 13 章，具体编写分工如下：

何亚伯编写第 1 章、第 3 章；

杨海红编写第 2 章、第 11 章；

郑绍羽编写第 4 章；

陈悦华编写第 5 章；

张海涛编写第 6 章、第 9 章；

王望珍编写第 7 章、第 12 章和第 13 章；

孔文涛编写第 8 章和第 10 章。

本书在编写过程中得到了杨和礼教授的支持和帮助，并参考了许多专家的相关著作、兄弟院校的教材以及有关文献资料，其中主要资料已列入本书的参考文献，在此谨向各位作者表示衷心的感谢！

由于作者的水平有限，本书中难免存在错误与不足之处，敬请读者提出宝贵意见，以便使之不断完善。

作 者

2005 年 5 月

目 录

第1章 概论 ... 1
- §1.1 基本建设 ... 1
- §1.2 建筑业 ... 10
- §1.3 建筑业的行业管理 ... 14

第2章 建设项目投资估算与资金时间价值 ... 17
- §2.1 建设项目投资构成与投资估算 ... 17
- §2.2 资金时间价值计算 ... 29
- §2.3 建设项目资金筹措 ... 39
- 习题2 ... 45

第3章 建设项目技术经济评价 ... 47
- §3.1 概述 ... 47
- §3.2 建设项目技术经济评价方法 ... 52
- §3.3 建设项目的财务评价 ... 65
- §3.4 国民经济评价 ... 77
- §3.5 经济评价中的不确定性分析 ... 91
- §3.6 设计与施工方案技术经济评价 ... 111
- §3.7 建设项目后评价 ... 121
- 习题3 ... 127

第4章 技术经济预测与决策 ... 133
- §4.1 技术经济预测方法 ... 133
- §4.2 技术经济决策方法 ... 149
- 习题4 ... 157

第5章 建设项目可行性研究 ... 160
- §5.1 概述 ... 160
- §5.2 可行性研究报告的编制 ... 163
- §5.3 案例分析——某房地产开发项目经济评价 ... 167
- 习题5 ... 177

第6章 价值工程在建设项目评价中的应用 178
§6.1 概述 178
§6.2 价值工程分析对象的选择和情报收集 181
§6.3 功能分析 190
§6.4 方案的创造和评价 199
§6.5 价值工程应用实例 203
习题6 206

第7章 建筑企业管理概论 207
§7.1 企业概述 207
§7.2 建筑企业的战略与经营 213
§7.3 建筑企业的管理原理 217
§7.4 建筑企业组织管理 226
§7.5 现代企业制度 232
习题7 236

第8章 建筑企业的计划管理与合同管理 237
§8.1 建筑企业的计划管理 237
§8.2 建设工程招标与投标 246
§8.3 建设工程合同管理 258
习题8 265

第9章 建筑企业质量管理 266
§9.1 概述 266
§9.2 全面质量管理 270
§9.3 ISO9000系列标准简介 273
§9.4 质量管理的保证体系 279
§9.5 质量管理中常用的统计与分析方法 285
§9.6 建筑工程质量检验与评定验收 309
习题9 315

第10章 建筑企业成本管理 318
§10.1 概述 318
§10.2 成本计划与成本控制 322
§10.3 成本核算与成本分析 336
习题10 346

第11章 建筑企业生产要素管理 347
§11.1 建筑企业技术管理 347

§11.2 建筑企业人力资源管理 352
§11.3 建筑企业机械设备管理 358
§11.4 建筑企业材料管理 367
习题 11 379

第 12 章 建筑企业风险管理 380
§12.1 概述 380
§12.2 建筑企业的风险识别 383
§12.3 建筑企业的风险评估 388
§12.4 建筑企业风险处理 396
习题 12 398

第 13 章 建筑施工企业财务管理 400
§13.1 建筑施工企业财务管理概述 400
§13.2 建筑施工企业资产管理 402
§13.3 建筑施工企业的收入与利润管理 415
§13.4 建筑施工企业的财务报告与财务评价 420
§13.5 国际企业财务管理简介 429
习题 13 436

附录 标准正态分布概率 438

参考文献 440

第1章 概 论

§1.1 基本建设

1.1.1 基本建设的概念

1952年我国政务院规定:"凡是固定资产扩大再生产的新建、改建、扩建、恢复工程以及与之连带的工作均为基本建设。"所以,基本建设是一种综合性的经济活动,其目的是扩大再生产。

国民经济各行业都有基本建设经济活动,基本建设活动包括:建设项目的投资决策、建设布局、技术决策、环境保护、工艺流程的确定和设备选型、生产准备以及对工程建设项目的规划、勘察、设计和施工等活动。固定资产是国民财富的主要组成部分,衡量一个国家经济实力雄厚与否,社会生产力发展水平的高低,重要的一点,就是看这个国家拥有的固定资产的数量多少与质量高低。

基本建设是提高人民物质生活、文化生活水平和加强国防实力的重要手段。具体主要作用是:为国民经济各行业提供生产能力;影响和改变各产业部门内部、各行业之间的构成和比例关系;使全国生产力的配置更趋合理;用先进的技术改造国民经济;为社会提供住宅、文化设施、市政设施;为解决社会重大问题提供物质基础。

社会发展和人类生存的条件,主要靠物质资料的再生产。而物质资料再生产的主要手段则依靠社会固定资产的再生产。固定资产再生产又分为简单再生产和扩大再生产,如果固定资产每经过一次周期性运转,其生产能力还维持在原来水平上,则称为简单再生产;如果其生产能力不仅得到维持,而且还有扩大,则称为扩大再生产。

固定资产扩大再生产分为外延与内涵两个方面。如果通过新建、扩建和改建等手段使生产场所扩大了,就是外延上扩大再生产,是固定资产投资的重要组成部分。内涵上扩大再生产是指生产效率的提高,如对固定资产进行技术改造等,也属于固定资产投资活动。固定资产外延与内涵扩大再生产在投资建设活动中一般不是截然分开的,往往是相互交叉、渗透、结合进行的。

1.1.2 基本建设的分类

基本建设按照用途、建设过程和规模等不同标准进行分类,具体分类如下:

1. 按建设性质划分

(1)新建项目。是指从无到有,"平地起家",新开始建设的项目,建设后组建新的企业或事业单位;或原有项目的基础较小,经重新总体设计、扩大规模后,其新增多固定资产价值超过原有固定资产价值的三倍以上的项目,也算新建项目。

(2)扩建项目。是指原有企业单位或事业单位,为了扩大原有主要产品的生产能力或效益,或增加新的产品生产能力,在原有固固定资产的基础上,兴建一些主要车间或其他固定资产。

(3)改建项目。是指原有企业为了提高生产效率,增加科技含量,采用新技术,改进产品质量或改变产品方向,对原有固定资产进行改造的建设项目。有的企业为了提高综合平衡生产能力,增建一些附属车间或非生产性固定资产也属于改建项目。

(4)迁建项目。是指原有企业单位、事业单位,由于各种原因经上级批准搬迁到另地建设的项目。迁建项目中符合新建、扩建、改建条件的,应分别作为新建项目、扩建项目或改建项目。迁建项目不包括留在原址的部分。

(5)恢复项目。是指企业单位、事业单位因自然灾害、战争等原因,使原有固定资产全部或部分报废,以后又投资按原有规模重新恢复起来的项目。在恢复的同时进行扩建的,应作为扩建项目。这类建设项目虽然没有扩大再生产和增加新的生产能力,但亦算为基本建设。

必须指出,建设项目的性质是按整个建设项目来划分的,一个建设项目在按总体设计全部建成之前,其性质一直不变。

2. 按建设规模大小划分

基本建设项目可以分为大型项目、中型项目、小型项目;更新改造项目分为限额以上项目、限额以下项目。基本建设大、中、小型项目是按项目的建设总规模或总投资来确定的。习惯上将大型项目和中型项目合称为大中型项目。新建项目按项目的全部设计规模(能力)或所需投资(总概算)计算;扩建项目按扩建新增的设计能力或扩建所需投资(扩建总概算)计算,不包括扩建以前原有的生产能力。但是,新建项目的规模是指经批准的可行性研究报告中规定的建设规模,而不是指远景规划所设想的长远发展规模。明确分期设计、分期建设的项目,应按分期规模计算。基本建设项目大、中、小型划分标准,是国家规定的,按总投资划分的项目,能源、交通、原材料工业项目5 000万元以上,其他项目3 000万元以上的为大、中型项目,在此标准以下的为小型项目。生产单一产品的工业企业,按产品的设计能力来划分,如钢铁联合企业,年产钢量在100万吨以上的企业为大型企业;10~100万吨为中型企业;10万吨以下的为小型企业。生产多种产品的,按主要产品的设计能力来划分。

3. 按项目在国民经济中的作用划分

(1)生产性项目。是指直接用于物质生产或直接为物质生产服务的项目,主要包括工业项目(含矿业)、建筑业、地质资源勘探及农林水有关的生产项目、运输邮电项目、商业和物资供应项目等。

(2)非生产性项目。是指直接用于满足人民物质生活和文化生活需要的项目,主要包括文教卫生、科学研究、社会福利、公用事业建设、行政机关和团体办公用房建设等项目。

4. 按建设过程划分

(1)筹建项目。是指尚未开工,正在进行选址、规划、设计等施工前各项准备工作的建设项目。

(2)施工项目。是指报告期内实际施工的建设项目,包括报告期内新开工的项目、上期跨入报告期续建的项目、以前停建而在本期复工的项目、报告期施工并在报告期建成投产或停建的项目。

（3）投产项目。是指报告期内按设计规定的内容，形成设计规定的生产能力（或效益）并投入使用的建设项目，包括部分投产项目和全部投产项目。

（4）收尾项目。是指已经建成投产和已经组织验收，设计能力已全部建成，但还遗留少量尾工需继续进行扫尾的建设项目。

（5）停建缓建项目。是指根据现有人力、财力、物力和国民经济调整的要求，在计划期内停止或暂缓建设的项目。

5. 按项目工作阶段划分

（1）前期工作项目。是指已批准项目建议书，正在做可行性研究或者进行初步设计（或扩初设计）的项目。

（2）预备项目。是指已批准可行性研究报告和初步设计（或扩初设计），正在进行施工准备待转入正式计划的项目。

（3）新开工项目。是指施工准备已经就绪，经批准，报告期内计划新开工建设的项目。

（4）续建项目（包括报告期建成投产项目）。是指在报告期之前已开始建设，跨入报告期继续施工的项目。

6. 按项目隶属关系划分

（1）中央项目，亦称部直属项目。这类建设项目是指中央各主管部门直接安排和管理的企业、事业和行政单位的建设项目。这些项目的基本建设计划，由中央各主管部门编制、报批和下达。所需的统配物资和主要设备以及建设过程中存在的问题，均由中央各主管部门直接供应和解决。

（2）地方项目。是指由省、市、自治区和地（市）、县等各级地方直接安排和管理的企业、事业、行政单位的建设项目。这些项目的基本建设计划由各级地方主管部门编制、报批和下达，所需物资和设备由各地的地方主管部门直接供应。

1.1.3 基本建设程序

1. 基本建设程序的概念

基本建设程序，也就是在基本建设工作中必须遵循的先后次序。是指基本建设项目从决策、设计、施工到竣工验收整个工作过程中各个阶段的工作顺序。基本建设涉及面广，内外协作配合的环节多，其中有些是前后衔接的，有些是左右配合的，有些是相互交叉的。这些工作必须按照一定的程序进行，才能达到预期的效果。基本建设程序是对以往基本建设实践经验的总结，是项目建设过程的综合描述，正确反映了基本建设全过程的客观规律性。

我国的基本建设程序，最初是1952年由政务院正式颁布的，基本上是前苏联管理模式和方法的翻版。50多年来，随着各项建设事业的不断发展，特别是近10多年来管理体制进行的一系列改革，建设程序也不断有所变化，逐步完善和走向科学化、法制化。

建设程序的内容，现行的建设程序分为九个阶段，主要的工作内容是：

（1）项目建议书阶段

项目建议书（又称立项申请）是项目建设筹建单位或项目法人，根据国民经济的发展、国家和地方中长期规划、产业政策、生产力布局、国内外市场、所在地的内外部条件，提出的某一具体项目的建议文件，是对拟建项目提出的框架性的总体设想。项目建议书是项目发展周期的初始阶段，是选择项目的依据，也是可行性研究的依据。

项目建议书的主要内容应包括：①项目提出的必要性和依据；②产品方案，拟建规模和建设地点的初步设想；③资源情况、建设条件、协作关系和设备技术引进国别、厂商的初步分析；④投资估算、资金筹措及还贷方案设想；⑤项目的进度安排；⑥经济效益和社会效益的初步估计，包括初步的财务评价和国民经济评价；⑦环境影响的初步评价，包括治理"三废"措施、生态环境影响的分析；⑧结论；⑨附件。

对于大中型项目，有的工艺技术复杂，涉及面广，协调量大的项目，还要编制可行性研究报告，作为项目建议书的主要附件之一。

(2) 可行性研究阶段(包括可行性研究报告评估)

项目建议书经批准后，即着手进行可行性研究。这是决策科学化、民主化的不可或缺的重要环节。其主要工作是对项目在技术上和经济上是否可行进行科学的分析和论证。对项目在技术上是否先进、适用、可靠，在经济上是否合理，在财务上是否盈利，作出多方案比较，提出评价意见，推荐最佳方案，作为进行建设项目立项决策的依据，也是项目办理资金筹措、签定合作协议、进行初步设计等工作的依据和基础。可行性研究阶段也是我国借鉴世界银行和西方国家的经验和惯例，从1982年起开展起来的。项目可行性研究报告还应由工程咨询公司进行评估论证。

(3) 设计任务书阶段

设计任务书是项目确定建设方案的决策性文件，是编制设计文件的主要依据，一般包括：建设目的和依据、设计指导思想；建设项目的功能要求；确定建设规模，产品大纲，工艺原则，服务设施大纲；资源、材料、燃料、动力、运输及水文、地质等配合条件；建设地点，占用土地面积，场地布置原则、范围；防空、防震、消防要求；设计和建设工期要求；投资控制额，劳动定员控制数；设计图纸及文件要求。设计任务书可以由建设单位自行提出，也可以由工程咨询公司代为拟定，或由建设单位和设计单位协商确定。

(4) 勘察设计文件阶段

设计是依据设计任务书的要求对拟建工程进行实地勘察并在技术上、经济上进行的全面详尽的安排，是项目建设的实施性文件，是安排项目计划和组织工程施工的主要依据。

我国现行规定，设计一般包括三个阶段的工作：初步设计及工程概算；技术设计(或扩大初步设计)及修正概算；施工图设计及工程预算。对于中小型项目可以按两段进行：初步设计和施工图设计。有的工程技术较复杂时，可以把初步设计的内容适当加深到扩大初步设计。

①初步设计及工程概算阶段：本阶段主要编制拟建工程的方案图、说明书和总概算。实质上是一项带有规划性质的"轮廓"设计。这一阶段的设计要解决建设项目的技术可靠性和经济合理性问题。具体内容如下：确定建设指导思想；产品方案；总体规划；工艺流程；设备选型；主要建筑物、构筑物和公用辅助设施；"三废"治理；占地面积；主要设备材料清单和材料用量；劳动定员；主要技术经济指标；建设工期；总概算。

②技术设计及修正概算：本阶段主要编制拟建工程的各有关工种图纸、说明书和修正总概算。这项工作是初步设计的深化，使建设项目的设计工作更具体、更完善，对初步设

计所采用的工艺流程和建筑结构中的重大问题做出进一步的确定,或校正设备选型与数量。技术设计应包括:逐项落实各项工艺方案,主要关键生产工艺设备的规格、型号、数量;提供建筑安装和有关土建、公用工程必要的技术数据,为编制施工组织总设计提供依据;编制修正总概算,并提出符合建设总进度的分年度所需资金的额数,为投资包干的依据;确定配套工程项目、内容、规模和要求配合建成的期限;为项目建成投产的各项组织和技术准备提供必要数据。

③施工图设计及工程预算:本阶段根据批准的扩初设计或技术设计绘制建筑安装工程和非标准设备需要的图纸;完整地表现建筑物外形、内部空间的分割、结构体系、构造状况以及建筑群的组成和周围环境的配合,具有详细的构造与尺寸;还包括各种运输、通讯、管道系统、建筑设备的设计;在工艺方面,应具体确定各种设备的型号、规格及各种非标准设备的施工图。在施工图设计阶段应编制施工图预算。

各类建设项目的初步设计和总概算,都应按其规模大小和规定的审批程序,报相应主管部门审批;经批准后,即可以列入年度基本建设计划,开始进行下一阶段的设计。

(5)建设准备阶段

项目建设准备阶段的工作较多,涉及面较广,主要的工作内容包括:土地征用、拆迁和场地平整;完成施工用的道路、水、电等工程;组织设备和建筑材料的订货;准备必要的施工图纸(新开工的项目必须具备按照施工顺序需要至少三个月以上的工程施工图纸,方可允许施工);组织工程施工的招标与投标,择优选择施工单位。这一阶段的工作质量,对保证项目建设顺利进行具有决定性作用。这一阶段工作就绪,即可以编制开工报告,申请正式开工。

现行相关规定指出,初步设计和总概算批准后,经过综合平衡才能列入基本建设年度计划,把当年投资分配到建设项目,落实设备和材料。

凡需多年建成的项目,要根据批准的总概算和总工期,考虑需要与可能,做到有计划、有节奏、连续地组织施工,要合理安排各年度基本建设计划,和当年分配的资金、设备、材料相一致。配套项目亦要同时安排,保证衔接,保证施工过程的连续性。

根据批准的设计文件和建设总进度,就可以对建设项目进行主要设备的申请订货,组织大型专用设备的安排和特殊材料的订货,并进行施工准备。

(6)施工阶段

项目施工阶段,对建筑安装企业来说,是产品的生产阶段,这一阶段是周期最长、占用和耗费财力、物力和人力最多的一个阶段,各项工作要依靠参与项目建设的各个单位通力协作、共同完成。要对工程投资、建设材料、施工图纸、施工人员予以逐项落实和滚动跟进,严格管理,加强技术监督和经济核算,如期保质保量地完成施工任务。

(7)生产准备阶段

在开展全面施工的同时,要做好各项生产准备工作,保证工程一旦竣工,可以立即试车投产。生产准备工作的内容,包括:

①招收和培训生产人员,掌握生产技术和工艺流程;

②生产物质准备,如组织工具、器具、备品、备件等的制造和订货,签定原材料、协作产品、燃料、水、电、运输、通讯等协议;

③生产技术准备,如各种技术资料的收集汇总和国外有关资料的翻译,图书情报档案

的归类与信息处理；

④生产组织准备，如组建组织管理机构、制定各种规章制度。

(8) 竣工验收阶段

是指为了检查竣工项目是否符合设计要求而进行的一项工作。这一阶段是项目建设实施全过程的最后一个阶段，是考核项目建设成果、检验设计和施工质量的重要环节，也是建设项目能否由建设阶段顺利转入生产或使用阶段的一个重要标志。

工业项目，要经负荷试运转和试生产考核；非工业项目，要符合设计要求，能正常使用；大型联合企业，可以分期分批验收。

竣工验收的程序，一般可以分为两个阶段进行：一是单项工程验收，一个单项工程完工后，可以由建设单位组织验收；二是整体项目验收，整个项目全部工程建成，则必须根据国家相关规定，按工程的不同情况，由负责验收单位吸收建设、施工和设计单位，以及建设银行、环境保护和其他相关部门共同组成验收委员会(或小组)进行验收。

正式验收前，建设单位组织设计，施工单位进行初验，并系统地整理技术资料、图纸，正式验收时作为技术档案，移交给建设单位。建设单位要编制好工程竣工决算，报上级主管部门审查。

(9) 后评价阶段

随着建设重点要求转到讲求投资效益的轨道，国家开始对一些重大建设项目，在竣工验收并正常运行一段时间后，规定要进行后评价工作，因此可以列为建设程序的一个阶段，主要是为了总结项目建设成功或失误的经验教训，供以后的项目决策借鉴；同时，也可以为决策和建设中的各种失误找出原因，明确责任；还可以对项目投入生产或使用后还存在的问题，提出解决办法，弥补项目决策和建设中的缺陷。

项目后评包括建设单位自评和投资方评价两个阶段，一般内容包括：评估项目的实际成效；确定项目是否达到了预期目标和设计要求；检查设计和施工各个环节的实际质量；重新计算实际财务效益和国民经济效益；指出项目建设工程中所存在的主要问题，并分析问题的成因；提出改进工作的意见。

从上述可以看出，建设程序中的每一阶段都是以前一阶段的工作成果为依据，同时，又为后一阶段创造条件。后一阶段工作是以前一阶段工作为基础，前一阶段工作的好坏，必定在后一阶段工作中表现出来。总之，基本建设程序是不可违背的科学程序，无论客观需要与主观意志如何，违反建设程序办事，常会给国家和社会带来不应有的损失。因此，在所有基本建设活动中都必须按照基本建设程序办事。

1.1.4 我国基本建设投资体制的改革

1. 转变政府管理职能，确立企业的投资主体地位

(1) 改革项目审批制度，落实企业投资自主权。彻底改革现行不分投资主体、不分资金来源、不分项目性质，一律按投资规模大小分别由各级政府及相关部门审批的企业投资管理办法。对于企业不使用政府投资建设的项目，一律不再实行审批制，区别不同情况实行核准制和备案制。其中，政府仅对重大项目和限制类项目从维护社会公共利益角度进行核准，其他项目无论规模大小，均改为备案制，项目的市场前景、经济效益、资金来源和产品技术方案等均由企业自主决策、自担风险，并依法办理环境保护、土地使用、资源利用、

安全生产、城市规划等许可手续和减免税确认手续。对于企业使用政府补助、转贷、贴息投资建设的项目，政府只审批资金申请报告。各地区、各部门要相应改进管理办法，规范管理行为，不得以任何名义截留下放给企业的投资决策权利。

(2) 规范政府核准制。要严格限定实行政府核准制的范围，并根据变化的情况适时调整。《政府核准的投资项目目录》(以下简称《目录》)由国务院投资主管部门会同有关部门研究提出，报国务院批准后实施。未经国务院批准，各地区、各部门不得擅自增减《目录》规定的范围。

企业投资建设实行核准制的项目，仅需向政府提交项目申请报告，不再经过批准项目建议书、可行性研究报告和开工报告的程序。政府对企业提交的项目申请报告，主要从维护经济安全、合理开发利用资源、保护生态环境、优化重大布局、保障公共利益、防止出现垄断等方面进行核准。对于外商投资项目，政府还要从市场准入、资本项目管理等方面进行核准。政府相关部门要制定严格规范的核准制度，明确核准的范围、内容、申报程序和办理时限，并向社会公布，提高办事效率，增强透明度。

(3) 健全备案制。对于《目录》以外的企业投资项目，实行备案制，除国家另有规定外，由企业按照属地原则向地方政府投资主管部门备案。备案制的具体实施办法由省级人民政府自行制定。国务院投资主管部门要对备案工作加强指导和监督，防止以备案的名义变相审批。

(4) 扩大大型企业集团的投资决策权。基本建立现代企业制度的特大型企业集团，投资建设《目录》内的项目，可以按项目单独申报核准，也可以编制中长期发展建设规划，规划经国务院或国务院投资主管部门批准后，规划中属于《目录》内的项目不再另行申报核准，只须办理备案手续。企业集团要及时向国务院相关部门报告规划执行和项目建设情况。

(5) 鼓励社会投资。放宽社会资本的投资领域，允许社会资本进入法律法规未禁入的基础设施、公用事业及其他行业和领域。逐步理顺公共产品价格，通过注入资本金、贷款贴息、税收优惠等措施，鼓励和引导社会资本以独资、合资、合作、联营、项目融资等方式，参与经营性的公益事业、基础设施项目建设。对于涉及国家垄断资源开发利用、需要统一规划布局的项目，政府在确定建设规划后，可以向社会公开招标选定项目业主。鼓励和支持有条件的各种所有制企业进行境外投资。

(6) 进一步拓宽企业投资项目的融资渠道。允许各类企业以股权融资方式筹集投资资金，逐步建立起多种募集方式相互补充的多层次资本市场。经国务院投资主管部门和证券监管机构批准，选择一些收益稳定的基础设施项目进行试点，通过公开发行股票、可转换债券等方式筹集建设资金。在严格防范风险的前提下，改革企业债券发行管理制度，扩大企业债券发行规模，增加企业债券品种。按照市场化原则改进和完善银行的固定资产贷款审批和相应的风险管理制度，运用银行贷款、融资租赁、项目融资、财务顾问等多种业务方式，支持项目建设。允许各种所有制企业按照相关规定申请使用国外贷款。制定相关法规，组织建立中小企业融资和信用担保体系，鼓励银行和各类合格担保机构对项目融资的担保方式进行研究创新，采取多种形式增强担保机构资本实力，推动设立中小企业投资公司，建立和完善创业投资机制。规范发展各类投资基金。鼓励和促进保险资金间接投资基础设施和重点建设工程项目。

（7）规范企业投资行为。各类企业都应严格遵守国土资源、环境保护、安全生产、城市规划等法律法规，严格执行产业政策和行业准入标准，不得投资建设国家禁止发展的项目；应诚信守法，维护公共利益，确保工程质量，提高投资效益。国有企业和国有控股企业应按照国有资产管理体制改革和现代企业制度的要求，建立和完善国有资产出资人制度、投资风险约束机制、科学民主的投资决策制度和重大投资责任追究制度。严格执行投资项目的法人责任制、资本金制、招标投标制、工程监理制和合同管理制。

2. 完善政府投资体制，规范政府投资行为

（1）合理界定政府投资范围。政府投资主要用于关系国家安全和市场不能有效配置资源的经济和社会领域，包括加强公益性和公共基础设施建设，保护和改善生态环境，促进欠发达地区的经济和社会发展，推进科技进步和高新技术产业化。能够由社会投资建设的项目，尽可能利用社会资金建设。合理划分中央政府与地方政府的投资事权。中央政府投资除本级政权等建设外，主要安排跨地区、跨流域以及对经济和社会发展全局有重大影响的项目。

（2）健全政府投资项目决策机制。进一步完善和坚持科学的决策规则和程序，提高政府投资项目决策的科学化、民主化水平；政府投资项目一般都要经过符合资质要求的咨询中介机构的评估论证，咨询评估要引入竞争机制，并制定合理的竞争规则；特别重大的项目还应实行专家评议制度；逐步实行政府投资项目公示制度，广泛听取各方面的意见和建议。

（3）规范政府投资资金管理。编制政府投资的中长期规划和年度计划，统筹安排、合理使用各类政府投资资金，包括预算内投资、各类专项建设基金、统借国外贷款等。政府投资资金按项目安排，根据资金来源、项目性质和调控需要，可以分别采取直接投资、资本金注入、投资补助、转贷和贷款贴息等方式。以资本金注入方式投入的，要确定出资人代表。要针对不同的资金类型和资金运用方式，确定相应的管理办法，逐步实现政府投资的决策程序和资金管理的科学化、制度化和规范化。

（4）简化和规范政府投资项目审批程序，合理划分审批权限。按照项目性质、资金来源和事权划分，合理确定中央政府与地方政府之间、国务院投资主管部门与相关部门之间的项目审批权限。对于政府投资项目，采用直接投资和资本金注入方式的，从投资决策角度只审批项目建议书和可行性研究报告，除特殊情况外不再审批开工报告，同时应严格政府投资项目的初步设计、概算审批工作；采用投资补助、转贷和贷款贴息方式的，只审批资金申请报告。具体的权限划分和审批程序由国务院投资主管部门会同相关方面研究制定，报国务院批准后颁布实施。

（5）加强政府投资项目管理，改进建设实施方式。规范政府投资项目的建设标准，并根据情况变化及时修订完善。按项目建设进度下达投资资金计划。加强政府投资项目的中介服务管理，对咨询评估、招标代理等中介机构实行资质管理，提高中介服务质量。对非经营性政府投资项目加快推行"代建制"，即通过招标等方式，选择专业化的项目管理单位负责建设实施，严格控制项目投资、质量和工期，竣工验收后移交给使用单位。增强投资风险意识，建立和完善政府投资项目的风险管理机制。

（6）引入市场机制，充分发挥政府投资的效益。各级政府要创造条件，利用特许经营、投资补助等多种方式，吸引社会资本参与有合理回报和一定投资回收能力的公益事业和公

共基础设施项目建设。对于具有垄断性的项目，试行特许经营，通过业主招标制度，开展公平竞争，保护公众利益。已经建成的政府投资项目，具备条件的经过批准可以依法转让产权或经营权，以回收的资金滚动投资于社会公益等各类基础设施建设。

3. 加强和改善投资的宏观调控

(1) 完善投资宏观调控体系。国家发展和改革委员会要在国务院领导下会同相关部门，按照职责分工，密切配合、相互协作、有效运转、依法监督，调控全社会的投资活动，保持合理投资规模，优化投资结构，提高投资效益，促进国民经济持续快速协调健康发展和社会全面进步。

(2) 改进投资宏观调控方式。综合运用经济的、法律的和必要的行政手段，对全社会投资进行以间接调控方式为主的有效调控。国务院相关部门要依据国民经济和社会发展中长期规划，编制教育、科技、卫生、交通、能源、农业、林业、水利、生态建设、环境保护、战略资源开发等重要领域的发展建设规划，包括必要的专项发展建设规划，明确发展的指导思想、战略目标、总体布局和主要建设项目等。按照规定程序批准的发展建设规划是投资决策的重要依据。各级政府及其相关部门要努力提高政府投资效益，引导社会投资。制定并适时调整国家固定资产投资指导目录、外商投资产业指导目录，明确国家鼓励、限制和禁止投资的项目。建立投资信息发布制度，及时发布政府对投资的调控目标、主要调控政策、重点行业投资状况和发展趋势等信息，引导全社会投资活动。建立科学的行业准入制度，规范重点行业的环保标准、安全标准、能耗水耗标准和产品技术、质量标准，防止低水平重复建设。

(3) 协调投资宏观调控手段。根据国民经济和社会发展要求以及宏观调控需要，合理确定政府投资规模，保持国家对全社会投资的积极引导和有效调控。灵活运用投资补助、贴息、价格、利率、税收等多种手段，引导社会投资，优化投资的产业结构和地区结构。适时制定和调整信贷政策，引导中长期贷款的总量和投向。严格和规范土地使用制度，充分发挥土地供应对社会投资的调控和引导作用。

(4) 加强和改进投资信息、统计工作。加强投资统计工作，改革和完善投资统计制度，进一步及时、准确、全面地反映全社会固定资产存量和投资的运行态势，并建立各类信息共享机制，为投资宏观调控提供科学依据。建立投资风险预警和防范体系，加强对宏观经济和投资运行的监测分析。

4. 加强和改进投资的监督管理

(1) 建立和完善政府投资监管体系。建立政府投资责任追究制度，工程咨询、投资项目决策、设计、施工、监理等部门和单位，都应有相应的责任约束，对不遵守法律法规给国家造成重大损失的，要依法追究相关责任人的行政和法律责任。完善政府投资制衡机制，投资主管部门、财政主管部门以及相关部门，要依据职能分工，对政府投资的管理进行相互监督。审计机关要依法全面履行职责，进一步加强对政府投资项目的审计监督，提高政府投资管理水平和投资效益。完善重大项目稽察制度，建立政府投资项目后评价制度，对政府投资项目进行全过程监管。建立政府投资项目的社会监督机制，鼓励公众和新闻媒体对政府投资项目进行监督。

(2) 建立健全协同配合的企业投资监管体系。国土资源、环境保护、城市规划、质量监督、银行监管、证券监管、外汇管理、工商管理、安全生产监管等部门，要依法加强对企业投资活动的监管，凡不符合法律法规和国家政策规定的，不得办理相关许可手续。在建设过程中不遵守相关法律法规的，相关部门要责令其及时改正，并依法严肃处理。各级政府投资主管部门要加强对企业投资项目的事中和事后监督检查，对于不符合产业政策和行业准入标准的项目，以及不按规定履行相应核准或许可手续而擅自开工建设的项目，要责令其停止建设，并依法追究相关企业和人员的责任。审计机关依法对国有企业的投资进行审计监督，促进国有资产保值增值。建立企业投资诚信制度，对于在项目申报和建设过程中提供虚假信息、违反法律法规的，要予以惩处，并公开披露，在一定时间内限制其投资建设活动。

（3）加强对投资中介服务机构的监管。各类投资中介服务机构均须与政府部门脱钩，坚持诚信原则，加强自我约束，为投资者提供高质量、多样化的中介服务。鼓励各种投资中介服务机构采取合伙制、股份制等多种形式改组改造。健全和完善投资中介服务机构的行业协会，确立法律规范、政府监督、行业自律的行业管理体制。打破地区封锁和行业垄断，建立公开、公平、公正的投资中介服务市场，强化投资中介服务机构的法律责任。

（4）完善法律法规，依法监督管理。建立健全与投资相关的法律法规，依法保护投资者的合法权益，维护投资主体公平、有序竞争，投资要素合理流动、市场发挥配置资源的基础性作用的市场环境，规范各类投资主体的投资行为和政府的投资管理活动。认真贯彻实施相关法律法规，严格财经纪律，堵塞管理漏洞，降低建设成本，提高投资效益。加强执法检查，培育和维护规范的建设市场秩序。

§1.2 建 筑 业

1.2.1 建筑业的概念

建筑业是以建筑产品生产为对象的物质生产部门，是从事建筑生产经营活动的行业。按照我国国民经济行业新分类标准，建筑业由从事土木建筑工程活动的规划、勘察、设计、施工、维修、管理、监督、咨询和建筑产品的生产经营的单位和企业构成。

按照《辞海》中的定义："建筑业是国民经济中的一个物质生产部门。主要从事建筑安装工程生产活动，为国民经济各部门建造房屋和构筑物，并安装机器设备。建筑业的生产活动范围包括建筑工业和自营建设单位的建筑生产活动以及相关的勘察设计工作。"《中国大百科全书·土木工程》中称："建筑业是国民经济重要的物质生产部门。它从事勘察、设计、制品、维修等生产经营活动。它的物质产品是房屋建筑和构筑物。"《经济大辞典》中称："建筑业是国民经济中专门从事建筑安装施工的物质生产部门。其生产活动范围是：各种生产和非生产用的房屋、建筑物和构筑物的建造；各种机器设备的安装；各种房屋、建筑物和构筑物的大修；某些非标准设备的现场制作。"

按照国际文献《迈依尔斯百科全书》中关于建筑业的解释："建筑业指从事建筑工程的行业，其任务是使建造的房屋和建筑物，尽可能符合用途并纳入规划。"其包括的范围有：城市建设、道路、铁路、桥梁、隧道、堤坝、水电站的建设等。《日本建筑大辞典》中记载：建筑业是以建造建筑物为目的的大企业或集团。

综上所述，建筑业是国民经济的一个重要的物质部门，主要从事建筑产品的生产经营活动,其工作范围包括:各种生产和非生产的房屋、建筑物与构筑物的建造;各种机械设备的安装工程;各种房屋、建筑物和构筑物的拆除和大修理作业;与建设工程对象相关的工程地质勘探与设计;某些非标准设备的现场作业。

国家标准《国民经济行业分类和代码》(GB4754-84),对建筑业的内部构成又进行了细分和明确的范围界定,即分成以下3个大类:

1. 勘察设计业:包括持有工程勘察、工程设计资质证书,从事各行业的工程勘察与设计的独立经营单位;

2. 建筑安装业:包括各种从事土木工程建筑业、线路、道路和设备安装业以及装修装饰业的独立经营单位;

3. 建筑工程管理、监督和咨询业:包括从事工程监理、工程承包、工程质量监督和工程咨询的独立经营单位。

1.2.2　建筑业的特点

1. 建筑企业总的规模大,其中中、小型企业占绝大多数。目前我国从事建筑产品生产的总人数超过4 500万人,属于劳动密集型企业。但由于建筑产品的多样性和建筑生产的单件性,难以大规模批量生产,所以多以专业化分工进行承包生产,这就使得建筑企业中中、小型企业在数量上占绝大多数。由于中、小型企业的规模小,制约了企业的发展,使企业在国际市场中的竞争处于一种劣势地位。

2. 建筑企业用工制度是以固定工、合同工和临时工相结合的用工制度,合同工与临时工所占比例比其他产业要高。由于建筑生产没有固定的生产对象和稳定的生产条件;建筑产品生产技术的要求比其他高新技术产业要简单得多,导致了建筑企业大量使用合同工和临时工。

3. 生产经营方式采用多层次分包制。按照我国现阶段施工企业的资质等级管理办法,建筑企业的承包方式分为:工程总包、专业分包和劳务承包三种方式。由于一个建设项目是由多项专业工程所组成的综合体,有条件由各专业工程企业或班组分别承包而共同完成。实践证明,由各专业工程企业来分别承包,有利于提高各专业机械的生产效率和劳动者的劳动生产率。在一般情况下,一项建筑工程由一个企业总包后,可以按该企业的具体情况,将工程按单位工程或单项工程分包给其他各专业企业,各分包单位对总包企业负责。

4. 建筑业的技术装备水平较低。

5. 建筑企业必须建立预付款制度。这是由于建筑产品体积庞大,生产周期长,材料耗用多,需用建设资金多,必须有大量资金作为保证,以使工程建设顺利进行。因此应给承包方支付预付款,形成建筑施工企业的流动资金。

6. 设计和施工分别发包。建筑工程一般是由设计单位和施工单位分别来承担设计和施工任务的。建筑工程不同于一般工业的产品,其设计和制造是在一个企业中进行的。

1.2.3　建筑业在国民经济中的地位和作用

1. 建筑安装工程是全社会固定资产投资构成的最重要的组成部分,建筑业是固定资产投资转化为生产能力的必经环节,在这个过程中的转化速度、转化质量、转化的经济性和先进性发挥着重要作用。以2005年为例，我国全社会固定资产投资88 773.6亿元，其中建筑安装工程占到53 382.6亿元，尚不包括与建筑具有相当关联的设备、器具采购。市场经济追求的就是资源配置的最优方式，建筑业正是社会资源整合形成生产能力的最基础和最关键的过程，在有形的资源配置环节发挥着关键作用。同时，建筑业的发展质量和发展水平，直接关系每一个国民的日常的工作、生活品质，直接关系社会公众的生命财产安全。

2. 为发展生产及改善人民生活提供物质技术基础。建筑业是一个重要的物质生产部门，该行业为提高生产能力、改善人民生活提供基础设施。中华人民共和国成立以来，我国兴建了数十万个各类工业项目，为发展社会生产建立了初步的基础；兴建了各种住宅、学校、医院、影剧院等，初步改善了城乡人民的居住条件和文化福利生活。

3. 为社会创造新的财富，给国家提供巨额国民收入。国民收入是一个国家的物质生产部门的劳动者在一年内新创造价值的总和。是一个国家在一年内所生产的社会总产品中，扣除补偿已消耗的生产资料所剩余的部分。随着经济交往的增加和科技发展的不平衡，国际间建筑工程承包正在迅猛发展，许多国家都特别重视国际承包工程的市场竞争。因为这种承包活动，既促进了建筑业自身的发展，又带动了资本、技术、劳务、设备、商品的输出；既赚取了大量的外汇收入，又扩大了政治经济影响。国家统计局发布的《中国统计年鉴》国内生产总值指数统计所列的工业、建筑业、交通运输仓储邮电通信业、批发和零售贸易餐饮业四大产业中，建筑业指数仅低于工业。据国家统计局统计，2007年全年全部工业增加值107 367亿元，其中建筑业实现增加值14 014亿元，占13%。

4. 容纳大量就业人口。建筑业是劳动密集型产业，在国民经济中占有相当比例的劳动力。从发达资本主义国家现状来看，建筑业的就业人口占全部就业人口的6%~8%。按照国家统计局发布的对国民生产总值有重大影响的前15个行业中，建筑业从业人员仅次于农林牧渔业、制造业和批发零售贸易餐饮业，据2006年统计，中国有将近13万家工程建设企业，从业人员超过4 500万人。

5. 促进其他产业部门的发展。建筑业一方面以自己的建筑产品直接为国民经济服务，另一方面又在生产过程中消耗其他产业部门的大量产品，作为其他产业部门的重要市场，间接地促进了国民经济的发展。一般来讲，建筑业约消耗全国钢材的50%，木材的90%，水泥的90%。正因为建筑业是国民经济其他行业的重要市场，所以建筑业的景气与否，是国民经济萧条与繁荣的晴雨表。当国民经济各行业处于繁荣时期，由于固定资产需求的增加，建筑业自然处于繁荣状态；当国民经济处于萧条时期，资本投资减少，这必将影响到建筑业的工程总量，使建筑业呈现不景气状态。也正是因为这一点，当国民经济处于萧条时期，国家可以通过增加公用事业投资，使建筑业首先发展，从而刺激其他产业部门的螺旋式发展，起到调节国民经济各部门有序发展的作用。

1.2.4 基本建设与建筑业的关系

作为投资行为的基本建设活动和作为物质生产部门的建筑业，两者之间有着密切的关系，它们互相依赖、互相影响、互相制约。两者既有联系，又有区别。

1. 基本建设和建筑业的联系

（1）基本建设的主要内容由建筑业来完成。建筑安装工作量在基本建设投资中占有相当大的比重，一般为60%左右。建筑业技术进步和生产效率的提高，直接关系着基本建设工作的进程和效果。事实已充分证明，没有强大的建筑业，就无法进行大规模的基本建设。

（2）基本建设投资是促进建筑业发展的客观需要。基本建设投资的多少直接影响着建筑业工程任务的大小，如果基本建设投资忽高忽低，建筑业的日子就时好时坏。所以，只有基本建设规模得到健康发展，才能促进建筑业的发展。

2. 基本建设和建筑业的区别

（1）性质不同。基本建设是一种投资行为，是一种综合性的经济活动。而建筑业是一个物质生产部门，主要从事建筑安装等物质生产活动。

（2）内容不同。基本建设除了包括建筑业完成的建筑安装工程内容之外，还包括对设备的购置。而建筑业的生产任务除了基本建设投资形成的建筑安装任务外，还有更新改造和维修资金形成的建筑安装生产任务。

（3）任务不同。基本建设的主要任务是在一定期限和资金限额内完成投资活动，得到足够需用的固定资产。而建筑业的主要任务是为社会提供更多、更好、更经济的建筑产品并获取盈利。

1.2.5 建筑产品生产的技术经济特点

建筑产品由于其产品表现为具有一定的功能和美学要求的房屋建筑或构筑物，与其他工业产品相比较具有完全不同的技术经济特征，使得建筑产品的生产具有一定的特殊性。

1. 建筑产品的技术经济特点

（1）建筑产品在空间上的固定性。由于建筑产品的基础都要和土地直接联系，与大地密不可分，因而建筑产品在建造中和建成后是不能移动的。建筑产品建在哪里就在哪里发挥作用。由于建筑产品的固定性，一是导致生产的流动性，即劳动者和劳动工具必须在不同的生产场地流动作业；二是市场的不均衡性，无法在异地之间进行商品的调节。

（2）建筑产品的个别性。除了少量同时建筑成片的住宅外，由于对建筑产品的功能要求是多种多样的，使得每个建筑产品都有其独特的形式和独特的结构，因而需要单独设计。即使功能要求相同、建筑类型相同，但由于地形、地质、水文、气象等自然条件不同及交通运输、材料供应等社会条件不同，其设计图纸、施工组织与施工方法等都存在一定的差异。由于建筑产品的这种多样性，因而可以说建筑产品具有个别性的特点。

（3）建筑产品体积庞大。建筑产品的主要形式是房屋或构筑物等，所消耗材料是十分惊人的，不仅数量大，而且品种复杂，规格繁多，产品的价值高。要在房屋内部布置各种生产和生活需要的设备与用具，并且要在其中进行生产与生活，与其他产品相比较，建筑产品所占据的空间大。

（4）建筑产品的耐用性。一幢合格的建筑物或构筑物的耐用年限都有数十年之久，有些建筑物或构筑物经历了数百年，至今仍在发挥作用。由此可见，建筑产品的耐用年限要求比其他产品要高得多，为了满足耐久性的要求，任何建筑产品的设计、施工都应满足坚固、安全、美观和实用的原则。

2. 建筑生产的特点

（1）建筑产品的多样性（或称个体性）和固定性，使建筑产品生产要个别地组织，单个地实施，故称建筑生产的单件性。建筑生产没有一个通用定型的施工方案，要因工程而异地个别地编制施工组织设计指导施工。随着建筑科学技术水平的提高，新材料、新结构、新技术、新工艺的不断出现以及建筑艺术的推陈出新，建筑产品生产的单件性特点更为突出。

(2) 建筑产品的固定性和体积的庞大，决定了建筑施工生产的流动性。人力、材料、机械设备都围绕着建筑产品从一个施工段流向另一个施工段，从一个施工层面流向另一个施工层面，空间位置不断交换，使得许多不同的工种，在同一对象上进行作业，不可避免地产生了施工空间和时间的矛盾，因而，必须充分地利用施工空间来争取施工时间和充分地利用施工时间来争取施工空间，进行科学施工。

生产设备、材料、生产技术人员和附属生产加工企业和生活服务设施因建筑地点的变化而经常迁移，这必然要对工时和设备的利用产生影响，影响建筑产品生产的技术经济效益。

(3) 建筑产品生产的影响因素多。首先，建筑产品的生产受到国家基建政策、投资环境和建筑市场变化等大环境的影响，没有稳定的劳动对象，生产处于一种被动状态；其次受到设计变更、情况变化、资金和物资供应条件、专业化协作状况、城市交通、环境和自然条件，如风、雨、雪、温度等气候条件等的影响，生产条件艰苦，难以做到全年均衡生产，同时亦影响到工人的劳动效率。

(4) 建筑生产过程的不可间断性。一个基本建设项目从选择地点、勘察设计、征地拆迁、购置设备和材料、土建和安装施工、试车验收，直到竣工投产（或使用），是一个不可间断的、完整的周期性生产过程。这种不可间断性要求产品在生产过程中各阶段、各环节、各项工作必须有条不紊地组织起来。在时间上不间断，空间上不脱节，要求生产过程的各项工作必须合理组织、统筹安排，遵守基本建设程序和施工程序。

(5) 建筑产品的生产周期长。建筑产品的生产周期是指建设项目或单位工程在建设过程所耗用的时间，即从开始施工起，到全部建成投产或交付使用、发挥效益时止所经历的时间。建筑产品生产周期长，一般建设项目，少则1~2年，多则5~6年，甚至上10年。由于建筑产品的生产所占有和消耗的资源量大、时间长，如果科学地组织生产活动、缩短生产周期，将会显著提高投资技术经济效果。

§1.3 建筑业的行业管理

建筑业是一个大行业、肩负形成扩大再生产能力的建设任务，全国从事建筑业的职工达数千万。建筑产品具有固定性、分散性；施工队伍具有流动性以及企业隶属关系的复杂性；各种所有制成分并存；建筑施工力量随国家基建规模的变化而不断变化。建筑业所有这些特点都决定了必须不断加强对建筑业的行业管理。

1.3.1 建筑业行业管理的主要目标

建筑业行业管理的主要目标是：适应建立社会主义市场经济体制的需要，使建筑业提供更多的质量优、工期短、投资省的建筑产品，成为国民经济的支柱产业；建立对建筑业进行有效宏观调控的体系，促进建筑业持续稳定协调发展；积极推动国有建筑安装企业转换经营机制，建立现代企业制度，使各种不同所有制企业在市场中公平竞争；逐步将政府行业主管部门的部分职能转移给行业协会，发挥行业协会的作用。

1.3.2 建筑业行业管理的职能和任务

行业管理的主体是政府的行业主管部门，该部门是各层行业管理最权威的形式，行使政府职能，对全行业行为进行立法、指导、监督；研究产业经济，制定产业政策，规划发展战略，促进生产力发展。主要通过法律的、经济的、行政的手段进行管理。行业协会是政府实行行业管理的助手，通过发挥桥梁纽带作用，协助政府进行行业管理。

建筑业行业管理的主要任务为：调查收集行业发展存在的问题和情况，企业的愿望和要求，及时向政府反映，作为政府制定法规和政策的依据，保护行业的合法权益；贯彻传达方针政策，加强对企业的引导，实现政府的管理意图；制定行规，规范企业行为，协调企业间的关系，调解处理企业的争议和纠纷；收集发布行业动态及市场信息，组织经验交流；开展培训工作，促进企业人员素质的提高和新技术、先进管理方法的采用。

1.3.3 建筑业行业管理层次

建筑行业的管理分为三个层次。作为中央一级的行业管理，主要侧重于宏观控制。通过调查建筑市场与产品的状况，研究制定与国民经济总目标相一致的行业战略目标和规划；制定相应的方针、政策、法规来保证这些目标和规划的实现，指导、协调、平衡全行业的发展。省一级的建筑行业管理部门是省建设厅，省建设厅的职能主要是在国家总体安排下规划本地区的行业发展；在贯彻执行国家的行业发展方针、政策、法规的同时，结合本地区的实际情况，制定切合当地的实施办法，制定区域性的政策法规。大、中城市一级的行业管理是最实际、最具体的管理。由被授予行业管理职能的建筑业管理局负责管理。管理局的职能主要是计划安排本市、本地区的行业发展；通过检查、监督，保证国家的方针政策、经济法规的落实，为企业提供一个公平竞争的良好环境；组织协调行业内外的关系，为企业的生产经营提供良好条件；加强对工程质量的检查和监督。

分布在各个层次的各种咨询服务的中介机构，也承担了一部分行业管理的工作，例如律师事务所、会计师事务所、审计师事务所等公证机构；计量、检测、鉴定检验等生产服务机构；情报、咨询、报刊等信息服务机构；福利、保险等社会保障公益机构。

1.3.4 建筑业行业管理的对象

建筑业行业管理的对象应是建筑产品和市场，这是管理体制改革的方向，是建立社会主义市场经济体制的必要前提，也是行业管理区别于部门管理的主要特点。部门管理的特点是直接管理企业，束缚了企业的自主经营意识，扼杀了企业自我发展的愿望，严重抑制了企业作为国民经济发展细胞的生机与活力。建筑业行业管理则主要是通过健全市场机制，保证市场秩序，提供良好服务，来培育发展一个完善的市场，为建筑业的发展提供必要的条件。通过加强资质管理，推行监理制度，制定完善标准规范和质量认证制度，严格竣工验收等工作，在市场机制作用下，为社会提供更多质量优良、造价合理的建筑产品，保证经济的高速发展。

1.3.5　建筑业行业管理的目标和内容

建筑业行业管理的主要目标是迅速提高建筑企业的技术和管理水平，全面增强整个建筑行业的素质，达到国际先进水平；迅速发展建筑业的生产力，使建筑业净产值、建筑业为国家提供的财政收入、建筑业容纳的就业人员在国民收入、国家财政收入、就业人员总量中，都能够达到一个与国民经济支柱产业相应的比重；在高效优质为国家提供经济建设需要的工业设施和满足人民生活水平提高的民用建筑方面，在扩大对外承包、为国家增加外汇收入和带动设备制造、建筑材料的出口方面发挥着重要的作用；使建筑业真正成为国民经济的支柱产业。

建筑业行业管理的内容主要包括4个方面：

1. 根据国家经济发展需要和要求，制定行业发展规划和行业政策，制定、颁发法律、法规，保证这些规划目标和政策意图的实现。

2. 对建筑市场和建筑产品实行有效的政府监督，规范市场行为，强化企业生存与发展意识，维护市场正常秩序，保护企业合法权益，创造良好的外部条件。

3. 对行业内部和各综合管理部门及其他行业管理部门的组织和协调，促进行业的发展。建筑行业的发展涉及计划、工商、司法、劳动、金融等许多综合管理部门，加强与这些部门之间的协调与配合，调整部门和行业之间的关系，解决行业发展中存在的问题，保护行业的利益，保证行业规划目标的实现，这是行业管理的职能和责任。

4. 加强对行业发展的指导与服务，推动行业的发展与进步。行业管理不直接作用于企业，但通过信息引导，对先进经验的宣传和新技术的推广，促进行业内部的交流。通过对全行业管理干部和职工培训的组织和规划，提高全行业的人员素质。

第2章 建设项目投资估算与资金时间价值

§2.1 建设项目投资构成与投资估算

2.1.1 建设项目投资费用的构成

社会的进步和发展总是与投资密切相联的，在人类所有的经济活动中，投资是其中最重要的活动之一。广义的投资是指一切为了将来的所得而事先垫付的资金及其经济行为，狭义的投资是指为建造和购置固定资产、购买和储备流动资产而事先垫付的资金及其经济行为。工程经济学中所说的投资通常是指基本建设投资，属狭义的投资，是指在工程建设活动过程中为实现预定的生产、经营目标而预先垫付的资金及其经济行为。

建筑产品是由建筑安装企业及相关单位共同劳动建造的具有生产能力或效益的固定资产。固定资产包括生产性固定资产和非生产性固定资产。生产性建设项目总投资包含固定资产投资和流动资产投资两部分。非生产性建设项目总投资仅由固定资产投资构成。

建设项目投资费用内容和费用标准随社会的发展和相关收费政策的变化而变化，其内容构成较为繁杂。根据我国现阶段建设项目投资费用的构成分析，主要建设项目的投资费用如表2.1.1所示。

表 2.1.1 建设项目投资费用构成表

序号	费用名称		组成主要内容
1	固定资产投资	工程费	建设安装工程费
			设备、工器具及生产家具购置费
2		工程建设其他费	与土地使用有关的费用
			与工程建设有关的其他费用
			与未来企业生产经营有关的其他费用
3		预备费	基本预备费
			工程造价调整预备费
4		建设期贷款利息	
5		流动资金	用于购买原材料、燃料、动力，支付职工工资和其他相关费用

投资按照费用项目性质，又分为静态投资和动态投资。静态投资是以某一基准年、月的建设要素的价格为依据所计算出的建设项目投资的瞬时值。项目基本确定后，在总投资中相对固定的部分，如建筑安装工程费用、设备和工器具购置费用、工程建设其他费用、预备费中的基本预备费等构成静态投资。动态投资是指为完成一个工程项目的建设，预计投资需要量的总和。在静态投资的基础上，再加上工程造价调整预备费、建设资金贷款利息和经营性项目铺底流动资金等费用即构成动态投资。动态投资适应了市场价格运行机制的要求，使投资的计划、估算、控制更加符合实际，符合经济运动规律。

静态投资和动态投资虽然内容有所区别，但二者具有密切联系。动态投资包含静态投资，静态投资是动态投资最主要的组成部分，也是动态投资的计算基础。静态投资估算是建设项目投资估算的基础，必须全面、准确地进行分析计算。

投资按其形成真实资产内容的不同，又可以分为固定资产投资、流动资产投资、无形资产投资及递延资产投资。

2.1.2　固定资产与固定资产投资估算

1. 固定资产的概念

固定资产是指使用年限在一年以上，单位价值在规定标准以上，并在使用过程中保持原有物质形态的资产。其特点是：从实物形态上看，固定资产能以同样的实物形态为连续多次的生产周期服务，而且在长期的使用过程中始终保持原有的物质形态。从价值形态上看，固定资产由于可以以同样的实物形态为连续多次的生产过程服务，因此固定资产的价值应当随着固定资产的使用磨损，以折旧的形式分期分批地转移到新产品的价值中去，构成新产品价值的组成部分。从资金运动来看，固定资产所占用的资金循环一次周期较长，通过折旧得到补偿与收回的部分将转化为货币资金。企业的固定资产包括使用年限在一年以上的房屋、建筑物、机械、运输设备和其他与生产经营相关的设备、器具、工具等。不属于生产经营主要设备的物品，单位价值在 2 000 元以上，使用期限超过两年的，也应作为固定资产。否则，只能算做低值易耗品。

2. 固定资产投资构成与固定资产投资估算方法

固定资产投资由工程费、工程建设其他费用和预备费三部分组成。固定资产投资估算的方法很多，采用哪种方法取决于要求达到的精确度，而投资精确度又是由投资项目研究和设计所处的不同阶段和数据资料的可靠性决定的。固定资产投资常用的估算方法有综合指标估算方法与扩大指标估算方法两大类。

（1）综合指标估算方法

综合指标估算方法是根据拟建投资项目的初步设计和相关资料，按单项工程和费用测算投资，最后汇总估算项目固定资产投资总额的一种方法。主要依据建筑安装工程定额指标、取费标准、设备材料价格以及国家相关规定等资料进行固定资产投资额估算。

第一部分：工程费

工程费是指设计范围内的建筑安装工程费和设备及工器具购置费等组成工程造价的直接费用。

1）建筑安装工程费

建筑工程费是指各类房屋建筑、一般建筑安装工程、室内外装饰装修、各类设备基础、室外构筑物、道路、绿化、铁路专用线、码头、围护等工程费。一般建筑安装工程是指建筑物(构筑物)附属的室内供水、供热、卫生、电气、燃气、通风孔、弱电设备的管道安装及线路敷设工程。

安装工程费包括专业设备安装工程费和管线安装工程费。专业设备安装工程费是指在主要生产、辅助生产、公用等单项工程中需安装的工艺、电气、自动控制、运输、供热、制冷等设备、装置及各种工艺管道安装及衬里、防腐、保温等工程费。管线安装工程费是指供电、通讯、自控等管线安装工程费。

建筑工程费估算一般可以采用以下3种方法。

①单位建筑工程投资估算法。单位建筑工程投资估算法,是以单位建筑工程量投资乘以建筑工程总量来估算建筑工程投资费用的方法。

②单位实物工程量投资估算法。单位实物工程量投资估算法,是以单位实物工程量的投资乘以实物工程总量来计算建筑工程投资费用的方法。

③概率指标投资估算法。在估算建筑工程费时,对于没有上述估算指标,或者建筑工程费占建设投资比例较大的项目,可以采用概算指标估算法。

安装工程费通常按行业相关安装工程定额、取费标准和指标估算投资。具体计算可以按安装费率、每吨设备安装费或每单位安装实物工程量的费用估算,即

$$安装工程费 = 设备原价 \times 安装费率安装工程费$$
$$= 设备吨位 \times 每吨安装费安装工程费$$
$$= 安装工程实物量 \times 安装费用指标$$

2) 设备、工具、器具的费用构成与计算

〈1〉设备购置费

设备购置费是指为工程建设项目购置或自制的达到固定资产设备标准的设备、工具器具的费用。新建项目和扩建项目的新建车间购置或自制的全部设备、工器具,不论是否达到固定资产标准,均计入设备、工器具购置费用中。设备购置费由设备原价与设备运杂费组成。

设备原价是指国产标准设备、国产非标准设备、进口设备的原价。设备运杂费是指除设备原价之外的关于设备采购、运输、途中包装及仓库保管等方面支出的费用。如果设备是由设备成套公司供应的,成套公司的服务费也应计入设备运杂费之中。

①国产设备原价

国产标准设备原价是指设备制造厂的交货价,即出厂价,或设备成套供应公司的订货合同价。该价格一般根据生产厂或供应商的询价、报价或合同价确定,或采用一定的方法计算确定。

②进口设备原价

进口设备有内陆交货价、目的地交货价和装运港交货价等三种交货方式。其中,装运港交货方式是我国进口设备采用较多的一种方式,该方式有三种交货价:装运港船上交货价(FOB),习惯称为离岸价;运费在内价(C&F);运费、保险费在内价(CIF),习惯称为到岸价。

$$\text{进口设备原价} = \text{货价(FOB)} + \text{国际运费} + \text{运输保险费} + \text{银行财务费} + \text{外贸手续费} +$$
$$\text{关税} + \text{增值税} + \text{消费税} + \text{海关监管手续费} + \text{车辆购置附加费} \qquad (2.1.1)$$

③设备运杂费

设备运杂费由运费和装卸费、包装费、设备供销部门的手续费及采购与仓库保管费等构成。

设备运杂费的计算公式为

$$\text{设备运杂费} = \text{设备原价} \times \text{设备运杂费率} \qquad (2.1.2)$$

其中,设备运杂费率按相关规定计取。

〈2〉工器具及生产家具购置费

工器具及生产家具购置费是指新建项目初步设计规定所必须购置的不够固定资产的设备、仪器、工卡模具、器具、生产家具和备品备件等的费用,其一般计算公式为

$$\text{工器具及生产家具购置费} = \text{设备购置费} \times \text{定额费率} \qquad (2.1.3)$$

第二部分:工程建设其他费用

工程建设其他费用是指上述费用以外的,根据设计文件要求和国家相关规定应在工程建设投资中支付的并列入建设项目总概算或单项工程综合概(预)算的一些费用。这类费用的特点是不属于建设项目中的任何一个工程项目,而是属于建设项目范围内的工程费用。

工程建设其他费用一般由下列内容组成:

1)与土地使用有关的费用

土地使用费是指建设项目通过土地使用权出让或划拨方式取得土地使用权,所需土地使用权出让金及土地征用及拆迁补偿费。

土地使用权出让金是指建设项目通过土地使用权出让方式取得有限期的土地使用权,依照《中华人民共和国城市房地产管理法》、《中华人民共和国土地管理法》等法规的规定,支付的土地使用权出让金。

土地征用及拆迁补偿费是指建设项目通过划拨方式取得无限期的土地使用权,依照《中华人民共和国土地管理法》等规定所支付的费用,内容包括:土地补偿费;征用耕地安置补助费;征地动迁费;水利水电工程库区淹没处理补偿费。

土地使用费的计算应根据授权单位批准的建设用地、临时用地面积,按国家、省、自治区、直辖市人民政府制定颁发的各项补偿费、安置补助费标准计算。大中型水利水电工程建设移民安置办法,按相关专业规定执行。这项费用除预备费外,不作其他费用计取的基础。

2)与工程建设相关的其他费用

①建设单位管理费

建设单位管理费是指建设项目从立项开始至竣工验收交付使用为止的建设全过程中建设单位在项目建设管理中所需费用。其内容包括:建设单位开办费;建设单位经费;临时设施费;工程监理费;工程保险费。

建设单位管理费按照单项工程费之和(包括设备、工器具购置费和建筑安装工程费用)乘以建设单位管理费费率计算。

②研究试验费

研究试验费是指为本建设项目提供或验证设计数据、资料进行必要的研究试验，按照设计规定在施工过程中必须进行试验所需的费用，以及支付科技成果、先进技术和一次性技术转让费。研究试验费不包括：应由科技三项费用（即新产品试制费、中间试验费和重要科学研究补助费）开支的项目；应由其他直接费开支的施工企业对建筑材料、构件和建筑物进行一般鉴定、检查所发生的费用及技术革新的研究试验费；应由勘察设计费、勘察设计单位的事业费或工程建设投资中开支的项目。该项费用按照设计单位根据本工程项目的需要提出的研究试验内容和要求计算。

③勘察设计费

勘察设计费是指委托勘察设计单位进行勘察设计时，按规定应支付的工程勘察设计费；为本建设项目进行可行性研究而支付的费用，以及在规定范围内由建设单位自行勘察、设计工作所需的费用。勘察设计费按国家计委颁发的工程勘察设计收费标准和相关规定计算。

④供电贴费

供电贴费是指按照国家规定建设项目应交纳的供电工程贴费、施工临时用电贴费、电力建设基金。是我国政府在特定的社会经济条件下制定的解决电力建设资金不足的临时对策。可以按国家计委批转相关部门关于供电工程收取贴费的暂行规定执行。

⑤施工机构迁移费

施工机构迁移费是指施工机构根据设计任务的需要，经相关部门决定成建制地（指公司或公司所属工程处、工区）由原驻地迁移到另一地区所发生的一次性搬迁费用。其中不包括：应由施工企业自行负担的在规定距离范围内调动施工力量以及内部平衡施工力量所发生的迁移费；由于违反工程建设程序，盲目调迁队伍所发生的迁移费；因中标而引起施工机构迁移所发生的迁移费。可以按建筑安装工程费用的百分比或类似工程预算计算。

⑥矿山巷道维修费

矿山巷道维修费是指锚喷支护巷道、木支架巷道、钢筋混凝土支架巷道建成后至移交生产前，由施工企业代管期间所发生的维修费。一般可以按国务院主管部门相关规定执行。

⑦引进技术和进口设备项目的其他费用

引进技术和进口设备项目的其他费用是指项目采用引进技术和进口设备所增加的除设备本身费用外而增加的其他费用。其费用内容包括：应聘来华的外国工程技术人员的生活费和接待费；为引进技术和进口设备项目派出人员到国外培训、进行设计联络和设备材料检验所需的差旅费、生活费和服装费等；国外设计和技术资料费、专利和技术保密费、延期或分期付款利息、进口设备材料检验费；从国外引进成套设备时，建设项目在工程建成投产前，建设单位向保险公司投保建筑工程险或安装工程险应缴付的保险费。

⑧工程监理费

工程监理费是指委托工程监理单位对工程实施监理工作所需的费用。按国家物价局、国家建设部《关于发布工程建设监理费用有关规定的通知》等文件的规定计算。

⑨工程保险费

工程保险费是指建设项目在建设期间根据需要实施工程保险所需的费用。包括工程一切险、施工机械险、第三者责任险、机动车辆保险、人身意外险等。根据不同的工程类别，分别以其建筑、安装工程费乘以建筑、安装工程保险费率计算。

3) 与未来企业生产经营相关的其他费用

①联合试运转费

联合试运转费是指新企业或新增加生产工艺过程的扩建企业在竣工前,按照设计规定的工程质量标准,进行整个车间的负荷试运转所发生的费用支出大于试运转收入的亏损部分;必要的工业炉烘炉费。该费用项目不包括应由设备安装费用开支的试运转费用。不发生试运转费的工程或试运转收入和支出可相抵消的工程,不列该费用项目。

费用内容包括:试运转所需的原料、燃料、油料和动力的消耗费用,机械使用费用,低值易耗品及其他物品的费用和施工企业参加联合试运转人员的工资等。

试运转收入包括:试运转产品销售和其他收入。

联合试运转费一般根据不同性质的项目按需要试运转车间的工艺设备购置费的百分比计算。如果收入大于支出,则规定赢余部分列入回收金额。

②生产职工培训费

生产职工培训费是指新建企业或新增生产能力的扩建企业,为保证项目在交工使用后能够发挥生产能力而进行的生产职工培训所发生的费用。其费用内容包括:自行培训或委托其他单位培训技术人员、工人和管理人员所支付的费用;生产单位为参加施工、设备安装、调试等,以及熟悉工艺流程、机器性能等需要提前进厂人员所支付的工资、工资性补贴、职工福利费、差旅交通费、劳动保护费等费用;培训人员的工资、工资性补贴、职工福利费、差旅交通费、学习费、资料费、劳动保护费等。

一般根据需要培训和提前进厂人员的人数及培训时间按生产职工培训费指标进行估算。

③办公和生活家具购置费

办公和生活家具购置费是指为保证新建、改建和扩建项目初期正常生产、使用和管理所必须购置的办公和生活家具、用具的费用。改建、扩建项目所需的办公和生活用具购置费应低于新建项目的费用。其范围包括:办公室、会议室、资料档案室、阅览室、文娱室、食堂、浴室、理发室、单身宿舍和设计规定必须建设的托儿所、卫生所、招待所、中小学校等的家具和用具费用。该项费用按照设计定员人数乘以综合指标计算。

第三部分:预备费

预备费又称不可预见费,我国现行规定的预备费包括基本预备费和工程造价调整预备费。

1) 基本预备费

基本预备费是指初步设计概算内难以预料的工程费用。其内容包括:在批准的初步设计范围内,技术设计、施工图设计以及施工过程中所增加的工程相应的费用;设计变更、局部地基处理等增加的费用;一般自然灾害造成的损失和为了预防自然灾害所采取的措施费用;办理了工程保险的项目,基本预备费可以适当降低;竣工验收时为鉴定工程质量对隐蔽工程进行必要的破损检测或挖掘的费用和修复费用。

$$预备费=(工程费+工程建设其他费)\times 基本预备费费率 \quad (2.1.4)$$

2) 工程造价调整预备费

工程造价调整预备费是指建设项目在建设期间内,对由于各种资源价格等变化引起工程造价变化的预测预留费用。其内容包括:人工、设备、材料、施工机械价差,建筑安装工程量、工程建设其他费用调整,利率、汇率调整等。

工程造价调整预备费的测算,一般根据国家规定的投资综合价格指数,依估算年份价

格水平的投资额为基数,采用复利方法计算。其计算公式为

$$E_n = F_n [(1+P)^n - 1] \tag{2.1.5}$$

式中:E_n——第 n 个施工年的价差预备费;

F_n——在建设期第 n 年的当年的投资计划额;

n——施工年度;

P——年造价指数。

(2)扩大指标估算法

对建设项目规划性质的投资估算和其他临时性质的投资估算,可以采用简便而粗略的扩大指标估算方法。

1)生产能力指数法

该方法根据已建成的、性质类似的建设项目或生产装置的投资额和生产能力及拟建项目或生产装置的能力估算拟建项目的投资额。其计算公式为

$$I_2 = I_1 \left(\frac{C_2}{C_1}\right)^n f \tag{2.1.6}$$

式中:I_1,I_2——分别为已建和拟建工程或装置的投资额;

C_1,C_2——分别为已建和拟建工程或装置的生产能力;

n——生产能力指数,根据不同类型企业的统计资料确定;

f——不同时期、不同地点的定额、单价费用变更等的调整系数。

生产能力指数 n 一般不易确定,各国目前都采用 n 的平均值,大约在 0.6 左右,故又称为"0.6 指数法"。采用增加相同设备(装置)容量扩大生产规模时,n 取 0.6~0.7;采用增加相同设备(装置)数量扩大生产规模时,n 取 0.8~1.0;高温高压的工业生产项目,n 取 0.3~0.5。

采用这种方法,计算简单、速度快,但要求类似工程的资料可靠,条件基本相同,否则误差就会加大。

2)资金周转率法

资金周转率法是一种用资金周转率来推测投资的简便方法。其计算公式为

$$I = \frac{QP}{t_r} \tag{2.1.7}$$

式中:I——拟建项目投资额;

Q——产品的年产量;

P——产品的单价;

t_r——资金周转率,$t_r = \dfrac{年销售总额}{总投资} = \dfrac{产品的年产量 \times 产品单价}{总投资}$。

拟建项目的资金周转率可以根据已建相似项目的相关数据进行估计,然后再根据拟建项目的预计产品的年产量单价,进行估算拟建项目的投资额。这种方法比较简便,计算速度快,但精度较低,可以用于第一阶段的估算。

3)朗格系数法

朗格系数法也是以设备费用为基础,乘以适当的系数来估算建设项目的费用,其计算公式为

$$I = E\left(1 + \sum K_i\right)K_n \tag{2.1.8}$$

式中：I——拟建项目的总投资；

E——拟建项目的主要设备费用；

K_i——管线、仪表、建筑物等项工程费用的估算系数；

K_n——管理费、合同费、应急费等间接费在内的总估算系数。

总建设费用 I 与主要设备费用 E 之比称为朗格系数 K_L，即

$$K_L = \left(1 + \sum K_i\right)K_n \tag{2.1.9}$$

运用朗格系数法估算投资的步骤如下：

①计算设备到达现场的费用，包括设备出厂价、陆路运费、海上运输费、装卸费、关税、保险费、采购费等。

②根据计算出的设备费乘以 1.43，即得到包括设备基础、绝热工程、油漆工程和设备安装工程的总费用 a。

③以上述计算的结果 a 再分别乘以 1.1（固体流程）、1.25（固流流程）、1.6（流体流程），即可以得到包括配套工程在内的费用 b。

④以上述计算的结果 b 再乘以 1.5，即得到该装置（或项目）的直接费 c，此时，该装置的建筑工程、电气及仪表工程等均含在直接费用中。

⑤最后以上述计算结果 c 再分别乘以 1.31（固体流程）、1.35（固流流程）、1.38（流体流程），即得到工厂的总费用 C。

假设某固体流程工厂建设的设备费用为 E_1；某固流流程工厂建设的设备费用为 E_2；某流体流程工厂建设的设备费用为 E_3，则根据上述计算程序可以分别写成

$$C_1 = E_1 \times 1.43 \times 1.1 \times 1.5 \times 1.31 = E_1 \times 3.1$$

$$C_2 = E_2 \times 1.43 \times 1.25 \times 1.5 \times 1.35 = E_2 \times 3.63$$

$$C_3 = E_3 \times 1.43 \times 1.6 \times 1.5 \times 1.38 = E_3 \times 4.74$$

该方法比较简单，但没有考虑设备规格及材质的差异，不同地区自然条件和经济条件的差异等，所以精确度不高，估算误差在 10%~15%。

4) 设备系数法

以拟建项目的设备费为基数，根据已建成的同类项目的建筑安装费和其他工程费等占设备价值的百分比，求出拟建项目建筑安装工程费和其他工程费，进而求出建设项目总投资。其计算公式为

$$C = E(1 + f_1 p_1 + f_2 p_2 + f_3 p_3 + \cdots) + I \tag{2.1.10}$$

式中：C——拟建项目投资额；

E——拟建项目设备费；

$p_1, p_2, p_3, \cdots$——已建项目中建筑安装费及其他工程费等占设备费的比重；

$f_1, f_2, f_3, \cdots$——由于时间因素引起的定额、价格、费用标准等变化的综合调整系数；

I——拟建项目的其他费用。

5) 主体专业系数法

以拟建项目中投资比重较大，并与生产能力直接相关的工艺设备投资为基数，根据已

建同类项目的相关统计资料，计算出拟建项目各专业工程（总图、土建、采暖、给排水、管道、电气、自控等）占工艺设备投资的百分比，据此求出拟建项目各专业投资，然后加总即为项目总投资。其计算公式为

$$C = E(1 + f_1 p_1 + f_2 p_2 + f_3 p_3 + \cdots) + I \tag{2.1.11}$$

式中：$p_1, p_2, p_3, \cdots$——已建项目中各专业工程费用占设备费的比重；

其他符号同前。

2.1.3 建设期贷款利息

建设期贷款利息包括向国内银行和其他非银行金融机构贷款、出口信贷、外国政府贷款、国际商业银行贷款以及在境内外发行的债券等在建设期间内应偿还的借款利息。建设期借款利息实行复利计算。

当总贷款是分年均衡发放时，建设期利息的计算可以按当年借款在年中支用考虑，即当年贷款按半年计息，上年贷款按全年计息。其计算公式为

$$q_j = \left(P_{j-1} + \frac{1}{2} A_j\right) i \tag{2.1.12}$$

式中：q_j——建设期第 j 年应计利息；

P_{j-1}——建设期第 $(j-1)$ 年末贷款累计金额与利息累计金额之和；

A_j——建设期第 j 年贷款金额；

i——年利率。

国外贷款利息的计算中，还应包括国外贷款银行根据贷款协议向贷款方以年利率的方式收取的手续费、管理费、承诺费；以及国内代理机构经国家主管部门批准的以年利率的方式向贷款单位收取的转贷费、担保费、管理费等。

2.1.4 流动资产与流动资金估算

1. 流动资产

流动资产是指可以在一年内或者超过一年的一个营业周期内变现或耗用的资产，包括现金、各种存款、短期投资、应收及预付款项、存货等。在流动资产中，现金及各种存款是企业在生产经营过程中停留于货币形态的那部分资产，该资产具有流动性大的特点。企业要进行生产经营活动，首先必须拥有一定数量的现金和各种存款，以支付劳动对象、劳动手段和活劳动方面的费用，通过生产经营过程，将劳动产品销售出去，又获得了这部分资金。存货是指企业在生产经营过程中为销售或耗用而储备的物资，如材料、燃料、低值易耗品、在产品、半成品、产成品、协作件和商品等。流动资产中存货的价值占有较大的比重，存货包括为企业销售或制造产品所耗用而储备的一切物资。其特点是不断处于销售和重置或耗用和重置之中。一般情况下，其价值一次转移，并随着产品销售的实现，被耗用的价值一次得到补偿。

经营性项目铺底流动资金是指生产经营性项目如新建工厂、公路、铁路等在竣工交付使用后，为保证在投产初期正常运营所需流动资金有可靠来源，根据国家计委的相关规定，计列该项费用。主要用于购买原材料、燃料、动力，支付职工工资和其他相关费用。

2. 流动资金投资的估算

（1）资金扩大指标估算法

资金扩大指标估算法一般可以参照同类生产企业流动资金占销售收入、经营成本、固定资产投资的比率，以及单位产量占用流动资金的比率来确定。这种方法估算的准确度不高，适用于项目建议书阶段投资估算。

①按产值或销售收入资金率进行估算。

$$流动资金额 = 年产值(或年销售收入额) \times 产值(销售收入)资金率 \quad (2.1.13)$$

②按经营成本(或总成本)资金率估算。

所谓成本资金率是指流动资金占经营成本(或总成本)的比率。由于经营成本或总成本是一项综合性指标，能反映项目的物资消耗、生产技术和经营管理水平以及自然资源赋予条件的差异等实际状况。

$$流动资金额 = 年经营成本(总成本) \times 经营成本(总成本)资金率 \quad (2.1.14)$$

③按固定资产价值资金率估算。

固定资产价值资金率是指流动资金占用固定资产投资的百分比，如化工项目流动资金约占固定资产投资的15%~20%，一般工业项目流动资金约占固定资产的5%~12%。

$$流动资金额 = 固定资产价值总额 \times 固定资产价值资金率 \quad (2.1.15)$$

④按单位产量资金率估算。

单位产量资金率是指单位产量占用流动资金的数额估算，如每吨原煤占用流动资金5元，即生产煤的单位产量资金率为5元/t。

$$流动资金额 = 年生产能力 \times 单位产量资金率 \quad (2.1.16)$$

(2) 资金分项详细估算法

资金分项详细估算法也称分项定额估算法，即指按流动资金的构成分项计算并汇总。分项估算的思路是：先按照方案各年生产运行的强度，估算出各大类的流动资产的最低需要量，汇总以后减去该年估算出的正常情况下的流动负债(应付账款)，就是该年所需的流动资金，再减去上年已注入的流动资金，就得到该年流动资金的增加额。当项目达到正常生产运行水平后，流动资金就可以不再注入。

国际上通行的流动资金估算方法是按流动资产与流动负债差额来估算的，具体估算方法见下列计算公式

$$流动资金 = 流动资产 - 流动负债 \quad (2.1.17)$$

式中
$$流动资产 = 应收账款 + 存货 + 现金$$
$$流动负债 = 应付账款 + 预收账款$$

流动资产和流动负债各项的计算公式如下

$$应收账款 = \frac{年经营成本}{周转次数} \quad (2.1.18)$$

式中
$$周转次数 = 360/最低周转天数$$

$$存货 = 外购原材料、燃料 + 在产品 + 产成品 \quad (2.1.19)$$

式中
$$外购原材料、燃料 = \frac{年外购原材料、燃料费}{周转次数}$$

$$在产品 = \frac{年外购原材料、燃料及动力费 + 年工资及福利费 + 年修理费 + 年其他制造费用}{周转次数}$$

$$产成品 = \frac{年经营成本}{周转次数}$$

$$现金 = \frac{年工资及福利费 + 年其他费用}{周转次数} \quad (2.1.20)$$

式中 年其他费用 = 制造费用 + 管理费用 + 财务费用 + 销售费用 −
以上四项中所含的工资及福利费、折旧费、
维简费、摊销费、修理费和利息支出

$$应付(预收)账款 = \frac{年外购原材料、燃料及动力费用}{周转次数} \quad (2.1.21)$$

2.1.5 无形资产与递延资产

无形资产是指没有物质实体，但却可以使拥有者长期受益的资产。无形资产是企业拥有的一种特殊权利，有助于企业取得高于一般水平的收益，主要包括专有技术、专利权、商标权、著作权、土地使用权、经营特许权、商誉权，等等。

无形资产通常有一定的有效期限，有的有规定，有的没有规定。凡有规定有效期限的，应按规定期限分期摊销；没有规定期限的无形资产可以按照不短于10年期限分期平均摊销。

递延资产是指不能全部计入当年损益，应当在以后年度内分期摊销的各项费用。递延资产包括开办费、固定资产改良支出、租入固定资产的改良支出以及摊销期限在一年以上的其他待摊费用。

（1）开办费。是指企业在筹建期内发生的各项费用，包括筹建期间人员工资、办公费、培训费、差旅费、注册登记费以及不计入固定资产和无形资产购建成本的汇兑损益和利息支出。企业发生的下列费用，不应计入开办费：应由投资者负担的费用支出；为取得各项固定资产、无形资产所发生的支出，以及应计入资产价值的汇兑损益、利息支出等。开办费应按照不短于5年的期限分期摊销。

（2）租入固定资产改良支出。是指以经营租赁方式租入的固定资产，只有使用权，没有所有权，因此企业对租入的固定资产进行改良的支出不能计入企业的固定资产，由于改良支出的数额较大，不能一次计入当期费用成本，而应作为递延资产摊销。

应当注意的是，增加租入固定资产的效用或延长使用寿命的改装、翻修、改建等支出才应计入固定资产改良支出，而安装在租入固定资产上可以移动的独立设备如暖气设备、通风设备等，不包括在租入固定资产的改良支出之内。

2.1.6 建筑产品成本的构成

成本作为一个综合性的经济指标，可以比较清楚地分析项目的经济效果，得出经济评价的结论，提供投资决策依据。

1. 工程经济中有关成本的概念

（1）固定成本与可变成本

按各种费用与产品产量的关系，可以将产品成本划分为固定成本与可变成本两部分。
固定成本是指在一定生产规模限度内不随产品产量而变动的费用，如按平均年限法计提的固定资产折旧费、行政管理费、管理人员工资费用及实行固定基本工资制的生产工人的工资等。应该指出，固定成本并非永远固定不变，固定成本的概念只在产品产量发生短期波动或经营条件发生变化而企业还来不及根据这种变化调整固定生产要素存量条件下使用。

可变成本是指产品成本中随产量变动而变动的费用,如构成产品实体的原材料、燃料、动力、实行计件工资制的工资等。

(2)经营成本

经营成本是为经济分析方便,从产品总成本中分离出来的一部分费用,是在一定时间内(通常为 1 年)由于生产和销售产品或提供劳务而实际发生的现金支出。经营成本不包括虽计入产品成本费用中,但实际没有发生现金支出的费用项目,如折旧、利息、摊销费等。

经营成本的计算公式为:

$$经营成本 = 总成本费用 - 固定资产折旧 - 计入成本的贷款利息 - 维简费 - 摊销费 \quad (2.1.22)$$

在进行工程经济分析时,必须考察特定经济系统的现金流入与流出,从前面所作的成本分析可以看出,产品的销售成本包含固定资产折旧费和部分贷款利息(国营企业流动资金贷款利息可以计入成本)。而实际上,固定资产折旧是对固定资产磨损的价值补偿,并不是真正发生的现金流出,在工程经济分析中固定资产投资是计入现金流出的,若再将折旧随成本计入现金流出,会造成现金流出的重复计入。贷款利息是使用借贷资金所要付出的代价,对于企业来说是实际的现金流出,但在评价工程项目全部投资的经济效果时,并不考虑资金的来源问题,在这种情况下不考虑贷款利息和支出。为了计算与分析的方便,将经营成本作为一项单独的现金支出项目。

2. 建筑产品要素成本

要素成本是指按生产费用的经济性质划分各种费用要素,即按制造产品时所耗费的原始形态划分,不论这些费用产生用途和发生的地点如何,只要性质相同都归为一类。国家规定的生产费用要素分为 9 项:外购材料、外购燃料、外购动力、工资、职工福利基金、折旧费、大修理基金、利息支出、其他支出(邮电费、差旅费、租赁费等)。

(1)外购原材料、燃料及动力费

外购原材料、燃料及动力费包括生产经营过程中外购的原材料、辅助材料、备品配件、半成品、燃料、动力及其他材料。

原材料、燃料和动力费用估算时要明确材料的名称、规格、单位产品的耗用量,以及单位价格,然后分别确定。

$$单位产品原材料(燃料、动力)消耗费用 = 单位产品原材料(燃料、动力)消耗定额 \times 原材料(燃料、动力)单价 \quad (2.1.23)$$

$$总的消耗费用 = 单位产品的消耗费用 \times 产品产量 \quad (2.1.24)$$

(2)工资及福利费

工资及福利费包括直接从事生产人员、管理人员和销售部门人员的工资、津贴和补贴。工资及福利费估算按全厂定员人数和年人均工资及福利标准来估算。

(3)折旧费

折旧费是指固定资产由于损耗逐渐将其价值转移到产品中去的费用。折旧费计算按所采取的固定资产折旧方法来计算。

(4)修理费

修理费包括生产单位、行政管理部门和销售部门发生的费用。修理费估算按固定资产折旧额的一定百分比来估算。

(5) 维简费

维简费估算按维简费占固定资产原值的提取率计算，提取率视项目而定。

(6) 摊销费

摊销费包括无形资产摊销费和递延资产摊销费。一般无形资产按规定期限分期摊销，没有规定期限的，按不少于10年分期摊销。递延资产中开办费按照不短于5年的期限分期摊销。

(7) 利息支出

利息支出包括长期借款利息和流动资金借款利息两部分。根据资金筹措和使用安排计划估算。

(8) 其他费用

其他费用是指总成本费用中剔除上述成本和费用以及折旧费、摊销费和利息支出后的费用，包括制造费用、管理费用和销售费用中的办公费、差旅费、运输费、保险费、工会经费、职工教育经费、土地使用费、技术转让费、咨询费、业务招待费、坏账损失和在成本费用中列支的税金、租赁费、广告费、销售服务费用等。

§2.2 资金时间价值计算

2.2.1 资金时间价值的概念

所谓资金时间价值，是指资金随着时间的推移，其数额将日益增加而发生的增值现象。货币如果采取储藏手段保存起来，不论经过多少时间，仍为同名同量货币，其金额不会发生变化。但货币如果作为社会生产资金(或资本)参与再生产过程，就有可能带来利润，即得到增值。这就说明资金随时间的推移而增值并非资金的本能。资金只有作为一种资源，投入到商品生产或流通领域的经济活动中去，随着时间的推移，由劳动者的劳动创造出剩余价值，才会使资金得到增值。因此，资金的时间价值我们可以这样定义：在商品经济条件下，一定量的资金在商品生产经营过程中，通过劳动所产生出的新的价值。

对于资金的时间价值，可以从以下两个方面来理解：

一方面，资金属于商品经济的范畴，在商品经济中，资金参与社会的再生产过程而不断地运动着，资金的运动伴随在生产与流通的过程中。由于劳动者在生产过程中创造了剩余价值，从而使资金增值，给投资者带来利润。因此，从投资者的角度来看，资金的时间价值表现为资金在运动中的增值特性。

另一方面，资金一旦用于投资，就不能用于现期消费，牺牲现期消费是为了在将来得到更多的消费。因此，从消费者的角度来看，资金的时间价值表现为牺牲现期消费的损失所应得到的必要补偿。

从投资角度来看，投资利润率、通货膨胀率、风险等因素都对资金的时间价值有所影响。利率越高，通货膨胀率越高，风险因素越大，则资金的时间价值越大。

2.2.2 资金时间价值的重要意义

1. 资金价值随时间的推移而变化是客观存在的,资金时间价值的变化有一定的规律性。只要商品生产和货币存在,就必须考虑资金的时间价值。

2. 考虑资金的时间价值,可以促使合理有效地利用建设资金,提高投资的经济效益。

过去很长一段时期,我国基本建设投资一直实行财政拨款、固定资产和流动资金无偿使用的办法。这种资金管理的办法,助长了各地区、各企业之间盲目的争投资、争项目的倾向,随意拖延施工项目工期,大量积压某些长线产品,造成资金长期占用不能流通,从而不能带来增值。在现代的生产规模和技术进步的条件下,资金的无偿使用会给国民经济带来严重的损失。因此,我国投资体制进行了改革,由过去的无偿供给制改为有偿贷款,贷款要支付利息,使人们认识到资金具有时间价值,从而推动了企业资金的周转和固定资产的利用,促进企业重视合理有效的利用资金,节约使用资金,获得较好的经济效益。

3. 考虑资金的时间价值,可以加速资金周转,提高资金利用效率。

任何一项投资方案的实施都要占用一定的资金,占用资金的数量相当重要。实现同样的目标,占用资金越少,占用时间越短,资金周转越快,其资金利用效率就越高,经济效益就越好,带来的利润就越大。因此,在建设过程中,要千方百计地缩短建设期,压缩库存贮备周期,以减少资金因处于"停滞"和"积压"状态而造成的损失,从而提高资金的使用效率。

4. 考虑资金时间价值,有利于国际贸易,为国争利。

随着我国对外经济交往的日益扩大,如何合理利用外资已成为一项很重要的课题。目前我国已加入世界贸易组织,正式进入国际市场。在国际贸易中,各国都讲求资金的时间价值。"时间就是金钱"。国外资本家在进行贸易和投资时已附加了及其苛刻的资金时间价值,因此我国要开拓国际市场,实行对外开放,从国外贷款,搞补偿贸易、合资经营等,都要考虑资金的时间价值这一极其重要的因素,才不至于吃亏。

当进行建设工程项目的技术经济分析,比较投资方案的经济效益时,不论是向国内银行贷款还是向国外银行贷款都要给付利息,根据投资使用额的多少及占用时间的长短不同,其经济效益也是不相同的。所以,在工程项目的技术经济分析中,必须考虑资金的时间价值,否则便不会得到正确的结论。

2.2.3 利息与利率

在商品社会中,当资金所有权和使用权分离时,经营者要从资金所有者那里获得借贷资金,才能开展生产经营活动,获得收益。资金所有者将资金提供给他人使用时,就丧失了使资金增值,获得收益的机会,因而有权要求得到补偿。因此,作为对资金所有者的回报,经营者应当付出一定的报酬,作为对取得其经营资金所付出的代价。这种为借贷资金所付出的代价即为利息。显然,利息并非资金增值的全部效果,因为经营者也要获取利益。但就资金所有者而言,利息即为他所借贷出的资金的增值。因此我们也可以认为,利息就是资金的时间价值。利息是在一定时期内,资金的所有者放弃资金的使用权而得到的补偿或借贷者为获得资金的使用权所付出的代价。

通常情况下,利息的多少用利率来表示。利率是指在一个计息周期内所得的利息额与借贷金额(即本金)之比,一般用百分数表示。利率是衡量资金时间价值的相对尺度。

计算利息的时间单位称为计息周期。利率根据计息周期的不同,有日利率、月利率、季利率、半年利率、年利率等。在工程经济分析中,若无特殊说明,一般均指年利率。

1. 单利计息与复利计息

利息的计算,有单利计息和复利计息两种。

单利计息只对本金计算利息,不计算利息的利息,即利息不再生息。单利计算利息的公式为

$$I_n = P \cdot i \cdot n \tag{2.2.1}$$

式中：I_n——单利利息；
P——本金；
i——利率；
n——计息周期数。

n 个计息周期后的本利和 F_n 为

$$F_n = P(1 + i \cdot n) \tag{2.2.2}$$

目前,我国的银行储蓄存款、国库券等的利息都是以单利计算的。

复利计息不仅本金要计算利息,而且先前的利息也要计息,即用本金和前期累计利息总额之和进行计算利息。亦即"利滚利"。复利计算本利和 F_n 的公式为

$$F_n = P(1 + i)^n \tag{2.2.3}$$

我国只有基本建设贷款按复利计息,西方国家的存款和贷款都是以日为计息周期计取复利的。复利计息比单利计息更能反映资金的时间价值和扩大再生产过程中资金运动的实际情况。因此,在工程经济分析中一般都采用复利计算。

复利计息按计息周期是间断还是连续,又可以分为间断复利和连续复利。若计息周期为一定的时间区间(如年、季、月等),称为间断复利;若计息周期无限缩短,则为连续复利。从理论上讲,资金是在不停的运动着的,每时每刻都通过生产和流通在增值,因而应采用连续复利计息。但是在实际经济活动中,为便于计算,一般都采用较简单的间断复利计息。

2. 名义利率与实际利率

在工程经济分析中,通常采用年利率表示利息的高低,但是在实际经济活动中,利息可以按年计算,也可以按半年、月、甚至按日计算。当利率的时间单位与计息期不一致时,就出现了名义利率和实际利率的概念。

所谓名义利率,又称挂名利率,非有效利率,名义利率等于每一计息周期的利率与每年的计息周期数的乘积。

实际利率又称有效利率,是指考虑资金的时间价值,将计息期利率计算得到的年利率。

例如,某人现在向银行存款 1 000 元,定期 1 年,月利率为 6‰,若按单利计算,则 1 年后可以获本利和为

$$F = 1\ 000 \times (1 + 12 \times 0.006) = 1\ 072(元)$$

这里,利息周期数为 12。若改为按年计息,要使本利和保持不变,则

$$P(1 + i_年) = P(1 + i_月 \times 12)$$

即
$$i_{年} = 12 \times i_{月} = 7.2\%$$

若按复利计息,则有
$$F = 1\,000 \times (1+0.006)^{12} = 1\,074.4(元)$$

当改为按年计息时,可得
$$i_{年} = 7.44\%$$

可见,由于计息方式的不同,得到的年利率也不相同。为便于分析,在经济计算中通常把按单利计息所得到的年利率称为名义利率,把按复利计息所得到的利率称为实际利率。

名义利率与实际利率之间的关系为:设名义利率为 r,一年中计息次数为 m,则一个计息周期的利率应为 $\dfrac{r}{m}$,一年后本利和为
$$F = P\left(1+\frac{r}{m}\right)^m$$

利息为
$$I = F - P = P\left(1+\frac{r}{m}\right)^m - P$$

按利率定义得实际利率 i 为
$$i = \frac{P\left(1+\dfrac{r}{m}\right)^m - P}{P} = \left(1+\frac{r}{m}\right)^m - 1$$

即名义利率与实际利率的换算公式为
$$i = \left(1+\frac{r}{m}\right)^m - 1 \tag{2.2.4}$$

当 $m=1$ 时,名义利率等于实际利率;当 $m>1$ 时,实际利率大于名义利率。

当 $m \to \infty$ 时,即按连续复利计算时,i 与 r 的关系为
$$i = \lim_{m \to \infty}\left[\left(1+\frac{r}{m}\right)^m - 1\right] = \lim_{m \to \infty}\left[\left(1+\frac{r}{m}\right)^{\frac{m}{r}}\right]^r - 1 = e^r - 1 \tag{2.2.5}$$

在进行工程方案的比较时,若各方案在一年中计息次数不同,就难以比较各方案的经济效益的优劣,这就需要将各方案计息的名义利率换算成实际利率,然后进行比较,方能得出正确的结论。

2.2.4 现金流量与现金流量图

1. 现金流量

在工程经济分析中,把某一投资活动作为一个独立系统,在计算期内,把各个时间点上实际发生的资金流出或资金流入称为现金流量。流出系统的资金称为现金流出,流入系统的资金称为现金流入,现金流入与现金流出的代数和称为净现金流量。因此,净现金流量有正有负。正值表示在一定研究周期内的净收入,负值表示在一定研究周期内的净支出。例如从企业角度对某项工程项目进行经济分析,在其经济寿命年限内,现金流出包括总投资、经营成本(销售成本减去折旧)、上缴税金、利息;现金流入包括销售收入、流动资金回收价值、工程项目的残值(以扣除清理费)。

2. 现金流量图

由于资金具有时间价值,一定量的资金必须赋予相应的时间,才能表达其确切的价值

概念。为了便于对工程项目进行经济评价和对多方案进行比较,正确反映项目方案费用、收益大小和相应发生的时间,引入现金流量图来反映系统活动的全过程。如图2.2.1所示。

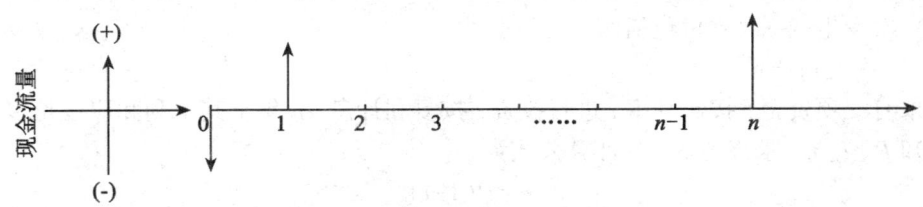

图2.2.1 现金流量图

图2.2.1中横坐标表示时间,其时间单位为计息周期,通常用年表示。时点"0"为基期,从1到n分别代表各计息期的终点。与横轴各时间点相连的垂线代表流入或流出系统的现金流量,正现金流量箭头方向向上,负现金流量箭头方向向下,箭杆长短不需要严格按比例绘制,但在箭头方向上应标明现金流量的数值。为了使问题简化和便于计算,常规定在计息周期内发生的收入和支出,如销售收入、经营成本等均发生在期末;投资发生在期初;残值回收和流动资金回收发生在寿命期末。

3. 资金等值的概念

资金等值是指在考虑资金时间价值的情况下,不同时间点的等量资金的价值并不相等,而不同时间点发生的不等量的资金则可能具有相等的价值。因此,资金等值的概念在工程经济评价中具有十分重要的作用。由这一概念出发,可以把不同时间点的现金流量在保持其经济价值不变的情况下,分别换算成同一时间点的现金流量,进行计算和比较,这一换算过程称为资金等值计算。资金等值计算为工程经济评价提供了有利的工具和基础。

在资金运动过程中,处于某一时刻的价值,称为资金的时值。计算时值的那个时间的点即称为时点。把将来某一时点的资金金额换算成现在时点的等值金额称为折现或贴现,所用的利率称为折现率或贴现率。

发生在(或折算到)某一特定时间序列起点的效益或费用,称为现值,用P表示。如图2.2.1中,各计息期终点的费用或效益,都按某一既定的折现率折算到0点年末的效益或费用称为现值。

发生在(或折算到)某一特定时间序列终点的效益或费用,称为终值、将来值或未来值,用F表示。如图2.2.1中,各计息期终点的费用或效益,都按某一既定的折现率计算到n年末的费用或效益的复利称为终值、将来值或未来值。

发生在(或折算到)某一特定时间序列各计息期末(不包括零期)的等额序列,称为等额年金,用A表示。

2.2.5 资金时间价值的计算方法

在工程经济分析中,为了考察投资项目的经济效益,必须对项目寿命周期内不同时间点上所发生的全部收益与费用进行计算和分析。不同时间点上发生的收益与费用,在考虑资金时间价值的情况下,不能简单地直接加减,而必须通过等值计算将其相关值换算到同一时间点上再进行分析。资金等值计算公式是以复利计算公式为基础的,现将主要计算公式介绍如下：

1. 一次支付类型

一次支付又称整付，是指所分析的系统的现金流量，无论是流入还是流出均在某一个时点上一次发生。一次支付包括两个计算公式：

（1）一次支付终值公式

如果有一项资金，按年利率 i 进行投资，按复利计息，n 年末其本利和应该是多少？也就是已知 P、i、n，求终值 F，其计算公式为

$$F=P(1+i)^n \tag{2.2.6}$$

一次支付终值公式的现金流量图如图 2.2.2 所示。

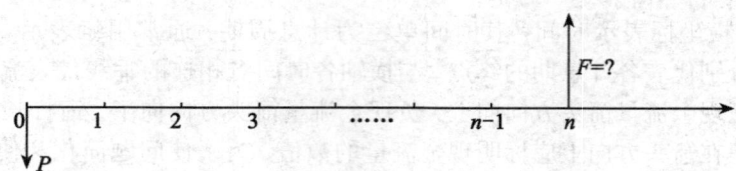

图 2.2.2　一次支付终值公式现金流量图

在公式（2.2.6）中，$(1+i)^n$ 称为一次支付终值系数，记为 $\left(\dfrac{F}{P},i,n\right)$。这样公式（2.2.6）又可以写为

$$F=P\left(\dfrac{F}{P},i,n\right)$$

例 2.2.1　假设某企业向银行贷款 100 万元，年利率为 6%，借期 5 年，试问 5 年后一次归还银行的本利和是多少？

解　由公式（2.2.6）可得

$$F=P(1+i)^n=100\times(1+6\%)^5=100\times1.338=133.8（万元）$$

或

$$F=P\left(\dfrac{F}{P},i,n\right)=100\left(\dfrac{F}{P},6\%,5\right)=100\times1.338=133.8（万元）$$

（2）一次支付现值公式

如果我们希望在 n 年后得到一笔资金 F，在年利率为 i 的情况下，现在应该投资多少？亦即已知 F、i、n，求现值 P。其计算公式为

$$P=F(1+i)^{-n} \tag{2.2.7}$$

其现金流量图如图 2.2.3 所示。

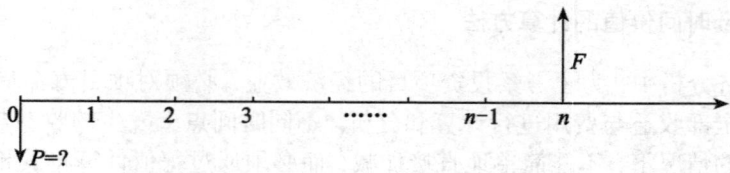

图 2.2.3　一次支付现值公式现金流量

在公式(2.2.7)中，$(1+i)^{-n}$又称为一次支付现值系数，记为$\left(\dfrac{P}{F}, i, n\right)$。一次支付现值系数与终值系数互为倒数，可以通过查表求得。因此公式(2.2.7)又可写为

$$P = F\left(\dfrac{P}{F}, i, n\right)$$

例 2.2.2　如果银行利率是 5%，为在 3 年后获得 10 000 元存款，试问现在应向银行存入多少元？

解　由公式(2.2.7)可得

$$P = F(1+i)^{-n} = 10\,000 \times (1+5\%)^{-3} = 10\,000 \times 0.863\,8 = 8\,638(元)$$

或

$$P = F\left(\dfrac{P}{F}, i, n\right) = 10\,000\left(\dfrac{P}{F}, 5\%, 3\right) = 10\,000 \times 0.863\,8 = 8\,638(元)$$

2. 等额支付类型

等额支付是指所分析的系统中现金流入与现金流出可以在多个时间点上发生，而不是集中在某一个时间点上，即形成一个序列现金流量，并且这个序列现金流量数额的大小是相等的。等额支付包括四个基本公式：

(1) 等额支付序列年金终值公式

其含义是在一个时间序列中，在利率为 i 的情况下连续在每个计息期末支付一笔等额的资金 A，求 n 年后由各年的本利和累积而成的终值 F，亦即已知 A, i, n，求 F。类似于我们平常储蓄中的零存整取。其现金流量图如图 2.2.4 所示。

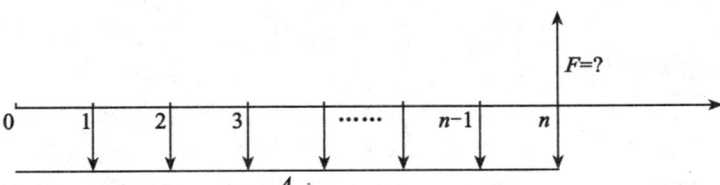

图 2.2.4　等额年金终值公式现金流量图

利用一次支付终值公式推导等额支付终值计算公式为

$$F = A + A(1+i) + A(1+i)^2 + A(1+i)^3 + \cdots + A(1+i)^{n-1}$$
$$= A[1 + (1+i) + (1+i)^2 + (1+i)^3 + \cdots + (1+i)^{n-1}]$$

利用等比数列求和公式，得

$$F = A\dfrac{(1+i)^n - 1}{i} \tag{2.2.8}$$

式(2.2.8)中 $\dfrac{(1+i)^n - 1}{i}$ 为年金终值系数，记为 $\left(\dfrac{F}{A}, i, n\right)$。则上式又可以写为

$$F = A\left(\dfrac{F}{A}, i, n\right)$$

例 2.2.3　某校为设立奖学金，每年年末向银行存入 2 万元，假设存款利率为 5%，试问第 5 年末可得到的本利和是多少？

解　由公式(2.2.8)可得

$$F = A\frac{(1+i)^n - 1}{i} = 2 \times \left[\frac{(1+5\%)^5 - 1}{5\%}\right] = 2 \times 5.526 = 11.05(万元)$$

或

$$F = A\left(\frac{F}{A}, i, n\right) = 2\left(\frac{F}{A}, 5\%, 5\right) = 2 \times 5.526 = 11.05(万元)$$

(2)偿债基金公式

其含义是为了筹集未来 n 年后需要的一笔偿债资金,在利率为 I 的情况下,求每个计息期末应等额存储的金额。亦即已知 F, i, n,求 A,类似于我们日常商业活动中的分期付款业务。其现金流量图如图2.2.5所示。其计算公式可以根据公式(2.2.8)推导得出

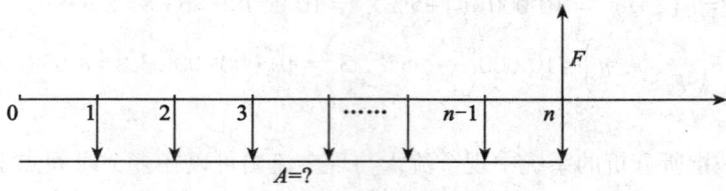

图 2.2.5　偿债基金公式现金流量图

$$A = F\frac{i}{(1+i)^n - 1} \tag{2.2.9}$$

公式(2.2.9)中 $\dfrac{i}{(1+i)^n - 1}$ 称为偿债基金系数,记为 $\left(\dfrac{A}{F}, i, n\right)$,这个值与年金终值系数互为倒数。

公式(2.2.9)又可以写为

$$A = F\left(\frac{A}{F}, i, n\right)$$

例 2.2.4　如果预计在5年后得到一笔100万元的资金,试问在年利率6%条件下,从现在起每年年末应向银行支付多少资金?

解　由公式(2.2.9)可得

$$A = F\frac{i}{(1+i)^n - 1} = 100 \times \frac{6\%}{(1+6\%)^5 - 1} = 100 \times 0.17740 = 17.74(万元)$$

或

$$A = F\left(\frac{A}{F}, i, n\right) = 100\left(\frac{A}{F}, 6\%, 5\right) = 100 \times 0.17740 = 17.74(万元)$$

(3)资金回收公式

其含义是期初一次投资数额为 P,欲在 n 年内将投资全部收回,则在利率为 i 的情况下,求每年应等额回收的资金。亦即已知 P, i, n,求 A。其现金流量图如图2.2.6所示。

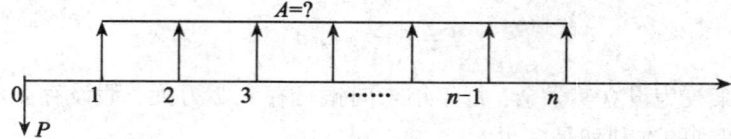

图 2.2.6　资金回收公式现金流量图

资金回收公式可以根据偿债基金公式和一次支付终值公式来推导出。即已知 $F = A\dfrac{(1+i)^n-1}{i}$，又 $P = F(1+i)^{-n}$，将 F 代入 P 可得

$$A = P\dfrac{i(1+i)^n}{(1+i)^n-1} \tag{2.2.10}$$

公式(2.2.10)中 $\dfrac{i(1+i)^n}{(1+i)^n-1}$ 称为资金回收系数，记为 $\left(\dfrac{A}{P}, i, n\right)$。因此资金回收公式(2.2.10)又可以写为

$$A = P\left(\dfrac{A}{P}, i, n\right)$$

资金回收系数是一个重要的系数。该系数的含义是对应于工程项目的单位初始投资，在项目寿命期内每年至少应该回收的金额。在工程项目经济分析中，如果对应于单位初始投资的每年的实际回收金额小于相应的资金回收金额，就表示在给定的利率 i 的条件下，在项目的寿命期内不可能将全部投资收回。

例 2.2.5 若某工程项目投资 1 000 万元，年利率为 8%，预计 5 年内全部收回，试问每年年末等额回收多少资金？

解 由公式(2.2.10)可得

$$A = P\dfrac{i(1+i)^n}{(1+i)^n-1} = 1000\left[\dfrac{8\% \times (1+8\%)^5}{(1+8\%)^5-1}\right] = 1\,000 \times 0.250\,46 = 250.46 \text{ 万元}$$

或

$$A = P\left(\dfrac{A}{P}, i, n\right) = 1\,000 \times 0.250\,46 = 250.46(\text{万元})$$

(4) 年金现值公式

其含义是在 n 年内每年等额收支一笔资金 A，则在利率为 i 的情况下，求该等额年金收支的现值总额，亦即已知 A, i, n，求 P。其现金流量图如图 2.2.7 所示。

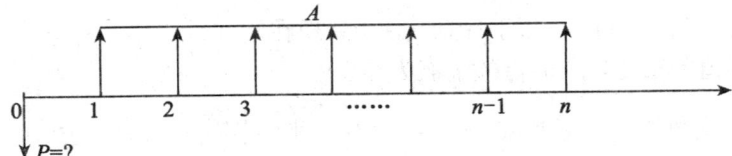

图 2.2.7 年金现值公式现金流量图

其计算公式可以由公式(2.2.10)直接导出，表示为

$$P = A\dfrac{(1+i)^n-1}{i(1+i)^n} \tag{2.2.11}$$

公式(2.2.11)中 $\dfrac{(1+i)^n-1}{i(1+i)^n}$ 称为年金现值系数，该系数恰好是资金回收系数的倒数，记为 $\left(\dfrac{P}{A}, i, n\right)$。因此公式(2.2.11)又可以写为

$$P = A\left(\frac{P}{A}, i, n\right)$$

例 2.2.6 假定预计在 5 年内,每年年末从银行提取 100 万元,试问在年利率为 6% 的条件下,现在至少应存入银行多少资金?

解 由公式(2.2.11)可得

$$P = A\frac{(1+i)^n - 1}{i(1+i)^n} = 100\left[\frac{(1+6\%)^5 - 1}{6\% \times (1+6\%)^5}\right] = 100 \times 4.212 = 421.2(万元)$$

或

$$P = A\left(\frac{P}{A}, i, n\right) = 100\left(\frac{P}{A}, 6\%, 5\right) = 100 \times 4.212 = 421.2(万元)$$

3. 计息期与支付期相同的计算

(1)计息期为一年的等值计算

计息期为一年时,实际利率与名义利率相同,可以利用等值公式直接计算。

(2)计息期小于一年的等值计算

计息期小于一年时,实际利率与名义利率不相同,要先求出计息期的实际利率后,再利用等值公式计算。

例 2.2.7 年利率 12%,每季度计息一次,从现在起每季度末支付 1 000 元,试问与其等值的第 3 年年末的将来值为多少?

解 先求出每计息期的实际利率,$i = \frac{12\%}{4} = 3\%$,$n = 4 \times 3 = 12$,由 $F = A\frac{(1+i)^n - 1}{i}$,得

$$F = 1\,000 \times \frac{(1+3\%)^{12} - 1}{3\%} = 14\,192(元)。$$

4. 计息期与支付期不相同的计算

计息期与支付期不相同的计算,通常先转换,使计息期与支付期相同后再利用等值公式进行计算。

(1)计息期短于支付期

例 2.2.8 按年利率 12%,每季计息一次,从现在起连续 3 年的等额年末借款为 1 000 元,试问与其等值的第 3 年末的借款金额为多少?

解 先求出支付期的实际利率 $i = \left(1 + \frac{r}{m}\right)^m - 1 = \left(1 + \frac{12\%}{4}\right)^4 - 1 = 12.55\%$

由 $F = A\frac{(1+i)^n - 1}{i}$,得

$$F = 1\,000 \times \frac{(1+12.55\%)^3 - 1}{12.55\%} = 3\,392(元)。$$

(2)计息期长于支付期

计息期长于支付期的等值计算,通常按如下规定进行处理:存款必须存满一个计息期时才计算利息,亦即,在计息期间存入(或借入)的款项在该期不计算利息,要到下一期才计算利息。因此,计息期间的存款或借款应放在期末,而计息期间的提款(或还款)应放在期初。

例 2.2.9 假定有某项财务活动,其现金流量如图 2.2.8 所示,试求出按季度计息的等

值将来值(假定年利率为8%)。

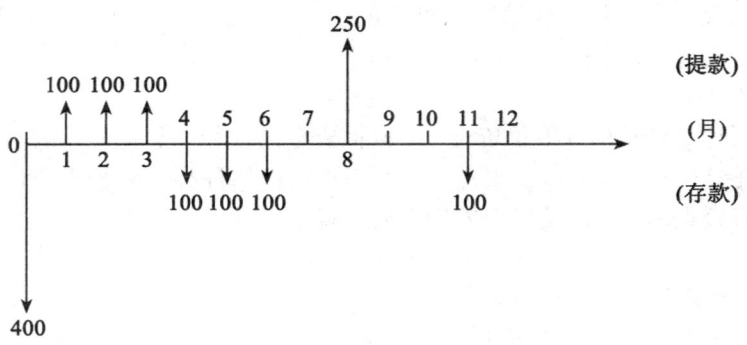

图 2.2.8 现金流量图

解 按照计算期长于支付期的等值计算处理原则,将图 2.2.8 加以整理,得到等值的现金流量图,如图 2.2.9 所示。

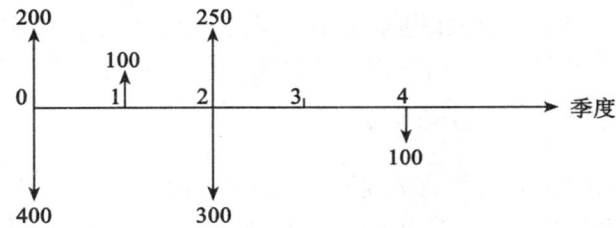

图 2.2.9 按季度计息整理后的现金流量图(单位:元)

年利率为 8%,则 $i_{季} = \dfrac{r}{m} = \dfrac{8\%}{4} = 2\%$

假定存入为正,取出为负,则按季计息的等值将来值为

$$F = (400-200) \times (1+2\%)^4 - 100 \times (1+2\%)^3 + (300-250) \times (1+2\%)^2 + 100$$
$$= 262.30$$

即:该财务活动完成后,还存有现金 262.30 元。

在建设项目经济评价中,资金筹措和还本付息方案是重要内容,为了科学地决策,必须制定资金偿还方案,供比较和选择,其中,等值概念和计算方法是关键。

§2.3 建设项目资金筹措

2.3.1 资金筹措渠道与方式

在项目管理的整个周期中,一个重要的环节就是项目的资金筹措问题。资金筹措是依据企业生产经营状况及资金现状,根据项目未来发展需要,通过对项目的估算,采用一定的方式,通过一定的渠道,向项目的投资人及债权人筹集资金,组织资金供应,以保证项目资金需要的一项理财活动。显然，资金筹措有许多种方式，项目业主单位或者其上级部门的决策者应当根据项目的具体情况和可能的资金来源，选择适合于自己项目的筹资方式。

1. 项目资金筹措渠道

资金筹措渠道是指从何处取得资金，即取得资金的途径。企业资金包括自有资金和借入资金，这类资金有着不同的来源渠道。认识筹资渠道的种类及每种渠道的特点，有利于企业充分利用筹资渠道，以满足资金筹措需要。概括地讲，资金筹措的渠道主要有以下几种：

（1）国家财政资金

国家对企业的投资，历来是国有企业，包括国有独资公司的主要资金来源。国家财政资金具有广阔的源泉和稳固的基础，今后仍然是国有独资和国家控股企业筹集资金的重要渠道。随着国家产业所有制结构调整的深入，国家财政资金将主要用于关乎国计民生和国家安全的项目方面。

（2）银行信贷资金

银行对企业的各种贷款，是各类企业重要的资金来源。银行一般分为商业银行和政策性银行。商业银行为各类企业提供商业性贷款，政策性银行主要为特定企业提供政策性贷款。银行信贷资金有居民储蓄、单位存款等经常性的资金源泉，贷款方式多种多样，可以适应各类企业的多种资金需要。

（3）非银行金融机构资金

非银行金融机构主要有信托投资公司、租赁公司、保险公司、证券公司等。这类公司有的承销证券，有的融资融物，有的为了一定的目的而集聚资金，可以为一些企业直接提供部分资金或为企业筹资提供服务。这种筹资渠道的财力比银行小，但具有广阔的发展前景。

（4）其他企业资金

企业在其生产经营过程中，往往形成部分暂时闲置资金，同时为了一定的目的也需要相互投资。这便为筹资企业提供了资金来源。

（5）企业自留资金

企业自留资金是在企业内部形成的资金，主要是通过计提折旧、提取公积金和未分配利润而形成的资金。这是企业的"自动化"筹资渠道。

（6）民间资金

企业职工和城乡居民的节余货币可以对企业进行投资，形成民间资金渠道，为企业所利用。在我国民间沉淀着大量资金，随着投资融资体制改革和产业政策、产业结构调整，民间资本渠道会越来越宽。

（7）外商资金

外商资金是外国投资者以及我国香港、澳门和台湾地区投资者投入的资金，是外商投资企业的重要资金来源。

2. 项目资金筹措方式

资金筹措方式是指如何取得资金，即取得资金的具体方法和形式。认识筹资方式的种类及特点，有利于企业选择适宜的筹资方式和最佳的筹资组合。企业的筹资方式可以归纳为以下几种：

(1) 吸收直接投资

吸收直接投资是指企业以协议等形式吸收国家、其他企业、个人和外商等直接投入资金，形成企业资金的一种筹资方式。吸收直接投资不以股票为媒介，适用于非股份制企业。是非股份制企业筹措自有资金的一种基本方式。

吸收直接投资可以有多种类型，企业可以根据相关规定选择采用，筹措所需的自有资金。可以吸收国家直接投资，主要为国家财政拨款，由此形成国家资本金；吸收企业、事业单位等法人的直接投资，由此形成法人资本金；吸收企业内部职工和城乡居民的直接投资，由此形成个人资本金；吸收外国投资者和我国港、澳、台地区投资者的直接投资，由此形成外商资本金。

(2) 发行股票

股票是股份公司为筹措自有资金而发行的有价证券，是公司发给股东作为已投资入股的证书和索取股息的凭证，是可以作为买卖对象及质押品的有价证券。股票代表股东在公司中拥有的股权。公司股东作为出资人按持有的公司的股份享有出资者的资产受益、公司重大决策和选择管理者的权利，并以其为限对公司承担责任。发行股票是股份公司筹措自有资金的基本方式。

股票按股东的权利和义务分为普通股股票和优先股股票。普通股股票是公司发行的对股东的权利、义务不加特别限制的股票。普通股股票是最基本的股票。优先股股票是公司发行的优先于普通股股东分取股利和剩余财产的股票。

(3) 银行借款

银行借款是企业根据借款合同向银行或其他金融机构借入的款项。银行借款按期限分为短期借款和长期借款。短期银行借款是指期限在一年以内的借款。我国目前短期借款的用途分为周转借款、临时借款、结算借款、贴现借款等。长期借款是指企业向银行等金融机构以及向其他单位借入的，期限在一年以上的各种借款。长期借款按提供的机构，可以分为政策性银行贷款、商业性银行和保险公司贷款。长期银行借款与短期银行借款在借款信用条件方面基本相同。

(4) 商业信用

商业信用是指商品交易中以延期付款或预收货款进行购销活动而形成信用借贷关系。商业信用是企业之间的直接信用行为。企业利用商业信用筹资的具体形式，一般包括应付账款、应付票据、预收账款。应付账款是由赊购商品形成的，这种关系完全由买方的信用来维系，是最典型、最常见的商业信用形式。应付票据可以分为带息票据和不带息票据。我国目前实务中，应付票据一般为不带息票据。对于生产周期长，成本售价高的货物，如电梯、房地产等，供货方往往向订货方预收货款，取得一定的短期资金来源。

此外企业在生产经营活动中往往还形成一些应付费用，如应付水电费、应付工资、应付税金、应付利息等。这些项目的发生受益在先，支付在后，支付期晚于发生期，故为企业形成一种自动性筹资。这些短期筹资项目通常不花费代价。

(5) 发行债券

债券是债务人为筹集借入资本而发行的，约定在一定期限内以确定的利率向债权人还本付息的有价证券。发行债券是企业筹集借入资本的重要方式。根据发行范围，债券分为国内(企业)债券、国际债券；根据能否转换为股票分为纯债券和可转换债券。

(6) 租赁筹资

租赁筹资是指出租人作为买受人与出卖人定立买卖合同，购买承租人指定的租赁物，并提供给承租人使用而获得收益的租赁方式，包括融资租赁、经营租赁、服务出租等形式。

融资租赁是租赁筹资的重要形式，融资租赁将贷款、贸易和出租三者有机地结合在一起，是一种融资与融物相结合的筹资方式。融资租赁有利于及时引进设备，加速技术改造。但融资租赁的成本相对较高。经营租赁是指出租人将自己经营的出租设备进行反复出租，直到设备报废或淘汰为止的租赁业务。服务出租主要用于车辆的租赁，即租赁公司向用户出租车辆时，还提供保养、维修、检车、处理等业务。

2.3.2 资金成本

在市场经济条件下，企业筹措和使用资金都要付出代价。资金成本就是指企业为筹集和使用资金而付出的代价。资金按照其来源分为自有资金和长期借入资金两种。因此，资金成本由资金筹措成本和资金使用成本两部分组成。资金筹措成本是指在资金筹措过程中支付的各项费用。主要包括向银行借贷的手续费；发行股票、债券而支付的各项代理发行费用，如印刷费、手续费、公证费、担保费、广告费等。资金筹措成本通常在筹措资金时一次支付，在使用资金过程中不再发生，因此筹资费用可以作为筹资金额的一项扣除，一般属于一次性费用，筹资次数越多，资金筹措成本就越大。资金使用成本又称资金占用费，是企业在投资和经营过程中因获得资金的使用和收益权而付出的费用。资金使用成本主要包括支付给股东的各种股利、向债权人支付的贷款利息，以及支付给其他债权人的各种利息费用等。资金使用成本是在资金使用过程中发生的，一般与所筹资的多少以及所筹资金的使用时间的长短有关，具有经常性、定期性支付的特征，是资金成本的主要内容。

资金成本也称资本成本，资金成本是在商品经济社会由于资金所有权和资金使用权分离而产生的，是企业理财的一个重要概念，在国际上将其列为一项"财务标准"。资金成本对于企业筹资管理，投资管理，乃至整个经营管理都有重要意义。资金成本是选择资金来源、拟订筹资方案的主要依据，也是评价投资项目可行性的主要经济指标。企业都希望以最小的资金成本获取所需要的资金数额，因此分析资金成本将有助于企业选择筹资方案，确定筹资结构以及最大限度的提高筹资的效益。

1. 资金成本计算的一般方式

资金成本可以用绝对数表示，也可以用相对数表示。为便于分析比较，资金成本一般用相对数表示，即资金使用成本与筹得的资金之比，称为资金成本率。其一般计算公式为

$$K = \frac{D}{P-F} \quad (2.3.1)$$

或

$$K = \frac{D}{P(1-f)} \quad (2.3.2)$$

式中：K——资金成本率，一般统称为资金成本；

P——筹集资金金额；

D——使用费；

F——筹资费；

f——筹资费费率，即筹资费占筹集资本总额的比率。

2. 各种资金来源的资金成本

（1）优先股成本

优先股成本是指公司发行优先股股票筹集资金需支付的发行费用，包括注册费、代销费等。优先股股利通常是固定的，其股息也要定期支付，但优先股股利是公司用税后利润来支付的，不会减少公司应上缴的所得税。因此，优先股资金成本率可以按照下式来计算

$$K_P = \frac{D_P}{P_0(1-f)} \tag{2.3.3}$$

或

$$K_P = \frac{P_0 \times i}{P_0 \times (1-f)} = \frac{i}{1-f} \tag{2.3.4}$$

式中：K_P——优先股成本率；

D_P——优先股每年股息；

P_0——优先股票面值；

i——股息率。

（2）普通股成本

由于普通股的股利往往是不固定的，因此普通股资金成本的计算方法有股利增长模型法和资本资产定价模型法。

①股利增长模型法

用股利增长模型法计算普通股成本，一般假定其收益以固定的年增长率递增，则普通股成本的计算公式为

$$K_C = \frac{D_C}{P_C(1-f)} + g = \frac{i_C}{1-f} + g \tag{2.3.5}$$

式中：K_C——普通股成本率；

P_C——普通股票总面值或市场发行总额；

D_C——普通股预计年股利额；

i_C——固定预计年股利率；

g——收益年增长率。

②资本资产定价模型法

资本资产定价模型法是根据投资者对股票的期望收益来确定资金成本的一种方法。在这种前提下，普通股成本的计算公式为

$$K_C = R_F + \beta(R_m - R_F) \tag{2.3.6}$$

式中：R_F——无风险报酬率；

β——股票的贝他系数；

R_m——平均风险股票必要报酬率。

（3）债券成本

债券的筹资费用即债券发行费用，包括申请发行债券的手续费、债券注册费、印刷费、上市费以及推销费用等。企业发行债券以后，所支付的债券利息列入企业的费用开支，因

而使企业少缴一部分所得税。债券成本中的利息虽在所得税前列支，但发行债券的筹资费用一般较高，应予以充分考虑。因此，债券成本率可以按下式计算

$$K_B = \frac{I \times (1-T)}{B_0(1-f)} \tag{2.3.7}$$

或

$$K_B = i \cdot \frac{1-T}{1-f} \tag{2.3.8}$$

式中：K_B——债券成本率；

　　　B_0——债券的票面价值；

　　　I——债券年利息总额；

　　　T——所得税税率；

　　　i——债券年利息利率。

债券的发行价格有等价、溢价、折价三种。债券利息按面额（即本金）和票面利率确定，但债券的筹资额应按具体发行价格计算，以便正确计算债券成本。如果债券是溢价或折价发行，则应将发行差额按年进行摊销，这时债券成本率计算公式为

$$K_B = \frac{\left[I + (B_0 - B_1) \times \frac{1}{n}\right](1-T)}{B_1 - F} \tag{2.3.9}$$

式中：B_1——发行价；

　　　n——债券的偿还年限；

　　　F——发行债券的筹资费。

（4）银行借款

向银行借款，企业所支付的利息和费用一般可以作为企业的费用开支，相应减少部分利润，会使企业少缴一部分所得税，因而使企业的实际支出相应减少。对每年年末支付利息、贷款期末一次全部还本的借款，其借款成本率计算公式为

$$K_g = \frac{I \times (1-T)}{G - F} = i \cdot \frac{1-T}{1-f} \tag{2.3.10}$$

式中：K_g——借款成本率；

　　　G——贷款总额；

　　　I——贷款年利息；

　　　i——贷款年利率；

　　　F——贷款费用。

（5）租赁成本

企业租入某项资产获得其使用权，需要定期支付租金，租金可以列入企业成本，减少应付所得税。因此，其租金成本率计算公式为

$$K_L = \frac{E}{P_L} \times (1-T) \tag{2.3.11}$$

式中：K_L——租赁成本率；

　　　P_L——租赁资产价值；

E——年租金额。

(6) 保留盈余成本

保留盈余又称为留存收益,其所有权属于股东,是企业资金的一种重要来源。公司的留用利润是由公司税后净利形成的,从表面上看,公司使用留用利润似乎不花费什么成本,实际上,股东愿意将其留用于公司而不作为股利取出投资于别处,总是要求与普通股等价的报酬。因此,留用利润也有成本,不过是一种机会成本。留用利润成本的确定方法与普通股成本基本相同,只是不考虑筹资费用。其计算公式为

$$K_R = \frac{D_1}{P_0} + g = i + g \tag{2.3.12}$$

式中:K_R——保留盈余成本率。

3. 平均资金成本

项目从不同来源取得的资金,其成本各不相同。由于种种条件的制约,项目不可能只从某种资金成本较低的来源筹集资金,而是各种筹资方式的有机组合。为了进行筹资和投资决策,需要计算全部资金来源的平均资金成本率。平均资金成本率通常是用加权平均来计算的,也称综合资金成本。其计算公式为

$$K = \sum \omega_i \times K_i \tag{2.3.13}$$

式中:K——平均资金成本率;

ω_i——第 i 种资金来源占全部资产的比重;

K_i——第 i 种资金来源的资金成本率。

在实际计算平均资金成本时,可以分为三个步骤进行:第一步,先计算个别资金成本;第二步,计算各资金来源在全部资产的比重;第三步,利用上述公式计算出综合资金成本。

计算各资金来源在全部资产的比重 ω_i,可以采用账面价值权数和市场价值权数。账面价值权数,可以由企业资产负债表上直接获得资料计算而得,简便易行。但若债券和股票的市场价值已严重脱离账面价值,则由此得到的权数就不具有多大的实际意义,因而在此基础上的资本综合成本不能用于指导筹资决策。市场价值权数能真实地反映公司目前的实际资本水平,有利于筹资决策。但证券的市场价格经常处于变动之中,因而不易选用。

4. 利用资金成本进行筹资方案的选择

在市场经济条件下,只有在投资项目的资金利润率高于其资金成本率时,项目才具有投资的价值。因此,在进行筹资方案的选择时,应将不同方案的平均资金成本率进行比较,在满足企业生产经营对资金需要的前提下,力求资金成本达到最低水平。

习 题 2

1. 简述建设项目投资费用构成。
2. 简述固定资产、流动资产、无形资产及递延资产的概念。
3. 简述工程经济中有关成本的概念。
4. 简述静态投资估算常用方法有几种,各有何特点?
5. 简述动态投资估算的特点。

6. 简述流动资金估算方法。

7. 简述建筑产品要素成本包含的内容。

8. 简述资金筹措渠道及方式有哪些。

9. 某套装置投资为 12 万元，前 3 年每年保养费为 1 万元，以后每年均为 1.5 万元，每年还需付出工资 2 万元，第 10 年累计收益为 40 万元。试绘出资金流量图。

10. 名义利率为 12%，每月计息 1 次，其实际利率为多少？

11. 如果实际利率为 12%，每年计息 4 次，其名义利率为多少？

12. 某银行存款月利率为 1.0%，试求年实际利率。

13. 甲银行利率为 16%，1 年计息 1 次；乙银行利率为 15%，但每月计息 1 次，假定存款时间相同，试问哪个银行利息高？各为多少？

14. 有一笔资金 10 000 元，在年利率 12%、每月计息 1 次的条件下存入银行。试问 3 年后应得多少资金？

15. 某企业获得 10 000 元贷款，偿还期为 5 年，按照 10% 的年利率计息，有四种还款方式：

(1) 每年年末偿还 2 000 元本金和所欠利息；

(2) 每年年末只付所欠利息，本金到第 5 年末一次还清；

(3) 在 4 年中每年年末还相等的款额；

(4) 在第 4 年一次付还全部本金和利息。

试分别计算每年利息、到期前欠、到期偿付、每年到期尚欠及 5 年总付款额。

16. 某项工程，今年投资 100 万元，1 年后又投资 150 万元，2 年后又投资 200 万元。投资由某银行贷款，年利率为 8%，贷款从第 3 年末开始偿还。若计划在 10 年中等额偿还银行，试问每年应偿还银行多少万元？

17. 某企业欲建立一笔专用基金，每年将一笔款项存入银行，自第 10 年起（第 10 年末），连续 3 年各提 2 万元，如果银行存款利息率为 5%，试问 10 年中每年年末应等额存入银行多少元？

18. 某化工厂从银行贷款 1200 万元，每年可以偿还 250 万元。试问在 6% 的利率下，大约需要多少年才能还清？

19. 某种机器现值为 60 000 元，估计可以用 6 年，若残值不计，每年开支包括保险、保养、燃料及润滑等费用，第 1 年需 19 000 元，以后每年递增 200 元。试问按年利率 12% 计算，其现值为多少？

20. 若某企业设备的维修费第 1 年末为 10 000 元，此后 5 年内，逐年增加 6%，又假定该企业资金的贴现率为 10%。试问该等比序列的现值、终值和等额年金各为多少？

第3章 建设项目技术经济评价

§3.1 概　　述

3.1.1 建设项目投资经济效果的基本概念

1. 经济效果

人类所从事的任何社会经济活动都有一定的目的性，而且都可以获取一定的效果，这些效果称为该项活动的劳动成果，如各种产品、服务等。但是要取得这些劳动成果必然要付出一定的代价，即必须投入一定数量的物化劳动(生产过程中消耗的生产资料)和活劳动(生产过程中劳动者体力和脑力的直接耗费)，付出的代价通常称为劳动消耗。

所谓经济效果是指人们在工程建设领域中的劳动成果与劳动消耗的比较。这种比较可以用"比率法"、"差值法"或"差值-比率法"三种方法表示。

(1)比率法：用比率法表示经济效果，就是用比值的大小来反映经济效果的高低，其数学表达式为

$$E = \frac{B}{C} \tag{3.1.1}$$

式中：E——经济效果；
B——劳动成果；
C——劳动消耗。

式(3.1.1)实际上是单位投入产出比，其比值越大越好。投入产出比可以用四种形式表示：①劳动成果和劳动消耗均以价值形态表示，如劳动成果可以用国民生产总值、国内生产总值、销售收入、利润总额等指标表示，劳动消耗可以用固定资产投资、总成本、工资总额等指标表示；②劳动成果以价值形态表示，劳动消耗以实物形态表示；③劳动成果与劳动消耗均以实物形态表示；④劳动成果以实物表示，劳动消耗以价值表示。

(2)差值法：差值法是以减法的形式表示经济效果的大小，其数学表达式为

$$E = B - C \tag{3.1.2}$$

在差值法中，无论是劳动成果还是劳动消耗，都必须用价值的形式表示，劳动成果用财政收入，销售收入等价值形态表示；劳动消耗用财政支出、成本支出等价值形态表示。计算出来的收支差额用纯收入、利润等价值形态表示，要求 $E \geq 0$，而且差额越大越好。

(3)差值—比率法：除比率法和差值法两种表示方法外，还可以将两者结合起来表示经济效果，即

$$E = \frac{B-C}{C} \tag{3.1.3}$$

式(3.1.3)反映单位消耗所创造的净收益,如每百元固定资产创造的利润等。这种表示方法综合了比率法和差值法的优点,其应用也非常广泛。

按照效果性质的不同,经济效果可以分为两大类,即生产活动领域的经济效果和非生产活动领域的经济效果;按生产和非生产领域中的不同行业又可以分为农业经济效果、冶金工业经济效果、建筑业经济效果、化学工业经济效果、邮电业经济效果、教育经济效果,等等;按其评价的立足点不同,还可以分为全国、地区、部门、企业、车间等各种不同的经济效果。

2. 工程项目投资经济效果

工程项目投资经济效果主要是指工程项目投资与形成的固定资产、生产能力、经济效益及社会效益等。工程项目投资经济效果不仅反映在工程项目建设过程中,而且反映在投产后的生产(使用)过程中。因此,工程项目投资经济效果具有两重涵义:一是表现在价值成果上,即形成固定资产和生产能力;二是表现在使用价值成果上,即项目建成后所产生的经济效益与社会效益。工程项目投资不是单纯为了形成固定资产和生产能力,所以,应把这两个方面的效果结合起来对工程项目投资经济效果进行评价。

工程项目投资经济效果包含的因素主要有:①个别工程项目的投资经济效果和整个国民经济的投资经济效果,即包括微观经济效果和宏观经济效果;②工程项目投资经济效果要统一考虑建设过程中和投产使用后两方面的效果,尤其是后者。所以,工程项目投资经济效果包括近期效果与远期效果两个方面;③工程项目投资经济效果不是用某一单个方面指标就能反映整个项目的效果的,即这种经济效果不仅反映在工程造价上,而且还反映在工程质量、建设速度上,因此,工程项目投资经济效果是一个综合的、全面的经济效果。

工程项目投资经济效果,既包含可以计量的因素,也包含不可计量的因素。对整个社会来说,工程项目投资经济效果所包含的各种因素,不是完全可以直接地用实物或货币来表示的,有的因素很难用数字来计量其经济效果。所以,评价工程项目投资经济效果时,不仅要考虑可以计量的经济效果,还要考虑那些不能直接计量的经济效果。

3. 经济效益

效果是指某种活动产生的结果,可以称之凝固的效率。经济效果反映劳动消耗转化为劳动成果的程度,实际上是人们从事经济活动的一种必然结果。这种结果可能符合社会需要,也可能不符合社会需要。

效益则是指有益的效果,即社会需要或为社会所接受的成果。经济效益反映劳动消耗转化为有用或有效的劳动成果的程度,即

$$经济效益 = \frac{有用的劳动成果}{劳动消耗} \qquad (3.1.4)$$

讲求经济效益,就是要以尽量少的活劳动消耗和物化劳动消耗,生产出更多符合社会需要的产品。在社会主义市场经济中,就是生产出更多为市场或用户所接受的产品。针对工程项目投资而言,经济效益就是指投资建设的项目,是发展国民经济和改善人民生活所需要的,也是符合市场需求的,所付出的投资是节约的。

经济效果与经济效益是两个既有联系又有区别的不同概念,不应该将其等同起来。但由于技术经济评价的预测性,这二者在许多场合往往是通用的。如在评价某项拟建工程项目的经济效益时,是假定该项目的产品适销对路,其全部劳动成果都是有效的。在这样的

情况下，经济效益和经济效果便没有区别。以后若无特别说明，就认为这两个术语可以通用。

3.1.2 建设项目经济评价

1. 建设项目经济评价的概念

建设项目经济评价的是在完成市场需求预测、厂址选择、工艺技术方案选择等可行性研究的基础上，对拟建项目投入产出的各种经济因素进行调查、研究、预测、计算及论证，运用定量分析与定性分析相结合、动态分析与静态分析相结合、宏观效益分析与微观效益分析相结合的方法，比选推荐最佳方案。

建设项目经济评价源于西方国家。我国从20世纪80年代初期开始对建设项目经济评价的理论和方法进行研究，各行业及建设银行、投资银行都先后制定了各自的评价方法。原国家计划委员会(现为国家发展和改革委员会，简称发改委)制定并颁布了《关于建设项目经济工作的若干规定》、《建设项目经济评价方法》、《中外合资经营项目经济评价方法》和《建设项目经济评价参数》等。建设项目经济评价已作为基本建设程序中的一个重要环节。

建设项目经济评价分为两个层次，即财务评价和国民经济评价。财务评价是在国家现行财税制度和价格体系的前提下，从项目的角度出发，计算项目范围内的财务效益和费用、分析项目的盈利能力和清偿能力，评价项目在财务上的可行性，属于微观经济效果评价。国民经济评价是在合理配置社会资源的前提下，从国家经济整体利益的角度出发，计算项目对国民经济的贡献，分析项目的经济效率、效果和对社会的影响，评价项目在宏观经济上的合理性。对于大中型工业项目，一般都要进行两种评价；对于费用效益计算比较简单、建设期和运营期比较短、不涉及进出口平衡等一般项目，如果财务评价的结果能够满足最终投资决策需要，也可以不进行国民经济评价。

财务评价和国民经济评价都可行的项目可以通过，反之应予以否定。国民经济评价结论不可行的项目，一般应予以否定。对某些国计民生急需的项目，若国民经济评价结论好，但财务评价不可行，可以考虑放宽条件和补贴等优惠政策使财务评价得到可行。

国民经济评价和财务评价是相互联系的，既有相同之处，又有不同之处。对于大中型工业项目，一般都要进行两种评价，相辅相成，缺一不可。

两种评价的相同之处为：①总目标都是使项目以最小的费用取得最大的效益，即使项目净效益最大。②基本分析方法都是采用现金流量分析方法求出内部收益率、净现值等评价指标，以考察项目的可行性。③依据的基础经济数据有许多是相同的(如产品销售收入，固定资产投资、流动资金，经营成本等)。

两种评价的主要区别为：①评价角度不同。财务评价从项目角度考察货币收支和盈利状况及借款偿还能力，以确定项目本身的财务可行性。国民经济评价是从国家整体角度考察项目的国民经济净效益，以考察项目的经济合理性。②效益与费用的含义及划分范围不同。财务评价是根据项目的实际收支来确定项目的效益和费用，补贴计为效益，税金和利息计为费用。国民经济评价是着眼于项目对社会提供的有用产品和服务及项目所耗费的全社会有用资源，来考察项目的效益和费用，故补贴不计为项目效益，税金和国内借款利息均不计为项目的费用。另外，财务评价只计算项目的直接效益和直接费用，国民经济评价除计算项目直接效益和直接费用外,还要考察分析间接效益和间接费用。③评价采用的价格不同。财务评价对投入物和产出物采用财务价格,国民经济评价采用比较能反映投入物和产出物真实价值的影子价格,影子价格是根据机会成本和消费者支付意愿来确定的。④评价依据的主要参数和判据不同。财务评价依据的是官方汇率,并以行业基准收益率作为主要判据。国民经济评价依据的是影子汇率,以社会折现率作为主要判据。

2. 建设项目经济评价的步骤

建设项目经济评价的主要步骤为:

(1)收集整理基础经济数据并填列辅助报表。要收集整理的主要经济数据有:①项目总投资、分年投资使用计划和资金筹措来源;递延资产和无形资产以及它们的分年摊销额;②项目投产后年生产成本;③项目投产后的年销售量和年销售收入;④项目投产后年税金;⑤项目投产后利润分配和偿还贷款计划,等等。这些数据有的来自市场预测,有的来自估算,有的根据现行财税制度和国家公布的相关参数进行计算。基础经济数据用辅助报表填列。

(2)编制相关评价基本报表。评价的基本报表包括国民经济评价和财务评价的报表。

(3)进行财务评价和国民经济评价。具体工作是计算每项评价指标,并进行投资风险分析(不确定性分析)。

(4)提出综合分析评价意见。具体工作是根据财务评价和国民经济评价的结果,综合分析项目经济效果,作出项目是否可行的结论。

3. 经济效果评价的原则

对建设项目的经济效果评价,一般应遵守以下原则:

(1)建设项目的经济评价要体现严肃性、科学性、真实性和现实性,实事求是地反映基本建设的客观情况。

(2)建设项目的经济评价必须符合国家关于经济建设的方针、政策,严格执行国家制定的各项技术经济政策和有关经济工作的各项规章制度和规定。

(3)宏观经济效益分析与微观经济效益分析相结合,以宏观经济效益分析为主。宏观经济效益是指从国家整体利益出发考察技术方案的经济效果,微观经济效益则是指从项目或企业本身利益的角度出发考察技术方案的经济效果。在多数情况下,二者是统一的,因为局部利益是全局利益的基础,全局包含局部,但有时也有矛盾。对项目进行经济评价,不仅要看项目本身获利多少,有无财务生存能力,还要考察项目的建设和经营对国民经济有多大贡献以及需要国民经济付出多大代价。现行项目经济评价方法规定,财务评价与国民经济评价结论均可行的项目才予以通过。如果财务评价结论可行,国民经济评价结论不可行,应予以否定。如果财务评价结论不可行但国民经济评价结论可行,可以进行"再设计",必要时可以提出采取经济优惠措施的建议(如减免税收等),使财务评价结论也可行。这就体现了宏观经济效益分析与微观经济效益分析相结合,宏观经济效益分析为主的原则。

(4)动态分析与静态分析相结合,以动态分析为主。传统的评价方法是以静态分析为主,不考虑投入—产出资金的时间价值,其评价指标很难反映未来时期的变动情况。应该强调,考虑资金时间因素,进行动态的价值判断,即将项目建设和生产不同时间段上资金的流入、流出折算成同一时点的价值,变成可加性函数,从而为不同项目或方案的比较提供同等的基础，这对于提高决策的科学性和准确性具有重要的作用。

（5）定量分析与定性分析相结合，以定量分析为主。经济评价的基本要求是通过效益—费用的计算，对项目建设和生产过程中诸多经济因素给出明确、综合的数量概念，从而运行经济分析和比较。现行项目经济评价方法采用的评价指标力求能正确反映项目效益和费用之间的关系，尽可能对项目或方案的优劣给出明确的数量结论，但是一个复杂的项目，总是会有一些经济因素不能量化，不能直接进行数量分析，对此则应实事求是地进行准确的定性描述。

（6）价值量分析与实物量分析相结合，以价值量分析为主。不论是财务评价还是国民经济评价，都要设立若干实物指标和价值指标。在市场经济条件下，应把投资、劳动力、信息、资源和时间等因素都量化为用货币表示的价值因素，对任何项目或方案都用具备可比性的价值量去分析，以便于项目或方案的取舍和判别。

（7）全过程效益分析与阶段效益分析相结合，以全过程效益分析为主。传统的经济评价方法重建设，轻生产，在经济评价时偏重建设期效益，忽视生产期效益，造成有些项目建成后效益低下甚至亏损。现行经济评价方法强调评价分析包括建设期和生产经营期的全过程经济效益，采用了能够反映项目整个计算期内经济效益的内部收益率、净现值等指标，并用这些指标作为判别项目取舍的依据。

（8）预测分析与统计分析相结合，以预测分析为主。现行经济评价方法强调既要以现有状况水平为基础，又要对未来情况进行科学预测，在对效益费用流入流出的时间、数额进行常规预测的同时，还要对某些不确定因素和风险进行估计，作出投资风险分析。

（9）经济效果与社会效果相结合。经济效果是可以进行定量计算其价值量大小的经济活动后果，而社会效果是指经济活动对于人口素质、伦理道德、生活质量、社会安全等方面带来的后果，一般难以计算。因此，对方案进行评价时，既要考虑其经济效果，也要考虑其社会效果。如果方案的经济效果与社会效果一致，则方案的好坏容易判断；如果两者不一致，情况就比较复杂。从当前看，应当在尽量不危害社会的前提下，依据经济效果进行评价；从长远看，则应当在可能提高经济效果的同时，以社会效果的好坏决定取舍。

4. 技术方案经济效果评价的可比条件

为了在对各项技术方案进行评价和选优时，能全面、正确地反映实际情况，必须使各方案的条件等同化，这就是所谓的"可比性问题"。由于各个方案涉及的因素是极其复杂且多样化的，不可能做到绝对的等同化，因此，在实际工作中只能做到受经济效果影响较大的主要方面达到可比性的要求。一般要求在各方案之间达到以下四个可比性要求：

（1）满足需要的可比性。技术方案的主要目的就是为了满足一定的需要。但需要的对象是多种多样的，因此从技术分析的观点来看，方案之间的比较必须具备满足相同需要或使用价值的条件，才能比较。即功能或使用价值的等同化是方案比较的共同基础。如不同建筑体系的住宅建筑可以互相比较，因为它们的功能或使用价值是等同的，但相同建筑体系的住宅和厂房之间就不具有可比性，因为它们在满足需要方面是不同的。各种技术方案一般都是以其产品数量、质量等技术经济指标来满足社会需要的，因此对满足相同需要的不同技术方案进行比较时，必须要求不同方案的产品数量和质量等指标具有可比性。当技术方案在产量不相同或效率不相同时，应通过适当方法进行修正，使之在数量上具有可比性。

(2)消耗费用的可比性。消耗费用的可比性，主要是指各种消耗费用的计算范围、计算基础的一致性，以及计算原则和方法的统一性。消耗费用的计算范围和计算基础的一致性表现为：一是应从整个社会总的全部消耗观点来综合考虑，不仅要计算实现技术方案本身直接消耗费用，还应计算与现实方案密切相关的相关部门的投资或费用；二是用系统的方法计算方案全过程的全部费用。例如计算某工厂方案的消耗费用，不仅计算该厂的建设投资费用，还应包括与之密切相关的原材料供应、加工、运输、成品储存运输等相关项目或设施所消耗的费用。计算原则和方法的统一性，主要是指采用统一的计算方法，即各项费用(如投资、生产成本等)的估算应采用相同的计算公式，采用统一的定额和取费标准等。

(3)价格的可比性。价格的可比性要求所使用的价格必须满足价格性质相当及价格的时期相当两方面的要求。价格性质相当是指技术方案计算收入或支出时使用的价格应当真实反映价格和供求关系。如在计算方案消耗时，主要自然资源及人力资源应当采用受市场调节可以真实反映其价值的市场价格或国家统一拟定的影子价格，而不应当使用国家计划调节下的、受政策因素影响的规定价格；在计算方案收益时，生产的供销售的产品也应当采用市场价格或影子价格；在进行国民经济评价时，各方案应一律采用影子价格。价格的时期相当是指各方案在计算经济效益时，应采用同一时期的价格。由于技术的进步和劳动生产率的提高，以及通货膨胀的影响，不同时期的价格标准是不一样的，各备选方案应当在相同时期的价格标准基础上，按方案的使用期适当换算，这样才能使经济效益值具有可比性。

(4)时间的可比性。时间的可比性包括两方面的内容。首先，要求各备选方案应具有统一的计算期。计算期是根据经济评价要求，考虑了方案的服务年限、国民经济需要和技术进步的影响，以及经济资料的有效期等因素后综合分析得出的，计算期不同于方案的使用寿命或服务期。如果备选方案的计算期不同，必须经过适当换算，使计算期相同后再互相比较。其次，必须考虑投入的时间先后与效益发挥的迟早对经济效果的影响。

§3.2 建设项目技术经济评价方法

在进行项目经济评价时，按是否考虑资金时间价值，可以有两种分析方法：静态分析方法和动态分析方法。不考虑资金时间价值的评价分析方法和指标为"静态"，考虑资金时间价值的评价分析方法和指标为"动态"。由于考虑了资金时间价值，动态分析决策要比静态分析决策科学。但静态分析的评价指标计算简单、直观，使用也十分方便。因此，在项目经济评价过程中，在以动态分析为主进行评价时，同时计算一些静态指标进行辅助分析。

3.2.1 静态分析方法

静态评价方法具有简捷易行、节省时间、能够较快得出评价结论的优点。但由于该方法未考虑资金时间价值带来的误差，所以不能准确地反映项目寿命期间的全面情况。因此，用静态评价方法对若干个方案进行粗略评价或对短期投资项目作经济分析，比较适宜。静态评价的指标与计算方法，主要有以下几种。

1. 单位生产能力投资

单位生产能力投资是指建设每单位生产能力所耗用的建设项目平均投资。其计算公式为

$$A = \frac{I}{Q} \tag{3.2.1}$$

式中：A——单位生产能力投资；

I——投资总额；

Q——生产能力。

单位生产能力投资主要反映投资节约效果，适用于对同类项目进行大致比较的情况。该指标值越低，表明项目经济效果越好。

2. 静态投资回收期

静态投资回收期是指在不考虑资金时间价值的条件下，以项目净收益抵偿项目全部投资（包括固定资产投资和流动资金）所需要的时间。静态投资回收期自建设开始年算起，其计算公式为

$$\sum_{t=0}^{P_t}(CI-CO)_t = 0 \tag{3.2.2}$$

式中：P_t——静态投资回收期；

CI、CO——现金流入量和现金流出量；

$(CI-CO)_t$——第 t 年的净现金流量。

静态投资回收期 P_t 是反映项目财务上投资回收能力的主要指标，通过判断初始投资得到补偿的速度快慢来评价方案的优劣。

由式(3.2.2)所求出的项目静态投资回收期 P_t 要与基准静态投资回收期 T_c 进行比较，若 $P_t \leq T_c$，认为该方案是合理的，否则，该方案不可行。T_c 是国家或相关部门制定的标准，也可以是企业自己的标准，其确定的主要依据是全社会或全行业投资回收期的平均水平，或者是企业期望的投资回收期水平。

静态投资回收期 P_t 一般是通过计算累计现金流量求得，其计算公式为

$$P_t = T - 1 + \frac{U_{T-1}}{V_T} \tag{3.2.3}$$

式中：T——累计净现金流量开始出现正值的年份数；

U_{T-1}——第 $T-1$ 年末累计净现金流量的绝对值；

V_T——第 T 年的净现金流量。

例 3.2.1 某项投资方案各年份净现金流量如表 3.2.1 所示。如果基准回收期 $T_c = 3.5$ 年，试问该项目是否可行？

表 3.2.1　　　　　　　　某项投资方案各年份净现金流量　　　　　　　　（单位：万元）

年　份	0	1	2	3	4	5	6
净现金流量	-1 500	600	400	400	300	300	300

解 由式(3.2.2)可得

$$\sum_{t=0}^{P_t}(CI-CO)_t = -1\ 500+600+400+400+300=200>0$$

由上式可知 $3<P_t<4$；再由式(3.2.3)可得

$$P_t = T-1+\frac{U_{T-1}}{V_T}=4-1+\frac{|-100|}{300}=3.3(年)$$

由于 $P_t<T_c$，故方案可以接受。

静态投资回收期指标直观、简单，表明投资需要多少年才能收回，便于为投资者衡量风险。投资者关心的是用较短的时间收回全部投资，减少投资风险。但是，该指标最大的缺点是没有反映投资回收期以后方案的情况，因而不能全面反映项目在整个寿命期内真实的经济效果，故一般用于粗略评价，需要和其他指标结合起来使用。

3. 投资收益率

投资收益率是指项目在正常生产年份的净收益与投资总额的比值。其一般计算公式为

$$R=\frac{NB}{I} \tag{3.2.4}$$

式中：R——投资收益率；

NB——正常生产年份或年平均净收益；

I——投资总额。

根据分析目的的不同，NB 可以是利润、利税总额、年净现金流入等，I 可以是全部投资额、投资者的权益投资额等，故投资收益率 R 常用的具体形式有投资利润率(又称投资效果系数)、投资利税率、资本金利润率等。

投资收益率指标主要反映投资项目的盈利能力。评价方案经济效果时，需要与本行业的平均水平(行业平均投资收益率)对比，以判别项目的盈利能力是否达到本行业的平均水平。

4. 追加投资回收期

追加投资是指不同投资方案所需资金的差额。追加投资回收期是指一个工程项目的追加投资方案利用成本的节约来回收追加投资所需的时间。其计算公式为

$$P_a=\frac{I_1-I_2}{C_2-C_1}=\frac{\Delta I}{\Delta C} \tag{3.2.5}$$

式中：P_a——追加资金投资回收期；

I_1、I_2——第一方案和第二方案的投资($I_1>I_2$)；

C_1、C_2——第一方案和第二方案的生产成本($C_2>C_1$)。

当追加投资回收期 P_a 不大于基准投资回收期 T_c 时，投资多的方案是合理的，反之则投资多的方案不可取。

运用追加投资回收期对方案进行评价时，要先按投资从小到大将方案排序，然后从投资额最小的投资方案开始，两两进行比较。每次可以选取一个较好的方案，再依次与后面的方案比较，最终能选出一个最优方案。该方法适用于对两个或多个方案的比较，有助于对采用新技术及技术改造的经济效果进行分析和评价。

例 3.2.2 某建设项目有两个方案可供选择。甲方案采用一般工艺设备，投资 4 000 万

元,年生产成本 2 000 万元;乙方案采用自动化较高的工艺设备,投资 5 500 万元,年生产成本为 1 500 万元。该部门的基准投资回收期为 4 年,试问应采用哪种方案?

解 由式(3.2.5)可得

$$P_a = \frac{I_1 - I_2}{C_2 - C_1} = \frac{5\,500 - 4\,000}{2\,000 - 1\,500} = 3 \text{(年)}$$

因为 $P_a < T_c = 4$,所以应采用乙方案。

3.2.2 动态分析法

动态分析法不仅考虑了资金的时间价值,而且考虑了项目在整个寿命期内收入与支出的全部经济数据。因此,该方法比静态分析法更全面、更科学。

1. 净现值法

所谓净现值 NPV(Net Present Value)是指在项目的经济寿命周期内,依据某一规定的基准收益率 i_c 将各期的净现金流量折算为基准期(第 0 年)的现值的代数和。利用现值进行方案评价的方法就是净现值法。净现值的计算公式为

$$\text{NPV} = \sum_{t=0}^{n} \frac{(CI - CO)_t}{(1 + i)^t} \tag{3.2.6}$$

式中:NPV——净现值;

$(CI-CO)_t$——第 t 年的净现金流;

i——折现率,一般取 i 等于基准收益率 i_c;

n——服务期年限,或经济寿命。

若将每年的收入与支出划分为均匀现金流与非均匀现金流,则式(3.2.6)又可以改写为

$$\text{NPV} = P_0 + \sum_{t=1}^{n} \frac{F_t}{(1+i)^t} + A\left[\frac{(1+i)^n - 1}{i(1+i)^n}\right] \tag{3.2.7}$$

式中:P_0——第 0 年的现金流;

F_t——第 t 年的非均匀现金流;

A——从第 1 年到第 n 年的均匀现金流。

用净现值指标评价单个方案的判别准则是:对于单个方案,当 NPV≥0 时,方案可行,应采纳该方案;当 NPV<0 时,方案不可行,应放弃该方案。

例 3.2.3 某建筑机械,可以用 150 000 元购得,净残值是 35 000 元,年净收益是 30 000元,建筑公司期望使用该机械至少 10 年,若基准收益率为 15%,试问是否购买该机械?

解 $\text{NPV} = -150\,000 + 30\,000 \times \frac{(1+0.15)^{10} - 1}{0.15 \times (1+0.15)^{10}} + \frac{35\,000}{(1+0.15)^{10}} = 9\,214.5 \text{(元)}$

由于 NPV>0,所以建筑公司可以购买该机械。

若对多个方案进行比较,各方案的经济效果应在时间上具有可比性。当对不同寿命期的各方案进行比较时,为满足时间可比性条件,应以各备选方案寿命期的最小公倍数作为进行方案比选的共同计算期,并假设各个方案均在这样一个共同的计算期内重复进行,对各个方案计算期内各年的净现金流量进行重复计算,直至与共同的计算期相等。

用净现值指标评价进行多方案比选的判别准则是：在各方案的净现值大于零的条件下进行比选，以净现值最大者作为实施方案。

例 3.2.4 有两个可供选择的设备购置方案，如表 3.2.2 所示。预定基准收益率为 15%。试确定哪个方案较优。

表 3.2.2　　　　　　　　　　设备购置与安装费及运行费用

设备购置方案	A	B
设备购置与安装费(元)	110 000	180 000
年运营费(元/年)	35 000	31 000
残值(元)	10 000	20 000
服务期(年)	6	9

解　由于两个方案的服务期不同，应以其最小公倍年限作为计算服务期。各方案的净现值为

$$NPV_A = P_0 + A\frac{(1+i)^n - 1}{i(1+i)^n} + \sum_{t=1}^{n} F_t \frac{1}{(1+i)^t}$$

$$= -110\,000 - 35\,000\frac{(1+0.15)^{18} - 1}{0.15(1+0.15)^{18}} - \frac{110\,000 - 10\,000}{(1+0.15)^6} - \frac{110\,000 - 10\,000}{(1+0.15)^{12}} + \frac{10\,000}{(1+0.15)^{18}}$$

$$= -385\,594(元)$$

$$NPV_B = P_0 + A\frac{(1+i)^n - 1}{i(1+i)^n} + \sum_{t=1}^{n} F_t \frac{1}{(1+i)^t}$$

$$= -180\,000 - 31\,000\frac{(1+0.15)^{18} - 1}{0.15(1+0.15)^{18}} - \frac{180\,000 - 20\,000}{(1+0.15)^9} + \frac{20\,000}{(1+0.15)^{18}}$$

$$= -413\,833(元)$$

由于 $NPV_A > NPV_B$，所以 A 方案较优。

在多方案比较时，若几个方案的 NPV 值都大于零且投资规模相差较大，则应进一步用净现值指数 NPVR(Net Present Value Rate)作为净现值的辅助评价指标。净现值指数是项目净现值与项目投资总额的现值之比，其含义是单位投资现值所带来的净现值。净现值指数的计算公式为

$$NPVR = \frac{NPV}{|I_P|} = \frac{\sum_{t=0}^{n}(CI - CO)_t(1+i)^{-t}}{\left|\sum_{t=0}^{n} I_t(1+i)^{-t}\right|} \tag{3.2.8}$$

式中：I_P——项目总投资的现值；
　　　I_t——第 t 年的投资。

基准收益率 i_c 是经济评价中一个非常重要的参数，是投资者对资金时间价值的最低期望值。i_c 不仅取决于资金来源的构成，而且还取决于项目未来风险的大小和通货膨胀的高低。一般应考虑以下三个方面的因素：

(1) 加权平均资本成本或投资的机会成本(用 i_1 表示)。加权平均资本成本是项目从各种渠道取得的资金所平均付出的代价。其大小取决于资金来源的构成及其各种筹资渠道的资本成本。

投资的机会成本。投资的机会成本是指投资者可以筹集到的有限资金如果不用于拟建项目而用于其他最佳投资机会所能获得的盈利。为了保证资金的最有效利用,项目的最低期望收益率既不能低于资金的机会成本,也不能低于加权平均资金成本。

基准收益率 i_c 不能低于加权平均资金成本和资金机会成本之中最高者。

(2) 风险贴补率(i_2)。对于投资项目的决策阶段而言,未来是不确定的。这种不确定性就是项目投资者所承担的风险,只有对风险给予足够的补偿时,投资者才会心甘情愿地承担风险,否则,他就会投资于无风险的银行定期存款或政府公债。风险贴补率就是对可能发生的风险损失的补偿。

(3) 年通货膨胀率(i_3)。在预期未来存在通货膨胀的情况下,如果项目的支出费用和收入金额是按预期各年的当时价格(时价)计算的,项目资金的收益已包含通货膨胀率。为使所选项目的实际收益率不低于实际期望水平,就应在真实最低期望收益率水平上,加上通货膨胀的影响。如果项目支出和收入是按不变价格计算的,就不需要考虑通货膨胀对基准收益率的影响了。

综合以上三个因素,基准收益率 i_c 可以按照下式确定

$$i_c = i_1 + i_2 + i_3 \tag{3.2.9}$$

基准收益率还可以采用资本资产定价模型法、加权平均资金成本法、典型项目模拟法和德尔菲(Delphi)专家调查法等方法进行测定。

由基准收益率的上述含义可知,所谓净现值,就是项目资金的盈利超出最低期望盈利的超额净收益。

2. 净年值法

净年值 NAV(Net Annual Value)是把项目经济寿命期中发生的净现金流量,通过基准收益率换算成项目服务期各年(从第 1 年到第 n 年)的净等额年值。净年值法就是利用净等额年值进行方案评价,净年值越大,表示项目的经济效益越好。

计算净年值时,先将一个项目的净现金流量折算成净现值,然后用等额支付序列资金回收复利系数将其换算成净年值,其计算公式为

$$\text{NAV} = \left[\sum_{t=0}^{n} \frac{(CI - CO)_t}{(1+i)^t} \right] \frac{i(1+i)^n}{(1+i)^n - 1} \tag{3.2.10}$$

式中:NAV——净现值。

若将每年的收入与支出划分为均匀现金流与非均匀现金流,则上式又可以改写为

$$\text{NAV} = \left[P_0 + \sum_{t=1}^{n} \frac{F_t}{(1+i)^t} \right] \frac{i(1+i)^n}{(1+i)^n - 1} + A \tag{3.2.11}$$

用净年值指标评价单个方案的判别准则是:若 NAV≥0,则项目在经济效果评价上是可行的;否则,项目在经济效果评价上不可行。净年值与净现值代表相同的评价尺度,但净年值法用于选择服务期不同的方案时比较方便。

例 3.2.5 某项目投资 100 万元,年净收益 50 万元,使用期为 5 年,净残值 5 万元,设基准收益率为 10%,试求其净年值。

解 $$NAV = \left[P_0 + \sum_{t=1}^{n} \frac{F_t}{(1+i)^t}\right] \frac{i(1+i)^n}{(1+i)^n - 1} + A$$

$$= \left[-100 + \frac{5}{(1+0.1)^5}\right] \frac{0.1(1+0.1)^5}{(1+0.1)^5 - 1} + 50 = 24.44(万元)$$

净年值法常用于确定设备的经济寿命。所谓设备的经济寿命是指设备在使用年限内，平均年度使用成本最低的年限。一般情况下，设备的费用主要由一次性购置费和日常维护使用费等构成。设备在使用过程中，随着使用年限的增加，一次性购置费的年摊销减少；而年维护使用费则相应增加，因此，存在着平均年度使用成本达到最低的年限。设备的年均使用成本按照下式计算

$$AC_m = \left[P_0 + \sum_{t=1}^{m} \frac{F_t}{(1+i)^t}\right] \frac{i(1+i)^m}{(1+i)^m - 1} \quad m = 1, 2, \cdots, k \tag{3.2.12}$$

式中：AC_m——设备使用为 m 年的年均成本；

P_0——设备的一次性投资；

k——设备的使用寿命。

设备的经济寿命就是与 $\max\{AC_1, AC_2, \cdots\}$ 相对应的使用年限。

例 3.2.6 某施工设备的购置费为 60 000 元，使用寿命为 7 年，各年度的使用费用和该年度报废时的残值如表 3.2.3 所示，预定利率为 4%。试计算该设备的经济寿命。

表 3.2.3 各年度的使用费用和该年度报废时的残值表

使用年数 m	1	2	3	4	5	6	7
年经营成本（元/年）	10 000	12 000	14 000	18 000	23 000	28 000	34 000
年末残值（元）	30 000	15 000	7 500	3 750	2 000	2 000	2 000

解 按照使用年限的不同，分别计算该设备相应的年均使用成本 AC_m

$m=1$ 时：$AC_1 = \left[-60\,000 - \frac{10\,000 - 30\,000}{(1+0.04)^1}\right] \frac{0.04 \times (1+0.04)^1}{(1+0.04)^1 - 1} = -42\,401(元/年)$

$m=2$ 时：$AC_2 = \left[-60\,000 - \frac{10\,000}{(1+0.04)^1} - \frac{12\,000 - 15\,000}{(1+0.04)^2}\right] \frac{0.04 \times (1+0.04)^2}{(1+0.04)^2 - 1}$

$= -35\,439(元/年)$

同理可得：

$m=3$ 时，$AC_3 = -31166$ 元/年；

$m=4$ 时，$AC_4 = -29019$ 元/年；

$m=5$ 时，$AC_5 = -28258$ 元/年；

$m=6$ 时，$AC_6 = -28231$ 元/年；

$m=7$ 时，$AC_7 = -29972$ 元/年。

由此可以确定该设备的经济寿命为 6 年。

3. 内部收益率法

内部收益率 IRR（Internal Rate of Return）是项目在经济寿命期内的净现值或净年值等

于零时的折现率。在所有的经济评价指标中,内部收益率是最重要的评价指标之一。内部收益率法就是将项目的内部收益率与基准收益率进行比较,说明其经济可行性。

若利用现值法求解内部收益率,其计算公式为

$$\mathrm{NPV} = \sum_{t=0}^{n} \frac{(CI-CO)_t}{(1+\mathrm{IRR})^t} = 0 \tag{3.2.13}$$

或

$$\mathrm{NPV} = P_0 + \sum_{t=1}^{n} \frac{F_t}{(1+\mathrm{IRR})^t} + A\left[\frac{(1+\mathrm{IRR})^n - 1}{\mathrm{IRR}(1+\mathrm{IRR})^n}\right] = 0 \tag{3.2.14}$$

式中:IRR——内部收益率。

式(3.2.14)实际上是一个关于 IRR 的 n 次多项式,一般不容易直接求解,通常采用"试算内插法"求 IRR 的近似解,其原理如图 3.2.1 所示。

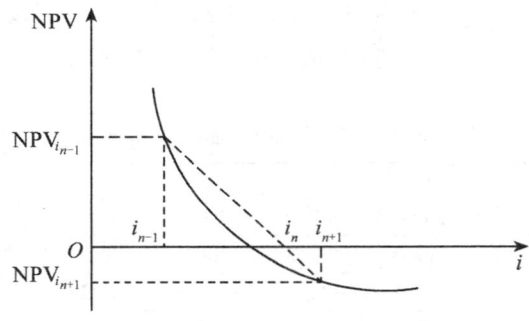

图 3.2.1 试算内插法求 IRR 图解

从图 3.2.1 可以看出,IRR 在 i_{n-1} 与 i_{n+1} 之间,用 i_n 近似代替 IRR,当 i_{n-1} 与 i_{n+1} 的距离控制在一定范围内(一般控制在 2%~5% 以内)时,就可以达到要求的精度。具体计算步骤如下:

(1)选定初始折现率值 i_{n-1}(一般可以取 i_{n-1} 为行业的基准收益率),并按照式(3.2.13)或式(3.2.14)计算相应的净现值 $\mathrm{NPV}_{i_{n-1}}$,$\mathrm{NPV}_{i_{n-1}}$ 应大于或等于零,否则,应重新选定 i_{n-1}。

(2)选定折现率值 i_{n+1}(一般应取 $i_{n+1} > i_{n-1}$,但不应大于 $i_{n-1}+5\%$),并计算相应的净现值 $\mathrm{NPV}_{i_{n+1}}$,$\mathrm{NPV}_{i_{n+1}}$ 应小于或等于零,否则,应重新选定 i_{n+1}。

(3)按照内插法计算 i_n

$$i_n = i_{n-1} + \frac{\mathrm{NPV}_{i_{n-1}}}{\mathrm{NPV}_{i_{n-1}} - \mathrm{NPV}_{i_{n+1}}}(i_{n+1} - i_{n-1}) \tag{3.2.15}$$

取

$$\mathrm{IRR} \approx i_n \tag{3.2.16}$$

设基准收益率为 i_c,用内部收益率指标 IRR 评价单个方案的判别准则是:若 IRR ≥ i_c,则项目在经济效果上可以接受,否则,该项目在经济效果上应予以否定。内部收益率法一般用于投资方案的可行性评价,确定方案经济上是否可行。该方法不宜直接用于方案的比选。

一般情况下,当 IRR > i_c 时,NPV 也会大于零,反之,当 IRR < i_c 时,NPV 也会小于零。因此,对于单个方案的评价,用内部收益率准则与净现值准则所得评价结论是一致的。

例 3.2.7 根据表 3.2.4 所列数据，计算项目的内部收益率。若 $i_c = 10\%$，试问该项目在经济效果上是否可行？

表 3.2.4　　　　　　　　　某项目的累计净现金流量及折现值

年　份	0	1	2	3	4	5	6
现金流入/万元			5000	6000	8000	8000	7500
现金流出/万元	6000	4000	2000	2500	3000	3500	3500
净现金流量/万元	−6000	−4000	3000	3500	5000	4500	4000
净现金流量折现值%/万元	−6000	−3636	2479	2630	3415	2794	2258
累计净现金流量折现值/万元	−6000	−9636	−7157	−4527	−1112	1682	3940

解　从表 3.2.4 可知，当 $i_c = 10\%$ 时，NPV = 3 940 万元，说明该项目的内部收益率 IRR > 10%。现取 $i_{n-1} = 20\%$，$i_{n+1} = 25\%$ 计算相应的 NPV 值，参见表 3.2.5。

表 3.2.5　　　　　　　　$i_{n-1}=20\%$、$i_{n+1}=25\%$ 时的累计折现值

年　份	0	1	2	3	4	5	6
净现金流量/万元	−6000	−4000	3000	3500	5000	4500	4000
20%时净现金流量折现值/万元	−6000	−3333	2083	2025	2411	1808	1340
20%时累计折现值/万元	−6000	−9333	−7250	−5225	−2814	−1006	334
25%时净现金流量折现值/万元	−6000	−3200	1920	1792	2048	1475	1049
25%时累计折现值/万元	−6000	−9200	−7280	−5488	−3440	−1965	−916

由表 3.2.5 可知当 $i_{n-1}=20\%$ 时，$\text{NPV}_{i_{n-1}}=334>0$；当 $i_{n+1}=25\%$ 时，$\text{NPV}_{i_{n+1}}=-916<0$。根据公式(3.2.15)可得

$$i_n = 20\% + \frac{334}{334-(-916)}(25\%-20\%) = 21.3\%$$

即　　　　　　　　　　IRR = 21.3%

基准收益率 $i_c = 10\%$，而该项目的内部收益率 IRR = 21.3%，因此，该项目在经济效果上是可行的。

内部收益率是项目投资的盈利率，由项目现金流量决定，反映了投资的使用效率。其经济含义是指项目寿命期内没有回收的投资盈利率。亦即，当资金投入到项目后，其回收方式是通过项目的年净收益，其中尚未回收的部分将以 IRR 的尺度增值，直到在项目寿命结束时，投资恰好被全部收回。由此可知，在项目寿命期内，项目始终处于"偿付"未被收回的投资的状况，内部收益率正是反映了项目"偿付"未被收回投资的能力。若项目属于贷款建设，则 IRR 就是项目对贷款利率的最大承受能力。

需要指出的是内部收益率计算适用于常规投资方案，否则会出现 IRR 的多个解，方案评价失效。所谓常规投资方案，是在寿命期内除建设期或投产初期的净现金流量为负值之外，其余年份均为正值，项目寿命期内净现金流量的正负号只从负到正变化一次，且所有负现金流量都出现在正现金流量之前。

由式(3.2.15)和式(3.2.16)可知,求解 IRR 的过程实际上是求关于 IRR 的 n 次多项式的根的过程。从理论上讲该多项式有 n 个根(可能是重根),但 IRR 的有效根应为正的实数根。根据笛卡儿(Descartes.R)符号规则,方程正实数根的个数不大于多项式系数符号改变的次数。因此,对于常规投资方案,内部收益率 IRR 只有唯一解。

对于非常规投资方案,也就是方案寿命期内净现金流量的正负号不止变化一次,此时就可能出现多解,这时应根据具体情况进行分析,但一般情况下,IRR 为多项式的最小根。

内部收益率法一般不直接用于多方案的比选,通常采用增量内部收益率(IRR_{A-B})指标进行比选。所谓增量内部收益率,简单说是增量净现值等于零的折现值。增量内部收益率的计算公式为

$$\Delta NPV = \sum_{t=0}^{n} \frac{(\Delta CI - \Delta CO)_t}{(1 + IRR_{A-B})^t} = 0 \qquad (3.2.17)$$

式中:ΔNPV——增量净现值;

IRR_{A-B}——增量内部收益率;

ΔCI——方案 A 与方案 B 的增量现金流入,即 $\Delta CI = CI_A - CI_B$;

ΔCO——方案 A 与方案 B 的增量现金流出,即 $\Delta CO = CO_A - CO_B$。

IRR_{A-B} 的解法与 IRR 的解法一样,都是采用"试算内插法"求解。

用增量内部收益率比选两个方案的准则是:比选方案的内部收益率 IRR 均应大于或等于基准收益率 i_c,若 $IRR_{A-B} \geq i_c$,则增量投资部分达到了规定的要求,增加投资有利,投资大的方案为优;若 $IRR_{A-B} < i_c$,则投资小的方案为优。

4. 动态投资回收期

动态投资回收期是指在考虑资金时间价值的条件下,以项目净收益抵偿项目全部投资(包括固定资产投资和流动资金)所需要的时间。动态投资回收期克服了静态投资回收期计算中未考虑资金时间价值的缺陷,是反映项目财务上投资回收能力的指标。

动态投资回收期自建设开始年计算起,其计算公式为

$$\sum_{t=0}^{P'_t} \frac{(CI - CO)_t}{(1 + i)^t} = 0 \qquad (3.2.18)$$

式中:P'_t——动态投资回收期。

用动态投资回收期指标 P'_t 评价单个方案的判别准则是:若 $P'_t \leq T'_c$,认为该方案是可行的,否则,该方案则不可行。基准动态投资回收期 T'_c 与 T_c 一样,是国家或相关部门或企业制定的标准,其确定的主要依据是全社会或全行业投资回收期的平均水平,或者是企业期望的投资回收期水平。

动态投资回收期 P'_t 一般是根据全部投资财务现金流量表中累计净现值计算求得的。表中累计净现值等于零或开始出现正值的年份,即为项目投资回收的截止年份。其计算公式为

$$P'_t = T' - 1 + \frac{U'_{T-1}}{V'_T} \qquad (3.2.19)$$

式中:T'——累计净现值开始出现正值的年份数;

U'_{T-1}——第 $T-1$ 年末累计净现值的绝对值;

V'_T——第 T 年的净现金流的折现值。

3.2.3 多方案的比较与选择

投资方案经济性评价中,采用一系列评价指标分析每个方案是否达到了标准要求,以检验其自身经济性的工作,称为绝对经济效果评价;通过方案对比确定哪一个方案相对最优,称为相对经济效果评价。实际工作中,通常存在不同技术或不同规模的多种设计方案,即存在若干个备选方案,因此,除了要进行绝对经济效果评价之外,往往还需要进行相对经济效果比较,即在多个备选方案中进行比选。

1. 备选方案及其类型

在项目投资决策过程中,通常是先制定多个备选方案,通过对方案的评价和比选,最后选定某一个方案或方案组合。多方案比选的方法与备选方案之间的类型有关。通常备选方案之间的相互关系可以分为如下四种类型:

(1)独立型方案。是指各个方案的现金流量是独立的,不具有相关性,且任一方案的采用与否都不会影响其他方案的选用。独立型方案的特点是具有"可加性"。比如个人投资,可以购买国库券,也可以购买股票,还可以购房增值等。可以选择其中一个方案,也可以选择其中两个或三个方案,方案之间的效果与选择不受影响,互相独立。

(2)互斥型方案。是指各个方案之间具有排他性,在各个方案当中只能选择一个。比如,同一地域的土地利用方案是互斥方案,是建居民住房,还是建写字楼,等等,只能选择其中之一。厂址选择问题、建设规模问题也是互斥方案的选择问题。

(3)混合型方案。是指独立型方案与互斥型方案混合的情况。比如在有限的资源制约条件下,有几个独立的投资方案,在这些独立型方案中又分别包含着若干互斥型方案,那么所有方案之间就是混合型的关系。

(4)相关型方案。是指在多个方案之间选择时,如果接受(或拒绝)某一方案,会显著改变其他方案的现金流量,或者接受(拒绝)某一方案会影响对其他方案的接受(或拒绝)。若某方案的实施要求以另一方案(或另几个方案)的实施为条件,则该方案与其他方案之间就是从属关系。汽车零件的制造厂与汽车总装厂之间显然是从属关系。

2. 互斥型方案选择

互斥型方案比选时,要求比选方案具有可比性,主要包括满足需求具有可比性,计算的时间具有可比性,计算的收益与费用的范围、口径一致,计算的价格可比。

互斥型方案的比选可以采用不同的评价指标,有许多方法,包括净现值法、净年值法和内部收益率法等。

(1)净现值法。对于非成本比较的方案,采用净现值指标比选互斥型方案时,判别准则为:净现值最大且大于零的方案为最优方案。当净现值指标用于多方案比较时,没有考虑各方案投资额的大小,不能直接反映资金的利用效率。因而在投资制约的条件下,方案净现值的大小一般不能直接评定投资额不同的方案的优劣,通常还用净现值率(NPVR)作为辅助指标。

利用净现值法比较不同寿命期的方案时,为满足时间可比性条件,应以各备选方案寿命期的最小公倍数作为进行方案比选的共同计算期,并假设各个方案均在这样一个共同的计算期内重复进行,对各个方案计算期内各年的净现金流量进行重复计算,直至与共同的计算期相等。

当互斥型方案的效果一样或者满足相同的需要时，仅需计算费用现金流，采用费用现值指标比较。其判别准则为：费用现值最小的方案为最优方案。

(2) 净年值法。对于非成本比较的方案，净年值最大且大于零的方案为最优方案。净年值指标在寿命期不等的多方案比选中有着重要的作用。当互斥方案的效果一样或者满足相同的需要时，仅需计算费用现金流，采用费用年值指标，其判别准则为：费用年值最小的方案为最优方案。

(3) 内部收益率法。如果各比选方案的内部收益率 IRR 均大于或等于基准收益率 i_c，若增量内部收益率 $IRR_{A-B} \geq i_c$，则选择投资大的 A 方案，否则选择投资小的 B 方案。投资额不等的互斥方案比选的实质是判断增量投资的经济效果。若投资额小的方案达到了标准的要求，增量投资又能带来满意的增量收益（也达到标准的要求），那么增加投资显然是有利的，投资额大的方案可以看成是投资额小的方案与增量投资方案的组合。

需要说明的是，在采用增量内部收益率法时一定要注意，IRR_{A-B} 只能说明增加投资部分的经济合理性，并不能说明全部投资的效果。因此采用该方法前，应该先对备选方案进行检验，只有可行的方案才能作为比选的对象。

3. 独立型方案选择

独立型方案的采用与否，只取决于方案自身的经济性，且不影响其他方案的采用与否。因此，在无其他制约条件的情况下，多个独立方案的比选与单一方案是相同的，即用经济效果评价标准（如现值法、净年值法和内部收益率法等）直接判别该方案是否可以接受。

独立型方案的比选，最常见的是受到资源限制的情况，如投资总量限制等。在有资源制约条件下独立方案的比选常采用"互斥方案组合法"，即将可行的方案组合列出来，每个方案组合可以看成是一个满足约束条件的互斥方案。按互斥方案的经济评价方法就可以选择一个符合评价准则的方案组合，该方案组合就是独立方案的选择结果。

例 3.2.8 现有独立方案 A、B、C 的投资分别为 100 万元、80 万元和 120 万元，计算各方案的净年值分别为 35 万元、30 万元和 40 万元。若要求资金总量不超过 250 万元，试问应如何选择方案？

解 (1) 方案组合及计算净年值。三个方案可能的组合数为 $2^3 = 8$ 种（包括不投资这一组合），各方案组合的投资及净年值计算列于表 3.2.6。

表 3.2.6　　　　　　A、B、C 的方案组合及净年值　　　　　　（单位：万元）

序号	方案组合	投资	净年值	序号	方案组合	投资	净年值
1	A	100	35	5	B+C	200	70
2	B	80	30	6	A+C	220	75
3	C	120	40	7	A+B+C	300	105
4	A+B	180	65				

(2) 选择方案。从表 3.2.6 可以看出，第 7 种方案组合的投资总额超过了资金总量 250 万元，不可行，其他 6 种方案组合均可行。在可行的 6 种方案组合中，按互斥方案选择的准则，第 6 种方案组合（A+C）为最优选择，即选择 A 方案和 C 方案组合，净年值总额为 75 万元。

上述方法要求先计算出各种方案的净现值率,再根据判别准则筛选出通过检验标准的项目,依次将这些方案按净现值率排序,最后选取接近于投资总额的项目。

4. 混合型方案选择

混合型方案其比选方法是分析各方案的类型,寻找一种组合的方案,使其净现值比任何其他的组合方式净现值都大。

混合型方案选择按以下步骤进行:

(1)按不同方案组之间互相排斥、组内方案互相独立的原则,形成所有可能的组合。
(2)组内方案筛选。
(3)在总的投资限额下,方案组之间进行比选,选出最优方案组。

5. 相关型方案选择

常见的现金流量相关型方案可以采用"互斥方案组合法"将各方案组合成互斥方案组,分别计算各组的现金流量,再按其评价方法进行评价与选择。

例 3.2.9 有 5 个投资建议方案 A_1、A_2、B_1、B_2 及 C,各方案的现金流量及净现值如表 3.2.7 所示。已知 A_1 及 A_2 互斥,B_1 及 B_2 相斥,B_1 及 B_2 都从属于 A_2,C 从属于 B_1。设定资金限额为 220 万元,试选择出最优的投资组合方案,其基准收益率为 10%。

表 3.2.7　　　　　　　　各方案的现金流量及净现值　　　　　　　　(单位:万元)

投资建议方案	现金流量					NPV/(万元)
	第0年	第1年	第2年	第3年	第4年	
A_1	-200	80	80	80	80	53.6
A_2	-120	48	48	48	48	32.2
B_1	-56	18	18	18	18	1.1
B_2	-60	20	20	20	20	3.4
C	-40	24	24	24	24	36.1

解 (1)方案组合。5 项投资方案建议共可组成 5 个互斥的投资方案组合,如表 3.2.8 所示。

表 3.2.8　　　　　　　　方案组合、投资总额及净现值

组合序号	组合方案					投资/(万元)	NPV/(万元)
	A_1	A_2	B_1	B_2	C		
1	1	0	0	0	0	200	53.6
2	0	1	0	0	0	120	32.2
3	0	1	1	0	0	176	33.3
4	0	1	0	1	0	180	35.6
5	0	1	1	0	1	216	69.4

(2)方案选择。从表 3.2.8 可以看出,第 5 个方案组合的总投资为 216 万元,净现值之和为 69.4 万元,是众多方案组合中的最优组合。

§3.3 建设项目的财务评价

3.3.1 概述

1. 财务评价的含义

财务评价应在项目财务效益与费用估算的基础上进行。财务评价的内容应根据项目的性质和目标确定。

对于经营性项目，财务评价应通过编制财务报表（包括现金流量表、利润与利润分配表、财务计划现金流量表、资产负债表和借款还本付息估算表），计算评价指标，分析项目的盈利能力、偿债能力和财务生存能力，判断项目的财务可接受性，明确项目对财务主体及投资者的价值贡献，为项目决策提供依据。

对于非经营性项目，财务评价应主要分析项目的财务生存能力。

2. 财务评价的目的

(1) 衡量项目的财务盈利能力。企业是一个自负盈亏的独立经济实体，企业负责人要对企业的经营状况负责。企业是国民经济的基本单位，企业要对国家做出贡献。项目盈利水平能否达到国家规定的基准收益率，项目清偿能力是否低于国家规定的投资回收期，能否按银行要求期限归还贷款等，不仅企业负责人关心，国家、地方各级决策部门、财政部门、贷款部门也关心。为了保证拟建项目在财务上的可行性，就要进行财务评价。

(2) 为企业制定资金规划。建设项目的实施需要多少投资，这些资金的可能来源，选择合理的筹资方案和适宜的用款计划都是财务评价要解决的问题。为了保证项目所需资金能按时提供，项目经营者、投资者和贷款部门都需知道拟建项目的投资额，并据此安排投资计划。

(3) 为协调企业和国家利益提供依据。当项目的财务效果和国民经济效果发生矛盾时，国家要用经济手段进行调节。财务分析可以通过考察价格、税收、利率等相关经济参数变动对分析结果的影响，寻找经济调节方式和幅度，使企业利益和国家利益趋于一致。对于非盈利或微利项目，如公益性项目和基础性项目，在项目决策中，为了权衡项目在多大程度上要由国家或地方政府给予必要的支持，如进行政策性的补贴或实行减免税等经济优惠政策。所有这些同样需要财务评价。

3. 财务评价的主要内容

(1) 财务效益和费用的识别和计算。企业财务效益和费用都是具体体现在每一个项目上的，因此，正确识别项目的财务效益和费用应以项目为界，以是否属于项目的直接收入和支出为划定标准。项目的财务效益主要表现为生产经营的产品销售收入、各种补贴、固定资产余值和流动资金回收；财务费用主要表现为建设项目的总投资、经营成本、税金等。在计算效益和费用的价值量时，财务评价所采用的价格应以能反映项目产出物和投入物对企业财务的实际货币收支效果为原则选定。因此，所采用的价格应是项目企业财务活动中使用的实际价格，即投入物和产出物的现行价格或计划销售价格。

(2) 财务报表的编制。在项目财务效益和费用的识别和计算的基础上，可以进行项目财务报表的编制，其中包括基本报表和辅助报表。基本报表包括现金流量表、利润与利润分配表、财务计划现金流量表、资产负债表和借款还本付息估算表等。辅助报表包括建设投资估算表、建设期利息估算表、流动资金估算表、项目总投资使用计划与资金筹措表、营业收入、营业税金及附加和增值税估算表、总成本费用估算表等。

(3)财务评价指标的计算和评价。根据财务报表可以计算出各种财务评价指标。通过与评价标准对比分析,即可对项目的盈利能力、清偿能力和财务生存能力等财务状况做出评价,判断项目的财务可行性。

4. 财务评价的工作步骤

(1)收集、预测财务分析的基础数据。首先熟悉拟建项目的基本情况,如建设目的及意义、建设条件、投资环境等,在此基础上收集、预测财务分析的基础数据。这些数据包括项目投资、生产成本、利润、税金等的估算数,然后将所得数据编制成辅助财务报表。

(2)编制基本财务报表。在收集、预测财务分析的基础数据及辅助财务报表基础上,分别编制反映项目盈利能力、清偿能力和财务生存能力的基本财务报表。

(3)计算各项评价指标并进行财务状况评价。根据基本财务报表计算各项评价指标,并分别与对应的评价标准进行对比,做出项目的财务状况评价。

(4)进行不确定性分析。通过不确定性分析包括盈亏平衡分析、敏感性分析及概率分析等。

3.3.2 财务评价的基础数据

1. 生产规模与产品品种方案。生产规模与产品品种方案必须通过市场调查(国内和国外),各种产品的供求情况的分析,以及对未来发展趋势作出的有根据的预测才能确定。

2. 销售收入。计算销售收入时,假设生产出来的产品全部售出,销售量等于生产量。销售价格采用经市场预测的出厂价格,也可以根据需要采用送达用户的价格或离岸价。

3. 总投资估算及资金筹措资料。包括固定资产投资估算和流动资金估算;按资金来源的分项构成及总投资的分年度使用计划;资金筹措方案及贷款条件,包括贷款利率及偿还条件(偿还方式及偿还时间)。

4. 产品成本费用。包括总成本和单位生产成本;固定资产折旧;维简费;借款利息等费用的估算。维简费就是维持简单再生产的费用。与一般固定资产(如设备、厂房等)不同,矿山、油井、天然气和森林等自然资源是一种特殊资产,其资产的价值是随着已完成的采掘与采伐量而减少。我国自20世纪60年代以来,对于这类资产不提折旧,而是按照生产产品数量(采矿按每吨原矿产量,林区按每立方米原木产量)计提维持简单再生产费。

5. 职工人数、工资及福利费。

6. 项目实施进度。包括项目建设时间及投产、达到设计生产能力进度。

7. 财会、金融、税务及其他相关规定。从1994年1月1日起,我国开始实行以增值税为基础的新的流转税制。新增值税制是实行价外计税的形式,因此,项目成本计算中剔除了增值税额因素,使项目成本不受增值额的影响,同时,产品销售额也不含增值税,从而增值税与利润之间不再存在彼此消长的联系,无论税负如何变化,对项目利润均不会产生影响,亦即增值税是由最终消费者负担,并不增加项目的实际负担。因此,按是否包括增值税,基本报表可以归纳为两种处理方法。两种方法的计算结果完全相同。两种方法相比,含税计算方法如实地反映了增值税通过价格附加的形式全部转嫁给产品用户的过程。然而,从财务评价的主要功能来看,不含增值税计算方法是一种更简便可行的方法。

3.3.3 财务评价的基本报表

财务评价的基本报表包括现金流量表、利润与利润分配表、财务计划现金流量表、资产负债表和借款还本付息估算表。

1. 现金流量表

现金流量表是用以反映项目计算期内各年的现金流入和现金流出的表格,用以计算各种动态和静态的评价指标,进行项目盈利能力分析。现金流量表可以分为项目投资现金流量表、项目资本金现金流量表和投资各方现金流量表。

(1)项目投资现金流量表,参见表3.3.1。用于计算项目投资内部收益率及净现值等财务评价指标。

表 3.3.1　　　　　　　　项目投资现金流量表　　　　　　(单位:万元(人民币))

序号	项目	合计	计算期					
			1	2	3	4	…	n
1	现金流入							
1.1	营业收入							
1.2	补贴收入							
1.3	回收固定资产余值							
1.4	回收流动资金							
2	现金流出							
2.1	建设投资							
2.2	流动资金							
2.3	经营成本							
2.4	营业税金及附加							
2.5	维持运营投资							
3	所得税前净现金流量(1-2)							
4	累计所得税前净现金流量							
5	调整所得税							
6	所得税后净现金流量(3-5)							
7	累计所得税后净现金流量							

计算指标:
　　项目投资财务内部收益率(%)(所得税前)
　　项目投资财务内部收益率(%)(所得税后)
　　项目投资财务净现值(所得税前)($i_c=$　　%)
　　项目投资财务净现值(所得税后)($i_c=$　　%)
　　项目投资回收期(年)(所得税前)
　　项目投资回收期(年)(所得税后)

注:1.本表适用于新设法人项目与既有法人项目的增量和"有项目"的现金流量分析。
　　2.调整所得税为以息税前利润为基数计算的所得税,区别于"利润与利润分配表"、"项目资本金现金流量表"和"财务计划现金流量表"中的所得税。

(2) 项目资本金现金流量表，参见表3.3.2。用于计算项目资本金财务内部收益率。

表 3.3.2　　　　　　　　　　项目资本金现金流量表　　　　　　（单位：万元(人民币)）

序号	项　　目	合计	计　算　期					
			1	2	3	4	…	n
1	现金流入							
1.1	营业收入							
1.2	补贴收入							
1.3	回收固定资产余值							
1.4	回收流动资金							
2	现金流出							
2.1	项目资本金							
2.2	借款本金偿还							
2.3	借款利息支付							
2.4	经营成本							
2.5	营业税金及附加							
2.6	所得税							
2.7	维持运营投资							
3	净现金流量(1-2)							

计算指标：
资本金财务内部收益率(%)：

注：1. 项目资本金包括用于建设投资、建设期利息和流动资金的资金。
　　　2. 对外商投资项目，现金流出中应增加职工奖励及福利基金科目。
　　　3. 本表适用于新设法人项目与既有法人项目"有项目"的现金流量分析。

(3) 投资各方现金流量表，参见表3.3.3。用于计算投资各方内部收益率。

表 3.3.3　　　　　　　　　　投资各方现金流量表　　　　　　（单位：万元(人民币)）

序号	项　　目	合计	计　算　期					
			1	2	3	4	…	n
1	现金流入							
1.1	实分利润							
1.2	资产处置收益分配							
1.3	租赁费收入							
1.4	技术转让或使用收入							
1.5	其他现金流入							
2	现金流出							
2.1	实缴资本							
2.2	租赁资产支出							
2.3	其他现金流出							
3	净现金流量(1-2)							

计算指标：
投资各方财务内部收益率(%)

2. 利润与利润分配表

利润与利润分配表参见表 3.3.4。该表反映项目计算期内各年的营业收入、总成本费用、利润总额等情况,以及所得税后利润的分配,用于计算总投资收益率、项目资本金净利润率等指标。

表 3.3.4　　　　　　　　　　利润与利润分配表　　　　　　　（单位:万元(人民币))

序号	项　　目	合计	计算期				
			1	2	3	4	…	n
1	营业流入							
2	营业税金及附加							
3	总成本费用							
4	补贴收入							
5	利润总额(1-2-3+4)							
6	弥补以前年度亏损							
7	应纳税所得额(5-6)							
8	所得税							
9	净利润(5-8)							
10	期初未分配利润							
11	可供分配的利润(9+10)							
12	提取法定盈余公积金							
13	可供投资者分配的利润(11-12)							
14	应付优先股股利							
15	提取任意盈余公积金							
16	应付普通股股利(13-14-15)							
17	各投资方利润分配: 　　其中:××方 　　　　××方							
18	未分配利润(13-14-15-17)							
19	息税前利润(利润总额+利息支出)							
20	息税折旧摊销前利润(息税前利润+折旧+摊销)							

3. 财务计划现金流量表

财务计划现金流量表见表 3.3.5。该表反应项目计算期各年的投资、融资及经营活动的现金流入和流出,用于计算累计盈余资金,分析项目的财务生存能力。

表 3.3.5　　　　　　　　财务计划现金流量表　　　　　　（单位：万元(人民币)）

序号	项目	合计	计算期					
			1	2	3	4	…	n
1	经营活动净现金流量(1.1-1.2)							
1.1	现金流入							
1.1.1	营业收入							
1.1.2	增值税销项税额							
1.1.3	补贴收入							
1.1.4	其他流入							
1.2	现金流出							
1.2.1	经营成本							
1.2.2	增值税进项税额							
1.2.3	营业税金及附加							
1.2.4	增值税							
1.2.5	所得税							
1.2.6	其他流出							
2	投资活动净现金流量(2.1-2.2)							
2.1	现金流入							
2.2	现金流出							
2.2.1	建设投资							
2.2.2	维持运营投资							
2.2.3	流动资金							
2.2.4	其他流出							
3	筹资活动净现金流量(3.1-3.2)							
3.1	现金流入							
3.1.1	项目资本金投入							
3.1.2	建设投资借款							
3.1.3	流动资金借款							
3.1.4	债券							
3.1.5	短期借款							
3.1.6	其他流入							
3.2	现金流出							
3.2.1	各种利息支出							
3.2.2	偿还债务本金							
3.2.3	应付利润(股利分配)							
3.2.4	其他流入							
4	净现金流量(1+2+3)							
5	累计盈余资金							

4. 资产负债表

资产负债表见表 3.3.6。该表用于综合反映项目计算期内各年年末资产、负债和所有者权益的增减变化及对应关系，计算资产负债率。

表 3.3.6　　　　　　　　　　资产负债表　　　　　　（单位：万元(人民币)）

序号	项目	计算期					
		1	2	3	4	…	n
1	资产						
1.1	流动资产总额						
1.1.1	货币资金						
1.1.2	应收账款						
1.1.3	预付账款						
1.1.4	存货						
1.1.5	其他						
1.2	在建工程						
1.3	固定资产净值						
1.4	无形及其他资产净值						
2	负债及所有者权益(2.4+2.5)						
2.1	流动负债总额						
2.1.1	短期借款						
2.1.2	应付账款						
2.1.3	预收账款						
2.1.4	其他						
2.2	建设投资借款						
2.3	流动资金借款						
2.4	负债小计(2.1+2.2+2.3)						
2.5	所有者权益						
2.5.1	资本金						
2.5.2	资本公积						
2.5.3	累计盈余公积金						
2.5.4	累计未分配利润						

计算指标：
资产负债率(%)

5. 借款还本付息计划表

借款还本付息计划表见表3.3.7。该表反应项目计算期内各年借款本金偿还和利息支付情况，用于计算偿债备付率和利息备付率指标。

表 3.3.7　　　　　　　　借款还本付息计划表　　　　（单位：万元(人民币)）

序号	项目		合计	计算期					
				1	2	3	4	...	n
1	借款1								
1.1	期初借款余额								
1.2	当期还本付息								
	其中：还本								
	付息								
1.3	期末借款余额								
2	借款2								
2.1	期初借款余额								
2.2	当期还本付息								
	其中：还本								
	付息								
2.3	期末借款余额								
3	债券								
3.1	期初债务余额								
3.2	当期还本付息								
	其中：还本								
	付息								
3.3	期末债务余额								
4	借款和债券合计								
4.1	期初余额								
4.2	当期还本付息								
	其中：还本								
	付息								
4.3	期末余额								
计算指标	利息备付率								
	偿债备付率								

6. 财务生存能力分析

财务生存能力分析，应在财务辅助表和利润与利润分配表的基础上编制财务计划现金流量表，通过考察项目计算期内的投资、融资和经营活动所产生的各项现金流入和流出，计算净现金流量和累积盈余资金，分析项目是否有足够的净现金流量维持正常运营，以实现财务的可持续性。

财务的可持续性应首先体现在有足够大的经营活动净现金流量，其次各年累计盈余资金不应出现负值。若出现负值，应进行短期借款，同时分析该短期借款的年份长短和数额大小，进一步判断项目的财务生存能力。短期借款应体现在财务计划现金流量表中，其利息应计入财务费用。为维持项目的正常运营，还应分析短期借款的可靠性。

3.3.4 财务评价指标体系

1. 财务盈利性分析评价指标

对财务盈利能力的分析主要是考察项目的盈利水平，其主要评价指标为财务内部收益率和财务净现值、项目资本金财务内部收益率、投资回收期、总投资收益率、项目资本金净利润率等，可以根据项目的特点及财务分析的目的、要求等选用。

(1) 财务内部收益率 FIRR(Financial Internal Rate of Return)

财务内部收益率是指能使项目计算期内净现金流量现值累计等于零时的折现率，是主要动态评价指标。财务内部收益率可以通过现金流量表中的净现金流量用试算法计算。财务内部收益率的计算方法参见本章§3.2 中相关内容。

求出的 FIRR 应与行业基准收益率或设定的基准收益率 i_c 比较，当 FIRR$\geqslant i_c$ 时，项目盈利能力已满足最低要求，在财务上可以考虑接受。项目投资财务内部收益率、项目资本金财务内部收益率和投资各方财务内部收益率都可以依据上述计算方法计算，但所用的现金流入和现金流出不同，且三者也可以有不同的判别基准。

(2) 财务净现值 FNPV(Financial Net Present Value)

财务净现值是反映项目在计算期内获利能力的动态评价指标，该指标是指按基准收益率 i_0 或设定的收益率(当未制定基准收益率时)，将各年的净现金流量折现到建设起点(建设期初)的现值之和。财务净现值可以通过现金流量表计算求得。其计算方法参见本章§3.2 中相关内容。

一般情况下，财务盈利能力分析只计算项目投资财务净现值，可以根据需要选择计算所得税前净现值或所得税后净现值。

当 FNPV$\geqslant 0$ 时，表明项目获利能力达到或超过基准收益率(或设定的收益率)要求的获利水平，应认为项目是可以考虑接收的。

(3) 项目投资回收期 P_t

项目投资回收期是指以项目的净收益回收项目投资(固定资产投资、投资方向调节税和流动资金)所需要的时间，一般以年为单位，是反映项目财务上投资回收能力的主要静态指标。投资回收期自建设开始年算起，也可以注明自投产开始年算起的投资回收期。净收益是税后利润、折旧与摊销及利息。

将投资回收期 P_t 和行业基准投资回收期 T_c 进行比较，当 $P_t \leqslant T_c$ 时，应认为项目在财务上是可以考虑接受的。投资回收期短，表明项目投资回收快，抗风险能力强。

(4) 总投资收益率 ROI(Return On Investment)

总投资收益率表示总投资的盈利水平,是指项目达到设计能力后正常年份的年息税前利润或运营期内年平均息税前利润 EBIT(Earnings Before Interest and Tax)与项目总投资(TI)的比率;总投资收益率应按下式计算

$$ROI = \frac{EBIT}{TI} \times 100\% \tag{3.3.1}$$

式中:EBIT——项目正常年份的年息税前利润或运营期内年平均息税前利润;
　　　TI——项目总投资。

总投资收益率高于同行业的收益率参考值,表明用总投资收益率表示的盈利能力满足要求。

(5) 项目资本金净利润率 ROE(Return On Equity)

项目资本金净利润率表示项目资本金的盈利水平,是指项目达到设计能力后正常年份的年净利润或运营期内年平均净利润(NP)与项目资本金(EC)的比率;项目资本金净利润率应按下式计算

$$ROE = \frac{NP}{EC} \times 100\% \tag{3.3.2}$$

式中:NP——项目正常年份的年净利润或运营期内年平均净利润;
　　　EC——项目资本金。

2. 项目清偿能力分析评价指标

项目清偿能力分析主要考察计算期内各年财务状况及偿债能力。反映项目清偿能力的评价指标有利息备付率、偿债备付率、资产负债率、流动比率和速动比率。判断项目偿债能力的参数,应依据行业同类项目历史数据进行统计分析测定。项目财务评价时应结合行业特点和项目的实际情况选用。

(1) 利息备付率 ICR(Interest Coverage Ratio)

利息备付率是指在借款偿还期内的息税前利润(EBIT)与应付利息(PI)的比值,该比值从付息资金来源的充裕性角度反映项目偿付债务利息的保障程度和支付能力,应按下式计算

$$ICR = \frac{EBIT}{PI} \times 100\% \tag{3.3.3}$$

式中:EBIT——息税前利润;
　　　PI——计入总成本费用的应付利息。

利息备付率应分年计算。利息备付率高,表明利息偿付的保障程度高。

利息备付率应当大于1,并结合债权人的要求确定。

(2) 偿债备付率 DSCR(Debt Service Coverage Ratio)

偿债备付率是指在借款偿还期内,用于计算还本付息的资金(EBITDA$-T_{AX}$)与应还本付息金额(PD)的比值,该比值表示可以用于计算还本付息的资金偿还借款本息的保障程度和支付能力,应按下式计算

$$DSCR = \frac{EBITDA - T_{AX}}{PD} \tag{3.3.4}$$

式中：EBITDA——息税前利润加折旧和摊销；
T_{AX}——企业所得税；
PD——应还本付息金额，包括还本金额和计入总成本费用的全部利息。融资租赁费用可以视同借款偿还运营期内的短期借款本息也应纳入计算。

如果项目在运营期内有维持运营的投资，可以用于还本付息的资金应扣除维持运营的投资。

偿债备付率应分年计算，偿债备付率高，表明可以用于还本付息的资金保障程度高。

偿债备付率应大于1，并结合债权人的要求确定。

（3）资产负债率 LOAR（Liability On Asset Ratio）

资产负债率是指各期末负债总额（TL）同资产总额（TA）的比率，应按下式计算

$$LOAR = \frac{TL}{TA} \times 100\% \tag{3.3.5}$$

式中：TL——期末负债总额；
TA——期末资产总额。

适度的资产负债率，表明企业经营安全、稳健，具有较强的筹资能力，也表明企业和财权人的风险较小。对该指标的分析，应结合国家宏观经济状况、行业发展趋势、企业所处竞争环境等具体条件判定。项目财务分析中，在长期债务还清后，可以不再计算资产负债率。

（4）流动比率

流动比率是反映项目各年偿还流动负债能力的评价指标。其计算公式为

$$流动比率 = \frac{流动资产总额}{流动负债总额} \times 100\% \tag{3.3.6}$$

流动比率表明项目每一元钱流动负债有多少流动资产作为支付的保障。项目的流动资产在偿还流动负债后应该还有余力去应付日常经营活动中其他资金需要。特别对债权人来说，这项比率越高，债权越有保障。根据经验判定，一般这项指标要求在200%以上。但是各行各业的经营性质不同，营业周期不同，对资产流动性要求并不一样，对这项指标应该有不同的衡量标准。

（5）速动比率

速动比率是反映项目快速偿还流动负债能力的指标。其计算公式为

$$速动比率 = \frac{流动资产总额 - 存货}{流动负债总额} \times 100\% \tag{3.3.7}$$

"流动资产总额-存货"为速动资产。速动资产包括流动资产中的现金、短期投资（有价证券）、应收票据及应收账款等项目。这类项目流动性较好，变现时间短。速动比率是对流动比率的补充，如果流动比率高，而流动资产的流动性低，则企业的偿债能力仍然不高。一般要求速动比率在100%以上，但是不同的行业应该有所差别。流动比率和速动比率用资产负债表计算。

3.3.5 通货膨胀对财务评价的影响

1. 通货膨胀的概念

通货膨胀是指物价水平的持续、普遍的提高。通货膨胀使货币贬值，单位货币的购买

力降低。通货膨胀引起不同商品和劳务的价格升降幅度不同，变化的时间也不一样，所以，对通货膨胀的度量是困难的，通常是以各种物价指数的变化情况来衡量其大小。主要的物价指数有：消费品价格指数 CPI(Consumer Price Index)和生产资料物价指数 PPI(Producer Price Indexes)等。价格指数的增长率，基本反映了通货膨胀率的大小。

2. 通货膨胀对财务评价的影响

在项目财务评价中，假定价格在整个计算期内都保持不变。这只是一种假设情况，实际上价格并不是固定不变的，既有由供求关系引起的上下波动及地区之间的价差，又有由通货膨胀引起的总价格水平持续的上升。对于价格的上下波动，在长期预测中只要选择比较适中的价格就可以了，而对于通货膨胀引起的价格总水平的上升，就要根据情况分析和处理。

在项目的财务评价中，为了简化计算，当通货膨胀率较小时，一般在2%~4%时，可以不予考虑。因为所有方案及同一方案的产品价格、投入物价格都存在通货膨胀，各种因素相互抵消后其影响较小，不致于影响可行性分析结果和方案的选择。若通货膨胀率较大，项目现金流入量比现金流出量变化更快，采用固定价格的评价方法，其计算结果和实际情况差异较大，从而有可能影响项目的决策。

通货膨胀对项目财务评价的影响，主要有以下几个方面：

(1)对固定资产投资的影响。固定资产投资是以基年的价格水平为依据来估算的，在数年的建设过程中，由于存在通货膨胀，实际的投资额高于基年的固定资产投资。为了使投资不留缺口，通常的作法是，在通货膨胀率不高的情况下，结合投资构成中的不可预见费一并考虑；在通货膨胀较高的情况下，除去不可预见费外，再加一项专门应付通货膨胀的涨价预备费。

(2)对产出物价格的影响。通货膨胀会使产品市场价格(时价)持续升高，从而直接影响销售收入的大小。

(3)对投入物价格的影响。通货膨胀对原材料、辅助材料、燃料、动力等价格都产生影响，从而直接影响产品的成本估算。

(4)对贷款利率的影响。发生通货膨胀后，扣除通货膨胀后的利率等于银行执行利率减去通货膨胀率。所以考虑通货膨胀后，可能有3种情况：

①银行执行利率大于通货膨胀率，则银行贷款除回收本金外，还可以得到部分利息。
②银行执行利率等于通货膨胀率，则银行贷款只能收回本金，利息为零。
③银行执行利率小于通货膨胀率，则银行贷款不仅得不到利息，而且要亏本。

(5)对项目财务盈利能力分析结果的影响。当项目净现金流量在计算期内各年按相同通货膨胀率增加时，由于通货膨胀对项目税前分析没有实际影响，所以在有通货膨胀和无通货膨胀两种情况下的所得税税前内部收益率的货币实际值是相同的。由于通货膨胀的影响，税前内部收益率的实际值(IRR_r)将低于其名义值(IRR_n)。二者的换算公式为

$$IRR_r = IRR_n - f \tag{3.3.8}$$

式中：f——通货膨胀率。

由于发生通货膨胀，未来的收益将因通货膨胀而增加，但是各年的折旧费却是一个固定值，并不因通货膨胀而增加。因此，应纳税所得额和所得税额将因通货膨胀而增加，从而使各年税后净现金流量减少，进而税后内部收益率降低。通货膨胀率愈高，税后内部收

益率的实际值愈小。

3. 考虑通货膨胀时的价格问题

(1)不变价格法。该方法采用基年(或建设初期)不变价格，投入物和产出物都不考虑通货膨胀率。其优点是：在经济稳定通货膨胀率较小时，可以获得较可靠的评价数据，且简单易行；其缺点是：在通货膨胀率较高情况下，按不变价格计算的各项收支金额既不能反映建设期的费用，也不能反映生产期的收益、利息和税金等各项收支。

(2)考虑建设期通货膨胀的评价方法。该方法只考虑建设期的通货膨胀因素，不考虑生产期的各种通货膨胀因素。该方法仅考虑建设期价格变动，其通货膨胀率较易预测，其缺点是通货膨胀因素考虑得不全面。

(3)简单时价法。该方法是同时考虑建设期和生产期的通货膨胀因素。以基年数据为基础，投入物和产出物均考虑通货膨胀因素。其优点是克服了前两种方法的不足，其缺点是整个计算期的通货膨胀率不易预测。

§3.4 国民经济评价

国民经济评价是从国家整体角度考察项目的效益和费用，用影子价格、影子工资、影子汇率和社会折现率，计算分析项目给国民经济带来的净效益，从而评价投资项目在经济上的合理性，为投资决策提供宏观上的决策依据。项目的国民经济评价，主要包括效益费用的识别、效益和费用的计量、效益及费用的比较、无形效果评价及综合评价等内容。

3.4.1 概述

1. 国民经济评价的意义

由于项目对整个国民经济的影响不仅表现在项目自身的财务效果上，还会对国民经济其他行业和单位产生影响。从项目局部利益出发的财务分析不能确保资源的合理配置和有效利用。因此，我国现行的建设项目评价标准规定，投资项目的经济评价既要进行企业财务评价，又要进行国民经济评价。在某些项目中，国民经济评价的结论作为主要的决策依据，而企业财务评价只起辅助作用。项目国民经济评价的意义主要表现在以下三个方面：

(1)国民经济评价能够客观地估算出投资项目为社会做出的贡献和社会为其付出的代价。在国民经济评价中，投资项目效益、费用都是按其真正的投资产出值来计算的。国民经济评价不仅计算其盈利大小，资金回收多少，而且还考虑了对其他行业和部门的影响、就业能力、环境保护与生态平衡、资源充分利用与合理分配等因素，国民经济评价的结果更为全面和合理。

(2)运用国民经济评价方法对投资项目进行评价能够对资源和投资的合理流动起到导向的作用，在国民经济评价中采用了影子价格和社会贴现率。影子价格是在资源最优分配状态下的边际产出的价值，因此能够对资源合理分配加以引导，达到宏观调控的目的。采用统一的社会贴现率，可以使投资最终流向投资效率高、资金回收比率大的行业，从而促进资源高效利用，提高社会整体效益。

(3)国民经济评价可以达到统一标准的目的。由于国民经济评价不仅统一采用影子价格，而且采用统一的评价参数(社会贴现率、影子汇率、影子工资、贸易费用率等)，这样就能使不同地区、不同行业的投资项目具有可比性，而这种横向可比性对于宏观上选择最优投资方向是非常重要的。

项目的国民经济评价在项目决策中有着重要的作用。财务评价与国民经济评价均可行的项目，可以通过；国民经济评价结论不可行的项目，一般应予以否定。对一些国计民生急需的项目，若国民经济评价合理，而财务评价不可行，应重新考虑方案，必要时可以提出相应的财务政策方面的建议，如在税收上或贷款利率上给予优惠、放松价格管制、允许部分产品以较高价格出售，等等，使项目在财务上也可行。反之，对企业财务评价结论很好，企业利润很高，而国民经济评价不可行的项目，国家必然加以限制，或采用以经济手段为主的措施来抑制其发展。正确运用国民经济评价方法，在项目决策中可以有效地察觉盲目建设、重复建设项目，可以有效地将企业利益、地区利益与全社会和国家整体利益有机地结合起来。

2. 我国现行国民经济评价方法的基本思路

国际上推荐和使用的国民经济评价方法很多。其中比较有代表性的有两种，一是联合国工业发展组织(UNIDO-United Nations Industrial Development Organization)出版的《项目评价手册》中介绍的方法，称为 UNIDO 方法；另一种是世界银行(WB—World Bank)出版的《项目经济分析》，介绍的方法称为 WB 方法。UNIDO 方法与 WB 方法的共性是：认为项目投资者通过项目所获得的利益并不能代表项目的国民经济效益，因此提出需要用效益—费用分析方法对项目进行经济评价。此外要求全面考虑项目对国民经济的影响，在计算时要考虑外部效果和公平分配，要进行项目的社会评价。我国采用的国民经济评价方法是在参考了 UNIDO 方法并考虑了我国国情后，在效益分析方法的基础上发展而来的。

一个项目对整个国民经济的影响是多方面的，不仅创造了经济效益，带来国民生产总值的增长，还会给人们社会生活的许多方面带来影响，会在就业、消费、文化教育、文学艺术等方面产生影响，还会对生态环境、科学技术、社会意识形态、国家的社会结构、生产力配置等方面产生影响。

国民经济评价究竟对哪方面的影响进行分析和评价，存在着两种看法：一种对国民经济评价的狭义理解，认为经济评价应与社会评价分开，经济评价仅仅分析和评价项目对国民经济产生的影响，而对社会生活方面的影响则单独进行分析和评价；另一种广义的理解，认为可以将费用和效益的比较方法用于项目影响的各个方面，将各种影响的费用和效益转化为统一的可比较量，进行总的费用与效益的比较。这种广义的理解，就是要将项目对国民经济各个方面产生的影响，用统一的货币计量单位表示，然后用效益费用法进行比较。UNIDO 方法和 WB 方法就是采用的这种广义的经济评价概念。我国现在采用的国民经济评价法，基本上采取广义的国民经济的评价概念。但考虑必要性和可能性，在具体处理方法上采用了简化的评价方法。例如，当难以统一用货币衡量某些效果的影响价值时，可以用其他的量化方法比较，或者用定性的方法对效果进行描述。

3. 国民经济评价的具体步骤

国民经济评价一般是在财务评价的基础上进行的，其主要步骤为：

(1) 效益和费用范围的调整

①剔除已计入财务效益和费用中的转移支付；

②识别项目的间接效益和间接费用，对能定量的应进行定量计算，不能定量的，应作

定性描述。

(2)效益和费用数值的调整

①固定资产投资的调整。剔除属于国民经济内部转移支付的引进设备、材料的关税和增值税，并用影子汇率、影子运费和贸易费用对引进设备价值进行调整；对于国内设备价值则用其影子价格、影子运费和贸易费用进行调整。根据建筑工程消耗的人工、三材(钢材、木材和水泥)、其他大宗材料、电力等，用影子工资、货物和电力的影子价格调整建筑费用，或通过建筑工程影子价格换算系数直接调整建筑费用。若安装费中的材料费占很大比重，或有进口安装材料，也应按材料的影子价格调整安装费用。用土地的影子费用代替占用土地的实际费用。剔除涨价预备费，调整其他费用。

②流动资金的调整。调整由于流动资金估算基础的变动引起的流动资金占用量的变动。

③经营费用的调整。可以先用货物的影子价格、影子工资等参数调整费用要素，然后再加总求得经营费用。

④销售收入的调整。先确定项目产出物的影子价格，然后重新计算销售收入。

⑤在涉及外汇借款时，用影子汇率计算外汇借款本金与利息的偿付额。

(3)编制相关报表并计算评价指标

编制项目投资经济费用效益流量表、经济费用效益分析投资费用估算调整表、经济费用效益分析经营费用估算调整表、项目直接效益估算调整表、项目间接费用估算表和项目间接效益估算表。并据此计算经济内部收益率、经济净现值和经济效益费用比等指标。

对于产出物出口(含部分出口)或替代进口(含部分替代进口)的项目，还应进行外汇效果分析，计算经济外汇净现值、经济换汇成本、经济节汇成本等指标。

3.4.2 效益和费用的识别

1. 识别效益和费用的原则

(1)基本原则。国民经济分析以社会资源的最优配置从而使国民收入最大化为目标，凡是增加国民收入的就是国民经济效益，凡是减少国民收入的就是国民经济费用。

(2)边界原则。边界是指效益与费用的计算范围。国民经济分析从国民经济的整体利益出发，其系统分析的边界是整个国家。国民经济分析不仅要识别项目自身的直接经济效果，而且需要识别项目对国民经济其他行业和单位产生的间接效果，即外部效果。

(3)资源变动原则。在计算财务收益和费用时，依据是货币的变动。凡是流入项目的货币就是财务收益，凡是流出项目的货币就是财务费用。国民经济分析以实现资源最优配置从而保证国民收入最大增长为目标。由于经济资源的稀缺性，意味着一个项目的资源投入会减少这些资源在国民经济其他方面的可用量，从而减少了其他方面的国民收入，所以从这种意义上说，该项目对资源的使用产生了国民经济费用。同理，项目的产出是国民经济收益，是由于项目的产出能够增加社会资源——最终产品的缘故。因此，在考察国民经济费用和效益的过程中，依据不是货币，而是社会资源的真实变动量。凡是减少社会资源的项目投入都产生国民经济费用，凡是增加社会资源的项目产出都产生国民经济收益。

2. 建设项目的效益

(1)建设项目的直接效益

直接效益主要是用影子价格计算的项目的产出物产生，并在项目范围内计算的经济效益。投入物的节约亦视为效益，即释放到社会上的资源的经济效益。直接效益可能是增加该产出物数量来满足国内消费需求所产生效益；也可能是替代其他相同或类似企业的产出物，使被替代企业减产，从而减少国家资源消耗所产生的效益；也可能是项目产出物为出口（或替代进口）货物，从而增加了出口量（或减少进口量）所产生外汇效益。

（2）建设项目的间接效益

间接效益亦称外部效果，是指项目为社会做出了贡献，而在直接效益中未得到反映的那部分效益。"外部效果"通常较难计量，为了减少计量上的困难，首先应力求明确项目的"边界"。可以通过以下两种处理方法来使"外部效果"内部化：

①扩大项目范围法。把一些相互关联的项目合成一个"联合体"进行评价。如兴建一个炼钢厂，可以把铁矿山、炼铁厂、炼钢厂、轧钢厂等作为一个联合体。

②影子价格法。调整项目投入物和产出物价格，用影子价格来计算项目的效益和费用，在很大程度上使项目的外部效果在项目内部得到了体现。

通过扩大项目范围和调整价格可以使大部分"外部效果"内部化，但可能仍有某些"外部效果"需要单独分析。如建设技术先进的项目，由于技术人员流动、技术推广传播等所带来的间接效益，未在影子价格中得到反映，并且无法计量，只能进行定性说明。又如由于项目的投产使其"上、下游"企业（上游企业系指为该项目提供投入物的企业，下游企业系指把该项目产出物作为投入物的企业）原来闲置的生产能力得以发挥或达到经济规模所产生的效果，也是该项目的间接效益。计算"外部效果"时还应注意，某些"外部效果"已经计入项目投入物和产出物的影子价格，这些效果不得重复计算。项目外部效果一般只计算一次相关效果，不考虑连续扩展的乘数效果。

3. 建设项目的费用

（1）直接费用

直接费用主要是用影子价格计算的项目投入物所产生，并在项目范围内计算的经济费用。直接费用主要表现形式为：国内其他行业为供应该项目投入物而扩大生产规模所消耗的资源费用；或减少其他项目（或最终消费者）的投入物供应而给其他项目造成的损失；或增加进口量（或减少出口量）所消耗外汇（或减少外汇收入）等。

（2）间接费用

间接费用亦称外部费用，是指社会为项目付出了代价，而在项目的直接费用中未得到反映的那部分费用。典型的例子是工业项目的"三废"引起的环境污染和对生态平衡的破坏，社会付出了代价，项目并不支付任何费用。

间接费用的计算与间接效益计算一样，采用"扩大项目范围法"和"影子价格法"。但可能仍有某些"外部效果"需要单独分析。如工业项目造成的环境污染和对生态的破坏，是一种比较明显的间接费用，可以参照现有同类企业所造成的损失来计算，至少也应作定性分析。又如拟建项目的产出增加了出口量，造成原出口产品出口价格下降，减少了创汇效益，则应计为该项目的间接费用。项目外部效果一般只计算一次相关效果，不考虑连续扩展的乘数效果。

4. 对转移支付的处理

（1）税金

在财务分析中，税金包括销售税和所得税，对企业来说，这些税金都是财务支出。但是，对国民经济整体而言，企业纳税并未减少国民经济收入，只不过是将企业的这笔货币收入转移到政府手中而已，是收入的再分配。考察项目的国民经济评价系统，是从资源增减的角度区别收益和费用的，税金既然是国民经济收入的再分配，并不伴随生产资源的变动，因而，在国民经济评价中既不能把税金列为收益，也不能把税金列为费用。

(2) 补贴

补贴是一种货币流动方向与税金相反的转移支付。政府如果对某些产品实行价格补贴，可能会降低项目投入的支付费用，或者会增加项目的收入，从而增加项目的净收益。但是这种收益的增加仍然是国民经济收入从政府向企业的一种转移，这种转移只是资源的支配权发生变动，实际上既未增加社会资源，也未减少社会资源，因而补贴不被视为国民经济评价中的费用和收益。

(3) 国内贷款的还本付息

项目的国内贷款及其还本付息也是一种转移支付。在企业评价中被视为财务支出，但从国民经济的角度看，情况则不同。还本付息并没有减少国民经济收入，这种货币流动过程仅仅代表资源支配权力的转移，社会实际资源并未增加或减少，因而在国民经济评价中，不被视为费用。

3.4.3 国民经济评价的参数与价格体系

1. 影子汇率

汇率是指两个国家不同货币之间的比价或交换比率。影子汇率 SER(Shadow Exchange Rate)是反映外汇真实价值的汇率。实际上，影子汇率也就是外汇的机会成本，即项目投入或产出所导致的外汇的减少或增加给国民经济带来的损失或效益。影子汇率的确定，主要依据一个国家或地区一段时期内进出口的结构和水平、外汇的机会成本及发展趋势、外汇供需状况等因素的变化。当这些因素发生较大变化时，影子汇率值需作相应的调整。

我国目前外汇管理体制实行的是以市场供求为基础的有管理的单一的浮动汇率制度。影子汇率是以市场价格(市场牌价)为基点，经过影子汇率换算系数修正的市场浮动汇率，2006年公布的影子汇率换算系数为 1.08。

影子汇率以美元与人民币的比价表示。对于美元以外的其他国家货币，需要参照中国银行定期公布的该种外币对美元之比价，先折算为美元，再用影子汇率换算为人民币。

2. 社会折现率

社会折现率是资金的影子利率，是国民经济评价中的重要参数之一。社会折现率是国民经济评价中经济内部收益率的基准值。适当的社会折现率有利于合理分配建设资金，指导资金投向对国民经济贡献大的项目，调节资金供需关系。

在我国，社会折现率是一个重要的通用参数，由国家统一测定发布。国家计委1987年首次公布的社会折现率为 10%；1993年公布的社会折现率为 12%；2006年公布的社会折现率为 8%，对于受益期长的建设项目，如果远期效益较大，效益实现的风险较小，社会折现率可以适当降低，但不得低于 6%。

3. 影子价格

为使社会资源能够合理配置和有效利用，就必须使价格能够真实反映其经济价值，这样才能正确地计算项目的投入和产出,才能正确地进行收益和费用的比较。为此,在项目的国民经济分析中采用一种新的价格体系,即影子价格体系。

所谓影子价格就是在完善的市场经济条件下,某种资源处于最佳分配状态时的边际产出价值。影子价格是根据国家经济增长的目标和资源的可获性来确定的。如果某种资源数量稀缺,同时,有许多用途完全依靠于这种资源,那么这种资源的影子价格就高。如果这种资源的供应量增多,那么这种资源的影子价格就会下降。市场价格一般也能正确反映出资源的稀缺程度,但是"不完全"的市场机制可以造成市场价格与影子价格之间的巨大差别,因此,国民经济评价不能简单地采用市场价格。但是市场价格毕竟是对资源价值的一种估算,而且普遍存在于现实经济活动中,所以获得影子价格的途径仍是以市场价格为基础,把市场价格调整为影子价格。影子价格不用于实际的交换,而是用于经济评价、预测、计划等工作。

确定影子价格时,对于投入物和产出物,首先要区分为外贸货物、非外贸货物和特殊投入物三大类别,然后根据投入物和产出物对国民经济的影响分别处理。

4. 外贸货物的影子价格

在项目经济评价中,确定影子价格的实用方法,是以国际市场价格为基础来调整国内市场价格而得到影子价格。国际市场价格虽然不是理想的影子价格,但是由于国际市场价格是在国际范围的市场竞争中形成的,不受任何国家的控制,比较真实地反映了商品的价值。而且以国际市场价格为基础来确定影子价格,方法简单实用。

外贸货物是指其生产或使用会直接或间接影响国家出口或进口的货物。外贸货物中的进口品应满足国内生产成本大于到岸价格,否则不应进口;外贸货物中的出口品应满足国内生产成本小于离岸价格,否则不应出口。

到岸价格是指进口货物到达本国口岸的价格,包括国外购货成本(即国外的离境交货价格)及货物运到本国口岸所需要的运输费用和保险费,简称 CIF(Cost Insurance & Freight)。离岸价格是指出口货物的离境交货价格,若为海港交货,则指"船上交货价格",简称 FOB(Free On Board)。到岸价格与离岸价格统称为口岸价格。

原则上,石油、金属材料、金属矿物、木材及可以出口的商品,一般都划为外贸货物,这样做主要是由于调价方便的需要,而且考虑到这些货物或者有较大的出口潜力,或者因国内紧缺而需要大量进口。

(1)项目产出物的影子价格(出厂影子价格)

①直接出口的产出物影子价格(SP—Shadow Pride)。直接出口的产出物是指直接外销产品,其影子价格的计算公式为

$$SP = FOB \times SER - (T_1 + T_{r1}) \tag{3.4.1}$$

式中:T_1、T_{r1}——国内运输费用和贸易费用。

②间接出口的产出物影子价格(SP)。间接出口的产出物主要是指内销产品,拟建项目的产品替代其他产品的国内销售,使其他产品增加出口。间接出口的产出物影子价格的计算公式为

$$SP = FOB \times SER - (T_2 + T_{r2}) + (T_3 + T_{r3}) - (T_4 + T_{r4}) \tag{3.4.2}$$

式中:T_2、T_{r2}——从原供应厂到口岸的运输费用和贸易费用;

T_3、T_{r3}——从原供应厂到用户的运输费用和贸易费用;

T_4、T_{r4}——从项目到用户的运输费用和贸易费用。

其中原供应厂是指被替代产品的生产厂家,用户是指使用该产品的国内用户。当原供厂和用户难以确定时,可以按照直接出口产出物计算。

③替代进口的产出物影子价格(SP)。替代进口的产出物是指内销产品,以项目的产品替代进口产品,减少了该产品的进口。替代进口的产出物影子价格的计算公式为

$$SP = CIF \times SER + (T_5 + T_{r5}) - (T_4 + T_{r4}) \tag{3.4.3}$$

式中:T_5、T_{r5}——从口岸到用户的运输费用和贸易费用。

(2)项目投入物的影子价格(到厂影子价格)

①直接进口的投入物影子价格(SP)。直接进口的投入物的影子价格的计算公式为

$$SP = CIF \times SER + (T_1 + T_{r1}) \tag{3.4.4}$$

②间接进口的投入物影子价格(SP)。是指某产品的国内产量供不应求,需要进口才能满足国内市场的需求,拟建项目虽然使用国内某厂的产品,但相应增加了该产品的进口。间接进口物影子价格的计算公式为

$$SP = CIF \times SER + (T_5 + T_{r5}) - (T_3 + T_{r3}) + (T_6 + T_{r6}) \tag{3.4.5}$$

式中:T_6、T_{r6}——从供应厂到项目地的运输费用和贸易费用。

当原供厂和用户难以确定时,可以按照直接进口的投入物计算。

③减少出口的投入物影子价格(SP)。拟建项目使用了国内产品,减少了该产品的出口。减少出口的投入物影子价格的计算公式为

$$SP = FOB \times SER - (T_2 + T_{r2}) + (T_6 + T_{r6}) \tag{3.4.6}$$

贸易费用是指物资系统、外贸公司、各级商业批发站等部门花费在货物流通过程中以影子价格计算的除长途运输费以外的费用。贸易费用按照贸易费用率计取。国家计委和国家建设部于1993年公布的国民经济评价参数规定:贸易费用率取值6%。

5. 非贸易货物的影子价格

(1)项目产出物的影子价格

①增加供应数量满足国内消费的产出物。供求均衡的,按财务价格定价;供不应求的,参照国内市场价格定价,但不应高于相同质量产品的进口价格。

②不增加国内供应数量,只是替代其他相同或类似企业的产出物,致使被替代企业停产或减产的,质量与被替代产品相同的,应按被替代企业相应的产品可变成本分解定价;提高产品质量的,原则上按被替代产品的可变成本加提高产品质量带来的国民经济效益定价。其中,提高产品质量带来的效益,可以近似地按国际市场价格与被替代产品的价格之差确定。

③产出物按上述原则定价后,再计算出厂价格。

(2)项目投入物的影子价格

①通过原供企业挖潜(不增加投资)增加供应的投入物,按可变成本分解定价。

②通过增加企业生产规模,以满足拟建项目需要的投入物,按全部成本(包括可变成本和固定成本)分解定价。

③通过减少原用户的供应量来对项目的供应的投入物,参照国内市场价格、国家统一价格加补贴中较高者定价。

④投入物按上述原则定价后,再计算到厂价格。

6. 特殊投入物的影子价格

(1) 劳动力的影子工资

在国民经济评价中，劳动力的影子价格（劳务费用）用影子工资来反映。影子工资是国家和社会因项目使用劳动力而付出的代价。影子工资包括两个方面：

① 劳动力的机会成本。是指劳动力不被项目使用时，在原来岗位上为社会创造的净效益，即由于项目使用劳动力而使社会为此而放弃的原有效益。

② 由于项目使用劳动力而使社会增加的（未付给职工）资源消耗（如搬迁费、培训费、城市交通费等）。

影子工资的计算公式为

$$影子工资 = 财务工资 \times 影子工资换算系数 \quad (3.4.7)$$

影子工资应根据项目所在地劳动力就业状况、劳动力就业或转移成本测定。技术劳动力的工资报酬一般由市场供求决定，影子工资一般按财务实际支出确定；对于非技术劳动力，其影子工资换算系数一般取 0.25~0.8，对于非技术劳动力富余的地区取较低值，反之取较高值，中间状况取 0.5。

(2) 土地的影子费用

土地的影子价格是指项目占用土地而使国民经济付出的代价。土地的影子费用包括两个方面：

① 土地的机会成本。是指土地不被项目使用时，作其他用途为社会创造的净效益，即由于项目使用土地，而使社会为此而放弃的原有效益。

② 由于项目使用土地而使社会增加的资源消耗（如居民搬迁费、剩余农业劳动力安置费等）。土地影子费用的计算公式为

$$土地影子费用 = 土地机会成本 + 新增资源消耗 \quad (3.4.8)$$

土地机会成本按拟建项目占用土地而使国民经济为此放弃该土地"最佳替代用途"的净效益计算；土地改变用途而发生的新增资源消耗主要包括拆迁补偿费、农民安置补助费等。土地平整等开发成本通常计入工程建设费用中，在土地影子价格中不再重复计算。

3.4.4 国民经济评价的基本报表

国民经济评价的基本报表分为项目投资经济费用效益流量表、经济费用效益分析投资费用估算调整表、经济费用效益分析经营费用估算调整表、项目直接效益估算调整表、项目间接费用估算表和项目间接效益估算表。

1. 项目投资经济费用效益流量表（见表 3.4.1）

表 3.4.1　　　　　　　　项目投资经济费用效益流量表　　　（单位：万元（人民币））

序号	项目	合计	计算期					
			1	2	3	4	…	n
1	效益流量							
1.1	项目直接效益							
1.2	资产余值回收							

续表

序号	项　目	合计	计算期					
			1	2	3	4	…	n
1.3	项目间接效益							
2	费用流量							
2.1	建设投资							
2.2	维持运营投资							
2.3	流动资金							
2.4	经营费用							
2.5	项目间接费用							
3	净效益流量(1-2)							

计算指标：
经济内部收益率(%)
经济净现值（$i_s=$　%）

2. 经济费用效益分析投资费用估算调整表(见表3.4.2)

表 3.4.2　　　　　经济费用效益分析投资费用估算调整表　　（单位：万元(人民币)）

序号	项　目	财务分析			经济费用效益分析			经济费用效益分析比财务分析增减
		外币	人民币	合计	外币	人民币	合计	
1	建设投资							
1.1	建筑工程费							
1.2	设备购置费							
1.3	安装工程费							
1.4	其他费用							
1.4.1	其中：土地费用							
1.4.2	专利及专有技术费							
1.5	基本预备费							
1.6	涨价预备费							
1.7	建设期利息							
2	流动资金							
	合计(1+2)							

注：若投资费用是通过直接估算得到的，本表应略去财务分析的相关栏目。

3. 经济费用效益分析经营费用估算调整表(见表 3.4.3)

表 3.4.3　　　　　　　经济费用效益分析经营费用估算调整表　　　(单位：万元(人民币))

序号	项目	单位	投入量	财务分析		经济费用效益分析	
				单位(元)	成本	单位(元)	费用
1	外购原材料						
1.1	原材料 A						
1.2	原材料 B						
1.3	原材料 C						
1.4	……						
2	外购燃料及动力						
2.1	煤						
2.2	水						
2.3	电						
2.4	重油						
2.5	……						
3	工资及福利费						
4	修理费						
5	其他费用						
	合计						

注：若经营费用是通过直接估算得到的，本表应略去财务分析的相关栏目。

4. 项目直接效益估算调整表(见表 3.4.4)

表 3.4.4　　　　　　　　项目直接效益估算调整表　　　　　　(单位：万元(人民币))

产出物名称		投产第一期负荷(%)				投产第二期负荷(%)				……	正常生产年份(%)			
		A产品	B产品	……	小计	A产品	B产品	……	小计		A产品	B产品	……	小计
年产出量	计算单位													
	国内													
	国际													
	合计													

续表

产出物名称			投产第一期负荷(%)				投产第二期负荷(%)				……	正常生产年份(%)			
			A产品	B产品	……	小计	A产品	B产品	……	小计		A产品	B产品	……	小计
财务分析	国内市场	单价(元)													
		现金收入													
	国际市场	单价(美元)													
		现金收入													
经济费用效益分析	国内市场	单价(元)													
		直接效益													
	国际市场	单价(美元)													
		直接效益													
合计(万元)															

5. 项目间接费用估算表(见表3.4.5)

表3.4.5　　　　　　　项目间接费用估算表　　　　（单位：万元(人民币)）

序号	项　　目	合计	计　算　期					
			1	2	3	4	……	n
1								
2								
3								
4								
5								
6								
7								
⋮								

6. 项目间接效益估算表(见表3.4.6)

表 3.4.6　　　　　　　　　项目间接效益估算表　　　　　（单位：万元(人民币)）

序号	项　　目	合计	计 算 期					
			1	2	3	4	……	n
1								
2								
3								
4								
5								
6								
7								
8								
⋮								

上述报表中所列效益和费用项目均按影子价格、影子工资、影子汇率计算，并应剔除属于国民经济内部转移支付部分，如税金、补贴、国内借款利息等。

3.4.5 国民经济评价指标

国民经济评价包括国民经济盈利分析和外汇效果分析，以经济内部收益率作为主要评价指标。根据项目的特点和实际需要，也可以计算经济净现值等指标。产品出口创汇及替代进口节汇的项目，应计算经济外汇净现值、经济换汇成本和经济节汇成本等指标。此外，还可以对难以量化的外部效果进行定性分析。

1. 国民经济盈利性分析评价指标

国民经济盈利性分析评价指标为经济内部收益率、经济净现值和经济效益费用比。

(1) 经济内部收益率 EIRR(Economic Internal Rate of Return)

经济内部收益率是反映项目对国民经济净贡献的相对指标。该指标是使项目计算期内的经济净效益流量的现值累计等于 0 时的折现率。其计算公式为

$$\sum_{t=1}^{n} \frac{(B-C)_t}{(1+\text{EIRR})^t} = 0 \quad (3.4.9)$$

式中：B——经济效益流量；

　　　C——经济费用流量；

　　　$(B-C)_t$——第 t 期的经济净效益流量；

　　　n——项目计算期，或经济寿命。

经济内部收益率可以通过经济现金流量表用试差法进行计算。求出的 EIRR 和社会折现率 i_s 进行比较，如果 EIRR $\geq i_s$，项目应考虑可以接受。

(2) 经济净现值 ENPV(Economic Net Present Value)

经济净现值是反映项目对国民经济所作净贡献的绝对指标。该指标是用社会折现率将项目计算期内各年的净效益流量折算到建设期初的现值之和。当经济净现值大于 0 时，表明国家为项目付出代价后，除得到符合社会折现率的社会盈余外，还可以得到以现值计算

的超额社会盈余。其计算公式为

$$\text{ENPV} = \sum_{t=1}^{n} \frac{(B-C)_t}{(1+i_s)^t} \qquad (3.4.10)$$

式中：i_s——社会折现率。

一般情况下，经济净现值 ENPV≥0 的项目是可以考虑接受的。经济净现值通过经济现金流量表计算。

(3) 经济效益费用比(R_{BC})

经济效益费用比是指项目在计算期内效益流量的现值与费用流量现值之比，其计算公式为

$$R_{BC} = \frac{\sum_{t=1}^{n} B_t(1+i_s)^{-t}}{\sum_{t=1}^{n} C_t(1+i_s)^{-t}} \qquad (3.4.11)$$

式中：B_t——第 t 期的经济效益；
C_t——第 t 期的经济费用。

如果经济效益费用比大于1，表明项目资源配置的经济效率达到了可以被接受的水平。

2. 外汇效果分析评价指标

涉及产品出口创汇或替代进口节汇的项目，应进行外汇效果分析，计算经济外汇净现值、经济换汇成本、经济节汇成本等指标。

(1) 经济外汇净现值(ENPV_F)

经济外汇净现值是反映项目实施后对国家外汇收支造成直接影响或间接影响的重要指标，用以衡量项目对国家外汇的真正净贡献(创汇)或净消耗(用汇)。经济外汇净现值可通过经济外汇流量表计算求得，其计算公式为

$$\text{ENPV}_F = \sum_{t=0}^{n} \frac{(FI-FO)_t}{(1+i_s)^t} \qquad (3.4.12)$$

式中：FI——外汇流入量；
FO——外汇流出量；
$(FI-FO)_t$——第 t 年的净外汇流量；
n——项目计算期，或经济寿命。

当有产品替代进口时，可以按净外汇效果计算经济外汇净现值。

(2) 经济换汇成本

当有产品直接出口时，应计算经济换汇成本。该指标是用影子价格、影子工资和社会折现率计算出口产品投入的国内资源(包括投资、原材料、工资、其他投入和贸易费用)现值(用人民币表示)与出口产品的经济外汇净现值(用美元表示)之比，即换取一美元外汇所需要的人民币金额，是分析评价项目实施后在国际上的竞争力，进而判断该产品应否出口的重要指标，其计算公式为

$$\text{经济换汇成本} = \frac{\sum_{t=0}^{n} DR_t(1+i_s)^{-t}}{\sum_{t=0}^{n} (FI'-FO')_t(1+i_s)^{-t}} \qquad (3.4.13)$$

式中：DR_t——项目在第 t 年生产出口产品投入的国内资源，用人民币表示；

FI'——出口产品的外汇流入量，用美元表示；

FO'——生产出口产品的外汇流出量，用美元表示。

经济换汇成本(元/美元)小于或等于影子汇率，表明该项目产品的国际竞争力强，出口或替代进口是有利的。

(3)经济节汇成本

当有产品替代进口时，应计算经济节汇成本，该指标等于项目计算期内生产替代进口产品所投入的国内资源(包括投资、原材料、工资、其他投入和贸易费用)的现值与生产替代进口产品的经济外汇净现值之比，即节约一美元外汇所需的人民币金额，其计算公式为

$$经济节汇成本 = \frac{\sum_{t=1}^{n} DR''_t(1+i_s)^{-t}}{\sum_{t=1}^{n}(FI'' - FO'')_t(1+i_s)^{-t}} \quad (3.4.14)$$

式中：DR''_t——项目在第 t 年为生产替代进口产品投入的国内资源，用人民币表示；

FI''——生产替代进口产品所节约的外汇，用美元表示；

FO''——生产替代进口产品的外汇流出，用美元表示。

经济节汇成本(元/美元)小于或等于影子汇率，表明该项目产品的国际竞争力强，出口或替代进口是有利的。

3.4.6 国民经济评价中的费用效果分析

费用效果分析是通过比较项目预期的效果与所支付的费用，判断项目的费用有效性或经济合理性。效果难以或不能货币化，或货币化的效果不是项目目标的主体时，在国民经济评价中应采用费用效果分析法，其结论作为项目投资决策的依据之一。

费用效果分析中的费用是指为实现项目预定目标所付出的财务代价或经济代价，采用货币计量；效果是指项目的结果所起的作用、效应或效能，是项目目标的实现程度。按照项目要实现的目标，一个项目可以选用一个或几个效果指标。

费用应包含从项目投资开始到项目终结的整个期间内所发生的全部费用。费用可以按现值公式或按年值公式计算。

1. 费用现值(PC)：

$$PC = \sum_{t=1}^{n} \frac{(CO)_t}{(1+i)^t} \quad (3.4.15)$$

式中：$(CO)_t$——第 t 期现金流出量；

n——计算期；

i——折现率。

2. 费用年值(AC)：

$$AC = \left[\sum_{t=1}^{n} \frac{(CO)_t}{(1+i)^t}\right] \frac{i(1+i)^n}{(1+i)^n - 1} \quad (3.4.16)$$

项目效果计量单位的选择，应能切实度量项目目标实现的程度，且便于计算。若项目的目标不止一个，或项目的效果难以直接度量，需要建立次级分解目标加以度量时，需要

用科学的方法确定权重,借助层次分析法对项目的效果进行加权计算,形成统一的综合指标。

费用效果分析可以采用效果费用比为基本指标,其计算公式为

$$R_{\frac{E}{C}} = \frac{E}{C} \tag{3.4.17}$$

式中:$R_{\frac{E}{C}}$——效果费用比;

E——项目效果;

C——项目的计算期费用,用现值或年值表示。

有时为了方便起见,也可以采用费用效果比指标,其计算公式为

$$R_{\frac{C}{E}} = \frac{C}{E} \tag{3.4.18}$$

费用效果分析可以采用下列基本方法:

(1)最小费用法,也称固定效果法,在效果相同的条件下,应选取费用最小的备选方案。

(2)最大效果法,也称固定费用法,在费用相同的条件下,应选取效果最大的备选方案。

(3)增量分析法,当效果与费用均不固定,且分别具有较大幅度的差别时,应比较两个备选方案之间的费用差额和效果差额,分析获得增量效果所付出的增量费用是否值得,不可盲目选择效果费用比$\left(R_{\frac{E}{C}}\right)$大的方案或费用效果比$\left(R_{\frac{C}{E}}\right)$小的方案。

采用费用效果增量分析时应先确定基准指标(截至指标)$\left[\frac{E}{C}\right]_0$或$\left[\frac{C}{E}\right]_0$。如果增加的效果能够抵补增加的费用,选择费用高的方案,否则,选择费用低的方案。

如果项目有两个以上的备选方案进行增量分析,宜按下列步骤选优:

(1)将方案费用由小到大排序;

(2)从费用最小的两个方案开始比较,通过增量分析选择优势方案;

(3)将优胜方案与紧邻的下一个方案进行增量分析,并选出新的优势方案;

(4)重复第三步,直至最后一个方案。最终被选定的优势方案为最优方案。

费用效果分析回避了效果定价的难题,直接用非货币化的效果指标与费用进行比较,方法相对简单,最适用于效果难以货币化的领域。另外,在可行性研究的不同技术经济环节,如场址选择、工艺比较、设备选型、总图设计、环境保护、安全措施等,无论进行财务评价,还是国民经济费用效益评价,都很难直接与项目最终的货币效益直接挂钩测算。在这些情况下,都适宜采用费用效果分析。

费用效果分析既可以应用于财务现金流量,也可以用于经济费用效益流量。用于前者,主要用于项目各个环节的方案比选,项目总体方案的初步筛选;用于后者,除了可以用于上述方案比选、筛选以外,对于主体效益难以货币化的,则取代费用效益分析,并作为国民经济评价的最终结论。

§3.5 经济评价中的不确定性分析

建设项目的经济评价中,所研究的问题都发生于未来,所引用的数据,如投资规模、

建设工期、产品产量、生产成本、销售收入等数据都是来源于预测或估计。由于缺乏足够的信息，对相关因素和未来情况无法作出精确的预测，或者是因为没有全面考虑所有可能的情况，因此项目实施后的实际情况难免与预测或估计的情况有所差异，从而使经济评价带来不可避免的不确定性。为了尽量避免投资决策失误，有必要进行不确定性分析，以估计投资项目可能承担的风险，确定其经济上的可靠性。

所谓不确定性分析，就是分析投资规模、建设工期、产品产量、生产成本、销售收入等因素变化时，对项目经济效果评价结果所带来的影响。这些影响越强烈，表明所评价的项目及其方案对某个或某些因素越敏感。对于这些敏感因素，要求项目决策者和投资者予以充分的重视和考虑。

不确定性分析主要包括盈亏平衡分析、敏感性分析及概率分析(也称为风险分析)等方法和内容。盈亏平衡分析只适用于财务评价，敏感性分析和概率分析可以同时用于财务评价和国民经济评价。

3.5.1 盈亏平衡分析

盈亏平衡分析是在一定的市场、生产能力的条件下，研究成本与收益的平衡关系的方法，也称为量本利分析。对于一个投资项目而言，盈利与亏损之间一般至少有一个转折点，这种转折点称为盈亏平衡点 BEP(Break Even Point)，在这点上，税后销售收入与总成本相等，对于所研究的项目方案来说，既不亏损也不盈利。盈亏平衡点通常根据正常生产年份的产品产量或销售量、固定成本、可变成本、产品价格和销售税金及附加等数据计算。

盈亏平衡分析就是要找出投资方案的盈亏平衡点。一般说来，盈亏平衡点越低，项目实施所评价方案盈利的可能性就越大，造成亏损的可能性就越小，对某些不确定因素变化所带来的风险的承受能力就越强。盈亏平衡分析一般可以通过损益表和盈亏平衡图进行。

根据生产成本、销售收入与产量(或销售量)之间是否呈线性关系，盈亏平衡分析可以分为线性盈亏平衡分析或非线性盈亏平衡分析。因此，盈亏平衡图一般也分为线性盈亏平衡图和非线性盈亏平衡图。

1. 线性盈亏平衡分析

线性盈亏平衡分析是基于以下基本假定的条件下进行分析的：
①产品的产量等于销售量；
②单位产品的可变成本不变；
③单位产品的销售单价不变；
④生产的产品可以换算为单一产品计算。

(1) 不考虑销售税金时线性盈亏平衡点的确定

若从国家角度考虑，可以在成本中不计入税收，直接进行线性盈亏平衡分析。

设企业生产某产品，产销量为 Q，产品的单位售价为 P。为进行盈亏平衡分析，应将生产成本分解为固定成本和可变成本。固定成本是指在一定的生产规模限度内不随产量的变动而变动的费用，如企业管理费、固定资产折旧费等。可变成本是指随产量的变动而变动的费用，如生产工人的计件工资、原材料成本等，与产量成正比。用 C 表示年总成本，C_F 表示年总固定成本，C_v 表示年总可变成本，C_q 表示单位产品的可变成本。则有：

$$销售收入 \quad S = PQ \tag{3.5.1}$$

产品成本 $$C = C_F + C_V = C_F + C_q Q \tag{3.5.2}$$

图 3.5.1 中销售收入线 S 与总成本线 C 的交点称为盈亏平衡点(BEP),或称为保本经营点,Q_{BEP} 为盈亏平衡点的产量。

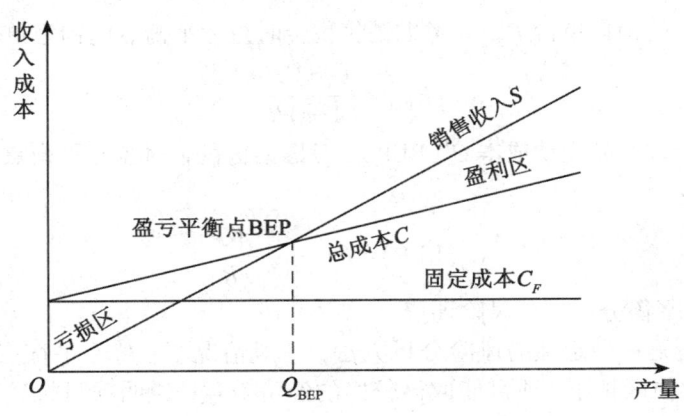

图 3.5.1 线性盈亏平衡分析示意图

不考虑销售税金时线性盈亏平衡点可以按照下列公式确定。

①平衡点的产量 Q_{BEP}。根据盈亏平衡的条件,即收入与成本相等,利润为零,则盈亏平衡点的产量为

$$Q_{BEP} = \frac{C_F}{P - C_q} \tag{3.5.3}$$

②平衡点的生产能力利用率 E_{BEP}。设项目设计生产能力为 R,则盈亏平衡点的生产能力利用率为

$$E_{BEP} = \frac{Q_{BEP}}{R} \times 100\% = \frac{C_F}{(P - C_q)R} \times 100\% \tag{3.5.4}$$

$$Q_{BEP} = E_{BEP} \times R \tag{3.5.5}$$

③盈亏平衡点的销售单价 P_{BEP}。若按设计能力进行生产和销售,则盈亏平衡点的销售单价为

$$P_{BEP} = \frac{S}{R} = \frac{C}{R} = \frac{C_F}{R} + C_q \tag{3.5.6}$$

④平衡点的单位产品变动成本 $C_q(BEP)$。若按设计能力进行生产和销售,且销售价格已定,则盈亏平衡点的单位产品变动成本为

$$C_q(BEP) = P - \frac{C_F}{R} \tag{3.5.7}$$

(2)考虑销售税金时盈亏平衡点的确定

若从企业的角度考虑,则应考虑税收问题,设建设项目的销售税率为 v,则盈亏平衡点可以按照下列公式确定。

①平衡点的产量 Q'_{BEP}。考虑销售税金时盈亏平衡点的产量为

$$Q'_{BEP} = \frac{C_F}{P(1-v) - C_q} \tag{3.5.8}$$

②平衡点的生产能力利用率 E'_{BEP}。考虑销售税金时盈亏平衡点的生产能力利用率为

$$E'_{BEP} = \frac{Q'_{BEP}}{R} \times 100\% = \frac{1}{R} \cdot \frac{C_F}{P(1-v)-C_q} \times 100\% \quad (3.5.9)$$

$$Q'_{BEP} = E'_{BEP} \times R \quad (3.5.10)$$

③盈亏平衡点的销售单价 P'_{BEP}。考虑销售税金时盈亏平衡点的销售单价为

$$P'_{BEP} = \frac{C_F + C_q}{(1-v)R} \quad (3.5.11)$$

④平衡点的单位产品变动成本 $C'_q(BEP)$。考虑销售税金时盈亏平衡点的单位产品变动成本为

$$C'_q(BEP) = P(1-v) - \frac{C_F}{R} \quad (3.5.12)$$

(3) 利用盈亏平衡分析进行风险评价

盈亏平衡分析是一种定性的风险分析方法。一般情况下,盈亏平衡点的产量值越低,则盈利区越大,亏损区越小,项目能取得较好的经济效益,说明项目抗风险能力大。较低的产量就可以保本,易适应市场和生产的变化,说明该项目的生命力强,有较高的竞争力。

盈亏平衡点也可以评价经营状况,企业经营状况一般以经营安全率来表示。

$$经营安全率 = \frac{R - Q_{BEP}}{R} \times 100\% \quad (3.5.13)$$

经营安全率的数值越大,说明企业经营活动越安全。相反,如果经营安全率的数值是负数或很小的正数,说明企业已发生亏损或已接近亏损。企业的经营情况可以参考表3.5.1的数值判断。

表 3.5.1　　　　　　　　　　　经 营 安 全 率

经营状况	安全	较安全	不太好	要警惕	危险
经营安全率	不低于30%	25%~30%	15%~25%	10%~15%	小于10%

例 3.5.1　某项目的设计生产能力为每年2.5万件。生产每件产品的可变成本为55元,工厂固定成本每年为25万元,据预测每件产品的售价为110元,销售税率为10%。试计算该厂盈亏平衡点的年产量和生产能力利用率,并分析企业经营状况。

解　已知 $P=110$ 元/件,$C_F=25$ 万元,$C_q=55$ 元/件,$R=2.5$ 万件/年,$v=10\%$。则盈亏平衡点的产量和生产能力利用率分别为

$$Q'_{BEP} = \frac{C_F}{P(1-v)-C_q} = \frac{250\,000}{110(1-0.1)-55} = 5\,682 \text{ 件/年}$$

$$E'_{BEP} = \frac{Q'_{BEP}}{R} \times 100\% = \frac{5\,682}{25\,000} \times 100\% = 22.7\%$$

该项目的经营安全率为

$$经营安全率 = \frac{R-Q_{BEP}}{R} \times 100\% = \frac{25\,000-5\,682}{25\,000} \times 100\% = 77.3\%$$

经营安全率计算结果表明,该项目的经营状况是安全的。

2. 非线性盈亏平衡分析

一般情况下，线性关系只是在生产产量较低的情况下成立，当销售量超过一定范围，市场需求趋向饱和，销售收入随产量增加而增加的幅度就越来越小了，两者之间呈下凹非线性的关系。同样单位产品的可变成本也是在一定产量范围内才近似为常数，超过这个产量范围，由于生产条件的逐渐恶化，如设备磨损，环境变差，原材料、动力和燃料的价格上涨，单位产品可变价格也会有所提高，造成生产成本的增加速度超过产量增加的速度，生产成本与产量之间呈上凸的非线性关系。图 3.5.2 为非线性盈亏平衡分析示意图。

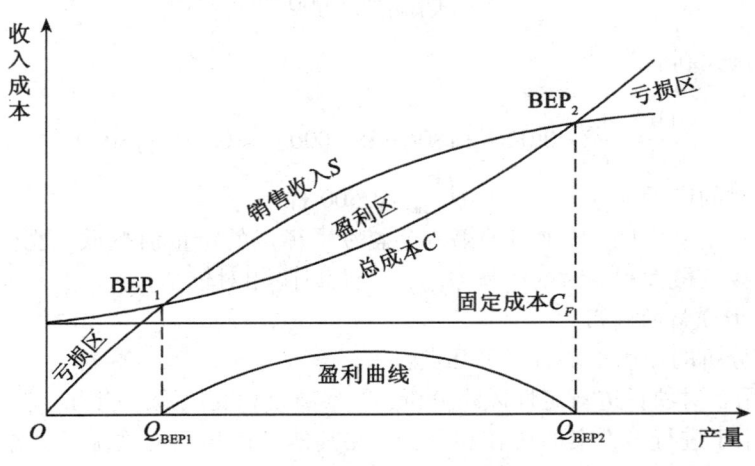

图 3.5.2 非线性盈亏平衡分析示意图

非线性盈亏平衡分析最重要的是根据实际情况建立成本与产量、销售收入与产量之间的函数关系。而这种函数关系可能具有多种形式。

设销售收入函数为 $S=f_1(Q)$ (3.5.14)

成本函数为 $C=f_2(Q)$ (3.5.15)

由 $f_1(Q)-f_2(Q)=0$ (3.5.16)

可以求出相应的 Q 就是非线性盈亏平衡产量。非线性盈亏平衡分析可能存在多个盈亏平衡点，即存在多个盈亏平衡产量。

从图 3.5.2 可以看出第一个盈亏平衡点的产量值越低，盈利区越大，项目的生产能力适中，能够取得较好的经济效益，项目抗风险能力大。若项目的生产能力定得太高反而会降低效益。

非线性盈亏平衡分析中项目的利润可以简化表示为

$$M=f_1(Q)-f_2(Q) \quad (3.5.17)$$

由

$$\frac{dM}{dQ}=0 \quad (3.5.18)$$

求出最大利润时的产量 $Q_{M\max}$。

例 3.5.2 某项目的设计生产能力为每年 5 000 件。税后销售收入函数（单位：元）为 $S=260Q-0.01Q^2$；生产总成本函数（单位：元）为 $C=280\,000+80Q+0.01Q^2$。试计算该厂盈亏平衡点的年产量和利润最大时的产量。

解 由题意可知：
税后销售收入函数 $\quad S=f_1(Q)=260Q-0.01Q^2$
生产总成本函数 $\quad C=f_2(Q)=280\,000+80Q+0.01Q^2$
由收入等于成本求出盈亏平衡点。
$$f(Q)=f_1(Q)-f_2(Q)=-0.02Q^2+180Q-280\,000=0$$
相应盈亏平衡点产量为
$$Q_{BEP1}=2\,000\text{ 件}$$
$$Q_{BEP2}=7\,000\text{ 件}$$

求由 $\dfrac{dM}{dQ}=0$ 求最大利润时的产量。
$$\frac{dM}{dQ}=\frac{d}{dQ}(-0.02Q^2+180Q-280\,000)=-0.04Q+180=0$$
相应利润最大时的产量为 $\quad Q_{Mmax}=4\,500\text{ 件}$

从以上计算结果可见，该项目的第一个盈亏平衡点的产量值越低，盈利空间越大，且生产能力比较接近最大利润时的产量 Q_{Mmax}，经营风险相对较小。

3. 盈亏平衡分析的作用

盈亏平衡分析的作用主要有以下几点：

（1）可以用于对项目进行定性风险分析，考察项目承受风险的能力；

（2）可以用于进行多方案的比较和选择，在其他条件相同的情况下，盈亏平衡点值低的方案为优方案；

（3）可以用于分析价格、产销量、成本等因素变化对项目盈利能力的影响，寻求提高盈利能力的途径。一般来说，价格和销量主要由市场决定，难以控制，所以降低成本是提高盈利能力的主要途径。

4. 盈亏平衡分析的局限性

盈亏平衡分析是一种简单适用的风险分析方法，但也存在一些局限性：

（1）盈亏平衡分析只能对项目风险进行定性分析，无法定量测度风险大小；

（2）由于盈亏平衡分析所假设的条件往往和实际情况有出入，加上盈亏平衡分析没有考虑资金时间价值和项目整个寿命期内现金流量变化，所以分析欠准确；

（3）盈亏平衡分析只是分析了价格、产销量、成本等因素变化对盈利能力的影响，而不能确定盈利能力的大小。

因此，在项目投资风险分析时，盈亏平衡分析需要和其他方法结合使用，才能提高分析效果。

3.5.2 敏感性分析

1. 敏感性分析的概念

所谓敏感性分析是分析建设项目主要因素发生变化时，项目经济效益发生的相应变化，以判断这些因素对项目经济目标的影响程度。这些可能发生变化的因素称为不确定性因素。敏感性分析的目的就是要找出项目的敏感因素，并确定其敏感程度，以预测项目承担的风险，考察项目承受风险的能力。

在项目计算期内可能发生变化的因素，有产品产量(生产负荷)、产品价格、主要原材料或动力价格、可变成本、固定资产投资、建设工期及外汇汇率等。通常是分析这些因素单独变化或多因素同时变化对内部收益率的影响，必要时也可以分析对静态投资回收期的影响和借款偿还期的影响。

在进行敏感性分析时，项目经济参数(因素)的变动可以用敏感度系数 S_{AF} 表示(又称相对值法)，也可以用临界点表示(又称绝对值法)。

相对值法的关键是计算敏感度系数 S_{AF}，敏感度系数是指项目评价指标变化率与不确定性因素变化率之比。不确定因素从其原始值变动一定的幅度(如±10%，±20%，…)，然后计算每次变动引起效益评价指标如内部收益率、净现值等的变动幅度的相对变化率，再计算敏感度系数 S_{AF}。根据敏感度系数 S_{AF} 的绝对值大小排序。S_{AF} 的绝对值大，则项目评价指标对该不确定因素的敏感程度高，反之敏感程度低。

敏感度系数 S_{AF} 按照下式计算

$$S_{AF} = \frac{\dfrac{\Delta A}{A}}{\dfrac{\Delta F}{F}} \qquad (3.5.19)$$

式中：$\dfrac{\Delta F}{F}$ ——不确定因素 F 的变化率；

$\dfrac{\Delta A}{A}$ ——不确定因素 F 发生 ΔF 变化时，评价指标 A 的相对变化率。

相对值法一般采用列表表示。

绝对值法是通过计算因素变化使项目经济效益指标由可行变为不可行的临界点的因素值，从而得到因素的最大允许变动幅度，允许变动幅度小，则项目对该因素的敏感程度高，反之敏感程度低。也可以把这个幅度与估计可能发生的幅度相比，如果所得的值小于或等于1，则表示项目风险不大，项目经济效益指标对该因素的变动不敏感。用这种方法一般应绘出敏感性分析图。

项目对某因素敏感程度高，则该因素为项目的风险因素。项目的风险因素越多，项目对风险因素的敏感程度越高，则项目的风险程度越大。必要时，需对若干最敏感的因素重新预测和估算，进行项目投资风险估计。

根据项目国民经济评价指标，如经济净现值或经济内部收益率等所做的敏感性分析称经济敏感性分析。而根据项目财务评价指标所作的敏感性分析称财务敏感性分析。

进行敏感性分析，可以一次只变动一个因素，使其他因素保持不变，来研究项目经济效益指标的变化，这时称为单因素的敏感性分析。也可以一次同时变动几个因素，而使其余因素保持不变，来研究项目经济效益指标的变化，这时称为多因素的敏感性分析。

2. 敏感性分析的作用

敏感性分析的主要作用有以下几点：

(1)可以用来对项目进行敏感性分析，可以使决策者了解不确定因素对项目评价指标的影响，提高决策的准确性。

(2)可以用来进行多方案选择，从中选择风险最小的方案。一般说来，不同的项目方案对同一不确定因素的敏感程度是不相同的，敏感程度小的方案即为风险小的方案。因此，如果几个方案的经济评价指标都达到要求，且它们的经济效益基本相同，应取敏感性程度小的方案。

（3）可以用来找出项目的风险因素，以便采取措施控制风险因素的变动范围，降低其变化量，从而降低项目的风险。例如，通过敏感性分析知道项目对经营成本很敏感，即经营成本是风险因素。就可以加强成本管理，努力把成本增加控制在最小限度，这样就可以把由于成本的不确定性引起项目的风险降低到最低程度。

（4）敏感性分析可以揭示项目的各不确定因素与项目经济效益之间的因果关系，找出影响项目经济效益的最主要因素，进一步提高与之相关数据预测或估算的可靠程度，从而提高项目评价质量。

3. 敏感性分析（相对值法）的主要步骤

敏感性分析计算过程比较复杂，一般应遵循以下步骤进行：

（1）选择具体经济评价指标（A）为敏感性分析对象。衡量建设项目经济效果的指标较多，而且不同特点的项目，反映经济效益的指标也不完全相同，如果要进行全部分析则敏感性分析的工作量太大，因此在进行敏感性分析时，并不要求对所有的经济评价指标都进行分析，而是只选择最能反映项目经济效益的指标作为分析对象。通常是把内部收益率作为分析对象，必要时也可以分析净现值、静态投资回收期和借款偿还期等。由于敏感性分析是在确定性经济效果评价的基础上进行的，故选做敏感性分析的指标应与确定性经济效果评价所采用的指标相一致。

（2）选择不确定因素（F）作为敏感性分析变量。项目的不确定因素一般有产品产量、产品价格、主要原材料价格、动力价格、可变成本、固定资产投资、建设工期及外汇汇率等。其中的产量、价格、成本、投资等因素是最常被选择的变量。

要慎重地挑选哪些因素作敏感性分析。首先，要把很少发生变化的因素事先剔除在外。对于不同行业、不同规模和不同技术水平的项目，选择的因素应有所不同。一般发生在项目寿命期初、金额大的因素比发生在寿命期后期、金额小的因素对项目的经济评价指标影响要大得多。例如，投资一般都列为应做敏感性分析的因素，而固定资产残值则通常不用做敏感性分析。同样，对项目自始至终起作用的效益以及成本（费用）构成中所占比例大的因素以及在项目实施过程中有可能发生较大变化的因素，如寿命期应当做敏感性分析。

（3）估计不确定因素（F）的变化范围。不确定因素的变化范围一般是根据历史的统计资料和对市场的调查预测来进行估计，估计值可能比历史统计资料和预测值略偏大。例如，假定某产品的销售价格在过去几年的波动幅度为±15%，则可以把该产品售价的变化范围定为±20%。

（4）计算由于各不确定因素的变化，引起敏感性分析的分析对象的变动幅度。一般就各选定的不确定因素，设若干级变动幅度（通常用变化率$\frac{\Delta F}{F}$表示）。然后计算每级$\frac{\Delta F}{F}$变动时相应的经济效果评价指标的变化率$\frac{\Delta A}{A}$值，建立一一对应的数量关系，并用图或表的形式表示之。

（5）计算敏感度系数S_{AF}，按照各不确定因素的敏感度系数的绝对值从大到小排序，判定敏感因素。所谓敏感因素是指该不确定因素的数值有很小的变动就能使项目经济效果评价指标出现较显著改变的因素。

4. 单因素敏感性分析

单因素敏感性分析既要用相对值法求出每个因素都变动对经济效益指标(如内部收益率或静态投资回收期、借款偿还期等)的影响程度,确定其敏感程度,还应求出导致项目由可行变为不可行的不确定因素变化的临界值。

单因素敏感性分析的具体做法是:将不确定因素变化率作为横坐标,以某个经济效益指标,如内部收益率为纵坐标作图,由每种不确定因素的变化可以得到内部收益率随之变化的曲线。每条曲线与基准收益率线的交点称为该不确定因素变化的临界点,该点对应的横坐标即为不确定因素变化的临界值。

例 3.5.3 设某项目基本方案的初期投资 $P_0=1\,500$ 万元,销售收入 $S=650$ 万元,经营成本 $C=280$ 万元,项目服务期为 8 年,估计预测误差不超过 $\pm 10\%$,基准收益率 $i_c=12\%$。试进行敏感性分析。

解 (1)以销售收入、经营成本和投资拟作为不确定因素。
(2)选择项目的内部收益率为敏感性分析对象。
(3)作出本方案的内部收益率 IRR 由下式确定

$$\text{NPV}=P_0+(S-C)\frac{(1+\text{IRR})^n-1}{\text{IRR}(1+\text{IRR})^n}=-1\,500+(650-280)\frac{(1+\text{IRR})^8-1}{\text{IRR}(1+\text{IRR})^8}=0$$

采用试算内插法可以求得,

$$i_{n-1}=18\% \qquad \text{NPV}_{i_{n-1}}=8.70>0$$
$$i_{n+1}=19\% \qquad \text{NPV}_{i_{n+1}}=-36.88<0$$

根据公式(3.2.15)可得

$$i_n=18\%+\frac{8.7}{8.7-(-36.88)}(19\%-18\%)=18.19\%$$

即
$$\text{IRR}=18.19\%$$

同理计算销售收入、经营成本和投资变化时相应内部收益率的变化值,结果如表 3.5.2 所示。

表 3.5.2 　　　　　　不确定因素变化时内部收益率 IRR 的变化　　　　　　(单位:%)

不确定因素(A) ＼ 变化率 $\left(\dfrac{\Delta F}{F}\right)$	-10%	-5%	基本方案	+5%	+10%
销售收入 S	12.29	15.30	18.19	20.99	23.72
经营成本 C	20.61	19.42	18.19	16.95	15.71
投　　资 P_0	21.73	19.88	18.19	16.64	15.19

(4)计算销售收入、经营成本和投资变化率 $\dfrac{\Delta F}{F}$ 变化时,内部收益率指标的变化率 $\dfrac{\Delta A}{A}$,计算结果如表 3.5.3 所示。

表 3.5.3　　内部收益率 IRR 对销售收入、经营成本和投资的敏感性分析表

不确定因素(A)	变化率 $\left(\dfrac{\Delta F}{F}\right)$	−10%	−5%	基本方案	+5%	+10%
销售收入 S		−32.44	−15.89	0	15.39	30.40
经营成本 C		13.30	6.76	0	−6.82	−13.63
投　　资 P_0		19.46	9.29	0	−8.52	−16.49

销售内部收益率对收入、经营成本和投资变化的敏感性曲线如图 3.5.3 所示。

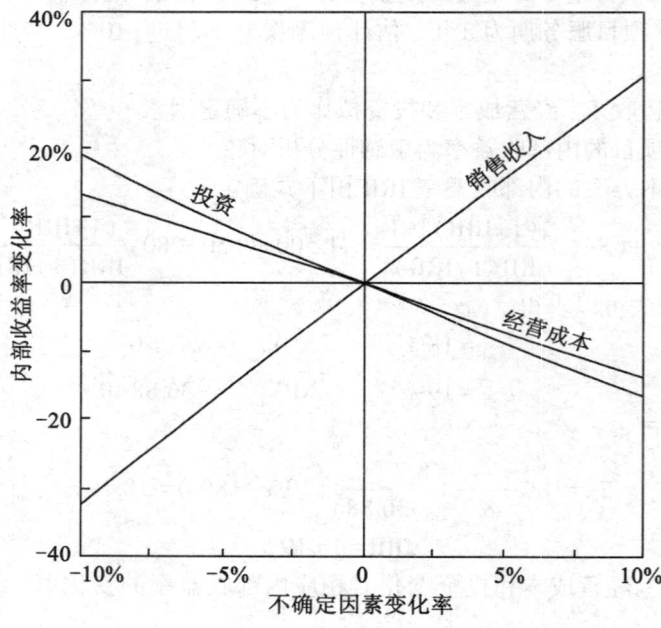

图 3.5.3　单因素敏感性分析图

(5) 计算敏感系数 S_{AF}。销售收入从 −10% 变化至 +10%，变化率为 0.2，内部收益率从 12.29% 变化到 23.72%，相应变化率为 0.628。此时敏感系数 S_{AF} 为

$$S_{AF}(S) = \dfrac{\dfrac{\Delta A}{A}}{\dfrac{\Delta F}{F}} = \dfrac{0.628}{0.2} = 3.14$$

同理，可以计算得出内部收益率对经营成本和投资的敏感系数分别为

$$S_{AF}(C) = \dfrac{\dfrac{\Delta A}{A}}{\dfrac{\Delta F}{F}} = \dfrac{-0.269}{0.2} = -1.35$$

$$S_{AF}(P_0) = \frac{\frac{\Delta A}{A}}{\frac{\Delta F}{F}} = \frac{-0.360}{0.2} = -1.80$$

按照敏感系数 $S_{AF}(S)$、$S_{AF}(C)$ 和 $S_{AF}(P_0)$ 的绝对值从大到小排序,可以得出各因素的敏感程度依次为:销售收入→投资→经营成本。

5. 双因素敏感性分析

单因素敏感性分析的方法简单,但其不足之处在于忽略了因素之间的相关性。实际上,一个因素的变动往往也伴随着其他因素的变动,多因素敏感性分析考虑了这种相关性,因而能反映几个因素同时变动对项目产生的综合影响,弥补了单因素分析的局限性,更全面地揭示了事物的本质。因此,在对一些有特殊要求的项目进行敏感性分析时,除进行单因素敏感性分析外,还应进行多因素敏感性分析。

设方案的其他因素不变,每次仅考虑两个因素同时变化对经济效益指标的影响,则称为双因素敏感性分析。双因素敏感性分析是在单因素敏感性分析的基础上进行的,即先通过单因素敏感性分析确定两个敏感性较大的因素,然后通过双因素敏感性分析来考察这两个因素同时变化时对项目经济效益的影响。单因素敏感性分析可以得到一条敏感曲线,若分析两个因素同时变化的敏感性,则可以得到一个敏感曲面。

双因素敏感性分析的做法是:首先建立直角坐标系(xOy),横轴(x)与纵轴(y)表示两个因素的变化率;然后建立项目经济效益指标(如 NPV、NAV 或 IRR)与两个变化因素 x、y 之间的函数关系,令该指标值为临界值(即 NPV=0、NAV=0 或 IRR=0),即可以得到一个关于 x、y 的临界方程,该方程确定了一条临界线;临界线把 xOy 平面分成两个部分,一部分为可行区域,另一部分为不可行区域,据此对具体情况进行分析。

例 3.5.4 在例 3.5.3 中选择净现值作为敏感性分析经济效益指标,试作关于初期投资额和销售收入的双因素敏感性分析。

解 设 x 表示初期投资额的变化率,y 表示年销售收入的变化率,若折现率为 i_c,则净现值 NPV 为

$$\text{NPV} = P_0(1+x) + [S(1+y) - C]\frac{(1+\text{IRR})^n - 1}{\text{IRR}(1+\text{IRR})^n}$$

$$= -1\,500(1+x) + [650(1+y) - 280]\frac{(1+0.12)^8 - 1}{0.12(1+0.12)^8}$$

将上式简化后可得临界平面

$$\text{NPV} = 338 - 1\,500x + 3\,229y$$

令 NPV=0,可得临界平面与 xOy 平面相交的临界线

$$y = 0.465x - 0.105$$

如图 3.5.4 所示,临界线将 xOy 平面分为两个区域,xOy 平面上任意一点 (x,y) 代表初期投资和销售收入的一种变化组合。临界线左上方的所有变化组合点都能满足 NPV>0,即 IRR>i_c,该区域为可行区域;该线右下方所有变化组合点的 NPV<0,即 IRR<i_c,因此该区域为不可行区域。由此可见,投资方案的初期投资和销售收入变化组合点在交线上方,方案是可行的,但变化组合点越接近交线,其风险越大。

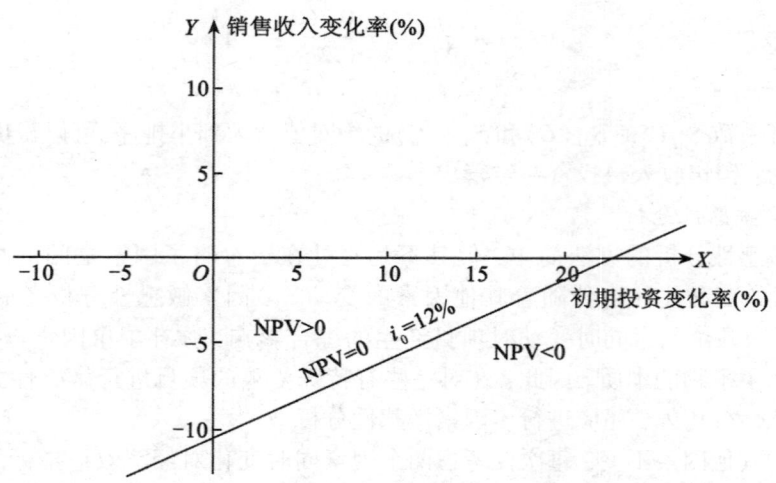

图 3.5.4 双因素敏感性分析图

6. 三因素敏感性分析

三因素敏感性分析主要是在其他因素不变的条件下,研究三个因素同时变化时对项目经济效益的影响。对于三因素敏感性分析,一般需列出三维的数学表达式,但也可以采用降维的方法来简单地表示。其做法是:在三个因素 A、B、C 中选定一个因素 A,令 A 在一定范围内间断取值;因素 A 每次取值后,用双因素敏感性分析方法对因素 B 和 C 进行敏感性分析,由此可以得到一条临界曲线;经过多次计算,最终可以得到一组与 A 取值对应的双因素临界方程和临界曲线。

例 3.5.5 在例 3.5.3 中选择净现值作为敏感性分析经济效益指标,做关于初始投资、销售收入和项目服务期三个因素同时变化的敏感性分析。

解 设 x 表示初期投资额的变化率,y 表示年销售收入的变化率,n 表示项目的服务期,若折现率为 i_c,则净现值 NPV 为

$$NPV = P_0(1+x) + [S(1+y) - C] \frac{(1+IRR)^n - 1}{IRR(1+IRR)^n}$$

$$= -1\,500(1+x) + [650(1+y) - 280] \frac{(1+0.12)^n - 1}{0.12(1+0.12)^n}$$

依题意,项目服务期的估计预测误差不超过 $\pm 10\%$,则可以依次取 $n = 7, 8, 9$ 进行初期投资额与销售收入的敏感性分析。取 $n = 7, 8, 9$ 可以将上式简化后得三个临界平面:

$n = 7$ 时 $NPV = 189 - 1\,500x + 2\,966y$
$n = 8$ 时 $NPV = 338 - 1\,500x + 3\,229y$
$n = 9$ 时 $NPV = 471 - 1\,500x + 3\,463y$

令 $NPV = 0$,可得临界平面与 xOy 平面相交的临界线:

$n = 7$ 时 $y = 0.506x - 0.064$
$n = 8$ 时 $y = 0.465x - 0.105$
$n = 9$ 时 $y = 0.433x - 0.136$

初始投资、销售收入和项目服务期的三因素敏感性曲线如图 3.5.5 所示。

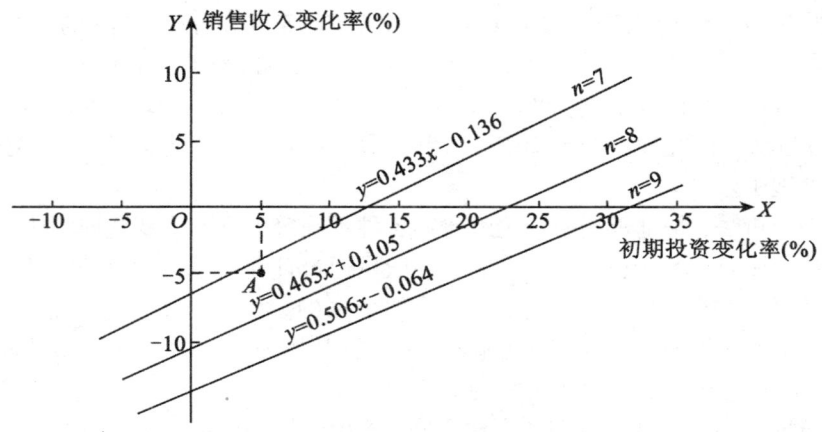

图 3.5.5　三因素敏感性分析图

如图 3.5.5 所示，服务期为 9 年时，由 $y=0.506x-0.064$ 所确定的临界线左上方为可行区域，右下方为不可行区域。其他情况的意义也一样。从图 3.5.5 中可以看出，随着项目服务期的缩短，临界线上移，其可行区域变小；项目服务期的增加，临界线下移，其可行区域变大。若初期投资增加 5%，销售收入减少 5%，如图 3.5.5 中的 A 点，该点位于 $n=7$ 的临界线下方，其他临界线的上方，由此可见，只要服务期超过 7 年，该方案就可行了。

7. 敏感性分析的局限性

敏感性分析是一种重要的风险分析方法，但是也存在一些局限性，主要有下面几点：

(1)敏感性分析只能对项目风险进行定性评价，而不能对风险大小进行定量化。

(2)仅在进行多方案比选时，敏感性分析的结果才可以成为项目取舍的依据。在单一方案情况下，敏感性分析结果的作用只是用于对项目实施的风险进行评价，一般情况下不能作为项目取舍的依据。

(3)变化方向和变化范围是人为假定的，没有结合诸因素发生的概率，影响评价结论的准确性。在运用敏感性分析来对项目进行风险分析时，各不确定因素的变化方向和变化范围被认为是确定的，而实际上其变化方向和变化范围也是不确定的，而敏感性分析不能给出诸因素发生的概率，由此而得出的有关项目风险的评价结论的准确性存在一定问题。

(4)考虑因素多，计算变化值多，计算工作量大，给分析带来困难。一个项目的不确定因素往往有多个，每个不确定因素都要取几个变化值来分别计算其引起的内部收益率、净现值、贷款偿还期等指标的变化幅度。另外，在计算和分析时，往往要综合考虑几个方案或几个项目。这样，涉及的数据很多，计算工作量十分大。因此，在挑选敏感性分析因素时要仔细选择，事先要把很少有可能发生变化的因素事件的组合排除掉，尽可能进行合并。

3.5.3　概率分析法

1. 概率分析法的概念

(1)概率分析法

任何一个拟建项目的所有未来结果都是未知的。这是因为项目的现金流量(销售收入、经营费用等)、寿命期限和资金成本等不但要受控制变量(如产量、成本等)的制约，而且还要受客观状态(也称自然状态，如市场需求、产品价格和市场利率等)的影响。所以说，不确定性是所有项目固有的内在特性，只不过对不同的项目来讲，其不确定性的程度有大有小而已。当不确定性比较小时，可以近似地按照确定性项目来处理，并用盈亏平衡分析法、敏感性分析法来研究项目的不确定性。当不确定性较大时，就需要用概率分析方法来进行分析和处理了。

所谓概率分析法，是基于概率理论来研究各种不确定因素发生变化时对方案经济效益的影响的方法，称为概率分析或风险分析。一般是通过计算出项目净现值小于零的概率来定量测定项目风险大小，为投资者决策提供重要依据的。其具体计算过程是：由现金流量表中的各年可能发生的现金流(或其他基础数据)及其概率求出各年净现金流量的可能值及其概率，再进一步求出净现值小于零的概率。

根据求净现值小于零概率分布的方法不同，概率分析法又可以分成随机现金流分析法和决策树分析法等。前者适用于项目净现值的概率分布呈正态分布或近似正态分布的情况；后者是应用决策树图来分析计算净现值小于零的概率。

(2)客观概率与主观概率

根据对基础数据和其发生概率的估算方法不同，概率分析法又可以分成客观概率分析和主观概率分析。对于一些项目，历史年代基础数据的取值和其发生概率会以同样规律出现在未来的时间的项目服务期内，那么就可以根据历史统计资料来估计项目服务期内的现金流(或其他基础数据)取值和其发生概率，并以此为基础计算净现值的概率分布。这种建立在历史客观数据基础上的概率分析称为客观概率分析。水利工程是一类典型的可以用客观概率分析的项目，因为历史洪水水位、径流量等基础数据和其发生概率也会以同样规律出现在未来。但对投资项目来说，一般没有完全相同的前例，当然不可能通过无数次相同的实践得出一个稳定的相对频率即客观概率，大量项目未来的情况与历史不相同，此时基础数据值及其发生概率只能凭相关专家主观预测、分析和估计，这种概率分析方法称为主观概率分析法。主观概率虽然要受预测者或估计者知识和经验的影响，是因人而异的，但是实践已经证明，主观概率的置信程度也是符合客观事物的一般规律的，所以在缺乏充分资料的情况下，主观概率也同客观概率一样是有效的。

主观概率的要点是主观概率的得出和整理。一般来讲，一位专家对其专业领域是有丰富知识和经验的，但这并不意味着他对一事件容易作出概率的判断。这就要求项目评价人员帮助专家们把主观感觉转换成概率数字。为此可以采用的方法是：一是让专家回答某些变量值出现概率的大小；二是让专家回答累计概率为某值时相对应的变量值。由于专家不一定对概率论很熟悉，因此在访问中常常采用间接提问的方法。

例如，为了了解某一随机事件的平均数及其概率分布，可以用直接提问的办法先得到平均数。由于专家不一定曾针对你提出的问题的概率做过仔细研究，所以不可能直接回答出"标准差"是多大。这时就可以采取间接提问的方法，即在平均数的两侧各标出相等的距离，从而得到一个区间，再问专家平均数落入这个区间的可能性有多大。这个问题专家容易理解，也好回答。有了专家们的回答，就不难利用正态分布表计算出这个"标准差"的值。

通过专家咨询得到的概率数值还需要进行逻辑检查和一致性检查。逻辑检查是为了核对访问专家所得到的概率分布曲线与常用的概率分布曲线形状是否大体相符。一致性检查则是为了核对专家在回答问题过程中前后是否一致，有无矛盾。为此，可以用数学分析的办法和用不同的方法再次向专家提问，看其回答是否与原来的回答有较大的出入。用上述方法得到的主观概率只有在通过逻辑检查和一致性检查确认没有问题后，才可以用于评价不确定性问题。

设方案在服务期内可能出现 m 种状态，若第 j 种状态可能出现的概率用 P_j 表示，则 P_j 应满足

$$0 \leq P_j \leq 1 \quad j=1, 2, \cdots, m \tag{3.5.20}$$

$$\sum_{j=1}^{m} P_j = 1 \tag{3.5.21}$$

当 $P_j = 0$ 时，表示该状态不可能发生；当 $P_j = 1$ 时，表示该状态必定发生。式(3.5.21)则表示方案所出现的状态肯定在这 m 种内。

2. 随机现金流分析法

随机现金流分析法假设现金流量是相互独立的情况，并且其概率分布服从正态分布或近似正态分布。所谓现金流相互独立，是指每一笔现金流的发生并不影响其他现金流的发生，现金流之间不相互依赖。净现值发生的概率是各年现金流量发生概率的联合概率，由于净现值是各年度现金流量的线性函数，所以净现值的概率分布是各年度现金流量概率分布的线性组合。

(1) 随机现金流分析法的主要步骤

随机现金流分析法的一般步骤是：

①选定要考虑的各种不确定因素。如投资、经营成本、销售价格等。

②分析与确定每一个不确定因素可能发生的几种状态及数值发生变化范围，如第 t 年现金流量可能出现 m_t 种状态，每一种状态的现金流量的大小。

③分别估计各种状态可能出现的概率，每个不确定因素可能发生的状态的概率之和应等于1，如第 t 年现金流量共出现 m_t 种状态，那么这 m_t 种状态的概率之和应等于1。

④分别求出各种不确定因素发生变化时，方案净现金流量各状态发生的概率和相应状态下的净现值 NPV。

⑤求出方案净现值的期望值和标准差。

⑥求出方案净现值非负的累计概率。

⑦对概率分析结果作出说明。

(2) 随机现金流分析法的计算方法

①计算净现值的期望值。为了计算净现值的期望值，首先可以计算各年度的净现金流量的期望值，然后将净现金流量的期望值折现，即可以得到净现值的期望值。

各年度的净现金流量的期望值可以按照下式计算

$$E(X_t) = \sum_{j=1}^{m_t} X_{tj} P_{tj} \quad t=1,2,\cdots,n \tag{3.5.22}$$

式中：$E(X_t)$——第 t 年净现金流量期望值；

X_{tj}——第 t 年第 j 个可能净现金流量的值；

P_{tj}——X_{tj}发生的概率,其中 $0 \leqslant P_{tj} \leqslant 1$, $\sum_{j=1}^{m_t} P_{tj} = 1$;

m_t——第 t 年净现金流量可能出现的状态种数;

n——项目服务期,或经济寿命。

项目在服务期内的净现值的期望值可以按照下式计算

$$E(\text{NPV}) = \sum_{t=0}^{n} \frac{E(X_t)}{(1+i)^t} \tag{3.5.23}$$

式中:$E(\text{NPV})$——项目净现值的期望值;

i——无风险折现率,对于财务评价,$i=i_c$;对于国民经济评价,$i=i_s$。

②标准差计算。标准差计算分两步进行,首先可以计算各年度的净现金流量的标准差,然后计算净现值的标准差。

各年的净现金流量标准差可以按照以下公式进行计算

$$\sigma_t = \sqrt{\sum_{j=1}^{m_t} [X_{tj} - E(X_t)]^2 P_{tj}} \tag{3.5.24}$$

净现值的标准差可以按照以下公式进行计算

$$\sigma(\text{NPV}) = \sqrt{\sum_{t=0}^{n} \left[\frac{\sigma_t}{(1+i)^t}\right]^2} \tag{3.5.25}$$

③计算净现值小于零的概率。由于净现值 NPV 服从正态分布,且期望值为 $E(\text{NPV})$,标准差为 $\sigma(\text{NPV})$,则发生净现值 $\text{NPV}<\text{NPV}^*$ 的概率 $P(\text{NPV}<\text{NPV}^*)$ 可以由 Z 值求得

$$Z = \frac{\text{NPV}^* - E(\text{NPV})}{\sigma(\text{NPV})} \tag{3.5.26}$$

$$P(\text{NPV}<\text{NPV}^*) = \Phi(Z) \tag{3.5.27}$$

式中:$\Phi(Z)$——标准正态分布的累计概率函数值,依据 Z 值可以由标准正态分布表查出,参见附录。

若求 NPV<0 的概率 $P(\text{NPV}<0)$,则 Z 值为:

$$Z = -\frac{E(\text{NPV})}{\sigma(\text{NPV})} \tag{3.5.28}$$

$$P(\text{NPV}<0) = \Phi(Z) \tag{3.5.29}$$

NPV≥0 的概率 $P(\text{NPV} \geqslant 0)$ 为

$$P(\text{NPV} \geqslant 0) = 1 - P(\text{NPV}<0) = 1 - \Phi(Z) \tag{3.5.30}$$

根据概率论的知识知道,对净现值等指标的概率分析,项目方案可以接受的条件是 NPV≥0,即净现值大于零;$P(\text{NPV} \geqslant 0)$ 越大,即项目效益出现非负的可能性越大。如 $P(\text{NPV} \geqslant 0) = 0.85$,表明该项目 NPV≥0 的保证率为 85%。因此,该方法能定量描述建设项目的风险。

下面举例说明随机现金流分析法的应用。

例 3.5.6 现有一个投资项目,预计其服务期为 3 年,由于受环境的影响,各年度的现金流量及相应的概率如表 3.5.4 所示,预计利率为 10%,试计算该项目净现值大于或等于零的概率及净现值达到 10 000 元的概率。

第3章 建设项目技术经济评价

表 3.5.4　　　各年度的现金流量及相应的概率表　　　（单位：元）

状态	第0年		第1年		第2年		第3年	
	X_{0j}	P_{0j}	X_{1j}	P_{1j}	X_{2j}	P_{2j}	X_{3j}	P_{3j}
1	−100 000	1	35 000	0.20	40 000	0.25	35 000	0.30
2	0	0	40 000	0.60	50 000	0.50	45 000	0.40
3	0	0	45 000	0.20	60 000	0.25	55 000	0.30

解　（1）计算各年现金流量的期望值

$$E(X_t) = \sum_{j=1}^{m_t} X_{tj} P_{tj}$$

$E(X_0) = -100\,000 \times 1.00 = -100\,000 \text{ 元}$

$E(X_1) = 35\,000 \times 0.20 + 40\,000 \times 0.60 + 45\,000 \times 0.20 = 40\,000 \text{ 元}$

$E(X_2) = 40\,000 \times 0.25 + 50\,000 \times 0.50 + 60\,000 \times 0.25 = 50\,000 \text{ 元}$

$E(X_3) = 35\,000 \times 0.30 + 45\,000 \times 0.40 + 55\,000 \times 0.30 = 45\,000 \text{ 元}$

（2）计算净现值的期望值

$$E(\text{NPV}) = \sum_{t=0}^{n} \frac{E(X_t)}{(1+i)^t} = -100\,000 + \frac{40\,000}{(1+0.1)} + \frac{50\,000}{(1+0.1)^2} + \frac{45\,000}{(1+0.1)^3} = 11\,495 \text{ 元}$$

（3）计算各年净现金流量的标准差

$$\sigma_t = \sqrt{\sum_{j=1}^{m_t} [X_{tj} - E(X_t)]^2 P_{tj}}$$

$\sigma_0 = 0$

$\sigma_1 = \sqrt{(35\,000-40\,000)^2 \times 0.2 + (40\,000-40\,000)^2 \times 0.6 + (45\,000-40\,000)^2 \times 0.2} = 3\,162 \text{ 元}$

$\sigma_2 = \sqrt{(40\,000-50\,000)^2 \times 0.25 + (50\,000-50\,000)^2 \times 0.50 + (60\,000-50\,000)^2 \times 0.25} = 7\,071 \text{ 元}$

$\sigma_3 = \sqrt{(35\,000-45\,000)^2 \times 0.3 + (45\,000-45\,000)^2 \times 0.4 + (55\,000-45\,000)^2 \times 0.3} = 7\,746 \text{ 元}$

（4）计算净现值的标准差

$$\sigma(\text{NPV}) = \sqrt{\sum_{t=0}^{n} \left[\frac{\sigma_t}{(1+i)^t}\right]^2} = \sqrt{\frac{3\,160^2}{(1+0.1)^2} + \frac{7\,070^2}{(1+0.1)^4} + \frac{7\,750^2}{(1+0.1)^6}} = 8\,734 \text{ 元}$$

（5）计算净现值小于零的概率

$$Z = -\frac{11\,495}{8\,734} = -1.32$$

$$P(\text{NPV}<0) = \Phi(-1.32)$$

查标准正态分布表（见附录）得　　$\Phi(-1.32) = 0.093\,4$

即：　　$P(\text{NPV}<0) = 0.093\,4$

$P(\text{NPV} \geq 0) = 1 - 0.093\,4 = 0.906\,6$

（6）计算净现值达到10 000元的概率

$$Z = \frac{10\,000 - 11\,455}{8\,730} = -0.17$$

查标准正态分布表(见附录)得 $\Phi(-0.17) = 0.4325$,即
$$P(\text{NPV} < 10\,000) = 0.4325$$
$$P(\text{NPV} \geq 10\,000) = 1 - 0.4325 = 0.5675$$

由上述计算结果可知,该项目出现亏损的概率非常小,因此其风险相当小。由此可见,利用随机现金流分析法,不仅可以定量测定项目发生亏损的风险大小,还可以估算实现各种盈利的可能性大小,这对于项目决策无疑是十分有益的。

但是,正态分布图像法应用的前提是净现值必须呈正态分布或近似正态分布,但对于一般投资项目,很难判断净现值是否呈正态分布,因此这种方法的应用受到一定局限。

3. 决策树分析法

决策树分析法是根据给出的现金流量数据及其概率,用决策树图列出现金流量序列,并用无风险折现率(行业基准收益率或社会折现率)和概率乘法公式求出每一现金流量序列的净现值及其概率。最后求出净现值期望值和净现值小于零的累计概率,从而估算出项目亏损风险的大小。这是一种无论净现值是否呈正态分布都适用的概率法。

决策树分析法的做法是:先选定要考虑的各种不确定因素,如投资、经营成本、销售价格等,分析与确定每一个不确定因素可能发生的几种状态及数值发生变化范围,估计各种状态可能出现的概率;然后分别求出各种不确定因素发生变化时,方案净现金流量各状态发生的概率和相应状态下的净现值 NPV;再计算方案净现值的期望值、标准差、净现值的累计概率以及方案净现值非负的累计概率;最后对概率分析结果作出说明。

求方案净现值非负的累计概率时,应根据接近 NPV=0 的左右两点的累计概率用内插法求得。

下面举例说明决策树分析法的应用。

例 3.5.7 某开发项目的现金流量如表 3.5.5 所示,根据预测和经验判断,开发成本、销售收入可能发生的变化率及其概率如表 3.5.6 所示,假设开发成本与销售收入二者相互独立。试对该项目进行概率分析并求净现值大于或等于零的概率,取基准收益率为 12%。

表 3.5.5 项目的现金流量表 (单位:万元)

年 份	1	2	3	4	5
销售收入	—	6 400	8 800	7 800	6 000
开发成本	2 500	5 900	6 900	2 800	1 000
净现金流量	-2 500	500	1 900	5 000	5 000

表 3.5.6 开发成本、销售收入可能发生的变化率及其概率

因 素 \ 变化率	-20%	0	+20%
销售收入	0.3	0.6	0.1
开发成本	0.1	0.4	0.5

解 (1) 依题意,选择开发成本和租售收入为不确定因素。这两个不确定因素可能发生的变化及其概率如表 3.5.5 所示。

(2) 由于为不确定因素开发成本和租售收入的变化各出现 3 种状态,因此该项目净现金流量序列的全部可能状态为 3×3=9 种,如图 3.5.6 所示。

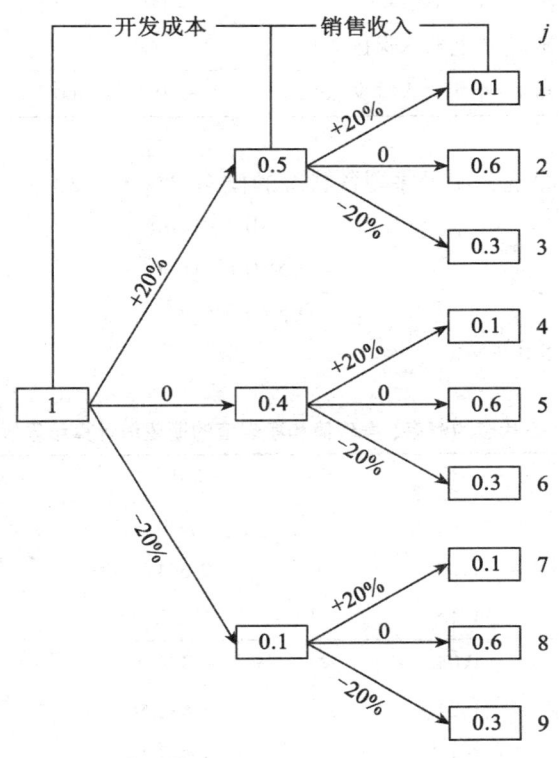

图 3.5.6 开发项目的概率树分析图

(3) 计算每一种可能状态下的净现金流量 $(CI-CO)_{tj}$ ($t=1,2,\cdots,5;j=1,2,\cdots,9$),计算结果参见表 3.5.7。

表 3.5.7　　　　　每一种可能状态下的净现金流量　　　　　（单位:万元）

序号	可能出现的状态	第 t 年的净现金流量				
		第 1 年	第 2 年	第 3 年	第 4 年	第 5 年
1	开发成本增加 20%,销售收入增加 20%	-3 000	600	2 280	6 000	6 000
2	开发成本增加 20%,销售收入保持不变	-3 000	-680	520	4 440	4 800
3	开发成本增加 20%,销售收入减少 20%	-3 000	-1 960	-1 240	2 880	3 600
4	开发成本保持不变,销售收入增加 20%	-2 500	1 780	3 660	6 560	6 200
5	开发成本保持不变,销售收入保持不变	-2 500	500	1 900	5 000	5 000

续表

序号	可能出现的状态	第 t 年的净现金流量				
		第1年	第2年	第3年	第4年	第5年
6	开发成本保持不变，销售收入减少20%	-2 500	-780	140	3 440	3 800
7	开发成本减少20%，销售收入增加20%	-2 000	2 960	5 040	7 120	6 400
8	开发成本减少20%，销售收入保持不变	-2 000	1 680	3 280	5 560	5 200
9	开发成本减少20%，销售收入减少20%	-2 000	400	1 520	4 000	4 000

（4）分别计算项目净现金流量序列各状态的概率 $P_j(j=1,2,\cdots,9)$。

$$P_1 = 0.5 \times 0.1 = 0.05$$
$$P_2 = 0.5 \times 0.6 = 0.30$$
$$P_3 = 0.5 \times 0.3 = 0.15$$

其余类推，结果如表 3.5.8 所示。

表 3.5.8　　　　各状态的概率、净现值和净现值的期望值计算结果

状态编号	P_j	NPV_j	$\text{NPV}_j \cdot P_j$
1	0.05	6 640.27	332.01
2	0.30	2 694.81	80.84
3	0.15	-1 250.65	-187.60
4	0.04	9 479.02	379.16
5	0.24	5 533.56	1 328.05
6	0.12	1 588.10	190.57
7	0.01	12 317.77	123.18
8	0.06	8 372.31	502.34
9	0.03	4 426.85	132.81
合　计	1.00		2 881.36

（5）根据 $\text{NPV}_j = \sum_{t=0}^{n} \dfrac{(CI-CO)_{tj}}{(1+i)^t}$ 分别计算各状态下的项目净现值 $\text{NPV}_j(j=1,2,\cdots,9)$。

$$\text{NPV}_1 = \dfrac{-3\,000}{1+0.12} + \dfrac{600}{(1+0.12)^2} + \dfrac{2\,280}{(1+0.12)^3} + \dfrac{6\,000}{(1+0.12)^4} + \dfrac{6\,000}{(1+0.12)^5} = 6\,640.27 \text{ 万元}$$

$$\text{NPV}_2 = \dfrac{-3\,000}{1+0.12} + \dfrac{-680}{(1+0.12)^2} + \dfrac{520}{(1+0.12)^3} + \dfrac{4\,440}{(1+0.12)^4} + \dfrac{4\,800}{(1+0.12)^5} = 2\,694.81 \text{ 万元}$$

其余类似可得，结果列于图 3.5.7 中。

（6）计算净现值的期望值。先计算 $\text{NPV}_j \cdot P_j (j=1,2,\cdots,9)$，然后求和即得 $E(\text{NPV})$，其结果参见表 3.5.7。求得项目净现值的期望值 $E(\text{NPV}) = 2\,881.36$ 万元，净现值的标准差

为 1 556.77 万元。

(7)将净现值按照从小到大排序,就可以得到净现值的分布规律,如表 3.5.9 所示。然后计算累计概率及净现值大于或等于零的概率。

表 3.5.9 净现值排序及累计概率计算结果

排序规律	按照净现值从小到大的规律排列								
净现值 NPV	-1 250.65	1 588.10	2 694.81	4 426.85	5 533.56	6 640.27	8 372.31	9 479.02	12 317.77
概　率	0.15	0.12	0.30	0.03	0.24	0.05	0.06	0.04	0.01
累计概率	0.15	0.27	0.57	0.60	0.84	0.89	0.95	0.99	1.00

从表 3.5.9 的累计概率可见,$P(\text{NPV}<-1\ 250.65)=0.15$,$P(\text{NPV}<1\ 588.10)=0.27$,$P(\text{NPV}\leq 0)$ 应按照内插法确定。项目净现值大于或等于零的概率为

$$P(\text{NPV}\leq 0) = 0.15+(0.27-0.15)\frac{1\ 250.73}{1\ 250.73+1\ 524.52}=0.20$$

$$P(\text{NPV}\geq 0) = 1-P(\text{NPV}<0)=1-0.2=0.8$$

从计算结果可知,$E(\text{NPV})=2\ 881.36$ 万元>0,且 $P(\text{NPV}\geq 0)=0.8$,说明该项目是可行的,经济效益较好具有较高的可靠性。

§3.6　设计与施工方案技术经济评价

3.6.1　设计与施工方案技术经济评价的目的与要求

所谓建筑工程技术经济评价就是对建筑工程技术方案(包括工程设计、施工及其他技术措施等)的经济效益进行计算评价和分析比较。任何一个建设项目,都可以采用不同的设计方案、施工方案,使用不同的机械设备和建筑材料,可以形成多个技术方案,而采用不同的方案会得到不同的经济效益,因此,为了达到最优的目标,就必须对各方案进行技术经济比较,从中选择一个技术经济效果相对较优的方案作为实施方案。

1. 设计与施工方案技术经济评价的目的

(1)鉴别各种方案在功能上的适用性,技术上的先进性和可行性,以及经济上的合理性。通过对方案的技术经济评价,可以使方案不断地得到改进和完善。

(2)通过对拟定方案的定性、定量以及综合性分析,选择出技术先进、工程可行、经济合理的方案,从而降低成本,提高经济效益。

(3)通过一系列的技术经济评价,可以积累经验,提高方案的设计和分析能力,促进设计和施工水平的不断提高。

2. 设计与施工方案技术经济评价的基本要求

(1)建筑技术经济评价应体现社会必要劳动消耗的价值指标。建筑产品的经济效果是劳动成果与社会必要劳动量之比,即使用价值与社会劳动消耗之比。使用价值表现为质和量两个方面。例如,住宅建筑的使用价值就是在相同的使用功能情况下的使用面积和数量

或户数。使用价值是以相同的建筑功能质量、相同的舒适程度和建筑标准等作为可比条件。因此，住宅建筑的技术经济评价应以更能体现使用价值量的使用面积或有效面积为主要的指标。

（2）以国家的建设方针为总标准，注意方案的总体经济效果，尽可能使经济、适用、美观三者统一。在评价建筑物的诸因素中"适用"是首要的，占主导地位。评价一个建筑物在经济上是否合理，首先要看该建筑物是否适用。一个适用的建筑，能降低成本，提高效率，提高技术经济效益，不合理的建筑则利用率低下，增加使用成本，降低经济效益。因此，适用是讲求经济的前提，离开了这个前提，就谈不上经济合理性。在方案评价中既要注重建筑的美学地位，也要反对片面追求美观的浮华奢侈观点。一座好的建筑物，应是实用的、经济的，建筑艺术效果也是好的。

（3）应满足方案的可比性条件。比选方案时如果缺乏可比性，就等于失去分析比较的标准，结果会使工作无法进行或得出错误的结论。可比性包括功能上的可比性，消耗上的可比性，价格上的可比性和时间上的可比性。在多种建筑技术方案之间进行比较时，由于各个技术方案的技术经济的构成因素不同，这就需要在诸方案之间找出内在因子，将不可比的条件转化为可比的条件，达到可比性目的。

（4）定性分析与定量分析相结合。在定量分析中，利用主要指标和辅助指标等多指标体系进行综合评价时，应权衡主次，突出主要指标。

（5）对建筑项目的技术经济评价应纵观设计、施工和管理等方面，进行全面的、综合的评价。

（6）在作技术经济评价结论时，既要着眼于建筑工程项目的目前效果，也要考虑长期效果；既要注重局部效果，又要注重宏观效果，切忌片面性。

3.6.2 设计与施工方案技术经济评价的主要方法

1. 多指标评价法

多指标评价法就是使用一系列适用的指标体系，将各个对比方案的相应指标值列出，然后一一进行对比分析，根据指标的高低分析判断其优劣。这是目前采用比较多的一种方法。

利用多指标比较法评价方案，需要解决两个问题：

（1）将对比指标分成主要指标和辅助指标。主要指标是能够比较充分地反映工程技术经济特点的指标，如工程造价、民用建筑设计方案的平面指标、物理性能、工业建筑设计方案的建设投资、工期、单位产品成本，等等，是确定工程项目经济效果大小、优劣的主要依据。辅助指标可以用来作为主要指标的补充，尤其是当主要指标不足以说明技术经济效果优劣时，可以用辅助指标来做进一步的技术经济分析。有些辅助指标可以在一定条件下转化为主要指标。

（2）解决可比性问题。两种方案进行对比的必要条件是：建筑标准与使用功能基本相同，建筑层数和层高相同或相似，建筑结构的抗震设防等级相同，采用统一的定额和价格标准，建筑的质量标准和要求应相近。如果不完全符合可比条件，可以用调整局部方案或修正系数法进行调整，使其满足可比条件后再进行对比，并在综合分析时予以说明。

多指标评价法的优点是指标全面、可以通过各种技术经济指标定性或定量地直接反映方案技术经济性能的主要方面。其缺点是不便于对某一功能评价，不便于定量的综合分析。

用多指标作为方案比较时，如果某一方案的全部指标都优于其他方案，这无疑是最佳方案，而实际上这是很少见的。如果各个方案中其他指标都相同，而只比较一个指标就能决定方案的优势，或突出一个指标就可以选择最佳方案，这也比较简单。可是在实际工作中，往往各个方案中有些指标较优，另一些指标较差，而且各种指标对方案经济效果的影响也是不等同的，在这种情况下，采用多指标评价法选优就比较困难了。有时，也会因方案的可比性差而产生客观标准不统一的现象，因此，在进行多指标评价时，要特别注意检查对比方案在使用功能和工程质量方面的差异，并分析这些差异对各指标的影响，避免导致错误的结论。可以采用如下方法对某些指标进行调整，使其具备可比性。

①修正系数法。根据对指标影响因素的不同，制定出不同的修正系数，使各方案的同一指标具备可比性。

②局部调整法。对工程设计作局部调整以消除各比选方案之间的差异，以便于分析比较。如层数不同的建筑物，可以采取增减层数的办法使层数相同(同时要注意对基础的影响等)。

③平面布置固定法。这种方法适于结构体系分析比较时采用。对同样建筑布置的建筑物，采用不同结构体系时，各种指标之间具备了较高的可比性。这给指标的分析、评价带来了很大的方便。

通过分析，最后应给出如下结论：①分析对象的主要技术经济特点和适用条件；②现阶段实际达到的经济效果水平；③找出提高经济效果的潜力和途径以及相应采取的主要技术组织措施；④预期经济效果；⑤能否推广(或采用)和如何推广(或采用)的具体意见。

2. 单指标评价法

单指标评价法是将方案比较的各项目分析指标换算成同一指标进行比较的方法，将多指标换算成同一指标，一般有三种方法。

(1)价值指标综合法

价值指标基本上反映了可以用价值体现的全部经济因素，价值指标可以解决不同因素在实物形态上难以综合的问题。但价值指标能反映的仅仅是物化在建筑产品中的劳动消耗或生产过程中的劳动消耗、生产成果等，如投资、生产成本、总产值等，而无法反映质量、功能等不同的具体劳动消耗所创造的有用效果的差异。这就无法在比较中综合考虑有用效果和劳动消耗两个方面的情况。应用价值指标进行综合评价时，须在产品功能一致的条件下方有可比性。

(2)综合评分法

综合评分法是指将各项分析指标，根据其重要程度给出权重值，在分析时对各方案评定分数，计算各方案的总分值，然后进行评价。其计算公式为

$$R_i = \sum_{j=1}^{m} C_{ij} W_j \quad i = 1, 2, \cdots, n \tag{3.6.1}$$

$$\sum_{j=1}^{m} W_j = 1$$

式中：R_i——第 i 个方案的总分；

C_{ij}——第 i 个方案的第 j 项指标的分值;

W_j——第 j 项指标的权重数值;

n, m——方案的个数和指标的个数。

例 3.6.1 某建筑工程有 4 个设计方案,按适用性、平面布置、经济性、美观 4 项指标评定。各项指标的权重值和各方案的分值(每项指标最低为 1 分,最高为 10 分)如表 3.6.1 所示,试选择最优方案。

表 3.6.1　　　　　　　　　　　各方案权重值及分值

方案 \ 指标	适用	平面布置	经济	美观
	0.4	0.2	0.3	0.1
1	9	9	8	7
2	8	7	7	9
3	7	8	9	8
4	7	9	8	9

解 按公式(3.6.1)计算,计算过程如下:

方案 1: $R_1 = \sum_{j=1}^{4} C_{1j} W_j = 9 \times 0.4 + 9 \times 0.2 + 8 \times 0.3 + 7 \times 0.1 = 8.5$

方案 2: $R_2 = \sum_{j=1}^{4} C_{2j} W_j = 8 \times 0.4 + 7 \times 0.2 + 7 \times 0.3 + 9 \times 0.1 = 7.6$

方案 3: $R_3 = \sum_{j=1}^{4} C_{3j} W_j = 7 \times 0.4 + 8 \times 0.2 + 9 \times 0.3 + 8 \times 0.1 = 7.9$

方案 4: $R_4 = \sum_{j=1}^{4} C_{4j} W_j = 7 \times 0.4 + 9 \times 0.2 + 8 \times 0.3 + 9 \times 0.1 = 7.9$

根据综合评价的总分,最优方案为第 1 方案。

综合评分法在分析时强调了使用价值指标体系的作用,比"价值指标综合法"全面,在一定程度上克服了忽视使用价值在比较中的地位的缺点,由于避免了多指标评价法可能发生相互矛盾的现象,并且由于是定量性的指标,也可以利用电子计算机求解。其缺点是确定权重值和评分难免存在主观臆断成分,同时,分值是相对的,因而就不能直接判断各方案的各项功能。

(3)价值系数综合分析法

运用价值分析中的价值系数,综合反映功能与成本两种相关因素的数量关系,以对方案进行评价。在方案比较时,由于功能包含一系列指标,各指标的量纲和标准不一样,不能直接叠加,应将各指标转化成[0,1]上的无量纲功能系数综合值;成本指标也应根据比选方案的成本情况转化成相对成本系数,只有计算所得的价值系数才具有可比性。

1)功能系数综合值计算。功能系数综合值(FV)为[0,1]区间的无量纲的数值,其中 0 表示综合功能最差,1 表示综合功能最好。一般情况下,各方案的功能系数综合值位于(0,1)内,即 0<FV<1。其做法为:先求出每一个方案的每一项指标的功能系数相对值,然

后计算每个方案的功能系数综合值。具体做法如下：

①计算功能系数相对值。当评价指标越大越好时，可以按照下式将指标值转化为功能系数相对值

$$F_{ij} = \frac{R_{ij}}{\max\limits_{i}\{R_{ij}\}} \quad i=1,2,\cdots,n; j=1,2,\cdots,m \tag{3.6.2}$$

或

$$F_{ij} = \frac{R_{ij} - \min\limits_{i}\{R_{ij}\}}{\max\limits_{i}\{R_{ij}\} - \min\limits_{i}\{R_{ij}\}} \quad i=1,2,\cdots,n; j=1,2,\cdots,m \tag{3.6.3}$$

式中：F_{ij}——第 i 个方案的第 j 个指标的功能系数相对值；

R_{ij}——第 i 个方案的第 j 个指标的指标值；

$\max\limits_{i}\{R_{ij}\}$——$n$ 个方案中第 j 个指标的指标值的最大值；

$\min\limits_{i}\{R_{ij}\}$——$n$ 个方案中第 j 个指标的指标值的最小值；

n——方案的个数；

m——指标的个数。

当评价指标越小越好时，可以按照下式将指标值转化为功能系数相对值

$$F_{ij} = \frac{\min\limits_{i}\{R_{ij}\}}{R_{ij}} \quad i=1,2,\cdots,n; j=1,2,\cdots,m \tag{3.6.4}$$

或

$$F_{ij} = \frac{\max\limits_{i}\{R_{ij}\} - R_{ij}}{\max\limits_{i}\{R_{ij}\} - \min\limits_{i}\{R_{ij}\}} \quad i=1,2,\cdots,n; j=1,2,\cdots,m \tag{3.6.5}$$

或

$$F_{ij} = 1 - \frac{R_{ij}}{\max\limits_{i}\{R_{ij}\}} \quad i=1,2,\cdots,n; j=1,2,\cdots,m \tag{3.6.6}$$

当评价指标越接近适中值 R_0 越好时，可以按照下式将指标值转化为功能系数相对值

$$F_{ij} = \frac{R_0}{|R_{ij} - R_0| + R_0} \quad i=1,2,\cdots,n; j=1,2,\cdots,m \tag{3.6.7}$$

式中：R_0——评价的标准值。

②计算功能系数综合值。功能系数综合值的计算公式为

$$FV_i = \frac{1}{m}\sum_{j=1}^{m} F_{ij} w_j \quad i=1,2,\cdots,n \tag{3.6.8}$$

式中：w_j——权重值，$0 < w_j < 1$，$\sum\limits_{j=1}^{m} w_j = 1$。

2) 计算成本系数 (CV)。各方案的成本系数相对值可以按照下式确定

$$CV_i = \frac{C_i}{\max\limits_{i}\{C_i\}} \quad i=1,2,\cdots,n \tag{3.6.9}$$

式中：CV_i——第 i 个方案的成本系数。

3) 计算价值系数 (VE)。各方案的价值系数可以按照下式确定

$$VE_i = \frac{FV_i}{CV_i} \quad i=1,2,\cdots,n \tag{3.6.10}$$

式中：VE_i——第 i 个方案的价值系数。

价值系数相对越大，说明方案的技术经济性越好。

3.6.3 设计与施工方案技术经济评价的步骤

1.根据项目的要求,列出各种可行的技术方案。一个建筑工程项目的设计和施工,可以有多种不同的方案。例如,设计具有基本相同功能的住宅,可以设计成砖混结构、框架结构等。同一个工程项目的施工方案也可以有许多种,如施工方法的不同和选择施工机械的不同等,都能造成施工方案的差异。

2.根据评价的要求拟订所需的指标或指标体系,并据此收集相关资料,将其制成表格,加以说明,以备进行分析。

3.将收集的指标资料按相关规则或要求,经加工整理成真实、可靠的指示数据,以便进行分析。

4.进行技术经济评价。根据技术经济评价的要求,选用适当的方法进行分析。在此基础上对方案的可行性和取舍作出结论。作结论时一定要立足于科学依据和辩证的分析,防止主观、片面和行政命令式的做法。

3.6.4 建筑设计方案技术经济评价指标

1. 建筑设计方案技术经济评价指标的分类

建筑设计方案技术经济的评价指标,根据不同的要求可以分为以下几大类:

(1)按指标范围可以分为综合指标和局部指标。综合指标是概括一个工程设计方案经济性的指标,如工程的总造价、总面积、用地等;局部指标是只表明某个方面经济性的指标,如单方材料用量、层高等。

(2)按指标表现形态可以分为实物指标和货币指标。实物指标能直接地、较准确地反映经济效益,但其形态千差万别,使用性质不同的资料在数量上难以相互比较,故在评价中有局限性;货币指标也叫价值指标,该指标可以综合地反映工程在建设和使用过程中所消耗的社会劳动,在数量上具有可比性。

(3)按指标应用可以分为建设指标和使用指标。建设指标是应用在工程建设阶段,表示工程在建造过程中的一次性消耗指标,如工程造价、各种材料的用量等;使用指标是工程交付使用后,直到其经济寿命终止之前,全部使用过程中经常性消耗指标,如维修费、能源耗用量等。

(4)按指标性质可以分为定量指标和定性指标。建筑设计技术经济评价指标以定量为主,但定性的评价也是不可缺少的。前者如造价、用工、材料等的耗用量,后者如平面布置的合理性等。

2. 民用建筑设计方案技术经济评价的指标及计算方法

为了使技术经济评价做到全面、明确,可以根据评价方法和不同建筑工程(或建筑体系)的实际需要来确定其指标体系。

民用建筑设计方案的技术经济指标一般包括:

(1)建筑面积。按建筑物外墙(底层勒脚以上)的外围水平面积计算(详见《建筑工程预算基价定额》中"建筑面积计算规则")。建筑面积包括居住面积、辅助面积、公共辅助面积和结构面积四个部分。

(2)有效面积,也就是使用面积,是建筑面积扣除结构面积所余部分。有效面积与建

筑面积的换算关系是

$$有效面积 = 建筑面积 - 结构面积 \tag{3.6.11}$$

$$有效面积 = \frac{建筑面积}{有效面积折算系数} \tag{3.6.12}$$

其中有效面积折算系数为：

$$有效面积折算系数 = \frac{建筑面积}{结构面积} = \frac{1}{1-结构面积系数} \tag{3.6.13}$$

（3）居住面积，即卧室和起居室的净面积，凡利用走廊加宽后作前室或小方厅的，若能放下一张单人床，且又不影响正常交通的条件下，可以算为 $2m^2$ 居住面积，否则均作交通面积算入辅助面积。壁柜不论大小，按门开户方向分别计算，如门开向居室，则算为居住面积，否则为辅助面积。

平面系数
$$K = \frac{居住面积}{建筑面积} \times 100\% \tag{3.6.14}$$

$$K_1 = \frac{居住面积}{有效面积} \times 100\% \tag{3.6.15}$$

（4）辅助面积，即建筑面积扣除居住面积、结构面积后所余面积。辅助面积包括厨房、浴室、壁柜、走道、阳台及公共辅助面积（如楼梯间、通道等）。

辅助面积系数
$$K_2 = \frac{辅助面积}{建筑面积} \times 100\% \tag{3.6.16}$$

（5）结构面积，即房屋结构构件（如墙、柱等）在平面位置上所占的面积。

结构面积系数
$$K_3 = \frac{结构面积}{建筑面积} \times 100\% \tag{3.6.17}$$

（6）面积定额指标。面积定额指标用于控制设计面积。其中每户建筑面积一般由主管部门根据国民经济水平制定指标，设计时参照执行。面积定额指标包括

$$平均每户建筑面积 = \frac{建筑总面积}{总户数} (m^2/户) \tag{3.6.18}$$

$$平均每户居住面积 = \frac{居住总面积}{总户数} (m^2/户)$$

$$= \sum (各户型平均居住面积 \times 各户型\%) \tag{3.6.19}$$

其中各户型平均居住面积，即住宅单元内各户型不同居住面积数相加后，除以该户型总数的平均值。

$$平均每人居住面积 = \frac{居住总面积}{总人数} (m^2/人) \tag{3.6.20}$$

$$每户面宽指标 = \frac{建筑物长度}{总户数} (m/户) \tag{3.6.21}$$

最后一个指标用来控制每户面宽，以利于节约用地。

（7）工程总造价和每平方米建筑造价。工程总造价是指居住建筑物本身的全部造价，而不包括室外附属工程和设施的造价。每平方米建筑造价，即建筑总造价与建筑面积之比（元/m^2），比较时还应细分为每平方米建筑面积土建工程造价和其他专业工程造价。土建工程造价中还以 ± 0.00（室内地坪标高）为界，分别计算包括基础工程在内的全部土建造价和不包括基础工程在内 ± 0.00 以上的土建造价。此外，有时土建造价指标还可以按基础、

墙体、楼地面、屋面、装修等部分项目分别计算。

(8) 平均每户造价。计算平均每户造价,是为了合理地确定平面系数、控制居住面积和户室比,使投资得到更好的使用。其计算公式为

$$平均每户造价 = \frac{建筑总造价}{总户数}(元/户) \tag{3.6.22}$$

(9) 平均每人造价,是反映住宅设计中每人需要的居住建设的投资数,可以用这一指标进一步分析设计居住人数与投资之间的关系。其计算公式为

$$平均每人造价 = \frac{建筑总造价}{居住总人数}(元/人) \tag{3.6.23}$$

其中,居住总人数 $= \sum$(各种户型户数×各户型居住定额人数)。也可以用下式计算

$$居住总人数 = \frac{总居住面积}{地区平均每人居住面积} \tag{3.6.24}$$

(10) 主要材料耗用指标。主要材料耗用指标是指用于建筑物本身土建工程的几项主要材料,如钢材、水泥、木材、砖等的每平方米建筑面积耗用量。可以按预算确定,但应包括设计变更增减量在内,以实物形式表示(如 kg/m^2、m^3/m^2、块$/m^2$)。

(11) 劳动耗用指标。劳动耗用指标是指住宅建造过程中直接耗用的全部劳动量,但不包括由机械费、运输费和管理费开支的用工,用每平方米建筑面积的用工量表示。劳动耗用量可以分现场用工和预制场用工两部分。

(12) 施工工期指标。以定额工期或计划工期为准。在评价时,计算缩短工期的经济效果,包括提前生产所获得的经济收益和施工单位由于缩短工期而缩减的间接费。

(13) 能源耗用指标。是反映某一些住宅建筑对能源的需求程度。计算范围应包括建造阶段主要墙体材料生产、混凝土预制构件及施工时的能源耗用量,以及建筑物在使用阶段的能源耗用量。

(14) 房屋经常使用费。该费用是反映住宅建筑使用过程的经济指标。经常费应包括折旧、维修、管理、税金、保险、利息等项。一般计算折旧费与维修费两项。

3. 工业建筑设计方案技术经济评价的指标及计算方法

评价一个工业建筑项目设计方案的优劣,常常不是根据一个或几个经济指标就可以解决问题的,有时不仅要有几个经济指标而且还要有一些技术指标作参考。对于一个工业建筑项目而言,评价用的主要经济效果指标有:基建投资效果系数、单位生产能力投资额、建设成本、建设工期、建设质量、劳动生产率、单位产品成本、生产年限、投资回收期等。

工业建筑设计方案在具体评价中,常常用到以下一些指标:

(1) 建筑面积,计算方法与民用建筑相同。

(2) 建筑系数,是综合说明建筑设计的经济价值指标,一般用百分数形式表达。总平面设计的建筑系数,一般指建筑密度而言,用建筑系数来说明土地的使用率。

$$建筑系数 = \frac{(建筑物+构筑物+堆置场地)的占地面积}{总平面占地面积} \times 100\% \tag{3.6.25}$$

(3) 厂区占地面积。厂区所占面积一般指各生产车间、各种仓库和生产动力的建筑物、堆场以及供运输成品和材料的道路、铁路和美化厂区的绿化的用地等。

(4) 总产值,是以货币表现的工业企业生产的产品总量,总产值是各种产品的产量与

价格相乘的总和,其单位为:元/年。

(5)总产量,是工业产品以实物单位表示的产品产量(实物量)。即以适合产品的特征、性能并能体现其使用价值的计量单位所表示的产品产量,其单位为:产品产量/年。

(6)全员劳动生产率,是表示全厂生产产品的劳动效率的指标。以实物量指标表示的计算公式为

$$全员劳动生产率 = \frac{年产量}{全厂人数} \qquad (3.6.26)$$

以价值指标表示的计算公式为

$$全员劳动生产率 = \frac{年产值}{全厂人数}(元/人 \cdot 年) \qquad (3.6.27)$$

(7)生产工人劳动生产率,其计算公式为

$$生产工人劳动生产率 = \frac{年产值}{生产工人数 + 辅助生产工人数}(元/人 \cdot 年) \qquad (3.6.28)$$

(8)全厂总投资,是指全厂基本建设项目和费用的总概算。

(9)利润指标(元/年),包括净利润、产值利润率、成本利润率、资金利润率、实际投资利润率等。实际投资利润率计算公式为

$$实际投资利润率 = \frac{资金利润率 \times 固定资金}{投资总额} \times 100\% \qquad (3.6.29)$$

(10)产品成本,为生产产品而支出的各种费用,是综合反映经济效果的一个重要指标。其计算公式为

$$单位产品成本 = \frac{产品总成本核算}{年产量} \qquad (3.6.30)$$

另外还有主要原材料消耗、全厂用水、用电、用气量、全年货物运输量、全厂设备数量等指标。

3.6.5 施工方案的技术经济评价

1. 施工方案的技术经济评价的基本要求与步骤

建设项目的施工阶段,一般都应事先编制施工方案或施工组织设计。施工方案的技术经济评价是编制施工方案的重要环节和内容之一,是工程管理的一项重要工作。工期的长短,质量的好坏,材料的节约或浪费,人力能否合理安排使用,工程成本的高低,乃至企业的经营管理,都和施工方案有极大的关系,因此必须对建筑工程项目的施工方案作技术经济评价。施工方案的技术经济评价包括施工组织方案和施工工艺方案,以及采用新结构、新材料的技术经济评价。技术经济评价既有为选择方案提供依据的事前分析,也有方案实施后的效果评价。后者的目的在于确定该项技术方案的实际效果,为下一次制定技术方案提供依据。

(1)施工方案技术经济评价的基本要求

①施工方案的技术经济评价应以施工方法、进度计划、总平面图和技术组织措施为主要内容,采用一系列的技术经济指标进行方案的对比,并作出评价。

②在评价施工方案的经济效果时,一般是不计算生产使用过程(部门)的经济效果的。如果由于施工方案的不同,而对工程今后的使用有影响,就要考虑这方面的因素。

③对施工方案的技术经济评价要注重技术方法和组织管理方法的可行性与经济效果，注重局部效益与整体效益的关系，同时还应有相应的各项技术组织措施。

④施工方案的分析，既要用定性分析，也要用定量分析。定性分析主要是根据施工经验对施工方案的优缺点进行分析，例如工期是否适当，分段流水方法是否合理，总平面设计是否充分利用场地，是否体现文明施工，是否有浪费，是否先进可行等。定量分析强调用数据说明问题，是对各项主要指标进行科学的计算，然后进行量的分析比较，从而确定方案的优劣。

（2）施工方案技术经济评价的一般程序

①明确方案分析的任务和范围，即明确方案是群体工程的施工方案、单位工程的施工方案，还是工种工程的施工方案，同时收集相关资料。

②拟定两个以上可行的备选方案。若评价新工艺、新技术方案，应以传统方案作为对比依据。

③确定反映方案特征的技术经济指标体系。

④计算各项技术经济指标。

⑤方案的分析、评价与选择。

对施工方案的技术经济评价，一般采用多指标体系进行方案间的比较（有时也采用单指标评价），以选出最佳方案。

2. 施工方案技术经济评价的指标体系

施工方案也需要运用一系列的指标来进行技术经济分析与评价。目前，常见的主要指标有以下几种。

（1）施工方案的技术性指标，该指标主要反映方案的技术特征或适用条件。技术性指标可以用各种技术性参数表示，例如现浇混凝土工程总量、安装构件总量、构件最大尺寸、构件最大质量、最大安装高度、模板型号数、各种型号楼板的尺寸、模板单位经济性指标量等。

（2）总工期指标。总工期是破土动工到竣工验收后交付使用的全部日历天数。总工期是关键。这是因为总工期指标关系到工程项目建设投资效益能否及早发挥，资金是节约还是浪费。施工单位造成工期延长，按合同规定将受到延误工期罚款。

（3）单方用工指标。单方用工指标即总用工数（工日）除以建筑面积（即：工日$/m^2$）。单方用工指标是反映施工过程中活劳动消耗量的指标。

（4）主要材料和能源消耗的节约指标。一般在编制施工方案时，都应根据技术组织措施计划中的节约措施计算主要材料和能源的节约数量，以反映物化劳动的节约水平。通常主要材料包括钢材（施工用钢和建筑用钢）、木材（施工用木材和建筑用木材）、水泥、砖等。

$$材料节约量 = 预算材料用量 - 计划材料用量 \quad (3.6.31)$$

（5）主要施工机械台班指标。即按每平方米建筑面积计算的耗用台班数量。该指标是用来反映机械使用水平的。

（6）降低成本指标。该指标是综合反映工程项目或分部工程采用不同施工方案而产生的经济效果的重要指标，一般用降低成本额和降低成本率来表示。

$$降低成本额 = 预算成本额 - 施工方案计划成本额 \quad (3.6.32)$$

$$\text{降低成本率} = \frac{\text{成本降低额}}{\text{预算成本}} \times 100\% \tag{3.6.33}$$

(7) 安全生产指标。应将安全事故发生率降到最低,以保证人身安全和国家财产免遭损失。

(8) 文明施工指标。噪声、振动、建筑垃圾、卫生环境,都体现施工方案的文明程度,同时也体现项目负责人的组织管理水平。

3. 施工方案评价的应用实例

例 3.6.2 某建筑工程拟采用两种施工组织方案,一种是用常规办法安排施工,一种是用统筹法组织施工并进行了优化,各项指标如表 3.6.2 所示,试比较哪个方案较优?

解 将表 3.6.2 所列的几项主要指标进行一一对比,可见用统筹法安排施工,缩短了工期,降低了单方用工,降低了成本,各项指标均取得较好效果,因此应采用统筹法组织施工的方案。

表 3.6.2 两种施工组织方案主要指标数据表

指标名称		单位	每一方案(常规)	第二方案(统筹)	比 较
工 期		天	175	155	−20
单方用工		工日/m²	3.2	2.9	−0.3
主要材料节约	钢 材	kg	2 350	2 350	0
	木 材	m²	8	8	0
	水 泥	kg	47 504	47 504	0
大型吊装机械单方台班数		台班/m²	0.015	0.012	−0.003
降低成本额		元	58 500	76 000	+17 500
降低成本率		%	6.87	8.92	+2.058

§3.7 建设项目后评价

3.7.1 建设项目后评价概述

1. 建设项目后评价的概念

建设项目后评价是指在项目建成投产并达到设计生产能力后,通过对项目前期工作、项目实施、项目运营情况的综合研究,衡量和分析项目的实际情况与预测(计划)情况的差距,确定相关项目预测和判断是否正确并分析其原因,从中吸取经验教训,为今后改进项目准备、决策、管理、监督等工作创造条件,并为提高项目投资效益提出切实可行的对策措施。后评价工作应按照"对事不对人,着重于总结经验教训,客观、公正、民主和科学"的原则进行。

建设项目一般可划分为两个阶段,即建设阶段和运营阶段。后评价也可按照这两个阶段进行，即项目实施后评价和项目运营后评价。

2. 建设项目后评价的特点

建设项目后评价有其内在的规律和特点，在原理、作用和实施步骤上都有别于项目可行性研究、项目前评价、项目中间评价、竣工验收、项目审计检查和一般性的工作总结。虽然这些工作的进行有利于后评价工作的开展，但替代不了后评价的作用和要求。项目后评价的主要特点为：

（1）现实性。项目后评价分析研究的是项目的实际情况，是在项目投产的一定时期内，根据企业的实际经营结果，或根据实际情况重新预测的数据。

（2）全面性。在进行项目后评价时，既要分析其投资过程，又要分析其经营实施过程；不仅要分析项目投资经济效益，而且要分析其经营管理，发掘项目的潜力。

（3）探索性。项目后评价要分析企业现状，发现问题并探索未来的发展方向，提出切实可行的改进措施。

（4）反馈性。项目后评价的主要目的在于为相关部门反馈信息，为今后项目管理、投资计划和投资政策的制定积累经验，并用来检测投资决策正确与否。

（5）合作性。项目后评价需要多方面的合作，如专职技术经济人员、项目经理、企业经营管理人员、投资项目主管部门等。只有各方融洽合作，工作才能顺利进行。

项目后评价与项目可行性研究及项目前评价相比，二者在项目建设过程中所处阶段不同，比较的标准不同，在投资决策中的作用不同，评价的内容不同，组织实施上不同，评价的性质不同。

3. 建设项目后评价的作用

建筑项目后评价对于提高项目决策科学化水平，促进投资活动规范化，弥补拟建项目从决策到实施完成整个过程中出现的缺陷，改进项目管理和提高投资效益等方面，发挥着极其重要的作用。

（1）建设项目后评价有助于国家更好地决策，使政策有更强的指导作用。通过建设项目后评价，可以发现国家在宏观经济管理中存在的问题，即时做出调整。此外，国家还要根据项目后评价提供的数据，修正某些不正确或过时的国民经济参数。

（2）建设项目后评价有助于项目本身的完善、提高和改进，并对今后项目评价和实施起指导作用。通过建设项目后评价，可以及时反馈建设项目从立项到实施运营中的实际情况，发现问题，尽可能地采取适当的补救措施，改进执行方法，增强项目的后续能力。此外，项目后评价将在指导新建项目的选项、立项、评价、实施环节中发挥重要作用。

（3）建设项目后评价有利于提高管理水平。

4. 建设项目后评价的程序

（1）组织评估机构。项目后评价组织机构的问题实际上是指由谁来组织项目后评价工作，这是具体实施项目后评价首先要解决的问题。根据项目后评价的概念、特点和职能，项目后评价的组织机构应符合以下两方面的基本要求：

①满足客观性、公正性要求。只有项目后评价组织机构具有客观性、公正性，才能保证项目后评价的客观、公正性。这就要求项目后评价组织机构要排除人为干扰，独立地对项目实施及其结果作出评估。

②具有反馈检查功能。项目后评价的作用主要是通过项目全过程的再评价并反馈信

息，为投资决策科学化服务。因此要求项目后评价组织机构具有反馈检查功能，也就是要求项目后评价组织机构与计划决策部门具有通畅的反馈回路，以使项目后评价相关信息迅速地反馈到决策部门。

因此，项目后评价的组织机构不能由项目原可行性研究单位、项目前评价单位及项目实施过程中的项目管理机构来担任。应由一个独立的项目后评价组织机构来担任。

（2）项目后评价对象的选择。原则上，对所有竣工投产的投资项目都要进行项目后评价，项目后评价应纳入项目管理程序之中。但由于客观条件所限，不可能对所有投资项目都及时地进行项目后评价。现阶段，进行项目后评价的项目主要有：

①项目投产后本身经济效益明显不好的项目。

②国家急需发展的产业部门的投资项目，其中主要是国家重点投资项目，如能源、通讯、交通运输、农业等项目。

③国家限制发展的产业部门的投资项目，如某些家用电器投资项目等。

④投资额巨大、对国计民生有重大影响的项目，如三峡工程等项目。

⑤一些特殊项目，如国家重点投资的新技术开发项目、技术引进项目等。

（3）收集资料和选取数据。项目后评价是以大量的资料和数据为依据的。这些资料和数据的来源要可靠。一般应由项目后评价者亲自调查整理。需要收集的资料和数据如下：

①档案资料。主要有建设项目的规划方案、项目建议书和批文、可行性研究报告、评估报告、设计任务书、初步设计材料和批文、施工图设计和批文、竣工验收报告、工程大事记、各种协议书和合同及关于厂址选择、工艺方案选择、设备方案选择的论证材料。

②项目生产经营资料。主要是生产、销售、供应、技术、财务、劳动工资等部门的统计年度报告。

③供分析预测用的基础资料。主要是建设项目开工以来的关于利率、汇率、价格、税种税率、物价指数变化的相关资料。

④与项目相关的其他资料。如国家及地方的产业结构调整政策、发展战略和长远规划；国家和地方颁布的规定和法律文件等。

（4）资料的分析加工。对所收集的资料和数据进行汇总、加工和分析，对需要调整的数据和资料要调整。此时往往需要进一步补充测算相关的资料，以满足验证的需要。

（5）评价及编制后评价报告。编制各种评价报表及计算评价指标，并与项目前评价进行对比分析，找出差异及其原因。由评价组编制项目后评价报告。

（6）上报评价报告。把编制的详细项目后评价报告和其重点摘要上报给组织项目后评价的部门。

3.7.2 建设项目后评价的方法与内容

1. 建设项目后评价的方法

建设项目后评价的分析方法总体上要坚持定量分析和定性分析相结合。在实际过程中，基本的评价方法有以下几种：

（1）"前后对比"和"有无对比"评价法

建设项目后评价的"前后对比"法是将项目可行性研究和评价时所预测的效益，与项目竣工投产运行后的实际结果相比较，找出差异和原因。这也是项目过程评价应遵循的原则之一。"有无对比"法是将项目投产后实际发生的情况与没有运行的投资项目可能发生的情况进行对比，以度量项目的真实效益、影响和作用，对比的重点主要是分清项目本身的作用和项目以外的作用。

（2）逻辑框架法（LFA）

逻辑框架结构矩阵，简称逻辑框架法，是由美国国际发展署于1970年提出的一种开发项目的工具，用于项目的规划、实施、监督和评价。

LFA是将几个内容相关必须同步考虑的动态因素结合起来，通过分析其间的关系，从设计、策划到目的、目标等方面来评价一项活动或工作。LFA有助于评价者"思考和策划"，侧重于分析项目的运作。

（3）综合评价法

建设项目综合评价方法很多，通常采用成功度法。成功度法是根据项目各方面的执行情况并通过系统标准或目标判断表来评价项目总体的成功程度。进行成功度分析时，把建设项目评价的成功度分为5个等级，即非常成功、成功、部分成功、部分不成功和不成功，然后对项目绩效衡量指标进行专家打分，综合评价。

2.建设项目实施后评价的内容

项目实施阶段是指从项目开工起到竣工验收、交付使用为止的全过程，包括项目开工、施工、生产准备、竣工验收等重要环节。项目实施后评价就是评价项目实施过程中各主要环节的工作实绩，分析和总结项目实施管理中的经验和教训，为今后进一步改进项目管理工作积累经验。

项目实施后评价的内容主要包括以下几个方面：

（1）项目开工的评价。主要分析和评价的内容为：

①项目开工条件是否具备，手续是否齐备，是否有经相关部门批准的开工报告；

②项目实际开工时间与计划的开工时间，提前或延迟的主要原因以及对整个项目建设乃至投资效益发挥的影响。

（2）项目变更情况的评价。主要分析和评价的内容为：

①项目范围变更与否及变更的原因；

②项目设计变更与否及变更的原因，以及相应的处理措施；

③项目范围变更、设计变更对项目建设工期、建设成本、投资总额的实际影响。

（3）项目施工组织与管理的评价。主要分析和评价的内容为：

①施工组织方式的科学合理性；

②推行施工项目经理承包责任制的情况；

③施工项目进度及其控制情况；

④施工项目成本及其控制情况；

⑤施工技术与方案的制定与实施情况。

（4）项目建设资金供应与使用情况的评价。主要分析和评价的内容为：

①建设资金供应情况；

②建设资金运用情况，如是否符合国家财政信贷制度规定，使用是否合理等；

③资金占用情况；

④考核和分析全部资金的实际运用效率。

(5)项目建设工期的评价。分析和评价的主要内容为:
①核实各单位工程实际开工、竣工日期,寻找提前或推迟的原因并计算实际建设工期;
②计算实际建设工期变化率;
③计算建筑安装单位工程的施工工期,以分析建设工期的变化。

在进行项目建设工期后评价时,还应分析和研究投产前生产准备工作情况及其对建设工期的影响。

(6)项目建设成本的评价。主要分析和评价的内容为:
①主要实物工程量的实际数量,并与预计数量比较;
②设备及工、器具购置数量、型号和质量情况;
③临时设施建设情况;
④主要材料实际消耗量、质量及价格情况;
⑤各项管理费用的取费情况。

项目建设成本变化情况可以用实际建设成本和实际建设成本变化率等指标来衡量。

(7)项目工程质量和安全情况的评价。
(8)项目竣工验收的评价,包括项目竣工验收组织情况和验收的程序等。
(9)同步建设的评价,包括相关项目在时间安排上是否同步,技术与后续项目的技术水平是否同步,实际生产能力是否协调、配套等。
(10)项目生产能力和单位生产能力投资的评价。

3. 建设项目运营后评价的内容

建设项目运营阶段包括从项目投产到项目生命期末的全过程。项目运营后评价是通过项目投产后的相关实际数据资料或重新预测的数据,衡量项目的实际经营情况和实际投资效益,分析和衡量项目实际经营状况和投资效益与预测情况或其他同类项目的经营状况和投资效益的偏离程度及其原因,系统地总结项目投资的经验教训,并为进一步提高项目投资效益提出切实可行的建议。

建设项目运营后评价的内容很多,既包括对企业经营管理状况的评价,也包括对实际已取得的投资效益的评价和未来投资效益的预测。主要内容有以下几个方面:

(1)企业经营管理状况的评价。主要分析和评价的内容为:
①企业投产以来经营管理机构的设置与调整情况;
②企业管理领导班子情况,包括领导班子调整情况,干部素质,基层干部和职工对领导班子的反映如何;
③企业管理人员配备情况,包括管理人员在职工中所占比重,管理人员的选拔制度及素质等;
④经营管理的主要策略和实施的效果;
⑤现行管理规章制度情况;
⑥企业承包责任制情况;
⑦企业经营管理中的经验教训。

(2)项目产品方案的评价。主要分析和评价的内容为:
①项目投产后到项目后评价时点为止的产品规格和品种的变化情况;

②产品方案调整对发挥项目投资效益的影响;

③现行的产品方案能否适应消费对象的消费需求,与项目前评价或可行性研究时设计的产品方案相比有多大变化,产品方案的变化对项目投资效益的影响;

④产品的销售方式。

(3)项目达产年限的评价。项目达产年限是指投产的建设项目从投产之日起到其生产产量达到设计生产能力时所经历的全部时间,一般以年来表示。一般包括:

①计算项目实际达产年限;

②计算实际达产年限的变化情况;

③分析实际达产年限与设计达产年限存在差异的原因;

④计算项目达产年限变化所带来的实际效益或损失等。

(4)项目产品生产成本的评价。产品生产成本是反映产品生产过程中物资资料和劳动力消耗的一个主要指标,是企业在一定时期内,为研制、生产和销售一定数量的产品所支出的全部费用。这些费用主要包括:原材料消耗费用,燃料、动力等消耗费用,机器设备磨损费用,职工工资,经营管理费用等。产品生产成本评价的内容包括:

①项目实际产品生产成本情况,包括生产总成本和单位生产成本;

②分析总成本的构成及其变化情况;

③分析实际单位生产成本的构成及其变化情况;

④与项目前评价或可行性研究中的预测成本相比较,分析其偏差及产生的原因;

⑤项目实际生产成本发生变化对项目投资效益的影响及降低成本的有效措施等。

(5)项目产品销售利润的评价。销售利润是综合反映项目投资效益的指标。产品销售利润评价的内容为:

①计算投产后历年实际产品销售利润,考虑其各年的变化情况,并分析引起变化的原因;

②计算实际产品销售利润变化率;

③分析项目实际产品销售利润偏离预测产品销售利润的原因,计算各因素对实际产品销售利润的影响程度;

④提高实际产品销售利润的对策和建议。

(6)项目经济后评价。项目经济后评价是项目后评价的核心内容之一。项目经济后评价的目的是衡量项目投资的实际经济效果,比较和分析项目实际投资效益与预测投资效益的偏离程度及其原因;另一方面通过信息反馈,为今后提高项目决策质量服务。项目经济后评价对比分析表的形式如表3.7.1所示。

表 3.7.1　　　　　　　　　　评价指标对比分析表

项 目	前评价指标	后评价指标	前后差额	原因分析
项目总投资				
建设期				
投资利润率				
投资利税率				

续表

项 目	前评价指标	后评价指标	前后差额	原因分析
资本金利润率				
内部收益率				
净现值				
投资回收期				
贷款偿还期				
资产负债率				
流动比率				
速动比率				

（7）对项目可行性研究水平进行综合评价。项目可行性研究水平评价的内容主要是对项目可行性研究的内容和深度进行评价。其评价的内容为：

①考核项目实施过程的实际情况与预测情况的偏差；

②考核项目预测因素的实际变化与预测情况的偏离程度，主要包括投资费用、产品产量、生产成本、销售收入、产品价格、市场需求、影子价格、国家参数和各项费率等的偏差；

③考核可行性研究各假设条件与实际情况的偏差，主要包括产品销售量、通货膨胀率、贷款利率等的偏差；

④考核实际投资效益指标与预测投资效益指标的偏离程度，主要是实际投资利润率、实际投资利税率、实际净现值、实际投资回收期、实际贷款偿还期、实际内部收益率等的变化；

⑤考核项目实际敏感性因素和敏感性水平；

⑥对可行性研究深度进行总体评价，通过上述各项的考察，综合计算预测情况与实际情况的偏差幅度，然后根据设定的标准，评价可行性研究的深度，分析产生偏差的原因；

⑦总结项目可行性研究的经验教训。

习 题 3

1. 求下列投资方案的静态和动态投资回收期（$i_c = 10\%$）。

题 1 表

年 份	0	1	2	3	4	5	6
净现金流量/万元	−60	−40	30	50	50	50	50

2.有三项投资,资料如下表所示。

题 2 表　　　　　　　　　项目现金流量表　　　　　　　　(单位:元)

方案 \ 时间	第 0 年	第 1 年	第 2 年
A	−5 000		9 000
B	−5 000	4 000	4 000
C	−5 000	7 000	

试计算:(1)利率分别为 5%、10% 和 15% 时的投资净现值。

(2)各项投资的内部收益率。

3.某项目初始投资为 8 000 元,在第一年末现金流入 2 000 元,第二年末现金流入 3 000 元,第三、四年末的现金流入均为 4 000 元,试计算该项目的净现值、净年值、净现值率、内部收益率、动态投资回收期(i_c = 10%)。

4.在某一项目中,有两种机器可以选用,都能满足生产需要。机器 A 买价为 10 000 元,在第 6 年年末的残值为 4 000 元,前 3 年的年运行费用为 5 000 元,后 3 年为 6 000 元。机器 B 买价为 8 000 元,第 6 年年末的残值为 3 000 元,其运行费用前 3 年为每年 5 500 元,后 3 年为每年 6 500。运行费用增加的原因是,维护修理工作量及效率上的损失随着机器使用时间的增加而提高。基准收益率 i_c = 15%。试用费用现值和费用年值法选择机器。

5.某工业公司可能用分期付款来购买一台标价为 22 000 美元的专用机器,定金为 2 500 美元,余额在以后五年内均匀地分期支付,并加上余额 8% 的利息。但现在也可以用一次性支付现金 19 000 美元来购买这台机器。如果这家公司的基准收益率为 10%,试问应选择哪个方案(用净现值法)?

6.某厂可以 40 000 元购置一台旧机床,年费用估计为 32 000 元,当该机床在第 4 年更新时残值为 7 000 元。该厂也可以 60 000 元购置一台新机床,其年运行费用为 26 000 元,当该机器在第 4 年更新时残值为 9 000 元。若基准收益率为 10%,试问应选择哪个方案?

7.用增额内部收益率法比选以下两个方案(i_c = 10%)。

题 7 表　　　　　　　　　项目现金流量表　　　　　　　　(单位:元)

投资 \ 时间	第 0 年	第 1 年	第 2 年	第 3 年
A	−100 000	40 000	40 000	50 000
B	−120 000	50 000	50 000	60 000

8.某厂拟购置机器设备一套,有 A、B 两种型号可以供选择,两种型号机器的性能相同,但使用年限不同,相关资料如下表所示:

第3章 建设项目技术经济评价

题8表　　　　　　　　　设备购置与使用费用表　　　　　　　　（单位：元）

设备	设备售价	维修及操作成本								残值
		第1年	第2年	第3年	第4年	第5年	第6年	第7年	第8年	
A	20 000	4 000	4 000	4 000	4 000	4 000	4 000	4 000	4 000	3 000
B	10 000	3 000	4 000	5 000	6 000	7 000				1 000

如果该企业的资金成本为10%，应选用哪一种型号的设备？

9.某制造厂考虑下面3个投资计划。在5年计划期中，这3个投资方案的现金流情况如下（基准收益率为10%）：

题9表　　　　　　　　　项目计划的现金流量表　　　　　　　　（单位：元）

方　案	A/元	B/元	C/元
最初成本	65 000	58 000	93 000
年净收入（1~5年末）	18 000	15 000	23 000
残　值	12 000	10 000	15 000

（1）假设这三个计划是独立的，且资金没有限制，那么应选择哪个方案或哪些方案？

（2）假定资金限制在160 000元，试选出最好的方案。

（3）假设计划A、B、C是互斥的，试用增量内部收益率法来选出最合适的投资计划，增量内部收益率说明什么意思？

10.某企业现有若干互斥型投资方案，相关数据如下表所示：

题10表　　　　　　　　　　　　　　　　　　　　　　　　　　　　（单位：万元）

方　案	初始投资	年净收入
0	0	0
A	2 000	500
B	3 000	900
C	4 000	1 100
D	5 000	1 380

以上各方案寿命期均为7年，试问：

（1）当折现率为10%时，资金无限制，哪个方案最佳？

（2）折现率在什么范围时，B方案在经济上最佳？

（3）若$i_c=10\%$，实施B方案企业在经济上的损失是多少？

11.某建筑物有四种备选的高度如下表，该建筑物的经济寿命为40年，到那时将予以拆毁，残值为零。表中所有费用均针对建筑本身而言。在所有的情况下，土地的费用为

3 000元,在寿命周期结束时保持不变。税金与保险费已包括在运行费用中,基准收益率为15%,若要建造则需建多少层?

题11表 (单位:元)

层 数	2	3	4	5
建筑的初始成本	200 000	250 000	310 000	385 000
年运行费用	15 000	25 000	30 000	42 000
年收益	40 000	60 000	90 000	106 000

12.某拟建项目,第一年初投资1 000万元,第二年初投资2 000万元,第三年初投资1 500万元,从第三年起连续8年每年可以获净收入1 450万元。若期末残值忽略不计,基准收益率为12%,试计算净现值和内部收益率,并判断该项目经济上是否可行。

13.购买某台设备需80 000元,用该设备每年可以获净收益12 600元,该设备报废后无残值。
(1)若设备使用8年后报废,这项投资的内部收益率是多少?
(2)若基准收益率为10%,该设备至少可以使用多少年才值得购买?

14.拟建一座用于出租的房屋,获得土地的费用为30万元。房屋有四种备选高度,不同建筑高度的建造费用、房屋建成后的租金收入及经营费用(含税金)见下表。房屋寿命为40年,寿命期结束时土地价值不变,但房屋将被拆除,残值为零。若基准收益率为15%,用增量分析法确定房屋应建多少层。

题14表 (单位:万元)

层 数	2	3	4	5
初始建造费用	200	250	310	385
年运行费用	15	25	30	42
年收入	40	60	90	106

15.非直接互斥方案,A、B、C的净现金流量如下表所示,已知资金预算为600万元,试做出方案选择($i_c=10\%$)。

题15表 (单位:万元)

方案	年份	投 资	年净收入
		0	1~10
	A	−300	50
	B	−400	70
	C	−500	75

16. 某企业有6个相互独立的备选投资方案，各方案的投资额和年净收益见下表：

题 16 表 (单位：万元)

方　案	A	B	C	D	E	F
初始投资	50	70	40	75	90	85
年净收益	17.1	22.8	15	16.7	23.5	15.9

各方案的寿命期均为8年，资金预算总额为300万元。
(1) 基准收益率为12%，应选择哪些方案？
(2) 资金成本随投资总额变化，投资总额在60万元以内时，取基准收益率 $i_c=12\%$，投资总额超过60万元，每增加30万元投资，i_c 增加2%，试在这种条件下作出正确选择。

17. 某城市拟建一套供水系统，有两种方案可以供选择：第一种方案是先花费350万元建一套系统，供水能力可以满足近10年的需要，年运行费用26万元。到第10年末由于用水量增加，需要再花费350万元另建一套同样的系统，两套系统年总运行费用52万元。可以认为供水系统的寿命无限长，但每套系统每隔20年需要花费125万元更新系统中的某些设备。第二种方案是一次花费500万元建一套比较大的供水系统，近10年仅利用其能力的一半，年运行费用28万元。10年后其能力全部得到利用，年运行费用50万元。可以认为系统寿命无限长，但每隔20年需要花费200万元更新系统中的某些设备。若基准收益率为15%，试分析应采用哪种方案。

18. 购置一台设备初始费60 000元，该设备可以使用7年，使用1年后设备价值降为36 000元，以后每年递降4 000元。设备在其寿命期内运行费用和修理费用逐年增加，见下表。

题 18 表 (单位：万元)

年　份	1	2	3	4	5	6	7
年运行费与修理费	1.0	1.1	1.2	1.4	1.6	2.2	3.0

假定设备可以随时在市场上转让出去，若基准收益率为15%，试问该设备使用几年最经济？

19. 可以花费40 000元在某建筑物外表面涂上一层寿命为5年的漆，也可以花费30 000元涂一层寿命为3年的漆。假定重新油漆的费用不变，若基准收益率为20%，试问应选择哪种漆？如果寿命较短的漆预计至多两年内价格将下跌，油漆费用可以降为20 000元，而寿命较长的漆价格保持不变，应任何选择？

20. 为一条蒸汽管道敷设不同厚度绝热层的初始费用以及蒸汽管道运行中不同绝热层厚度对应的热损失费用见下表。

题 20 表

绝热层厚度/cm	0	2	2.5	3	4.5	6	7.5
初始费用/元	0	18 000	25 450	33 400	38 450	43 600	57 300
年热损失费用/元	18 000	9 000	5 900	4 500	3 910	3 600	3 100

估计该蒸汽管道要使用 15 年，若基准收益率为 8%，试分别用年值法，现值法和内部收益率法分析多大厚度的绝热层最经济。

21. 投资方案 A 与 B 各年的净现金流如下表所示。

题 21 表　　　　　　　　　　　　　　　　　　　　　　　　　　（单位：万元）

年　份	0	1	2	3	4	5
方案 A 的净现金流	−100	60	50	−200	150	100
方案 B 的净现金流	−100	80	80	−200	150	100

试判断这两个方案是否可以用内部收益率指标进行评价。

22. 有 5 个备选投资项目，各项目的净现金流序列见下表。这些项目之间的关系是：A 与 B 互斥，C 与 D 互斥，接受项目 C 与项目 D 均要以接受项目 B 为前提，接受项目 E 要以接受项目 C 为前提。基准收益率为 10%，试分别就：(1)资金无限制；(2)资金限额为 500 万元这两种情况选择最优项目组合。

题 22 表　　　　　　　　　　　　　　　　　　　　　　　　　　（单位：万元）

年　份	0	1~4
项目 A	−500	200
项目 B	−300	120
项目 C	−140	40
项目 D	−150	50
项目 E	−110	70

23. 某公共事业拟定一个 15 年规划，分三期建成，开始投资 60 000 元，5 年后再投资 50 000 元，10 年后再投资 40 000 元。每年的保养费：前 5 年每年 1 500 元，次 5 年每年 2 500 元，最后 5 年每年 3 500 元，15 年年末残值为 8 000 元，试用 8% 的基准收益率计算该规划的费用现值和费用年值。

24. 为修建某河的大桥，经考虑有 A、B 两处可以供选点，在 A 地建桥其投资为 1 200 万元，年维护费 2 万元，水泥桥面每 10 年翻修一次需 5 万元；在 B 点建桥，预计投资 1 100 万元，年维护费 8 万元，该桥每三年粉刷一次 3 万元，每 10 年整修一次 4 万元，若利率为 10%。试比较哪个方案较优？

第4章 技术经济预测与决策

§4.1 技术经济预测方法

4.1.1 概述

1. 技术经济预测的基本概念

技术经济预测是根据技术经济发展的历史和现实,以准确的调查统计资料和技术经济信息为依据,运用定性和定量的科学分析方法,揭示出技术经济发展过程中的客观规律,并对各类技术经济现象之间的联系以及作用机制做出科学的分析,指出各类技术经济现象和技术经济过程未来发展的可能途径及结果。

技术经济预测是为技术经济决策服务的,通过预测来把握技术经济未来的发展和变化的相关动态,减少未来的不确定性,降低决策可能遇到的风险,从而减少技术经济决策的盲目性,提高决策的正确性。

2. 技术经济预测的分类

(1)按技术经济预测目标范围划分,可以分为宏观技术经济预测和微观技术经济预测。宏观技术经济预测是指对整个国民经济或一个地区、一个行业的技术、经济发展前景的预测,是对大系统的、总体的、综合的预测,例如对国民生产总量及其增长速度的预测。微观技术经济预测是指对小系统、或某个局部事物的预测,例如一个企业的产品供求市场及其价格变化趋势的预测。

(2)按技术经济预测时期的长短划分,可以分为近期预测、短期预测、中期预测和长期预测。对于不同的预测对象,其具体期限的划分是各不相同的,并无固定的标准。一般可以按以下标准划分。

近期预测:3个月以下的经济预测或1年以下的技术预测。

短期预测:3个月以上1年以下的经济预测或1~5年的技术预测。

中期预测:1~5年的经济预测或5~15年的技术预测。

长期预测:5年以上的经济预测或15~30年的技术预测。

(3)按技术经济预测的方法划分,可以分为定性预测、定量预测和综合预测。

定性预测也称为直观预测,主要利用直观资料,依靠个人经验、专业知识和判断分析能力,对事物未来的发展状况进行预测。

定量预测是根据历史资料和数据,应用数理统计方法或利用事物发展的因果关系,建立数学模型,用以预测事物未来的状况或发展趋势。

综合预测是指采用两种以上不同的预测方法进行预测。任何一种预测方法都有一定的适用范围,都有一定的近似性和局限性。综合预测可以弥补各自不足,提高预测的精度和可靠性。综合预测可以是几种定量方法的组合,也可以是几种定性方法的组合,实践中多采用的是定性方法和定量方法综合。

3. 技术经济预测的基本原理

技术经济预测的对象是客观事物,事物的发展变化是复杂的。但其发展变化仍然遵循一定的客观规律。认识这些客观规律,充分利用客观规律的必然性,有利于提高技术经济预测的质量。

(1)惯性原理

任何事物的发展都有一定的延续性,这种延续性就称为"惯性"。惯性越大表示过去对未来的影响越大,则研究过去所得到的信息对研究未来越有帮助;惯性越小表示过去对未来的影响越小。

影响技术经济系统惯性大小的主要因素有两个:其一是技术经济系统的规模与范围,规模愈大,范围愈广,其惯性就愈大;其二是技术经济系统的"年龄",年龄越轻,其内在结构及外部联系就越不稳定,从而惯性也就较小。

技术经济系统稳定时,其内在联系及基本特征才可能延续下去,但绝对的稳定是不存在的。因此,利用惯性对技术经济系统进行预测时,就要求技术经济系统处于相对稳定状态。

(2)类推原理

某些技术经济系统间在发展变化上常常具有类似之处,利用这种时间上的前后不同,但表现形式上有相似之处的特点,有可能把先发展的技术经济系统的表现过程类推到后发展的技术经济系统中去,从而对后发展的技术经济系统进行预测。

利用类推原理进行预测,首要的条件是技术经济系统间的发展变化要有类似性,否则,就不能进行类推预测。当由局部去推断整体时,必须注意局部特征能反映整体的特征,否则,就不能进行类推预测。

(3)相关原理

技术经济系统与技术经济系统之间以及技术经济系统内部各部门之间的发展变化是相互联系、相互影响、相互制约的,这就是相关性。利用相关性进行预测,是技术经济预测中常用的一种十分重要的方法。相关性有多种表现形式,其中应用最广、最重要的是因果关系。

(4)概率推断原理

在技术经济系统中,由于各种随机因素的干扰,常常使得技术经济变量呈随机变化的形式。为了对这种具有不确定性结果的预测对象给出较确定的结论,就需要应用概率推断的原理。该原理就是当推断预测结果能以较大的概率出现时,就认为这个结论是成立的、可用的。在实际应用中,预测概率应伴随预测结果同时给出。

4. 技术经济预测的程序

技术经济预测的过程可以看成是一个输入、处理、输出的系统,一般按照如图4.1.1所示的程序进行:

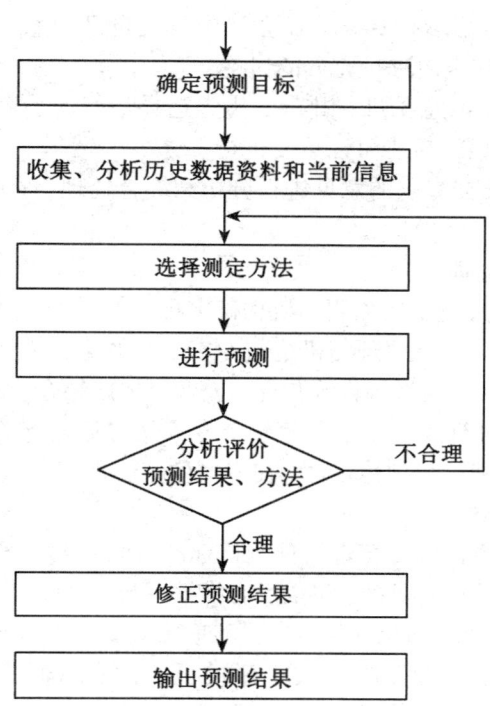

图 4.1.1 技术经济预测程序图

4.1.2 定性预测方法

定性预测法是在历史数据不足或事物发展变化过程难以定量描述时，利用直观材料，依靠个人经验进行主观判断，对事物未来的状况进行估计的方法。

定性预测有专家判断预测法、抽样调查法、历史类比法等，其中专家判断预测法是预测方法库中占有重要位置的一类预测方法，其特点是简便直观，只依赖于专家判断，无需建立繁琐的预测模型，常常在历史数据资料不全的情况下使用该方法。

专家评估法主要包括专家个人判断法、专家会议法，德尔菲法等。

1. 专家个人判断法

该方法是依靠单个专家判断做出预测，其优点是可以最大限度地利用个人的创造力，不受外界干扰。但仅依靠个人的判断，其准确性受到专家知识面、经验的广度和深度、占有资料的全面程度以及对预测问题是否感兴趣等因素的影响，预测结果难免带有片面性。

2. 专家会议法

专家会议法主要体现在所有专家在完成预测的过程中都有机会与其他专家一起面对面地交换意见，相互启发，弥补个人不足。专家会议法与专家个人判断法相比，其占有的信息量大，考虑的因素多，提供的方案更具体。专家会议法的不足则主要表现在集体讨论容易被个别权威或大多数人的意见所左右，常有正确的意见不能得到充分发表。

专家会议法程序如下：

（1）挑选内部、外部的专家组成专家小组，全组专家们会面并共同起草预测调查内容。

（2）针对调查内容，全组所有专家均在会议中发表自己的意见，并将这些意见记录在相关表格中，每个意见都在组内进行充分的讨论。

（3）每位专家对所提出的意见进行排序，优先选择最好的一个，并用数学方法排列出来。若有必要，第（2）步和第（3）步可以重复进行。

（4）做出预测报告。根据专家的意见进行分析和综合处理，形成预测结果。

3. 德尔菲法

（1）德尔菲法的基本原理

德尔菲法的应用过程是由主持预测的机构确定预测的课题并选定专家，人数的多少视具体情况而定，一般是 10~50 人。预测机构与专家联系的主要方式是函询，专家之间彼此匿名，不发生任何横向联系。通过函询收集专家意见，加以综合、整理后，再反馈给各位专家，征求意见。这样反复进行 4~5 轮，尽管每个专家的意见各有差异，但由于参与讨论的专家人数较多，会出现一种统计的稳定性，使专家的意见趋于一致，作为最后预测的根据。几次函询的程序和内容概述如下。

第一轮函询调查，一方面向专家寄去预测目标的背景资料，另一方面提出所需预测的具体项目。这轮调查，任凭专家回答，完全没有框框。专家可以以各种形式回答相关问题，也可以向预测单位索取更详细的统计材料。预测单位对专家的各种回答进行综合整理，把相同的事件、结论统一起来，剔除次要的、分散的事件，用准确的术语进行统一的描述，然后反馈给各位专家，进行第二轮的函询。

第二轮函询，要求专家对于与预测目标相关的各种事件发生的时间、空间、规模大小等提出具体的预测，并说明其理由。预测单位对专家的意见进行处理，统一出每一事件可能发生日期的中位数，再次反馈给相关专家。

第三轮函询是各位专家再次得到函询综合统计报告后，对预测单位提出的综合意见和论据进行评价，重新修正原来各自的预测值，对预测目标重新进行预测。

上述步骤，一般通过四轮，预测的主持者应要求各位专家根据提供的全部预测资料，提出最后的预测意见。若这些意见收敛或者基本一致，即可以此为根据进行预测。

（2）函询表的设计

首先，要把调查预测的问题讲清楚，尽量避免模糊语言；其次，表格要力求简明，提出的问题不能太多，使填表者不致因填表而厌烦；第三，提出的问题不要脱离预测目标，也不要对专家的回答提出任何附加条件，要让专家自由地回答问题；第四，表中要明确专家寄回表格的最晚时间。

（3）专家意见的统计处理

1）对数量答案的处理

当预测结果用数量表示时，专家们的预测结果将是一系列可以比较大小的数据。通常采用四分位点法，取中位数作为有代表性的预测值，把上、下四分位数作为有 50% 以上把握的预测区间。现给出中位数和上、下四分位数的简单算法。

设有 n 个专家，其预测结果可以按从小到大的顺序排列成一序列 $\{x_i\}$，$i=1, 2, \cdots, n$。

① 序列 $\{x_i\}$ 的中位数

当 n 为奇数时，序列 $\{x_i\}$ 的中点数即为其中位数。即

$$x_{中} = x_{\frac{n+1}{2}} \tag{4.1.1}$$

当 n 为偶数时,序列$\{x_i\}$中最接近中心点的两个数的平均值即为其中位数。即

$$x_{中} = \frac{x_{\frac{n}{2}} + x_{\frac{n}{2}+1}}{2} \tag{4.1.2}$$

②序列$\{x_i\}$的上、下四分位数

在序列$\{x_i\}$中,上、下四分位数分别记为 $x_{上}$、$x_{下}$。它们可以按下式求出其近似值。

$$x_{上} = x_{中} + \frac{1}{2}(x_n - x_{中}) \tag{4.1.3}$$

$$x_{下} = x_{中} - \frac{1}{2}(x_1 - x_{中}) \tag{4.1.4}$$

四分位区间的大小可以反映专家意见的离散程度,四分位区间越小,说明专家意见越集中。函询过程中,可以根据预测区间的大小确定是否需要进行下一轮函询。

2) 对排序答案的处理

有时需要请专家对某些项目的重要性进行排序,这时最简单的方法就是采用评分法进行处理。

若有 m 个项目进行排序,由 n 个专家进行,第 i 个专家对第 j 个项目进行排序,记为 x_{ij},记分规则为:第 1 名记 m 分,第 2 名记 $m-1$ 分……最后一名记 1 分。然后对每个项目计算其总分,即 $x_j = \sum_{i=1}^{n} x_{ij}$,$(j = 1, 2, \cdots, m)$,以总分 x_j 多少决定排序的顺序。

3) 对选择一答案的处理

如果需要专家们从预测对象发展的多种可能性中,选择一个最为可能的结果时,可以简单的用专家回答各种可能结果的频率来预测其出现的概率,概率最大者即为最可能者。

4) 对专家预测能力的加权

由于专家的背景各异,对问题了解的程度各不相同,故对同一个问题,其预测能力也就有所不同。为反映这种差异,就必须给不同的专家以不同的权数,去处理各专家的预测结论。

至于各专家权数的确定,不一定是一个简单的问题。可以由预测组织者根据对专家的了解来决定,也可以在预测调查表中由专家自己评定。

若每个专家的预测结果为 x_i,其权为 w_i,则 n 个专家预测值的加权平均值为

$$X = \frac{\sum_{i=1}^{n} w_i x_i}{\sum_{i=1}^{n} w_i} \tag{4.1.5}$$

4.1.3 定量预测方法

定量预测方法可以分为两类:一类是利用因果关系分析进行预测的方法,包括回归分析法、经济计量法和投入产出法。这种方法在有足够的历史数据且能够找出预测对象与有关影响因素的相关关系时,通过建立诸因素之间的因果关系的数学模型,对事物的未来状况进行预测。另一类是利用时间序列分析进行预测的方法,称为趋势外推法,包括移动平均法和指数平滑法。这种方法仅从过去按时间顺序排列的客观数据中,即可以找出预测对

象随时间推移而发展变化的基本规律,并依此来预测事物的未来状况。

1. 回归预测法

回归分析是处理变量之间相关关系的一种数理统计方法。在自然界和人类社会活动中存在着很多变量,其中某些变量之间有一定的依赖关系,这些依赖关系可以分为两类:函数关系和相关关系。变量之间的关系可以用函数来表达的,称为函数关系(确定性关系)。变量之间存在一定的关系,但又不能由一个或几个变量的值精确地确定另一变量的值的,称为相关关系(非确定性关系)。

回归预测法按回归方程所含的变量多少划分,可以分为一元回归和多元回归;按回归方程的性质划分,可以分为线性回归和非线性回归。

回归分析的步骤为:

①根据因变量与自变量的试验数据,确定预测目标(因变量)与影响因素(自变量)之间的数学关系式(称为经验公式或回归方程);

②对回归方程中的参数进行估计和统计检验,分析影响因素与预测目标之间的相关程度;

③利用回归模型,根据未来自变量的值,预测因变量的值;

④分析预测结果的精度和误差范围。

(1) 一元线性回归预测

一元线性回归分析,又称简单线性回归分析,适用于预测对象主要受一个相关变量影响且两者间呈线性关系的预测问题。一元线性回归分析是回归预测的基础。

①建立一元线性回归模型

将预测对象作为因变量 y,主要影响因素为自变量 x,当它们之间有大致的线性关系时,可以建立一元线性回归分析预测模型。

$$\hat{y} = \hat{a} + \hat{b}x \tag{4.1.6}$$

式中,参数 $\hat{a}$, $\hat{b}$ 为回归系数。

②参数估计

设已有 n 组实际数据 (x_i, y_i),这些数据并不一定全部为回归线上的点,而是实际值与估计值之间有一定的离差 e_i。

$$|e_i| = |y_i - \hat{y}_i| = |y_i - (\hat{a} + \hat{b}x_i)| \tag{4.1.7}$$

显然,当实际值与估计值之间离差的总和为最小时,直线与所有数据点最"接近"。根据最小二乘法原理,要使误差 $\sum_{i=1}^{n} |e_i|$ 最小,应使 $\sum_{i=1}^{n} e_i^2$ 最小。即

$$\sum_{i=1}^{n} e_i^2 = \sum_{i=1}^{n} (y_i - \hat{y}_i)^2 = \sum_{i=1}^{n} (y_i - \hat{a} - \hat{b}x_i)^2 \rightarrow \min \tag{4.1.8}$$

根据多元函数求极值的原理,式(4.1.8)分别对 a、b 求偏导,并令其等于零。有

$$2\sum_{i=1}^{n} (\hat{a} + \hat{b}x_i - y_i) = 0 \tag{4.1.9}$$

$$2\sum_{i=1}^{n} (\hat{a} + \hat{b}x_i - y_i) \cdot x_i = 0 \tag{4.1.10}$$

式(4.1.9)、式(4.1.10)整理、求解得

$$\hat{b} = \frac{\sum_{i=1}^{n} x_i y_i - n\bar{x} \cdot \bar{y}}{\sum_{i=1}^{n} x_i^2 - n\bar{x}^2} \tag{4.1.11}$$

$$\hat{a} = \bar{y} - \hat{b}\bar{x} \tag{4.1.12}$$

式中：$\bar{x} = \frac{1}{n}\sum_{i=1}^{n} x_i$，$\bar{y} = \frac{1}{n}\sum_{i=1}^{n} y_i$，分别为自变量、因变量实际数据的算术平均值。

当一元线性回归的自变量 x 为时间序列时，可以用相对坐标代替实际时间，通过巧妙的设计可以使 $\bar{x}$ 等于零。若时间序列的年数（或月数、天数）为奇数时，相对坐标设计为：$\cdots,-3,-2,-1,0,1,2,3,\cdots$；若时间序列的年数（或月数、天数）为偶数时，相对坐标设计为：$\cdots,-5,-3,-1,1,3,5,\cdots$。式（4.1.11）和式（4.1.12）可改写为

$$\hat{b} = \frac{\sum_{i=1}^{n} x_i y_i}{\sum_{i=1}^{n} x_i^2}$$

$$\hat{a} = \bar{y}$$

③ 相关检验

相关系数是指描述变量 x 与 y 之间的线性关系密切程度的一个数量指标，用 r 表示，其计算公式为

$$r = \frac{L_{xy}}{\sqrt{L_{xx}L_{yy}}} \tag{4.1.13}$$

式中

$$L_{xx} = \sum_{i=1}^{n} (x_i - \bar{x})^2 = \sum_{i=1}^{n} x_i^2 - n\bar{x}^2$$

$$L_{yy} = \sum_{i=1}^{n} (y_i - \bar{y})^2 = \sum_{i=1}^{n} y_i^2 - n\bar{y}^2$$

$$L_{xy} = \sum_{i=1}^{n} (x_i - \bar{x})(y_i - \bar{y}) = \sum_{i=1}^{n} x_i y_i - n\bar{x}\bar{y}$$

其中，L_{xx} 称为 x 的离差平方和，L_{xx} 反映自变量 x 波动的程度，L_{xx} 越大，说明 x 的波动越大，反之越小；L_{yy} 称为 y 的离差平方和，L_{yy} 反映变量 y 波动的程度，L_{yy} 越大，说明 y 的波动越大，反之越小；L_{xy} 称为 x、y 的离差乘积和。

显然，$-1 \leqslant r \leqslant 1$，并且：

当 r 在 $[-1,0]$ 之间时，表明因变量随自变量增加而减少，二者呈负相关；

当 r 在 $[0,1]$ 之间时，表明因变量随自变量增加而增加，二者呈正相关；

当 $|r|=1$ 时，因变量和自变量完全相关，x 与 y 的关系变为确定性关系；

当 $r=0$ 时，仅表明因变量与自变量之间不存在线性相关关系，但并不排斥 x 与 y 之间存在其他关系。

通常认为当 $r>0.75$ 时，x 与 y 高度相关，当 $r>0.5$ 时，则可以判断 x 与 y 相关。

④ 显著性检验

相关系数 r 反映了变量 x 和 y 的线性相关程度，若要进行绝对评价，还必须进行显著性检验。常用的显著性检验有三种：t 检验、F 检验和 r 检验，对于一元回归，主要是 t 检

验。t 检验的目的是检验回归方程中参数 b 的估计值 $\hat{b}$ 在某一显著性水平下(一般取显著性水平 $\alpha=0.05$)是否为零。该检验是在假设 $\hat{b}=0$ 的情况下进行的，如果存在 $\hat{b}$ 为零，则说明 y 与 x 的变化无关，因此该方法根据样本数 n 查 $t_{1-\frac{\alpha}{2}}(n-2)$ 分布表，确定 t 的临界值 t_α，与根据实际问题计算的 t 值进行比较，如果 $t>t_\alpha$，则说明相关显著，回归方程有实用价值。反之，原假设成立，即 $b=0$，则回归方程无实用价值。

t 的计算公式为

$$t = \frac{\hat{b} \cdot \sqrt{\sum_{i=1}^{n}(x_i-\bar{x})^2}}{\sqrt{\frac{1}{n-2}\sum_{i=1}^{n}(y_i-\hat{y}_i)^2}} \tag{4.1.14}$$

例 4.1.1 1994~2007 年某种商品的社会需求量以及 A 生产企业该商品的销售量的历史数据见表 4.1.1，试建立该商品的社会需求量和 A 企业销售量之间的回归模型，并进行相关性检验。

表 4.1.1　　　　某商品的社会需求量与 A 企业销售量历史数据表　　　（单位：万件）

年份	社会需求量 x	A 企业销售量 y	年份	社会需求量 x	A 企业销售量 y
1994	546	24	2001	857	38
1995	585	26	2002	904	40
1996	662	29	2003	937	43
1997	691	32	2004	985	46
1998	739	34	2005	1 079	49
1999	762	36	2006	1 148	53
2000	832	37	2007	1 229	57

解　首先绘出表 4.1.1 中的某商品的社会需求量 x 与 A 企业销售量 y 的散点图，如图 4.1.2 所示。从图 4.1.2 中可以看出，该商品的社会需求量与 A 企业的销售量成线性关系，可以建立线性回归模型。

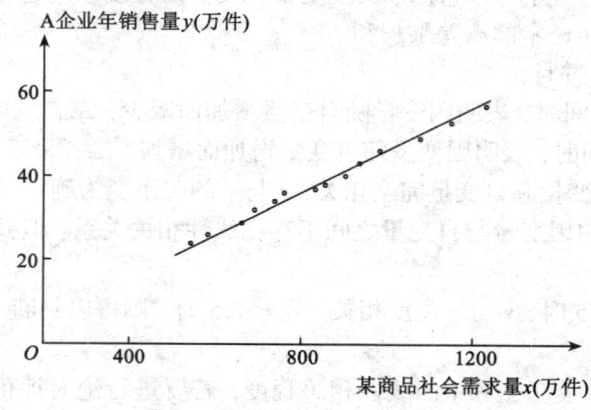

图 4.1.2　某商品社会需求量 x 与 A 企业销售量 y 的散点图

$$\hat{y} = \hat{a} + \hat{b}x$$

表 4.1.2　　　　　　　　　　　一元线性回归分析数据表

n	x	y	xy	x^2	$x_i - \bar{x}$	$y_i - \bar{y}$	$(x_i - \bar{x})^2$	$(y_i - \bar{y})^2$
1	546	24	13 104	298 116	−308	−14.86	94 864	220.82
2	585	26	15 210	342 225	−269	−12.86	72 361	165.38
3	662	29	19 198	438 244	−192	−9.86	36 864	97.22
4	691	32	22 112	477 481	−163	−6.86	26 569	47.06
5	739	34	25 126	546 121	−115	−4.86	13 225	23.62
6	762	36	27 432	580 644	−92	−2.86	8 464	8.18
7	832	37	30 784	692 224	−22	−1.86	484	3.46
8	857	38	32 566	734 449	3	−0.86	9	0.74
9	904	40	36 160	817 216	50	1.14	2 500	1.30
10	937	43	40 291	877 969	83	4.14	6 889	17.14
11	985	46	45 310	970 225	131	7.14	17 161	50.98
12	1 079	49	52 871	1 164 241	225	10.14	50 625	102.82
13	1 148	53	60 844	1 317 904	294	14.14	86 436	199.94
14	1 229	57	70 053	1 510 441	375	18.14	140 625	329.06
∑	11 956	544	491 061	10 767 500			557 076	1 267.72

则　　　$\bar{x} = \dfrac{1}{n}\sum_{i=1}^{n} x_i = \dfrac{11\,956}{14} = 854$　　　$\bar{y} = \dfrac{1}{n}\sum_{i=1}^{n} y_i = \dfrac{544}{14} = 38.86$

$$\hat{b} = \dfrac{\sum\limits_{i=1}^{n} x_i y_i - n\bar{x}\cdot\bar{y}}{\sum\limits_{i=1}^{n} x_i^2 - n\bar{x}^2} = \dfrac{491\,061 - 14 \times 854 \times 38.86}{10\,767\,500 - 14 \times 854^2} = 0.047\,5$$

$$\hat{a} = \bar{y} - \hat{b}\bar{x} = 38.86 - 0.0475 \times 854 = -1.705$$

因此，可以得到该商品的社会需求量与 A 企业销售量的预测模型为

$$\hat{y} = -1.705 + 0.047\,5x$$

其次进行相关性检验

$$L_{xx} = \sum_{i=1}^{n}(x_i - \bar{x})^2 = 557\,076$$

$$L_{yy} = \sum_{i=1}^{n}(y_i - \bar{y})^2 = 1\,267.72$$

$$L_{xy} = \sum_{i=1}^{n}(x_i - \bar{x})(y_i - \bar{y}) = 26\,485$$

$$r = \frac{L_{xy}}{\sqrt{L_{xx}L_{yy}}} = 0.997$$

所以，二者高度相关，其回归拟合效果好。

(2) 多元线性回归预测法

如果在预测中因变量 y 并非只与一个自变量线性相关，而需由多个自变量 (如 x_1, x_2, $\cdots$) 联合估计，则就要用到多元线性回归分析。多元线性回归分析，与一元线性回归分析的原理完全相同，但在计算上要复杂得多。下面以二元线性回归分析为例加以说明。

包含两个自变量的二元回归方程的一般形式为

$$\hat{y} = \hat{b}_0 + \hat{b}_1 x_1 + \hat{b}_2 x_2 \tag{4.1.15}$$

常数项 $\hat{b}_0$、回归系数 $\hat{b}_1$、$\hat{b}_2$ 的估计仍用最小二乘法。设已有 n 组实际数据 (x_{1i}、x_{2i}、y_i)，则实际值与预测值误差的平方和为

$$Q = \sum_{i=1}^{n} (y_i - \hat{b}_0 - \hat{b}_1 x_{1i} - \hat{b}_2 x_{2i})^2 \tag{4.1.16}$$

求函数 Q 的极值，则

$$\frac{\partial Q}{\partial a} = -2 \sum_{i=1}^{n} (y_i - \hat{b}_0 - \hat{b}_1 x_{1i} - \hat{b}_2 x_{2i}) = 0$$

$$\frac{\partial Q}{\partial b_1} = -2 \sum_{i=1}^{n} (y_i - \hat{b}_0 - \hat{b}_1 x_{1i} - \hat{b}_2 x_{2i}) x_{1i} = 0$$

$$\frac{\partial Q}{\partial b_2} = -2 \sum_{i=1}^{n} (y_i - \hat{b}_0 - \hat{b}_1 x_{1i} - \hat{b}_2 x_{2i}) x_{2i} = 0$$

解上述三元一次方程组，即可得到 $\hat{b}_0$、$\hat{b}_1$、$\hat{b}_2$，亦即得到了所求的二元线性回归方程。

多元线性回归同一元线性回归一样，也必须进行假设检验和预测区间估计。其基本原理与一元线性回归的假设检验和区间估计的原理相似，只不过复杂得多而已，在此不作介绍。

回归分析的实用性很强，大量应用于生产或实验数据的处理、寻求经验公式等方面，是目前应用最为广泛的一种数理统计方法，既可以用于短期技术经济预测，也可以用于中、长期技术经济预测。

2. 移动平均法

移动平均法是通过时间序列分析进行预测的一种方法。所谓时间序列，就是按时间顺序排列起来的历史数据。我们对历史数据进行统计时，常采用算术平均法。这种简单平均的方法，由于对不同时期的数据没有区别对待，反映不出数据的演变过程的发展趋势。移动平均法是在算术平均法基础上发展起来的，这种方法是将历史数据进行分段平均，在每段间距保持不变的情况下，逐次后移一位求其平均值。

(1) 一次移动平均法

一次移动平均法，又称简单移动平均法，是利用时间序列前 N 期的平均值作为下一期预测值的方法。其计算公式为

$$M_t^{[1]} = \frac{y_t + y_{t-1} + \cdots + y_{t-N+1}}{N} \tag{4.1.17}$$

式中：$M_t^{[1]}$——第 t 周期的一次移动平均值；
y_t——第 t 期的数据；
N——移动平均的项数。

为计算方便，将上式作如下变换

$$M_t^{[1]} = \frac{y_t + y_{t-1} + \cdots + y_{t-N+1}}{N} = \frac{y_t + (y_{t-1} + y_{t-2} + \cdots + y_{t-N+1} + y_{t-N}) - Y_{t-N}}{N}$$

即
$$M_t^{[1]} = M_{t-1}^{[1]} + \frac{y_t - y_{t-N}}{N} \tag{4.1.18}$$

将第 t 时期的移动平均值 $M_t^{[1]}$ 作为第 $t+1$ 期的预测值，即

$$\hat{y}_{t+1} \approx M_t^{[1]} \tag{4.1.19}$$

例 4.1.2 某企业 2007 年 1~12 月份的产值统计数据见表 4.1.3，当移动平均的项数分别为 3 和 5 时，试预测 2008 年 1 月的产值，并说明移动平均法的应用。

表 4.1.3　　　　　　某企业 2007 年 1~12 月份的产值统计表　　　　　（单位：万元）

月份	周期数	产值	$M_t^{[1]}(N=3)$	$M_t^{[1]}(N=5)$
1	1	285.0		
2	2	267.0		
3	3	291.0	281.0	
4	4	310.0	289.3	
5	5	296.0	299.0	289.8
6	6	321.0	309.0	297.0
7	7	316.0	311.0	306.8
8	8	302.0	313.0	309.0
9	9	319.0	312.3	310.8
10	10	310.0	310.3	313.6
11	11	315.0	314.7	312.4
12	12	308.0	311.0	310.8

解　先计算 $N=3$ 时的一次移动平均值，由式(4.1.17)可得

$$M_3^{[1]} = \frac{y_3 + y_2 + y_1}{3} = \frac{285.0 + 267.0 + 291.0}{3} = 281.0$$

由式(4.1.18)可得

$$M_4^{[1]} = M_3^{[1]} + \frac{y_4 - y_1}{3} = 281.0 + \frac{310.0 - 285.0}{3} = 289.3$$

同理，求出 $M_5^{[1]}$，$M_6^{[1]}$，$\cdots$，$M_{12}^{[1]}$，填入表 4.1.3。

当 $N=3$ 时，预测 2008 年 1 月的产值为 $\hat{y}_{13} = M_{12}^{[1]} = 311.0$（万元）

按上述方法求出 $N=5$ 时的一次移动平均值，填入表 4.1.3。

当 $N=5$ 时,预测 2008 年 1 月的产值为 $\hat{y}_{13}=M_{12}^{[1]}=310.8$(万元)

由此可见,一次移动平均法是按数据的顺序逐点推移,将近期的 N 个实测数据进行算术平均,每当向前推移一个周期计算移动平均值时,计入新的实测数据,而将包括新的实测数据在内的共 N 个实测数据之外的其他实测数据舍弃在外。

一次移动平均法的预测值只与近期的 N 个实测值有关,且该值是由 N 个实测数据的平均值来作为预测值的,因此,该方法适用于长期趋势变化不大,短期有波动的时间序列资料。

采用这种方法时,移动平均项数 N 值的大小和预测也有关系,当 N 值较大时,信息的损失较多,但能够消除偶然因素的影响,反映变化的灵敏度低;当 N 值较小时,信息的损失较少,反映变化的灵敏度高。移动平均项数 N 值的选取应根据预测的目的和实际数据的特点来确定,一般情况下,N 的取值可以在 3~20 之间。当时间序列的基本趋势变化不大时 N 值可以取大一些,否则,N 值应取小一些。

(2)加权移动平均法

简单移动平均法将各历史时期的实际数据同等对待。而实际上,往往近期的数据对预测值的影响较大,远期的数据对预测值的影响较小。加权平均法正是基于这样的思想对不同时期的实际值赋予不同的权来进行平均的。以 $W_1, W_2, \cdots, W_N$ 分别作为实际值 $y_t, y_{t-1}, \cdots, y_{t-N+1}$ 的权,则第 t 期的加权平均值为

$$M_t = \frac{W_1 y_t + W_2 y_{t-1} + \cdots + W_N y_{t-N+1}}{W_1 + W_2 + \cdots + W_N} \tag{4.1.20}$$

于是,第 $t+1$ 期的预测值为

$$\hat{y}_{t+1} = M_t \tag{4.1.21}$$

加权移动平均法比简单移动平均法预测效果好,但权重的确定缺乏科学依据。通常可以取 $W_1=N, W_2=N-1, \cdots, W_N=1$ 进行预测。

(3)二次移动平均法

二次移动平均是把一次移动平均值再一次进行移动平均,因此又称为双重移动平均。其计算公式为

$$M_t^{[2]} = \frac{1}{N}\left(M_t^{[1]} + M_{t-1}^{[1]} + \cdots + M_{t-N+1}^{[1]}\right) = M_{t-1}^{[2]} + \frac{1}{N}\left(M_t^{[1]} - M_{t-N}^{[1]}\right) \tag{4.1.22}$$

利用一次移动平均值作为预测值,当实际数据具有线性上升趋势时,预测值对于实际值来说总是连续存在滞后偏差。因此,在这种情况下就不宜采用一次移动平均值作为预测值,而是利用滞后偏差的规律,把一次移动平均值和二次移动平均值结合起来,建立移动平均线性模型来预测。

二次移动平均线性模型为

$$\hat{y}_{t+T} = a_t + b_t T \tag{4.1.23}$$

式中:t——本周期数;

T——所要预测的周期数与本周期数之差;

a_t, b_t——平滑系数。

a_t、b_t 的确定过程如下:

假定时间序列没有随机变化而完全呈直线上升趋势,且直线的斜率为 b_t,则有

$$M_t^{[1]} = \frac{y_t + y_{t-1} + y_{t-2} + \cdots + y_{t-N+1}}{N}$$

$$= \frac{y_t + (y_t - b_t) + (y_t - 2b_t) + \cdots + [y_t - (N-1)b_t]}{N} = y_t - \frac{N-1}{2}b_t$$

所以，$M_t^{[1]}$ 与 y_t 之间的滞后偏差为

$$y_t - M_t^{[1]} = \frac{N-1}{2} b_t \tag{4.1.24}$$

同理可得 $M_t^{[2]}$ 与 $M_t^{[1]}$ 之间的滞后偏差为

$$M_t^{[1]} - M_t^{[2]} = \frac{N-1}{2} b_t \tag{4.1.25}$$

则有 $\qquad\qquad\qquad\qquad y_t - M_t^{[1]} = M_t^{[1]} - M_t^{[2]}$

所以 $\qquad\qquad\qquad\qquad y_t = 2M_t^{[1]} - M_t^{[2]}$

以目前的实际数据 y_t 作为 a_t，即

$$a_t = 2M_t^{[1]} - M_t^{[2]} \tag{4.1.26}$$

由公式（4.1.25）可得

$$b_t = \frac{2}{N-1}\left(M_t^{[1]} - M_t^{[2]}\right) \tag{4.1.27}$$

例 4.1.3 某公司 1996~2007 年的 12 个年份完成的年产值见表 4.1.4，取 $N=5$，计算全部的一次移动平均值和二次移动平均值。试建立移动平均线性模型，并预测 2010 年的年产值。

表 4.1.4　　　　　　　　　　年产值及移动平均值的计算　　　　　　　　（单位：万元）

年份	周期数	产值	$M_t^{[1]}(N=5)$	$M_t^{[2]}(N=5)$
1996	1	580		
1997	2	652		
1998	3	725		
1999	4	790		
2000	5	866	722.6	
2001	6	943	795.2	
2002	7	1 025	869.8	
2003	8	1 105	945.8	
2004	9	1 192	1 026.2	871.9
2005	10	1 273	1 107.6	948.9
2006	11	1 365	1 192.0	1 028.3
2007	12	1 456	1 278.2	1 110.0

解 (1)一次移动平均值和二次移动平均值的计算结果见表4.1.4。

(2)假设移动平均线性模型为 $\hat{y}_{12+T}=a_{12}+b_{12}T$，由式(4.1.26)有

$$a_{12}=2M_{12}^{[1]}-M_{12}^{[2]}=2\times 1\ 278.2-1\ 110.0=1\ 446.4$$

由式(4.1.27)有

$$b_{12}=\frac{2}{N-1}\left(M_{12}^{[1]}-M_{12}^{[2]}\right)=\frac{2}{5-1}(1\ 278.2-1\ 110.0)=84.1$$

则移动平均线性模型为

$$\hat{y}_{12+T}=1\ 446.4+84.1T$$

则，2010年预测的年产值为 $\hat{y}_{12+3}=1\ 446.4+84.1\times 3=1\ 698.7$ 万元。

移动平均法的优点是简单易行，但缺点是结果比较粗糙。该方法重视近期的实际数据，这是合理的，但又假设过去的趋势延续到未来，这就势必与实际情况有出入。此外，该方法不能像回归分析那样，对预测值给出一个置信区间。

4.1.4 指数平滑法

移动平均法对最近 N 期数据等权看待，而 $t-N$ 期以前的数据则完全不考虑。实际上，一般来说越靠近现在的数据，所含有关于预测对象未来状况的信息越大。指数平滑法改进了移动平均法的这些不足，在实际工作中应用较为广泛。

指数平滑法根据平滑次数的不同，有一次指数平滑法、二次指数平滑法和三次指数平滑法等。指数平滑法确定预测值的数学模型是从移动平均法的数学模型演变而来的。

1. 一次指数平滑法

(1)预测模型

一次指数平滑法也称简单指数平滑法。其数学模型从简单移动平均法演变而来。其计算公式为

$$S_t^{[1]}=\alpha y_t+(1-\alpha)S_{t-1}^{[1]} \tag{4.1.28}$$

式中：$S_t^{[1]}$——第 t 期的一次平滑值，作为第 $t+1$ 期的预测值；

$S_{t-1}^{[1]}$——第 $t-1$ 期的一次平滑值；

α——平滑系数，$0\leqslant\alpha\leqslant 1$；

y_t——第 t 期的数据。

由公式(4.1.28)有：$S_{t-1}^{[1]}=\alpha y_{t-1}+(1-\alpha)S_{t-2}^{[1]}$，连续递推可得

$$\begin{aligned}S_t^{[1]}&=\alpha y_t+(1-\alpha)S_{t-1}^{[1]}=\alpha y_t+(1-\alpha)\left[\alpha y_{t-1}+(1-\alpha)S_{t-2}^{[1]}\right]\\&=\alpha y_t+\alpha(1-\alpha)y_{t-1}+\alpha(1-\alpha)^2 y_{t-2}+\cdots+\alpha(1-\alpha)^{t-1}y_1+(1-\alpha)^t S_0^{[1]}\\&=\alpha\sum_{k=0}^{t-1}(1+\alpha)^k y_{t-k}+(1+\alpha)^t S_0^{[1]}\end{aligned}$$

式中：$S_0^{[1]}$——初始值。

上式表明，$t+1$ 周期的预测值 $\hat{y}_{t+1}=S_t$ 是全部历史实际数据的加权平均，其加权系数分别为

$$\alpha,\quad \alpha(1-\alpha),\quad \alpha(1-\alpha)^2,\cdots,\alpha(1-\alpha)^{t-1},\quad (1-\alpha)^t$$

显然有

$$\sum_{i=0}^{\infty} \alpha(1-\alpha)^i = \frac{\alpha}{1-(1-\alpha)} = 1$$

可见，加权系数序列呈指数函数衰减，即各历史数据 y_i 离 y_{t+1} 愈久远，其加权系数就愈小，对预测值的影响就愈小。除此之外，加权平均还能消除或减弱历史数据中随机干扰的影响，这也是该方法名称的由来。

(2) 平滑系数 α 的选择

在指数平滑法中，平滑系数 α 值的大小直接影响到预测结果，因此 α 值的选择十分重要。平滑系数 α 值的大小规定了在新预测值中新数据值和原预测值所占的比重。α 值越大，新数据值所占的比重就越大，原预测值所占的比重就越小，反之亦然。α 的选取一般可以遵循下列原则。

① 如果时间序列波动不大，比较平稳，则 α 宜取较小的值，如取 0.1~0.3，以减少修正幅度，使预测模型包含较长时间序列的信息。

② 如果时间序列具有迅速且明显的趋势变动，则 α 宜取较大的值，如取 0.6~0.8，以使近期数据对现时的指数平滑值中有较大的作用，从而将近期的变化趋势充分地反映在预测值中。

在实际应用中，可以多取几个值进行试算，取使预测误差较小的 α 值。

(3) 初始值 $S_0^{[1]}$ 的确定

初始值由预测者估计或指定，如果时间序列的数据较多，如在 20 个以上时，由于加权后初始值对以后的预测值影响很小，可以选用第一期数据作为初始值，或用最早几期数据的算术平均值作为初始值。如果时间序列的数据较少，如在 20 个以下时，初始值对以后的预测值影响很大，这时就必须认真研究如何正确确定初始值。

例 4.1.4 利用例 4.1.2 的历史数据，采用指数平滑法，预测 2008 年 1 月的产值。

解 分别取 $\alpha=0.2$、0.5、0.8 进行计算。取初始值 $S_0^{[1]}=285$。

由式 (4.1.28)，当 $\alpha=0.2$ 时

$$S_1^{[1]} = \alpha y_1 + (1-\alpha) S_0^{[1]} = 0.2 \times 285 + (1-0.2) \times 285 = 285$$

$$S_2^{[1]} = \alpha y_2 + (1-\alpha) S_1^{[1]} = 0.2 \times 267 + (1-0.2) \times 285 = 281.4$$

同理依次计算出各平滑值，其计算数据如表 4.1.5 所示。

表 4.1.5　　某企业 2007 年 1~12 月份的产值及一次指数平滑计算表　　（单位：万元）

月份	产值	预测值($\alpha=0.2$)	预测值($\alpha=0.5$)	预测值($\alpha=0.8$)
1	285.0	285.0	285.0	285.0
2	267.0	285.0	285.0	285.0
3	291.0	281.4	276	270.6
4	310.0	283.3	283.5	286.9
5	296.0	288.6	296.8	305.4
6	321.0	290.1	296.4	297.9

续表

月份	产值	预测值($\alpha=0.2$)	预测值($\alpha=0.5$)	预测值($\alpha=0.8$)
7	316.0	296.3	308.7	316.4
8	302.0	300.2	312.4	316.1
9	319.0	300.6	307.2	304.8
10	310.0	304.3	313.1	316.2
11	315.0	305.4	311.6	311.2
12	308.0	307.3	313.3	314.2
		307.4	310.7	309.2

由计算结果可知，α 值分别为 0.2、0.5、0.8，2008 年 1 月的预测值分别为 307.4 万元、310.7 万元、309.2 万元。究竟 α 取何值为好，可以通过计算它们的均方误差，选取使均方误差最小的那个 α 值。

2. 二次指数平滑法

二次指数平滑法也称双重指数平滑法，该方法是对一次指数平滑法的结果再进行一次平滑。其计算公式为

$$S_t^{[2]} = \alpha S_t^{[1]} + (1-\alpha) S_{t-1}^{[2]} \tag{4.1.29}$$

与移动平均法相类似，当时间序列呈线性趋势时，利用一次指数平滑值和二次指数平滑值建立线性预测模型，故二次指数平滑法也称为线性指数平滑法。

设时间序列存在线性趋势，假定该模型为

$$\hat{y}_{t+T} = a_t + b_t T \tag{4.1.30}$$

式中：t——本周期数；

T——预测超前期数；

a_t, b_t——二次指数平滑系数。

利用一次指数平滑和二次指数平滑计算 a_t 和 b_t

$$a_t = \hat{y}_t = S_t^{[1]} + \left(S_t^{[1]} - S_t^{[2]}\right) = 2S_t^{[1]} - S_t^{[2]} \tag{4.1.31}$$

$$b_t = S_t^{[2]} - S_{t-1}^{[2]} = \frac{\alpha}{1-\alpha} \left(S_t^{[1]} - S_t^{[2]}\right) \tag{4.1.32}$$

从而得到线性平滑模型

$$\hat{y}_{t+T} = a_t + b_t T = \left(2 + \frac{\alpha T}{1-\alpha}\right) S_t^{[1]} - \left(1 + \frac{\alpha T}{1-\alpha}\right) S_t^{[2]} \tag{4.1.33}$$

由于二次指数平滑法考虑了数据的发展趋势，因而可以用于作较长期的预测，如中期预测等。

二次指数平滑模型只适用于时间序列呈线性趋势，当时间序列的发展趋势近似二次曲线时，则应进行三次指数平滑，利用一次指数平滑值、二次指数平滑值、三次指数平滑值建立二次曲线预测模型。

§4.2 技术经济决策方法

所谓决策，是指在现代社会和经济活动中，针对某些宏观问题和微观问题，采用一定的科学理论、方法和手段，指定若干可以供选择的行动方案，并从中选定最满意的方案，然后实施方案，直到目标实现的动态工作过程。

4.2.1 决策问题构成的条件

决策往往受决策主体、决策目标、决策对象以及决策环境所左右。构成一个决策问题，通常应具有如下几个条件：

(1) 存在决策者希望达到的一个明确目标，如收益最大或损失最小等；
(2) 存在两个或两个以上不以决策者的主观意志为转移的自然状态 θ_j；
(3) 存在两个或两个以上可以供选择的行动方案 A_i；
(4) 在各种自然状态下，不同行动方案将导致不同的结果，而其损益值 a_{ij} 是可以计算出来的；
(5) 决策者对各种自然状态的发生，有的可以肯定（确定型决策）；有的不能肯定，也无法知道其发生的概率 $p(\theta_j)$（非确定型决策）；有的虽不能肯定哪种自然状态发生，但决策者可以预先估计或计算出其发生的概率 $p(\theta_j)$（风险型决策）。

4.2.2 决策的分类

根据不同的分类方法，决策可以进行如下分类：

1. 战略决策和战术决策

按决策问题的目标的性质划分，决策可以分为战略决策和战术决策。战略决策是涉及全局性的、长期性的、带方向性和根本性的一类决策。这种决策产生的影响是深远的，对决策系统的各个方面都在较长时间范围内产生影响。战术决策是为了保证战略决策的实施对一些局部的、暂时性的或其他执行性质的问题所作的决策。战术决策具有局部性、短期性和具体性特征。

2. 程序化决策和非程序化决策

按决策问题是否重复出现划分，决策可以分为程序化决策和非程序化决策。程序化决策，又称为常规决策，是对经常重复出现问题的决策。程序化决策的最大特点是有一定的规律，有一套常规的处理办法和程序，企业管理中的大多数决策均属程序化决策范畴。非程序化决策，又称为非常规决策，通常是指那些无法用常规决策程序处理的且无先例可循的、初次出现的或偶然发生的非例行活动所做出的决策。

3. 定性决策和定量决策

按决策方法的不同划分，决策可以分为定性决策和定量决策。定性决策是指决策者无法用数量来表现决策目标和决策变量、状态变量的问题的决策。这种决策严重依赖于决策者的理论水平和现实经验，对决策结果通常只能做抽象的概括和定性的描述。定量决策是指决策者对决策问题中的决策变量、状态变量和目标函数都可以用数量来描述的决策。这种决策一般运用数学模型来帮助人们寻求实施方案。与预测问题一样，定性决策与定量决策也并非是对立的，人们在决策过程中对这两种决策方法往往是结合使用的。

4. 确定型决策、风险型决策、非确定型决策

按掌握的决策信息的完整程度划分，决策可以分为确定型决策、风险型决策、非确定型决策。

确定型决策，是指在决策时，其决策所需的信息是完备的决策，亦即决策者对决策问题的发展状况已经掌握，决策时可以选择最满意的方案。这种决策相对比较容易，其决策所冒的风险也较小。

风险型决策，是指在决策时，其决策所需的决策信息不完备，即认为未来事件的各种自然状态的发生具有不确定性，但可以估计各种自然状态发生的可能程度（概率）。这种类型的决策，不论选取何种方案，都有一定的风险。

非确定型决策是指决策时，其决策所需的信息是未知的，即对未来可能发生的情况既无法确定其状态，又无法估计其发生的概率。这种决策大多根据决策者的主观判断，因此其决策后果是不确定的，决策的风险也更大。

5. 其他

还可以根据其他分类方法对决策问题进行分类。如：根据决策者的地位，可以分为高层决策、中层决策和低层决策；根据决策目标的多少，可以分为单目标决策和多目标决策；根据决策期限的长短，可以分为长期决策和短期决策；根据决策实施的层次，可以分为单级决策和多级决策，等等。

4.2.3 决策的基本原则

1. 最优化原则

决策总是在一定的环境条件下，寻求优化目标和优化地达到目标的手段。因此，常常要求以最小的物资消耗取得最大的经济效益，以最低的成本取得最高的产量和最大的市场份额，获得最大的利润。此外，还存在次优原则，这是因为在复杂的客观世界中，许多问题不存在最优，或者无法求出最优解，因此常常采取被人们所能接受的满意的标准，这种原则称为"满意"原则。

2. 系统原则

决策环境本身就是一个大系统，处于多层次、复杂的结构中，包含许多相互联系、相互制约的子系统。因此，决策时要应用系统工程的理论和方法，以系统的总体目标为核心，以满足系统优化为准绳，强调系统配套、系统完整和系统平衡，从整个系统出发来权衡利弊。

3. 信息准确原则

信息是决策成功的基础。不仅决策前要有尽可能的收集、运用内、外部有关决策目标的信息，而且决策后也要通过信息反馈，了解决策实施后与目标的偏离情况，以便提高决策的准确性，并进行反馈调节。

4. 可行性原则

决策必须可行，否则就不能实现决策目标。因此，决策前必须进行可行性研究，包括目标的可行性和方案的可行性。可行性研究必须从技术上、经济上和社会环境上诸方面全

5. 集团决策原则

利用智囊团决策是决策科学化的重要组织保证，是集团决策的重要体现。依靠和充分运用智囊团，对决策问题进行全面系统的调查研究，弄清历史和现状，掌握第一手资料，然后通过方案论证和综合评估，对比优选，为决策者提供有价值的参考意见。

4.2.4 决策的基本过程

决策是一个过程，合理的决策过程是确保决策合理性的一个重要方面。合理的决策过程通常由以下四个阶段构成。

1. 明确问题，确定决策目标

决策是针对所需要解决的问题而进行的工作过程，问题的提出及其性质的确定是制定决策目标的前提。决策目标是技术经济决策的依据和方向，同时也是决策者期望达到的标准。确定决策目标一定要从客观实际出发，经过反复、充分的论证。决策目标必须满足针对性、明确性和层次性的要求。确定决策目标需明确主要目标和次要目标、近期目标和远期目标，以及这类目标的衔接关系。

2. 拟定备选方案

收集有关决策目标的资料，通过科学的预测获得更多更准确的未来信息，在此基础上，拟定可以供选择的各种可行方案。方案的拟定，必须尽可能地满足整体上的详尽性和齐全性，也必须注意个体间的排他性，即各方案应彼此排斥，决策的结论不可能同时执行多个方案。

3. 方案评选

决策即选择，因此，方案的评估、选择是决策的关键。在评选之前，应正确地确定评选的标准、评选的方法。根据决策准则，对每一个备选方案进行技术、经济等各方面的分析，并结合决策目标进行综合评价，选取最佳方案作为决策的实施方案。

4. 方案实施及反馈

方案确定后，就进入实施阶段。通常，在普遍实施之前，还要经过试验证实，以避免决策失误。决策的正确与否要以实施结果来判断，在方案实施的过程中，应建立有效的控制与反馈体系，发现偏差，及时采取措施。当客观条件发生较大变化时，应及时暂停实施，并应根据变化了的情况，修正决策目标，重新予以决策。

4.2.5 确定型决策

确定型决策，又称肯定型决策，这类决策问题的特点是决策者对决策目标未来发展状态十分了解，其相关条件都能准确地列举，每种决策只可能有一种后果。因此，决策者只要按照既定的目标在该状态下分别计算各个行动方案的损益值，然后选择其中的最佳方案即可。

例 4.2.1 某公司欲投资建一新产品的生产车间，有三个建设方案 A_1、A_2、A_3，经预测，方案 A_1、A_2、A_3 的预算投资分别为 3 500 万元、4 200 万元、4 800 万元，运营期内净收益的现值分别为 6 500 万元、7 800 万元、8 000 万元。试进行决策。

解 各方案的净收益分别为

A_1：6 500−3 500 = 3 000(万元)

A_2：7 800−4 200 = 3 600(万元)

A_3：8 000−4 800 = 3 200(万元)

因此，方案 A_2 净收益值最大，是最优方案。

在实际工作中并非所有肯定型决策都如此简单。当模型的变量很多，组合起来的备选方案的数目就很大，此时，从中选优就不那么简单了。很多肯定型决策问题要用到运筹学或其他数学方法并借助计算机的帮助才能得以解决。常用的解决确定型决策问题的方法较多，如盈亏分析法、微分极值法、线性规划法等，实际工作中应根据具体情况选用。

4.2.6 风险型决策

风险型决策也称为随机型决策，是指决策者对未来何种自然状态会发生无法作出肯定的判断，但可以判明各自然状态可能发生的概率的情况下的决策。

自然状态 θ_j 发生的概率为 $0 \leqslant P(\theta_j) \leqslant 1$，则

$$\sum_{j=1}^{n} P(\theta_j) = 1 \tag{4.2.1}$$

其中，n 为自然状态的数目。

风险型决策常用的方法有：最大概率法、损益期望值法和决策树法。

1. 最大概率法

最大概率法以自然状态中出现概率最大的自然状态作为事物未来发展的肯定状态，并据此进行决策的方法。最大概率法的实质是将风险型决策转化为确定型决策来求解，即将风险型决策中出现概率最大的自然状态作为肯定自然状态，从而进行求解。

通常，当某一自然状态发生的可能性较其他自然状态发生的可能性大得多时，采用该方法较为合理和简便。但若事物今后发展的各个自然状态的概率较接近时，采用该方法效果较差，有时甚至会出现严重失误。

2. 损益期望值法

损益期望值法是将每一个可行方案视为随机变量，计算出每个方案的收益或损失的期望值再进行比较，以收益期望值最大或损失期望值最小的方案作为最优方案。

自然状态 $\theta_j(j=1, 2, \cdots, n)$ 发生的概率为 $P(\theta_j)$，方案 A_i 在 θ_j 状态发生时的收益值为 a_{ij}，则方案 $A_i(i=1, 2, \cdots, m)$ 的期望值为

$$E(A_i) = \sum_{j=1}^{n} a_{ij} P(\theta_j) \tag{4.2.2}$$

决策准则：当决策目标为使收益最大时，最优方案为 $\max\{E(A_i) \mid i=1, 2, \cdots, m\}$ 所对应的行动方案；当决策目标为使损失最小时，最优方案为 $\min\{E(A_i) \mid i=1, 2, \cdots, m\}$ 所对应的行动方案。

例 4.2.2 某项目有 A_1、A_2、A_3 三种开发方案，每种方案投入运营后收益有较好、一般、较差三种状况，预测其发生的概率分别为 0.2、0.5、0.3。三种方案各状况下的收益值见表 4.2.1。试用期望值法进行决策。

表 4.2.1　　　　　　　　　方案的收益值及期望值计算表　　　　　　　（单位：万元）

方案 \ 收益状况	收益值			各方案期望值
	较好	一般	较差	
A_1	800	400	50	450
A_2	1 000	500	-100	530
A_3	1 300	600	-300	630

解　根据式(4.2.2)计算有

$$E(A_1) = 800 \times 0.3 + 400 \times 0.5 + 50 \times 0.2 = 450(万元)$$

$$E(A_2) = 1\,000 \times 0.3 + 500 \times 0.5 - 100 \times 0.2 = 530(万元)$$

$$E(A_3) = 1\,300 \times 0.3 + 600 \times 0.5 - 300 \times 0.2 = 630(万元)$$

因此，$\max\{E(A_i)\} = 630(万元)$，根据期望值法决策准则，选择方案 A_3。

3. 决策树法

决策树方法是风险型决策问题中常用的方法。上述几种决策方法，在单级决策时，简单有效。但有的决策问题比较复杂，需要多次决策才能解决，这种决策问题称为多级决策。在多级风险决策问题中，采用决策树方法有时更为直观。

(1) 决策树的画法

树，本是图论中的一种图的形式，又称为树形图。在风险型决策中，常用这种树形图进行决策，此时，这种树形图就称为决策树，对应的方法就称为决策树法。

如图4.2.1所示，方框"□"作为出发点，称为决策点，由决策点引出若干线条，称为方案分枝，每条线代表一个方案，每个方案的末端画一个圆圈"○"，圆圈内标明相应的数字，称为方案节点，又称为自然状态点或概率分叉点，从每个方案节点又引出若干条线，称为概率枝，每条线代表一个自然状态，在概率枝上标明其自然状态发生的概率，并在其末端画个三角形"△"，称为结果点，又称为收益点，在结果点后面标明其自然状态下的损益值。为了表述方便，对决策树中的决策点和方案节点均进行编号，编号的顺序是从左到右，从上到下。

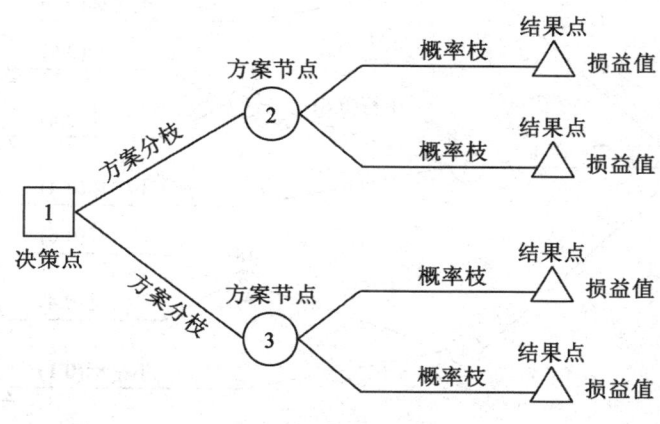

图 4.2.1　决策树图

(2)损益值计算和决策准则

损益期望值的计算:自然状态 $\theta_j(j=1,2,\cdots,n)$ 发生的概率为 $P(\theta_j)$,方案 A_i 在 θ_j 状态发生时的损益值为 a_{ij},则方案 $A_i(i=1,2,\cdots,m)$ 的损益期望值为 $E(A_i)=\sum_{j=1}^{n}a_{ij}P(\theta_j)$,$i=1,2,\cdots,m$。决策准则:$\max\{E(A_i)|i=1,2,\cdots,m\}$。

由此可见,决策树法仍是以计算损益期望值为依据,所不同的是在作图的基础上计算,能直接形象地反映决策过程,尤其适合于解决复杂决策问题,如多阶段决策问题。

例 4.2.3 某承包商拟参加某工程项目投标,根据相关资料分析,认为该工程项目以 10%、7%、4% 的利润率投标的中标概率分别为 0.3、0.6、0.9。中标后可能的经营效果见表 4.2.2,未中标的损失为 5 万元。试进行投标决策。

表 4.2.2

方案	效果	概率	利润/(万元)
高利润率(10%)	好	0.6	150
	差	0.4	120
中利润率(7%)	好	0.6	105
	差	0.4	75
低利润率(4%)	好	0.6	60
	差	0.4	30

解 根据题意,决策步骤如下:

(1)根据已知资料,绘出决策树,如图 4.2.2 所示。

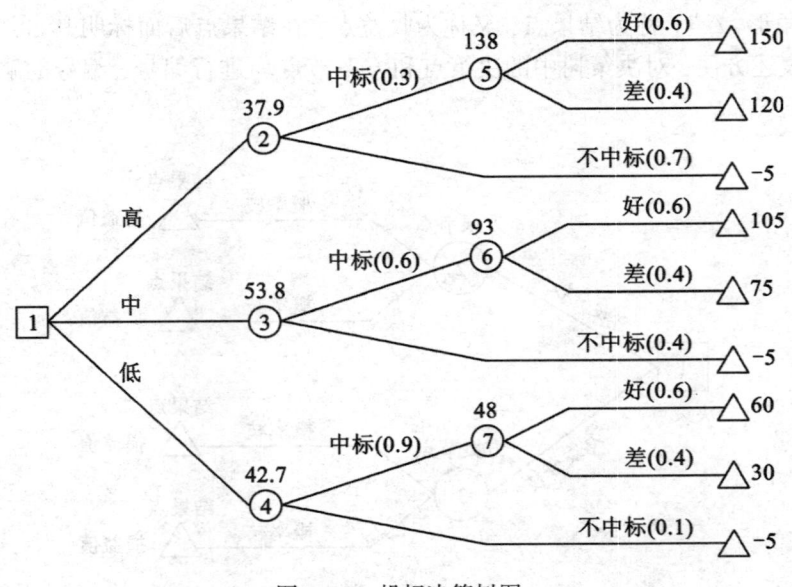

图 4.2.2 投标决策树图

(2) 计算各方案节点的期望损益值,如表 4.2.3 所示。

表 4.2.3　　　　　　　　　　期望损益值计算表

方案节点	计算过程	期望损益值
5	150×0.6+120×0.4	138
6	105×0.6+75×0.4	93
7	60×0.6+30×0.4	48
2	138×0.3−5×0.7	37.9
3	93×0.6−5×0.4	53.8
4	48×0.9−5×0.1	42.7

(3) 投标决策。根据计算结果,按 7% 的利润率投标能获得最大的期望利润,根据决策准则,选择 7% 的利润率投标。

4.2.7 非确定型决策

非确定型决策,又称非肯定型决策。非确定型决策由于既无法确定事物未来的发展状态,又无法估计其发生的概率,所以决策时,往往受决策者的经验、价值观、心理状态等因素的影响较大。常用的决策方法有最大最大收益值法、最大最小收益值法、最小最大后悔值法等。

1. 最大最大收益值法(大中取大法)

决策者采用该方法进行决策时,完全以各方案可能产生的最大收益为准。即决策者总是根据最好的客观条件选择方案,采取行动。其决策过程为:

(1) 求出方案 i 在不同自然状态下的最大损益值 $\max\{a_{ij}, j=1, 2, \cdots, m\}$;

(2) 求出所有方案的最大损益值的最大值

$$\max\{\max(a_{ij}, j=1, 2, \cdots, m), i=1, 2, \cdots, n\}$$

其最大损益值所对应的方案即为决策方案。

例 4.2.4 某项目有 A_1、A_2、A_3 三种开发方案,每种方案投入运营后收益有较好、一般、较差三种状况,但每种状况发生的概率无法估计,三种方案各状况下的收益值见表 4.2.4。试用大中取大法进行决策。

表 4.2.4　　　　　　　　　方案的收益值　　　　　　　　(单位:万元)

收益状况 方案	收益值			各方案 最大收益值 $\max\{a_{ij}\}$
	较好	一般	较差	
A_1	800	400	50	800
A_2	1 000	500	−100	1 000
A_3	1 300	600	−300	1 300
决策	\multicolumn{3}{c}{$\max\{\max(a_{ij})\} = 1\ 300$}	

从表 4.2.4 中可以看出，1 300 万元是各方案最大收益值中的最大值，因此，按该决策准则，选择方案 A_3。

从上述例题可以看出，这种决策准则只是着眼于最大收益，而不考虑可能的损失，具有较大的进取心。这种决策准则也称之为"乐观准则"，决策者在应用这一准则时，必须有足够的财力承担可能的损失，一般情况下，实力雄厚的企业才可能用这一准则进行决策。

2. 最大最小收益值法（小中取大法）

采用最大最小收益值法进行决策时，完全以各方案可能产生的最小收益为准。即决策者总是根据最坏的客观条件选择方案，采取行动，这种决策准则也称之为"悲观准则"。其决策过程为：

（1）求出方案 i 在不同自然状态下的最小损益值 $\min\{a_{ij}, j=1, 2, \cdots, m\}$；

（2）求出所有方案的最小损益值的最大值

$$\max\{\min(a_{ij}, j=1, 2, \cdots, m), i=1, 2, \cdots, n\}$$

其最小损益值的最大值所对应的方案即为决策方案。

对例 4.2.5 的三种方案应用此准则进行决策时，应选择方案 A_1。可以看出，采用该准则进行决策时，决策者的出发点是尽可能地缩小最大可能的损失，虽然规避了风险，但也放弃了可能的最大收益，因而该方法显得较为消极。这种决策方法适用于小型企业或对损失非常敏感的企业。

3. 最小最大后悔值法（大中取小法）

在每一确定的自然状态下，一定存在一个最优的行动方案，其损益值最大，当实际没有采用这个最优方案时，决策者就会感到后悔。为度量这种后悔程度，引入后悔值的概念，所谓后悔值就是在每一自然状态下，各方案的最大损益值与其他方案的损益值之差。最小最大后悔值法，就是以将来后悔值最小为原则来进行方案的择优选择。其决策过程为：

（1）求出后悔值表。各自然状态 j 下各方案 i 的后悔值

$$b_{ij} = \max(a_{ij}, i=1, 2, \cdots, n) - a_{ij}, j=1, 2, \cdots, m;$$

（2）求出各方案对应的最大后悔值 $\max(b_{ij}, j=1, 2, \cdots, m)$；

（3）求出最小最大后悔值 $\min\{\max(b_{ij}, j=1, 2, \cdots, m), i=1, 2, \cdots, n\}$，对应的方案即为选择方案。

例 4.2.5 对例 4.2.4 用最小最大后悔值法进行决策。

解 从表 4.2.5 中可以看出，300 万元是各方案最大后悔值中的最小值，因此，按该决策准则，选择方案 A_2。

表 4.2.5　　　　　　　　　　方案的后悔值计算表　　　　　　　　　　（单位：万元）

方案 \ 收益状况	后悔值			各方案最大后悔值
	较好	一般	较差	
A_1	500	200	0	500
A_2	300	100	150	300
A_3	0	0	350	350
决策		$\min\{\max(b_{ij})\} = 300$		

4. 等概率法

这种方法是假定各自然状态发生的概率全部相等,从而将非确定型决策转化为风险型决策。

其决策过程为:对每一方案的 n 种自然状态,假定每一自然状态发生的概率为 $\frac{1}{n}$,计算其期望值。选择期望值最大的方案为决策方案。

例 4.2.6 对例 4.2.5 用等概率法进行决策。

解 从表 4.2.3 中可以看出,期望值最大的是方案 A_3,因此,按决策准则,选择方案 A_3。

表 4.2.6　　　　　　　　　　方案期望值计算表　　　　　　　　（单位:万元）

自然状况	收益值			各方案期望值
	较好	一般	较差	
概　率	$\frac{1}{3}$	$\frac{1}{3}$	$\frac{1}{3}$	
A_1	800	400	50	$\frac{1\,250}{3}$
A_2	1 000	500	−100	$\frac{1\,400}{3}$
A_3	1 300	600	−300	$\frac{1\,600}{3}$
决　策		$\max\{E(A_i)\}=\frac{1\,600}{3}$		

习 题 4

1. 什么叫预测?预测有哪些特点?预测时应遵循哪些基本原则?
2. 什么叫定性预测和定量预测?各有哪几种方法?
3. 德尔菲法的主要程序是什么?
4. 什么叫决测?决策问题的构成通常包含哪些条件?决测时应遵循哪些基本原则?
5. 确定型决策、非确定型决策和风险型决策各有什么特点?
6. 简述决策树的画法及决策树的基本原理。
7. 某地区 1995~2007 年各年竣工住宅价值统计数据见题 7 表,试用回归分析法预测 2008、2009 年度的竣工住宅价值。

题 7 表　　　　　　某地区各年竣工住宅价值统计数据表　　　　　　（单位:亿元）

年　份	1995	1996	1997	1998	1999	2000	2001
价　值	36.2	43.9	47.2	56.0	66.9	68.7	74.4
年　份	2002	2003	2004	2005	2006	2007	
价　值	82.0	98.1	102.4	107.5	115.6	120.3	

8.某企业 12 个月的产量与总成本统计数据见题 8 表,试建立回归议程,并进行相关检验。

题 8 表　　　　　　　　某企业产量与总成本统计数据表

期　数	1	2	3	4	5	6
产　量	620	516	625	710	670	682
总成本	204	180	203	219	208	217
期　数	7	8	9	1	11	12
产　量	750	700	815	790	855	820
总成本	232	226	253	244	262	258

9.根据国家统计局相关统计数据,1997~2006 年房地产开发企业竣工房屋造价见题 9 表,取移动平均项数为 3,分别运用一次移动平均法和二次移动平均法预测 2008 年竣工房屋造价。

题 9 表　　　　　　房地产开发企业竣工房屋造价表　　　　　　（单位:元/m²）

年　份	1997	1998	1999	2000	2001
造　价	1 175	1 218	1 152	1 139	1 128
年　份	2002	2003	2004	2005	2006
造　价	1 184	1 273	1 402	1 451	1 564

10.某公司欲在 A、B、C 三个方案中选一个进行投资,每个方案的收益有好、一般、差三种情况,三种情况下各方案的收益值见题 10 表,试分别用最大最大收益值法、最大最小收益值法、最小最大后悔值法进行决策。

题 10 表　　　　　　各投资方案收益值表　　　　　　（单位:万元）

方案 \ 收益	好	一般	差
A	850	470	20
B	700	350	100
C	950	500	−70

11.根据上题资料,若各投资方案收益好、一般、差的概率分别为 0.5、0.3、0.2,试进行投资决策。

12.某企业为了生产某种新产品有两种方案:方案 A 是建一个规模大的车间,需投资 1 000 万元;方案 B 是建一个规模小的车间,需投资 400 万元。两个方案的使用期都是 10 年,在这个期间的自然状态的概率及年度损益值见题 12 表,试用期望值准则和决策树法进行决策。

题 12 表　　　　某车间建设规模方案及损益值表

自然状态	发生的概率	年度损益值/(万元)	
		建大车间	建小车间
销路好	0.7	400	160
销路差	0.3	−100	50

13. 在 12 题中,再提出方案 C,先建小车间,如果产品销路好,三年后再考虑扩建,扩建需要投资 500 万元,扩建后可以使用 7 年,每年损益值与建大车间相同。试比较三种方案,用决策树法进行决策。

14. 某承包商因为资源有限,只能在 A 和 B 两项工程中选择一项进行投标,或者对这两项工程都不参加投标。根据该承包商的投标及承建类似工程的经验资料,该承包商对 A 工程和 B 工程投标又有两种策略:一种是投高标,中标机会是 0.3;另一种是投低标,中标机会是 0.5。中标后各种方案可能的利润及出现的概率见题 14 表,若投标不中,A 工程和 B 工程损失都为 10 万元,试运用决策树法进行投标决策。

题 14 表　　　　各投标方案可能的利润及出现的概率

方　案	效　果	可能的利润/(万元)	概　率
A 高标	好	2 000	0.3
	一般	400	0.5
	差	−1 200	0.2
A 低标	好	1 600	0.2
	一般	200	0.6
	差	−1 600	0.2
B 高标	好	2 800	0.3
	一般	800	0.5
	差	−200	0.2
B 低标	好	2 400	0.3
	一般	400	0.6
	差	−400	0.1

第 5 章 建设项目可行性研究

§5.1 概　述

5.1.1 可行性研究的概念及其发展过程

建设项目可行性研究是指在投资决策之前，对拟建项目进行全面地、系统地、科学地技术经济分析与综合论证，从而对其做出可行或不可行评价的一种科学方法。

可行性研究从 20 世纪初诞生以来(20 世纪 30 年代美国在制定田纳西流域开发项目时最早采用了可行性研究方法)到现在，大致经历了三个发展阶段：

第一阶段是从 20 世纪初至 20 世纪 50 年代前期。在这一阶段，项目的可行性研究主要采用财务分析方法，即从企业角度出发，通过对项目的收入与支出的比较来判断项目的优劣。

第二阶段是从 20 世纪 50 年代初至 20 世纪 60 年代末期。在这一阶段，可行性研究从侧重于财务分析发展到同时从微观角度和宏观角度评价项目的经济效益，费用—效益分析(或称为经济分析)作为一种项目选择的方法被普遍接受。

第三阶段是从 20 世纪 60 年代末期至现在。在这一阶段，可行性研究的分析方法中产生了社会分析方法，即把增长目标和公平目标(二者可以统称为国民福利目标)结合在一起作为选择项目的标准。

20 世纪 80 年代初，我国随着对外开放和经济体制改革，西方的可行性研究方法被引入到我国国内。1981 年 3 月 3 日国务院在《关于加强基本建设体制管理、控制基本建设规模的若干规定》中明确规定：所有新建、扩建大中型项目以及利用外资项目都要有可行性研究报告。1983 年，原国家计委正式颁发了《关于建设项目进行可行性研究的试行管理办法》，重申"建设项目的决策和实施必须严格遵守国家规定的基本建设程序"，"可行性研究是建设前期工作的重要内容，是基本建设程序中的组成部分"。国家发改委(或与国家建设部联合)于 1987 年、1993 年、2006 年分别颁布了《建设项目经济评价方法与参数》第一版、第二版、第三版。原国家计委于 2002 年颁发了《投资项目可行性研究指南(试用版)》。这些文件使可行性研究成为我国投资决策的重要指导性文件，为正确进行项目的可行性研究、科学决策项目投资提供了指导原则。

5.1.2 可行性研究的作用

对建设项目进行可行性研究的主要目的在于为项目投资决策从技术、经济等多方面提供科学依据，以提高项目投资决策的水平，提高项目的投资经济效益。具体来说，项目的可行性研究具有以下作用：

(1)作为投资者进行工程项目决策的依据;
(2)作为工程项目建设立项的依据;
(3)作为筹集资金和向银行申请贷款的依据;
(4)作为向当地政府、规划部门、环境保护部门申请建设执照的依据;
(5)作为工程设计的依据;
(6)作为项目的科研试验、机构设置、职工培训、生产组织的依据;
(7)作为商务谈判和签订相关合同或协议的依据;
(8)作为项目工程建设的基础资料;
(9)作为项目进行后评价的依据。

5.1.3 可行性研究的工作阶段

在联合国工业发展组织(UNIDO)编写的《工业项目可行性研究手册》中,把投资前期的可行性研究工作分为机会研究、初步可行性研究、可行性研究和项目评估决策四个阶段,如表5.1.1所示。

表 5.1.1　　　　　　　　可行性研究各阶段工作的目的和要求

研究阶段	机会研究	初步可行性研究	可行性研究	项目评估决策
研究的性质	项目设想	项目初选	项目准备	项目评估
研究的目的和内容	鉴别投资方向,寻求投资机会(含地区、行业、资源和项目的机会研究),选择项目,提出项目投资建议。	对项目作初步评价,进行专题辅助研究,广泛分析、筛选方案,确定项目的初步可行性。	对项目进行深入细微的技术经济论证,重点对项目的技术方案和经济效益进行分析评价,进行多方案比选,提出结论性意见。	综合分析各种效益,对可行性研究报告进行全面审核和评估,分析判断可行性研究的可靠性和真实性。
研究的要求	编制项目建议书	编制初步可行性研究报告	编制可行性研究报告	提出项目评估报告
研究的作用	为初步选择投资项目提供依据,批准后列入建设前期工作计划,作为国家对投资项目的初步决策。	判定是否有必要进行下一步详细可行性研究,进一步判明建设项目的生命力。	作为项目投资决策的基础和重要依据。	为投资决策者提供最后决策依据,决定项目取舍和选择最佳投资方案。
估算精度	±30%	±20%	±10%	±10%
研究费用(占总投资的百分比)	0.2%~1.0%	0.25%~1.25%	大项目 0.2%~1.0% 中小项目 1.0%~3.0%	—
需要时间/月	1~3	4~6	8~12 或更长	—

1. 机会研究

机会研究的主要任务是为建设项目的投资方向和设想提出建议，一般从以下几个方面着手开展工作：

（1）以开发利用本地区的某一丰富资源为基础，谋求投资机会；

（2）以现有工业的拓展和产品深加工为基础，通过增加现有企业的生产能力与生产工序等途径创造投资机会；

（3）以优越的地理位置、便利的交通运输条件为基础，分析各种投资机会。

由于这一阶段的研究工作比较粗略，通常是根据类似条件和背景的工程项目来估算投资额与生产成本，初步分析建设投资效果，提供一个或一个以上可能进行建设的投资项目和投资方案。如果投资者对项目感兴趣，则可以再进行下一步的可行性研究工作。

2. 初步可行性研究

初步可行性研究是在机会研究的基础上，进一步进行项目建设的可能性和潜在效益的论证分析，亦称为预可行性研究或前可行性研究。对于投资规模较大、工艺技术较复杂的大中型骨干建设项目，仅靠机会研究还不能决定取舍。在开展全面研究工作之前，往往还需要先进行初步可行性研究，进一步判明建设项目的生命力。这一阶段的主要工作目标如下：

（1）分析投资机会研究的结论，并在占有详细资料的基础上作出初步投资估价。该阶段工作需要深入分析项目的规模、原材料资源、工艺技术、厂址、组织机构和建设进度等情况，进行经济效果评价，以判定是否有可能和必要进行下一步的详细可行性研究。

（2）确定对某些关键性问题进行专题辅助研究。例如，市场需求预测和竞争能力研究，原料辅助材料和燃料动力等供应和价格预测研究，工厂中间试验、厂址选择、合理经济规模，以及主要设备选型等研究。在广泛的方案分析比较论证后，对各类技术方案进行筛选，选择效益最佳方案，排除一些不利方案，缩小下一阶段的工作范围和工作量，尽量节省时间和费用。

（3）鉴定项目的选择依据和标准，确定项目的初步可行性。根据初步可行性研究结果编制初步可行性研究报告，决定是否有必要继续进行研究，若通过所获资料的研究确定该项目设想不可行，则应立即停止工作。该阶段是项目的初选阶段，研究结果应作出是否投资的初步决定。

初步可行性研究是介于机会研究和可行性研究之间的中间阶段，其研究内容和结构与可行性研究的内容和结构基本相同。主要区别是所获资料的详尽程度不同，研究的深度不一样。

3. 可行性研究

这一阶段的可行性研究亦称为详细可行性研究，是可行性研究的主要阶段，是建设项目投资决策的基础。这一阶段的主要目标是：

（1）深入研究有关产品方案、生产流程、资源供应、厂址选择、工艺技术、设备选型、工程实施进度计划、资金筹措计划，以及组织管理机构和定员等各种可能选择的技术方案，进行全面深入的技术经济分析和比较选择工作，并推荐一个可行的投资建设方案。

（2）着重对投资总体建设方案进行企业财务效益、经济费用效益和社会效益的分析与评价，对投资方案进行多方案比较选择，确定一个能使项目投资费用和生产成本降到最低限度,以取得最佳经济效益和社会效益的建设方案。

(3)确定项目投资的最终可行性和选择依据标准,对拟建投资项目提出结论性意见。可行性研究的结论,可以推荐一个认为最好的建设方案;也可以提出可供选择的几个方案,说明各方案的利弊和可能采取的措施,或者也可以提出"不可行"的结论。按照可行性研究结论编制出可行性研究报告,作为项目投资决策的基础和重要依据。

这一阶段的内容比较详尽,所花费的时间和费用都比较大,而且该阶段还为下一步的工程设计提供基础资料和设计依据。

4. 评估决策阶段

项目评估是由投资决策部门组织和授权给诸如国家开发银行、建设银行、投资银行、国防工程咨询公司或相关专家,代表国家或投资方(主体)对上报的建设项目可行性研究报告所进行的全面审核和再评价。项目评估决策应在可行性研究报告的基础上进行,其主要内容包括:

(1)全面审核可行性研究报告中所反映的各项情况是否属实;

(2)分析项目可行性研究报告中各项指标计算是否正确,包括各种参数、基础数据、定额费率的选择;

(3)从企业、国家和社会等方面综合分析和判断工程项目的经济效益和社会效益;

(4)分析和判断项目可行性研究的可靠性、真实性和客观性,对项目作出最终的投资决策;

(5)最后写出项目的评估报告。

5.1.4　可行性研究的一般工作程序

根据项目的投资建设程序和原国家计委颁发的《关于建设项目进行可行性研究的试行管理办法》,我国可行性研究工作一般要经历如下工作程序:

(1)建设单位提出项目建议书和初步可行性研究报告。

(2)项目业主、承办单位委托有资质的工程咨询或设计单位进行可行性研究工作。

(3)设计单位或(有资质的)咨询单位进行可行性研究工作。

设计或(有资质的)咨询单位与委托单位签订合同承担可行性研究任务以后,就可以开展工作了。通常有以下五方面的工作:

(1)组织班子与制定计划;

(2)调查研究与收集资料;

(3)方案设计与优化;

(4)经济分析与评价;

(5)编写可行性研究报告。

§5.2　可行性研究报告的编制

可行性研究报告是在确定某一具体拟建项目前,对该项目是否可行经过全面分析和论证并据相关研究成果写成的书面报告。

5.2.1 可行性研究报告的编制依据

可行性研究报告的编制依据主要有：
(1) 项目建议书(初步可行性研究报告)及其批复文件。
(2) 国家和地方的经济和社会发展规划；行业部门发展规划，如江河流域开发治理规划、铁路公路路网规划、电力电网规划、森林开发规划等。
(3) 国家相关法律、法规、政策。
(4) 国家矿产储量委员会批准的矿产储量报告及矿产勘探最终报告。
(5) 相关机构发布的工程建设方面的标准、规范、定额。
(6) 中外合资、合作项目各方签订的协议书或意向书。
(7) 编制可行性研究报告的委托合同。
(8) 其他相关依据资料。

5.2.2 可行性研究报告的编制步骤

1. 签订委托协议

可行性研究报告编制单位与委托单位，就项目可行性研究报告编制工作的范围、重点、深度要求、完成时间、费用预算和质量要求交换意见，并签订委托协议，据以开展可行性研究各阶段的工作。

2. 组建工作小组

根据委托项目可行性研究的工作量、内容、范围、技术难度、时间要求等组建项目可行性研究工作小组。一般工业项目可以分为市场组、工艺技术组、设备组、工程组、总图运输及公用工程组、环保组、技术经济组等专业组。为使各专业组协调工作，保证可行性研究报告总体质量，一般应由总工程师、总经济师负责统筹协调。

3. 制定工作计划

内容包括研究工作的范围、重点、深度、进度安排、人员配置、费用预算及可行性研究报告编制大纲，并与委托单位交换意见。

4. 调查研究收集资料

各专业组根据可行性研究报告编制大纲进行实地调查，收集整理相关资料，包括向市场和社会调查，向行业主管部门调查，向项目所在地区调查，向项目涉及的相关企业、单位调查，收集项目建设、生产运营等各方面所必需的信息资料和数据。

5. 方案编制与优化

在调查研究收集资料的基础上，对项目的建设规模与产品方案、场址方案、技术方案、设备方案、工程方案、原材料供应方案、总图布置与运输方案、公用工程与辅助工程方案、环境保护方案、组织机构设置方案、实施进度方案以及项目投资与资金筹措方案等，研究编制备选方案。进行方案论证比选优化后，提出推荐方案。

6. 项目评价

对推荐方案进行环境评价、财务分析、经济效益费用分析、社会评价及风险分析，以判别项目的环境可行性、经济可行性、社会可行性和抗风险能力。当相关评价指标结论不足以支持项目方案成立时，应对原设计方案进行调整或重新设计。

7. 编写可行性研究报告

项目可行性研究各专业方案，经过技术经济论证和优化之后，由各专业组分工编写。经项目负责人衔接协调综合汇总，提出可行性研究报告初稿。

8. 与委托单位交换意见

可行性研究报告初稿形成后，与委托单位交换意见，修改完善，形成正式可行性研究报告。

5.2.3 编制可行性研究报告的基本要求

编制可行性研究报告除应做到依据可靠、结构内容完整、文本格式规范、附图附表附件齐全，表述形式尽可能数字化、图表化和内容深度能满足投资决策与编制项目初步设计的需要外，还对人员资质有规范性要求。在具体编制时，可行性研究人员一定要从实际出发，按经济规律办事，尽可能掌握与项目相关的专业知识并重视对不确定性因素的分析研究，以确保提供给拟建项目决策的依据可靠、充分。

1. 对可行性研究报告文本格式的要求

(1) 可行性研究报告文本排序

1) 封面：项目名称、研究阶段、编制单位、出版年月，并加盖编制单位印章。

2) 封一：编制单位资格证书。如工程咨询资质证书、工程设计证书。

3) 封二：编制单位的项目负责人、技术管理负责人、法人代表名单。

4) 封三：编制人、校核人、审核人、审定人名单。

5) 目录。

6) 正文。

7) 附图、附表、附件。

(2)《可行性报告》文本的外形尺寸统一为 A4 幅面(210mm×297mm)。

2. 对可行性研究报告编制单位及人员资质的要求

可行性研究报告的质量取决于编制单位的资质和编写人员的素质。承担可行性研究报告编写的单位和人员，应符合下列要求：

(1) 编制单位应具有经国家相关部门审批登记的资质等级证明。

(2) 编制单位应具有承担编制可行性研究报告的能力和经验。

(3) 可行性研究人员应具有所从事专业工作的中级以上专业职称，并具有相关的知识、技能和工作经历。

(4) 编制单位及人员，应坚持独立、公正、科学、可靠的原则，实事求是，对提供的可行性研究报告质量负完全责任。

3. 可行性研究报告的深度要求

(1) 可行性研究报告应能充分反映项目可行性研究工作的成果，内容齐全，结论明确，数据准确，论据充分，满足决策者确定方案、项目的要求。

(2) 可行性研究报告中选用的主要设备规格、参数应能满足订货的要求。引进的技术设备资料应能满足合同谈判的要求。

(3) 可行性研究报告中的重大技术、经济方案，应有两个以上方案的比选。

(4) 可行性研究报告中确定的主要工程技术数据，应能满足项目初步设计的要求。

(5)可行性研究报告构造的融资方案,应能满足银行等金融部门信贷决策的需要。

(6)可行性研究报告中应反映在可行性研究过程中出现的某些方案的重大分歧及未被采纳的理由,以供委托单位与投资者权衡利弊进行决策。

(7)可行性研究报告应附有评估、决策(审批)所必需的合同、协议、意向书、政府批件等。

5.2.4 可行性研究报告的内容

一般说来,可行性研究报告的书面形式应包括标题、正文、落款以及附件四大部分。

1. 标题

可行性研究报告的标题一般采用公文的标题形式加上方案的名称,例如:《某体育场建设项目可行性研究报告》、《某混凝土搅拌设备服务项目可行性研究报告》。

2. 正文

我国2002年出版的由中国国际工程咨询公司组织编写的《投资项目可行性研究指南(试用版)》提供了可行性研究报告的结构和内容(其中部分相关内容按《建设项目经济评价方法与参数》第三版作了调整):

(1)总论

①项目提出的背景;②项目概况;③问题和建议。

(2)市场预测

①市场现状分析;②产品供需预测;③价格预测;④竞争力分析;⑤市场风险分析。

(3)资源条件分析

①资源可利用量;②资源品质情况;③资源赋存条件;④资源开发价值。

(4)建设规模与产品方案

①建设规模与产品方案构成;②建设规模与产品方案的比选;③推荐的建设规模与产品方案;④技术改造项目与原有设施利用情况。

(5)场址选择

①场址现状;②场址方案比选;③推荐的场址方案;④技术改造项目现有场址的利用情况。

(6)技术方案、设备方案和工程方案

①技术方案选择;②主要设备方案选择;③工程方案选择;④技术改造项目改造前后的比较。

(7)原材料、燃料供应

①主要原材料供应方案;②燃料供应方案。

(8)总图运输与公用辅助工程

①总图布置方案;②场内外运输方案;③公用工程与辅助工程方案;④技术改造项目现有公用辅助设施利用情况。

(9)节能措施

①节能措施;②能耗指标分析。

(10)节水措施

①节水措施;②水耗指标分析。

(11)环境影响评价

①环境条件调查;②影响环境因素分析;③环境保护措施。

(12)劳动安全卫生与消防

①危险因素和危害程度分析;②安全防范措施;③卫生保健措施;④消防设施。

(13)组织机构与人力资源配置

①组织机构设置及其适应性分析;②人力资源配置;③员工培训。

(14)项目实施进度

①建设工期;②实施进度安排;③技术改造项目建设与生产的衔接。

(15)投资估算

①建设投资估算;②流动资金估算;③投资估算表。

(16)融资方案

①融资组织形式;②资本金筹措;③债务资金筹措;④融资方案分析。

(17)财务分析

①财务分析基础数据与参数选取;②经营收入与成本费用估算;③财务分析报表;④盈利能力分析;⑤偿债能力分析;⑥不确定性与风险分析;⑦财务分析结论。

(18)经济效益费用分析

①影子价格及评价参数选取;②效益费用范围与数值调整;③经济效益费用分析报表;④经济效益费用分析指标;⑤经济效益费用分析结论。

(19)社会评价

①项目对社会影响分析;②项目与所在地互适性分析;③社会风险分析;④社会评价结论。

(20)研究结论与建议

①推荐方案总体描述;②推荐方案优缺点描述;③主要对比方案;④结论与建议。

3. 落款

包括单位名称、公章和报告的年、月、日。

4. 附件

根据需要附上必要的表格,如主要设备表、分项投资估算表、外部条件及物料供需要求表等,以及必要的附图,如工艺流程图、车间平面图等。

§5.3 案例分析——某房地产开发项目经济评价

5.3.1 项目概述

1. 项目背景

拟建的房地产开发项目是某市为促进经济发展、招商引资而计划兴建的高档商住小区。拟建小区位于该市东南方向,距市中心约15km,自然环境优越,交通极为便利。

2. 项目建设规模及建设内容

拟建小区总占地面积20.86万 m^2,其中,住宅用地面积 30 134m^2,其他建筑用地面积 1 253m^2,道路用地面积 50 391 m^2,绿化用地面积 126 862m^2。

该小区总建筑面积 49 781m², 其中, 普通住宅 11 826m², 中档住宅 21 369 m², 高档住宅 14 386m², 其他建筑 2 200m²。

3. 编制依据

《建设项目经济评价方法与参数》(第三版)及国家现行财税政策、会计制度和相关法规。

4. 项目开发进度和计算期

项目整个工期为 4 年, 前 3 年为三通一平、道路施工、小区内基础设施建设、土建工程和水电安装; 后一年为户外工程、扫尾及绿化。第 5~6 年为售后服务和销售资金回笼。项目计算期定为 10 年。

5.3.2 费用与效益估算

1. 投资估算

项目总投资估算为 13 057 万元, 包括房地产开发投资、自营固定资产投资和经营资金三项。房地产开发投资共 12 866 万元, 包括土地费用、前期费用、建筑安装工程费用、销售费用、管理费用、不可预见费用、财务费用等; 自营固定资产投资 181 万元; 另需安排经营资金 10 万元。项目总投资估算如表 5.3.1 所示。

表 5.3.1　　项目总投资估算表　　(单位: 万元)

序号	项目	总投资	估算说明
1	开发建设投资	12 866	
1.1	土地费用	1 252	
1.2	前期工程费	684	
1.3	基础设施建设费	1 312	道路、绿化、水电增容等
1.4	建筑安装工程费	6 558	
1.5	公共配套设施建设费		
1.6	开发间接费		
1.7	管理费用	515	按管理费率 5% 计算
1.8	销售费用	495	按售房收入的 2.96%
1.9	开发期税费		
1.10	其他费用	235	含工程监理费
1.11	涨价及不可预见费	1 216	建设期物价上涨率为 3%, 不可预见费率为 8%
1.12	财务费用	599	
2	固定资产投资	181	
3	经营资金	10	
总计		13057	

2. 营业收入、税金及附加估算

营业收入、税金及附加估算如表 5.3.2 所示。

表 5.3.2　　　　营业收入、营业税金及附加和增值税估算表　　　　（单位：万元）

序号	项目	合计	1	2	3	4	5	6	7	8	9	10
1	售房收入、经营税金及附加											
1.1	售房收入	16 707	991	2 690	4 901	4 972	2 759	394				
1.2	经营税金及附加	919	54	148	270	273	152	22				
1.3	土地增值税	867	45	123	247	270	158	24				
1.4	商品房销售净收入	14 921	891	2 419	4 384	4 428	2 449	348				
2	租房收入、经营税金及附加											
2.1	租房收入	2 520				360	360	360	360	360	360	360
2.2	经营税金及附加	139				20	20	20	20	20	20	20
2.3	租金净收入	2 380				340	340	340	340	340	340	340
2.4	净转售收入	182										182
3	自营销售收入、税金及附加											
3.1	自营收入	936			96	120	120	120	120	120	120	120
3.2	商品销售收入（不含增值税）	936			96	120	120	120	120	120	120	120
3.3	营业税金及附加	4			0.38	0.48	0.48	0.48	0.48	0.48	0.48	0.48
3.4	商品销售增值税	37			3.84	4.80	4.80	4.80	4.80	4.80	4.80	4.80

5.3.3　资金筹措

1. 资金筹措计划

本项目投资的资金来源包括开发商资本金、预售房款和贷款 3 个部分，其中开发商资本金 900 万元，预售房款 7 629 万元，其余不足部分由向金融机构贷款解决，详见表 5.3.3 的投资使用计划与资金筹措表。

2. 投资分年度使用计划

项目资金投入计划如表 5.3.3 所示。

表 5.3.3　　　　投资使用计划与资金筹措表　　　　（单位：万元）

序号	项目	合计	1	2	3	4	5	6	7	8	9	10
1	总投资	13 057	4 669	3 386	2 761	1 936	212	93				
1.1	自营资产投资	181	106	75								
1.2	经营资金	8			6	2						

续表

序号	项 目	合计	1	2	3	4	5	6	7	8	9	10
1.3	开发产品投资	12 866	4 563	3 310	2 754	1 934	212	93				
1.4	财务费用	599	71	162	183	122	61					
2	资金筹措	13 057	4 669	3 386	2 761	1 936	212	93				
2.2	资本金	900	540	360								
2.2	预售收入	7 629	609	2 026	2 754	1 934	212	93				
2.3	借款	4 528	3 520	1 000	6	2						

5.3.4 财务分析

1. 盈利能力分析

（1）通过编制项目投资现金流量表和项目资本金现金流量表进行财务现金流量分析，并进行主要经济指标计算，其中项目基准收益率为20%。项目投资现金流量表和项目资本金现金流量表分别如表5.3.4和表5.3.5所示。

表 5.3.4　　　　　　　　　　项目投资现金流量表　　　　　　　　　　（单位：万元）

序号	项 目	合计	1	2	3	4	5	6	7	8	9	10
1	现金流入	20 453	991	2 690	4 997	5 452	3 239	874	480	480	480	770
1.1	售房收入	16 707	991	2 690	4 901	4 972	2 759	394				
1.2	租房收入	2 520				360	360	360	360	360	360	360
1.3	自营收入	936			96	120	120	120	120	120	120	120
1.4	其他收入											
1.5	回收固定资产余值	100										100
1.6	回收经营资金	8										8
1.7	净转售收入	182										182
2	现金流出	16 902	4 741	3 613	3 391	2 847	850	418	260	260	260	261
2.1	固定资产投资(含方向税)	181	106	75								
2.2	开发产品投资（不含财务费用）	12 267	4 492	3 148	2 571	1 813	152	93				
2.3	经营资金	8			6	2						
2.4	自营部分经营费用	678			70	87	87	87	87	87	87	87
2.5	出租房经营费用	388				55	55	55	55	55	55	55
2.6	经营税金及附加	1 061	54	148	270	294	172	42	20	20	20	20
2.7	土地增值税	867	45	123	247	270	158	24				

续表

序号	项　目	合计	1	2	3	4	5	6	7	8	9	10
2.8	所得税	1 452	44	120	227	327	226	116	98	98	98	98
3	净现金流量	3 550	-3 751	-923	1 606	2 605	2 389	456	220	220	220	509
3	累计净现金流量		-3 751	-4 674	-3 068	-463	1 926	2 382	2 602	2 821	3 041	3 550
4	所得税前净现金流量	5 002	-3707	-803	1 833	2 932	2 615	573	317	317	317	607
4	累计所得税前净现金流量		-3 707	-4 510	-2 677	255	2 870	3 442	3 760	4 077	4 395	5 002

计算指标：

	所得税前	所得税后
内部收益率：	23.81%	17.69%
财务净现值：	393	-231
投资回收期：	3.91	4.19

表5.3.5　　　　　项目资本金现金流量表　　　　　（单位：万元）

序号	项　目	合计	1	2	3	4	5	6	7	8	9	10
1	现金流入	20 453	991	2 690	4 997	5 452	3 239	874	480	480	480	770
1.1	售房收入	16 707	991	2 690	4 901	4 972	2 759	394				
1.2	租房收入	2 520				360	360	360	360	360	360	360
1.3	自营收入	936			96	120	120	120	120	120	120	120
1.4	其他收入											
1.5	回收固定资产余值	100										100
1.6	回收经营资金	8										8
1.7	净转售收入	182										182
2	现金流出	17 506	1 293	2 776	5 088	4 468	2 412	418	261	261	261	269
2.1	资本金	900	540	360								
2.2	预售（租）收入用于开发产品投资	7 629	609	2 026	2 754	1 934	212	93				
2.3	自营部分经营费用	678			70	87	87	87	87	87	87	87
2.4	出租房经营费用	388				55	55	55	55	55	55	55
2.5	经营税金及附加	1 061	54	148	270	294	172	42	20	20	20	20
2.6	土地增值税	867	45	123	247	270	158	24				
2.7	所得税	1 452	44	120	227	327	226	116	98	98	98	98
2.8	长期借款本金偿还	4 520			1 520	1 500	1 500					
2.9	流动资金借款偿还	8										8
2.10	短期借款本金偿还											

续表

序号	项目	合计	1	2	3	4	5	6	7	8	9	10
2.11	借款利息支付											
3			1.07	0.33	0.33	0.33	0.33	0.33	0.33			
3	净现金流量	2 947	−302	−86	−92	985	828	456	219	219	219	501
4	累计净现金流量		−302	−388	−394	591	1 419	1 874	2 094	2 313	2 532	3 033

计算指标：
项目资本金内部收益率：65.9%

（2）编制利润与利润分配表如表5.3.6所示，计算利润相关指标得到项目总投资收益率为32.9%，项目资本金净利润率为327%。

（3）项目盈利能力。通过盈利能力指标的计算，可以看出该项目的盈利能力较强，可以为业主所接受。

表5.3.6　　　　　　　　利润与利润分配表　　　　　　　　（单位：万元）

序号	项目	合计	1	2	3	4	5	6	7	8	9	10
1	经营收入	20163	991	2690	4997	5452	3239	874	480	480	480	480
1.1	商品房销售收入	16707	991	2690	4901	4972	2759	394				
1.2	房地产租金收入	2520				360	360	360	360	360	360	360
1.3	自营收入	936			96	120	120	120	120	120	120	120
2	开发产品经营成本	12684	758	2057	3712	3745	2070	302	10	10	10	10
2.1	商品房经营成本	12613	758	2057	3712	3735	2060	292				
2.2	出租房经营成本	71				10	10	10	10	10	10	10
3	出租房经营费用	388				55	55	55	55	55	55	55
4	自营部分经营费用	678			70	87	87	87	87	87	87	87
5	自营部分折旧、摊销	83			10	10	10	10	10	10	10	10
6	自营部分财务费用	3			1							
7	经营税金及附加	1061	54	148	270	294	172	42	20	20	20	20
8	土地增值税	867	45	123	247	270	158	24				
9	利润总额	4 399	134	363	688	990	686	353	297	297	297	297
10	弥补前年度亏损											
11	应纳税所得额	4 399	134	363	688	990	686	353	297	297	297	297
12	所得税	1452	44	120	227	327	226	116	98	98	98	98
13	税后利润	2947	89	243	461	663	459	236	199	199	199	199

续表

序号	项　目	合计	1	2	3	4	5	6	7	8	9	10
	公益金	147	4	12	23	33	23	12	10	10	10	10
	法定盈余公积金	293	7	24	46	66	46	24	20	20	20	20
	任意盈余公积金											
14	加：年初未分配利润			78	284	676	1 239	1 630	1 620	1 609	1 599	1 589
15	可供投资者分配的利润		78	284	676	1 239	1 630	1 831	1 788	1 778	1 768	1 758
16	应付利润	929						211	179	179	179	179
	A方	929						211	179	179	179	179
	B方											
	C方											
17	年末未分配利润		78	284	676	1239	1630	1620	1609	1599	1589	1578

2. 偿债能力分析

（1）还款期限及还款方式。按照项目的借款条件和还款计划，房地产投资借款从第3年开始分3年等额偿还本金，每年还1 500万元；自营资产投资借款第3年一次还清，借款利息每年照付，总计付利息601万元。借款还本付息计算表如表5.3.7所示，可知项目的还款能力较强。

表5.3.7　　　　　　　　借款还本付息计算表　　　　　　　　（单位：万元）

序号	项　目	合计	1	2	3	4	5	6	7	8	9	10
1	长期借款偿还											
1.1	年初借款本息累计			3 520	4 520	3 000	1 500					
	本　金			3 520	4 520	3 000	1 500					
	建设期利息											
1.2	本年借款	4 520	3 520	1 000								
1.3	本年应计利息	601	71	163	184	122	61					
1.4	本年还本付息		71	163	1 704	1 622	1 561					
	还　本	4 520			1 520	1 500	1 500					
	付　息	601	71	163	184	122	61					
1.5	年末借款本息累计		3 520	4 520	3 000	1 500						
2	自营资产投资人民币借款											
2.1	年初借款本息累计			20	20							
	本　金			20	20							

续表

序号	项目	合计	1	2	3	4	5	6	7	8	9	10
	建设期利息											
2.2	本年借款	20	20									
2.3	本年应计利息	2		1	1							
2.4	本年还本付息			1	21							
	还 本	20			20							
	付 息	2		1	1							
2.5	年末借款本息累计		20	20								
3	房地产投资人民币借款											
3.1	年初借款本息累计			3 500	4 500	3 000	1 500					
	本 金			3 500	4 500	3 000	1 500					
	建设期利息											
3.2	本年借款	4 500	3 500	1 000								
3.3	本年应计利息	599	71	162	183	122	61					
3.4	本年还本付息		71	162	1 683	1 622	1 561					
	还 本	4 500			1 500	1 500	1 500					
	付 息	599	71	162	183	122	61					
3.5	年末借款本息累计		3 500	4 500	3 000	1 500						
4	还本资金来源		148	179	1 539	2 404	3 162					
4.1	上年余额			148	179	19	904					
4.2	摊 销											
4.3	折 旧				10	10	10					
4.4	利 润				392	564	390					
4.5	可利用租售收入		148	31	957	1 811	1 858					
4.6	其 他											
5	偿还等额还款本金				1 500	1 500	1 500					
6	偿还长期贷款-本金能力		148	179	39	904	1 662					
7	长期借款偿还期(年)		5.00									

注：有效利率4.06%。

（2）资产负债率分析。从第1年起，资产负债率是逐年降低的，即前4年的资产负债率依次为85%、79%、64%、39%。因此，该项目的经营较安全、稳健，具有较强的筹资能力。资产负债表如表5.3.8所示。

表 5.3.8　　　　　　　　　　　资产负债表　　　　　　　　　　　（单位：万元）

序号	项目	合计	1	2	3	4	5	6	7	8	9	10
1	资产		4 149	5 752	4 702	3 867	2 826	2 851	2 871	2 890	2 910	2 921
1.1	流动资产总额		4 043	5 570	4 530	3 705	2 675	2 710	2 740	2 770	2 800	2 822
1.1.1	应付帐款				4	5	5	5	5	5	5	5
1.1.2	存货		3805	5058	4105	2295	437	228	218	208	198	187
1.1.3	现金			1	1	1	1	1	1	1	1	1
1.1.4	累计盈余资金		238	512	420	1405	2232	2477	2517	2557	2597	2629
1.2	在建工程		107	182								
1.3	固定资产净值				172	162	151	141	131	120	110	100
1.4	无形及递延资产净值											
2	负债及所有者权益		4149	5752	4702	3867	2826	2851	2871	2890	2910	2921
2.1	流动负债总额				2	3	3	3	3	3	3	3
2.1.1	应付帐款				2	3	3	3	3	3	3	3
2.1.2	短期借款											
2.2	借款		3520	4520	3006	1508	8	8	8	8	8	
2.2.1	经营资金借款				6	8	8	8	8	8	8	
2.2.2	固定资产投资借款		20	20								
2.2.3	开发产品投资借款		3500	4500	3000	1500						
	负债小计		3520	4520	3008	1511	11	11	11	11	11	3
2.3	所有者权益		629	1232	1693	2356	2816	2841	2860	2880	2899	2919
2.3.1	资本金		540	900	900	900	900	900	900	900	900	900
2.3.2	资本公积金											
2.3.3	法定盈余公积金		12	48	117	217	286	321	351	381	411	441
2.3.4	任意盈余公积金											
2.3.5	累计未分配利润		78	284	676	1239	1630	1620	1609	1599	1589	1578
	计算指标：资产负债率(%)		85	79	64	39	0	0	0	0	0	0

5.3.5 不确定性分析

从该项目的具体情况来看，影响项目收益的主要因素有：固定资产与开发产品投资，商品房销售价格，出租房的出租价格，预售款回笼进度和自营资产经营达纲的比例。本项目从上述几个因素进行单因素的敏感性分析。

表 5.3.9 给出了以上几个因素上下变动 10% 时，主要经济指标的变动情况，相应的敏感性分析图如图 5.3.1 所示。从图 5.3.1 可以看出售房价格和固定资产与开发产品投资是该

项目较为敏感的因素,而预售款回笼进度、租房价格、经营达纲则相对较不敏感。

表 5.3.9　　　　　　　　　　敏感性分析表

序号	项目	变动幅度/(%)	全部投资(所得税前)		
			内部收益率/(%)	净现值/(万元)	投资回收期/(年)
0	基本方案		24.6	393	3.9
1	固定资产及开发产品投资	+10	16.0	−458	4.4
		−10	33.7	1243	3.5
2	售房价格	+10	33.5	1247	3.5
		−10	15.7	−462	4.4
3	预售款回笼进度	+10	25.6	537	3.7
		−10	20.9	101	4.2
4	租房价格	+10	24.4	455	3.9
		−10	23.3	331	3.9
5	经营达纲	+10	23.9	401	3.9
		−10	23.7	385	3.9

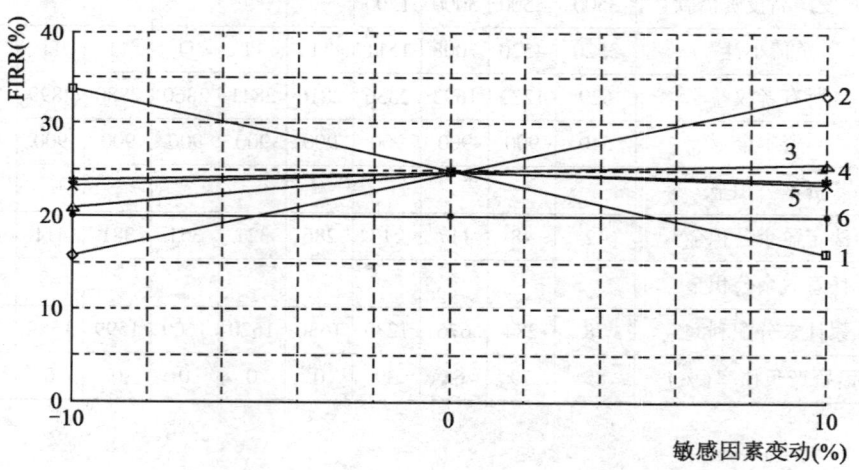

1-固定资产及开发产品投资;2-售房价格;3-预售款回笼进度;4-租房价格;5-经营达纲;6-基准收益率
图 5.3.1　敏感性分析(全部投资,所得税前)

临界点反映不确定因素的变化使项目由可行变为不可行的临界数值,该项目的临界点分析如表 5.3.10 所示。

表 5.3.10　　　　　　　　　　敏感性临界点分析表

序号	指标名称	单位	临界点数值	
			增加	减少
1	开发投资额	相对变化率　%	+4.62	
		相对变化数额　万元	+603	
		变化后的数额　万元	13 659	
2	售房价格	相对变化率　%		−4.59
		相对变化数额　元/m²		−161
		变化后的数额　元/m²		3 350
3	租房价格	相对变化率　%		−63.36
		相对变化数额　元/年·m²		−2 376
		变化后的数额　元/年·m²		1 374
4	土地费用	相对变化率　%	+41.77	
		相对变化数额　万元	+523	
		变化后的数额　万元	1 775	
5	售房面积	相对变化率　%		−10.16
		相对变化数额　m²		−4 833
		变化后的数额　m²		42 748

5.3.6　结论与建议

该项目全部投资内部收益率(所得税前)为 23.8%,高于设定的基准收益率 20%,投资回收期为 3.9 年,项目总投资收益率为 32.8%,项目资本金净利润率为 327%,因此,该项目的盈利能力较强。并且项目的偿债分析较好,易于取得贷款机构的贷款支持。从临界点分析看,各项分析指标尚有一定潜力,该项目具有较强的抗风险能力。

考虑到项目投资部分资金来源是预售房款,为防范风险,应加强营销工作,做好售房资金回收的组织工作。

习　题　5

1. 什么是可行性研究? 可行性研究的作用是什么?
2. 简述可行性研究的阶段划分及各阶段之间的关系。
3. 简述可行性研究的一般工作程序。
4. 简述可行性研究报告的编制依据。
5. 编制可行性研究报告的基本要求包括哪些内容?
6. 简述可行性研究报告的主要内容。

第 6 章 价值工程在建设项目评价中的应用

§6.1 概　　述

6.1.1 价值工程的概念

价值工程(Value Engineering，简称 VE)又称价值分析(Value Analysis，简称 VA)，是力求以最低的寿命周期成本实现对象(产品、工作、劳务)的必要功能，并致力于功能分析的有组织的创造性活动。

价值工程起源于 20 世纪 40 年代的美国，当时称为价值分析(VA)，后来在世界上一些工业先进国家中都称为价值工程(VE)。价值工程是美国通用电气公司的设计工程师迈尔斯(L.D.Miles)在 1947 年首先提出来的。迈尔斯当时主持该公司的采购部门工作，由于敷设仓库用的石棉板缺乏，为了寻找可以使用的代用品，从而引起了对产品功能的研究。迈尔斯等人从研究代用材料开始，逐步总结出在保证同样功能前提下，降低成本的一套较完整的科学方法，形成目前所称的价值工程。

价值工程开始于材料的采购和代用品的研究，继而扩展到产品的研究和设计、零部件的生产和改进、工具与装备的改进等方面，后来又发展到改进工作方法、作业程序、管理体系等方面。至今，价值工程在经济建设中已发挥了重要的作用。

1. 产品的价值

价值工程中的"价值"是指产品(或劳务等)的功能与获得该功能所花费的全部费用(成本)之比。可以用下述数学公式表达

$$V = \frac{F}{C} \tag{6.1.1}$$

式中：V——产品(或劳务等)的价值；

F——产品(或劳务等)所实现的功能；

C——用户为获得该产品(或劳务等)具有的功能所付出的费用(成本)。

一种产品价值的高低，取决于该产品所具有的功能与为取得这种功能所花费的成本二者之比值。凡是费用(成本)低且功能强的产品其价值就高，反之则价值低。价值高的产品是好产品，价值低的产品是需要改进的或被淘汰的产品。价值工程的目的，就是通过对产品进行系统的分析，寻求提高产品价值的途径和方法，以便提高产品的功能，降低产品费用(成本)。

如果从企业的角度来评价一种产品，通常把"费用(成本)"看成是制造该产品所投入

的人力、物力资源等,即"输入",把"功能"看成产品能满足用户的效用,即"输出",则"价值"就是从产品中所获得的经济效益。

由此可见,价值工程是根据功能或费用(成本)的比值来判断产品的经济效益,其目的是提高对象(产品等)的价值,这既是消费者利益的要求,也是企业和国家利益的要求。

根据 $V=\dfrac{F}{C}$,价值的提高可以通过以下途径来实现:

(1)功能 F 不变,降低费用(成本)C;

(2)费用(成本)C 不变,提高功能 F;

(3)功能 F 提高,降低费用(成本)C;

(4)费用(成本)C 略有提高,功能 F 有更大提高;

(5)功能 F 略有下降,费用(成本)C 有更大下降。

至于企业究竟采用哪种途径,则要从本企业的实际条件出发,加强市场调查,分析消费者心理及产品具有特殊的要求,才能做出正确的决策。

2. 产品的功能

价值工程中的功能是指产品(或劳务等)能够满足用户某种需求的一种属性。具体地说,功能就是功用与作用。任何产品和劳务都有功能,比如住宅的功能就是提供居住空间。用户购买产品并非为了占有产品本身,而是为了得到该产品所具有的功能。业主购买商品住宅,实质上是购买住宅的"提供生活空间"的功能。因此,企业生产的目的不在于提供产品给用户,而是通过产品向用户提供他们所需的功能,产品具有了功能才使其得以使用和生存下去,功能是产品最本质的东西。

3. 寿命周期费用

价值工程中的寿命周期费用是从产品(或劳务等)的研究、形成到退出使用这一过程所需的全部成本,一般包括生产费用和使用费用两部分。对于建筑产品则由建设费用和使用费用两部分构成。建设费用是指建筑产品从筹建直到竣工验收为止的全部费用,包括勘察设计费、施工建造费等。使用费用是指用户在使用过程中发生的各种费用,包括维修费用、能源消耗费用、管理费用等。产品寿命周期成本 C 为生产费用 C_1 与使用费用 C_2 之和,即

$$C=C_1+C_2 \tag{6.1.2}$$

一般情况下,生产费用随产品功能水平的提高而上升,使用费用随产品功能水平的提高而下降,如图 6.1.1 所示,产品寿命周期费用随产品功能水平变化呈开口向上的抛物线变化。显然,寿命周期费用曲线上存在一个最低点 C_{min}。在这点上,产品达到恰当的功能水平 F_0,而使寿命周期费用最小,是理想状态。一般说来,无论是现实的产品或新设计方案都没有完全达到这种状态。若在 C' 与 C_{min} 之间存在一个成本可以降低的幅度 $A=C'-C_{min}$,而在 F' 与 F_0 之间存在一个功能可以提高或改善的幅度 $B=F_0-F'$,则 VE 的目的就是在于通过 VE 活动,使产品的 C' 趋向于 C_{min},而且 F' 趋向于 F_0。

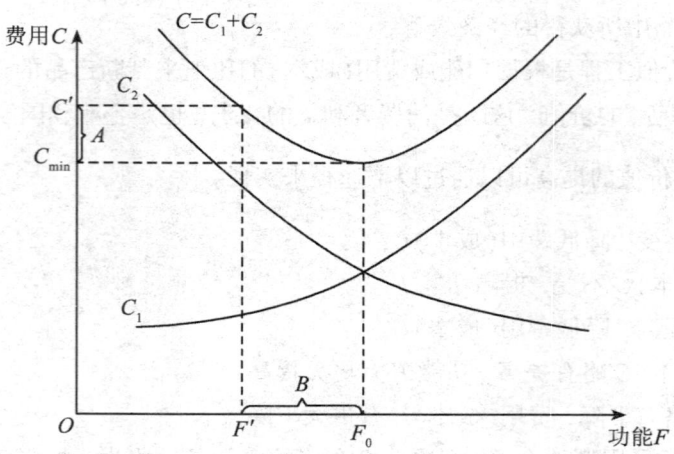

图 6.1.1　寿命周期费用与功能水平之间的关系图

6.1.2　价值工程的特点

1. 价值工程的目标是以最低的寿命周期成本，使产品或劳务具有所必须具有的功能，使用户和企业都得到最大的经济效益。价值工程不是单纯强调提高功能，也不是片面追求降低成本，而是致力于功能与成本的合理结合。

2. 价值工程的核心是功能分析，产品的价值在于满足用户需求的特有功能。价值工程的一个突出观点是"用户需要的是产品的功能，而不是物"。对产品进行分析时，首先要进行功能分析，通过功能分析，明确哪些是必要功能和不足功能，哪些是不必要功能和过剩功能。再通过改进方案，去掉不必要的功能，削减过剩功能，补充不足功能，实现必要功能，实现产品功能结构合理化，从而降低产品的费用(成本)。

3. 价值工程是一种有组织的创造性活动，具有群众性和广泛性。价值工程是贯穿于产品整个寿命周期的系统方法，从产品研究、设计到原材料的采购、生产制造以及销售和维修，都有价值工程的工作可做，而且涉及面广，需要许多部门和各种专业人员相互配合。因此，必须依靠有组织的、集体的努力来完成，必须密切配合、协同努力，发挥集体智慧和创造力，打破原有产品结构的框框，提出更多的改进方案，并按一定的工作程序有组织、有计划地进行活动。开展价值工程活动，要组织设计、工艺、供应、加工、管理、财务、销售以至用户等各方面的人员参加，运用各方面的知识，发挥集体智慧，博采众家之长，从产品生产的全过程来确保功能，降低成本。

6.1.3　价值工程的工作程序

价值工程的工作程序一般划分为分析问题、综合研究、方案评价 3 个阶段，以及选择对象、收集信息、功能定义、功能整理、功能成本分析、功能评价、确定对象范围、创造方案、初步评价、具体化调整、详细评价和提出提案 12 个具体操作步骤，如表 6.1.1 所示。

表 6.1.1　　　　　　　　　　价值工程的实施程序表

一般程序	设计程序	实施程序		对应问题
		基本程序	操作步骤	
分析问题	对功能要求事项下定义	功能定义	1.选择对象	这是什么？
			2.收集信息	
			3.功能定义	该产品是做什么用的？
			4.功能整理	
	规定评价（功能要求事项实现程度的）标准	功能评价	5.功能成本分析	该产品的成本是多少？
			6.功能评价	该产品的价值是多少？
			7.确定对象范围	
综合研究	初步设计（各种设计方案）	制定、改进各种方案	8.创造方案	有无其他方法实现同样的功能？
方案评价	评价各种设计、改进方案，从中选择最理想的方案		9.初步评价	新方案的成本是多少？新方案能满足要求吗？
			10.具体化调整	
			11.详细评价	
	书面化		12.提出提案	

分析问题是将研究对象进行分析，弄清是否有问题，是什么问题。价值工程以功能为中心来分析问题，采用的功能分析方法包括功能定义、功能整理、功能评价等，对价值工程对象的功能、成本、价值进行定量、定性分析，为价值工程对象的改进提供科学依据。

综合研究是综合各方面情况制定解决问题的方案。

方案评价是对提出的各种设想和方案进行评价、筛选、择优，以确定最优方案。最后提出解决问题的提案，以达到改进价值工程对象、满足用户要求的目的。

上述仅仅是价值工程的一般工作程序。由于价值工程应用范围广泛，其活动形式也不尽相同，因此在实际应用中，可以参照上述工作程序，根据对象的具体情况，应用价值工程的基本原理和方法确定具体的实施措施和方法步骤，但功能分析与评价、方案创造是不可缺少的。

§6.2　价值工程分析对象的选择和情报收集

选择价值工程活动的对象，就是要具体确定功能成本分析的产品与零部件。这是决定价值工程活动收效大小的第一个步骤。

价值工程活动的对象一般是指价值低的、改善期望值大的和十分重要的产品（系统）。能否正确选择价值工程对象是价值工程活动成效大小，甚至成败的关键。例如就建筑产品而言，其种类繁多，质量、成本、施工工艺和方法不尽相同，不可能把所有建筑产品作为价值工程对象。即使在一座建筑物的建设过程中，也不可能把所有环节作为价值工程对象。究竟选择哪些作为价值工程对象呢？这就需要根据一定原则和采用一定的方法加以选定。

6.2.1 选择价值工程对象的一般原则

1. 与企业经营目标一致的原则

价值工程活动本身也是一种企业经营活动，因而不可避免与企业的经营目标发生联系。一般地，企业经营目标有满足社会的需求、符合企业发展的要求和追求最佳的经济效益等三类，企业可以根据一定时期的主要经营目标，有针对性地选择对企业经营目标最有利的产品、零部件、工序、作业、工程项目作为价值工程对象。

（1）与社会目标相适应。应优先考虑国家急需的重点产品；社会需求量大的产品；国家重点工程建设急需的短缺产品以及公害、污染严重的产品等。

（2）与发展目标相适应。应优先考虑研制中的产品；需更新改造的设备；拟改革的工艺流程；竞争激烈的产品；用户意见大的产品以及开辟新市场的产品和出口产品等。

（3）与利益目标相适应。应优先考虑成本高、利润低的产品；材料贵、耗用大的产品；能耗高、性能差、技术水平低的产品；生产周期长、占用资金多的产品以及笨重、结构复杂的产品等。

2. 价值提高的可能性原则

在实际工作中，并不是所有产品都能获得理想的价值成果，大幅度地提高价值的可能性一方面取决于产品本身的价值改善潜力大小和难易程度，另一方面取决于企业在分析研究时的人力、物力、财力等一系列的客观条件。因此，只有既考虑价值提高的最大化，又考虑价值提高条件的较容易实现，才可能准确地进行对象选择，进而有利于实现企业的经营目标。

6.2.2 选择价值工程对象的一般方法

关于如何选择价值工程对象，其方法众多，包括定性分析和定量分析两类方法，这里介绍几种常用的方法。

1. 经验分析法（因素分析法）

经验分析法作为一种简单易行的定性分析方法，在目前使用较为普遍。该方法实际上是利用一些有丰富实践经验的人员对所存在问题的直接感受，经过主观判断确定价值工程对象的一种方法。运用该方法时要对各种影响因素进行综合分析，区分主次轻重，既要考虑需要，也要考虑可能，以保证对象选择的合理性。经验分析法的优点是简便易行、节省时间，其缺点是缺乏定量依据，不够精确可靠。因此，只有在目标单一、产品不多或问题比较简单的情况下使用该方法，在准确性和节约时间方面才具有显著优越性，实际应用中也常将该方法与其他方法结合起来使用。

2. ABC分析法

ABC分析法也称为成本比重分析法、重点法或巴雷特（Pareto）分配律法，是根据"关键的少数，次要的多数"的思想，对复杂事物的分析提供一种抓主要矛盾的简明有效的定量方法。该方法是意大利经济学家巴雷特在研究人口收入规律时总结出来的。他发现占人口百分比不大的少数人的收入占总收入的极大部分,而占人口百分比大的多数人的收入却占总收入的极小部分。类似这种现象在社会生活中也屡见不鲜。比如在进行产品生产成本分析时发现,数量占零部件总数 10% 左右的零部件,其成本却占总成本的 70% 左右;另有占数量 20% 左右的零部件,其成本占总成本的 20% 左右;而占总数 70% 左右的零部件的成本仅占总成本的 10% 左右。产品生产成本分配是如此,各类工程项目、工艺、加工方法、工序工时等的费用分配也是如此。ABC 分析法将数量占 10% 且成本占 70% 的那部分零部件划为 A 类,将数量占 20% 且成本占 20% 的零部件划为 B 类,将数量占 70% 且成本占 10% 的零部件划为 C 类。

一般地,应用 ABC 分析法选择价值工程对象的步骤可以分为:

第一步:收集相关数据,绘制 ABC 分析表,如表 6.2.2 所示。
(1)将全部产品或一种产品的零部件按其成本由大到小依次排序;
(2)按排序的累计件数计算占总产品或零部件总数的百分比;
(3)按排序的累计成本计算所占总成本的百分比;
(4)按 ABC 分析法将全部产品或零部件分为 A、B、C 三类,首选 A 类作为价值工程分析对象。

第二步:绘制 ABC 分析图,如图 6.2.1 所示。采用直角坐标系,纵轴为成本累计比率(%),横轴为观测对象累计比率(%),根据上述分类方法定出 A、B、C 三类的范围。

ABC 分析法能够比较直观地显示哪些产品的成本占总成本的主要部分,便于重点突破。其不足之处是并未联系功能方面的因素来考虑价值分析的对象,因此,有可能忽略所占比重虽然不大但功能却亟待改进的 C 类对象。

例 6.2.1 某建筑产品由 10 种零件组成,各种零件的个数和每个零件的成本如表 6.2.1 所示,试用 ABC 分析法选择 VE 对象。

表 6.2.1 零件成本统计表

零件名称	a	b	c	d	e	f	g	h	i	j
零件个数	1	1	2	2	2	1	1	3	3	9
成本/(元/个)	3.61	4.42	1.03	0.90	0.8	0.43	0.37	0.12	0.05	0.01

解 (1)绘制 ABC 分析表,如表 6.2.2 所示。

表 6.2.2 ABC 分析表

零件名称	件数	累计件数	累计占零件总数/%	成本/元	累计金额/元	累计占总成本/%	分类
b	1	1	4	4.42	4.42	29.68	A
a	1	2	8	3.61	8.03	53.93	A
c	2	4	16	2.06	10.09	67.76	A

续表

零件名称	件数	累计		成本/元	累计		分类
		件数	占零件总数/%		金额/元	占总成本/%	
d	2	6	24	1.80	11.89	79.85	B
e	2	8	32	1.60	13.49	90.60	B
f	1	9	36	0.43	13.92	93.49	C
g	1	10	40	0.37	14.29	95.97	C
h	3	13	52	0.36	14.65	98.39	C
i	3	16	64	0.15	14.80	99.40	C
j	9	25	100	0.09	14.89	100	C
合 计	25			14.89			

(2)绘制 ABC 分析图,如图 6.2.1 所示。

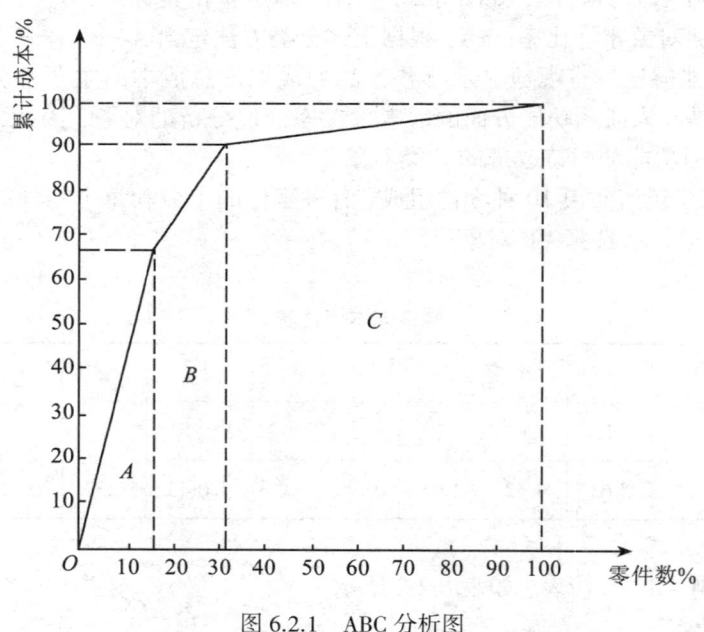

图 6.2.1　ABC 分析图

3. 百分比分析法

百分比分析法是通过分析产品的两个或两个以上的技术经济指标所占有的百分比,并考查每个产品其指标百分比的综合比率来选择对象的方法。技术经济指标可以考虑采用产值、成本、利润、销售量等。例如某厂有五种产品,其成本和利润的百分比及相应的综合比率(利润百分比与成本百分比的比值)如表 6.2.3 所示,通过综合比率排序可以看出产品 E 的综合比率最低,因此应选择产品 E 作为重点分析对象。

表 6.2.3　　　　　　　　　　百分比分析计算表

产品名称	A	B	C	D	E	合　计
成本/万元	40	55	105	80	60	340
比重/%	11.8	16.2	30.9	23.5	17.6	100
利润/万元	10	15	25	20	12	82
比重/%	12.2	18.3	30.5	24.4	14.6	100
利润(%)/成本(%)	1.034	1.130	0.987	1.038	0.830	
排　序	3	1	4	2	5	

在企业管理中，应用百分比分析法对产品进行分析，优化产品结构，对提高产品技术经济价值是十分方便有效的，实践中还常将百分比分析法与经验分析法结合，以便更全面、综合地考察对象。

4. 强制确定法

不同于只按成本比重的大小确定价值分析对象的 ABC 分析法，强制确定法建立在产品的功能和成本应该相互协调一致的基础上，即对产品的某零部件而言，其成本应该与其功能的重要性相匹配。该方法从功能和成本两个方面进行考察，找出成本与功能不相匹配的零部件，将这些零部件作为 VE 的对象。因此，当一个产品(工程项目)由多种零部件(分项工程)组成，且这些零部件的重要性各不相同时，可以应用强制确定法选择分析对象，具体作法如下。

(1)确定功能评价系数

组织熟悉业务的 5~15 名专业技术人员，对组成产品的零部件按其功能的重要性一对一地进行比较，重要程度高的得 1 分，重要程度低的得 0 分，不允许一对一比较时对两者都打 1 分或都打 0 分。自身比较可以记为 0 分或 1 分，按 0 分记是考虑这个零部件能否取消或同其他部分合并，若该零部件不可以取消或合并，则记 1 分。逐次比较后，将各零部件的得分结果进行统计，求出参加评分人员对同一零部件的功能评分之和，再将所有零部件的评分值累加，两者相比，即得某一零部件的功能评价系数，用公式表示即为

$$F_i = \frac{\sum_{j=1}^{m} f_{ij}}{\sum_{i=1}^{n} \sum_{j=1}^{m} f_{ij}} \tag{6.2.1}$$

式中：F_i——第 i 个零部件的功能评价系数；

f_{ij}——第 j 位评分者给第 i 个零部件的功能评分值；

m——参加评分的人数；

n——零部件的个数。

(2)计算成本系数

成本系数的计算公式为

$$C_i = \frac{CO_i}{\sum_{i=1}^{n} CO_i} \tag{6.2.2}$$

式中：C_i——第 i 个零部件的成本系数；
CO_i——第 i 个零部件的现状成本。

(3) 计算价值系数

价值系数的计算公式为

$$V_i = \frac{F_i}{C_i} \tag{6.2.3}$$

式中：V_i——第 i 个零部件的价值系数。

(4) 根据价值系数进行分析

① $V_i \approx 1$，表明现有功能和现有成本相适应，比较合理，一般可以不列为重点分析对象。但是，要注意有时存在成本比重和功能比重都过高的特殊情况。

② $V_i < 1$，表明对象为实现某功能所付出的成本过高了，需要降低成本，因而这个对象应被选为价值工程分析的对象。

③ $V_i > 1$，表明对象的现有功能高，而成本较少，从价值工程的本意来讲，价值系数高，原本是追求的目标，即不必作为重点选择的对象。但是，由于方法本身的特点，价值系数高只是表明该项功能的重要程度高，而不能反映该项功能是否已充分实现，所以要视具体情况而定。若该零部件功能很重要，但由于现状成本分配偏低，致使功能未能充分实现，则应适当增加其成本；若该零部件功能虽很重要，但本身材料价格低廉，则不必多余地增加成本。

例 6.2.2 某产品主要由 A、B、C、D、E 零部件组成，现状成本分别为 4.76 万元、3.64 万元、3.50 万元、1.12 万元、0.98 万元，现组织 Ⅰ、Ⅱ、Ⅲ、Ⅳ、Ⅴ五位评委对各零部件的重要性评分，试在此基础上分析开展价值工程活动对象的确定。

解 应用强制确定法求解本题，其步骤如下：

(1) 对各零部件的重要性评分

请五位评委各自对本产品的各零部件的重要性进行排序。例如评委 Ⅰ 认为各零部件的功能重要性排序是 C>A>E>B>D，同时认为各零部件都不可取消或合并，因此评委 Ⅰ 的评分结果如表 6.2.4 所示。其他评委的评分结果分别如表 6.2.5~表 6.2.8 所示。

表 6.2.4　　　　　　　　评委 Ⅰ 对各零部件的评分

产品部件名称	一对一比较评分					得分累计
	A	B	C	D	E	
A	1	1	0	1	1	4
B	0	1	0	1	0	2
C	1	1	1	1	1	5
D	0	0	0	1	0	1
E	0	1	0	1	1	3

表 6.2.5　　　　　　　　　　　评委 II 对各零部件的评分

产品部件名称	一对一比较评分					得分累计
	A	B	C	D	E	
A	1	1	1	1	1	5
B	0	1	0	0	0	1
C	0	1	1	1	1	4
D	0	1	0	1	1	3
E	0	1	0	0	1	2

表 6.2.6　　　　　　　　　　　评委 III 对各零部件的评分

产品部件名称	一对一比较评分					得分累计
	A	B	C	D	E	
A	1	1	0	1	0	3
B	0	1	0	1	0	2
C	1	1	1	1	1	5
D	0	0	0	1	0	1
E	1	1	0	1	1	4

表 6.2.7　　　　　　　　　　　评委 IV 对各零部件的评分

产品部件名称	一对一比较评分					得分累计
	A	B	C	D	E	
A	1	1	1	1	1	5
B	0	1	0	0	1	2
C	0	1	1	0	1	3
D	0	1	1	1	1	4
E	0	0	0	0	1	1

表 6.2.8　　　　　　　　　　　评委 V 对各零部件的评分

产品部件名称	一对一比较评分					得分累计
	A	B	C	D	E	
A	1	1	1	1	1	5
B	0	1	0	0	0	1
C	0	1	1	1	1	4
D	0	1	0	1	0	2
E	0	1	0	1	1	3

(2) 确定功能评价系数

综合五位评委的评分结果，并确定各零部件功能的评价系数，如表 6.2.9 所示。对零部件 A 来说，五位评委的评分合计为 22，除以总计得分 75，即得零部件 A 的功能评价系数为 0.293。

(3) 计算成本系数

成本系数的计算结果如表 6.2.10 所示。

(4) 计算价值系数与确定价值工程对象。

价值系数的计算结果如表 6.2.10 所示。根据价值系数进行对象的选择，优先选择零部件 B 作为分析对象；零部件 D、E 属于价值系数大于 1 的情况，要视具体情况而定；零部件 A、C 属于价值系数接近于 1 的情况，一般不作为活动的对象。

强制确定法由于在确定功能系数时将功能的相对重要性程度分为 0 和 1 的标度，因此又被称为"01"评分法，该方法能把功能与费用联系起来选择价值分析对象，其不足之处是只考虑功能评价系数与成本系数的比值，而未考虑两者本身的大小对价值的影响。

表 6.2.9 评分结果综合与确定功能评价系数表

产品部件名称	一对一比较评分					合计得分	功能评价系数
	Ⅰ	Ⅱ	Ⅲ	Ⅳ	Ⅴ		
A	4	5	3	5	5	22	0.293
B	2	1	2	2	1	8	0.107
C	5	4	5	3	4	21	0.280
D	1	3	1	4	2	11	0.147
E	3	2	4	1	3	13	0.173
累计分值						75	1.000

表 6.2.10 价值系数计算结果表

产品部件名称	现状成本/万元	成本系数	功能评价系数	价值系数
A	4.76	0.34	0.293	0.86
B	3.64	0.26	0.107	0.41
C	3.50	0.25	0.280	1.12
D	1.12	0.08	0.147	1.84
E	0.98	0.07	0.173	2.47
合　计	14	1.00	1.000	

5. 最合适区域法

最合适区域法也是一种通过计算价值系数选择价值工程对象的方法，因为这一方法是由日本东京大学的田中教授于 1953 年在美国价值工程师的国际学术研讨会上提出来的，所以又称田中法。田中法中价值系数的计算步骤与强制确定法相同，但在根据价值系数选择分析对象时，提出了一个最合适区域。

一般情况下，零部件或功能的价值系数很少恰好等于 1。如果将 $V \neq 1$ 的零部件或功能都选为 VE 对象，工作量可能太大，花费高且效果也未必好。因此，可以认为 $V=1$ 附近的点所代表的零部件或功能是适合的，不必作为 VE 对象。这样就产生了一个适合区域，VE 仅选择位于该区域之外的零部件或功能作为其改进对象。

田中法构造的最合适区域如图 6.2.2 所示，由围绕价值标准线 $V=1$ 的两条曲线包络而成。两条曲线的构成方法是从曲线 $y = \sqrt{x_i^2 \pm 2S}$ 上任意一点 $Q(x_i, y_i)$ 至价值标准线 $V=1$ 的垂线 QP 与 OP 的乘积是一个常数 S。即假定 $QP=r$，$OP=l$，有 $r \times l = S$。当 S 值不变时，l 值增大，则 r 值减小；反之，l 值减小，则 r 值增大。亦即，当 Q 点距 O 点较远时，则要求 Q 点距价值标准线的距离更小一些；反之，当 Q 点距 O 点较近时，则要求 Q 点距价值标准线的距离大一些。这样绘制的最合适区域图既能满足选择价值工程活动对象的要求，又能降低价值工程分析的成本。曲线中的 S 是人为给定的常数，若给定的 S 较大，则两条曲线距标准线距离也大，价值工程对象将选得少一些；反之，若给定的 S 较小，则曲线更逼近标准线，价值工程对象将选得多一些。田中法能够较好地解决应该对距原点远的 VE 对象进行严格控制和对距原点近的 VE 对象作较为放松控制的问题。

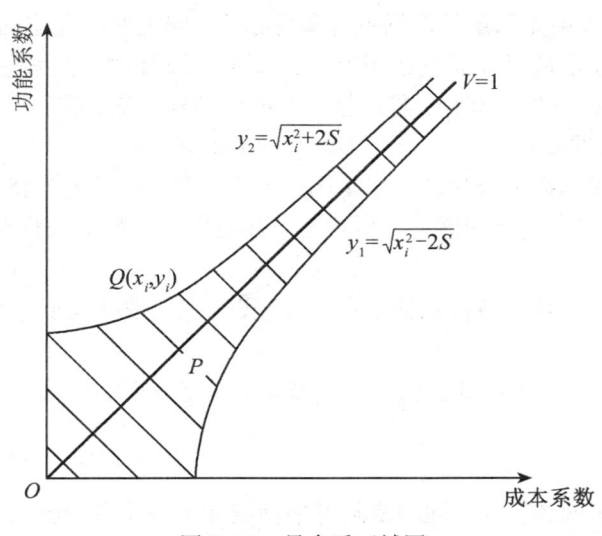

图 6.2.2 最合适区域图

6.2.3 情报资料的收集

价值工程的情报是指对实现价值工程目标有益的技术和经济方面的知识、信息和资料。价值工程的目标是提高价值，为达到或实现这一目标所作出的决策，都离不开必要的情报信息，情报收集工作贯穿于价值工程的全过程。在价值工程的改善对象确定之前，要根据价值工程活动的范围收集情报；在改善对象确定之后，要围绕改善对象收集情报，为进一步开展价值工程活动奠定信息基础。一般说来，必要的或有益的信息越多，价值分析的质量就越高，错误的信息必然会导致错误的决策。因此，价值工程成果的大小在一定意义上取决于情报信息收集的质量、数量和时间。

1. 收集情报的原则

(1) 目的性。收集情报信息要事先明确所收集的信息是用来实现价值工程特定目标的，不要盲目地碰到什么就收集什么，要避免无的放矢。

(2) 可靠性。信息是正确决策所必不可少的依据，若情报信息不可靠、不准确，将严重影响价值工程的预期结果，还可能最终导致价值工程工作的失败。

(3) 完整性。情报收集要完整、系统，避免片面性。

(4) 计划性。在收集情报之前应预先编制计划，加强这项工作的计划性，使这项工作具有明确的目的和确定的范围，以便提高工作效率。

(5) 时间性。在收集情报时要收集近期的、较新的信息。

(6) 加工性。对取得的情报资料进行加工、分类，最后成为系统信息，通过加工剔除无效的资料，使用有效的资料，以利于价值工程活动的分析研究。

2. 情报收集的内容

(1) 用户要求情报。用户要求情报包括用户使用产品的目的、环境、条件，用户对产品性能、价格、服务、外观的要求等。

(2) 市场销售情报。市场销售情报包括市场的范围及其发展趋势、产品产销数量的演变及目前产销情况、市场需求量及市场占有率的预测、同类产品竞争的情况等。

(3) 技术情报。技术情报一般包括现有产品研制、设计的历史和演变，本企业产品和国内、外同类产品的相关技术资料，与产品相关的新结构、新工艺、新材料、新技术、标准化和"三废"处理方面的资料等。

(4) 成本情报。成本情报包括产品成本构成情况、单位产品的价格、工时定额、材料单价和消耗定额、实现产品必要功能的最低成本、其他厂家与价值工程对象相关的成本费用资料等。

(5) 本企业情报。本企业情报包括本企业的经营规划、技术方针、生产指标、职工素质等。

(6) 政府和社会相关部门的政策、法令、条例、规定方面的情报。

3. 收集情报的方法

收集情报主要有下面一些方法：

(1) 询问法。通过面谈、电话询问及邮寄书面询问等方法获取情报。

(2) 查阅法。通过查阅各种出版物寻找相关情报。

(3) 观察法。直接到现场观察和调查研究。

(4) 购买法。购买样品、专利、图纸、技术等。

(5) 试销试用法。将样品送到用户试销试用，收集意见，获得情报。

§6.3 功 能 分 析

当价值工程对象确定后，便着手围绕对象收集相关情报资料，然后进行功能分析。作为价值工程基础与核心的功能分析，包括功能定义、功能分类、功能整理和功能评价等4部分内容。现分述如下。

6.3.1 功能定义

1. 功能定义

功能定义就是用简明准确的语言来表达功能的本质内容。

2. 功能定义的作用

(1) 区分各种功能的概念

通过功能定义把功能的内容及其水平准确地表述出来，这样就可以明确一种产品及其零部件的确切功能，并与其他产品及其零部件的功能相区别。

(2) 进一步明确用户所需要的功能

用户对产品的功能要求是产品设计和制造的出发点和归宿。通过功能定义，准确地把握用户对产品的功能要求，使设计的内容和水平充分反映用户的功能要求，从而制造出符合用户要求的产品。

(3) 便于进行功能评价

功能评价的最终目的是确定实现功能的最低费用，由于功能费用与功能水平是相关联的，而功能水平又依赖于功能定义，所以只有通过功能定义确定功能的水平，才能进行有效的功能评价。

(4) 便于改进产品的方案构思

产品某一种功能的实现是可以通过多种手段来实现的，功能定义有利于设计者摆脱产品结构的约束，把分析问题的着眼点转移到产品的功能上来，在抓住问题本质的基础上扩大思想的范围，进而设想出各种设计方案。

3. 功能定义的方法

功能定义在实践中常用一个动词和一个名词的动宾词组构成。为了不限制实现产品功能的各种方法，动词常选用比较抽象的词；而为了将实现产品功能的费用与产品功能水平的高低有机地联系在一起，名词最好选用能够计量的词。例如圈梁的功能定义是加固墙体，基础的功能定义是承受荷载，等等。

6.3.2 功能分类

为了按类型进行功能分析，需要对功能进行分类，一般有如下三种分类方式：

1. 按功能重要程度分，可以分为基本功能和辅助性功能。基本功能是产品达到使用目的不可缺少的功能，是决定产品属性的功能。辅助功能是为了更好地实现基本功能而起辅助作用的功能。如承受荷载是承重外墙的基本功能，保温、隔热、隔声是承重外墙的辅助功能。

2. 按用户的需要分，可以分为必要功能和不必要功能。必要功能是用户要求的功能。不必要功能是用户不需要的功能，是过剩的或多余的功能。不必要功能不仅造成用户额外的经济负担，而且还造成国家资源的浪费，因此需要在改进设计中加以剔除。据国外相关资料介绍，在产品的功能中，大约有30%是不必要功能。

3. 按功能使用的性质分，可以分为使用功能和美学功能。使用功能是指产品的特定用途或使用价值，通过产品的基本功能和辅助功能来实现。如承重外墙的使用功能就是承受荷载、隔热、隔声、保温等。美学功能是指产品所具有的外观美化功能。如建筑物上面的图案浮雕,就是为了使建筑物美观大方而增加的部分,其功能就是美学功能。

6.3.3 功能整理

功能整理是在功能定义的基础上,根据功能之间的逻辑关系,将产品的各功能按照一定的程序进行系统地整理和排序,以便从局部功能和整体功能的依存关系上分析问题,达到掌握必要功能和发现不必要功能的目的。

1. 功能整理的目的

功能整理的主要目的是:①建立功能体系;②确定真正要求的功能;③发现不必要的功能;④检查功能定义的正确性;⑤明确改进对象的等级和功能区域;⑥检查原设计的系统性。

2. 功能整理的方法

一般采用由美国兰德公司的查尔斯·拜泽威(Charles Bytheway)提出的功能分析系统技术(Function Analysis System Technique,简称FAST),其主要步骤如下:

(1)明确产品的基本功能和辅助功能;

(2)明确产品功能之间的关系(上下关系和并列关系);

(3)对功能定义作必要的修改和补充;

(4)绘制功能系统图。按树枝状从左往右排,将上位功能排列在左边,下位功能排列在右边,最上位功能排列在最左边;并列关系功能并排排列;通过"目的—手段"关系把功能之间关系系统化。功能系统图的一般形式如图 6.3.1 所示。

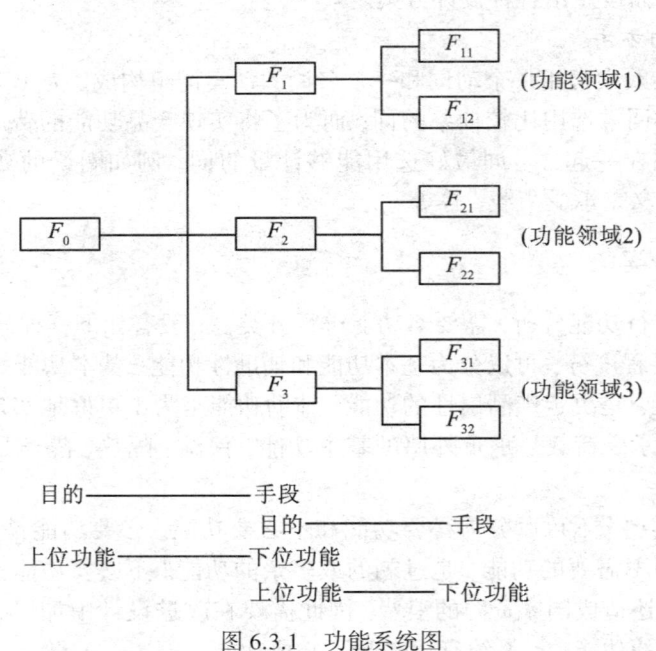

图 6.3.1 功能系统图

在功能系统图 6.3.1 中,各功能从左向右排列形成功能等级层次。F_0 为对象的一级功能;处于并列关系的 F_1、F_2、F_3 是对象二级功能;处于并列关系的 F_{11},F_{12},F_{21},…,F_{32} 则是对象三级功能。目的和手段是指两个功能之间具有的直接依存的关系,如果某一功能是另一个功能的目的,而另一个功能是实现这一功能的手段,则前者被称为目的功能,后者被称为手段功能。目的功能也被称为上位功能,相应地手段功能被称为下位功能。上、下位功能强调的是功能在功能系统图中的位置,而目的功能与手段功能强调的是功能之间的关系。上、下关系是相对而言的,如 F_0 是 F_1、F_2、F_3 的目的,F_1、F_2、F_3 是实现 F_0 的手段;而 F_1 是 F_{11} 与 F_{12} 的目的,F_{11} 与 F_{12} 是实现 F_1 的手段。功能领域是指相对于整个功能系统存在的子功能系统,以该领域的最终目的功能为标准划分。如以 F_1 为最终目的的功能领域由 F_1 和 F_{11} 及 F_{12} 组成,同样 F_2、F_3 也各自构成功能领域。

现以住宅为例,在功能定义的基础上,通过功能分类和功能整理,得到其功能系统图,如图 6.3.2 所示。

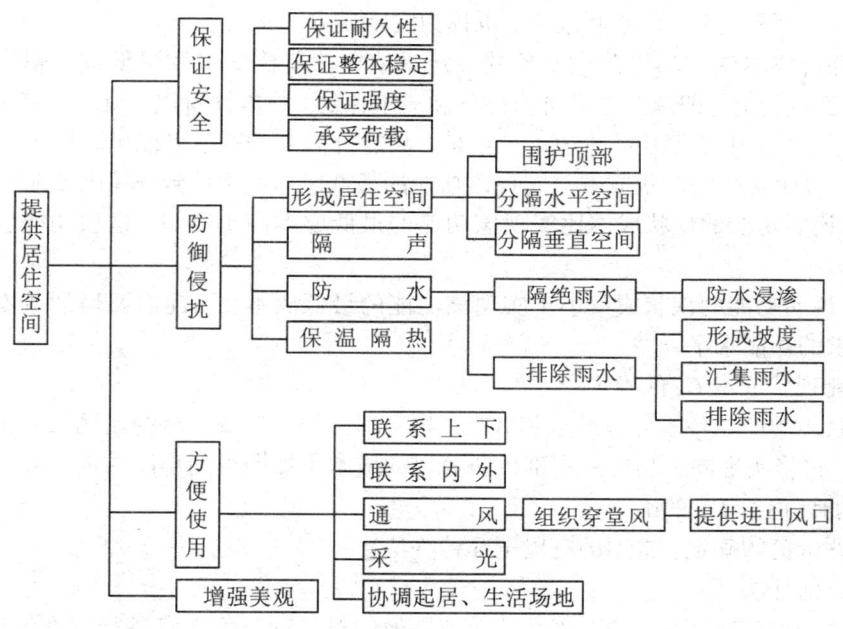

图 6.3.2 住宅功能系统框图

6.3.4 功能评价

功能定义、功能分类和功能整理是对功能作定性分析,而功能评价是对功能作定量分析,是定量地表示功能的大小和重要程度。

1. 功能评价的主要步骤

(1) 确定功能的现状成本 C 或成本系数 CI。
(2) 确定功能评价值 FC 或功能重要性系数 FI。
(3) 确定功能价值 V 或功能价值系数 VI。
(4) 计算改善期望值,即成本降低幅度 $\Delta C = C - FC$。
(5) 根据对象价值的高低及成本降低幅度的大小,确定改进的重点或优先次序。

2. 功能评价的方法

根据功能量化方法的不同，功能评价的方法可以分为两大类：功能评价成本法和功能评价系数法。

（1）功能评价成本法（绝对值法）

功能评价成本法是由迈尔斯最先提出来的，他认为任何功能的获得或实现都要付出一定的费用，因此可以把所有功能都转化为费用（成本），即功能被定量地表示为实现这一功能所需要的成本金额。这样，公式（6.1.1）可以表示为

$$V_i = \frac{FC_i}{C_{0i}} \tag{6.3.1}$$

式中：V_i——评价对象 i 的功能价值；

FC_i——评价对象 i 实现功能的最低成本，也称为目标成本或功能评价值；

C_{0i}——评价对象 i 的现状成本，也称为实际成本。

功能评价成本法中功能改进对象的确定是依据功能价值 V 和降低成本幅度 $\Delta C = C_0 - FC$ 两个方面进行的，即综合考虑价值评价和成本评价。成本评价以 $|\Delta C|$ 大者为优先改进对象，而价值评价则依据功能价值 V 的取值，功能价值 V 的取值可能出现以下三种情况：

$V \approx 1$，说明功能的现状成本与实现该功能的最低成本基本一致，是比较理想的；

$V < 1$，说明功能的现状成本比实现该功能的最低成本高出很多，这项功能应当成为改进对象；

$V > 1$，说明功能的现状成本小于实现该功能的最低成本，因此需要增加成本使之达到用户所要求的功能水平。

1）功能现状成本 C_0 的确定

根据收集的产品各零部件的成本数据，将零部件的成本按一定的比例关系分摊到各项功能上去，再将实现同一功能的零部件所分摊的成本累加即得到功能的现状成本。

2）功能评价值 FC 的确定

功能评价值的确定，常用的有以下几种方法：

①经验估计法

经验估计法是邀请一些有经验的专家，由他们对各种可能方案进行成本估计，各方案的估算成本取专家估计成本的平均值，再从中取最低的估算成本作为功能评价值。

②理论价值标准法

理论价值标准法是根据工程计算公式和费用定额资料，对功能成本中的某些费用进行定量计算的方法。例如，对于某个施工方案，根据工时定额和人工费用资料，可以计算出某些加工功能的最低费用。

③实际价值标准法（实际调查法）

实际价值标准法是将企业内、外能达到相同功能的现有产品作详细比较，从中选取能够实现产品功能的最低成本作为功能评价值的一种方法。该方法的主要步骤是：①收集成本资料及功能水平的各项指标资料；②统一对比标准，将成本资料按功能条件的实现程度分类；③以功能实现程度为横坐标，成本为纵坐标绘制坐标图，并定出最低成本线；④确定功能评价值。如图 6.3.3 中，C_{0i} 是与功能 F_i 对应的本企业的现状成本点，FC 是实现 F_i 的最低成本，在确保功能的条件下，可以实现成本降低幅度的大小为 $C_{0i} - FC$。

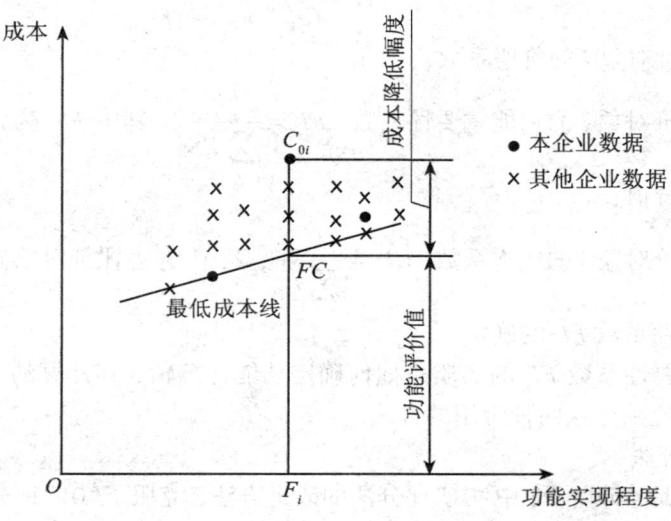

图 6.3.3 实际价值标准分析图

例 6.3.1 某工程有 6 项分项工程,各分项工程的目标成本及原设计成本如表 6.3.1 所示。根据表 6.3.1 中的数据计算得到各分项工程的功能价值及成本降低幅度,然后综合这两项指标进行改进对象的选择。从功能价值判断 F_1、F_3、F_4、F_5、F_6 均应成为改进对象,考虑到改进对象的成本降低幅度的数值相差不大,而 F_3 是由于成本偏低造成功能不足,因此从着重提高产品质量的角度出发,将 F_3 列为首先应该被改进的对象。F_1、F_4、F_5、F_6 的功能价值比较接近,可以按 ΔC 的大小进行排序,对 ΔC 相同的 F_4、F_5,则按其功能价值高低排序。从上述分析可以知道,价值工程追求的是功能与成本的合理匹配,而不是一味追求成本的降低。

表 6.3.1　　　　　　　　　　某工程功能评价分析表

分项工程	原设计现状成本/万元	目标成本/万元	功能价值	成本降低幅度/万元	改进次序
F_1	35	32	0.914	3	5
F_2	30	30	1.000	0	—
F_3	24	28	1.167	-4	1
F_4	45	40	0.889	5	3
F_5	55	50	0.909	5	4
F_6	66	60	0.909	6	2
合　计	255	240		15	

(2) 功能评价系数法(相对值法)

功能评价系数法是通过对功能的相对重要程度进行评分来确定其功能重要性系数,然后根据功能重要性系数和成本系数计算功能价值系数,从而进一步确定评价对象目标成本的方法。在功能评价系数法中公式(6.1.1)又可以表示为

$$VI_i = \frac{FI_i}{CI_i} \tag{6.3.2}$$

式中：VI_i——评价对象 i 的价值系数；

FI_i——评价对象 i 的功能重要性系数，$FI_i = \frac{FS_i}{\sum FS_i}$，其中 FS_i 为评价对象 i 的功能评分值；

CI_i——评价对象 i 的成本系数，$CI_i = \frac{C_i}{\sum C_i}$，其中 C_i 为评价对象 i 的现状成本。

1）功能重要性系数 FI_i 的确定

确定功能重要性系数 FI_i 的实质是如何确定功能评分值，其计算的方法很多，这里介绍"04"评分和环比评分这两种常用的方法。

〈1〉"04"评分法

"04"评分法是本章§6.2 中"01"评分法的改进方法，克服了"01"评分法不能准确反映评价对象之间相对重要性的差异程度这一缺陷。其对"01"评分法的改进体现在评分标准上：

①相对非常重要的对象得 4 分，另一个很不重要的对象得 0 分；
②相对比较重要的对象得 3 分，另一个不太重要的对象得 1 分；
③两个对象相对同等重要时，则各得 2 分；
④自身相比可得 1 分或不得分，以不得分为常见。

〈2〉环比评分法

环比评分法也称 DARE(Decision Alternative Ratio Evaluation System)法，现以表 6.3.2 说明其实施的步骤。

表 6.3.2 中的评价对象可以任意排序，也常以便于对比的顺序排列，如可以按重要性大小排序。然后由上而下确定相邻评价对象的相对重要性比值，如表 6.3.2 中认为 F_1 比 F_2 重要 2.0 倍。以末位排序的评分对象为基准，一般设其重要性得分为 1，由下而上计算修正比值，如 F_3 的修正比值为 $1 \times 3.5 = 3.5$，F_2 的修正比值为 $3.5 \times 0.4 = 1.4$。视修正比值为各对象的重要性得分，以各对象修正比值与合计得分相比的方法计算对象的功能重要性系数，如 F_1 的功能重要性系数为 $\frac{2.8}{8.7} = 0.32$。

表 6.3.2　　　　　　　　　　环比评分功能重要性系数计算表

评价对象	暂定相对比值	修正比值	功能重要性系数
F_1	2.0	2.8	0.32
F_2	0.4	1.4	0.16
F_3	3.5	3.5	0.40
F_4		1	0.12
合计		8.7	1.00

2〉对象目标成本的确定

目标成本的确定分新产品设计和老产品改进设计两种情况：

〈1〉新产品设计

可以依据事先确定的总体目标成本，按功能重要性系数分配各功能对象的目标成本，即采用下式计算

$$FC_i = TC \cdot FI_i \tag{6.3.3}$$

式中：FC_i——对象 i 的目标成本；

TC——目标成本总额；

FI_i——对象 i 的功能重要性系数。

〈2〉老产品改进设计

将已有的总体现状成本按功能重要性系数进行再分配，可能出现下列三种结果：

①新分配成本等于现状成本，则现状成本即为目标成本；

②新分配成本小于现状成本，则新分配成本为目标成本；

③新分配成本大于现状成本，则要具体分析。

如果是由于现状成本过低而不能保证必要的功能，则应以新分配成本作为目标成本；如果是由于功能重要性系数定得过高而产生了多余的功能，则应调整重要性系数后再次分配成本；如果不是上述两种情况，则以现状成本作为目标成本。

例 6.3.2　某老产品改进设计的功能评价，各功能的现状成本及重要性系数如表 6.3.3 所示，试确定各功能的目标成本及其成本改善期望值，并对改进对象的确定进行分析。

解　各功能的目标成本及其改善期望值的计算见表 6.3.3，F_1 属于新分配成本大于现状成本的情况，经具体分析认为是目前成本过低而不能保证必要的功能这一情况，因此以新分配成本作为目标成本。改进对象的确定同样依据价值系数 VI_i 和改善期望值 $|\Delta C|$ 的大小作综合判断。由于各功能的价值系数相差不大且接近于 1，而功能 F_2 和 F_4 的改善余地不大，因此确定的改进重点是功能 F_1 和 F_3。

表 6.3.3　　某老产品改进设计的功能评价分析表

功能领域	现状成本	重要性系数	成本系数	价值系数	成本分配	目标成本	改善期望值	改进重点
①	②	③	④=②/1121	⑤=③/④	⑥=1121×③	⑦	⑧=②-⑦	⑨
F_1	495	0.48	0.44	1.091	538.08	538.08	−43.08	√
F_2	372	0.32	0.33	0.970	358.72	358.72	13.28	
F_3	203	0.16	0.18	0.889	179.36	179.36	23.64	√
F_4	51	0.04	0.05	0.800	44.84	44.84	6.16	
合 计	1 121	1.00	1.00		1 121	1 121		

〈3〉基点分析法

在前述功能评价系数法中，当价值系数 $VI_i \approx 1$ 时，对象的功能与成本被认为是相匹配

的，而在其他情况下认为对象的功能与成本不匹配，但按这一准则指示的具体改进对象并不准确。这是因为在计算评价对象 i 的价值系数 VI_i 时，采用的计算公式是

$$VI_i = \frac{FI_i}{CI_i} = \frac{\dfrac{FS_i}{\sum FS_i}}{\dfrac{C_i}{\sum C_i}}$$

即 $\sum FS_i$ 和 $\sum C_i$ 对每一个评价对象都产生影响，也就是说，在计算 VI_i 时，功能评价系数法将除评价对象 i 以外的所有 FS 和 C 的偏差都包括进去了。由我国浙江大学的马庆国教授提出的基点分析法克服了这一缺陷，方法要点如下：

1) 找出基点功能，计算基点系数 α

所谓基点功能是指功能重要性程度与其成本水平相符合的功能，那么，可以依据实际成本和功能评分计算其基点系数

$$\alpha = \frac{C_{i0}}{FS_{i0}} \tag{6.3.4}$$

式中：C_{i0}——基点功能的实际成本；
FS_{i0}——基点功能的重要性评分。

在实际工作中，可能会找出多个基点功能，此时可以取它们的平均值来计算基点系数

$$\alpha' = \frac{1}{m} \sum_{i=1}^{m} \frac{C_{i0}}{FS_{i0}} \tag{6.3.5}$$

式中：m——可能的基点功能的数量；
α'——虚基点系数。

2) 计算基点价值系数 VI_i'

$$VI_i' = \alpha \cdot \frac{FS_i}{C_i} \quad \text{或} \quad VI_i' = \alpha' \cdot \frac{FS_i}{C_i} \tag{6.3.6}$$

3) 求目标成本 FC_i 及成本改善期望值 ΔC_i

$$FC_i = \alpha \cdot FS_i \quad \text{或} \quad FC_i = \alpha' \cdot FS_i \tag{6.3.7}$$

$$\Delta C_i = C_i - \alpha \cdot FS_i \quad \text{或} \quad \Delta C_i = C_i - \alpha' \cdot FS_i \tag{6.3.8}$$

4) 按 VI_i' 和 ΔC_i 进行评价对象选择，判断标准同前述。

例 6.3.3 某建筑产品有五个构配件，其功能评分与实际成本如表 6.3.4 所示。试运用基点法计算价值系数和成本改善期望值。

表 6.3.4　　　　　某建筑产品功能评价基点法分析表

构配件	功能评分	实际成本/元	基点系数	价值系数	目标成本/元	改善期望值/元
A	4	100		0.80	80	20
B	3	60	$\alpha = 20$	1.00	60	0
C	5	140		0.71	100	40
D	2	25		1.60	40	−15
E	1	60		0.33	20	40
合　计	15	385			300	

解 经分析，构配件 B 的成本与功能匹配较合理，因此选其作为基点。其他计算见表 6.3.4。经改进后，各构配件的功能与成本均相匹配，价值系数均达到 1。但如果构配件 D 属于功能特别重要而成本较低的特殊情况，则其目标成本应为 25 元，成本改善期望值为 0，这样构配件 D 的价值系数就不为 1。

§6.4 方案的创造和评价

6.4.1 方案的创造

经过功能评价，确定了目标成本之后就进入改进方案的创造和评价阶段。方案创造是利用掌握的知识和经验，通过分析和综合，构思出新的功能方式，用以更好地实现功能要求的过程。

据相关资料统计，目前世界上已有 300 多种方案创造的方法应用于各国，下面介绍的是几种有代表性的方法。

1. 头脑风暴法(Brain Storming，简称 BS 法)

BS 法由美国 BBDO 广告公司的奥斯本于 1941 年首创。不同于普通的会议法，BS 法这种会议法一般由 5~10 人参加，并且规定了四条规则：不批评别人的意见；鼓励自由奔放的思考；提出的方案越多越好；希望结合别人意见提出设想。利用这种方法，与会者瞬间的见解往往会诱导出创造性的思想火花，因此可能收到极好的效果。

2. 哥顿法(模糊目标法)

哥顿法由美国人哥顿(W.I.J.Gorden)于 1964 年提出，其特点是将要研究的问题适当抽象，摆脱现有事物对思维的束缚，便于开拓思路，从而得到一些常规方法难以得到的方案。其要点是：会议开始时，主持人只向专家提出一个抽象化问题，要求大家对抽象的问题自由地提出解决方案，当讨论到适当的程度后，再提出具体问题，与会者再具体思考，舍弃不可行方案，对可行方案作进一步研究。

3. 问题列举法

问题列举法是用列举问题来提示、诱发人们创新构思的一种方法，一般以会议形式进行。根据列举的问题可以分为：

(1)特性列举法。这种方法是将产品的特性，如结构、功能、材料等，逐项列举出来，然后根据这些特性提出改进方案。

(2)缺点列举法。用调查产品缺点的方法，请各方面专家提出产品的缺点，并针对这些缺点提出改进方案，所以又称为"专挑毛病法"。

(3)希望列举法。这种方法是将对产品功能的要求和希望都提出来作为价值工程的目标，启发人们更好地构思，进而由构思勾画出方案。

4. 专家函询法(德尔菲法)

专家函询法不采用开会的形式，而是由主管人员或部门把预想方案以信函的方式分发给相关的专业人员，征询他们的意见，然后将意见汇总、统计和整理之后再分发下去，希望再次得到补充修改。如此反复若干次,即经过几上几下,把原来比较分散的意见在一定程度上使其内容集中一致,最终形成统一的集体结论,作为新的代替方案。

5. 输入输出法

输入输出法是美国通用公司在产品设计阶段使用的一种方法。输入是指研究对象的初始状态,输出是指对象的功能目的。该方法首先给定实现功能的要求事项,即制约条件,然后设想输入与输出之间有无联系。如果没有联系,就要思考输入能与什么事物联系?通过什么手段才能达到输出的目的?这样逐渐深入地接近所需要达到的目的,对每一步都要作出评价并随时去掉不可行的方案。

6.4.2 方案评价

方案评价是从技术、经济和社会等方面评价所提出的各种方案,看其能否实现预期的目标,然后从中选择最佳方案的过程。方案评价包括概略评价和详细评价两个层次,其评价内容基本相同,只是深浅程度有别。

1. 概略评价

概略评价的目的是对方案进行初步筛选,将一些价值明显不高的方案先行排除,保留价值较高的少数方案,以减少进一步评价所耗费的人力和时间。概略评价主要内容有以下几个方面:

(1) 技术评价。围绕"功能"所进行的评价,主要是评价方案能否满足功能的要求,以及技术上的完善性和可能性。

(2) 经济评价。围绕经济效果所进行的评价,主要是评价有无降低成本的可能和能否实现预定的目标成本。

(3) 社会评价。围绕社会效益进行评价,主要是评价是否符合国家规定的各项政策、法令、标准以及与社会其他事业有无矛盾等。

(4) 综合评价。将上述三方面结果加以综合,比较优劣,得出结论。

2. 详细评价

将概略评价后保留下来的方案具体化后,就进入详细评价阶段,目的是对具体化的方案作最后的审查和评价,评价内容同样包括技术评价、经济评价、社会评价和综合评价,只是内容和方法上都较为复杂。综合评价有定性评价和定量评价两类方法,由于定性评价方法缺乏足够的说服力,实践中较多采用的是定量评价方法,下面介绍几种常用的定量评价方法。

(1) 加法评分法与连乘评分法

加法评分法与连乘评分法首先要求拟定评价指标,再将每一评价指标分成若干等级,对每一等级规定一个评分标准(重要项目的评分标准要高些)。对拟定的各种方案均按照同样的评分标准打分,最后将所得分数相加或连乘,得出总分,总分最高者为最优方案。加法评分法与连乘评分法所得结果相同,但连乘评分法能把各方案之间的分差拉开,对比明显,便于选择。表6.4.1为两种评价方法的示例,四个方案中确定A方案为最优方案。

表 6.4.1　　　　　　　　　　加法评分与连乘评分计算表

评价指标	评价项目		评价方案			
	评价等级	评分标准	A	B	C	D
产品功能	①满足用户要求	5	5			
	②基本满足用户要求	4		4		4
	③仅能满足用户最低要求	3			3	
成本	①低于外企业同类产品的成本	3		3		
	②低于本企业原有产品的成本	2	2		2	2
	③与本企业原有产品的成本相同	1				
产品销路	①产品销路大,地域广	3	3		3	3
	②销路中等	2		2		
	③销路小	1				
产品方向	①符合国家及企业目标	3	3			
	②符合当前要求	2		2		
	③不符合国家长远规划	1			1	1
加法合计			13	11	9	10
连乘合计			90	48	18	24

(2)加权评分法

加权评分法用权数大小表示各评价指标的相对重要程度,用满意程度评分表示某方案的某项指标水平的高低,通过满意程度评分与相应的权数相乘后累计求和的方法得到各方案的加权评分和,以加权评分和大的方案为相对优方案。例如,如表6.4.2所示的某一建筑设计的方案优选问题,根据加权评分法确定的最优方案为 A 方案。

表 6.4.2　　　　　　　　　　加权评分计算表

评价指标	适用	美观	安全可靠	维修性	造价	方案的加权评分和
权重系数	0.4	0.1	0.2	0.1	0.2	
方案	满意程度评分(10 分制)					
A	9	8	9	7	8	8.5
B	8	7	7	9	7	7.6
C	7	8	9	8	8	7.8
D	6	9	8	9	8	7.4

(3) 技术经济价值法

一般而言,技术性指标和经济性指标在方案评价中相对于其他指标而言更为重要,技术经济价值法是用技术价值和经济价值来对方案进行评价的方法,该方法的步骤如下:

① 确定技术评价值 X

$$X = \frac{\sum_{j=1}^{n} P_j}{n P_{\max}} \tag{6.4.1}$$

式中:P_j——方案的第 j 个技术评价指标的实际得分值;

$P_{\max}$——理想方案的技术评价指标得分值;

n——技术评价指标的个数。

② 确定经济评价值 Y

$$Y = \frac{H_i - H}{H_i} \tag{6.4.2}$$

式中:H_i——原有成本;

H——新方案的预计成本。

③ 确定综合评价值 K

$$K = \sqrt{XY} \tag{6.4.3}$$

④ 确定最优方案

以 K 值最高的方案为最优方案。

例 6.4.1 已知某产品的生产方案有甲、乙、丙三种,其技术评价指标为 A、B、C、D、E 五种,技术评价得分如表 6.4.3 所示。该产品原有成本为 20 元一件,新方案预计成本为:甲:18 元;乙:16 元;丙:12 元。试用技术经济价值法确定最优方案。

表 6.4.3　　　　　　　　某产品各生产方案技术得分表

技术评价指标	甲方案	乙方案	丙方案	理想方案
A	3	3	1	4
B	4	3	2	4
C	3	2	1	4
D	3	2	2	4
E	1	3	0	4

解 (1)确定技术评价值 X:$X_甲 = \frac{14}{5 \times 4} = 0.7$;同理,$X_乙 = 0.65$,$X_丙 = 0.3$。

(2)确定经济评价值 Y:$Y_甲 = \frac{20-18}{20} = 0.1$;同理,$Y_乙 = 0.2$,$Y_丙 = 0.4$。

(3)确定综合评价值 K:$K_甲 = \sqrt{0.7 \times 0.1} = 0.26$;同理,$K_乙 = 0.36$,$K_丙 = 0.35$。

(4)确定最优方案:乙方案的综合评价值最大,故为最优方案。

6.4.3 提案审批和实施

1. 提案审批

经过综合评价选出的方案,是价值工程人员向主管部门推荐的拟实施的方案。为了使方案得到上级主管部门的认可,需要将方案实施等问题写成提案形式,报送相关部门审批。提案一般包括以下内容:

(1) 价值工程课题、内容摘要及工作小组成员。

(2) 功能分析的结论,新方案与原设计(或产品)在基本功能和辅助功能上人们的满意程度方面的差别,以及产品质量、结构等方面的区别。

(3) 成本分析结果,对比成本额,预测企业经济效益和社会效益。

(4) 功能评价的结论、价值提高的情况。

(5) 技术、经济上尚存问题的说明。

(6) 重要的实验结果、相关的情报、资料、图纸和数据等,可以附在相关内容之后,或作为提案的附件。

2. 方案实施

如果提案通过审批,就要拟定计划,组织实施。一般从以下四个方面对方案的实施作出具体的安排和落实:

(1) 组织落实。把具体的实施方案落实到部门和相关人员。

(2) 经费落实。落实经费的来源及使用方法。

(3) 条件落实。做好物资、装备的准备。

(4) 时间落实。妥善安排实施方案的始、末时间及各阶段的时间。

3. 价值工程活动成果的评价

整个价值工程活动结束后,要以经济效果对其成果进行总结和评价,这种总结和评价是改进后产品正式投产的前提条件,评价的指标主要有下列几项:

(1) 成本降低率 $=\dfrac{\text{改进前单位成本}-\text{改进后单位成本}}{\text{改进前单位成本}}\times 100\%$;

(2) 全年净节约额 $=$(改进前成本$-$改进后成本)$\times$年产量$-$价值工程活动经费;

(3) 节约倍数 $=\dfrac{\text{全年净节约额}}{\text{价值工程活动经费}}$。

§6.5 价值工程应用实例

某企业生产的多用途活动房屋,采用屋面板、外墙板、内隔板、楼板等大型板材装配而成,具有结构牢靠、安装快、重量轻、占地省、隔热保温性能好等优点,但也存在造价高、运输不便的缺点。为扩大销路,该企业决定对产品进行改进,为此确定的目标是在保证必要功能的基础上降低生产成本。

6.5.1 价值工程对象的选择

根据多用途活动房屋造价的构成特点,价值工程小组运用 ABC 法对各项费用进行分析，如表 6.5.1 所示。最后将 A 类的材料费作为价值工程活动的对象。

表 6.5.1　　　　　　　　某企业生产成本的 ABC 分析表

序号	ABC 分类	内容	项目数		成本	
			项数	占总数/%	金额/元	占总费用/%
1	A	材料费	1	14.285	87 574.28	70.39
2	B	人工费	1	14.285	20 613.55	16.57
3	C	其他费用	5	71.430	16 228.17	13.04
	合计		7	100.000	124 416	100.00

6.5.2 功能分析

价值工程人员首先对多用途活动房屋的 12 个主要构配件的功能进行分析，通过回答"该构配件是干什么用的？"的问题来定义各个构配件的功能。各主要构配件的功能定义如表 6.5.2 所示。通过回答"怎样实现这个功能？"的问题进一步确定各个构配件的下位功能。

表 6.5.2　　　　　　　　主要构配件的功能定义表

序号	构配件名称	功能定义
1	屋面板	遮蔽顶部
2	外墙板	围护室内空间
3	内墙板	分隔内部
4	楼板	分隔上、下空间
5	楼梯	联系上、下
6	窗	采光通风
7	门	方便进、出
8	连接件	方便拆、装
9	电器	方便用电
10	走廊	联系交通
11	地框	承受荷载
12	包装箱	安全运输

价值工程小组对多功能的材料采用专家多人评分的办法进行功能费用分摊，从而取得了各功能的现状成本及相应的成本系数，并且在功能评分的基础上确定了各功能的重要性系数，进而计算得到各功能的价值系数，如表 6.5.3 所示。目标成本的制定采用实际调查法与经验分析相结合的办法，最终确定的总目标成本为 74 439.96 元，将其按功能重要性系数分配可以得到各功能的目标成本。价值工程小组在深入研究的基础上经过多次论证确定的改善对象及其先后次序为：F_2、F_1、F_4、F_3。

表 6.5.3　　　　　　　　　　功能评价计算表

序号	构配件名称	功能项目	功能重要性系数	现状成本/元	成本系数	价值系数	目标成本/元	成本降低幅度/元
1	屋面板	F_1	0.16	18 878.90	0.216	0.74	11 910.39	6 968.51
2	外墙板	F_2	0.15	29 183.75	0.333	0.45	11 165.99	18 017.76
3	内墙板	F_3	0.10	11 650.85	0.133	0.75	7 444.00	4 206.85
4	楼板	F_4	0.13	16 136.08	0.184	0.71	9 677.19	6 458.89
5	楼梯	F_5	0.09	1 339.47	0.015	6.00	6 699.60	-5 360.13
6	窗	F_6	0.06	2 044.00	0.023	2.61	4 466.40	-2 422.40
7	门	F_7	0.08	2 176.00	0.025	3.20	5 955.20	-3 779.20
8	连接件	F_8	0.05	62.73	0.001	50.00	3 722.00	-3 659.27
9	电器	F_9	0.06	1 320.00	0.015	4.00	4 466.40	-3 146.40
10	走廊	F_{10}	0.04	3 125.43	0.036	1.11	2 977.60	147.83
11	地框	F_{11}	0.05	1 129.07	0.013	3.85	3 722.00	-2 592.93
12	包装箱	F_{12}	0.03	528.00	0.006	5.00	2 233.20	-1 705.20
	合计		1.00	87 574.28	1.000		74 439.96	13 134.32

6.5.3　确定改进方案及其评价

对作为价值工程分析对象的 F_2、F_1、F_4、F_3 四项功能领域，在其各自的子功能分别进行功能成本及目标成本计算，找出价值系数小于 1 的子功能，作为改善价值、降低成本的对象。活动房屋价值改善目标可以归纳为承受荷载、保护壁板、保温隔热、美观及形成壁板等功能。通过在生产单位组织运用"头脑风暴法"，共获得改进方案 31 个。对这 31 个改进方案，邀请专家作出初步评价，排除了目前不具备条件的 16 个方案。通过对全国同类生产厂家的调查，落实了所提出的功能改造方案的可行性，在对各种可行方案进行组合并考虑其经济上的合理性后，最终得到 4 个技术、经济均可行的组合方案，通过加权评分法对这 4 个方案进行评价，评价过程如表 6.5.4 所示，组合方案 Ⅱ 的加权得分值最高，为最优方案。在对采用组合方案 Ⅱ 的材料节约效果进行估算后，价值工程小组认为在多用途活动房屋的改进设计中应用价值工程可以收到显著降低成本的效果。

表 6.5.4　　　　　　　　　　组合方案评价计算表

指标	适用	美观	安全可靠	维修费	造价	方案的加权评分和
权重系数	0.4	0.1	0.2	0.1	0.2	
方案	满意程度评分（百分制）					
Ⅰ	72	81	90	78	75	77.7
Ⅱ	85	90	80	80	90	85.0
Ⅲ	65	70	88	75	72	72.1
Ⅳ	82	90	80	80	85	82.8

习 题 6

1. 什么是价值工程？简述其工作程序。
2. 收集情报对开展价值工程活动有何重要作用？应收集哪几个方面的情报？
3. 试论述功能评价的概念、作用及计算方法。
4. 简述方案评价的基本内容。
5. 某建筑产品包括 13 种构配件，其成本数据如题 5 表所示，试用 ABC 分析法选择价值工程研究对象，并绘制 ABC 分析图。

题 5 表

构配件名称	a	b	c	d	e	f	g	h	i	j	k	l	m
件 数	1	1	2	2	10	1	1	1	1	1	1	2	1
单件成本/元	342	261	206	161	180	73	67	33	32	19	11	10	8

6. 某建筑产品功能评分与实际成本如题 6 表所示，经分析对象 D 的功能评分和成本比较匹配，试运用基点法计算价值系数和成本改善期望值。

题 6 表

评价对象	A	B	C	D	E	F
功能评分	60	18	25	8	58	20
实际成本/元	203.45	77.35	92.95	25.00	162.50	75.10

7. 某产品的 4 个功能领域的重要程度系数及现状成本列于题 7 表中，若总目标成本为 900 元，现要对其进行功能评价，并按成本降低幅度大小选择改善对象，试完成题 7 表。

题 7 表

功能	现状成本/元	重要程度系数	成本系数	目标成本/元	价值系数	成本降低幅度/元	改善先后顺序
F_1	572	0.47					
F_2	288	0.32					
F_3	144	0.16					
F_4	125	0.05					

第 7 章　建筑企业管理概论

§7.1　企　业　概　述

7.1.1　企业的概念、特征与类型

1. 企业的概念

企业是一个历史的概念，企业是生产力发展到一定水平的产物，是随着商品经济的不断发展而发展的。资本主义社会以前，企业仅仅是个别的、少数的、简单的经济组织。到了资本主义社会，作为社会基本经济单位的企业才大量出现。现代社会，企业已成为一种普遍存在的经济组织形式。

现代意义上的企业，是指从事生产、营销或服务活动的经济组织，是为满足社会需要并获取盈利而进行独立生产、独立经营、独立核算，是具有法人资格的基本经济单位，是国民经济体系中的一个实体，是社会的基层单位。

2. 企业的基本特征

正确理解企业的概念，应注意掌握以下四个特征：

(1) 企业是盈利性的经济组织

盈利性是企业与行政组织、事业组织和其他社会组织的根本区别。企业必须追求经济效益和获取盈利，因为盈利是企业创造附加价值的重要组成部分，也是社会对企业所生产经营的产品和服务能否满足社会需要的认可和报酬。只有把追求利润最大化作为企业的主要行为特征，人们对企业的认识才真正深化。

(2) 企业必须自主经营、自负盈亏

自主经营就是企业能够在国家宏观调控指导下，根据市场需要，自主地对生产经营计划、物资安排、资金留用、产品和劳务定价，以及企业内部的劳动、人事、工资、奖金分配等做出决策并具有组织实施的权利。自负盈亏就是企业能够对其经营后果独立地享有相应权益和承担相应责任的行为。

(3) 企业应承担社会责任

企业概念中的"以满足社会需要"应作广义的理解。满足社会需要不仅指满足客户的需要，还包括满足投资者、政府机关、金融机构、协作企业、同行业竞争者、企业职工、周围居民，以及一切与之相关社会团体的需要。当然，这些不同对象的需要有时会产生矛盾，企业必须经过权衡在一定程度上满足他们的需要以后，企业才能正常运转并获取盈利，从而得以生存和发展。从这个角度看，企业不能只为自身谋取利益，而且要肩负兼顾各方面利益的社会责任。企业的社会责任还包括为社会提供就业岗位，防止环境污染，节约国家

资源等。

(4) 企业必须具有法人资格

法人是相当于自然人而言。所谓法人，是指具有一定的组织机构和独立财产，能以自己的名义进行民事活动，享有民事权利和承担民事义务，按照法定程序成立的组织。法人一般应具备以下条件：①必须正式在国家相关部门注册备案，完成登记手续；②应有专门的名称、固定工作地点和组织章程；③具有一定的组织结构和独立财产，实行独立核算；④能独立对外。

3. 企业的类型

企业作为社会生产的一种基本组织形式，随着社会分工的逐步深化和生产经济的不断发展，其形态也日益多样化，出现了各种类型的企业。

(1) 按生产资料所有制形式分类

①国有企业。也就是人们所说的全民所有制企业，其特点是生产资料归国家或全民所有，企业作为独立的或相对独立的经济单位拥有法人财产权，根据生产导向的原则进行自主经营、自负盈亏。

②集体所有制企业。是指在一定范围内的劳动群众集体占有生产资料的企业，集体所有制企业是独立的经济单位，自主经营，自负盈亏。在我国目前的集体所有制企业中，又分为城镇集体所有制企业和乡镇集体所有制企业。

③私营企业。是指企业资产属于公民私人所有，以雇佣劳动为基础的盈利性经济组织。包括所有按国家法律规定注册的私营独资企业、私营合伙企业和私营有限责任公司。

④外资企业。是指外国投资者或企业和其他经济组织与个人，根据我国涉外经济的法律、法规规定以合资、合作和独资的形式在中国境内开办的企业。外资企业包括中外合资经营企业、中外合作经营企业和外商独资企业三种形式。

⑤合营企业。是指两个或两个以上不同或相同所有制企业或个人共同投入资金、设备、技术及其他资源，通过协议共同经营的企业。合营形式有同一所有制或不同所有制的合营、公私合营、中外合营等。

(2) 按组织形式分类

企业的组织形式，是指企业组织的形态和方式。按其资金来源和构成，可以分为以下基本类型。

①独资企业。又称个人企业，是指个人投资经营的企业，其投资者对企业债务承担无限责任。这种组织形式的优点是：投资者集使用权与经营权于一身，经营灵活，便于分散设立，方便顾客；但由于个人资金、能力等的局限，不可避免地限制了企业的发展。适用于零售企业、零星维修等企业。

②合伙企业。是指若干人共同投资、共同经营、共享利益、共负无限责任的企业。合伙人不以出资为限，都有表决权。与个人企业相比，较易筹集资金，规模也较大，但在决策效率、资金转让等方面有一定的局限性。

③无限公司。即无限责任公司，是由两人或两人以上的股东组成的法人单位。全体股东共同出资，并对公司的债务承担无限责任。由于公司股东对债务承担无限责任，保证了债权人的利益，公司信誉度较高；但由于这一点，使出资人的责任、风险增加，筹集资金渠道有限，转让资金较为困难。

④有限责任公司。简称有限公司,即由一定人数的股东组成,股东以其出资额为限对公司承担责任,公司以其全部资产对公司债务承担责任的公司。

⑤股份有限公司。简称股份公司,股份有限公司是指资本由等额股份构成,并通过发行股票筹集资本,股东以其所认购股份对公司承担有限责任,公司以其全部资产对公司债务承担责任的公司。股份公司筹资能力强,可以广泛吸收社会闲散的资本集中使用,有效地分散投资风险。公司所有权和经营权的分离使股东个人的变故不会影响公司的长期存在和发展。股份有限公司亦有若干缺点,如设立程序比较复杂;定期公布财务状况,保密性较差;少数大股东可能操作公司、股东流动性大。

⑥两合公司。两合公司是指由无限责任股东和有限责任股东共同投资组成的公司。无限责任股东对公司债务负连带无限责任,因其承担的风险大,在公司享有管理权;有限责任股东以出资额对公司债务负有限责任,承担风险较小,因此只有对公司经营的监督权。无限责任股东在公司中享有控制权,管理公司的业务活动;而有限责任股东不能管理公司业务,也不能对外代表公司,若要转让股份,必须得到半数以上无限责任股东的同意。两合公司兼有无限公司信誉好以及有限公司易于集资的优点。

⑦企业的联合组织。企业联合组织是大企业为避免在竞争中两败俱伤,通过谈判,签订协议等方法,谋求协同行动和利润分享而成立的一种联盟。

(3) 按照企业的法律资格划分

①法人企业。法人企业是指具有法人资格,即在法律上具有独立"人格"的企业。一般来说,有限责任公司和股份有限公司是法人企业。

②非法人企业。非法人企业是指不具有法人资格,在法律上不能作为权利主体的企业,也称为自然人企业。一般来说,独资企业和合伙企业通常被认为是非法人企业。这类企业的特点是在法律上不能脱离其出资人而独立。表现为:1) 非法人企业参与法律关系时,通常由出资人或企业的业务执行人进行。独资企业的出资人与其他主体发生关系时,可以用自己的名义,也可以用独资企业的名义,后果由本人负责。2) 当非法人企业的财产不足以偿还债务时,由出资人或合伙人以自己的其他财产进行偿还,即承担无限责任。

7.1.2 建筑企业的概念和类型

1. 建筑企业的概念

建筑企业是指从事建筑产品生产的"自主经营,独立核算,自负盈亏,自我发展"的经济组织,是具有法人资格的基本经济单位。一般所说的建筑企业,是指从事土木工程、建筑工程、线路管道设备安装工程、装修工程等的新建、扩建、改建活动的企业。建筑企业和一般工业企业一样,都是把资源投入到产品的生产经营过程中而形成产品。建筑产品包括土木建筑工程的建筑物和构筑物,如住宅、厂房、教学楼、办公楼、医院、商场、宾馆、文化设施、道路、桥梁、大坝、管线等。

2. 建筑企业的类型

(1) 按产品分类

根据建筑企业所加工或形成的建筑产品划分,有住宅建筑公司、市政建筑工程公司、设备安装工程公司、机械施工公司、土石方、基础施工公司、维修公司、维修工程公司以及建设开发公司等。

(2)资质分类

国家建设部 2001 年 7 月颁布的《建筑业企业资质管理规定》规定,建筑企业根据资质分为施工总承包、专业承包和劳务分包三个序列。

获得施工总承包资质的企业,可以对工程实行施工总承包或对主体工程实行施工承包。承担施工总承包的企业可以对所承接的工程全部自行施工,也可以将非主体工程或劳务作业分包给具有相应专业承包资质或劳务分包资质的其他建筑企业。

获得专业承包资质的企业,可以承接施工总承包企业分包的专业工程或建设单位按照规定发包的专业工程。专业承包企业可以对所承接的工程全部自行施工,也可以将劳务作业分包给具有相应劳务分包资质的劳务分包企业。

获得劳务分包资质的企业,可以承接施工总承包企业或专业承包企业分包的劳务作业。

(3)分级

国家建设部颁布的《建筑业企业资质等级标准》从 2001 年 7 月 1 日起施行,分为三部分:施工总承包企业资质等级标准包括 12 个标准;专业承包企业资质等级标准包括 60 个标;劳务分包企业资质标准包括 13 个标准。

施工总承包资质、专业承包资质、劳务分包资质序列按照工程性质和技术特点分别划分为若干资质类别。各资质类别按照规定的条件划分为若干等级。例如房屋建筑工程施工总承包企业资质分为特级、一级、二级、三级。地基与基础工程专业承包企业资质分为一级、二级、三级。木工作业劳务分包企业资质分为一级、二级。

7.1.3 建筑企业的责、权、利

企业的责、权、利,首先是由企业的性质决定的。私有制企业,生产资料归私人所有,企业有绝对的支配权和完全的经营决策权,企业只能是执行国家的政策、法令和依法纳税。公有制企业,生产资料归集体或全民所有,因此只能在国家赋予的责、权、利范围内,在国家的政策、法令指导下,独立从事生产经营活动。

企业的责权利还取决于国家对企业的经济管理体制。在改革开放之前,企业政企职责不分,国家统购包销,企业吃国家的"大锅饭"。经济体制改革之后,企业的所有权和经营权分离,赋予国有企业充分的经营自主权,使之成为独立的商品生产者和经营者。

1. 建筑企业的责任

在责、权、利三者的关系中,应是以责定权,以责定利。企业应有的责任如下:

(1)坚持"四项基本原则",自觉遵守国家的相关法律和法规;

(2)按期完成国家计划和用户的生产任务,对国家和用户负责,执行合同,依法纳税;

(3)保障固定资产的正常维修、改进和更新,确保企业财产的保值和增值;

(4)坚持合理的建设程序和施工顺序,不断改善管理,提高质量,保证安全,缩短工期,降低成本,加速资金周转,提高经济效益;

(5)培养人才,积极采用先进的科学、技术和管理,不断提高企业的素质;

(6)正确处理国家、集体和个人的利益关系,提高职工的物质文化生活水平。

2. 建筑企业的权限

按照责、权统一,有责有权的原则,建筑企业承担责任后应具有如下权力:

(1)生产经营决策权。
(2)自主支配和统筹使用资金权。
(3)劳动人事管理自主权。
(4)对外经营权。
(5)人事管理权。
(6)拒绝摊派权。
(7)建筑产品、劳务承包定价权。
(8)产品销售权。
(9)资产处置权。
(10)工资、奖金分配权。
(11)内部机构设置权。
(12)联营、兼并权。
(13)投资决策权。
(14)承包工程所需物资采购权。

3. 建筑企业的利益

责、利统一,有责有利。以完成责任的优劣确定利益的多少。给企业应有的经济利益,是社会主义按劳分配、物质利益原则和经济规律的客观要求。利益的具体体现是:

(1)税后利润归企业自行支配,多创多留。
(2)分配中多劳多得,激励职工的积极性。
(3)效益好的企业,在投资、贷款和自筹资金中,可以获得扶植政策。
(4)多创利,福利多,如建住宅和文化设施。
(5)多创利,多智力投资(培训)。
(6)对优秀企业予以奖励和升级。

7.1.4 建筑企业的素质及其内容

1. 建筑企业素质的概念

建筑企业的素质是企业的领导力、组织力、管理力、技术力和人力、物力等组成的内在因素的集合力和外在表现力,是企业生存和发展的能力。企业素质随时间而变化,是动态的,不是一成不变的。

2. 企业素质的内容

企业是由人、财、物等各种要素组成的,并按照一定的方式进行生产经营活动。企业素质一方面是由各种要素共同作用、综合发挥的程度所决定;另一方面又由各种因素或要素的素质所决定。因此,企业素质包括内在因素的集合力和外在表现力两个方面,如图7.1.1所示。

(1)内在因素的集合力

企业素质的内在因素,主要是指人的素质、技术素质和管理素质。

①人的素质包括领导班子的素质和职工队伍的素质。领导班子是指企业领导层、中层和基层的各级领导班子,其中主要是领导层,是企业重大决策的核心,对决策起着重要作用,是企业生产经营的指挥部,是企业生产经营业绩好坏的关键。因此,提高企业的人员

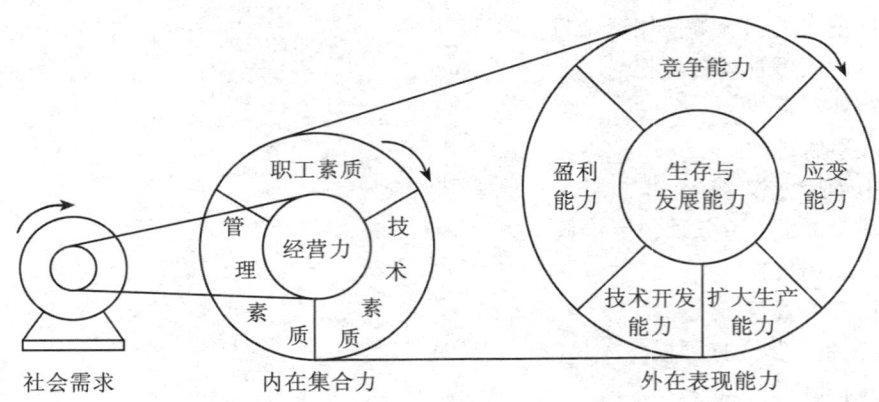

图 7.1.1　企业素质图

素质，首先是提高企业领导班子的素质。

企业领导班子的素质包括领导者个人素质和领导班子成员的集体素质。个人素质，是指企业各级领导者的素质，企业领导者的素质主要是指领导成员应具备的思想政治水平、政策水平、文化程度、业务能力、领导能力和领导作风，以及年龄和健康状况，等等。企业领导的集体素质，是指所有领导者相互配合、共同工作的素质，主要是指领导班子的结构，包括年龄、知识、专业和才能结构，要求领导班子在才能、专业、知识和年龄上适当搭配，具有集合力和凝聚力，有效合作。

职工队伍素质，是指除领导班子之外的个人、工程技术人员和管理人员的素质。每个职工的素质包括思想觉悟、文化程度、技术和各项专业知识水平，处理技术和业务的能力。职工队伍的素质是企业素质的基础，其水平与能力的高低，对产品质量、物资节约和劳动效率，具有重要作用。

②技术素质，是指企业具有一定技能的人员，运用企业劳动手段对劳动对象进行加工改造的能力。建筑企业的技术素质主要是指企业的技术骨干的素质、技术装备水平和施工工艺水平，是搞好企业生产经营的物质基础。技术素质是推动技术进步的能力，是构成生产力和实现企业产品战略的能力。

③管理素质，是指企业的管理者在生产经营活动中协调配合，综合发挥作用的程度。管理素质包括管理思想、管理组织、管理方法和管理手段的科学化、现代化程度，以及管理的标准化、信息化、制度化等基础工作所达到的水平。管理素质意味着管理水平的高低或是对生产经营活动进行计划、组织、控制、激励所综合发挥作用的程度。管理是生产力，管理涉及企业的各个方面，是现代企业的必要条件，是提高企业效益的推动力、创造力和生产力，是企业各种素质能否最佳地结合起来的重要标志。

（2）外在表现力为企业生存和发展的能力

1）生存能力。主要包括：

①竞争能力。企业的竞争力表现在工程质量、建设工期、工程成本和服务质量等方面的优势，在国内外获得的社会信誉，在同等条件下获得工程任务的能力，即在投标中得标率的高低。

②应变能力。企业对施工任务、条件和经营环境等因素的适应程度,承受不可预见的冲击的适应能力,还表现为风险预测和控制的能力。

③盈利能力。企业在投标报价范围内,通过科学合理的技术组织,提高劳动生产率,降低成本消耗等正当途径,提高企业的利润水平。

2) 发展能力。主要包括:

①技术开发能力。企业有无创新的活力,能否采用新技术、新材料、新工艺,创造出新的施工水平。

②扩大再生产能力。企业扩大再生产有两种途径,即内涵扩大再生产和外延扩大再生产。内涵扩大再生产主要是通过挖掘潜力、提高资源的利用率来扩大再生产;外延扩大再生产是依靠企业的财力、物力来建造与添置新的固定资产来扩大再生产。

3. 提高企业的素质的途径

提高企业的素质需要从内部着手,积极主动地创造与改善自身条件,这是提高企业素质的出发点。同时,还要采取外因与内因相结合的方法,让外因成为压力、内因成为动力,依靠群众、勇于改革,努力提高企业的素质的战略。

(1) 利用外因

利用经济体制改革的动力,进行企业生产经营的改革,使企业在竞争的环境中具有活力,具有竞争取胜的能力。

(2) 关键是内因

这就要求领导班子的年龄、专业、知识和才能结构合理,领导成员不断的进行知识更新和继续教育,提高技术和管理水平;采取多种形式的全员培训,在加强各项基础工作的实践中培养和锻炼职工队伍,在推进企业生产、技术进步中使企业的组织、人员、设备、资金和技术优化组合;做到施工的多样化和专业化相结合,自觉、主动适应环境变化的需要,社会的需要就是企业的经营方向。同时,搞好信息情报管理,加速信息系统的运转。

§7.2 建筑企业的战略与经营

7.2.1 建筑企业的战略

1. 企业战略的概念与特征

商品经济的特点就是通过市场竞争,优胜劣汰,使那些能适应市场的优秀企业脱颖而出,从而推动整个经济的迅速发展。从企业的角度出发,为了提高自身的生存能力与经济效益,必须制定适应内外环境的科学的企业战略,才能战胜竞争对手,保持应有的市场份额。

企业战略可以定义为:企业在市场经济竞争激烈的环境中,在总结历史经验、调查现状、预测未来的基础上为谋求生存和发展而做出的长远性、全局性的谋划和方案,企业战略是企业经营思想的体现,是一系列战略性决策的结果,又是制定中长期计划的依据。

企业战略是企业与不断变化的外部环境间谋求平衡的一种规定,是关于企业经营方向和解决经营活动中所遇到的问题所应遵循的全局性、长远性和指导性的原则和规定。

从上面的定义,我们可以归纳出战略的最根本特征:

(1)企业战略具有全局性。这是企业战略的最根本特征。

(2)企业战略具有长远性。企业战略的着眼点是企业的未来,是为了谋求企业的长远利益,而不是为了求得眼前的利益。

(3)企业战略具有纲领性。

(4)企业战略具有抗争性。

(5)企业战略具有风险性。企业战略考虑的是企业的未来,而未来是不可确定的,所以企业战略必然有一定的风险性。

2. 企业战略的构成

企业战略由企业设想,企业外部和内部环境分析,企业总体战略,企业行业环境和经营实力分析,企业经营设想和经营战略,企业职能战略和企业行动方案等要素构成。这些因素之间的关系如图 7.2.1 所示。

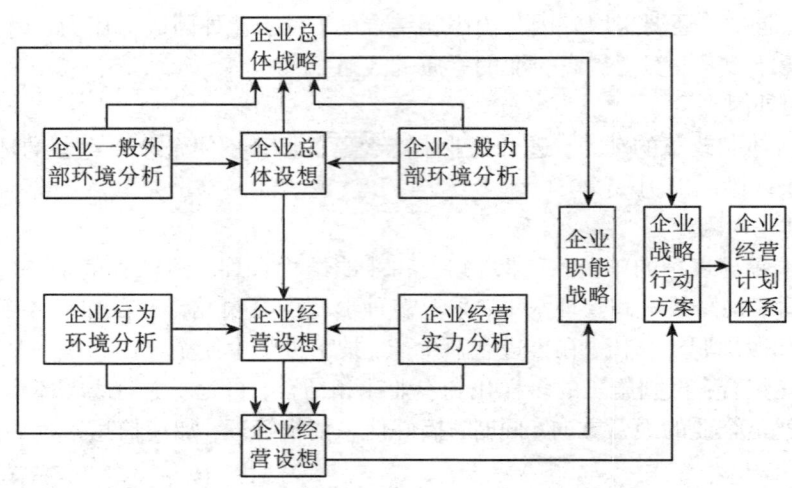

图 7.2.1　企业战略的构成图

3. 企业战略的类型

企业战略主要分为以下三个类型:企业总体战略、企业竞争战略、企业职能战略。

(1)企业总体战略

企业总体战略提出一个时期内企业总的经营方向和任务,明确对企业内部各个经营领域和部门的一般要求。常见的企业总体战略可以分为进攻型、防守型和综合型。

当建筑企业不是在一个行业而是准备在多个行业进行多样化经营时,企业不仅需要为每项业务制定经营战略,还需要在更高层次上为企业制定总体战略。企业总体战略就是把企业有机地组织起来,使企业整体功能大于各个业务单位局部功能之和。企业总体战略主要与两个问题有关:企业应该进入哪些领域和企业总部应该如何对企业自身的业务进行管理。

企业总体战略主要包括如何在多个业务领域中经营的多样化经营战略、如何利用外部资源的一体化战略,以及更进一步地如何与其他企业进行整合的合并与兼并战略等。

(2)企业竞争战略

企业竞争战略又称为企业经营战略，是直接面向行业内竞争者的战略。在确定并建立支持总体战略的前提下，企业要围绕着产品、市场或资源上的竞争优势制定经营战略，达到提高企业竞争力的目的。

在企业经营层次上，无论什么样的经营活动最终反映在低成本、差异化和时间安排上，因此，企业竞争战略可以分为三个独立的基本形式：低成本战略、差异化战略和时间竞争战略。

(3) 企业职能战略

根据企业的不同职能部门的功能制定市场经营、技术开发、人员培训、财务与资金等职能战略。

7.2.2 企业经营方式的内涵

企业经营机制是某种具体经营形式的内在机制，经营方式则是一定经营机制的具体体现。企业经营方式，是指企业组织和实现其经济活动所采取的一定形式。企业经营方式是生产关系的具体表现形式，主要是研究采用什么样的方式经营企业，如何正确处理所有者与经营者之间的经济关系。

在现实经济生活中，企业生产资料的所有者同企业的经营者不一定是一个主体，同一性质的所有制企业，可以因所有、占有、支配、使用关系的分离而形成不同的存在形态。亦即，生产资料的所有权和经营权可以分离。

所有权和经营权分离，是生产力发展的客观要求，是一种社会进步。人们往往认为企业的财产归谁所有，就应当由谁经营。其实不然。在人类历史上，就曾出现过两次社会性的所有权和经营权的分离，即封建地主把土地出租给农民耕种，土地所有权归地主，而经营权归承租人，包括怎样耕作及转让。另一次是资本主义社会的资本所有权与经营权的分离。

建筑企业的经营方式，是指建筑企业向用户、业主（即建设单位）或服务对象提供产品或服务的方式；是使企业的生产劳动变为社会的生产劳动的方式；也是组织建筑生产活动所采取的管理方式。

经营方式作为经济活动的方式，必然伴随着生产的发展、科学技术的进步，而不断演变、不断丰富起来。建筑企业必须按照所有权和经营权分离的原则，依据产业性质、企业规模和技术特点，采取不同的经营方式，完善企业经营机制，使企业具有独立经营的经济权力、自负盈亏的经济责任和独立核算的经济利益。

7.2.3 建筑企业经营方式的分类

在早期，建设单位（业主）一般是采取自营方式经营，随着工程规模的扩大和工程技术的发展，自营方式已不能适应时代的要求。为了满足现代工程的需要，目前我国建筑企业的主要经营方式有：

1. 总包——分包方式

这种方式是由建设单位（业主）将建设工程的全部施工任务委托给一个建筑企业承包，然后，由该企业将部分或全部施工任务分包给其他的施工企业。在经营关系中，业主属于甲方，总包和其以下的施工企业属于乙方，二者通过经济合同形成承发包关系。

（1）经济合同的形式有：

①按招标投标价格包定，一次包干，节约归己，超支不补；

②施工图预算加系数包干，一次包干，节约归己，超支不补；

③按建筑每平方米造价包干。

（2）总包——分包方式最突出的优点：

①由于专业化分工的发展，促进了施工专门技术的发展和施工组织管理技术的发展。

②责任分担体系比较合理，建筑企业由于受到合同的严格控制，在确保工程施工期限、降低造价和提高质量上形成一种外部压力，同时又由于当事人双方利益得到合同的保证，使承包人的主动性和积极性得到充分发挥。

但是，采用总包分包经营方式，由于分工愈来愈细，环节愈来愈多，每个环节都有未知因素，因而导致总包单位控制上的难度增加。

2. 设计——施工承包经营方式

这种经营方式取消了传统经营中的施工总包环节，即由设计、施工一体化经营企业承担总包角色。企业不必等到设计文件成套齐备，就可以分项施工。这种方式可以减少中间的合同变更，提前开工，加快工程进度，并简化了用户的管理工作。

3. 交钥匙方式

这种经营方式又称开发式经营、一揽子承包等。名称各不相同，方式上也各有差别。但大体上都是指建设单位授权或发包给一个建设企业（如开发公司），由该企业进行计划、设计直到施工、竣工。建设单位只须等待"交钥匙"之后开启使用。这种方式在民用建筑上得到广泛应用。其优点是承建单位可以腾出时间，最大限度地考虑建设后的运营及其利益，同时减少计划、设计、施工之间的矛盾。

4. 联合经营方式

联合经营方式是两家以上的企业联合向建设单位投标（包括与设计、供应、销售、房地产的联合），按各自投入的资金或人力的份额分享利润并承担风险；或作任务上的划分，各自负责，承担风险。由于几家联合，资金雄厚，技术及管理上取长补短，能够各自发挥自己的优势。同时在投标中由于几家同时作价，在标价和投标策略上得到交融，因此，提高了竞争能力。联合经营在国际工程中应用相当普遍，因为和当地企业联合经营有利于对当地国情民俗的了解和适应。

5. 建后出售方式

这种经营方式是商品建筑的市场方式，是不依靠发包人而独立经营的方式。通过征地、筹资、开发、营销等方式进行市场经营活动。

6. CM 方式

CM 方式是工程管理方式（Construction Management）的简称。在这种经营管理方式中，除了业主、设计和施工三者外，又出现了第四者即工程管理者到工程建设中来。工程管理者作为用户委托的代理人，用其熟练的管理技术，进行全面的系统管理，以最短的工期、最小的费用、最优的质量去完成建设任务。工程管理者的职能是：负责规划；进行设计咨询；估算总投资；对工程进行检查和验收；协调劳资关系；调整合同；管理成本和建设全过程。工程管理者可以是一个人、几个人或者一个公司，代表业主履行全部建设任务。CM 方式改变了过去那种需要设计图纸全部完成以后才能进行投标的连续建设生产方式，而是采用在工程的一部分设计完成以后分别发包的阶段发包方式。CM 方式可以缩短从工程计划开始到竣工移交的时间，节约建设投资。建设单位可以提前使用该建筑物，从而提前获得经济效益。

7. BOT 方式

BOT 方式是英文 Build-Operate-Transfer 的缩写，即建设——经营——转让，是吸收外资和私人资本，进行政府工程基础设施建设的重要方式。通常是由政府授权的项目公司负责筹集资金并建设，政府给予一定期限的特许权，建成后进行经营，以获得回收投资、赚取利润。到达期限后再无偿转让给政府。

§7.3 建筑企业的管理原理

7.3.1 企业管理及其性质

1. 企业管理的概念

管理一般意指经由他人的努力来完成工作目标的活动。管理是一个设计和保持这样一个环境的过程，使得个人与组织一起工作，从而能有效地完成事先选定的目标。管理的概念并不止于吩咐下属为管理者的组织来完成工作，还要考虑效益和效率的问题。首先是讲效益，即"干正确的事"，然后是讲效率，即"用正确的途径来干事"。管理是这样的一种工作，能综合和指导资源的利用，从而达到某种目标。管理工作极其重要，没有良好的管理，资源则不能有效地利用，从而也就不能有效地完成预定的目标。相关历史经验证明，西方工业的现代化除了靠现代化的科学设备和技术之外，管理科学化也是一个重要的因素。

综上，我们可以得出这样的结论：管理，是管理者通过计划、组织、指挥、协调和控制等环节来有效地获得和利用各种资源以期达到预期目标的综合活动过程与科学技术。

企业管理就是按照企业生产资料所有者的利益和意志，对企业的生产活动进行计划与决策、组织与指挥、控制与协调、教育与激励，使各项工作在时间上、空间上协调动作、紧密配合，以保证企业预期目标的实现。

建筑企业管理就是为保证建筑企业生产经营活动的正常进行，实现企业的预定目标，而对企业的生产、技术、经营等活动进行计划、组织、指挥、协调和控制。

2. 企业管理的二重性

企业管理的二重性，是指企业管理具有自然属性和社会属性，如图 7.3.1 所示。

任何社会的生产过程都是在一定的生产关系下进行的。生产过程具有二重性，生产过程既是物质资料的再生产，又是生产关系的再生产，因此对生产过程的管理也存在着二重性。所谓企业管理的二重性，是指企业管理既有同生产力、社会化大生产相联系的自然属性，又有同生产关系、社会制度相联系的社会属性。一方面，管理作为一种独立的社会职能，是生产力发展和社会分工的结果，是社会劳动过程的一般要求，属于合理组织生产力的指挥劳动，表现为劳动过程的普遍形态，为一切社会化大生产所共有，由此形成管理的自然属性。管理的这种属性对任何企业都是一样的。因此，管理是合理组织生产过程，使劳动对象、劳动手段和劳动力得以有效组合，形成生产力的必要条件。另一方面，管理又是一定生产关系的要求，是一种监督劳动，执行着维护和巩固生产关系，实现特定社会目

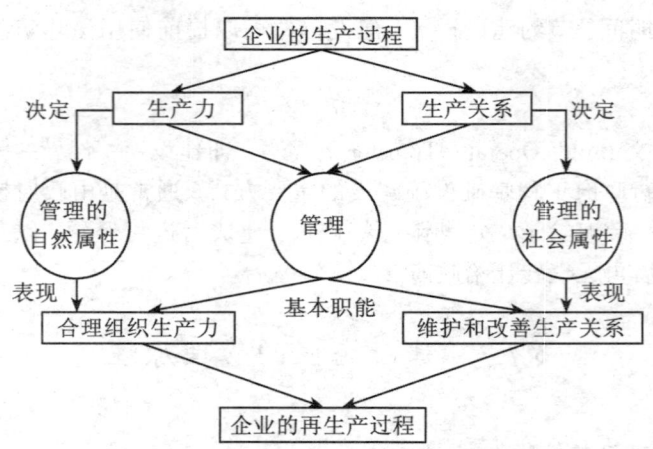

图 7.3.1　企业管理的二重性示意图

的的职能。表现为劳动过程的特殊历史形态，为某种生产方式所特有，由此形成管理的社会属性。不同生产关系的企业，其管理的社会属性有着根本的区别。社会主义企业管理是维护和完善社会主义生产关系，发展社会生产力，满足人民日益增长的物质生活和文化生活的需要。从管理的社会属性来分析，社会主义企业管理和资本主义企业管理具有本质上的区别。

根据二重性原理，在企业管理中，我们既要注意适应现代化大生产的要求和我国现阶段的经济发展水平，科学合理地组织生产力。同时，也应该重视社会属性的要求，重视社会主义的生产目的和民主管理的性质，尊重劳动者的意志和切身利益，通过管理维护社会主义的生产关系，促进社会主义企业生产力的发展。

3. 管理要素

建筑企业与其他企业一样，其发展必然离不开人、财、物、产、供、销这六大基本要素，但要使企业不断成长、不断壮大，除了以上基本要素的合理运用之外，还应当进一步强化以下观念来指导企业的管理。这些观念也被称为现代企业管理的"五要素"。

（1）企业经营理念

在现代的企业管理中，明确的战略目标和灵活的战术运用，是企业制胜的法宝。具有远见卓识的现代企业、管理战略理念和目标规划是企业决策者充分体现其领导风范和经营水准的重要目标。市场是一个复杂的系统，只有通过大量的市场调研，准确分析市场环境、行业动态、国家政策法规、竞争对手、区域特点、客户状况等，才能正确面对市场需求、抓住市场核心。

（2）企业文化理念

一个企业如果不能创造优秀的企业文化和形成良好的工作习惯，便无法形成良性的企业管理氛围，很难提高团队的战斗力，企业的管理效率和效能。优秀的企业文化应涵盖"做人坦诚，做事认真，诚信服务和共同发展"等道德思想、培养员工的敬业精神，形成"追踪、确认、协调、团结和奋进"的良好工作习惯，从而缔造有现代管理意识和工作作风的现代企业人。

(3)企业发展目标

企业不应只以经济指标为发展目标,更重要的是应该具有战略规划目标。战略规划目标决定了企业的发展方向和奋斗目标,体现了企业的战略思想和经营理念,反映了企业最高管理者应具备的现代化企业的基本素质。

①销售目标。目标的设定应掌握具有可行性和挑战性的原则。可行性即经过艰苦努力后,80%的目标可以达到;挑战性即通过超常奋斗后,20%的目标可以超额完成。

②品牌目标。企业应规划:3年、5年、10年的品牌发展及战略目标。

③人才发展战略规划目标。"企业止于人也。"慕才、育才、用才和留才是企业人才战略的重要思想。通过建立合理的组织结构,明确岗位的职责,推行良好的管理程序,以强有力的制度保证和系统化的员工培训,改变传统观念和行为习惯,培育一批现代化企业管理人才,逐步使管理队伍职业化。

(4)管理体系

企业的高层管理者都会寻求适合自己的管理体系,关键是选择怎样的管理模式。以目前现代企业管理的"计划、组织、用人、指导、控制"的职能为核心,选择具有中国国情的扁平化管理模式为最佳。这种管理模式的主要特点是:董事会领导下的总经理负责制,充分发挥职能部门的管理功能,以垂直管理、一级负责两级监督、横向联系为原则,建立企业管理体系、销售管理体系、财会管理体系、市场策划推广体系、人事行政管理体系、储运管理体系。通过规范化、制度化、文字化、表格化、信息化管理发挥团队效应,提高管理水平。

(5)价值观

没有正确的价值观,就不能塑造优秀的企业团队,因此,企业的价值观不仅体现在企业的经营管理水平,而且创造企业品牌形象和品牌价值,企业从高层管理者到一般员工都应树立正确的价值观,以优良的产品和服务回报企业,企业应视人才为企业最大的无形资产,招贤纳才,员工应视企业为自己的发展平台和学府,发奋进取,提高素质,推动企业发展!

4. 企业管理的职能

管理职能是指管理者所具有管理本质的外在根本属性及其所应发挥的基本效能。企业管理职能,是指企业管理者为了实行有效管理所必须具有的职责和职能,体现在生产经营活动过程中。我国企业管理的职能分为四个方面八项基本职能。

(1)计划与决策

计划是指管理人员根据客观和主观条件,依据企业内外信息对未来一定时期内企业的生产经营活动,制定计划、策略、方案,以达到组织机构的目标的管理职能。计划包括预先选择企业目标及寻找达成目标的方法。计划是针对未来行动的事先安排,而未来是不确定的,这就需要对未来的预测。计划工作是否完善对于企业和营运的成败有着极为密切的关系,这正如人们常说的"凡事预则立,不预则废"。

决策是针对企业的目标和发展方向,从众多的生产经营方案中选取一个最佳方案的过程。由于科学技术的发展及市场竞争的加剧,企业所面对的外部环境变化越来越快,企业的兴衰成败往往决定于其领导者是否能迅速准确地做出决策并有效地实施决策,所以说:"正确的决策可以说是成功的一半"。

计划是企业从事生产经营活动的行动纲领,是企业管理的起点和归宿的评价标准,是对人、财、物诸因素进行全面的综合的平衡过程。

(2)组织与指挥

组织职能是指管理人员按照计划的要求,建立适当的组织机构,调配适当的人力、物力,确保计划所要求的活动能顺利进行,并保证在最有利的情况下达到企业的目标。具体地说,组织职能是指在组织目标已经确定的情况下,将实现组织目标所必需进行的各项业务活动加以分类组合,并根据管理跨度原理,划分出不同管理层次和部门,将监督各类活动所必需的职权授予各层次、各部门的管理人员,以及规定这些层次和部门之间的相互配合关系。

指挥是指通过组织机构的有效指挥,协调各部门和人做出一致而有效的行动,使生产经营活动能够连续、均衡和有秩序的进行。组织为各级指挥提供了基础。指挥是指上级对下级传达上级的意图、决定的手段,指挥必须通过组织的层次、传递渠道来实现。指挥通常是以命令、指令的方式按照组织设定的渠道逐级下达的。因此,指挥是组织的一种运用。

(3)控制与协调

控制是对计划的执行情况进行检查和考核,发现问题并解决问题。控制是管理的一项重要职能,是管理者依照计划标准的实际完成情况,并采取措施纠正计划执行中的偏差,以确保计划目标实现的过程。任何管理活动都需要控制,没有控制就没有管理。

协调是针对控制中所发现的决策或计划的失误所做的相应处理,协调各部门、各单位、各个环节(如产、供、销等)的关系,使之建立良好的配合关系,从而有效地实现企业的目标。

(4)教育与激励

教育与激励的目的是为了充分调动和发挥职工的积极性、创造性和智慧。这种积极性、创造性和智慧是企业活力的源泉,是企业兴旺发达、提高经济效益的基础。教育是对企业的员工采取多层次、多种形式的培训,提高企业全体员工的业务水平和文化水平。激励是指调动员工的积极性,主要是精神鼓励和物质鼓励。激励时应选择正确的方式,要知道职工需要什么,要有明确的对象和目标。

7.3.2 企业管理的内容和方法

1. 企业管理的构成

为了满足社会的需要,提高企业的竞争能力和生产能力,应尽可能使生产的产品做到:时间短、数量多、质量高、功能好、成本低和资金省,也就是要达到"高效、优质、低耗"三个生产目标。

现代建筑企业是一个动态开放的系统,建筑企业的活动,主要是生产经营活动。为了进行生产活动,必须投入人、机械、材料、资金和方法5个生产要素;要进行经营活动,必须与社会流通领域相联系,进行社会和建筑市场的调查、分析,对任务和资源的供求进行预测,进行项目决策,并承揽工程项目,销售和售后服务等。因此,从市场、预测、决策和承包,到投入5个生产要素,再到产出3个目标,以至销售(竣工验收)和售后服务,就构成了产品(商品)的生产、经营、流通,再到生产、经营、流通的反复循环过程。每个循环中对各个环节(市场、预测、要素、目标等)必须进行相应的管理,这些管理就构成为整个企业管理。在整个生产经营活动中，要素和目标通过管理相联系，其相互关系如图7.3.2所示。

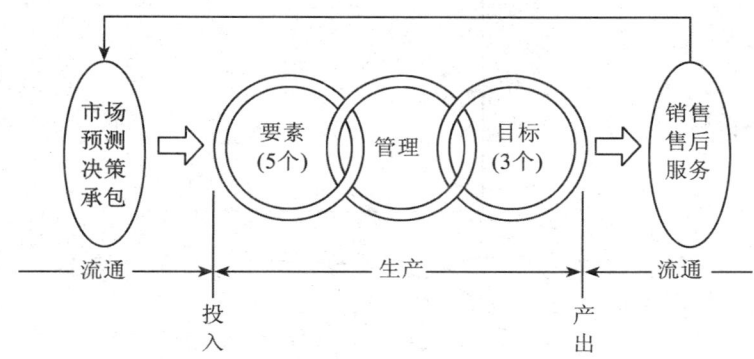

图 7.3.2　企业管理的构成及相互关系示意图

2. 企业管理的内容

企业管理的内容有不同的划分方法，主要的划分方法有：

(1) 按管理目标划分

生产目标的管理包括计划管理、质量管理和成本管理，这些是为达到生产目标的最基本且必要的三大管理，也是企业管理的三大支柱，又称为一次性管理。目标管理中的进度、质量和成本并非孤立存在，这些因素之间的相互关系如图7.3.3所示。通常，进度与成本的关系是 X 曲线，进度快数量多，单位成本就低，但是突击赶工成本反而增高。成本与质量的关系是 Y 曲线，质量若好，成本就高。质量低劣，造成返工，成本也高。进度与质量的关系是 Z 曲线，进度快突击赶工则质量下降。进度太慢也会造成质量下降。三个曲线的最低点，即最优点，就是工程管理的三个目标。在一个建筑产品上，同时在质量、工期、成本上做到最好、最快、最省，事实上是不可能的。一般情况下，应以满足工程质量和工期两个条件下，着眼于工程的计划和控制使成本最省。特殊情况下，某些重要工程若对工期有特殊要求，应以保证工期为目标，加强现场管理，保证质量，必要时，支付一定的赶工费作为补偿；而当优质时，应实施优质优价。

(2) 按生产要素划分

对生产要素的管理包括技术管理、人力资源管理、设备管理、材料管理和财务管理等，一般也称为二次性管理。

(3) 按生产活动划分

包括生产管理和经营管理两大部分，如图7.3.4所示。

① 生产管理

生产管理是对企业日常生产活动的计划、组织、准备和控制，是和产品生产密切相关的各项管理工作的总称。生产管理以生产为中心，根据经营目标和决策，以及企业外部环境和内部条件，运用计划、组织、控制等职能，将输入生产过程的人、财、物、信息等生产要素有效地结合起来，以尽可能少的投入，生产出尽可能多的符合社会需要的产品或劳务，提高企业生产的经济效益。其内容包括生产组织，生产计划，作业计划，质量管理，技

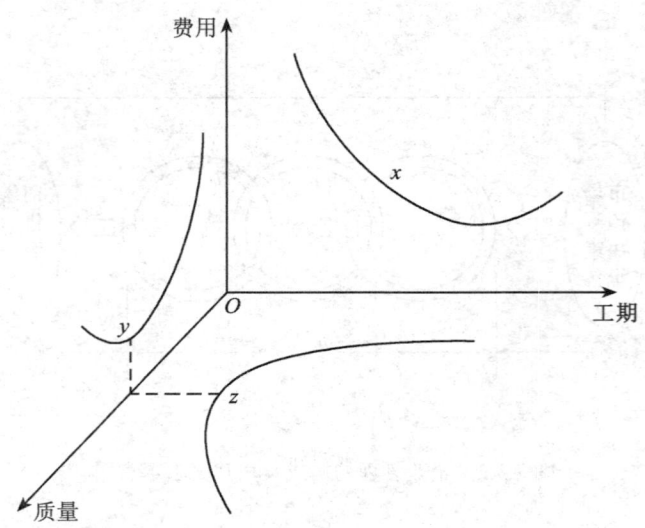

图 7.3.3　质量、工期与成本的相互关系图

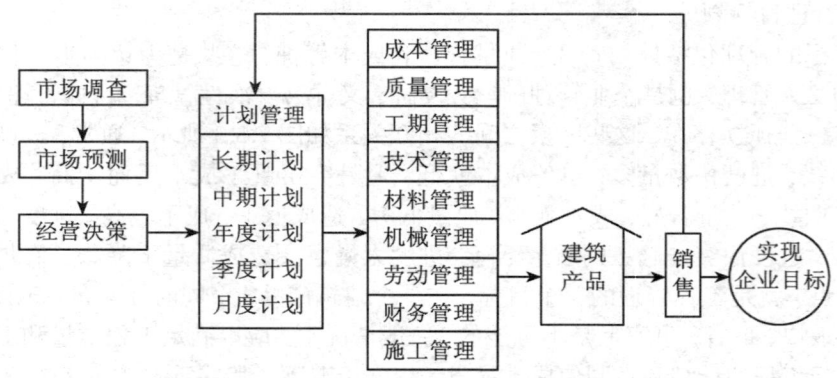

图 7.3.4　建筑企业管理的内容与程序图

术管理，物资管理，设备管理，劳动管理，财务成本管理，生产控制，信息反馈等方面。

②经营管理

经营管理是以经营为中心，主要包括市场调查和预测，经营决策，经营计划，承包工程，新产品开发，技术改造，销售管理以及销售后的服务等活动。其目的是为了提高企业和社会的经济效益。经营管理的任务就是在环境研究的基础上，根据资源供应和产品需求的特点，正确确定生产经营内容和方向，保证企业适时地得到适当数量和种类的生产资源，成功地销售由这些资源加工而成的产品，充分实现产品的价值。经营管理是围绕市场需求做出决策，采取行动，因此首先必须重视市场信息，搞好市场调查和市场预测，这是企业经营活动的起点。其次根据市场需求组织产品的生产、销售和售后服务，这是企业经营活动的基本内容。经营计划是企业全部生产经营活动的综合规划和行动纲领。

3. 企业管理的方法

管理方法是指实现管理职能，保证管理过程顺利进行和达到管理目标的手段。管理方法是管理主体作用管理活动客体的桥梁。企业管理的方法主要是综合方法，社会学管理方法、心理学管理方法、系统方法、优化方法等。

(1) 综合方法

综合方法是指综合运用行政、经济、法律、教育等各种管理方法。在市场经济条件下，建筑企业的管理是一项复杂的社会实践活动，这项工作受企业内部和外部多种因素的制约，包括经济的和政治的、社会的和心理的、上层建筑的和经济基础的等因素相互作用。因此，只有按照管理实践的特点和要求，善于运用多种管理方法，才能实现管理的职能，并达到预期的管理目的。

(2) 社会学、心理学方法

社会学方法是协调处理人与人之间的关系，调整改善企业与社会关系的方法。该方法主要是借助社会学的研究成果与方法，从社会利益出发去激励人们的积极性。该方法主要包括管理群体行为的方法，管理群体内部过程的方法，管理个体行为的方法等。

心理学方法是指应用心理学管理理论与方法，分析了解劳动者群体与个体的心理活动，诸如：思维、想象力、注意力、意识运动、自我推动等，然后按照人们的心理规律加以管理的方法。

社会学与心理学方法，主要是研究人们的思想、心态情绪、特长、爱好、欲望、要求、动机等精神诸方面，是研究"人"、管理"人"的方法，是"攻心术"，是相对于行政、法律、经济这些"硬件"的"软件"方法，也是影响深远、效果明显的现代管理方法。

(3) 系统方法

系统方法是指按照事物本身的系统性，把研究的对象放在系统中加以考察的方法。系统管理是现代企业管理中十分重要的原理和方法。

系统管理是以系统对象为管理的客体，运用系统原理，按照系统的目标和各种基本特性的要求，将管理系统中的各种管理功能(或职能)统一起来，以最优化的组织与控制方案，进行全面性综合管理，以实现系统的目标。

建筑企业管理是一个大系统，这项工作是由经营管理、生产管理、技术管理、劳动人事管理、财务管理等子系统组成的。企业经营管理系统与生产管理系统构成企业系统的整体。生产管理系统是企业管理系统的基础，经营管理系统是生产管理系统的灵魂。企业系统与其周围的其他系统又组成一个大系统。企业内部的各系统构成企业的内部环境，企业外部的各系统构成企业的外部环境。

用系统方法管理企业应确立如下观点：企业管理必须适应外部环境的变化。企业管理是从属于外部环境的更大系统的子系统，是开放的系统。该系统从外部环境不断输入信息、物资等，如果失去了外部环境的各种输入，企业将难以生存。因此，企业管理应掌握外部环境变化的趋势，随时根据外部环境的不同变化，采取不同的对策和措施，以提高企业管理的有效性。

(4) 优化方法

优化方法就是按照一定的准则，从解决生产经营管理问题的多种方案中选择最优方案，以求得到最优解决效果的方法。优化就是要把企业有限的资源，最有效地转化为社会财富,以最大限度地提高企业的经济效益。优化方法分为定性分析和定量分析。定性分析是依据管理者的实践经验和收集的资料,对各种方案,经过比较分析而做出判断的方法。这种方法容易受管理者个人经验、知识、能力的影响。定量方法也称为数学方法,是运用数学模型,确定最优投资或施工方案,制定最优施工组织或生产计划,选择用料最省方法和最短运输路线等,有利于经济分析的优化。这种方法由于涉及变量多,目前多与计算机应用相结合,并已得到极其广泛的应用。

7.3.3 管理理论的产生和发展

1. 西方管理理论的发展

西方管理理论的发展大体分为传统管理、科学管理和现代管理三个阶段:

(1) 传统管理阶段

传统管理阶段是从18世纪中叶到19世纪末,这一阶段的主要代表人物是英国政治经济学家亚当·斯密(A.Smith)。他创造了劳动分工理论,提出劳动分工可以提高生产效率,提出了经济人的观点。他认为人们在经济活动中追求个人利益,社会上每个人的利益总是受到他人利益的制约。每个人都需要兼顾他人的利益,由此而产生共同的利益,进而形成总的社会利益。这种观点后来成为整个资本主义管理的理论基础。继亚当·斯密之后,英国数学家查尔斯·巴贝奇(C.Babbage)对专业化生产操作做出了贡献;美国人汤恩(H.R.Towne)点燃了"管理运动"的火星。此外,还有英国的罗伯特·欧文和美国的亨利·普尔等。他们的管理思想都为科学管理理论奠定了基础。

传统管理阶段的主要特点表现在以下几个方面:①企业的所有者和经营者没有完全分开,许多企业基本上由资本家直接管理,专职的经营者不多。②管理方式是家长式的,实行专断的领导方式。③管理依据是靠个人的经验和感觉,工人凭个人经验操作,没有科学的操作规程,管理人员凭个人经验管理,没有科学的管理制度。④工人和管理人员的培养主要靠师傅带徒弟的方式传授经验,没有统一的标准和要求。这一阶段的管理仍没有摆脱小生产方式的影响,主要靠个人的经验进行生产和管理,没有形成一套科学的管理理论和管理方式。

(2) 科学管理阶段

科学管理阶段是从19世纪末到20世纪40年代,大约经历了半个世纪,这一时期也称为"古典管理理论"阶段。科学管理的代表人物是美国工程师泰勒(Frederick. W. Taylor, 1856~1915),西方称他为"科学管理之父"。泰勒的研究对象主要为生产组织管理。泰勒的思想大体上可以分为作业管理和理论管理两个方面。作业管理的主要内容是:制定科学的作业方法;按照标准操作方法培训工人,替代师父带徒弟的传统方法;实行有差别的计件工资制。理论管理方面的主要贡献是:把管理职能与执行职能分开,使管理工作专业化;把整个管理工作划分为许多较小的管理职能,使各级管理人员各就其位,各司其职,高级管理人员要放权、授权。

科学管理阶段具有如下几个方面的特点:①将过去积累的管理经验加以系统化、标准化和理论化,并运用科学的方法和手段来研究和解决企业内部的生产管理问题。②以提高组织的效率为直接目的。③提倡管理职能的分工与专业化。④把管理对象看做是封闭系统,集中研究企业内部的组织管理问题。⑤在人类观上,仍然把人看成是"经济人"、"生产工具"和"活的机器",一种"机械因素"。

(3) 现代管理阶段

现代管理阶段是从 20 世纪 40 年代开始一直到现在。现代管理理论力图克服科学管理理论的不足：一是特别强调人的因素；二是强调把现代科学技术成果应用于管理。于是形成了两大学派：一是在人际关系理论的基础上发展起来的行为科学学派；二是在科学管理理论基础上发展起来的管理科学学派。

①行为科学学派

行为科学是指运用心理学、社会学、人类学、伦理学和管理学等理论和方法，从人的动机、情绪、行为、工作、环境之间的关系，来研究人在生产经营活动中的生产效率的一门综合性学科。

行为科学产生于 20 世纪 30 年代，早期的代表人物是美国哈佛大学教授梅奥(G.E. Mayo)。他在芝加哥西方电气公司进行了著名的"霍桑试验"，从而为行为科学奠定了基础。通过霍桑试验，梅奥等人提出了与"科学管理"不同的新观点：①企业管理要用"社会人"的概念代替"经济人"的概念。人并非"经济人"，金钱不是刺激人的积极性的唯一动力；人是"社会人"，尤其要重视社会和心理的因素。②生产效率的高低不仅与工作条件有关，还取决于职工士气的高低和人际关系。③企业不仅要重视"正式组织"的作用，而且要重视"非正式组织"的作用。所谓"正式组织"，是指为了有效地实现企业目标而规定企业中各成员之间相互关系和职责范围的组织体系。所谓"非正式组织"，是指企业成员由于感情合拍而自发建立起来的群体，这些群体有自然形成的规范或惯例。在企业中，正式组织同非正式组织相互依存，并对生产效率的提高有很大的影响。④新型的领导能力在于提高职工满足的程度。即企业领导者要认真分析职工需要的特点，适时、合理、充分地激励工人，达到提高劳动生产效率的目的。

②管理科学学派

管理科学是泰勒的"科学管理"的继续和发展。管理科学是以数学、运筹学、系统工程、电子技术等科学技术为手段，从操作方法、作业水平的研究向科学组织的研究扩展，同时吸取了现代自然科学和技术科学的新成果，形成了一种现代的组织管理科学。这是一门新兴边缘交叉科学，其主要特征是：

以决策为主要着眼点，以经济效益标准作为评价的依据，依靠数学模型和电子计算机，引进系统观念。

现代管理科学主要包括三个方面：运筹学、系统分析、决策科学。运筹学是现代管理科学的基础。

2. 我国建筑企业管理的发展

作为一个社会主义国家，中国过去采用计划经济，目前正在推行社会主义的市场经济。国营企业又是中国经济的主导力量，中国与西方，由于社会制度不同，经济发展及文化差异，其企业管理制度亦相距甚远。从中华人民共和国成立至今，我国企业管理经过了五个阶段。

第一个阶段是"三年恢复"时期和"一五"时期，基本上采用的是党政并行的管理机构，主要是采用权力集中型的指令经济模型。这一时期，不少管理制度颇似科学管理学派的西方经验，这主要是全面、系统地学习和引进原苏联的建筑企业管理制度和方法的结果。泰勒的工时定额及等级工资等一套做法，在中国的企业管理中得到很大的保留。建立计划指标体系；建立各种施工规范、规程，按施工组织设计组织生产活动；实行财务成本管理和经济核算制，进行质量、安全大检查等。这些管理为我国企业管理奠定了基础，是上升过程。

第二个阶段是"二五"期间（1958～1962）。由于"大跃进"和"破除陈规旧律"等"左"的做法，使建立的科学管理制度和方法遭到了批判和否定，处于无管理状态。这个过程是经济管理的"下降"过程。

第三个阶段是"三年调整时期"（1963～1965）。在总结"一五"和"二五"期间的经验、教训的基础上，把解放思想和尊重客观科学规律相结合，讲究政治、经济和技术的辩证统一，恢复了"一五"期间建立起来的有效的企业管理制度和方法，并有一定的发展。这是符合当时我国国情的，适应生产力发展的需要，又是一次上升过程。

第四个阶段是"文革"期间（1966～1976）。十年动乱期间，"左倾"达到了顶峰，把企业管理看成是"管、卡、压"，鼓吹建立无领导、无管理、无规章制度的"三无工厂"，生产无人负责，国家经济面临崩溃局面，建工系统大批企业连年亏损。因此，从企业管理来看，这是一次大下降的过程。

第五个阶段是党的十一届三中全会至今。党的十一届三中全会以后，国家把"一个中心"，"两个基本点"作为国策，我国经济形势逐渐好转，企业管理中过去行之有效的制度和方法得到了恢复。对企业进行了改革和整顿，建立经济责任制，实行利改税、经营承包、转换经营机制、建立现代企业制度等新举措。同时，数理技术、网络计划技术、系统工程、全面质量管理（TQC）、预测与决策技术、价值工程（VE）等科学管理方法及计算机技术得到全面应用，取得了良好的效果。

§7.4 建筑企业组织管理

7.4.1 企业组织管理的概念

1. 企业组织的含义

企业建立组织是为了使人能有效地共同工作，是达到企业管理目标的手段。企业组织必须设法结合各个人与各部门的职责，使其成为一个系统的、高效的、积极的、协调的执行工具，以使人力与物力得到有效的运用。因此，企业组织是根据企业管理观念，为实现企业的经营方针、管理方针、目标和计划而组建的机构。

2. 组织管理的含义

企业的组织管理是对企业的组织，即机构进行管理，是为了有效地实现企业的目标，明确规定各工作部门、人员的责任、权限和利益，使企业的职员能够同心协力、努力工作，并对企业职工进行考评。

3. 组织管理的内容

企业组织管理的主要内容首先是制定可行的组织系统（机构），进行职权和企业制度的设计；其次是让设计好的企业组织正常运行；再次就是根据企业外部的环境和自身条件的变化，分析组织的适应性和效率性，适时进行机构改革。

4. 组织管理的作用

组织管理的作用主要体现在以下五个方面：

(1) 组织管理能协调与平衡各个人与各部门的职责，使企业管理的实施和控制变得容易；

(2) 组织管理能促进企业健康成长，发展多种经营；

(3) 组织管理能促进技术发展，提高管理效率；

(4) 通过有效的组织工作，合理地划分专业，提高职工的劳动积极性，提高劳动生产率；

(5) 健全企业组织，明确工作领域，使工作不断改善，鼓励职工的积极性。

7.4.2 企业组织机构

现代企业都是高度分工、紧密协作进行社会化大生产的有机整体。企业组织机构，是指企业组织内各个部分的空间位置、排列顺序、连接形式以及各要素之间相互关系的一种模式。建立企业组织机构对合理组织生产、及时发现问题、保证企业生产经营活动有秩序、高效率地协调进行，有着非常重要的意义。

1. 建立企业组织的原理

建立并完善企业的组织机构，应从企业的实际情况出发，服从生产经营管理的需要，体现企业统一领导、分级管理以及专业职能管理部门合理分工、密切协作的原则，使企业成为一个有秩序、高效率的经营组织体。为此，建立组织机构应遵循以下的基本原理：

(1) 效率性原理。建立企业组织机构，首先要着眼于高效率。设计组织机构要特别注意组织机构的效能，该组织机构是否能加速企业目标的实现，是否有利于企业经济效益的提高。

(2) 统一性原理。组织现代化大生产，需要权威，根据企业的整体利益及整体目标，对企业的各项活动进行统一的指挥和协调。统一性原理，是指企业组织机构要尽量统一到一个得力的领导集团或一个精干的领导者的领导意志上，使企业意向协同一致，使企业权力统一集中，以保证企业权威命令的迅速贯彻和执行。

(3) 均衡性原理。是指组织指挥系统中的各级指挥承担的责任与所具有的权利是均衡相称的。企业组织机构的建立，要与相应的责、权、利相统一。一是要建立岗位责任制，明确规定每个管理层次、部门、岗位的责任和权利，保证管理有序。二是赋予管理人员的责任和权利要相对应，有多大的责任就应有相当的权力。三是责任制的落实，还必须和相应的经济利益挂钩，给管理人员必要的动力机制。

(4) 专业性原理。是指企业按照生产经营活动的业务性和专业职能来建立各种组织机构。管理人员的职位不同，所承担的管理业务和专业技术业务的内容和范围也不同，一般是越往上层管理业务越多，越往下层专业技术业务越多，如图 7.4.1 所示。根据以上组织机构的基本原理，能使设置的组织机构更符合实际情况，能更有效地担当起生产经营活动的基本任务。

(5) 弹性原理。现代管理认为应当从发展变化的观点研究组织。在设置企业组织机构时，既要根据企业一定的外部环境、任务和目标的要求，注意保持相对稳定性，又要在情况发生变化时做出相应变更，使组织保持一定的弹性和适应性。组织不存在万能的标准模

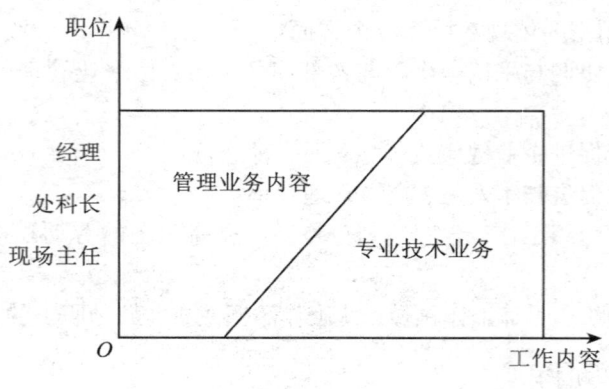

图 7.4.1　管理职位与工作内容图

式。企业管理的任务就是一切从实际出发,着力研究影响组织变革的因素,去设计或进行富有弹性的组织与活动。

2. 组织机构设计的基本问题

企业组织构成虽有种种不同,但大多数是呈金字塔状,并由管理层次、管理跨度、管理部门和管理职责四个因素组成。对这四个因素划分的差异和不同组合,使企业的组织形态呈现多样性。

(1) 管理跨度

管理跨度是人员编组的数量原则,即一名管理人员能够直接有效地领导、控制的人员数量,这决定了管理人员的工作量和管理层次的数量。一名领导者直接领导的人员数量要有一个限度,以免增加大量的接触关系导致领导的效率降低。在实践中,各级管理人员应根据各自的具体情况和工作经验,因时因地制宜,确定有利于完成任务、提高工作效率的管理跨度。

(2) 管理层次

管理层次是指从企业最高一级管理层到最低一级管理层的各个等级,每一个等级即为一个管理层次。

管理跨度与管理层次有相互制约的关系。在企业总人数不变的情况下,跨度大,层次就少;反之,跨度小,层次就多。层次多,跨度小,便于集中管理,严格控制,但因层次多,存在上、下信息传递慢,管理人员和管理成本增加,不利于下属主动性、创造性发挥等缺点。跨度大,层次少则缩短了上、下级之间的距离、简化了信息传递环节,减少了管理人员和管理成本,有利于调动下属的积极性、主动性和增加工作的满足感,但由于跨度大,增加了管理人员的负担,使之陷入日常事务之中,不利于对下级进行有效地领导和控制。

一般说来,在保证实现目标、完成工作任务的前提下,应尽量减少管理层次。建筑企业的层次一般是三层:公司、分公司、作业层。公司是经营层,分公司是管理层,作业层由项目经理管理,队伍由非自有职工(临时工或承包队)组成。

(3) 部门的划分

部门的划分是指对人员进行分组,对工作进行分类,并在此基础上建立责、权、利明确,便于管理的单位,其目的在于提高工作效率,有效地实现企业目标。部门的划分也要适当,部门过多,控制与协调就会困难,且会人浮于事;部门太少,分工不清,也会降低管理效率。常见的部门划分方法有两种:一种是按职能划分,这是被广泛采用的一种方法。该方法是指按照生产专业化原则,把性质、作用相似的工作分门别类,并以此为依据设立部门,如建立生产部门、经营部门、销售部门、财务部门、人事部门等。另一种是按产品划分的部门,是指以一种产品或产品系列为中心,对业务工作进行分类,进而设立部门的方法,如建筑企业可以划分为基础、打桩、吊装、装饰等业务部门。

(4) 职权的划分

任何一个管理者要想率领部下完成工作任务,就必须拥有一定的权力。职权就是指职责范围内的权力,是管理者承担责任、完成任务的条件和保证。职权一般有三种类型:直线职权、参谋职权和职能职权。直线职权包括作决策、下命令、惩罚等权力,其目的是为保证实现目标而配置、适用、协调本部门的人、财、物等各项资源。参谋职权仅具有咨询、建议等权力,其作用在于为直线职权者科学、正确地决策服务。而职能职权就是与本部门相关的部分直线职权,一般主要解决业务工作的具体时间、地点、方式等问题。因此划分职权时必须正确处理三者之间的关系。一般应遵循以下三条原则:

①专业化原则,即职能部门应是专业化的,这样有利于提高管理效率与质量。

②权力委托原则,即要使每个部门的职责与其权力相适应,使每一个部门有相应的工作,有相应的自主权,有相应的管理成果要求。

③直线领导原则,即一个部门应只有一名主要领导,不能形成多头领导,降低指挥的效率。

3. 建筑企业的组织结构

组织结构是指组织的全体员工为了实现组织的目标,在管理工作中进行分工协作,在职务范围、责任、权力方面形成的结构体系。合理的企业组织结构,从纵向看,应是形成一个统一的、自上而下的、领导自如的指挥系统;从横向看,应是各部门、各环节密切配合的协作系统,这样可以使企业形成一个有机的整体。企业组织机构的形式,应与行业的特点、企业规模的大小、生产技术特点、市场需求变化、企业管理的水平相适应。主要形式有以下几种:

(1) 直线制

直线制是最古老、最简单的一种简单组织形式,又叫单线制。其特点是各级职位按垂直方向依次排列,领导履行全部管理职能,按隶属关系直接指挥下属各单位的各项工作,并逐级向上全权负责。如图 7.4.2 所示。

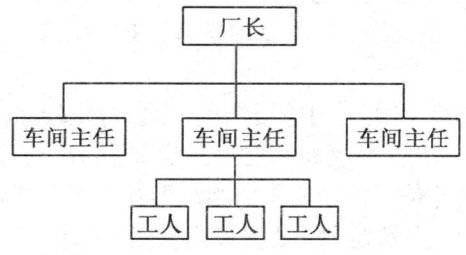

图 7.4.2 直线制组织结构示意图

直线制的优点是结构简单、权责分明，可以有效地保证统一指挥、集中管理。其缺点是由于领导不是全才，一旦生产规模扩大，产品结构复杂，企业领导者势必顾此失彼，难以应付。这种组织形式只适用于简单的小型企业。

（2）职能制

职能制是美国科学管理之父泰勒在对管理工作进行专业化分工的基础上提出的，如图7.4.3所示。职能制的特点是企业各级均设置职能机构，各级职能机构有权在自己的职权范围内直接指挥下属机构，下级除接受直线上级管理者的命令外，还必须接受各职能部门的指示。其优点是，将企业管理工作按职能分，适应了现代企业技术比较复杂，业务工作专业化的要求，发挥了职能部门的专业化优势和管理作用，减轻了直线管理人员的负担。但职能制也存在明显的缺点，即直线人员和职能人员的职责难以划清，容易形成多头领导，多头指挥，不利于建立健全责任制，影响工作效率，故一般采用较少。

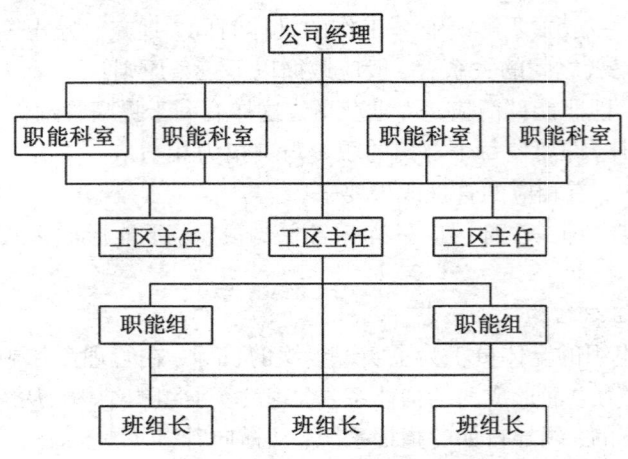

图 7.4.3　职能制组织结构示意图

（3）直线职能制

直线职能制是上述两种形式的综合，如图7.4.4所示。职能部门只对下属单位进行业务指导，无权直接指挥下属机构。直线职能制的优点是，既具有直线制权责明确、统一领导的优点，又发挥了职能部门的业务特长和咨询作用，避免了多头领导、多头指挥，使企业具有了较高的稳定性和工作效率。但也存在缺点，各职能部门之间缺少横向联系，下级直线部门工作的积极性、主动性差，上级协调直线部门与职能部门的工作量较大。因此，这种组织形式一般适用于中小规模、产品品种不多、工艺稳定，市场情况较易把握的企业。

（4）事业部制组织

事业部制是20世纪20年代由美国通用汽车公司的管理者斯隆首先创立的，因此又称为斯隆制，如图7.4.5所示。事业部制组织是在总公司领导下，按产品或地区或市场的不同，设立多个事业部。事业部是一种分权制的组织形式，其突出的特点是总公司集中决策，事业部独立经营，独立核算，自负盈亏。公司最高管理机构拥有人事决策、财务决策、定价和监督大权，通过利润等对事业部进行控制。事业部的部长或经理统一领导他所主管的部

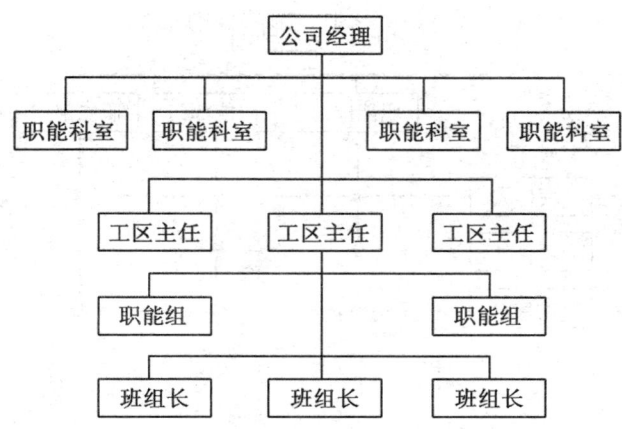

图 7.4.4　直线职能制组织结构示意图

门，除受总公司长期计划预算的严格监督，对公司负有完成计划的责任外，对该事业部内部的经营管理拥有很大的独立性。这种形式适用于大规模、多样化经营的企业。

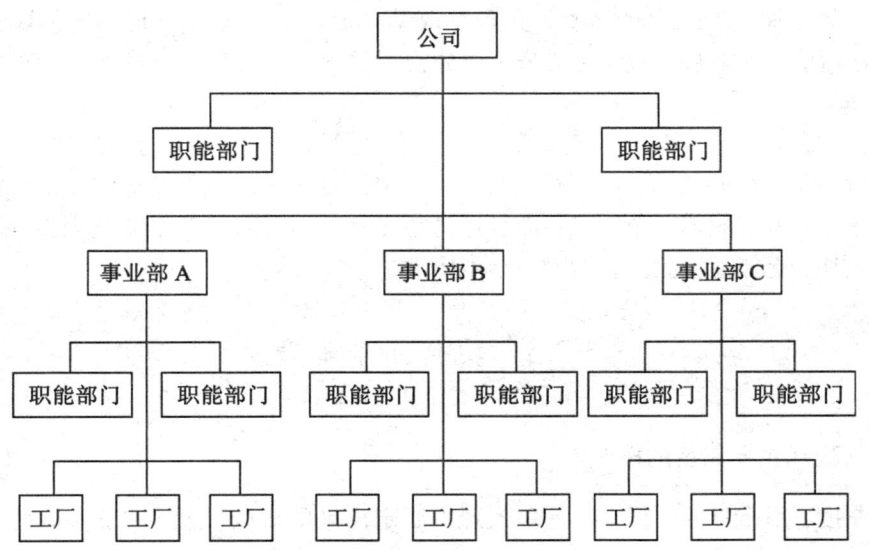

图 7.4.5　事业部制组织结构示意图

(5) 矩阵制

矩阵制，又称项目管理制，如图 7.4.6 所示。各项目小组设立项目经理，项目经理所领导的项目小组负责从产品的设计、开发直到生产、销售为止的全部工作。对施工企业，则负责从项目投标、施工组织设计、施工到竣工验收的全部工作。项目经理领导的小组成员是从各职能部门抽调的，小组成员受双重领导，即在执行日常工作方面接受原职能部门的领导，被派往项目小组后，接受项目经理的领导，当任务完成后，返回原职能部门。

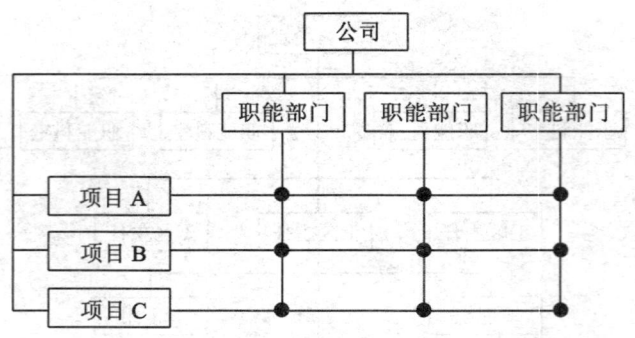

图 7.4.6 矩阵制组织结构示意图

矩阵制组织的优点是，打破了传统的管理人员只受一个部门领导的管理原则，从而加强了各部门之间的横向联系和纵向联系，有利于各职能部门之间的配合，及时沟通信息，共同决策，提高了工作效率。但对管理人员要求高，要求一专多能，较高的管理水平，能把从各部门来的专业人员组织在一起，使他们的专业知识和经验能充分发挥。这种组织形式适用于生产经营复杂多变，以研究、开发、创新为主的企业。

由于建筑企业生产经营的特点，我国在改革开放以后，建筑企业引进了这种组织形式，实行管理层与作业层分离，由总公司或分公司派出项目经理，组建项目管理班子进行项目管理。

(6) 多维制

多维制也称立体矩阵式，大型跨国公司一般采用这种组织机构形式。即组织机构的建立不但考虑了产品、职能两个因素，而且还考虑了地区、时间等多个变化因素，形成多维制的组织结构，更能适应大型企业经营上的需要。

§7.5 现代企业制度

7.5.1 现代企业制度的概念

企业制度，用诺思的话说，就是一系列被制定出来的规则，服从程序、道德和伦理的行为规范。广义地讲，包括企业的产权结构、组织方式、管理体制以及企业与外界的联系规则等一系列规定。狭义地讲，企业制度就是企业的组织结构。

现代企业制度是市场经济条件下适应社会化大生产需要的企业制度。现代企业制度是适应市场经济要求，产权清晰、权责明确、政企分开、管理科学的制度。

企业制度是由一系列制度构成的。企业制度包括产权制度、组织制度、资本营运制度和管理制度等。各项制度之间的有机联系和相互作用构成了企业制度的整体性。

7.5.2 现代企业制度的特征

现代企业制度具有以下几个特征：

1. 产权清晰

产权清晰主要指产权关系与责任的清晰。完整意义上的产权关系是多层次的，表明财产的所有权、经营权、使用权、占有权、收益权和处置权等一系列的权利关系。各种权利可以集中于某一主体，也可以在不同的主体身上发生不同程度的分离。从国家的角度来看，就是要对企业每一部分经营性的国有资本都有明确的投资主体，而这个投资主体又全权行使所有者的权利，并承担相应的责任。这样就改变了国有资产所有者职权分散、无人负责的状况。从企业的角度来看，就是要使所有者的代表进入企业，形成本企业的权力机构、决策机构和监督机构，改变国有企业所有者缺位的状况。所有者进入企业后，所有者从关心国有资产的增值和减少风险的角度，形成对企业的动力机制和约束机制。

在现代企业制度中，产权权利与责任是分离的，而且是清晰的。在公司制中，出资人的最终所有权一般表现为股权，企业的实际占有权相应地转化为法人财产权。无论是作为出资人，还是企业法人，虽然他们都是产权主体，但他们各自具有不同的权利、义务和责任，都依法律做出了明晰的界定。作为出资人，可以是自然人，也可以是国家或其他法人，出资人的责、权、利只与其出资额相关。

2. 权责明确

权责明确，主要是在国家与企业的关系、企业内部这两个方面明确权利和责任。就国家与企业的关系而言，要明确国家通过国有资产投资主体对企业中的国有资产行使所有者的权利，承担所有者的义务，即按投入企业的资本额，享有资本受益、重大决策和选择管理者等权利。企业破产时，国家投资主体只以投入企业的资本额对企业的债务承担有限责任。企业则拥有包括国家在内的各类投资者投资及借贷形成的法人财产，对其享有占有、使用、收益和处置的权利，同时负有对投资者投资形成的法人财产保值、增值的责任和义务。企业破产时，企业要以全部法人财产对其债务承担责任。就企业内部而言，要通过建立科学的法人治理结构，形成规范的企业领导体制和组织制度，根据《公司法》建立权力机构、决策机构、执行机构和监督机构，并承担相应的权力和责任。

3. 政企分开

政企分开是指政府与企业职责分开，职能到位。要做到政企职责分开，首先是政府的社会管理职能与国有资产所有者职能分开。前者面对的是所有企业，组织社会服务，进行宏观经济调控，制定方针、政策；后者则是管好、运作好经营性国有资产，使之保值和增值。其次是指国有资产管理、监督职能要和国有资产经营职能分开，前者是制定方针、政策并进行监督，属于政府行为；后者是运作经营性国有资产，以盈利为目的，是市场行为。为了清楚界定政府的两种职能，国家政府设立了专门的国有资产管理和经营部门体系，目的是使政府的双重管理职能分开。只有实现两个分开，才能做到政府调控市场，市场调节企业，为企业自主经营创造基本条件。而职能到位，是指要改变"政府抓企业，企业办社会"这种政府、企业职能错位的状况。政府不能直接干预企业的决策和生产经营活动，把市场经济赋予企业的经营权交还企业，企业将目标集中到追求经济效益上来，政府则把办社会的职能接过来。

4. 管理科学

管理科学要求以科学的管理理论指导和规范企业管理。当前应重点考虑的是：企业的经营发展战略；科学的领导体制与组织制度以及灵活的运用机制；优化组合企业内部各项生产要素；以提高经济效益为目标，完善各项管理制度；注重实物形态与价值形态资产的管理与经营；及时掌握市场信息；注重人力资源开发，培育企业文化，树立良好的企业形象。

7.5.3 现代企业制度的基本内容

1. 现代企业产权制度

产权是一种财产权，是指支配某一事物的权利。产权的内涵包括所有权、占有权、使用权、收益权和处置权。其中所有权是基础，除所有权以外的占有权、使用权、收益权和处置权等权能称为经营权。

产权又是一定的社会物质资料的占有、支配、流通和分配关系的法律体现，可以分为原始产权和法人产权，公有产权和私有产权等。在自然人企业制度下，财产权是由相关法律规定的主体对客体的最高的、排他性的独占权。当然，财产权也可以通过契约和委托等形式，所有者把财产的占有、使用、收益和处置等项权能中的一部分交给其招聘的经营者支配。在法人企业制度下，所有权和经营权的分离具有法律意义，公司财产权取得了独立的法律形式——法人财产。

根据现代企业制度的要求，"两权分离"应是财产所有权与企业法人产权的分离。公司享有企业法人产权，有权利用股东出资形成的法人财产来组织生产经营，亦即企业的生产经营权，也是企业法人派生的权力，企业只有享有法人产权，才能行使生产经营权。

2. 现代企业组织制度

按照《公司法》建立现代公司组织管理机构，健全内部管理制度是现代公司的一项实质性工作，也是检验公司是否实现规范化管理和运作的重要标志。《公司法》规定股份公司的组织管理机构为：股东大会、董事会、经理、监事会。股东会是股东行使对公司权力的机构，是公司的最高权力机构；董事会由股东会选举产生，是公司的经营决策机构；监事会是依相关法定职责对董事会及公司经营管理活动实行监督。经理受聘于董事会，负责公司的日常经营管理事务。公司组织管理体制的规范化，关键是建设好股东大会、董事会、经理机构和监事会制度。

现代企业制度以公司制为代表，公司产权制度就是公司的法人财产制度，该制度是以公司的法人财产为基础，以出资者所有权、公司法人财产权与公司经营权相互分离为特征，以股东会、董事会、执行机构作为法人治理结构来确定各自的权力、责任和利益的企业财产组织制度。

(1) 公司是法人团体，与自然人企业不同，公司是集合的主体，是一些人由于共同的目的而相互结合组成的团体，具有自己独立的意志，因而要实现这个意志，只能由一个组织，即法人治理结构对公司进行治理。所谓法人治理结构，就是统治和管理公司的组织结构。该结构的特征是，所有者、生产者、经营者之间，通过公司的权力机构、决策和管理机构、监督机构，形成各自独立、责权分明、相互制约的关系，建立起约束机制和激励机制，即可以保障所有者的权益，又赋予经营者充分的经营自主权，同时能够调动生产者的积极性。

(2) 公司法人治理结构一般由股东大会、董事会、监事会和高级经理人员四者组成。其中股东大会是公司最高权力机构，参加股东会的股东须达到法定人数，其通过的决议才有效；董事会是由股东大会选举产生的公司决策和管理机构，董事会人员的构成应符合《公司法》和各公司的基本章程的规定；监事会是公司的监督机构，由股东代表和一定比例的职工构成，一般要求公司的董事、经理和财务负责人不得兼任；经理人员组成公司管理与执行机构，主要负责公司日常经营活动。四者相互制约，构成了一个完善的管理体系。

3. 现代企业管理制度

建立现代企业管理制度，企业要适应生产力发展的客观规律，按照市场经济发展的需要，积极应用现代科学技术成果，创造最佳经济效益。这就要求企业围绕实现企业的战略目标，按照系统观念和整体优化的要求，在管理思想、管理组织、管理方法、管理手段等方面实现现代化，并把这几个方面的现代化内容同决策、计划、组织、领导、协调、控制、激励等各项管理职能有机地结合起来，形成完整的现代化企业管理。

现代企业管理制度一般包括以下几个方面的内容：

（1）具有正确的经营思想和能适应企业内、外环境变化，推动企业发展的经营战略。战略管理是企业现代化管理的重要内容。现代企业所处的经营环境复杂多变，制定战略，强化战略管理，是企业在市场中立于不败之地的重要保证。正确的经营思想是优化战略的先导，因此，必须树立市场观念、质量观念、竞争观念、时间与效率观念、以人为中心的管理观念以及法制观念等。

（2）建立适应现代化大生产要求的领导制度。建立科学完善的企业领导制度，是搞好企业管理的一项最根本的工作。现代企业领导制度应体现领导专家化、领导集团化和领导民主化的管理原则。公司管理实行集体决策、责任落实到人的管理制度。有效避免责任不清、责任落实不到位的弊病，从制度上规避风险。

（3）公司实行"以人为本"的经营理念，努力挖掘人力资源；进行柔性管理，充分发挥员工的积极性和创造性。

（4）建立符合本企业特点、保证生产经营活动高效率运行的组织机构和管理制度。

（5）公司管理实行责、权、利相结合的体制，明确各岗位的责任、权利和义务。

（6）公司内部建立高度统一的协调机制，排除一切消极因素，增强公司的凝聚力和向心力。

（7）在生产经营各个主要环节普遍地、有效地使用现代管理方法和手段，建立起比较完善的计算机管理信息系统，推行计算机集成制造系统（CIMS）等现代化生产方式。

（8）建立以企业精神、企业形象、企业规范等内容为中心的企业文化，营造良好的企业文化氛围。

一个企业的成败不仅取决于适应市场的应变能力，同时取决于其内部管理制度的科学性、完善性。现代企业管理制度是一个由许多子系统和因素构成的多层次、多元化系统。这个系统的优劣和整体效能的高低，取决于企业与外部环境的协调以及企业自身一体化的程度；系统中每一项制度的优劣及效能的高低，也不仅仅取决于该系统自身的特点，而同时取决于该系统与整个制度体系的有机协调。作为企业的管理者，应从企业整体经营与外部环境的协调着眼，以公司的目标、战略为基础，综合考虑战略结构、职能之间、职能领域相互之间以及职能内部各管理因素之间的相互关系，将各方面、各层次的制度进行一体化设计，拟定一整套相互协调、整体优化的制度。同时还应注意到，现代企业管理制度是不断适应企业经营的内、外部环境及相关因素的变化而在动态地发展的。

习 题 7

1. 怎样理解企业的概念？企业有哪些类型？
2. 如何理解企业管理的性质和职能？
3. 试述建筑企业的责、权、利及相互关系。
4. 建筑企业的经营方式有哪些？
5. 现代企业制度的基本内容是什么？为什么要建立现代企业制度？
6. 管理跨度与管理层次的关系如何？
7. 试述直线职能制、事业部制和矩阵制的特点及适用条件。

第8章 建筑企业的计划管理与合同管理

§8.1 建筑企业的计划管理

计划是重要的管理职能之一,计划是以经营决策作为基础,把决策所确定的目标,进行量化,并把计划具体化为文件和表格,借以有效地把握未来,达到有效地使用各种资源的目的,成为取得最佳经营成果的行动纲领。

计划管理是企业为了使其生产经营活动能够达到预期目的而进行的综合性管理,是对企业的各项生产经营活动进行安排协调,充分合理地利用人、财、物,调节好产、供、销,使企业生产经营有秩序、有步骤地进行,从而提高社会效益、经济效益和生产效率。

8.1.1 计划管理的意义、特点和任务

1. 计划管理的意义

(1)计划管理在企业管理中居于首位。现代企业管理是以一定时期总目标为管理目标的"四全综合管理",即全面计划管理、全面质量管理、全面经济核算和全面劳动与工资管理。全面计划管理位于"四全综合管理"之首,企业的各项生产经营活动都要按照企业计划体系规定的轨道运营,从而推动生产力不断发展。

(2)计划管理是现代化大生产的客观需要。现代建筑企业生产经营涉及面广,生产规模大,施工过程复杂,机械化程度不断提高。为了提供最终建筑产品,必须制定一个综合性生产经营计划,进行计划管理,平衡和协调生产经营中的各个环节,使生产经营在计划指导下进行。

(3)计划管理是国民经济按比例协调发展的客观要求。国民经济计划是全局的、整体的、宏观的计划,而每个企业的计划是局部的、个别的、微观的计划。企业计划管理必须适应发展国民经济的要求,满足市场调节的需要,只有在国家计划指导下,企业生产经营活动才能获得成功,国民经济计划才能实现。

(4)计划管理是合理利用企业人力、物力、财力,提高经济效益的重要手段。现代建筑企业处在一个经济和科技日新月异的时代,生存在竞争环境中。企业只有注重计划管理,充分利用人、财、物,调节好产、供、销,才能具有决策目标和控制目标的主动权,最终达到提高经济效益的目的。

2. 计划管理的特点

由于建筑产品的特点,使建筑企业的计划管理工作有许多不同于其他工业企业的特点。建筑企业计划管理的特点如下:

(1)计划的被动性。建筑企业的产品生产多属于订货生产,任务来源受到固定资产投

资数量的影响,这使企业计划具有被动性。另外,建筑生产消耗资源品种多、数量大、施工周期长、受市场价格等影响因素多,决算最终成本的时间长,这些都给企业计划管理带来被动局面。

(2)计划的经营性。计划编制、实施和控制,都必须从搞活企业经营出发,搞好生产与经营的全面计划管理,以经营推动生产、施工,促进企业经营的发展。

(3)计划的多变性。建筑施工中诸如施工对象、现场环境、气候和协作单位等条件的变化因素多,而且这些变化往往难以预见。

(4)计划的不均衡性。由于施工的季节性与任务得到的时间与数量不同,造成计划期内的施工内容与施工时间不成比例,使年、季、月之间做到计划均衡性的难度很大。另外,对一项具体的工程来说,施工准备阶段、施工阶段和收尾阶段之间,施工内容与施工时间也不成比例,影响了年、季、月之间做到计划的均衡性

(5)计划的协作性。建筑生产经营方式有总包与分包形式,经常是几个施工单位在一个建设项目甚至一个单位工程上施工。在一个单位工程施工中,又需要组织多工种同时施工,进行立体交叉作业。因此在编制生产经营计划时,应使计划具有灵活性与协作性,满足各种协作条件的要求,合理安排时间和空间,严密组织施工。

3. 计划管理的任务

(1)正确贯彻国家的相关方针政策,在科学预测的基础上,为企业的发展方向、发展规模和发展速度提供依据,制定企业的长远规划,并通过近期计划组织实施。

(2)根据市场需要和企业能力,签订各项经济合同,编制企业的年度计划、季度计划,使企业各项生产经营活动和各项工作在企业统一的计划下协调进行。

(3)做好计划的综合平衡和优化,充分挖掘及合理利用企业的一切人力、物力、财力,不断改善企业的各项技术经济指标,以取得最佳的经济效果。

(4)在组织计划的实施过程中,通过控制和调节手段,消除执行中的薄弱环节及不协调因素,保证生产有节奏、有秩序地进行。

(5)做好计划执行情况的检查、统计和分析,总结企业与工程计划管理的经验,不断提高企业和工程计划的管理水平。

8.1.2 建筑企业的计划体系

建筑企业的各种计划一般可以分为三个层次:战略层、战术层和作业层。战略层计划一般是指企业的长远发展规划;战术层计划主要是指企业的年(季)度综合计划;作业层计划则是指月(旬)作业计划。

1. 长远发展规划

(1)长远发展规划的概念

长远发展规划,又称为经营战略规划或经营计划,是企业根据国民经济有计划按比例发展的规律和国家远景发展计划,结合企业自身的经营、生产能力而制定的企业纲领性计划。长远发展规划的时间跨度一般在3~5年以上,长远发展规划是企业生产经营目的的具体贯彻与体现,要具体反映出企业的贡献目标、信誉目标、发展目标和利益目标等几个方面。因此,制定长远发展规划是企业最高决策层的中心任务,关系到企业经营的成败。

(2)长远发展规划的内容

①企业产品的发展方向;
②企业生产的发展规模;
③基地建设规划;
④企业技术发展和技术改造规划;
⑤企业技术经济指标的发展水平;
⑥企业组织、管理水平的提高和安全环保等生产条件的改造;
⑦职工教育培训及文化设施建设;
⑧职工生活福利设施的改造和提高;
⑨多种经营规划。

2. 年(季)度综合计划

(1)年(季)度综合计划的概念

年(季)度综合计划又称企业施工技术财务计划,是企业根据在建施工生产任务及长远发展规划中的各项技术经济指标,确定企业全年(季)的生产、技术、经济等各项计划指标、任务及奋斗目标,用以贯彻企业的经营方针,指导企业全年(季)的施工经济活动。年(季)度综合计划包括施工、技术、财务各个方面以及生产经营活动中所有的环节,是企业在计划期年(季)总的行动纲领性文件。

(2)年(季)度综合计划的内容

①建筑安装工程计划,是企业计划的主导和核心,是编制其他计划的依据。建筑安装工程计划的主要作用是确定工程项目、工程进度、产值、产量等主要技术经济指标,使企业人力、物力、财力得到充分的利用,确保工程保质、保量、按期交付使用。

②机械化施工计划,是指反映计划期内机械化施工水平和设备利用状况的计划,主要确定各主要工程的机械化和半机械化程度,确定所需主要机械的类型、数量和作业产出率。该计划对减轻工人劳动强度,提高劳动生产率,保证工程质量,缩短工期,获得良好的经济效益,全面完成生产任务具有重要作用。

③劳动与工资计划,是指反映计划期内劳动生产率、职工人数和工资水平的计划,对于组织劳动力平衡,正确处理劳动生产率和工资水平的关系具有重要作用。

④材料供应计划,是指反映计划期内完成工程任务所需的各种主要材料数量的计划,对保证生产正常进行,提高产品质量,按期竣工,降低工程成本,提高劳动生产率等具有重要意义。

⑤技术组织措施计划,是指反映计划期内为完成施工任务所采取的合理化建议,对主要项目和工程所采取的技术措施,推广新技术的项目和数量的计划,技术组织措施计划是保证完成各项计划指标的重要手段,对提高企业指标水平具有重要作用。

⑥降低成本计划,反映计划期内降低成本的节约额和节约率,是企业经营成果好坏的一个综合性反映,对于增加企业利润具有重要作用。

⑦附属辅助生产计划,是指反映附属辅助部门生产加工等能力的计划,对于保证建筑工程顺利进行,提高机械化施工程度具有重要作用。

⑧财务计划,是指企业各项财务活动的全面计划,财务计划是以上各项计划的货币表现,财务计划集中反映了企业全部经营活动的最终成果。财务计划通常包括固定资产及其折旧计划、自有流动资金计划、利润计划、财务收支计划以及企业基金计划等。

3. 月(旬)作业计划

(1) 月(旬)作业计划的概念

企业为了落实年度或季度综合计划,常常按较短的时间(月、旬)编制作业计划,将年(季)度综合计划分配到各个生产环节(施工队、班组、车间)。因此,月(旬)作业计划是确保年(季)度综合计划各项任务实现的具体行动性计划,是实施型计划,是年(季)度综合计划的具体化。

(2) 月(旬)作业计划的内容

①明确各项技术经济指标;

②施工项目的工程形象进度要求,施工综合进度计划;

③主要实物工程量、建筑安装工作量计划;

④劳动力、机具、材料、半成品等需用数量计划;

⑤技术组织措施计划。

8.1.3 建筑企业的计划指标体系

1. 计划指标的概念

计划指标是企业在计划期内,在具体的技术条件下所要达到的具体目标和水平,计划指标包括名称、单位和数值三个部分。计划指标具有一定的经济内容,一般包括企业生产经营活动的规模、技术水平和经济效益。为全面反映企业的技术经营活动,必须适当设置各种指标,建立健全企业的指标体系,完善和促进计划管理工作。

2. 计划指标的分类

(1) 按指标计量单位的不同,可以分为实物指标和货币指标。实物指标是体现实物使用价值的指标。如水泥用量、土方量、混凝土工程量等。货币指标是以货币价值表示的指标。如工程总造价,工程成本降低额等。

(2) 按指标性质的不同,可以分为数量指标和质量指标。数量指标是计划期内企业生产经营应达到的数量目标,通常用绝对值表示。如工程数量、建筑安装工作量、劳动工资、固定资金、流动资金、物资设备数量等。质量指标是计划期内企业生产经营应达到的工作质量要求指标,通常用相对值表示。如劳动生产率、产品合格率、机械完好率、机械利用率、成本降低率等。

(3) 按指标用途的不同,可以分为计划指标和统计指标。计划指标表示计划期内要求达到的水平;统计指标表示计划期内实际达到的水平。

3. 计划指标体系

(1) 工程量

工程量是指建筑企业(或项目)在一定时间内完成的,以物理单位如 m、m^2、m^3 或自然计量单位如台、件、根等表示的各种工程量指标。工程量主要包括:

①施工面积,是指在报告期内施工的全部房屋建筑面积,包括本期新开工的房屋面积、上期施工跨入本期继续施工的房屋面积、上期停建、缓建在本期恢复施工的房屋面积、本期竣工的房屋面积及本期施工后又停缓建的房屋面积。

②竣工面积,是指在报告期内房屋建筑按照设计要求全部完工,达到了住人和使用条件,经验收鉴定合格,正式移交使用单位的房屋建筑面积。竣工面积反映了计划期内企业

完成房屋的最终建筑产品的数量。

③主要实物工程量，是具体反映施工进度和工程完成情况的指标。如反映土方工程、屋面工程等的实物工程量指标。

(2) 建筑安装工作量

建筑安装工作量是以货币表现的建筑安装产品的总量，建筑安装工作量是反映建筑企业施工活动成果的一项综合性指标，并作为计算劳动生产率，核算工程成本降低率等指标的依据。建筑安装工作量一般以自行完成为准，不包括附属企业产值。

(3) 房屋建筑面积竣工率

房屋建筑面积竣工率是计划期内竣工的房屋建筑面积与计划期内施工的房屋建筑面积之比。即

$$房屋建筑面积竣工率 = \frac{计划期内竣工的房屋建筑面积}{计划期内施工的房屋建筑面积} \times 100\% \quad (8.1.1)$$

(4) 全员劳动生产率

全员劳动生产率通常是通过自行完成建筑安装工作量和企业全年平均人数两项指标来计算，即

$$全员劳动生产率 = \frac{自行完成建筑安装工作量}{全部人员平均人数} (元/人) \quad (8.1.2)$$

其中全部人员应包括固定职工、临时职工和未到职工的用工。

(5) 工程质量

工程质量指标是反映建筑企业经营管理和施工技术水平的重要指标之一，一般计算单位工程个数和建筑面积的优良品率或合格率。

(6) 安全生产

为考虑建筑企业的安全生产工作，需要计算负伤事故频率，或称千人负伤率，一般按月计算。

$$负伤事故频率 = \frac{一定时间内发生负伤事故人次}{一定时间内平均在册职工人数} \times 100\% \quad (8.1.3)$$

(7) 工程成本

工程成本是衡量建筑企业生产经营活动的一个重要的综合性指标。其计算方法如下

$$工程成本计划降低额 = 工程预算成本 - 工程计划成本 \quad (8.1.4)$$

$$工程成本计划降低率 = \frac{工程成本计划降低额}{工程预算成本} \times 100\% \quad (8.1.5)$$

(8) 施工工期

考虑施工工期是否符合国家规定的工期以及工期变化情况。

4. 我国新的企业效绩评价指标体系

随着我国社会主义市场经济体制的确立和以建立现代企业制度为目标的企业改革的不断深入，企业的经营目标转向于谋求利益的最大化，经营方式正朝着自负盈亏、自主发展的方向改变，企业正逐渐成为市场的主体。为做好新形势下的企业管理工作，转变政府职能，加强宏观调控与计划指导，给企业提供信息服务，客观、公正地评价企业的经营成果和促进企业的自我评价，国家财政部特制定企业效绩评价指标体系。

企业效绩评价指标体系由基本指标、修正指标和评议指标三个层次共28项指标构成，

如表 8.1.1 所示。基本指标是评价企业效绩的核心指标，由反映企业财务效益状况、资产营运状况、偿债能力状况、发展能力状况的四类 8 项计量指标构成，用以产生企业效绩评价的初步结果。修正指标用以对基本指标评价形成的财务效益状况、资产营运状况、偿债能力状况和发展能力状况的初步评价结果进行修正，以产生较为全面的企业效绩评价基本结果，具体由 12 项计量指标构成。评议指标是用于对基本指标和修正指标评价形成的基本结果进行定性分析验证，以进一步补充和完善基本评价结果。评议指标由 8 项非计量指标构成。

表 8.1.1 企业效绩评价指标体系

评价内容	基本指标	修正指标	评议指标
财务效益状况	1.净资产收益率 2.总资产报酬率	1.资本保值增值率 2.主营业务利润率 3.盈余现金保障倍数 4.成本费用利润率	1.经营者基本素质 2.产品市场占有能力 3.基础管理水平 4.发展创新能力 5.经营发展战略 6.在岗员工素质 7.技术装备更新水平 8.综合社会贡献
资产营运状况	3.总资产周转率 4.流动资产周转率	5.存货周转率 6.应收账款周转率 7.不良资产比率	
偿债能力状况	5.资产负债率 6.已获利息倍数	8.现金流动负债比率 9.速动比率	
发展能力状况	7.销售增长率 8.资本积累率	10.三年资本平均增长率 11.三年销售平均增长率 12.技术投入比率	

8.1.4 建筑企业计划的编制、执行和控制

1. 计划的编制

（1）长远发展规划的编制

1）编制原则

①认真贯彻国家发展国民经济的方针政策，符合国家长远发展规划对企业提出的要求；

②要贯彻建筑业长远发展规划，并适应本地区长远发展规划的要求；

③充分发挥企业生产经营特点，使企业具有竞争能力；

④在优先考虑国家利益的前提下，做到兼顾国家、集体、个人三者利益；

⑤坚持企业的发展速度和提高经济效益相统一的原则。

2）编制程序

①通过调查和预测，进行企业环境分析。构成企业环境的因素很多。企业环境因素可以由主体环境因素、一般环境因素和地域环境因素构成。企业的主体环境因素是指与企业

的经营成果有利害关系的个人和集团,如股东、顾客、金融机构、交易关系单位、竞争企业、外部机关团体等;企业的一般环境因素是由社会的政治因素、经济因素、文化因素和科学技术因素等社会因素构成;企业的地域环境因素是就上述环境因素产生的地理位置而言的,包括国内环境因素和国际环境因素。

对一个具体企业而言,从时间、费用和必要性看,企业不但不可能,而且也没有必要对所有环境因素进行分析。因此,首先要确定特定企业的特定环境内容,然后集中人力和费用,对影响较大的因素进行调查和分析。

②企业能力分析和业绩分析。企业在进行环境分析的基础上,应认真做好能力分析,预知企业现有能力与将来环境的适应程度,明确企业的优势和劣势,从而使企业的长远发展规划建立在切实可靠的基础上。企业能力分析首先要明确企业能力的结构,即明确反映企业能力的因素有哪些;其次,在分类基础上,切实掌握企业现有能力的实际情况,这关系到企业长远发展规划提出的合理性,是企业能力分析的关键;最后通过对企业能力评价,发现企业现有能力存在的问题,明确企业的优势和劣势。

③经营目标的设定。经营目标是企业管理理念、经营方针和最终生产目的的具体贯彻和体现。企业经营目标的设定,原则上应以适应环境变化的需要和企业能力为依据,一般包括收益性、成长性和安全性三项目标。收益性目标包括的目标项目有总资本利润率、销售利润率、销售周转率等;成长性目标包括的目标项目有销售额增长率、市场占有率、利润额增长率等;安全性目标包括的目标项目有自有资本比率、附加值增长率、盈亏平衡点等。

④企业经营战略的形成和确定。企业根据面临或预感到可能面临的问题,从对环境的调查分析入手,并依据企业能力和长期目标,提出解决问题或适应未来环境变化的多个战略设想,再经过整理、归纳、分析和评价,最后形成和确定企业的最优发展战略。

⑤编制企业长远发展规划。选定了最优发展战略后,就可以编制长远规划。编制长远规划是企业领导的中心任务,一般由企业最高决策层先提出目标方案,然后责成计划部门将目标方案分口下发到相关部门,由各部门分别编制生产计划和专项计划。

3)编制方法

由于长远发展规划计划期长,企业的内外条件不断变化,很多因素难以准确预测,因此要求计划具备一定的弹性,以适应变化的需要。在现代企业管理中,多采用滚动计划方式编制长远规划。

滚动计划法是一种动态计划方法,该方法根据计划的执行情况和环境变化情况定期修订未来的计划,并逐期向前推移,形成一个连续地形成计划的过程。其具体做法是用"近细远粗"的办法制定计划,即对当前的、近期的计划要较详细,对远期的计划可以适当粗些。如编制五年计划,第一年计划制定详细具体,以后几年比较笼统,随着第一年计划的实际执行,就可以与计划进行对比分析,作为第二年及以后各年计划的调整依据,并使第二年的计划变得具体可行。如此随时间推移,一年一调整。如图8.1.1所示。

(2)年(季)度综合计划和月(旬)作业计划的编制

1)编制原则

①以按期完成最终建筑产品为目标;

②坚持建设程序和施工程序;

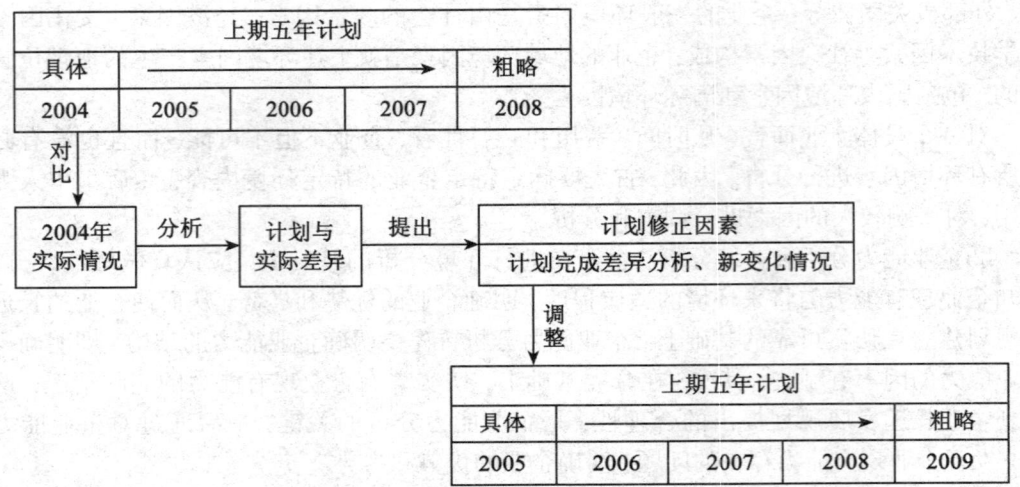

图 8.1.1 滚动计划框图

③要以施工组织设计为基础;
④做好综合平衡;
⑤注重施工的连续性、紧凑性、均衡性和灵活性。

2) 年(季)度综合计划的编制程序

①调查研究,收集资料。编制的计划是否切合实际,很大程度上取决于掌握的信息资料是否完整、及时、准确。企业收集的资料分为外部资料和内部资料。外部资料主要包括国家政策、法令、基本建设计划、市场情况、工程合同落实情况、资源供应情况和动态等;内部资料包括企业组织机构的情况、企业管理状况、各种施工与生产技术资料、综合生产能力等。

②统筹安排,初步提出生产计划草案。首先,提出企业全年的企业经营目标,并提出编制计划的指导思想和原则性要求;其次,将经营目标发给各科室、工程处(或施工队)进行充分协商讨论,提出实现目标的方案和措施;最后,对多个方案进行技术经济分析,选择最优方案。

③综合平衡,确定生产计划。对选择的最优生产计划草案进行综合平衡分析,最终确定生产计划。

3) 月(旬)作业计划的编制程序

月(旬)作业计划通常由施工队编制,工程处汇总,报公司备案。编制程序一般为"两下一上"、"一上一下"。

4) 编制方法

编制年(季)度综合计划和月(旬)作业计划的基本方法都是综合平衡法。所谓综合平衡法,就是使企业生产经营各环节、各要素之间保持正常比例的一种计划方法,其基本出发点是使企业在计划期内所确定的计划任务,建立在市场需求与企业自身综合生产能力平衡的基础上。利用综合平衡法编制年(季)度综合计划和月(旬)作业计划,通常要进行以下平衡：
①生产任务与需求能力之间的平衡；
②生产任务与物资供应能力之间的平衡；
③生产任务与生产能力之间的平衡；
④生产任务与生产技术准备之间的平衡；
⑤生产任务与资金占用之间的平衡。

2. 计划的执行和控制

编制计划仅仅是计划管理工作的开始，更重要的工作是计划的执行和对计划实施的有效控制。

（1）计划的执行

①做好计划的全面交底工作。下达计划之前，由计划的编制单位向执行部门进行全面交底，计划交底后，编制单位以计划文件的形式下达给执行单位。

②按照企业计划体系的特征全面贯彻执行。在贯彻执行企业计划体系中，应做到统筹安排。在统一的企业目标下，企业经营、生产技术、工程质量管理、物资供应的职能部门，应各尽其责，通力协作，使工程进度、质量、资源供应与消耗、成本和安全等多目标得到统一，保证计划的全面贯彻执行。

③层层落实计划任务和经济责任制。计划的贯彻执行应按照企业组织结构的关系和职能部门、生产单位的职责范围，把计划任务落实到执行者。并同时落实多种形式的经济责任制，签署经济责任合同，用经济手段保障计划的贯彻执行。

④狠抓基层生产单位和施工现场的计划贯彻执行。企业基层生产单位和施工现场是计划管理的关键点，也是投入产出、保障经济效益和产品质量的焦点。因此，必须狠抓基层生产单位和施工现场的计划贯彻执行。

（2）计划执行中的控制

企业领导者若想使组织的各项计划得以实现，就必须加强对计划的控制工作。

1）计划控制方法

①事后控制。针对企业生产经营活动的结果进行控制，即将执行结果与期望的标准相比较，看其是否符合控制标准，总结经验教训，并制定改进行动措施，以利于将来的行动。

②事中控制。针对企业生产经营活动本身进行控制，即在计划执行过程中，按照某一标准来检查工作，确定行与不行。

③事前控制。针对企业生产经营活动的前提条件进行控制，这种控制方法注意的是目前还没有发生的未来行为，进行这种控制，可以事先采取预防性的矫正行动。

从控制效果分析，事前控制最佳，事前控制是将问题消灭在设计和施工计划中，事中控制次之，事后控制最差，事后控制是问题出现之后的控制，往往会给企业带来或多或少的损失。

2）计划控制过程

计划控制过程一般包括三个步骤：确定控制标准（计划指标、合同、规范、制度等）；根据这些标准衡量执行情况；分析、纠正实际执行情况中偏离标准与计划的误差。

§8.2 建设工程招标与投标

8.2.1 建设工程招标与投标概述

1. 招标、投标的概念

所谓招标、投标，是指采购人事先提出货物、工程或服务采购的条件和要求，邀请众多投标人参加投标并按照相关规定程序从中选择交易对象的一种市场交易行为。从交易过程来看，这种市场交易行为包括招标和投标两个最基本的环节，前者是招标人以一定的方式邀请不特定或一定数量的自然人、法人或其他组织投标，后者是投标人响应招标人的要求参加投标竞争。没有招标就不会有供应商或承包商的投标；没有投标，采购人的招标就没有得到响应，也就没有开标、评标、定标和合同签订及履行等。

2. 招标、投标活动应遵循的原则

《中华人民共和国招标投标法》（以下简称《招标投标法》）第五条规定："招标投标活动应当遵循公开、公平、公正和诚实信用的原则。"

(1)公开原则。公开就是要求招标、投标活动具有较高的透明度，实行招标信息、招标程序、招标条件和招标结果公开，使每一个投标人获得同等的信息，了解招标的一切条件和要求。

(2)公平原则。招标、投标属于民事法律行为，公平是指民事主体的平等，就是要求给予所有投标人平等的机会，使其享有同等的权利并履行相应的义务，不歧视任何一方。

(3)公正原则。公正就是要求按事先公布的统一标准，实事求是地进行评标和定标，公正的对待所有的投标人。

(4)诚实信用原则。诚实信用原则，也称诚信原则，是民事活动的基本原则之一。该原则要求招标、投标当事人应以诚实、善意的态度行使权利，履行义务，以维持双方的利益平衡，以及自身利益与社会利益的平衡，不得通过自己的活动损害第三人和社会的利益，必须在法律范围内行使自己的权利。

3. 建立招标、投标制度的目的

(1)规范招标、投标活动

改革开放以来，我国的招标、投标事业得到了长足发展，推行的领域不断拓宽，发挥的作用也日趋明显。但是，当前招标、投标活动中存在一些突出问题，如：推行招标、投标的力度不够；招标、投标程序不规范，漏洞较多，不少项目有招标之名而无招标之实；招标、投标中的不正当交易和腐败现象比较严重；政企不分，对招标、投标活动的行政干预过多；行政监督体制不顺，职责不清，在一定程序上助长了地方保护主义和部门保护主义。因此，依法规范招标、投标活动，是建立招标、投标制度的目的之一。

(2)提高经济效益

我国从20世纪80年代初开始引入招标、投标制度，先后在利用国外贷款、机电设备进口、建设工程发包、科研课题分配、出口商品配额分配等领域推行，取得了良好的经济效益和社会效益。因此，依法推行招标、投标制度，对于保障国有资金的有效使用，提高投资效益，有着极为重要的意义。

(3) 保证项目质量

由于招标的特点是公开、公平和公正,将采购活动置于透明的环境之中,有效地防止了腐败行为的发生,也使工程、设备等采购项目的质量得到了保证。在某种意义上说,招标、投标制度执行得如何,是项目质量能否得到保证的关键。

(4) 保护国家利益、社会公共利益和招标、投标活动当事人的合法权益

这个目的是从前三个目的引伸而来的。无论是规范招标、投标活动,还是提高经济效益,或保证项目质量最终目的都是为了保护国家利益、社会公共利益,保护招标、投标活动当事人的合法权益。也只有在招标、投标活动得以规范,经济效益得以提高,项目质量得以保证的条件下,国家利益、社会公共利益和当事人的合法权益才能得以维护。

8.2.2 建设工程招标

1. 建设工程招标的概念

招标是一种特殊的交易方式和订立合同的特殊程序。招标的概念有广义与狭义之分。广义的招标是指由招标人发出招标公告或通知,邀请潜在的投标商进行投标,最后由招标人通过对各投标人所提出的价格、质量、交货期限和该投标人的技术水平、财务状况等因素进行综合比较,确定其中最佳的投标人为中标人,并与之最终签定合同的过程。狭义的招标是指招标人根据自己的需要,提出一定的标准或条件,向潜在投标商发出投标邀请的行为。本文所述招标是指广义上的招标。

建设工程招标,就是招标单位(建设单位)对拟建工程项目,由自己或自己所委托的咨询服务公司,编制反映工程内容和建设要求的技术经济与法律性招标文件,通过广告等形式,约请、审查承包单位资格并组织其参加竞争性工程交易活动,用经济手段择优选定承包单位的一系列工作的总称。

2. 建设工程招标的范围

《招标投标法》规定:在中华人民共和国境内进行下列工程建设项目包括项目的勘察、设计、施工、监理以及与工程建设有关的重要设备、材料等的采购,必须进行招标。

(1) 大型基础设施、公用事业等关系社会公共利益、公众安全的项目;

(2) 全部或部分使用国有资金投资或国家融资的项目;

(3) 使用国际组织或外国政府贷款、援助资金的项目。

需要指出的是,上述三类项目只是一个大的、概括的范围。为了确定必须进行招标的工程建设项目的具体范围和规模标准,规范招标投标活动,根据《招标投标法》第三条的规定,国家发展改革委员会制定颁布了《工程建设项目招标范围和规模标准规定》,对必须招标的项目范围做出了进一步的规定。要求项目的勘察、设计、施工、监理以及与工程建设相关的重要设备、材料等的采购,达到下列标准之一的,必须进行招标:

(1) 施工单项合同估算价在 200 万元人民币以上的;

(2) 重要设备、材料等货物的采购,单项合同估算价在 100 万元人民币以上的;

(3) 勘察、设计、监理等服务的采购,单项合同估算价在 50 万元人民币以上的;

(4) 单项合同估算价低于第(1)、(2)、(3)项规定的标准,但项目总投资额在 3 000 万元人民币以上的。

按照规定,属于下列情形之一者,经相关审批部门批准可以不进行招标:

（1）涉及国家安全、国家秘密或抢险救灾而不适宜招标的；
（2）属于利用扶贫资金实行以工代赈需要使用农民工的；
（3）施工主要技术采用特定的专利或专有技术的；
（4）施工企业自建自用的工程，且该施工企业资质等级符合工程要求的；
（5）在建工程追加的附属小型工程或主体加层工程，原中标人仍具备承包能力的；
（6）法律、行政法规规定的其他情形。

3. 建设工程招标的方式

根据《招标投标法》的规定，建设工程招标分为公开招标和邀请招标。

（1）公开招标

公开招标又称无限竞争性招标，是指招标人以招标公告的方式邀请不特定的法人或其他组织投标。即招标人在指定的报刊、电子网络或其他媒体上发布招标公告，吸引众多的投标人参加投标竞争，招标人从中择优选择中标单位的招标方式。公开招标是目前应用最广的招标方式，这种招标方式执行一个完整的招标程序，对有资格承包该工程的企业给予同等的机会，招标单位有充分的选择余地。

一般规定，国务院发展计划部门确定的国家重点建设项目和各省、自治区、直辖市人民政府确定的地方重点建设项目，以及全部使用国有资金投资或国有资金投资占控股或主导地位的工程建设项目，应当公开招标。

（2）邀请招标

邀请招标又称有限竞争性招标，是指招标人以投标邀请书的方式邀请特定的法人或其他组织投标。即由招标人根据自己的经验和相关供应商、承包商资料，如企业信誉、设备性能、技术力量、以往业绩等情况，选择一定数目的企业（一般应邀请5~10家为宜，不能少于3家），向其发出投标邀请书，邀请他们参加投标竞争。邀请招标可以有效地减少招标工作量和减少开支，并能缩短招标工期，但这种招标方式的竞争性稍差。

有下列情形之一的，经批准可以进行邀请招标：

①项目技术复杂或有特殊要求，只有少量几家潜在投标人可供选择的；
②受自然地域环境限制的；
③涉及国家安全、国家秘密或抢险救灾，适宜招标但不宜公开招标的；
④拟公开招标的费用与项目的价值相比，不值得的；
⑤法律、法规规定不宜公开招标的。

（3）公开招标与邀请招标的区别

①发布信息的方式不同。公开招标采用公告的形式发布，邀请招标采用投标邀请书的形式发布。

②选择的范围不同。公开招标针对的是一切潜在的对招标项目感兴趣的法人或其他组织，招标人事先不知道投标人的数量；邀请招标针对已经了解的法人或其他组织，而且事先已经知道投标者的数量。

③竞争的范围不同。公开招标竞争的范围较广，竞争性体现得也比较充分，招标人拥有绝对的选择余地，容易获得最佳招标效果；邀请招标中投标人的数目有限，竞争的范围有限，招标人拥有的选择余地相对较小，不易获得最佳招标效果。

④公开程度不同。公开招标中，所有的活动都必须严格按照预先指定并为大家所知的

程序和标准公开进行，大大减少了作弊的可能。邀请招标的公开程度逊色一些，产生不法行为的机会也就多一些。

⑤时间和费用不同。公开招标的程序比较复杂，因而耗时较长，费用也比较高。邀请招标不发公告，招标文件只送几家，使整个招投标的时间大大缩短，费用也相应减少。

4. 建设工程招标应具备的条件

建设项目实施的阶段不同，其招标应具备的条件也不同。建设工程施工招标应具备的条件在现行《工程建设项目施工招标投标办法》中作了规定：

(1)招标人已经依法成立；
(2)初步设计及概算应当履行审批手续的，已经批准；
(3)招标范围、招标方式和招标组织形式等应当履行核准手续的，已经核准；
(4)有相应资金或资金来源已经落实；
(5)有招标所需的设计图纸及技术资料。

5. 建设工程招标的程序

建设工程招标一般可以划分为三个阶段，即招标准备阶段、招标阶段和决标成交阶段，其一般程序框图如图 8.2.1 所示。

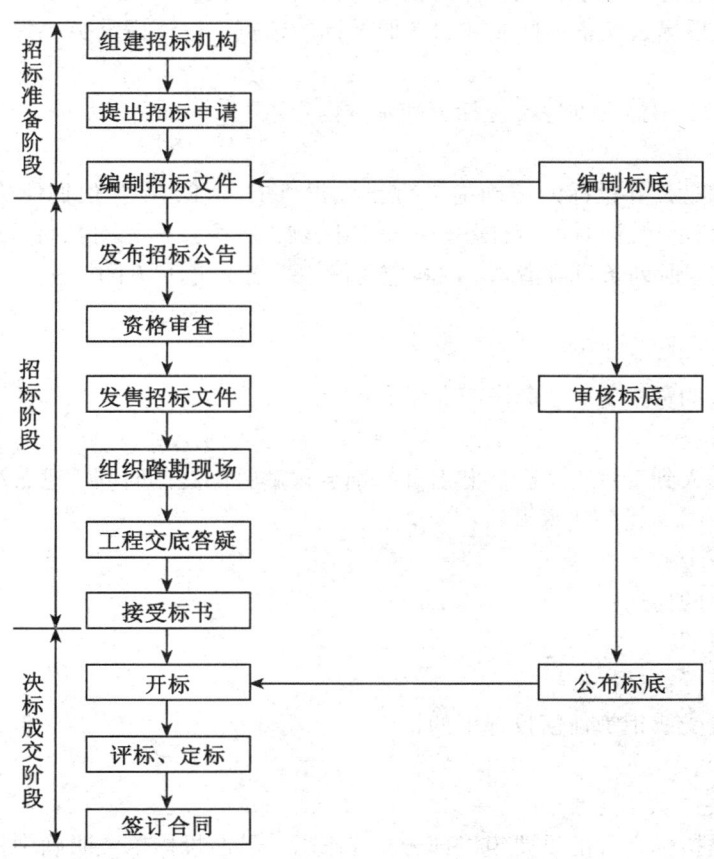

图 8.2.1　建设工程招标程序框图

6. 建设工程招标的主要内容

（1）建立招标工作机构

招标工作机构的组织原则应体现经济责任和讲求效率。首先，招标单位要有与其应负的责任相适应的决策权；其次，工作效率高，既要保证招标工作质量，又要能节省招标开支。

工作机构成员组成要与建设工程规模和技术复杂程度相适应，一般以 5~7 人为宜，招标工作机构负责人应由建设单位法人代表或其委托的代理人担任。招标工作机构通常由三类人员组成：

①决策者，即主管部门任命的招标人或授权代表；

②专业技术人员，包括建筑、结构、设备、工艺等专业工程师和造价工程师等；

③助理人员，即决策人和专业技术人员的助手，包括秘书、资料、档案、计算、绘图等工作人员。

（2）编制招标文件

具备招标条件的工程项目，由建设单位向主管部门提出招标申请，经审查批准后，即应准备招标文件。招、标文件是招投标过程中最重要的法律文件，该文件不仅规定了完整的招标程序，而且还提出了各项具体的技术标准和交易条件，规定了拟订立合同的主要内容。招标文件是投标人准备投标文件和参加投标的依据，是评标委员会评标的依据，也是订立合同的基础。

工程项目施工招标文件通常包括下列基本内容：

1）投标人须知

投标人须知是指导投标人正确地进行投标报价的文件，告知他们所应遵循的各项规定，以及编制标书和投标时所应注意、考虑的问题，避免投标人对招标文件内容的误解。因此，投标人须知所列条目应清晰、内容应明确。一般应包括以下内容：

①项目简述；

②招标项目的资金来源；

③对投标人的资格要求，资格审查标准；

④承包方式；

⑤组织投标人到工程现场勘察和召开标前会议解答问题的时间、地点及相关事项；

⑥填写投标书的相关注意事项；

⑦投标保证金；

⑧投标文件的递送；

⑨投标有效期；

⑩开标和评标；

⑪招标人接受或拒绝任何投标书的权力；

⑫授予合同。

2）合同主要条款

合同条款是招标文件的重要组成部分，其作用一是使投标单位明确中标后作为承包人应承担的义务和责任；二是作为洽商签订正式合同的基础。我国已制定了《建设工程施工合同》示范文本，一般的建设工程施工项目签订承包合同均可以使用。该示范文本由协议书、通用条款和专用条款三部分组成。主要内容包括：

①工程名称、地点、范围、内容，工程价款及开工、竣工日期；
②双方的权利、义务和责任；
③施工组织设计的编制要求和工期调整的处置办法；
④工程质量要求、检验与验收办法；
⑤合同价款调整与支付款方式；
⑥材料、设备的供应方式与质量标准；
⑦工程变更；
⑧竣工条件与结算方式；
⑨违约责任及处置办法；
⑩争议解决方式；
⑪安全生产防护措施。

3）设计图纸和技术条款

提供设计图纸和技术条款的目的在于使投标单位了解工程的具体内容和技术要求，能据此拟定施工方案和进度计划。设计图纸的深度可以与招标阶段相应的设计阶段有所不同。初步设计阶段招标，应提供总平面图、个体平面图、立面图、剖面图和主要结构图以及装修、设备的说明。施工图阶段招标，则应提供全部施工图样。技术说明书应满足下列要求：

①必须对工程的要求做出清楚而详尽的说明，使各投标单位能有共同的理解，并且不需大量准备工作即能用图样比较有把握地估算出造价。
②投标单位不必担心将承担由于其自身所不能控制的环境或事件，而引起的任何意外风险，以致不能预先估计这些风险对造价和工期的影响。
③明确招标工程适用的施工验收技术规范，保修期及保险期内承包单位应负的责任。
④明确承包单位应提供的其他服务，诸如监督分包商的工作，相关分包商承包工程的安全保护措施，防止自然灾害的特别保护措施，以及对雇主提供的材料和构配件的检验等。
⑤相关特殊产品、专门施工方法及指定材料产地或来源以及等效代用品的说明。
⑥相关施工机械设备、脚手架、临时设施、现场清理及其他特殊要求的说明。

4）工程量清单

工程量清单是编制招标工程标底价格，确定投标报价，控制工程进度，办理竣工结算，调整工程量以及实行工程索赔的重要依据。

招标单位在工程方案、初步设计或部分施工图设计完成后，即可以委托标底编制单位按照当地统一的工程量计算规则，以单位工程为对象，计算并列出各分部分项工程的工程量清单，作为招标文件的组成部分发放给各投标单位。其工程量清单的粗细程度、准确程度取决于工程的设计深度及编制人员的技术水平和经验。投标单位根据工程量清单及招标文件的内容，结合自身的实力和竞争所需要采取的优惠条件，评估施工期间所要承担的价格、取费等风险，提出有竞争力的综合单价、综合合价、总报价及相关材料进行投标。

5）其他

包括投标邀请书、投标文件格式、评标标准和方法、投标辅助材料等。

（3）编制标底

在建设工程招标、投标活动中，标底的编制是工程招标中重要的环节之一，是评标、定标的重要依据，且工作时间紧、保密性强，是一项比较繁重的工作。标底的编制一般由招标单位委托由建设行政主管部门批准具有与建设工程相应造价资质的中介机构代理编制。标底是招标单位掌握工程造价的重要依据，应客观、公正的反映建设工程的预期价格，使标底在招标过程中显示出其重要的作用。因此，标底编制的合理性、准确性直接影响工程造价。

标底文件的内容包括：

①标底的综合编制说明；

②标底价格计算汇总，包括标底价格审定书、标底价格计算书、带有价格的工程量清单、现场因素、各种施工措施费的测算明细以及采用固定价格工程的风险系数测算明细等；

③材料用量分析；

④标底价格附件，包括各项交底纪要、各种材料及设备的价格来源、现场的地质、水文、地下情况的相关资料、编制标底价格所依据的施工方案或施工组织设计等。

（4）发布招标公告或投标邀请书

采用公开招标方式的，招标人应发布招标公告，邀请不特定的法人或其他组织投标。依法必须进行施工招标项目的招标公告，应在国家指定的报刊和信息网络上发布。采用邀请招标方式的，招标人应向三家以上具备承担施工招标项目的能力、资信良好的特定的法人或其他组织发出投标邀请书。招标公告或投标邀请书应至少载明下列内容：

①招标人的名称和地址；

②招标项目的内容、规模、资金来源；

③招标项目的实施地点和工期；

④获取招标文件或资格预审文件的地点和时间；

⑤对招标文件或资格预审文件收取的费用；

⑥对投标人的资质等级的要求。

（5）投标单位资格审查

根据《招标投标法》规定，招标人可以根据招标项目本身的要求，在招标公告或投标邀请书中，要求潜在投标人提供相关资质证明文件和业绩情况，并对潜在投标人进行资格审查。国家对投标人的资格条件有规定的，依照其规定进行资格审查。资格审查分为资格预审和资格后审。资格预审是指在投标前对潜在投标人进行的资格审查；资格后审是指在开标后对投标人进行的资格审查。采取资格预审的，招标人应在资格预审文件中载明资格预审的条件、标准和方法；采取资格后审的，招标人应在招标文件中载明对投标人资格要求的条件、标准和方法。

资格审查应主要审查潜在投标人或投标人是否符合下列条件：

①具有独立订立合同的权利；

②具有履行合同的能力，包括专业、技术资格、能力、资金、设备和其他物质设施状况，管理能力、经验、信誉和相应的从业人员；

③没有处于被责令停业，投标资格被取消，财产被接管、冻结，破产状态；

④在最近三年内没有骗取中标和严重违约及重大工程质量问题；

⑤法律、行政法规规定的其他资格条件。

经资格预审后，招标人应向资格预审合格的潜在投标人发出资格预审合格通知书，告知获取招标文件的时间、地点和方法，并同时向资格预审不合格的潜在投标人告知资格预审结果。资格预审不合格的潜在投标人不得参加投标。

（6）组织踏勘现场

《招标投标法》规定，招标人根据招标项目的具体情况，可以组织潜在投标人踏勘项目现场。踏勘的目的，一是让投标人了解施工现场情况，以便于编标报价；二是可以使投标人针对现场情况决定投标策略和确定投标的原则，避免实施过程中承包商以不了解现场情况为由推卸应负的责任。

（7）招标工程交底及答疑

踏勘现场之后，招标单位邀请各投标单位的代表开会，进行工程交底，并解答疑问。工程交底的主要内容有：

①向投标人介绍工程概况；

②对招标文件某些内容进行修改和补充说明；

③解答投标人提出的与招标和踏勘现场相关的问题；

④对投标单位所提疑问的回答，应以书面记录方式，印发给各投标单位，作为招标文件的补充。

（8）开标

开标，又称揭标，是招标单位在事先规定的时间、地点，开启投标人提交的投标文件，宣布投标人的名称、标底价格及投标文件中的其他主要内容的活动。开标应在招标文件确定的提交投标文件截止时间的同一时间公开进行，开标地点应为招标文件中预先确定的地点。

1）开标形式

开标的形式通常有两种：

①公开开标，就是在招标机构规定的日期、时间和地点，在通知所有投标人参加的情况下，将收到的全部标书当众启封，公开宣布各投标人的报价，使所有投标人了解标底及最低标价。凡是国际公开招标的项目，都必须公开开标。公开开标的形式体现了招标的合法化和公正化。

②秘密开标，就是在招标委员会内部进行，有时会邀请政府代表或相关人员参加，但不允许投标人参加。

2）公开开标程序

①招标单位主持人宣布开标会议开始，介绍参加开标会议的单位和人员名单，宣布公证、唱标、监标、记录人员的名单；

②由公证单位代表检验各投标文件密封的完整性；

③由招标单位代表当众启封投标文件，对未按规定密封和逾期送达的投标文件不予启封；

④唱标、宣读投标单位在其投标书上承诺的投标报价、工期、质量、投标保证金以及招标单位认为有必要宣读的内容，并在预先准备好的表册上逐项登记，并请投标单位法定

代表人或委托代理人签认；
⑤由主持人公布审查后的工程标底；
⑥主持人宣布开标会议结束，转入评标阶段。
(9)评标
评标就是依据招标文件的规定和要求，对投标文件进行的审查、评审和比较。评标由招标人依法组建的评标委员会负责。依法必须进行招标的项目，其评标委员会由招标人的代表和相关技术、经济等方面的专家组成，成员人数为5人以上单数，其中技术、经济等方面的专家不得少于成员总数的三分之二。评标委员会成员的名单在中标结果确定前应当保密。
1)评标准备
〈1〉招标人向评标委员会成员发放招标文件和评标相关表格；
〈2〉评标委员会成员研究招标文件，了解和熟悉以下内容：
①招标的目标；
②招标项目的范围和性质；
③招标文件中规定的主要技术要求、标准和商务条款；
④招标文件规定的评标标准、评标方法和在评标过程中考虑的相关因素。
〈3〉招标人向评标委员会提供评标所需的重要信息和数据。
2)初步评审
①检查所有投标文件的有效性；
②检查所有投标文件的完整性；
③检查投标书与招标文件的一致性；
④检查报价计算的正确性；
⑤按上述评审，评标委员会列出被否决的不合格投标或界定为废标的投标文件，确定合格的投标文件。
3)详细评审
经初步评审合格的投标文件，评标委员会应根据招标文件确定的评标标准和方法，对其技术部分和商务部分作进一步评审、比较。
详细评审的内容一般包括以下五个方面：
①价格分析；
②技术评审；
③管理和技术能力的评价；
④对拟派项目主要管理人员和技术人员的评价；
⑤商务法律评审。
4)提交评标报告
评标委员会全体成员签署书面评标报告，将投标人排序并推荐1~3名有排序的中标候选人。
(10)定标和签订合同
1)确定中标人
评标委员会提出书面评标报告后，招标人一般应在15日内确定中标人，最迟应在投标有效期结束日 30 个工作日前确定。招标人应接受评标委员会推荐的中标候选人，不得在评标委员会推荐的中标候选人之外确定中标人。根据《招标投标法》规定，中标人的投标应当符合下列条件之一：

①能够最大限度地满足招标文件中规定的各项综合评价标准；

②能够满足招标文件的实质性要求，并且经评审的投标价格最低，但是投标价格低于成本的除外。

2）签发中标通知书

中标人确定后，招标人应向中标人发出中标通知书，并同时将中标结果通知所有未中标的投标人。依法必须进行招标的项目，招标人应当自确定中标人之日起 15 日内，向相关行政监督部门提交招标、投标情况的书面报告。中标通知书对招标人和中标人具有法律效力。中标通知书发出后，招标人改变中标结果的，或中标人放弃中标项目的，应依法承担法律责任。

3）签订合同

招标人和中标人应自中标通知书发出之日起 30 日内，按照招标文件和中标人的投标文件订立书面合同。招标人和中标人不得再订立背离合同实质性内容的其他协议。招标人与中标人签订合同后 5 个工作日内，应向未中标人发出落标通知书，并退还投标保证金。至此，招标工作全部结束。

8.2.3 建设工程投标

投标是投标人在报送申请，并取得资格预审之后，领取（或购买）招标文件，编制并投送标函，通过竞争获得工程任务的一系列工作的总称。投标的实质是争夺工程承包权，为了保证建设工程招标、投标工作的顺利进行，参加投标竞争的法人或其他组织应具有承担招标项目的能力，并且符合国家或招标文件对投标人资格条件的相关规定。

1. 建设工程投标的程序

建设工程投标程序框图如图 8.2.2 所示。

2. 建设工程投标的主要内容

（1）进行投标决策

在国内外的媒体上，经常可以看到建设工程招标信息。作为企业，不可能也不应该见标就投，应正确地决定投标策略，投标策略是企业提高中标率和避免浪费的前提。投标决策的内容按顺序可以分为针对项目是否投标；确定投标后，投什么样的"标"；决定采取什么策略争取中标。

（2）参加资格预审

资格预审能否通过是企业参与投标过程中的关键，也是投标过程中的第一关，通过了预审才有资格被邀请参与投标。一般资格预审的内容包括：

①企业注册证明和技术等级；

②主要施工经历；

③质量保证措施；

④技术力量、施工机械设备简况；

⑤正在施工的承建项目；

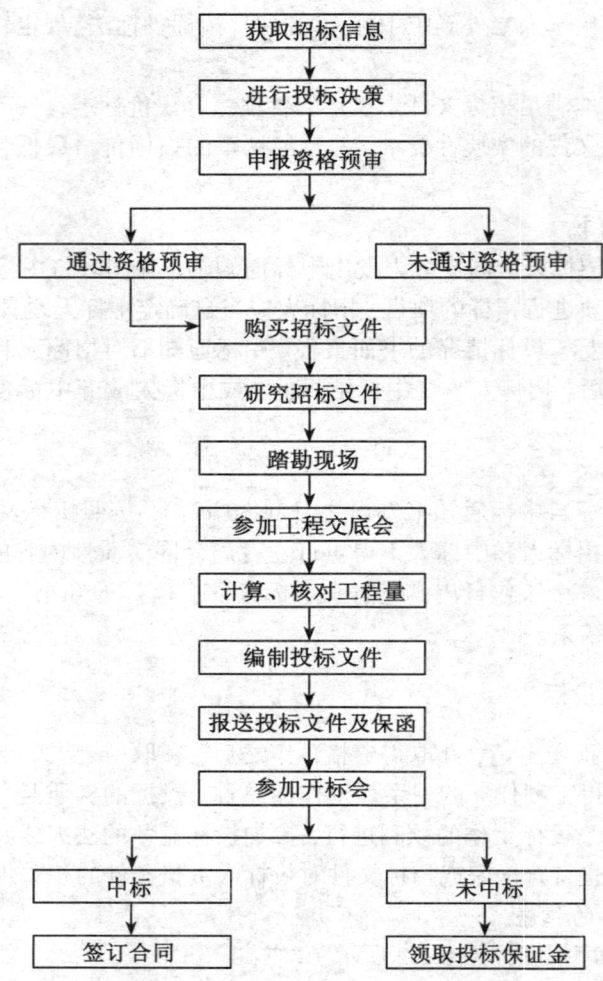

图 8.2.2　建设工程投标程序框图

⑥资金或财务状况；
⑦企业的商业信誉；
⑧准备采用的施工方法和施工进度等。

对于上述内容，平时应注意将与资格预审相关的资料准备齐全，并全部储存在计算机内，到针对某个项目进行资格预审调查时，再将相关资料调出来，加以补充完善，进行分析，并做好跟踪工作，以便及时发现问题，解决问题，补充资料。

(3) 研究招标文件

招标文件是投标的主要依据，投标企业的相关人员均应仔细地分析研究，只有充分研究和熟悉招标文件，才可能吃透建设单位的意图。研究招标文件，重点应放在投标人须知、合同主要条款、设计图纸、技术条款和工程量清单上，最好有专人或小组研究设计图纸和技术条款，弄清其中的特殊要求。

(4) 踏勘现场

现场考察是投标者必须经过的投标程序，也是投标报价的初步依据。踏勘现场是投标过程中一项重要的工作，现场环境条件的优劣直接关系到施工难易和工程造价的高低，以及在中标后组织施工可能遇到的风险。因此，投标者在报价之前必须认真进行现场考察，全面认真地调查了解工地及其周围的政治、经济、地理等情况。

踏勘现场的内容一般包括：

①工程的性质、范围以及与其他工程的关系；

②当地的地方法规和政策；

③工程地质地貌条件及水文气象条件；

④现场周围道路、交通运输、供电、供水、通讯、排污条件等；

⑤参加本工程投标单位的实力比较；

⑥料场开采条件、地方材料单价，其他加工条件，设备维修条件等；

⑦工地附近治安情况以及可能发生的风险等。

(5) 参加工程交底会

在参加完现场考察后，投标方按规定时间参加招标方组织的工程交底会。工程交底会是招标方解释这次招标的各项相关内容，以及对投标者提出问题的答疑。这对投标具有极大的帮助作用。交底会前，投标人应仔细研究招标文件，找出疑问，以便重点解决。还要仔细听取会上发言，认真做好记录，来补救有疑问但自己没有发现的问题。

(6) 计算、核对工程量

对于招标文件中的工程量清单，投标者一定要进行计算核对，因为工程量清单是投标报价的基础，直接影响投标报价及中标机会。当发现招标文件中工程量计算有较大出入，特别是漏项时，必须找业主核对，要求业主认可，并给予书面证明，这对于采用固定总价合同的，尤为重要。

(7) 编制投标文件

投标文件是企业参与投标竞争的重要凭证；是评标、定标和签订合同的依据；是投标者素质的综合反映和投标方能否取得经济效益的重要因素。投标文件应完全按照招标文件的各项要求编制，一般不能带任何附加条件，否则将导致投标作废。

投标文件一般包括下列内容：

1) 投标函

以招标、投标方式进行的建设项目，投标人参加竞标必须按照招标书要求，委托相关银行向招标人或业主递交投标保函。投标保函内容一般包括：投标人在招标书规定的投标有效期内不撤标、不更改原投标条件，并且在其中标后于规定的时间内按招标书要求签订相关合同、提交履约保函并向招标机构缴纳中标服务费。

2) 投标报价

投标报价是企业采取投标方式获取工程项目时，计算和确定承包该项工程的投标总价格。投标报价是投标文件中重要的组成部分，是投标策略中的核心。在激烈的投标竞争中，提出合理的、有竞争能力的标价，是战胜对手，揽到工程的关键。

投标报价应是在正确进行工程估价的基础上，灵活运用报价技巧与策略而做出的，主要过程包括定额选择、单价分析、计算工程成本、确定利润方针，最后确定标价。

3)施工组织设计

施工组织设计是编制投标书的一个重要的组成部分,施工组织设计所占的比例一般为整个标书的 20%左右。施工组织设计也是为完成该项工程的一个详细的施工作业综合指导书。施工组织设计主要包括以下内容:

①施工技术方案的合理性,主要施工技术的可靠性与先进性,施工进度计划是否编排合理可靠;

②施工场地总平面布置图是否科学合理;

③施工质量保证措施、环保措施、文明施工措施和安全生产措施是否合理可靠;

④主要施工机具安排是否与施工设计方案相匹配;

⑤项目主要管理人员及施工技术人员的数量、资历是否符合设计要求。

4)商务和技术偏差表

(8)报送投标文件

全部标书文件编制完成,经校核无误,投标人应在招标文件要求提交投标文件的截止时间前,将投标文件密封送达投标地点。招标人收到投标文件后,应向投标人出具标明签收人和签收时间的凭证,在开标前任何单位和个人不得开启投标文件。

§8.3 建设工程合同管理

8.3.1 概述

1. 合同的概念

《中华人民共和国合同法》(下文中简称《合同法》)规定,合同是平等主体的自然人、法人、其他组织之间设立、变更、终止民事权利义务关系的协议。合同作为一种协议,其本质是一种合意,必须是两个以上意思表示一致的民事法律行为。依法成立的合同,对当事人具有法律约束力,当事人应当按照约定履行自己的义务,不得擅自变更或解除合同。

任何合同均应具备三大要素,即主体、标的和内容。

(1)主体,即签约双方的当事人。合同可以是自然人、法人和其他组织,合同当事人法律地位平等,一方不得将自己的意志强加给另一方,当事人应当遵循公平原则确定各方的权利和义务。

(2)标的(又称客体),是当事人的权利和义务共同指向的对象,如建设工程项目,货物等,标的应规定明确,切忌含混不清。

(3)内容,指合同当事人之间的具体权利和义务。

2. 合同的分类

由于市场经济活动的内容丰富,形成了各种各样的合同。在我国,《合同法》将合同分为以下几种常见的合同类型。

(1)买卖合同,即出卖人转移标的物的所有权于买受人,买受人支付价款的合同;

(2)供用电、水、气、热力合同,即供电(水、气、热力)人向用电(水、气、热力)人供电(水、气、热力),用电(水、气、热力)人支付相应费用的合同;

(3)赠与合同,即赠与人将自己的财产无偿给予受赠人,受赠人表示接受赠与的合同;

(4) 借款合同，即借款人向贷款人借款，到期返还借款并支付利息的合同；

(5) 租赁合同，即出租人将租赁物交付承租人使用、收益，承租人支付租金的合同；

(6) 融资租赁合同，即出租人根据承租人对出卖人、租赁物的选择，向出卖人购买租赁物，提供给承租人使用，承租人支付租金的合同；

(7) 承揽合同，即承揽人按照定作人的要求完成工作，交付工作成果，定作人给付报酬的合同；

(8) 建设工程合同，即承包人进行工程建设，发包人支付价款的合同，建设工程合同包括工程勘察、设计、施工合同；

(9) 运输合同，即承运人将旅客或货物从起运地点运输到约定地点，旅客、托运人或收货人支付票款或运输费用的合同；

(10) 技术合同，即当事人就技术开发、转让、咨询或服务订立的确立相互之间权利和义务的合同；

(11) 保管合同，即保管人保管寄存人交付的保管物，并返还该物的合同；

(12) 仓储合同，即保管人储存存货人交付的仓储物，存货人支付仓储费的合同；

(13) 委托合同，即委托人和受托人约定，由受托人处理委托人事务的合同；

(14) 行纪合同，即行纪人以自己的名义为委托人从事贸易活动，委托人支付报酬的合同；

(15) 居间合同，即居间人向委托人报告订立合同的机会或提供订立合同的媒介服务，委托人支付报酬的合同。

8.3.2 建设工程合同管理

建设工程合同是指承包人进行工程建设，发包人支付价款的合同，建设工程合同包括建设工程勘察合同、建设工程设计合同、建设工程施工合同。本节将主要阐述建设工程施工合同的管理。

1. 建设工程施工合同的概念

建设工程施工合同是发包人和承包人为完成商定的建筑安装工程，明确相互权利、义务关系的合同。依据施工合同，承包人应完成一定的建筑、安装工程任务，发包人应提供必要的施工条件并支付工程价款。

2. 建设工程施工合同的内容

签订施工合同，必须按照《建设工程施工合同示范文本》的"合同条件"明确约定合同条款。对可能发生的问题，要约定解决办法和处理原则。

施工合同一般应具备下列主要内容：

(1) 工程名称、地点、范围、内容、工程价款及开工、竣工日期；

(2) 双方的权利、义务和一般责任；

(3) 施工组织设计的编制要求和工期调整的处置办法；

(4) 工程质量要求、检验与验收方法；

(5) 合同价款调整与支付款方式；

(6) 材料、设备的供应方式与质量标准；

(7) 设计变更；

（8）竣工条件与结算方式；
（9）违约责任及处置办法；
（10）争议解决方式；
（11）安全生产防护措施。

3. 建设工程施工合同的管理

建设工程施工项目的合同管理应包括施工合同的订立、履行、变更、转让、终止和解决争议。

（1）施工合同的订立

施工合同作为合同的一种，其订立也要经过要约和承诺两个阶段。要约就是当事人一方向另一方提出订立合同的愿望；承诺即接受要约，是受要约人同意要约的意思表示。经过要约和承诺，当事人双方将协商一致的内容以书面合同的形式确立下来，即为合同的订立。施工合同一经依法订立，即具有法律效力，当事人的合法权益受到法律保护；任何一方不得擅自转让、变更。

（2）施工合同的履行

合同履行就是指合同各方当事人按照合同的规定，全面履行各自的义务，实现各自的权利，使各方的目的得以实现的行为。施工合同的履行过程就是工程的施工过程。施工合同一经依法订立，即具有法律效力，双方当事人应当按合同约定严格履行。合同履行是合同具有法律约束力的首要表现。

（3）施工合同的变更

合同变更是指当事人对已经发生法律效力，但尚未履行或尚未完全履行的合同，进行修改或补充所达成的协议。《合同法》规定，只要当事人协商一致，就可以变更合同。

合同变更必须针对有效的合同，并按照法律、行政法规规定办理批准、登记等手续，任何一方都不得擅自变更合同。

（4）施工合同的转让

合同转让是指合同一方将合同的权利、义务全部或部分转让给第三人的法律行为。债权人可以将合同的权利全部或部分转让给第三人，但有下列情形之一的除外：

①根据合同性质不得转让；
②按照当事人约定不得转让；
③依照相关法律规定不得转让。

债权人转让权利的，应通知债务人。未经通知，该转让对债务人不发生效力，债权人转让权利的通知不得撤销，但经受让人同意的除外。法律、行政法规规定，转让权利或转移义务应办理批准、登记等手续的，依照其规定进行。

（5）施工合同的终止

合同终止是指合同当事人双方终止合同关系，解除合同确立的权利和义务关系。合同终止的原因和情况有各种各样，只要当事人协商一致，就可以解除合同。《合同法》规定，在下列情况下合同终止：

①债务已经按照约定履行；
②合同解除；
③债务相互抵消；

④债务人依法将标的物提存；
⑤债权人免除债务；
⑥债权、债务同归于一人；
⑦法律规定或当事人约定终止的其他情形。

当事人也可以约定一方解除合同的条件，在解除合同的条件成立时，当事人可以解除合同。有下列情形之一时，当事人可以解除合同：

①因不可抗力致使不能实现合同目的；
②在履行期限届满之前，当事人一方明确表示或以自己的行为表明不履行主要债务；
③当事人一方延迟履行主要债务，经催告后在合理期限内仍未履行；
④当事人一方延迟履行债务或有其他违约行为致使不能实现合同目的；
⑤法律规定的其他情形。

(6) 违约责任

违约责任指当事人任何一方不能履行或履行合同不符合约定的而应当承担的法律责任。违约责任制是保证当事人履行合同义务的重要措施，有利于促进合同的全面履行。

当事人违约责任一般包括下列情况：

①当事人一方不履行合同义务或履行合同义务不符合合同约定的，应当承担继续履行、采取补救措施或赔偿损失等违约责任，而不论违约方是否有过错责任；
②当事人一方因不可抗力不能履行合同的，根据不可抗力的影响，部分或全部免除责任，但法律另有规定的除外。当事人延迟履行后发生不可抗力的，不能免除责任。不可抗力不是当然的免责条件；
③当事人一方因第三人的原因造成违约的，应向对方承担违约责任；
④当事人一方违约后，对方应采取适当措施防止损失的扩大；没有采取适当措施致使损失扩大的，不得就扩大的损失要求赔偿。

(7) 合同争议处理

合同争议也称合同纠纷，是指合同当事人对合同规定的权利和义务产生了不同的理解。当事人对合同条款的理解有争议的，应按照合同所使用的词句、合同的相关条款、合同的目的、交易习惯以及诚实信用原则，确定该条款的真实意思。

建设工程施工合同常见的合同争议包括：

①工程进度款支付、竣工结算及审价争议；
②工程价款支付主体争议；
③工程工期拖延争议；
④安全损害赔偿争议；
⑤合同终止争议；
⑥工程质量及保修争议。

当事人可以通过和解或调解解决合同争议，当事人不愿和解、调解或和解、调解不成的，可以根据仲裁协议向仲裁机构申请仲裁，没有订立仲裁协议或仲裁协议无效的，可以向人民法院起诉。

合同争议的解决通常有如下几个途径：

①协商。协商是指合同争议的双方当事人通过谈判的方式自愿达成协议，从而解决纠

纷的一种方式。该方式是最常见、也是最先采用的一种解决方法，具有简单易行，不伤和气的优点。

②调解。调解是指合同争议的双方当事人在第三方主持下通过对双方当事人进行说法劝导，促使双方当事人自愿达成协议从而解决纠纷的活动。如果双方当事人经调解后达成协议，由合同双方和调解人共同签订调解协议书。

③仲裁。仲裁是指根据相关仲裁法律的规定及争议双方约定的仲裁条款，一方当事人向约定的仲裁机构对另一方提出权益主张并要求仲裁机构予以解决和保护的请求。我国实行一裁终局制，裁决做出后，合同当事人就同一争议若再申请仲裁或向人民法院起诉，则不再予以受理。

仲裁的一般程序如下：
1) 仲裁申请和受理；
2) 组成仲裁庭；
3) 开庭和裁决；
4) 裁决的撤消或执行。

④诉讼。诉讼是指按照民事诉讼程序向人民法院对一定的人提出权益主张，并要求人民法院予以解决和保护的请求。在签订合同时，双方可以约定一旦在合同履行过程中发生纠纷时，可以采用的解决合同纠纷的诉讼方法。

诉讼活动应当依照法定程序进行，我国人民法院审理案件一律适用《民事诉讼法》规定的程序，该程序包括起诉、受理、调查、调解、开庭审理和判决等主要诉讼阶段。

合同当事人在遇到合同争议时，究竟是通过协商，还是通过调解、仲裁、诉讼去解决，应认真考虑自身的实际情况以及对其适用的法律规定，权衡出对自己最为有利的纠纷解决对策。

8.3.3 FIDIC 合同条件

合同条件既是投标者投标报价的基础，更是在签订合同之后，合同双方履行合同最重要的依据。目前各国和地区使用的建设工程合同一般都有标准格式，即适用于本国本地区的合同文本，如美国建筑师学会制定发布的"AIA 系列合同条件"，英国土木工程师学会编制的"CE 合同条件"和国际咨询工程师联合会编写的"FIDIC 合同条件"等。我国主要参照"FIDIC 合同条件"的标准格式，因此本节主要介绍"FIDIC 合同条件"的相关内容。

1. 国际咨询工程师联合会 FIDIC 简介

国际咨询工程师联合会（Fédération Internationale Des Ingénieurs-Conseils，简称 FIDIC）是由英国、法国、比利时三国咨询工程师协会于 1913 年创立的。FIDIC 目前有 75 个成员协会，1996 年，中国工程咨询协会正式加入 FIDIC 组织。

FIDIC 代表全球范围内的工程咨询业，是国际工程咨询业的权威性行业组织，与世界银行等国际金融组织有着密切的联系。FIDIC 的各种文献和出版物，包括各种合同、协议标准范本、各项工作指南以及工作惯例等，得到了世界各相关组织的广泛认可和实施，是工程咨询行业的重要指导性文献。这些文件不仅 FIDIC 成员采用，世界银行、亚洲开发银行、非洲开发银行的招标样本也常常采用。

2. FIDIC 合同条件的发展

FIDIC 专业委员会编制了一系列规范性合同条件,构成了 FIDIC 合同条件体系。为了适应国际建筑业和国际经济的不断发展,FIDIC 对其合同条件不定期进行修改和调整,以使其更能反映国际建筑业的现状,更具有代表性和普遍性,更加严谨、完善,更具权威性和可操作性。

1957 年,FIDIC 与国际房屋建筑和公共工程联合会(现为欧洲国际建筑联合会—FIEC)在英国咨询工程师联合会(ACE)颁布的《土木工程合同文件格式》的基础上出版了《土木工程施工合同条件(国际)》(第 1 版)(俗称"红皮书")。该条件分为两部分,第一部分是通用合同条件,第二部分为专用合同条件。

1963 年,首次出版了适用于业主和承包商的机械与设备供应和安装的《电气与机械工程标准合同条件格式》即黄皮书。

1969 年,红皮书出版了第二版。这版增加了第三部分,疏浚和填筑工程专用条件。

1977 年,FIDIC 和欧洲国际建筑联合会(FIEC)联合编写 Federation Internationale Europeennede la Construction(巴黎),这是红皮书的第三版。

1980 年,黄皮书出了第二版。

1987 年 9 月红皮书出了第四版。该版将第二部分(专用合同条件)扩大,单独成册出版,但其条款编号与第一部分一一对应,使两部分合在一起共同构成确定合同双方权利和义务的合同条件。第二部分必须根据合同的具体情况起草。(1988 年,做了若干编辑方面的修改之后,红皮书再次重印。但这些修改不影响相关条款的涵义,只是澄清了其真正意图。)

同时出版的还有黄皮书第三版《电气与机械工程合同条件》,分为三个独立的部分:序言,通用条件和专用条件。

1995 年,出版了橘皮书《设计—建造和交钥匙合同条件》。

以上的红皮书(1987)、黄皮书(1987)、橘皮书(1995)和《土木工程施工分包合同条件》、蓝皮书(《招标程序》)、白皮书(《顾客/咨询工程师模式服务协议》)、《联合承包协议》、《咨询服务分包协议》共同构成 FIDIC 彩虹族系列合同文件。

3. 1999 年版 FIDIC 合同条件

随着国际上工程项目规模的逐步扩大以及雇主方对项目管理模式要求的多样化,FIDIC 感到其原有的几种合同条件已经不能完全适应形势的要求。1999 年 9 月,FIDIC 出版了一套 4 本全新的标准合同条件,即《施工合同条件》(新红皮书)、《生产设备和设计-建造合同条件》(新黄皮书)、《EPC/交钥匙工程合同条件》(银皮书)和《简明合同格式》(绿皮书)。这是迄今为止 FIDIC 合同条件的最新版本。

(1)施工合同条件(Conditions of Contract for Construction)

施工合同条件简称新红皮书,是 1987 年版红皮书《土木工程施工合同条件》的最新修订版。该合同条件适用于由雇主或其代表工程师设计的房屋建筑或土木工程项目。其特点是承包商一般按照雇主提供的设计施工,但工程中的某些土木、机械、电气或构筑物工程也可能由承包商设计。

(2)生产设备和设计—建造合同条件(Conditions of Contract for Plant and Design-Build)

生产设备和设计—建造合同条件简称新黄皮书,是 1987 年版黄皮书《电气与机械工合同条件》的最新修订版。该合同条件适用于电气或机械设备的提供，以及房屋建筑或土木工程的设计和实施。其特点是一般都是由承包商按照雇主的要求设计和提供设备并建造该项目，可能包括由土木、机械、电气或构筑物的任何组合。采用该模式时由于设计是承包商的职责，承包商有可能以牺牲质量来降低成本。因此雇主应考虑聘请专业技术顾问来保证其要求在招标文件中得以实现。

（3）EPC/交钥匙工程合同条件（Conditions of Contract for EPC/Turnkey Projects）

EPC/交钥匙工程合同条件简称银皮书，是1995年版橘皮书《设计—建造和交钥匙合同条件》的最新修订版。该合同条件适用于在交钥匙的基础上进行的工厂或其他类型的开发项目的实施。采用这种采购方式的项目的最终价格和要求工期有更大程度的确定性，承包商承担项目的设计和施工并提供配套完善的全部设施，雇主介入较少。

（4）简明合同格式（Short Form of Contract）

简明合同格式合同条件在FIDIC合同范本系列中首次出现，适用于价值相对较低，或形式简单，或重复性的，或工期短的房屋建筑或土木工程。在这种合同形式下，一般都是由承包商按照雇主或其代表工程师提供的设计建造工程，对于部分或完全由承包商设计的土木、机械、电气或构筑物的合同也同样适用。

4. FIDIC合同条件的应用方式

FIDIC合同条件是在总结了各个国家、各个地区的业主、咨询工程师和承包商各方经验的基础上编制出来的，也是在长期的国际工程实践中形成并逐渐发展成熟起来的，是目前国际上广泛采用的高水平的、规范的合同条件。这些条件具有国际性、通用性和权威性。FIDIC合同条件公正合理，职责分明，程序严谨，易于操作，分成了"通用条件"（General Conditions）和"专用条件"（Conditions of Particular Application）两部分。通用条件适于某一类工程，如红皮书适于整个土木工程（包括工业厂房、公路、桥梁、水利、港口、铁路、房屋建筑等）。专用条件则针对一个具体的工程项目，是在考虑项目所在国法律法规、项目特点和业主要求不同的基础上，对通用条件进行的具体化修改和补充。FIDIC合同条件的应用方式通常有如下几种。

（1）国际金融组织贷款和一些国际项目直接采用

在世界各地，凡世行、亚行、非行贷款的工程项目以及一些国家和地区的工程招标文件中，大部分全文采用FIDIC合同条件。在我国，凡亚行贷款项目，全文采用FIDIC"红皮书"。凡世行贷款项目，在执行世行相关合同原则的基础上，执行我国国家财政部在世行批准和指导下编制的相关合同条件。

（2）合同管理中对比分析使用

许多国家在学习、借鉴FIDIC合同条件的基础上，编制了一系列适合本国国情的标准合同条件。这些合同条件的项目和内容与FIDIC合同条件大同小异，主要差异体现在处理问题的程序规定上以及风险分担规定上。FIDIC合同条件的各项程序是相当严谨的，处理业主和承包商风险、权利及义务也比较公正。因此，业主、咨询工程师、承包商通常都会将FIDIC合同条件作为一把尺子，与工作中遇到的其他合同条件相对比，进行合同分析和风险研究，制定相应的合同管理措施，防止合同管理上出现漏洞。

（3）在合同谈判中使用

FIDIC合同条件的国际性、通用性和权威性使合同双方在谈判中可以以"国际惯例"为理由要求对方对其合同条款的不合理、不完善之处做出修改或补充，以维护双方的合法权益。这种方式在国际工程项目合同谈判中普遍使用。

(4)部分选择使用

即使不是全文采用 FIDIC 合同条件，在编制招标文件时，仍可以部分选择其中的某些条款、某些规定、某些程序甚至某些思路，使所编制的文件更完善、更严谨。在项目实施过程中，也可以借鉴 FIDIC 合同条件的思路和程序来解决和处理相关问题。

总之，系统地、认真地学习和掌握 FIDIC 合同条件是每一位工程管理人员掌握现代化项目管理、合同管理理论和方法，提高管理水平的基本要求，也是我国工程项目管理与国际接轨的基本要求。目前，我国土木工程行业面临着许多机遇与挑战，不少施工企业参与了许多大型工程项目的建设，对 FIDIC 合同条件及管理模式有了一定的体会和认识，进一步加强这方面的学习，关注和及时获取这方面的信息，对提高管理水平是十分有益的。

习 题 8

1. 建筑企业计划管理的意义和特点是什么？
2. 建筑企业的计划有哪些？各自包括的内容有哪些？
3. 简述建筑企业计划指标体系的内容。
4. 我国新的企业效绩评价指标体系由哪些指标构成？
5. 如何编制企业长远发展规划和年(季)度综合计划？
6. 什么是招标、投标？招标、投标活动应遵循什么原则？
7. 公开招标与邀请招标的区别有哪些？
8. 建设工程招标包括哪些主要内容？
9. 试述建设工程投标程序。
10. 什么是建设工程施工合同？建设工程施工合同一般包括哪些内容？
11. 1999 年版 FIDIC 合同条件包括哪几个标准合同条件？各自的适用范围是什么？
12. 简述 FIDIC 合同条件的应用方式。

第9章 建筑企业质量管理

§9.1 概 述

9.1.1 质量和质量管理

1. 质量的含义

随着科学技术和市场需求的不断发展,质量的概念也在逐渐地拓展、深化和完善,质量的概念经历了符合性质量、适用性质量、顾客及相关方(与组织的业绩或成就有利益关系的个人或团体)满意质量的发展过程。

(1)符合性质量。符合性质量的判断依据是"标准",符合标准的产品就是合格品。产品的特性也由性能扩充为时间方面的质量,如可靠性、安全性等。符合性质量是一种静态的质量观,难以全面地反映顾客的要求,特别是隐含的需求和期望。

(2)适用性质量。"适用性"是指产品在使用时能成功地满足顾客要求的程度,最早是由著名质量管理专家朱兰(J. M. Juran)提出的。适用性质量概念的判断依据是顾客的要求。顾客的要求包括生理的、心理的和伦理的等多个方面。因此,适用性的内涵也在不断地拓展和丰富。如日本质量管理专家狩野先生依据顾客的要求和感受,提出了"基本型"、"期望型"和"魅力型"的质量。

(3)顾客及相关方满意质量。《ISO9000 标准》(2000 版)中提出的"一组固有特性满足要求的程度"的质量概念,实际上提出了好的质量不仅要符合技术标准的要求(符合性),同时还必须满足顾客的要求(适用性),并且还要满足社会(环境、卫生等)、员工等相关方的要求。质量评价的对象也从产品扩展到过程、体系等方面。所以,是一个广义的质量观。

适用性的质量观与顾客及相关方的质量观,虽然都强调满足顾客的要求,但是两者的角度是不同的。前者是从组织(生产方)的视觉来判断质量的优劣,并且主要是针对产品本身。后者是从顾客及相关方的视觉来评价质量,其内涵包括对产品的多方面需求。

还应说明的是,第一,质量概念中的"要求",在合同环境或法规环境下是明确规定的,而在其他环境中隐含的要求则应加以识别并规定;第二,"要求"通常可以转化成用指标表示的特性。因此,产品质量的好坏或高低是根据产品所具备的质量特性能否满足人们的需要及其满足的程度来衡量的。

一般有形产品的质量特性主要有以下几方面:

(1)性能。是指产品满足使用目的所具备的技术特性。如对建筑产品而言,一般包括:
①理化性能:外观尺寸、规格、隔音、热工、防腐、防水等;
②结构性能:力学性能、可靠性、可施工性等;

③适用性能：布局合理性、舒适度、使用方便程度等；

④外观性能：造型、装饰效果等。

(2) 寿命。是指产品在规定的使用条件下完成规定功能的工作总时间。一般分自然寿命、技术寿命、经济寿命三种。

(3) 可靠性。是指产品在规定的时间内，在规定的条件下，完成规定功能的能力。包括：

①固有可靠性：如结构的承载力等；

②使用可靠性：如功能不失效等；

③环境可靠性：如抗腐蚀性等。

(4) 安全性。是指产品在制造、储存和使用过程中保证人身与环境免遭危害的程度。如各种家用电器在故障状态下不自燃起火等。

(5) 经济性。是指产品从设计、制造到整个产品使用寿命周期的成本大小，具体表现为用户购买产品的售价和使用期间付出的使用成本。

无形产品(或服务)的质量特性一般包括功能性、经济性、安全性、时间性、舒适性和文明性等，这类质量强调及时、圆满、准确与友好。显然，确定无形产品质量的高低要比确定有形产品质量的高低困难得多。这是因为，首先，在许多情况下，服务质量是一个比较模糊的、难以量化的概念，同一服务，不同的人对其会有不同的感知和评价；其次，对有形产品而言，用户一般只是对最终产品的好坏进行评价，而对于服务来说，顾客不但要对最终得到的服务内容进行评价，还要对服务的"生产"流程进行评价。例如，一名去购买商品房的顾客，他不但要对商品房本身的质量进行评价，而且对销售服务人员的服务态度、服务方式等也会比较敏感。

2. 质量管理的概念

《ISO9000 标准》(2000 版)中对质量管理的定义是："在质量方面指挥和控制组织的协调的活动"。在质量方面指挥和控制活动通常包括制定质量方针与质量目标、质量策划、质量控制、质量保证和质量改进。这里对这一定义作一些解释：

(1) 质量管理是企业管理的纲，由于质量的广义性和综合性，组织(职责、权限和相互关系得到安排的一组人员及设施，如建筑企业)中的任何一个过程和每一项工作都有其过程的质量和工作的质量，并渗透到组织的各职能部门之中。

(2) 质量方针与质量目标、质量策划、质量控制、质量保证和质量改进是质量管理的组成部分。质量方针是指由组织的最高管理者正式发布的该组织总的质量宗旨和方向；质量目标是指在质量方面所追求的目的；质量策划是指致力于制定质量目标并规定必要的运行过程和相关资源以实现质量目标；质量控制是指致力于满足质量要求；质量保证是指致力于提供质量要求会得到满足的信任；质量改进是指致力于增强满足质量要求的能力。

(3) 质量管理应由最高管理者领导并承担责任，各级管理者也应承担相应的质量管理责任。

(4) 质量管理是涉及一个组织的全体成员的活动，每一个员工都分别承担着产品或工作的质量责任，他们的工作都直接或间接地影响着产品的质量和组织的发展。因此，要求组织内所有成员都要参与质量管理活动。

9.1.2 质量管理发展的三个阶段

1. 质量检验阶段

质量检验阶段处于20世纪20年代至40年代初，这个阶段的质量管理主要是依靠检验部门和检查人员，应用技术检验方法，将大量产成品中的废品剔除，事后检查把关，仅对结果进行管理。由于是"事后检验"，不能预防和控制生产过程中不合格品的产生。

2. 统计质量管理阶段

统计质量管理阶段处于20世纪40年代至50年代，这个阶段的质量管理采用数理统计理论和方法来控制质量，以达到减少不合格品率的目的。其特点是在质量检验的基础上取得数据，应用数理统计方法分析产品质量活动的规律，以此对质量进行预测和控制。

3. 全面质量管理阶段

全面质量管理阶段处于20世纪60年代至今，这个阶段的质量管理进一步按照现代生产技术发展的需要，以系统的观点看待产品质量，综合运用数理统计、心理行为科学、系统论、控制论、信息论等理论和方法，对一切与产品质量相关的因素进行系统管理，力求在此基础上建立一个能够有效地确保产品质量和不断提高产品质量的质量体系，做到全面运行和控制。全面质量管理通过改善和提高工作质量来保证产品质量；通过对产品的形成和使用阶段的全过程管理，全面保证产品质量；通过形成生产(服务)企业全员、全企业、全过程的质量工作系统，建立质量体系以保证产品质量始终满足用户的需要，使企业以最少的投入获取最佳的效益。

我国于1978年引入全面质量管理，并在20世纪80年代把全面质量管理定义为：企业全体职工及所有部门同心协力、综合运用管理技术、专业技术和科学方法，经济地开发、研制、生产和销售用户满意的产品的管理活动。

9.1.3 建筑工程质量

1. 建筑工程质量的概念

建筑工程质量有狭义和广义之分。从狭义上说，建筑工程质量仅指工程实体质量(有形产品质量)，是指在国家现行的相关法律、法规、技术标准、设计文件和合同中，对工程的安全、适用、经济、美观等特性的综合要求。广义上的建筑工程质量还包括工程建设各阶段、各环节工作质量(无形产品质量)的总和。工作质量是指参与工程的建设者为了保证工程项目质量所从事工作的水平和完善程度。工作质量包括：社会工作质量，如社会调查、市场预测、质量回访和保修服务等；生产过程工作质量，如政治工作质量、管理工作质量、技术工作质量和后勤工作质量等。工作质量不像产品质量那样直观，一般难以定量，通常是通过工程质量的高低，不合格项目的多少，生产效率以及企业盈亏等经济效果来间接反映和定量的。应该说，工程实体质量的好坏是决策、计划、勘察、设计、施工等单位各方面、各环节工作质量的综合反映。现在，国内、外都趋向于从广义上来理解工程质量。

2. 建筑工程质量的特点

(1) 工程项目质量形成过程复杂

建筑工程建设过程就是工程质量形成的过程。工程建设过程包括：立项报建、可行性研究、建设地点选择、编制勘察设计任务书、编制设计文件、工程招标与投标、建筑施工、竣工验收、交付使用等。每一阶段对工程质量的形成都起着决定性的作用，因此工程质量的形成过程复杂。

(2) 影响建筑工程质量因素多、质量水平波动性大

建筑工程项目施工过程复杂、周期长，容易受到各种不确定因素的影响，诸如设计、材料、机械设备、地质条件、气象、施工方法、管理制度、自然条件、工人技术水平、施工安全等。上述不确定因素可以归纳为5个方面，即4M1E：人员(Man)、材料(Material)、机械设备(Machine)、方法(Method)和环境(Environment)。在《建设工程项目管理规范》(GB/T50326—2001)中明确规定：项目质量控制因素应包括人、材料、机械、方法、环境。

(3) 容易产生质量变异

质量变异是指由于各种质量影响因素发挥作用引起产品质量的差异，可以分为正常变异和非正常变异。正常变异是指由偶然性因素引起的质量波动，如材料的材质不均匀、机械设备的正常磨损、操作的微小变化、环境的微小波动等，其特点是无法或难以控制且对质量影响不大，不会因此造成废品；非正常变异是指系统性因素引起的质量波动，如使用材料的规格品种有误、施工方法不当、操作未按相关规程、机械故障、仪表失灵等，其特点是对质量影响较大，可以造成废品或次品，但可以控制、易消除。建筑工程涉及面广，任何环节、任何因素出现质量问题都将引起质量变异，造成工程质量事故。

(4) 容易产生第一、第二类判断错误

因工程建设项目施工建造工序交接多、产品多、隐蔽工程多，若不及时检查实质，事后再看表面，就容易产生第二类判断错误，即将不合格产品认定为合格产品；另外，若质量检查不认真，测量仪表不准，读数有误，则会产生第一类判断错误，即将合格产品认定为不合格产品。

(5) 质量评定局限性大

建筑工程项目建成后，不可能像某些工业产品那样，再拆卸或解体检查其内在、隐蔽的质量。即使发现有质量问题，也不可能采取"更换零件"、"包换"或"退款"的方式解决与处理相关质量问题，而只能通过事中检查和事后验收来评定质量，具有一定的局限性。

(6) 质量易受投资、进度要求的影响

一般情况下，投资大、进度慢，工程质量就好；反之工程质量则差。工程施工过程中不能为了追求利润和进度忽视质量，应做到"好、快、省"，以最经济的投资、最快的建设速度取得最好的工程质量，这也是工程建设的最终目标。

9.1.4 建筑企业开展质量管理工作的意义

建筑产品自身生产过程中的技术经济特点，决定了工程质量本身具有影响质量因素多、质量波动大、质量变异大、质量隐蔽性大、检验局限性大等特点。这一切只有通过严格的质量管理才能防患于未然，才能将质量事故消灭于萌芽之中。

(1) 高质量的建筑产品是社会进步的要求。如果建筑工程质量低，不仅不能增加社会财富，还可能影响人民的生活和造成生产中的损失，影响工业产品质量，甚至会大量浪费社会资源。因此，必须坚持"质量第一"的观念。

(2) 优质工程是企业生存和发展的要求。无数事实证明，优良的工程质量是提高企业信誉的基础，是在强手如林的竞争中取胜的保证。特别在国际建筑市场上，没有质量的优

势,就没有竞争的地位。只有真正树立"质量第一"的思想,企业才会有发展前途。

(3)全面质量管理可以带动整个企业的各项管理工作,可以降低工程费用,增加企业的盈利和上缴国家的税金,提高企业生产经营的综合效果。

(4)质量管理工作可以提高全体工作人员的工作质量,提高企业素质,培养出一支既有高尚的职业道德又有精湛业务技术水平的职工队伍。

(5)工程质量是建筑企业管理和技术水平的综合反映。建筑企业能否建造出优质建筑工程,首先取决于企业的全体职工,特别是领导层对质量的重视程度,以及企业的技术水平。企业经理有了较强的质量意识,就能密切注意市场对质量需求的变化,加强技术开发,用科学管理方法合理组织生产,强化工序控制,使工程质量得到有效的保证。建筑工程质量是企业有效管理的结果,是企业管理和技术水平的综合反映。

§9.2 全面质量管理

从 20 世纪 60 年代开始,各工业先进国家的企业质量管理系统日臻完善,实践效果日益明显,质量管理的理论也得到了长足的发展。1956 年,美国通用电气公司的质量管理专家菲根堡姆(Armand V.Feigenbau)博士首选提出了"全面质量管理(Total Quality Control,TQC)"的概念。他认为解决质量问题不能局限于制造过程,解决问题的手段也不能局限于统计方法。1961 年,菲根堡姆博士在《全面质量管理》一书中提出的全面质量管理的概念是:全面质量管理是为了能够在最经济的水平上并考虑到充分满足用户要求的条件下进行市场研究、设计、生产和服务,是把企业各部门的研制质量、维持质量和提高质量的活动构成为一体的有效体系。这里强调了:

(1)质量的经济性和用户要求的满足;

(2)开发、设计、生产和服务的全过程;

(3)研制质量、维持质量和改进质量相结合的质量管理活动;

(4)形成有效的体系。

菲根堡姆的全面质量管理概念逐步被世界许多国家所接受,并结合各国国情有了进一步的发展,在实践中也取得了丰硕的成果。

1994 年,国际标准化组织(ISO)在标准中正式定义了全面质量管理(Total Quality Management,TQM)为:一个组织以质量为中心,以全员参与为基础,目的在于通过让顾客满意和本组织成员及社会受益而达到长期成功的管理途径。

我国从 1979 年开始,在建筑施工企业中试行全面质量管理,通过多年的实践,全面质量管理已在建筑行业推广,在调动广大职工参加企业管理的积极性、创造性,提高工作质量和工程质量等方面取得了比较显著的成果。

9.2.1 全面质量管理的基本思想

(1)为用户服务的思想。企业要千方百计地满足用户的需求,"质量第一,用户至上"应作为企业的座右铭。在企业内部,各部门、各工序间的关系也应看成是生产者与消费者之间的关系,不符合质量要求的零部件不送到下一道工序。

(2)预防为主的思想。把产品质量管理的重点,从事后检验转移到事先预防上来,把不合格品消灭在产品的形成过程中。

(3)一切用数据说话的思想。要用数理统计的方法大量收集和整理数据，分析问题和提出问题，在制定质量措施计划时，要拿出具体的数据，做到定量管理。

(4)发动群众参与管理的思想。广泛开展群众性的质量管理小组活动和各种形式的质量管理活动，使质量第一的思想深入人心，人人都关心和参与质量管理工作。

9.2.2 全面质量管理的基本特点

全面质量管理的特点可以被总结为以下四个方面：

(1)对全面质量的管理。不仅要管理产品的质量，还要管理过程质量、工作质量，用工作质量来保证过程质量，从而保证产品质量。

(2)全过程的管理。从产品的设计、制造、销售直到使用服务的全过程，都要进行管理。

(3)全员参加的管理。企业中的每个人、每个部门都与企业的产品质量有关，即质量管理人人有责。

(4)多方法的综合性管理。全面质量管理利用数理统计的方法、先进的科学技术和现代科学管理方法对质量进行管理。

9.2.3 全面质量管理的工作程序

全面质量管理遵循 PDCA 循环的工作程序，PDCA 循环是戴明博士首先提出来的，所以又叫戴明环。

1. PDCA 循环的基本内容

PDCA 循环可以划分为四个阶段、八个步骤：

(1)计划阶段(plan)。对质量管理工作进行策划，制定目标、计划、规范、标准、图样和技术文件等。

本阶段提出了六个标准要求，国际上称为"5W1H"法，即：why(为什么制定计划和措施)、what(计划要达到什么目的)、where(计划在哪里执行)、when(计划在什么时候执行和完成)、who(计划具体由谁执行)、how(用什么方法执行计划)。

第一步，分析现状，找出存在的质量问题。

第二步，分析产生质量问题的原因和影响因素。

第三步，找出影响质量的主要因素，将其作为质量管理工作的重点对象。

第四步，针对影响质量的主要因素，制定措施，提出行动计划和预期效果。

(2)实施阶段(do)。将制定的计划和措施赋予实际行动。

第五步，执行质量计划和措施。

(3)检查阶段(check)。检查措施的效果。

第六步，将实施结果和计划阶段的目标相对比，检查计划实施情况，找出存在的问题，肯定成功的经验。

(4)处理阶段(action)。将成功的效果确定为相应的标准，将存在的问题转入下一个 PDCA 循环。

第七步，总结经验，也就是通过巩固成绩、制定标准，进而形成制度，以便以后遵照执行。

第八步，提出尚未解决的问题转入下一个循环，再来研究措施、制定计划，予以解决。

2. PDCA 循环的特点

（1）PDCA 循环四个阶段是一个有机的、完整的循环体，如图 9.2.1(a)所示。

（2）企业内部 PDCA 循环各级都有，整个企业是一个大循环，各部门又各自有自己的循环，大循环是小循环的依据，小循环是大循环具体的和逐级贯彻落实的体现。如图 9.2.1(b)所示。

（3）每循环一次，质量就提高一步，如图 9.2.1(c)所示。

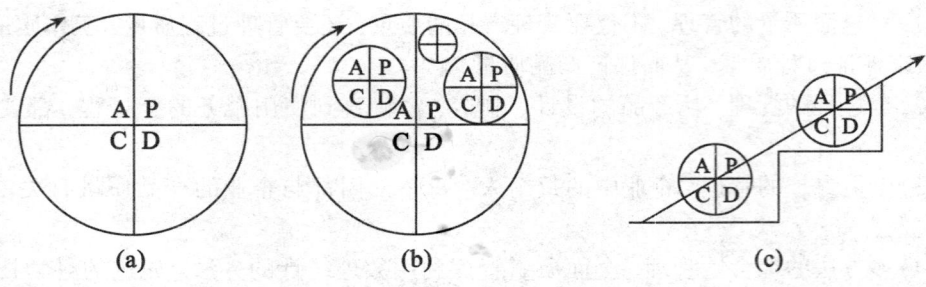

图 9.2.1　PDCA 循环示意图

9.2.4　全面质量管理的基础工作

1. 质量教育工作

为了保证和提高工程质量，必须加强全体职工的质量教育，其主要内容包括：

（1）质量意识教育。使全体职工树立"质量第一"和"为用户服务"的思想。

（2）全面质量管理知识的普及宣传教育。要使企业全体职工了解全面质量管理知识的基本思想、基本内容，掌握其常用的数理统计方法和质量标准，懂得质量管理小组的性质、任务和工作方法等。

（3）技术培训。让基层人员熟练掌握本人的"应知应会"技术和操作规程。技术和管理人员要熟悉施工验收规范标准、原材料与构配件的技术要求与质量标准以及质量管理的方法等。专职质量检验人员能正确掌握检验和计量测试方法，熟练使用仪器、仪表和设备。

2. 全面质量管理的标准化工作

全面质量管理中的标准化，包括技术工作和管理工作的标准化。技术工作标准有产品质量标准、操作标准和各种技术定额等。管理工作标准有各种管理业务标准、工作标准（管理工作的内容、方法、程序和责权）等。全面质量管理标准化工作的要求有以下两点：

（1）不断提高标准化程度。各种标准要齐全、配套和完整，并在贯彻执行中及时总结、修订和改进。

（2）加强标准化的严肃性。要严格执行，使各种标准真正起到法规的作用。

3. 质量管理的计量工作

质量管理的计量工作，包括生产时的投料计量，生产过程中的监测和对原材料、成品、半成品的试验、检测、分析计量等。搞好质量计量工作的要求是合理配备计量器具和仪表设备，且妥善保管；制定相关测试规程和制度，合理使用计量器具；改革计量器具和测试方法,实现检测手段现代化。

4. 建立健全质量管理责任制

建立和健全质量管理责任制,使企业每一个员工,每一个部门都有明确的责任,形成一个严密的质量管理工作体系。该责任制包括各级行政领导和技术负责人的责任制、管理部门和管理人员的责任制以及工人岗位责任制。

5. 建立质量检查及信息反馈体系

质量情报是反映产品质量、工作质量的信息,其来源主要有三种:一是通过对工程使用情况的回访调查或收集用户的意见得到的质量信息;二是从企业内部收集到的基本数据、原始记录等有关工程质量的信息;三是从国内、外同行业搜集的反映质量发展的新水平、新技术的相关情报。做好质量情报工作是有效实现"预防为主"方针的重要手段。

6. 质量计划工作

质量计划是实现质量目标、具体组织与协调质量管理活动的基本手段,也是各部门、各环节质量工作的行动纲领。企业既要有提高工程质量的综合计划,又要有分项目、分部门的具体计划,如此形成一个完整的质量计划体系,并且有检查、有分析。质量计划工作的内容主要包括:

(1) 保证工程质量的技术措施计划;
(2) 各项质量的指标计划;
(3) 保证质量的条例及奖惩制度;
(4) 各部门的质量管理责任及各负责人应负责的技术问题;
(5) 项目实施各环节的质量检查程序和手段;
(6) 信息反馈的途径和汇总等。

§9.3 ISO9000 系列标准简介

9.3.1 ISO9000 族标准的发展沿革及我国的采用情况

国际标准化组织(International Organization for Standardization,简称 ISO(希腊文"平等"的意思))成立于 1947 年,是国际上最大的和最有影响的、从事标准化工作的国际机构。ISO 成员来自近 200 个国家和地区。ISO 按专业性质设置技术委员会(TC)负责起草标准,各技术委员会根据需要可以设若干分技术委员会(SC)和工作组(WG)。ISO 和各技术委员会的成员可以分为参加成员(P 成员)和观察成员(O 成员)。P 成员可以参加 ISO、TC、SC 的技术工作,并拥有投票权,O 成员可以了解相关的工作进度并获得相关的信息资料。我国于 1978 年参加 ISO,并成为 P 成员国。

ISO9000 族标准是由 ISO/TC176 制定的。TC176 是在前联邦德国标准化学会(DIN)的倡议下,ISO 中央秘书处于 1977 年通过决议设立的,原称"质量保证技术委员会",1987 年改为"质量管理和质量保证技术委员会"。TC176 于 1986 年和 1987 年分别制定了 ISO8402(术语标准)和 ISO9000~9004(质量管理和质量保证标准),以后又陆续发布了 ISO9004—2:1991(服务指南)、ISO 9004—3:1993(流程性材料指南)、ISO9004—4:1993(质量改进指南)、ISO9000—3:1991(ISO9000 在软件开发、供应和维护中的使用指南)以及 ISO10011

(1990~1991)系列质量体系审核相关标准等10余项标准,组成了ISO 9000族标准。

我国于1988年曾经等效采用(指技术内容只有小的差异,编写上不完全相同,采用符号"eqv"表示)了1987版ISO 9000系列标准,即GB/T10300系列标准。1989年在原国家技术监督局的领导下成立了与ISO/TC176对口的"全国质量管理和质量保证标准化技术委员会(TC151)"。在TC151的领导和组织下,我国于1992年、1994年和2000年分别等同采用(指技术内容完全相同,不作或稍作编辑性修改,采用符号"idt"表示)了1987版、1994版和2000版ISO9000族标准,完全实现了与国际的接轨,使我国质量管理标准化迈上了正确、健康之路,为我国质量管理活动和质量管理体系认证工作的蓬勃发展提供了依据,奠定了基础。

9.3.2 ISO9000族标准的特点和作用

(1) ISO9000族标准是一系统性的标准,涉及的范围、内容广泛,且强调对各部门的职责、权限进行明确划分、计划和协调,以使组织能有效地、有秩序地开展各项活动,保证工作顺利进行。

(2) 强调管理层的介入,要求明确制定质量方针及目标,并通过定期的管理评审和及时采取措施达到了解组织内部的体系运作情况,以确保体系处于良好的运作状态。

(3) 强调纠正及预防措施,消除不合格现象或产生不合格现象的潜在原因,防止不合格产品的再发生,从而降低成本。

(4) 强调不断的审核及监督,以达到对组织的管理及运作不断地修正及改良的目的。

(5) 强调全体员工的参与及培训,确保员工的素质满足工作的要求,并使每一位员工都有较强的质量意识。

9.3.3 2000版ISO9000族标准的构成

1994版ISO9000族标准是在1987版ISO9000族标准的基础上经过小改产生的。2000版ISO9000族标准是结合世界质量管理理论和实践的发展,在1994版ISO9000族标准经过近7年实施经验的基础上经过大改产生的,在标准编制思路、标准构成、标准结构、标准内容上均作了全新的调整。2000版ISO9000族标准的文件结构如表9.3.1所示。

表9.3.1 2000版ISO9000族标准的构成表

核心标准	其他标准	技术报告	小册子	转至其他技术委员会	技术规范
ISO9000 ISO9001 ISO9004 ISO19011	ISO10012	ISO10006 ISO10007 ISO10013 ISO10014 ISO10015 ISO10017	1.质量管理原则 2.选择和使用指南 3.小企业的应用	ISO9000-3 ISO9000-4	ISO/TS16949

在2000版ISO9000族标准中,只包括4个核心标准:ISO9000、ISO9001、ISO9004和

ISO19011。ISO/TC176将ISO9000族的其他标准和文件或撤消或转入其他技术委员会，或以技术报告、技术规范或手册的形式出现（ISO10012《测量控制系统》仍作为ISO9000族中的国际标准），将ISO族1994年版标准的主要内容纳入上述4个核心标准之中。

1. ISO9000:2000 质量管理体系——基础和术语

该标准是在ISO8402:1994《质量管理和质量保证术语》和ISO9000—1:1994《质量管理和质量保证第1部分:选择和使用指南标准》的基础上合并而成。该标准规定了ISO9000族标准中质量管理体系的术语共10类80个词条，表述了质量管理体系应遵循的基本原则。

2. ISO9001:2000 质量管理体系——要求

该标准在1994版ISO9001的基础上，在标题、结构、内容上均作了重大修改。该标准代替了ISO9002:1994和ISO9003:1994（这两项标准也被撤消）。新版ISO 9001允许有条件的删减，但对删减的规则作出了明确的规定。标准的标题发生了变化，不再用"质量保证"一词，这反映了该标准规定的质量管理体系要求不仅是产品的质量保证，还包括了使顾客满意。标准的结构从1994版的"要素结构"变为2000版的"过程"模式；从产品形成各阶段的控制方式，转为以顾客为核心的过程导向方式。

3. ISO9004:2000 质量管理体系——业绩改进指南

该标准在合并ISO9004:1994及其分标准的基础上，从结构到内容均作了重大修改。修改后的标准为组织提供了业绩改进的指南。该标准以质量管理的八项原则为基础，使组织理解质量管理及其应用，从而改进组织的业绩。该标准还给出了质量改进中的自我评价方法，并以质量管理体系的有效性和效率为评价目标。

4. ISO19011:2000 质量和环境审核指南

该标准合并了1994版ISO10011—1、ISO10011—2、ISO10011—3三个分标准，并取代了1996版的ISO14010、ISO14011、ISO14012，遵循"不同管理体系，可以有共同管理和审核要求"的原则，为质量管理和环境管理审核的基本原则、审核方案的管理、环境和质量管理体系审核的实施以及对环境和质量管理体系审核员的资格要求提供了指南。该标准适用于所有运行质量和（或）环境管理体系的组织，指导其内审和外审的管理工作。

5. ISO10012:2002 测量控制系统

该标准是在合并现行ISO10012—1和ISO10012—2的基础上修改后重新起草的。

9.3.4 GB/T19000—2000 idt ISO9000:2000 标准的构成和特点

1. 构成

"GB/T"即推荐性国家标准，我国国家标准分为强制性国家标准（GB）和推荐性国家标准（GB/T）两类。强制性国家标准是涉及健康、安全、环保、资源利用等方面以及某些基础性的标准，这类标准一经发布实施，则在全国范围内强制执行。推荐性国家标准是由企业和其他相关组织自主选择采用，如果法律和行政法规明确要求，则执行者也应遵照执行。2000版GB/T19000族标准属于推荐性国家标准，主要由以下4个标准构成：

（1）GB/T19000—2000 idt ISO9000:2000《质量管理体系——基础和术语》；

（2）GB/T 19001—2000 idt ISO 9001:2000《质量管理体系——要求》；

（3）GB/T 19004—2000 idt ISO 9004:2000《质量管理体系——业绩改进指南》；

（4）GB/T 19011—2000 idt ISO 19011:2000《质量和环境审核指南》。

2. 特点

2000 版 GB/T19000 族标准有以下特点：

(1) 全面地吸收了现代管理的理论和方法；
(2) 突出了以 PDCA 循环方法和过程为基础的质量管理模式；
(3) 简化了标准族的结构；
(4) 减少了过多的文件化要求；
(5) 重新组织并准确定义了术语；
(6) 考虑了与其他管理体系标准的相容性。

9.3.5 八项质量管理原则

2000 版标准中明确提出了质量管理的八项原则，八项原则是在总结质量管理实践经验的基础上，用高度概括、易于理解的语言所表述的质量管理的最基本、最通用的一般规律。该原则是有效实施质量管理工作必须遵循的原则，是制定 2000 版 ISO9000 族标准的基础。

1. 以顾客为中心

组织依存于顾客。因此，组织应理解顾客当前和未来的需求，满足顾客要求并争取超越顾客的期望。

顾客是市场的中心，是使组织存在的基础。因此，在质量管理的各项活动中，组织应以顾客满意的程度作为衡量各项活动成效的准绳，为此组织应采取下列措施：

(1) 全面地了解并掌握顾客的各项要求和期望。
(2) 确保组织的各项目标(包括质量目标)能直接体现顾客的要求和期望。
(3) 确保在整个组织内沟通顾客的要求和期望。
(4) 测量顾客的满意程度并根据结果采取相应的活动或进一步的措施。
(5) 处理好与顾客的关系，力求顾客满意。
(6) 兼顾顾客与其他相关方(组织所有者、员工、供应商、金融机构、当地社区及社会)之间的利益平衡。

2. 领导作用

领导者确立组织统一的宗旨和方向。他们应当创造并保持使员工充分参与实现组织目标的内部环境。

领导者是组织的质量方针和目标的决策者及制定者，是顾客需求的确认者，是质量管理体系建立和运行的策划者、组织者，是组织各项管理活动的指挥者，在质量管理活动中起着重要的作用。组织一切活动的成功与否也同样取决于广大员工的积极参与，所以领导者应创造和保持一种良好的氛围和内部环境，以便调动广大员工的积极性和创造性，使广大员工能够充分地、积极地参与组织目标的实现。因此，组织的领导者应采取下列措施：

(1) 考虑所有相关方的要求。
(2) 为本组织的未来描绘清晰的远景。
(3) 设置富有挑战性的目标。
(4) 在组织各级建立并坚持一种共同的价值观，树立职业道德榜样，形成企业的精神和企业文化。
(5) 在组织内部创造一个宽松、和谐的环境，建立信任，消除忧虑。

(6)向员工提供所需的资源、培训,并给予员工自身职责范围内的自主权,使员工能自主地开展职责和义务。

(7)鼓舞、激励和认可员工的贡献。

3. 全员参与

各级人员都是组织之本,只有他们的充分参与,才能使他们的才干为组织带来效益。

组织的运作需要不同层次的人员,全员充分参与是组织良好运作的必需条件。应用"全员参与"原则对组织及员工的要求是:

(1)使员工了解自身贡献的重要性及其在组织内的角色。

(2)使员工能够识别影响其工作业绩的制约条件。如果制约条件属于员工自身的知识水平和技能水平,则员工应通过努力学习或实践突破这些制约条件。

(3)员工应接受所赋予的权利,并承担解决问题的责任。

(4)使员工能根据各自应承担的目标评估其业绩状况,并主动地寻求机会进行改进。

(5)启发员工积极地寻找机会提高和丰富自身的技能、知识和经验。

(6)员工能够在组织内自由地分享知识和经验,使先进的知识和经验成为共同的财富。

4. 过程方法

将活动和相关的资源作为过程进行管理,可以更高效地得到期望的结果。

过程是"一组将输入转化为输出的相互关联或相互作用的活动"。组织为了能够有效地运作,必须识别并管理许多相互关联的过程。通常,一个过程的输出会直接成为下一个过程的输入。组织系统地识别并管理所采用的过程以及过程的相互作用,称之为"过程方法"。

活动必然产生结果。若资源与活动相关,则资源与活动均可以看成是一个系统的组成部分。结果是一种输出,通常情况下,期望的结果可以理解为按照某种设想或前提条件或某种要求之下的输出。因此,相关的资源、活动、期望的结果构成了活动系统,可以视为一个过程。为了有效地实施"过程方法"原则,组织应采取下列措施:

(1)系统地识别获得期望结果所必要的所有活动。

(2)为管理关键活动(对产品质量起决定性作用的活动)建立清晰的职责和义务。

(3)采用适宜的方法确认、分析和测定关键活动的能力(关键活动的能力如生产部门的工序能力指数与不合格品率、设备部门的关键设备停机率、采购部门的来料合格率等)。

(4)识别组织职能部门内部和外部之间关键活动的接口,即界定各职能部门内部以及各部门之间的工作内容和职责范围。

(5)重点管理能改进关键活动的各种因素(如资源、方法、材料等因素)。

(6)评估各种活动对客户、供应商和其他利益相关方产生的的风险、后果和影响。

5. 管理的系统方法

将相互关联的过程作为系统加以识别、理解和管理,有助于组织提高实现目标的有效性和效率。

在质量管理中采用系统方法,就是将质量管理体系作为一个大系统,对组成质量管理体系的各个过程加以识别、理解和管理,以实现质量方针和质量目标。管理的系统方法包含下列几种基本思想:

(1)目标性思想。组织应明确管理中的目标,要将目标系统化、定量化并制定各子系统的分目标，要确保全面、协调地实现系统的目标。

（2）整体性思想。以实现整体目标为准则，将各个过程与组织的整体目标相联系，通过科学分解、综合协调整合各个过程。

（3）层次化思想。管理者要识别系统的层次，分清主次，在不同的层次之间明确相应的职权及活动。

（4）环境适应性思想。系统的正常运行不但取决于系统本身，还要受到环境（如其他系统）的影响与制约。

为实施"管理的系统方法"原则，组织应采取下列措施：

（1）建立一个以过程方法为主体的质量管理体系。
（2）明确质量管理过程的顺序和相互作用，使这些过程相互协调。
（3）控制并协调质量管理体系中各过程的运作。
（4）明确职责和权限，减少或消除由于职能交叉和职责不清导致的障碍。
（5）确保过程运作所需的资源。
（6）设定目标，并确定体系中的特殊活动如何运作。
（7）通过测试和评估持续地改进体系。

6. 持续改进

持续改进是增强满足质量要求能力的循环活动，是组织的一个永恒目标。

组织必须建立持续改进的机制，使组织能适应外界环境的变化，提高组织的竞争力。持续改进的对象可以是质量管理体系、过程、产品等。持续改进可以作为过程进行管理，管理中应重点关注改进的目标及改进的有效性和效率。

为实施"持续改进"原则，组织应采取下列措施：

（1）使持续改进成为一种制度。
（2）为员工提供有关持续改进的方法和手段方面的教育和培训。
（3）将产品、过程和体系的持续改进作为组织内每个成员的目标。
（4）建立目标以指导、测量和追踪持续改进。
（5）认可改进的结果，并采用通报表扬和奖励的方式激励相关员工。

7. 基于事实的决策方法

对数据信息的分析或直觉判断是有效决策的基础。以事实为依据做决策，可以防止失误。

正确的决策需要决策者用科学的态度，以事实或准确的数据信息为基础，通过合乎逻辑的分析，作出正确的决断。

为实施"基于事实的决策方法"原则，组织应采取下列措施：

（1）明确规定收集信息的种类、渠道和职责。
（2）确保数据和信息的准确性和可靠性。
（3）确保决策者得到相关的数据和信息。
（4）使用有效的方法对数据和信息进行分析。
（5）基于事实分析，权衡经验与直觉，作出决策并采取措施。

8. 与供方互利的关系

组织与供方是相互依存的，互利的关系可以增强双方创造价值的能力。

在专业化和协作日益发展、供应链日趋复杂的当今社会，与供方的关系影响直接影响组织对市场的快速反映能力。因此，组织与供方(特别是关键供方)的关系是一种合作伙伴关系。合作伙伴关系强调组织与供方通过合作与协商协调相互的关系，达到互利共赢的目的。

为实施"与供方互利的关系"原则，组织应采取下列措施：
(1) 在权衡短期利益与长期利益的基础上，确立与供方的互利关系。
(2) 与供方或合作伙伴共享专门技术和资源。
(3) 识别和选择关键供方。
(4) 建立清晰和开放的沟通渠道。
(5) 确定联合开发和改进的活动。
(6) 激发、鼓励和承认供方的改进及其成果。

§9.4 质量管理的保证体系

9.4.1 质量保证体系的概念

质量保证体系(Quality Assurance System，简称 QAS)是指企业以保证和提高产品为目标，运用系统的概念和方法，把质量管理各阶段、各环节的职能组织起来，形成一个明确任务职责与权限、互相协调、互相促进的有机整体。建筑企业的质量保证体系如图 9.4.1 所示。

质量保证体系是一种综合性很高、相互制约和相互关联的管理系统。通过这个系统可以保证从整体出发加强质量管理，而不是局部地解决问题；可以有联系地而不是割裂地去分析和组织质量的改善，这是从根本上解决质量问题，长期稳定地提高产品质量的基本保证。因此，加强质量保证体系的建设，是实行全面质量管理的主要标志。

9.4.2 质量保证体系的主要工作

建立和健全质量保证体系是一项细致周密而且复杂的工作，因此，在建立健全全面质量保证体系时，要有计划、有步骤地进行。建立质量保证体系要抓好以下几项具体工作：

(1) 有明确的质量管理目标和质量保证计划。对工程质量、安全、工期、成本、各类经济指标以及对用户的承诺和新的质量标准等目标，要层层分解，层层交底，层层落实到每一位职工的具体工作中，形成自上而下的目标管理体系。根据目标组织工作计划，建立行动纲领，明确各项工作目标的控制要点，然后认真进行组织实施。

(2) 要按 PDCA 循环方式组织质量保证体系的活动。

(3) 建立一个完善的信息传递、反馈系统。要让各部门及每一位员工实事求是地完成对每一个环节的质量信息、基础数据、原始记录、验收记录、统计分析及用户意见等进行收集、整理、归档、分析和反馈，为提高与保证质量、改进生产工艺、达到最经济的效益提供可靠保障。

(4) 建立一个有效的、可靠的检验计量系统。只有搞好检验计量工作，才能及时控制、保证工程质量，并正确评价工程质量。

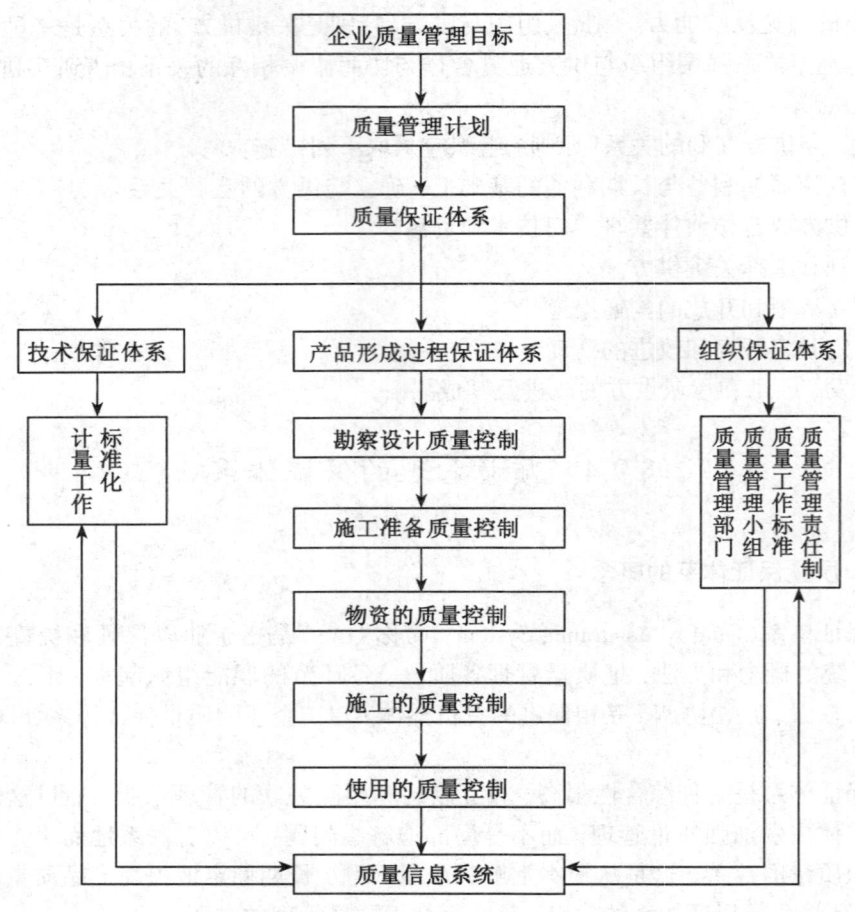

图 9.4.1　建筑企业质量保证系统框图

(5)建立健全质量管理机构,明确职责分工。要提高工作质量及产品质量就必须有一个科学的、健全的组织管理机构,要明确规定各部门、各类人员在实现质量总目标中必须完成的任务、承担的责任和具体权限,形成一个职责明确、互相监督、协调运作的组织机构。

(6)组织开展质量管理小组活动。在企业各部门选出业务能力强、技术过硬的员工代表并组织起来,使其对在企业各部门、各环节工作中总结的经验进行分析论证,并对出现的问题提出解决方案。这样可以充分发挥全体员工的智慧才干,不断把质量管理工作和产品质量提高到新的水平。

(7)与协作单位建立质量保证体系。工程质量与规划、勘探、设计、施工、材料、机械等质量有密切关系,因此与协作单位建立质量保证体系是十分必要的。

(8)实现管理业务规范化和管理流程程序化。对企业各部门、各环节、各岗位的管理工作和关系要认真分析研究,制定出科学、有效、务实的管理制度以及规范化的程序和方法,规范化的员工行为准则有利于保证各个环节的工作质量和工程质量。

9.4.3 质量保证体系中主要环节的质量控制

1. 设计阶段的质量控制

搞好设计质量的控制,是确保工程质量、缩短工期、节约投资、提高经济效益的关键工作。我国工程质量事故统计资料表明,由于设计方面的原因引起的质量事故约占40.1%。因此,对设计质量严加控制,是保证工程建设顺利实施的有力措施。

(1)设计质量的概念

工程项目的质量目标与水平,是通过设计使其具体化,据此作为施工的依据。所以,设计质量的优劣直接影响工程项目的功能、使用价值和投资的经济效益,关系着国家财产和人民生命的安全。设计质量涉及面较广,影响因素较多,概括而言,设计质量是一个多层次的概念,如图9.4.2所示。

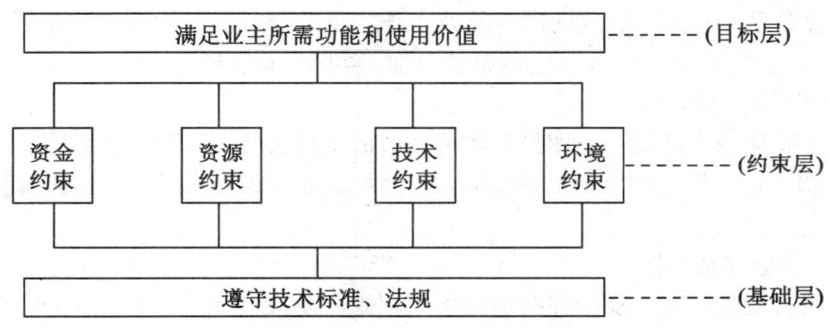

图 9.4.2 设计质量概念系统框图

从图 9.4.2 中可以得出设计质量的概念,就是在严格遵循技术标准、法规的基础上,正确处理和协调资金、资源、技术、环境条件的制约,使设计项目能更好地满足业主所需的功能和使用价值,能充分发挥项目投资的经济效益。

(2)设计单位的选择

设计单位的选择对设计质量有根本性的影响。设计工作属于高智力型的、技术与艺术相结合的工作,其成果评价比较困难。设计方案以及整个设计工作的合理性、经济性、新颖性等通常不能从设计文件(图纸、规范、模型等)的表面反映出来。所以设计质量控制的难度较大,这就要对设计单位的选择予以特别的重视。被选中的设计单位应满足以下三个条件:

①综合实力强、设计质量高、社会信誉好;
②不仅本项目设计在该单位的业务范围内,而且具有与项目相符合的资质等级证书;
③有同类工程设计工作经验,在过去的项目中与业主合作良好。

(3)设计工作控制

对阶段设计成果应审批签章,再进行更深入的设计,否则无效。即把设计分为几个阶段,逐渐由总体到细节。各个阶段都必须经过相关部门审批,以此作为继续设计的依据。对一些重大的、技术复杂的工程,必须通过委托设计监理或聘请相关专家咨询的方式对设计进度、设计质量、设计成果进行审查。必须对设计方案进行多方案技术经济评价,对此需要作如下考虑：

①采用设计招标，通过招标确定最佳的设计单位；

②采用奖励措施，鼓励设计单位进行设计方案优化，将优化所降低的费用按一定比例作为设计单位的奖励；

③当采用新结构或新材料时，应对方案进行试验或研究，进行全面的技术经济分析，最后选择优化的方案。

(4) 设计工作质量检查

设计工作质量检查内容如下：

①按设计任务书和设计合同检查设计工作及设计文件的完备性；

②从宏观、微观两方面分析设计构思、设计文件的正确性、全面性、安全性，系统地识别错误和薄弱环节以及实施后的可能结果和影响；

③检查设计所采用的标准是否符合相关规定和要求；

④认真做好图纸会审、信息反馈与修改工作，图纸会审要有业主、设计单位、设计监理(咨询)、施工单位、制造厂家、使用单位参加，共同讨论，集思广益。

2. 施工阶段的质量控制

工程施工是使业主的设计意图最终实现并形成工程实体的阶段，也是最终形成建筑工程产品质量和工程项目使用价值的重要阶段。因此，可以认为施工阶段的质量控制是工程项目质量控制的重点。

(1) 施工质量控制的依据

施工质量控制的依据主要指那些适用于工程施工阶段与质量控制相关的、通用的、具有普遍指导意义和必须遵守的基本文件，包括国家法律法规及合同、相关质量检验与控制的技术法规等。

(2) 施工阶段工程质量控制的目标和方法

工艺控制和建材控制是施工阶段质量控制的主要目标。在这两个目标实现过程中，各种方法有机结合，综合运用，要求施工企业配备专业技术人员进行监控。

1) 施工工序的质量控制

由于施工过程是由一系列相互联系与制约的工序所构成，而工序是人、材料、机械设备、施工方法和环境等因素对工程质量综合起作用的过程，所以对施工过程的质量监控，必须以工序质量控制为核心，并落实在各项工序的质量监控上。施工过程中质量控制的主要工作应是，以工序质量控制为核心，设置质量控制点进行预控，严格质量检查和加强成品保护。

工序质量监控的内容和实施要点：

〈1〉工序质量监控的内容

监控内容包括对工序活动条件的监控和对工序活动效果的监控。

①工序活动条件的监控

所谓工序活动条件控制主要是指对于影响工序质量的各因素进行控制，工序活动条件的控制包括以下两个方面：

第一，施工准备方面的控制。即在工序施工前对影响工序质量的因素或条件进行监控。要控制的内容一般包括：人的因素，如施工操作者和相关人员是否符合上岗要求等；

材料因素，如材料质量是否符合标准、能否使用等；施工机械设备的条件，如机械设备的规格、性能、数量能否满足要求，质量有无保障等；采用的施工方法及工艺是否恰当；施工的环境条件是否良好等。这些因素或条件都应符合相关规定的要求并保持良好状态。

第二，施工过程中对工序活动条件的控制。对影响工序产品质量的各因素的控制不仅体现在开工前的施工准备中，而且还应贯穿于整个施工过程中，包括各工序、各工种的质量保证与强制活动。

在各种因素中，投入施工的物料如材料、半成品等，以及施工操作或工艺是最活跃和易变化的因素，应予以特别的注意、监督与控制，使这些因素的质量始终处于控制之中，符合相关标准及要求。

②工序活动效果的监控

工序活动效果的监控主要反映在对工序产品质量性能的特征指标的控制上。通过对工序活动的产品采取一定的检测手段进行检验，根据检验结果分析、判断该工序活动的质量（效果），从而实现对工序质量的控制。其监控步骤如下：

第一步：实测。采用必要的检测手段，对抽取的样品进行检验，测定其质量特性指标。

第二步：分析。对检测所得数据进行整理、分析、找出规律。

第三步：判断。根据数据分析的结果，判断该工序产品是否达到了规定的质量标准，并找出未达到标准的原因。

第四步：纠正或认可。若发现质量不符合规定标准，应采取措施纠正；若质量符合要求，则予以确认。

〈2〉工序活动质量监控实施要点

①确定工序质量控制计划。

②工序质量控制计划是以完善的质量体系和质量检查制度为基础的。

③进行工序分析，分清主次，重点控制。

所谓工序分析，就是要在众多的影响工序质量的因素中，寻找出对工序或质量性能指标起支配性作用或具有重要影响的那些主要因素，以便能在工序施工中针对这些主要因素制定出控制措施及标准，进行主动的、预防性的重点控制。例如，在振捣混凝土这一工序中，振捣的插点和振捣时间是影响质量的主要因素，施工单位应严格控制。

④对工序活动实施动态的跟踪控制。

⑤设置工序活动的质量控制点进行预控。

所谓质量控制点是指为了保证工序质量而确定的重点控制对象、关键部位或薄弱环节。设置质量控制点是保证达到工序质量要求的必要前提，监理工程师在拟定质量控制工作计划时，应予以详细地考虑，并以制度来保证落实。一般应作为质量控制点对象的有：

①施工过程中的关键工序或环节以及隐蔽工程，如预应力结构的张拉工序、钢筋混凝土结构中的钢筋架立等。

②施工中的薄弱环节，或质量不稳定的工序、部位或对象，如地下防水层施工等。

③对后续工程施工质量或安全有重大影响的工序、部位或对象，如预应力结构中的预应力钢筋质量、模板的支撑与固定等。

④采用新技术、新工艺、新材料的部位或环节。

⑤施工尚无足够把握、施工条件困难或技术难度大的工序或环节，如复杂曲线模板的

放样等。

2）施工材料的质量控制

〈1〉建筑材料质量控制的原则

①掌握相关建筑材料的基本知识

1° 掌握相关建筑材料质量管理的各项法规、规章。

2° 掌握常用建筑材料的特性、质量标准和主要质量指标。

3° 掌握常用建筑材料的质量检验测试方法和抽样要求。

4° 掌握主要建筑材料常见的质量问题及处理方法。

②掌握建筑材料质量控制的基本要求

从总体上说，建筑材料可以分为直接使用的进场材料和现场进行二次加工后使用的材料两大类。前者如砖或砌块等，后者如混凝土和砌筑砂浆等。

1° 材料进场时其质量必须符合规定。

2° 各种材料进场后应妥善保管，避免质量发生变化。

3° 材料在施工现场的二次加工必须符合相关规定。如：混凝土和砂浆配合比、拌制工艺等必须符合相关规范标准和设计的要求。

4° 了解主要建筑材料常见的质量问题及处理方法。

〈2〉进场材料质量的验收

①对材料外观、尺寸、性状、数量等进行检查。例如，对砖或砌块外观及尺寸的检查，对袋装水泥每袋实际重量的检查等。

②检查材料的质量证明文件。材料的内在质量如物理、化学性能等，仅凭外观检查是难以明确的。根据产品质量法的规定，材料生产厂家应该对产品质量负责。因此，进场材料必须有生产厂出具的产品质量证明文件。

③检查材料性能是否符合设计要求。材料质量不仅应该达到相关规范规定的合格标准，当设计有要求时，还必须符合设计要求。因此，材料进场时，尚应对照设计要求进行检查验收。

④对主要材料抽样复试。为了确保工程质量，对涉及地基基础与主体结构安全或影响主要建筑功能的材料，应当按照相关规范或行政管理规定进行抽样复试。例如，对进入施工现场的水泥的安定性、钢材的力学性能等应当进行抽样复试，以检验其实际质量与所提供的质量证明文件是否相符。

〈3〉见证取样和送检

从1995年开始，我国深圳、北京、上海等城市，先后开始实行见证取样送检制度。具体作法是对部分重要材料试验的取样、送检过程，由监理工程师或建设单位的代表到场见证，确认取样符合相关规定后，予以签认，同时将试样封存，直至送达试验单位。这种方法较好地对取样送检过程实施了第三方监督，使试样送检的公正性大为提高。1997年底，国家建设部正式将见证取样送检制度列为施工试验的重要内容，并规定，对混凝土试块、钢筋、外加剂等必须实行见证取样送检制度。国务院颁发的《建设工程质量管理条例》中，也将上述内容列为对进场材料质量控制的重要措施。施工单位应配合甲方完成见证取样送检工作。

〈4〉新材料的使用

新材料通常是指新研制成功或新生产出来的未曾在工程上使用过的材料。新材料的使用应满足以下三条要求：

① 新材料必须是生产或研制单位的正式产品，有产品质量标准，产品质量应达到合格等级。

② 新材料必须通过试验和鉴定。

③ 使用新材料，应经过设计单位和建设单位认可，并办理书面认可手续。

§9.5 质量管理中常用的统计与分析方法

产品的质量数据反映了产品的质量状况及其变化，是进行质量控制的重要依据，通过对质量数据的收集、整理和分析，可以找出质量的变化规律，发现存在的质量问题，及时采取预防和纠正措施，从而使产品的质量处于受控状态。

质量数据的整理分析，目前多采用统计分析的方法。运用统计分析方法来进行质量控制，始于20世纪20年代初期，是由美国贝尔电讯研究所的休哈德（W.A.Shewhart）首先引入到质量管理中来的，到20世纪50年代后期，随着全面质量管理的推行，统计分析方法也得到迅速的推广和应用。

9.5.1 质量统计数据

数据是进行质量控制的基础。工程项目质量管理的一个基本出发点，就是"一切用数据说话"。在实际应用中，数据的产生依赖于抽样，根据样本的质量特征，对总体（如工序、产品）的质量特征作出科学的分析判断。

1. 数据的收集

样本数据应能反映总体的全貌，即样本应具有代表性，所以，数据的收集应建立在随机的基础上。常用的方法有以下几种：

(1) 单纯随机法

单纯随机法是用随机数表、随机数生成器或随机数骰子来进行抽样，广泛应用于原材料、构配件的进货检验和分项工程、分部工程、单位工程竣工后的检验。

(2) 系统抽样法

系统抽样法是每隔一定的时间或空间抽取一个样本的方法，其第一个样本是随机的，所以又称为机械随机抽样法。这种方法主要用于工序间的检验。

(3) 二次抽样法

二次抽样又称二次随机抽样，当总体很大时，将总体分为若干批，先从其中随机抽几批，再随机地从抽出的几批中抽取所需的样品。如对批量很大的砖的抽样就可以按二次抽样进行。

(4) 分层抽样法

分层抽样法是先将批分为若干层，然后从每层中抽取样本的方法，这种方法是为了使样本具有较好的代表性。如砂、石、水泥等散料的检验和分层码放整齐的构配件的检验，都可以用这种方法抽取样品。

2. 数据的取舍

通常的"四舍五入"的办法在多次使用后会使数据总值偏大,为了使数据取舍更合理,应对所需要保留的精确位数以后的第 1 位数,采用"四舍六入"的办法,对于精确位数以后的第 1 位数是 5 的数,若前一位是奇数时进"1",否则就舍去。如要求的精度是百分之一,对于数据 4.125,则应采用为 4.12,而对于数据 4.115,则应采用为 4.12。

3. 样本数据的特征

统计推断是用样本的数据去分析、判断总体的质量状况,常用的样本数据特征值有以下几种:

(1) 均值 $\bar{X}$

样本的均值又称样本的算术平均值,样本的算术平均值表示数据集中的位置。

$$\bar{X} = \frac{1}{n}\sum_{i=1}^{n} x_i \tag{9.5.1}$$

式中:x_i——第 i 个样品的数值;
$\quad\quad n$——样本的大小。

(2) 加权平均数 $(\bar{X})$

将数据按出现的频率 f 加权,然后除以频数之和,即

$$(\bar{X}) = \frac{\sum_{i=1}^{n} x_i f_i}{\sum_{i=1}^{n} f_i} \tag{9.5.2}$$

(3) 中位数 $\tilde{x}$

先将样本中的数据按大小排列,样本为奇数时,中间的一个数为中位数;样本为偶数时,中间两数的平均值为中位数。中位数也表示数据集中的位置,常用 $\tilde{x}$ 表示。

(4) 极值与极差

一个样本中的最大值 x_{max} 和最小值 x_{min} 称为极值,两者之差称为极差 $R = x_{max} - x_{min}$。

(5) 标准差

总体的标准差用 σ 表示

$$\sigma = \sqrt{\frac{1}{N}\sum_{i=1}^{N}(x_i - \mu)^2} \tag{9.5.3}$$

式中:N——总体大小;
$\quad\quad \mu$——总体均值。

样本中标准差用 S 表示

$$S = \sqrt{\frac{1}{n}\sum_{i=1}^{n}(x_i - \bar{x})^2} \quad (n \geqslant 50) \tag{9.5.4}$$

$$S = \sqrt{\frac{1}{n-1}\sum_{i=1}^{n}(x_i - \bar{x})^2} \quad (n < 50) \tag{9.5.5}$$

S 也称为标准差的无偏估计,标准差的大小反映了数据的波动情况,即分散程度。

(6) 变异系数 C_V

标准差反映样本数据的绝对波动情况,而变异系数反映样本数据的相对波动情况。变

异系数用 C_V 表示

$$C_V = \frac{S}{\bar{x}} \times 100\% \quad \text{或} \quad C_V = \frac{\sigma}{\mu} \times 100\% \tag{9.5.6}$$

4. 质量变异分析

生产过程是否稳定要从生产过程中影响质量变化的因素来分析,影响质量的因素很多,可以归结为4M1E因素,具体表现为操作者水平或操作的稳定性,生产设备的误差或振动,原材料性质上的差异,工艺方法或操作方法的特点,温度、湿度的变化,等等。由于这些因素的存在,使产品质量间存在差异,这种差异称为质量的变异。

(1)偶然性因素

偶然性因素又称随机性因素,如:原材料的规格、型号都一致,只是材质不均匀;一天中温度、湿度的微小变化等,都会对工程质量产生影响,使工程质量产生微小的波动,这种质量的变异为正常变异,属于正常波动。质量的这种波动是不可避免的,所以,偶然性因素是无法或难以控制的因素。严格地讲,材质的不均匀或气候微小的变化等是可以设法消除的,但在技术上不易识别和消除,经济上也不值得去消除,因为这种微小的波动在工程上是允许的。工程质量在偶然性因素影响下,生产处于稳定状态,质量数据的大小、方向不定,但都在平均值附近波动。

(2)系统性因素

系统性因素是可以控制,易消除的因素。这类因素不经常发生,但对工程质量的影响较大。系统性因素有一定的规律,对工程质量的影响,其大小、方向不变,是非随机的。如:材料的规格、型号不对,则对工程质量影响很大,这时,质量的波动属于非正常波动,即非正常变异。

质量控制的目的(或目标)就是要查找异常波动的原因(即系统性因素)并加以排除,使质量只受随机性因素的影响。因此,生产处于稳定状态时,只有偶然性因素的影响,质量正常波动;若生产发生了异常波动,则既有偶然性因素,又有系统性因素的影响。

5. 质量数据的特征分布

生产处于正常的、稳定的情况下,质量数据具有波动性和统计规律性,当样本足够大时,一般假定质量数据的特征符合正态分布规律,其分布密度函数为

$$f(x) = \frac{1}{\sqrt{2\pi}\sigma} e^{-\frac{(x-\mu)^2}{2\sigma^2}} \tag{9.5.7}$$

式中:x——随机变量;
μ——随机变量的平均值;
σ——随机变量的标准差。

正态分布曲线如图9.5.1所示。正态分布具有以下特点:

(1)正态分布曲线对称于 $x=\mu$,以均值 μ 为中心;
(2)$x=\mu$ 时,曲线处于最高点;
(3)曲线下包围的面积为1,$\mu \pm 3\sigma$ 所围成的面积为99.73%。

9.5.2 控制图法

控制图又名管理图,是一种利用统计图表展示生产过程中产品质量波动状态的图形,

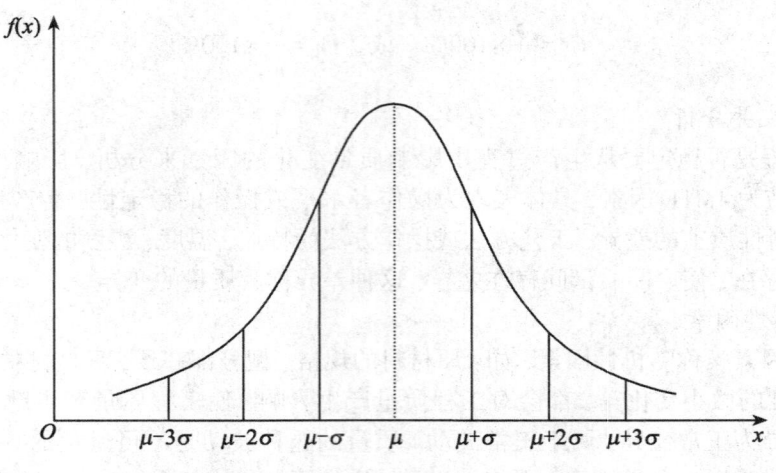

图 9.5.1　正态分布曲线图

是质量控制中最重要的方法。控制图法是由休哈德在 1924 年提出的。人们对控制图的评价是:"质量控制始于控制图,亦终于控制图"。其主要用途是:

(1)分析判断生产过程的稳定性,从而使生产过程处于统计控制状态。

(2)及时发现生产过程中的异常现象和缓慢变异,预防不合格产品发生。

(3)查明生产设备和工艺装备的实际精度,以便作出正确的技术决定。

(4)为评定产品质量提供依据。

1. 控制图的设计原理

控制图的设计原理可以用四句话来表述,即:正态性假定、3σ 准则、小概率原理和反证法思想。如图 9.5.2 所示。

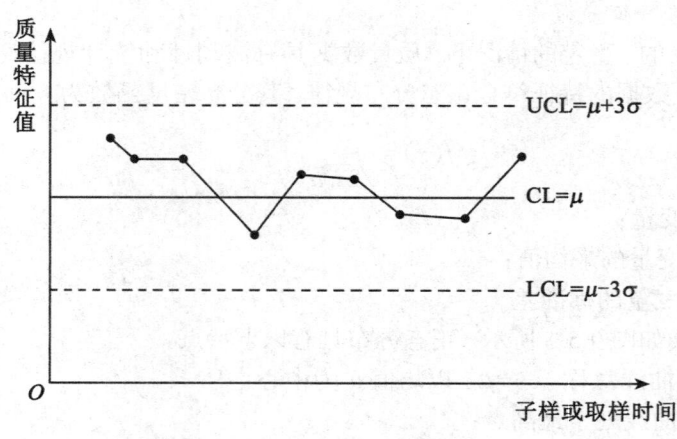

图 9.5.2　控制图的基本形式

(1)正态性假定

任何生产过程生产出来的产品,其质量特性值总会存在一定程度的波动,当过程稳定或者说受控时,这些波动主要是由人、机器、原材料、工艺方法及生产环境等的微小变化所造成的随机误差。此时,绝大多数质量特性值均可以假定服从或近似服从正态分布。这一假定,称之为正态性假定。

(2) 3σ 准则

若质量特征值 X 服从正态分布 $N(\mu, \sigma^2)$,则根据正态分布的概率性质,有

$$P\{\mu-3\sigma<X<\mu+3\sigma\} = 99.73\%$$

亦即 $(\mu-3\sigma, \mu+3\sigma)$ 是 X 的实际取值范围。据该原理,若对 X 设计控制图,则中心线 $CL=\mu$,上、下控制边界线为 $UCL=\mu+3\sigma$ 和 $LCL=\mu-3\sigma$。中心线用实线表示,上、下控制边界线一般用虚线表示。

(3) 小概率原理

所谓小概率原理,即认为小概率事件一般是不会发生的。由 3σ 准则可知,若 X 服从正态分布 $N(\mu, \sigma^2)$,则 X 超出控制界限的可能性只有 0.27%,因此,认为其不会超出控制界限。

小概率原理符合人们的推理思想,故又称为实际推断原理,当然运用小概率原理也可能导致错误,但犯错误的可能性恰恰就是该小概率。

(4) 反证法思想

一旦控制图上点越出界限线或其他小概率事件发生,则怀疑原生产过程失控,即生产处于不稳定状态,此时要从 4M1E 去找原因,看是否发生了显著性变化。

2. 控制图的种类与控制界限

(1) 控制图的种类

根据质量数据种类,控制图分为计量值控制图和计数值控制图两大类:

1) 计量值控制图

计量值控制图适用于产品质量特征为计量值(可以连续取值的数据,如长度、重量、时间、强度等连续变量)的情形,常用的计量值控制图有下面几种:

① 单值控制图(X 图)。X 图是把一个个计量值的数据直接点入控制图,即每次抽检样本数为 1 的情况,通常用于测量费用高、得到数据间隔较长的场合或只需测量一个数据就能反映质量特性的场合。这种控制图的检出能力较低,使用时要特别注意。

② 平均值控制图($\bar{X}$ 图)。$\bar{X}$ 图主要用于判断生产的均值是否处于或保持在所要求的受控状态。

③ 均值—极差控制图($\bar{X}$—R 图)。$\bar{X}$—R 图是将平均值控制图与极差控制图联合使用。这种控制图可以对生产过程的状况作较全面且准确的分析,是一种获得过程情报最多的控制图,检出能力高,应用广泛。

④ 中位数—极差控制图($\tilde{X}$—R 图)。$\tilde{X}$—R 图是将 $\tilde{X}$ 控制图代替了 $\bar{X}$—R 中的 $\bar{X}$ 控制图而形成。这种控制图由于可以不用计算样本的平均值,使用较方便,但 $\tilde{X}$ 控制图的检出能力比 $\bar{X}$ 控制图稍差。

⑤ 单值—移动极差控制图(X—R_s 图)。移动极差是指相邻两个数据 X_i 和 X_{i+1} 之差的绝对值。移动极差控制图和单值控制图配合使用,可以弥补单值控制图每次只取一个数据,

无法观察数据分散程度变化的缺点。

2）计数值控制图

计数值控制图适用于产品质量特征为计数值（可以用个数计数的数据，如不合格品数、缺陷数、疵点数等）的情形，常用的计数值控制图有下面几种：

①不合格数控制图（P_n 图）。使用这种控制图时，要求每次抽检的样本大小要相同。这种控制图可以把检验中的不合格品数直接点入图中，使用方便。

②不合格率控制图（P 图）。使用这种图时必须经过运算求出不合格率 P 后才能点入图中，比使用 P_n 图麻烦，但是如果检验中每次抽检的样本大小不相同时，则必须用 P 图。

③样本缺陷数控制图（C 图）。C 图用于对产品缺陷数进行控制的场合，例如门窗安装的缺陷数、钢筋焊接接头的缺陷数等可以采用这种控制图。

④单位产品缺陷数控制图（U 图）。U 图用于对单位缺陷数进行控制的场合，例如墙面每平方米的缺陷数、安装的同型号水龙头的缺陷数等可以用这种控制图。

（2）控制界限

控制图中控制界限的计算公式如表 9.5.1 所示。公式中的系数可以由表 9.5.2 查得。

表 9.5.1 控制界限计算公式表

分类	分布	图名	中心线	上、下控制界限	说明
计量值控制图	正态分布	X	$\bar{X}$	$\bar{X} \pm E_2 \bar{R}$	$\bar{X} = \dfrac{\sum X}{n}$
		$\bar{X}$	$\bar{\bar{X}}$	$\bar{\bar{X}} \pm A_2 \bar{R}$	$\bar{\bar{X}} = \dfrac{\sum \bar{X}}{K}$
		R	$\bar{R}$	$D_4 \bar{R}, D_3 \bar{R}$	$\bar{R} = \dfrac{\sum R}{K}$
		$\tilde{X}$	$\bar{\tilde{X}}$	$\bar{\tilde{X}} \pm M_3 A_2 \bar{R}$	$\bar{\tilde{X}} = \dfrac{\sum \tilde{X}}{K}$
计数值控制图	计件值控制图 二项分布	P	$\bar{P}$	$\bar{P} \pm 3\sqrt{\dfrac{\bar{P}(1-\bar{P})}{n}}$	$\bar{P} = \dfrac{\sum P_n}{\sum n}$
		P_n	$\bar{P_n}$	$\bar{P_n} \pm 3\sqrt{\bar{P_n}(1-\bar{P})}$	$\bar{P_n} = \dfrac{\sum P_n}{K}$
	计点值控制图 泊松分布	C	$\bar{c}$	$\bar{c} \pm 3\sqrt{\bar{c}}$	$\bar{c} = \dfrac{\sum c}{K}$
		U	$\bar{u}$	$\bar{u} \pm 3\sqrt{\dfrac{\bar{u}}{n}}$	$\bar{u} = \dfrac{\sum c}{\sum n}$ 或 $\bar{u} = \dfrac{\sum u}{K}$

注：表中 n 为每个样本中的样本数；K 为样本组数或取样天数。

表 9.5.2　　　　　　　　　　　　　控制图系数表

n	A_2	M_3A_2	D_3	D_4	E_2
2	1.880	1.880	—	3.267	2.660
3	1.023	1.187	—	2.575	1.772
4	0.729	0.796	—	2.282	1.457
5	0.577	0.691	—	2.115	1.290
6	0.483	0.549	—	2.004	1.184
7	0.419	0.509	0.076	1.924	1.109
8	0.373	0.432	0.136	1.864	1.054
9	0.337	0.412	0.184	1.816	1.010
10	0.308	0.363	0.223	1.727	0.975

3. 控制图的绘制

控制图的作法和使用方法一般是在生产正常情况下，先取样品，经计算求得上、下界限后，绘出控制图。此后在生产过程中定期取子样，得出数据描在控制图上，如果点落在控制界限内且排列无缺陷，则表明生产过程正常，不会发生不合格品，即使偶尔发生不合格品，其数量也在允许范围之内；如果点越出了控制界限或排列有缺陷，则表明生产条件发生了某些异常变化，可能会发生或已经发生了不合格品，应采取适当措施使生产恢复正常。下面以一个实例说明常用的 $\overline{X}$-R 图的绘制。

例 9.5.1　某混凝土浇筑工程共取 125 个混凝土抗压强度的数据（每个数据为 3 个混凝土试块的抗压强度平均值）如表 9.5.3 所示，试绘出其 $\overline{X}$-R 控制图。

解　（1）将 125 个数据分成 25 个样组，每个样组有 5 个数据，即 $K=25$，$n=5$，计算每个样组的 $\overline{X}$ 值和 R 值如表 9.5.3 中所列，则 $\overline{\overline{X}} = \dfrac{\sum \overline{X}}{K} = 23.95$，$\overline{R} = \dfrac{\sum R}{K} = 8.35$。

表 9.5.3　　　　　　　　　　　　混凝土抗压强度数据表

样组号	抗压强度值/(N/mm²)					$\overline{X}$	R
	X_1	X_2	X_3	X_4	X_5		
1	22.0	27.0	26.6	23.4	26.6	25.12	5.0
2	22.4	26.4	24.9	21.3	25.4	24.08	5.1
3	22.8	20.9	27.2	26.9	17.9	23.14	9.3
4	21.7	19.1	17.9	15.5	17.6	18.36	6.2
5	20.9	21.9	21.6	15.0	26.7	21.22	11.7
6	25.5	29.4	28.6	20.5	20.3	24.86	9.1
7	22.6	20.0	19.6	18.5	21.7	20.48	4.1
8	17.5	18.7	24.7	26.7	27.1	22.94	9.6

续表

样组号	抗压强度值/(N/mm²)					$\bar{X}$	R
	X_1	X_2	X_3	X_4	X_5		
9	26.3	28.7	23.7	29.9	29.6	27.64	6.2
10	26.3	18.4	21.5	21.1	22.3	21.92	7.9
11	27.6	15.3	19.9	21.7	31.5	23.20	16.2
12	19.5	21.2	21.3	22.1	33.0	23.42	13.5
13	26.4	31.7	23.7	21.5	27.2	26.10	10.2
14	25.3	32.1	27.6	25.4	28.8	27.84	6.8
15	30.6	25.4	27.8	31.3	30.5	29.12	5.9
16	25.8	28.2	26.6	23.3	30.8	26.94	7.5
17	24.7	26.3	22.9	20.8	26.8	24.30	6.0
18	25.5	25.6	31.0	15.4	19.5	23.40	15.6
19	15.0	24.8	23.9	22.5	22.4	21.72	9.8
20	31.1	18.9	20.9	27.8	26.6	25.06	12.2
21	22.4	22.9	23.0	27.7	28.2	24.84	5.8
22	24.8	26.9	27.4	25.3	22.4	25.36	5.0
23	29.1	25.7	27.4	25.3	19.4	25.38	9.7
24	21.1	20.3	22.4	19.3	19.4	20.50	3.1
25	18.4	25.6	23.0	20.6	20.9	21.70	7.2
						$\sum \bar{X} = 598.64$	$\sum R = 208.7$

（2）计算控制上、下界限。查表 9.5.2，当 $n=5$ 时，$A_2=0.577$，则 $\bar{X}$ 图的控制上限为 $\bar{\bar{X}}+A_2\bar{R}=28.77$；$\bar{X}$ 图的控制下限为 $\bar{\bar{X}}-A_2\bar{R}=19.13$。类似地可以得到 R 图的控制上限为 17.66，控制下限为 0。

（3）绘制 $\bar{X}$-R 控制图如图 9.5.3 所示。从图 9.5.3（a）可以看出，$\bar{X}$ 图的第 4 号和第 15 号样组已越出控制界限，应分析原因，并采取措施防止不合格产品的出现。

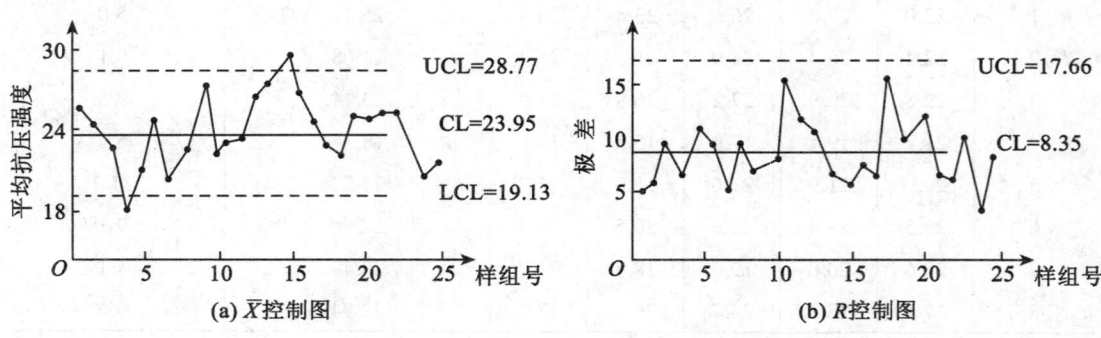

图 9.5.3　$\bar{X}$-R 控制图

4. 控制图的判断

(1) 判断生产处于稳定状态的准则

控制图上的点在中心线两侧随机排列的情况下,符合下列情况之一时,可以判断生产处于稳定状态。

① 连续 25 点全部在上、下控制界限之内(发生概率为 0.9346);
② 连续 35 点中在控制界限外(包括界限上)的点只有 1 个(发生概率为 0.9959);
③ 连续 100 点中在控制界限外(包括界限上)的点不超过 2 个(发生概率为 0.9974)。

(2) 判断生产处于异常状态的准则

控制图中的点超出了上述稳定状态判断准则所确定的标准时,可以判断生产处于异常状态。对于全在界限内的点,若出现下列情况之一,可以判断控制图有缺陷,生产可能处于异常状态:

1) 链——点连续出现在中心线一侧成为链。出现 5 点链时,应注意发展情况;出现 6 点链时,应开始调查原因;出现 7 点链时(发生概率为 0.0153),判断为异常,应停产处理。

2) 偏离——较多的点间断地出现在中心线的一侧称为偏离。以下情况可以判断为异常:

① 连续 11 点中至少 10 点在中心线一侧时(发生概率为 0.0114);
② 连续 14 点中至少 12 点在中心线一侧时(发生概率为 0.0125);
③ 连续 17 点中至少 14 点在中心线一侧时(发生概率为 0.0122);
④ 连续 20 点中至少 16 点在中心线一侧时(发生概率为 0.0112)。

3) 倾向——若干点连续上升或下降的情况称为倾向。连续 5 点出现上升或下降趋势时,应注意发展;连续 6 点出现上升或下降趋势时,应调查原因;连续 7 点出现上升或下降趋势时(发生概率为 0.00039),应采取措施。

4) 周期——点的上升或下降出现明显的一定时间间隔称为周期。点发生的周期性变化,包括阶梯形、正弦波、大波、小波形周期变化等情况,周期性的情况比较复杂,目前尚无明确判断异常的准则。

5) 接近——点出现在中心线附近或控制界限附近称为接近。所谓点出现在中心线附近是指点落在 $\mu-\sigma \sim \mu+\sigma$ 之间的情况。若连续 11 点出现在该区间内(发生概率为 0.0150),则可以判断为异常;所谓点出现在控制界限附近,通常是指点落在 $\mu+2\sigma \sim \mu+3\sigma$ 或 $\mu-3\sigma \sim \mu-2\sigma$ 之间的情况。出现接近界限的点在下列情况下可以判断为异常:

① 连续 3 点中有 2 点落在上述区间内(发生概率为 0.0053);
② 连续 7 点中有 3 点落在上述区间内(发生概率为 0.0024);
③ 连续 10 点中有 4 点落在上述区间内(发生概率为 0.0006)。

9.5.3 频率直方图

频率直方图又称为质量分布图。该图主要是确定质量分布的基本特征,并以此判断质量的现状和变化趋势,从而分析和判断生产过程是否稳定。此外,直方图还可以用来评价工序能力、估计不合格品率的高低、制定质量标准、确定公差范围、评价施工水平等。

1. 频率直方图的作法

(1) 收集相关质量数据,并对数据进行筛选处理,去掉小概率事件的数据。

如对数据进行筛选后，共收集了 100 个混凝土抗压强度数据，如表 9.5.4 所示。现以表 9.5.4 的数据为例，说明频率直方图的作法。

表 9.5.4　　　　　　　　　　混凝土试块抗压强度表

行号	混凝土抗压强度/(N/mm^2)数据						最大值	最小值
1	29.8	29.6	35.0	32.8	34.8	31.2	34.2	35.0	29.6
2	32.4	33.4	32.2	34.8	31.6	33.6	32.2	34.8	31.6
3	34.8	31.4	35.6	30.6	27.6	34.0	34.8	35.6	27.6
4	30.2	37.4	33.0	33.2	34.6	38.2	33.2	38.2	30.2
5	31.6	30.2	32.0	32.0	31.0	33.0	35.8	35.8	30.2
6	33.2	34.4	36.4	36.6	32.8	33.8	29.0	36.6	29.0
7	27.4	26.8	32.4	35.5	29.6	32.8	34.4	35.5	26.8
8	35.0	39.8	31.0	36.8	34.5	38.0	31.8	39.8	31.0
9	28.8	30.8	33.2	32.6	32.0	29.8	28.6	33.2	28.6
10	32.8	34.0	28.6	31.2	35.4	33.2	35.2	35.4	28.6
11	27.8	35.4	36.4	33.8	35.6	35.8		36.4	27.8
12	36.2	30.6	30.8	30.0	26.2	29.4		36.2	26.2
13	38.2	32.0	31.4	29.0	30.0	30.8		38.2	29.0
14	32.0	33.6	34.2	31.4	32.2	36.4		36.4	31.4
15	34.2	32.8	29.6	33.6	29.6	31.6		34.2	29.6

（2）从数据中找出最大值 X_{max} 和最小值 X_{min}。表 9.5.4 中数据的 $X_{max}=39.8$，$X_{min}=26.2$。

（3）确定直方图组数和组距。分组数可以参照表 9.5.5 进行选取，或按照下述经验公式确定

$$k=1+3.322\log n \tag{9.5.8}$$

式中：k——分组数；

n——数据的个数。

表 9.5.5　　　　　　　　　　分组数参照表

数据个数 n	分组数 k
50 以下	5~7
50~100	6~10
100~250	7~12
250 以上	10~20

本例初取组数 $k=9$，则组距 $h=\dfrac{R}{k}=\dfrac{X_{\max}-X_{\min}}{k}=\dfrac{13.6}{9}=1.51$，现取整数 1.5，则组数为 $\dfrac{13.6}{1.5}=9.07$，实际的组数取为 $k=10$。

(4) 计算分点，即通过确定各组的分界点得到分组区间。数据分组区间应遵循以下规则来确定：

①相邻区间数值上是连续的，即前一区间的上界值等于后一区间的下界值。

②要避免数据落在区间的分界上。为此，将 $X_{\min}$ 减去半个测度单位，即第一区间为 $[X_{\min}-0.05,\ X_{\min}-0.05+h]$，第二区间为 $[X_{\min}-0.05+h,\ X_{\min}-0.05+2h]$，依此类推。实例中的区间划分结果如表 9.5.6 所示。

(5) 计算频数，即数出落在每个组内的数据个数，如表 9.5.6 所示。

表 9.5.6　　　　　　　　　　　频数分布统计表

组号	分组区间	组中值 a	频数	频率/(%)
1	26.15~27.65	26.9	4	4
2	27.65~29.15	28.4	6	6
3	29.15~30.65	29.9	13	13
4	30.65~32.15	31.4	19	19
5	32.15~33.65	32.9	22	22
6	33.65~35.15	34.4	17	17
7	35.15~36.65	35.9	13	13
8	36.65~38.15	37.4	3	3
9	38.15~39.55	38.9	2	2
10	39.65~41.15	40.4	1	1

(6) 绘制频数直方图

用横坐标表示数据分组区间，纵坐标表示各分组的频数。实例中的混凝土强度频数直方图如图 9.5.4 所示。

2. 直方图的观察分析

直方图的观察分析通常从以下两个方面进行。

(1) 分布形状的分析

通过对直方图分布图形的分析，可以判断生产过程是否正常。下面就一些常见的图形加以说明。如图 9.5.5 所示。

①对称分布(正态分布)，如图 9.5.5(a)，说明生产过程正常，质量稳定。

②偏态分布，如图 9.5.5(b)、(c)，由于技术原因、习惯上的原因造成的偏态分布，属于异常生产情况。

③锯齿分布，如图 9.5.5(d)，多数是由于分组的组数不当，测量方法不当或测量不准确造成。

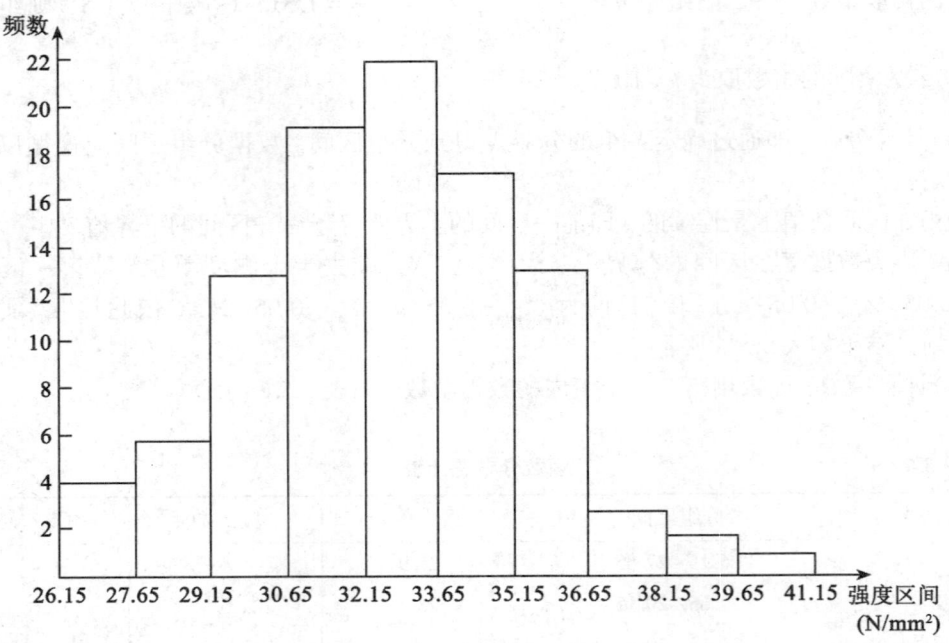

图 9.5.4 混凝土强度直方图

④孤岛分布,如图 9.5.5(e),往往是由于少数材料不合格、短期内工人操作不熟练造成。

⑤陡壁分布,如图 9.5.5(f),有意将不合格的产品剔除造成的。

⑥双峰分布,如图 9.5.5(g),多由于两种不同材料、操作方法或机械设备所造成,应分开画两张直方图。

⑦平峰分布,如图 9.5.5(h),主要是生产过程中有缓慢变化的因素起主导作用的结果。

(2)同标准规格(公差)的比较

将直方图与公差进行对比,看直方图是否在公差要求之内。通过比较,可以掌握实际加工质量的情况。常见的有以下六种情况,如图 9.5.6。图 9.5.6 中 B 为实际尺寸的分布范围,T 是公差的范围。

①如图 9.5.6(a),B 在 T 中间,两边均有适当余量。平均值与公差中心重合,是一种理想状态。

②如图 9.5.6(b),B 虽在 T 范围内,但平均值偏离公差中心,有超过的可能,应设法使平均值的偏离量减少。

③如图 9.5.6(c),B 和 T 的分布范围一致,平均值处于公差中心,但由于分布较分散,仍存在着两边都可能出现废品的潜在危险,应设法缩小实际分布的范围。

④如图 9.5.6(d),B 超过 T 的范围,两边已出现废品,应设法缩小实际分布范围。若公差限定不合理,则应重新审定公差。

⑤如图 9.5.6(e),B 大大地小于 T,分布过于集中,说明加工过程过于精确,不经济。

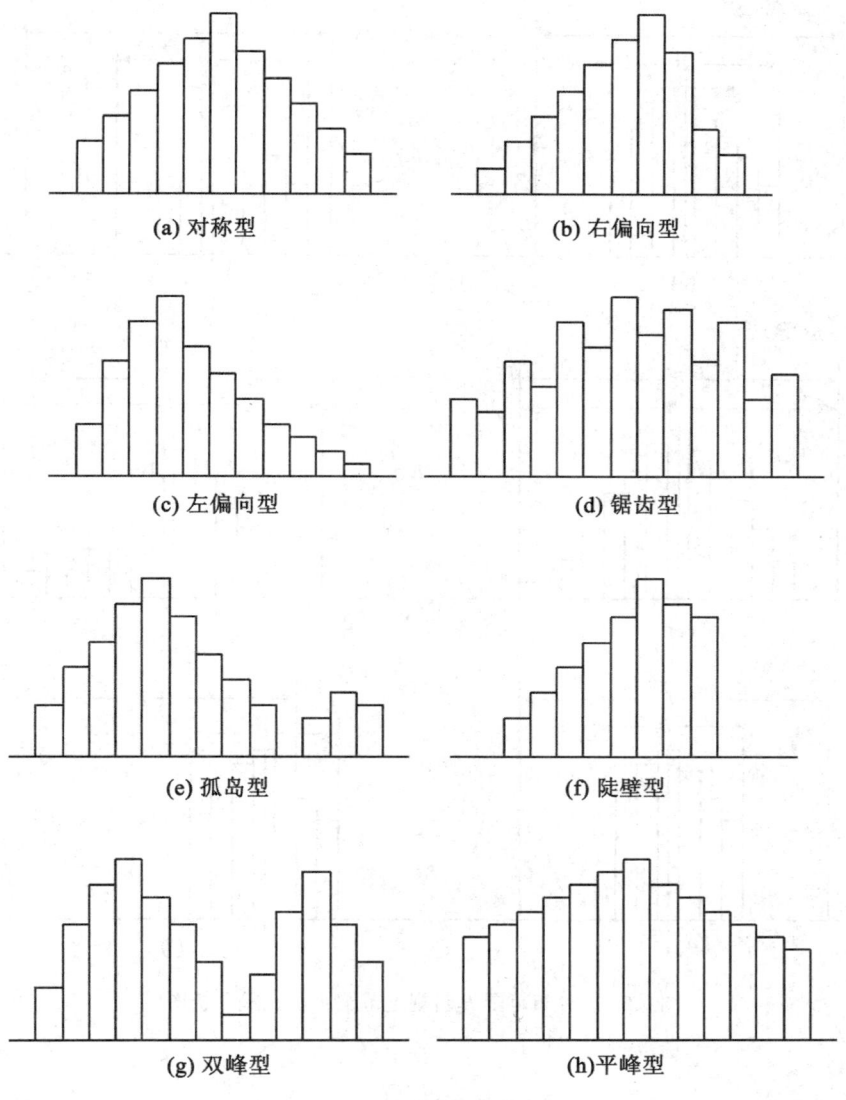

图 9.5.5 常见的直方图

⑥如图 9.5.6(f)，由于 B 过分偏离 T 的中心，有不合格产品出现，需要调整。

3. 进行数据统计分析

根据收集的数据进行统计分析，可以分析产品的不合格率，评价施工管理水平和工序能力。

(1) 平均值 $\overline{X}$ 和标准差 S 的计算

平均值 $\overline{X}$ 和标准差 S 可以按式(9.5.1)、式(9.5.4)或式(9.5.5)计算，也可以按下列方法计算：

①根据频数分布统计表 9.5.6，令 a_0 为频数值较大且位置居中的组中值(各组中心值)，并令

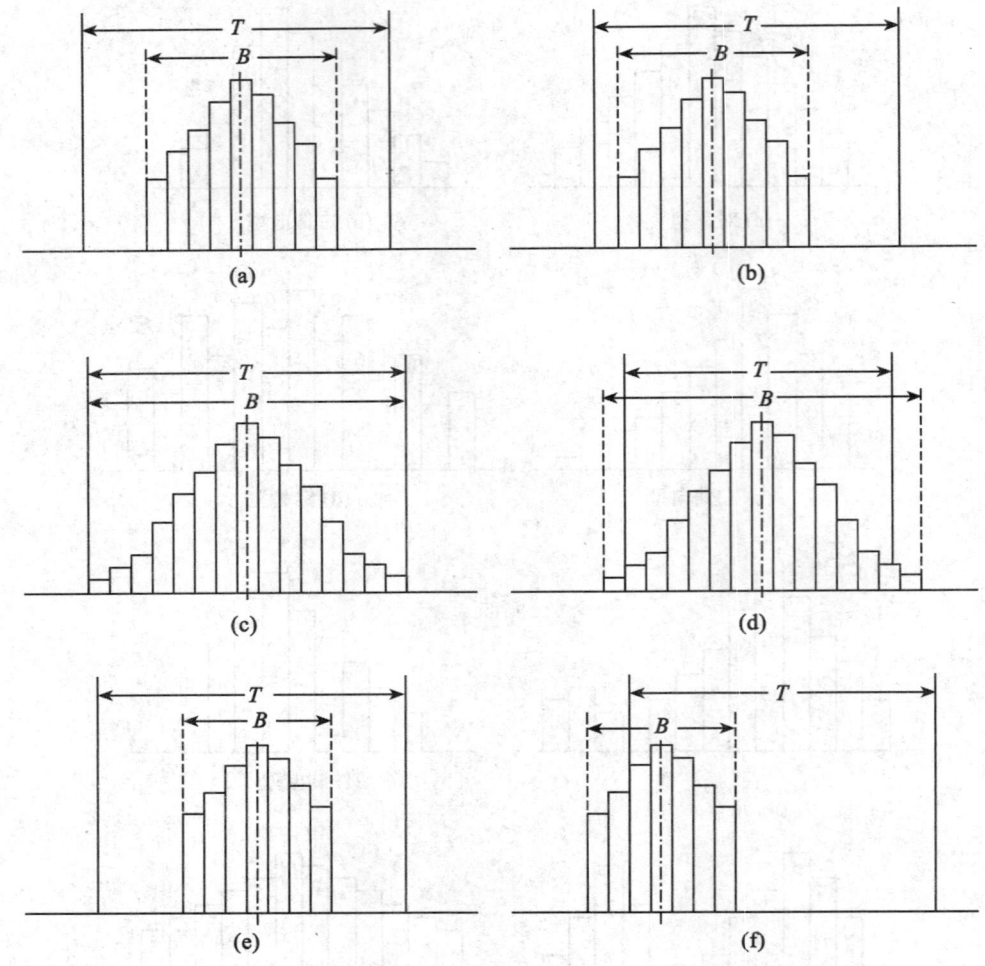

图 9.5.6 分布范围 B 与规定范围 T 的比较分析图

$$b = \frac{a - a_0}{h} \tag{9.5.9}$$

然后按式(9.5.9)计算各组数据的 b 值,对本例情况,$a_0 = 32.9$,则第一组数据的 $b_1 = -4$,类似地得到各组的 b 值,计算结果列于表 9.5.7。

表 9.5.7　　　　　　　　　混凝土抗压强度平均值 $\overline{X}$ 计算表

序号	组中值 a	频数 f	b 值	b^2 值	fb 值	fb^2 值
1	26.9	4	−4	16	−16	64
2	28.4	6	−3	9	−18	54
3	29.9	13	−2	4	−26	52
4	31.4	19	−1	1	−19	19

续表

序号	组中值 a	频数 f	b 值	b^2 值	fb 值	fb^2 值
5	32.9	22	0	0	0	0
6	34.4	17	1	1	17	17
7	35.9	13	2	4	26	52
8	37.4	3	3	9	9	27
9	38.9	2	4	16	8	32
10	40.4	1	5	25	5	25
合 计		100			−14	342

②计算平均值 $\overline{X}$

$$\overline{X} = a_0 + \frac{\sum fb}{\sum f}h = 32.69(\text{N/mm}^2) \tag{9.5.10}$$

③计算标准差 S

$$S = h\sqrt{\frac{\sum fb^2}{\sum f} - \left(\frac{\sum fb}{\sum f}\right)^2} = 2.766(\text{N/mm}^2) \tag{9.5.11}$$

(2) 不合格率品计算

当直方图中质量特征分布范围 B 超过公差 T 时，超出部分的质量特征代表了生产过程的不合格品。根据公差界限 T_U(上限) 和 T_L(下限)，以及质量特征数据的平均值 $\overline{X}$ 和标准差 S，可以计算不合格品率。

①超出 T_U 的不合格品率 P_U

$$K_{\varepsilon U} = \frac{|T_U - \overline{X}|}{S} \tag{9.5.12}$$

$$P_U = \Phi(-K_{\varepsilon U}) \tag{9.5.13}$$

式中：$K_{\varepsilon U}$——超上控制界限的正态分布概率系数或上偏移系数；

$\Phi(x)$——标准正态分布函数，其数值可以通过查正态分布概率系数表获得。

②超出 T_L 的不合格品率 P_L

$$K_{\varepsilon L} = \frac{|T_L - \overline{X}|}{S} \tag{9.5.14}$$

$$P_L = \Phi(-K_{\varepsilon L}) \tag{9.5.15}$$

式中：$K_{\varepsilon L}$——超下控制界限的正态分布概率系数或下偏移系数。

③总不合格品率 P

$$P = P_U + P_L \tag{9.5.16}$$

(3) 评价生产管理水平

变异系数反映了生产中质量数据相对波动的大小，因此可以用来评价生产管理的水平。变异系数采用公式(9.5.6)计算，然后参照相关标准或规范评价生产管理水平。表9.5.8

中列出了一些国家所制定的混凝土工程的管理水平等级评价数据。

表 9.5.8　　　　　一些国家混凝土工程施工管理水平等级表

管理水平与等级	美国标准 C_V 值		英国标准 标准偏差 /(N/mm²)	日本土木学会建议标准	
	全部变动	每盘变动		施工级别	标准偏差 /(N/mm²)
优秀	10 以下	4	约 2.4	—	—
良好	10~15	5	3.0	A	2.5
普通	15~20	6	3.6	B	3.0
不良	20 以上	7	4.8	人工搅拌	(5.0)
低劣	—	—	6.0		

(4) 评价工序能力

工序能力也称为工程能力,是指在生产工序处于稳定状态的情况下,生产出质量符合标准要求产品的能力,是评价工序质量管理的重要数据。

工序能力通常用工序能力指数来表示,工序能力可以分为两种情况,即无偏的工序能力指数 C_P 和有偏的工序能力指数 C_{PK}。

1) 无偏的工序能力指数 C_P

当质量特征数据的实际分布中心 $\bar{X}$ 与标准规定的公差中心值完全重合,此时的工序能力指数称为无偏的工序能力指数,以 C_P 表示。C_P 值用标准规定的公差界限范围 T 与数据的实际分布范围 B 的比值表示,通常取 $B=6\sigma$,故无偏的工序能力指数为

$$C_P = \frac{T}{6\sigma} = \frac{T_U - T_L}{6\sigma} \approx \frac{T_U - T_L}{6S} \quad (9.5.17)$$

式中:T_U——标准规定的上控制界限;
T_L——标准规定的下控制界限。

2) 有偏的工序能力指数 C_{PK}

当质量特征数据的实际分布中心 $\bar{X}$ 与标准规定的公差中心值不一致,此时的工序能力指数称为有偏的工序能力指数,以 C_{PK} 表示。

$$C_{PK} = C_P(1-K) = \frac{T}{6\sigma}(1-K) \approx \frac{T}{6S}(1-K) \quad (9.5.18)$$

式中:K——偏移系数,$K = \dfrac{a}{\frac{T}{2}}$,其中,$a$ 为偏移量,其值为

$$a = \left| \frac{T_U + T_L}{2} - \mu \right| \approx \left| \frac{T_U + T_L}{2} - \bar{X} \right| \quad (9.5.19)$$

3) 单侧偏移工序能力指数

当仅给出单侧控制界限时,工序能力指数按下式计算:

①当仅给出 T_U 时

$$C_P = \frac{T_U - \mu}{3\sigma} \approx \frac{T_U - \overline{X}}{3S} \qquad (9.5.20)$$

②当仅给出 T_L 时

$$C_P = \frac{\mu - T_L}{3\sigma} \approx \frac{\overline{X} - T_L}{3S} \qquad (9.5.21)$$

计算得到工序能力指数后，可以参照表9.5.9的标准，评价工序能力，并采取适当的处理措施。

表9.5.9　　　　　　　　　　工序能力判断表

C_P 或 C_{PK} 值	工序能力判断	说　　明
$C_P > 1.67$	工程能力过分充裕（过剩）	可以适当放宽管理，以降低成本
$1.67 \geqslant C_P > 1.33$	工程能力充裕（最理想状态）	生产很正常，如不属于重要工序，可以适当放宽管理
$1.33 \geqslant C_P > 1.00$	工程能力勉强	应严加管理，否则将随时出现不合格产品
$1.00 \geqslant C_P > 0.67$	工程能力不足	出现了不合格产品，必须采取改善措施
$C_P \leqslant 0.67$	工程能力严重不足	产生了大量废品，应采取紧急措施，改善质量，或研究修订标准

例9.5.2　依据表9.5.4中混凝土抗压强度数据，已确定控制上限为39.6N/mm²，控制下限为28.05N/mm²，试计算不合格品率并分析其工序能力。

解　（1）计算超出 T_U 的不合格品率 P_U

$$K_{\varepsilon U} = \frac{|T_U - \overline{X}|}{S} = \frac{|39.6 - 32.69|}{2.766} = 2.50$$

$$P_U = \Phi(-2.50) = 0.0062$$

（2）计算超出 T_L 的不合格品率 P_L

$$K_{\varepsilon L} = \frac{|T_L - \overline{X}|}{S} = \frac{|28.05 - 32.69|}{2.766} = 1.68$$

$$P_L = \Phi(-1.68) = 0.0465$$

（3）计算总不合格品率 P

$$P = P_U + P_L = 0.0062 + 0.0465 = 5.27\%$$

从质量特征本身来说，超过控制上限的混凝土并非不合格品，但从经济的角度来看，超过控制上限意味造成了浪费，也属于不合格品。

（4）计算偏移系数

由于公差中心为 $\frac{1}{2}(T_U + T_L) = 33.825$，与实际质量分布中心 $\overline{X} = 32.69$ 不一致，属有偏

情况，因此需要首先确定偏移系数。

$$a = \left| \frac{T_U + T_L}{2} - \overline{X} \right| = 1.135$$

$$K = \frac{a}{\dfrac{T}{2}} = \frac{1.135}{\dfrac{39.6 - 28.05}{2}} = 0.197$$

(5) 计算有偏的工序能力指数 C_{PK}

$$C_{PK} = \frac{T}{6S}(1-K) = \frac{39.6 - 28.05}{6 \times 2.766}(1 - 0.197) = 0.559$$

由于 C_{PK}<0.67，属工程能力严重不足，故应采取紧急措施，改善工程质量。

9.5.4 相关图法

相关图又称为散布图，相关图主要是利用事物变化的相关性来确定质量特性与影响因素之间的相关程度。

1. 相关图的作图方法和步骤

(1) 将需要研究是否有关系的两组数据以对应形式收集 30 组以上，并一一对应地填入数据表；

(2) 绘制出纵坐标(质量特征)与横坐标(影响因素)，标上适当的刻度；

(3) 将数据的坐标点在图上标出来，即得相关图。

2. 相关图的观察

可以根据相关图上点的分布状态观察两种数据之间的相关性，相关图的几种基本类型如图 9.5.7 所示。

(1) 正相关。如图 9.5.7(a)，X 增大，Y 随之增大，控制好 X，Y 随之也得到控制。

(2) 弱正相关。如图 9.5.7(b)，X 增大，Y 基本也随之增大。此时，除了因素 X 外，可能还有其他因素影响 Y。

(3) 不相关。如图 9.5.7(c)，X、Y 之间没有什么相互关系，必须寻找 X 以外影响 Y 的因素。

(4) 弱负相关。如图 9.5.7(d)，X 增大，Y 基本随之减小。此时，除了因素 X 外，可能还有其他因素影响 Y。

(5) 负相关。如图 9.5.7(e)，X 增大，Y 随之减小，控制好 X，Y 随之也得到控制。

(6) 非线性相关。如图 9.5.7(f)，X 增大，Y 随之增大，但当 X 超过一定范围时，Y 则有下降趋势。

3. 相关图的相关鉴定

两个因素的相关程度通过观察散点图可以大体上知道，而下面介绍的相关系数则可以定量地分析两个变量之间的相关程度，也就是将相关程度用数值表示出来。

(1) 相关系数计算

两变量 X、Y 的相关系数 r 按下式计算

$$r = \frac{S(XY)}{\sqrt{S(XX)S(YY)}} \tag{9.5.22}$$

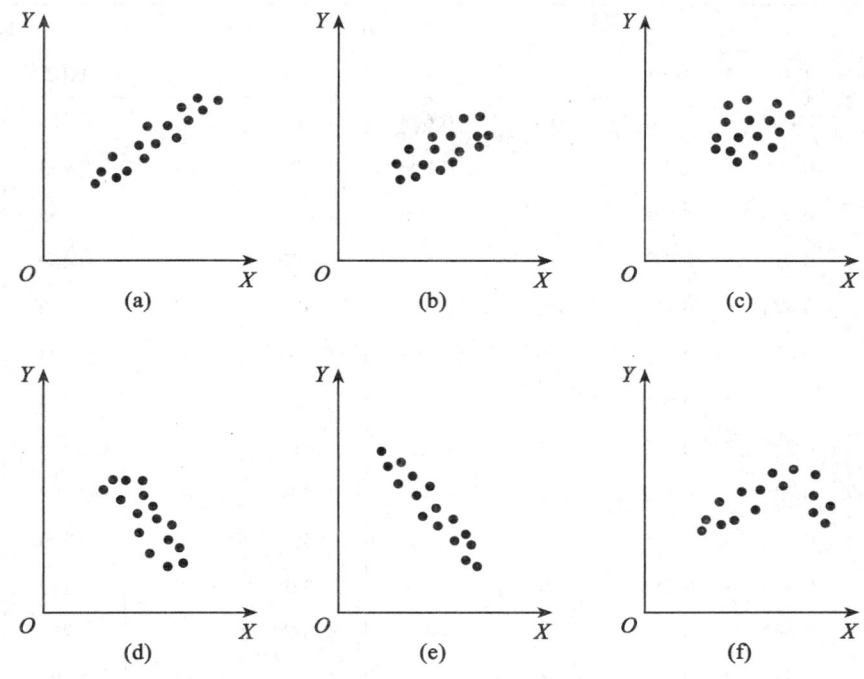

图 9.5.7　相关图的基本类型

式中
$$S(XX) = \sum (X - \overline{X})^2 = \sum X^2 - \frac{(\sum X)^2}{N}$$

$$S(YY) = \sum (Y - \overline{Y})^2 = \sum Y^2 - \frac{(\sum Y)^2}{N}$$

$$S(XY) = \sum (X - \overline{X})(Y - \overline{Y}) = \sum XY - \frac{(\sum X \sum Y)}{N}$$

其中：$\overline{X} = \frac{\sum X}{N}$, $\overline{Y} = \frac{\sum Y}{N}$, N 为数据的组数。

(2) 相关系数的检验

相关系数 r 的值在 $[-1, 1]$ 范围内：当 $r = \pm 1$ 时，表明 Y 与 X 完全相关，数据的点在一条直线上；当 $0 < r < +1$ 时，为正相关；当 $-1 < r < 0$ 时，为负相关；当 $r = 0$ 时，表明 Y 与 X 之间无线性相关性，即 Y 与 X 之间没有相关关系，或者存在非线性相关关系。

在实际问题中，如果 $|r|$ 接近于 1，就可以认为两变量 X、Y 是线性相关关系。而究竟 $|r|$ 大到何种程度才能够得出线性相关的结论，则必须通过相关系数的显著性检验，即相关系数的检验应在一定显著性水平下进行。给定显著性水平 $\alpha > 0$，由自由度 $N-2$，查取相关系数临界值 r_α（如表 9.5.10 中所列），若 $|r| > r_\alpha$，则 X、Y 线性相关，否则，线性无关。通常使用 $\alpha = 0.05$ 和 $\alpha = 0.01$ 两种显著水平，并且，若 $|r| > r_{0.01}$ 则认为 Y 与 X 之间是高度显著线性相关；$r_{0.05} < |r| < r_{0.01}$ 则认为是显著线性相关；$|r| < r_{0.05}$ 则认为是线性无关。

表 9.5.10　　　　　　　　　相关系数检验表

N-2	α		N-2	α		N-2	α	
	0.01	0.05		0.01	0.05		0.01	0.05
1	1.000	0.997	14	0.623	0.497	27	0.470	0.367
2	0.990	0.950	15	0.606	0.482	28	0.463	0.361
3	0.950	0.878	16	0.590	0.468	29	0.456	0.355
4	0.917	0.811	17	0.575	0.456	30	0.449	0.349
5	0.874	0.754	18	0.561	0.444	35	0.418	0.325
6	0.834	0.707	19	0.549	0.433	40	0.393	0.304
7	0.798	0.666	20	0.537	0.423	50	0.354	0.273
8	0.765	0.632	21	0.526	0.413	60	0.325	0.250
9	0.735	0.602	22	0.515	0.404	70	0.302	0.232
10	0.708	0.576	23	0.505	0.396	80	0.283	0.217
11	0.684	0.553	24	0.496	0.388	90	0.267	0.205
12	0.661	0.532	25	0.487	0.381	100	0.254	0.195
13	0.641	0.514	26	0.478	0.374	200	0.181	0.138

9.5.5　因果分析图法

因果分析图又称为特性因素图或特征要因图，按其形状又称为鱼刺图或树枝图，系日本质量管理专家石川馨所创，该方法利用质量问题与原因之间内在的因果关系，顺藤摸瓜，一直挖出影响质量的病根子，以便制定对策，解决工程质量问题，从而达到控制质量的目的。

因果分析图有一条主干线指向结果(特征，即要研究的质量问题)，影响质量的原因分大、中、小和更小原因，它们之间的关系用箭头表示，如图 9.5.8 所示。

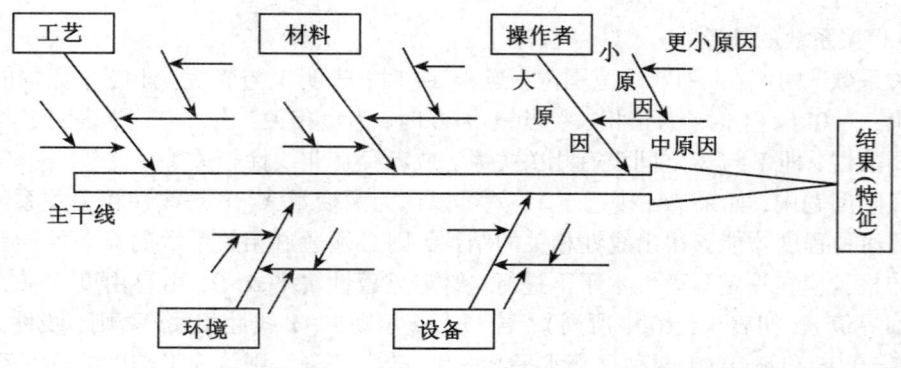

图 9.5.8　因果分析图的基本形式

因果分析图的作图步骤：

(1) 确定要解决的质量问题，绘制出主干线指向右方；
(2) 确定影响质量的大因素，一般有人(操作者)、材料(包括成品、半成品及原材料等)、工艺(包括施工程序、施工工艺、操作方法等)、设备(包括吊装、运输设备及工具、器械等)、环境(室内外、季节、地区环境)等；
(3) 进一步把所有原因从大到小按其关系绘制在图上；
(4) 从中找出关键性的原因，并用显著的记号标记出来；
(5) 针对质量问题，制定有效措施，并限期逐项落实和改正。

图 9.5.9 是对"混凝土强度不够、蜂窝麻面"问题的因果分析图。

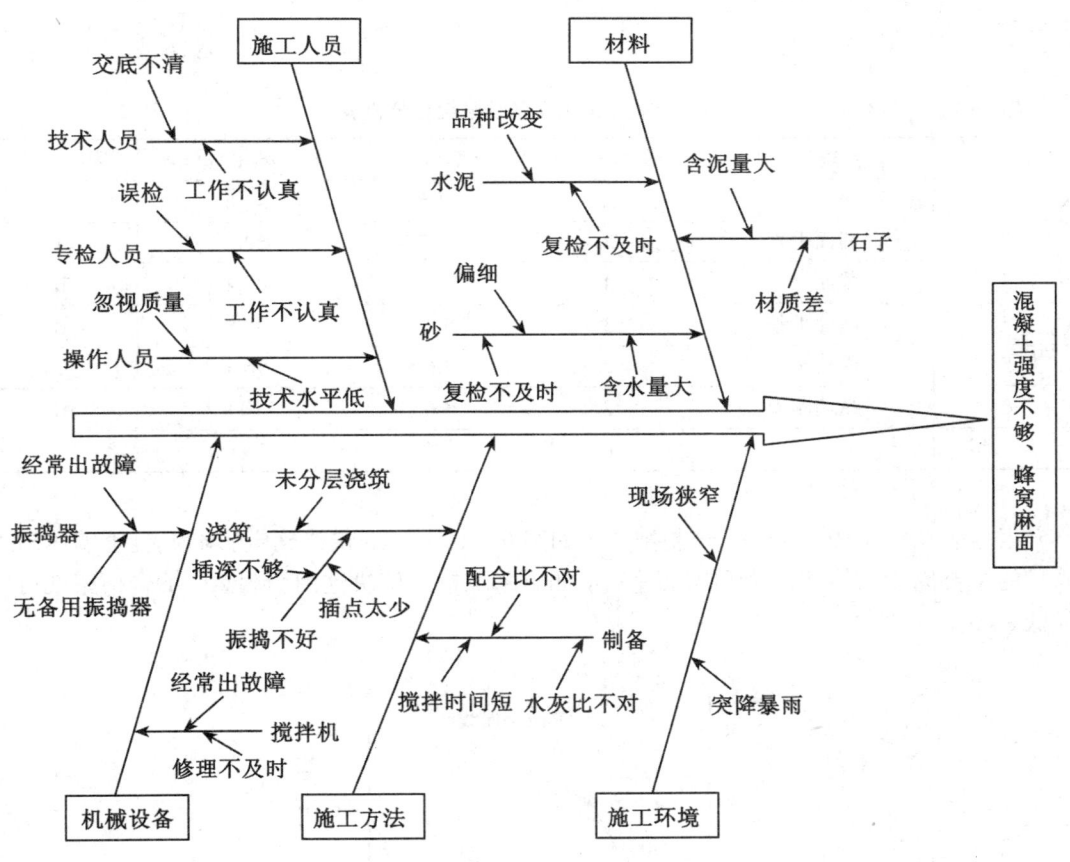

图 9.5.9 混凝土强度不够、蜂窝麻面因果分析图

9.5.6 排列图法(ABC 分析法)

排列图(ABC 分析法)的基本原理在本书第6章中已作过介绍，朱兰博士首先将其应用于质量管理中，作为寻找影响质量主、次因素的一种工具。用于质量管理的排列图由下面三部分组成：

(1) 两个纵坐标。左纵坐标表示频数，即影响质量的各种因素发生或出现的次数(件数、时间、金额等）；右纵坐标表示频率，即各种因素发生或出现次数的累计百分比。

（2）一个横坐标。影响质量的各种因素，按其影响程度大小，由大到小从左到右排列，每个影响因素都用一个直方形表示，底宽相同，直方形的高度表示频数的大小。

（3）Pareto 曲线。表示各种影响因素的累计百分比。根据 Pareto 曲线把影响因素分为三级：

A 级：累计频率 0~80%，为影响质量的主要因素；

B 级：累计频率 80%~90%，为影响质量的次要因素；

C 级：累计频率 90%~100%，为影响质量的一般因素。

A 级因素应作为质量分析的重点，要求针对产生的原因采取措施加以改进，以达到提高质量的目的。在采取措施后，应按原项目重新绘制排列图，以检查措施的效果。

某混凝土墙体施工质量的检查结果如表 9.5.11 所示，现用排列图法分析影响质量的主要因素。

表 9.5.11 混凝土墙体施工质量缺陷统计分析表

序 号	检 查 项 目	不合格点数	频率/(%)	累计频率/(%)	因素分析
1	横墙跑模	25	44.6	44.6	A
2	墙面垂直	20	35.7	80.3	A
3	截面尺寸	4	7.1	87.4	B
4	墙面平整	3	5.4	92.8	B
5	模板垂直	2	3.6	96.4	C
6	纵墙跑模	2	3.6	100	C
合 计		56	100		

根据表 9.5.11 中的数据，绘制排列图如图 9.5.10 所示。最终确定影响混凝土墙体施工质量的主要因素为横墙跑模和墙面垂直，如果采取措施解决这两个因素，不合格率就可以降低 80.3%。

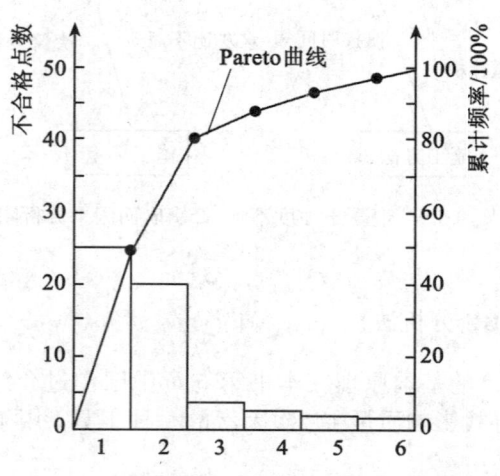

图 9.5.10 混凝土墙体施工质量排列图

9.5.7 分层法

分层法又称为分类法，分层法是将质量数据按照不同的目的进行分类，以便从中找出质量问题的原因，并及时采取措施加以处理。

分层的方法很多，一般要求在同一层内的数据其波动性较小，这是分层的关键。同时还要搞清数据的历史(来源)，以便分类。具体方法如下：

(1)按时间分层。把同一时间施工的工程(产品)的质量数据集中在一层，如按班次、日期等分层；

(2)按操作人员分层。按班组的人员、熟练程度、新老工人、男工女工、年龄等分层；

(3)按机械设备分层。按机械的类型、新旧程度等分层；

(4)按施工方法分层。按施工方法、操作方法进行分层；

(5)按工作环境分层。按技术环境、管理环境、劳动环境等进行分层；

(6)按原材料分层。按供货厂家、进料时间、不同材料成分等特征分层；

(7)按测量检验条件分层。按测量仪器、测量方法、检验人员分层；

(8)按其他条件分层。没有固定的模式，根据具体情况进行分层。

总之，分层的方法不是一成不变的，应根据实际情况，按需要选择合适的分层方法。现以分析某个单位工程质量问题为例，说明分层法的应用。首先列出该项工程质量损失调查表，如表9.5.12所示。

表 9.5.12　　　　　　　　　　工程质量损失调查表

序 号	分部分项工程名称	损失金额/元	所占比例/(%)	累计比例/(%)
1	钢筋混凝土结构工程	5 400	45.4	45.4
2	砌体工程	3 600	30.3	75.7
3	基础工程	1 200	10.0	85.7
4	装饰工程	700	5.9	91.6
5	水电安装工程	400	3.4	95.0
6	其 他	600	5.0	100.0
合 计		11 900	100	

由表 9.5.12 可知，钢筋混凝土结构工程和砌体工程的质量损失所占的比例最大，所以从工艺质量方面将这两项进行分层分析，如表 9.5.13 和表 9.5.14 所示。

表 9.5.13　　　　　　　钢筋混凝土结构工程质量损失的主要因素分析表

序 号	原因类别	损失金额/元	所占比例/(%)	累计比例/(%)
1	混凝土蜂窝麻面	3 200	59.3	59.3
2	预埋件位置偏差	1 200	22.2	81.5

续表

序 号	原因类别	损失金额/元	所占比例/(%)	累计比例/(%)
3	模板支撑不足	600	11.1	92.6
4	其他	400	7.4	100.0
合计		5 400	100	

表 9.5.14　　　　　　　　砌体工程质量损失的主要因素分析表

序 号	原因类别	损失金额/元	所占比例/(%)	累计比例/(%)
1	混水墙平整度不够	2 000	55.6	55.6
2	砂浆饱满度不够	800	22.2	77.8
3	灰缝不匀	400	11.1	88.9
4	其他	400	11.1	100.0
合计		3 600	100	

将表9.5.13和表9.5.14的结果用排列图法进行分析，可以知道混凝土蜂窝麻面和预埋件位置偏差是造成钢筋混凝土结构工程质量损失的主要原因；混水墙平整度不够和砂浆饱满度不够是造成砌体工程质量损失的主要原因。针对上述原因还可以从操作工艺、原材料等方面作更深一步的分层。

9.5.8　调查表分析法

调查表又称为检查表，在质量管理中，调查表是利用表格进行数据收集、整理，并为其他数理统计方式提供依据和粗略原因分析的工具。在质量控制活动中利用调查表格来收集数据进行分析，不仅灵活简便，而且便于掌握。

调查表格的形式和种类很多，可以根据需要进行设计。一般按调查的目的和原因不同有以下几种形式：

（1）工序分布调查表。适用于计量值数据的调查，目的是掌握工序产品质量的分布情况。

（2）缺陷项目调查表。为了减少生产过程中出现的各种缺陷情况，需要调查各种缺陷项目的比率大小。

（3）缺陷位置调查表。用于调查产品的缺陷分布情况，这种表格多绘出产品外形草图或展开图，在其相应位置标出缺陷情况。

（4）缺陷原因调查表。将调查表与分层法相结合，将相关数据按设备、操作者、时间等进行分层，可以进一步查明产品质量的原因。

（5）特征调查表。用于检查质量特征是否符合要求，以便对工序质量和产品质量进行检查与确认。

（6）操作调查表。为了使工序操作人员能够严格地遵守操作规程，在某些重要工序或批量很大的工序中常使用自检用的操作调查表。

§9.6 建筑工程质量检验与评定验收

9.6.1 工程质量检验

质量检验是对检验项目中的质量特征性能进行量测、检查、试验或度量，并将结果与相关规定要求进行比较以确定每项质量性能是否合格所进行的活动。质量检验是施工过程中的一个重要环节，检验的目的有两个：一是判断产品质量合格与否，为质量验收提供依据；二是及时发现生产过程的不稳定性因素，以便采取措施加以纠正，使生产过程处于稳定状态。

1. 工程质量检验的分类

（1）自检、互检、交接检

①自检：要求操作工人在施工过程中或完成某一分项工程后，对自己所做的工作进行检查，发现不符合相关规范标准之处，随时自行纠正。

②互检：要求同一班组工人之间，对完成的工序或分项工程进行相互检验，起到相互监督、交流提高的作用。

③交接检：要求工人或工人班组上、下班交接时，或班组之间交接工作面时，共同对已完成工序或分项工程进行检验，并做好记录，以明确责任，贯彻岗位责任制。

自检、互检、交接检制度是我国建筑业行之有效的工程质量检查制度，同时也是"生产者负责质量"的重要体现。

（2）进场检验、见证检测、质量验收

①进场检验：由供货方提供进入施工现场的产品（材料、构配件、设备等）合格证书，并按工程标准要求进行抽样检验，为进货方能否接受该批产品做出确认。

②见证检测：由监理单位或建设单位与施工单位相关人员到现场共同取样，并送交具备相应资质等级的质量检测单位进行检测。涉及结构安全的试块、试件以及相关材料，应进行见证取样和送检。

现阶段必须实施见证取样和送检的试件、试块和材料是：用于承重结构的混凝土试块；用于承重墙体的砌筑砂浆试块；用于承重结构的钢筋及连接接头试件；用于承重墙的砖和混凝土小型试块；用于拌制混凝土和砌筑砂浆的水泥；用于承重结构的混凝土中使用的掺加剂；地下、屋面、厕浴间使用的防水材料；国家和省（部）规定必须见证取样和送检的试件、试块和材料。涉及结构安全的试块、试件及材料见证取样和送检的比例不得低于相关技术标准中规定应取样数量的30%。

③质量验收：在施工单位自行质量检查评定的基础上，参与建设活动的相关单位共同对检验批、分项工程、分部工程、单位工程的质量进行抽样复验，并根据相关标准以书面形式对工程质量达到合格与否做出确认。

2. 质量检验的依据

施工阶段质量检验的依据从宏观上有国家相关部门颁发的有关质量管理方面的法律、行政法规、规章，如《中华人民共和国建筑法》、国务院《建设工程质量管理条例》（2000年1月）、国家建设部《建设工程质量管理办法》（1993年11月）和《房屋建筑工程质量保修办法》(2000年6月)等；从微观上有工程承包合同文件、设计文件和工程施工质量验收规范及支持体系。工程施工质量验收规范支持体系如图9.6.1所示。

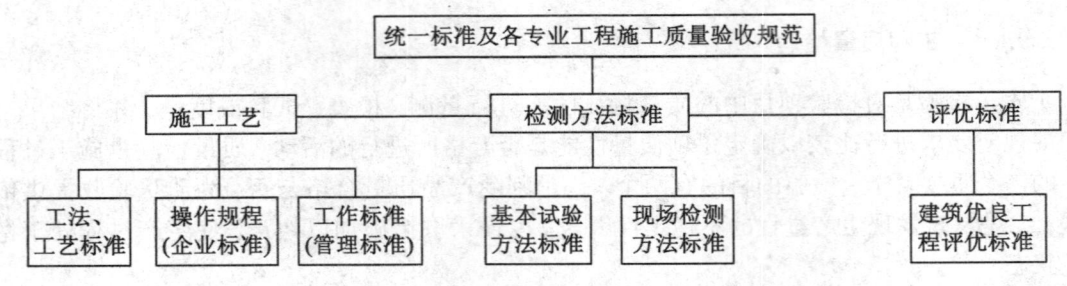

图 9.6.1　工程施工质量验收规范支持体系框图

3. 质量检验的方法

工程质量检验的方法主要有目测法、量测法和试验法三种。

(1) 目测法

目测法又称为感觉性检验方法。该方法是依靠人的感观对某些分项工程的光洁度、平整度、对称性等进行质量状况判断。其要领为看、摸、敲、照四个字，即通过观感、手感、音感、光照进行现场质量的检查评价。

①看，就是根据质量标准进行外观目测。如墙纸裱糊质量要求纸面无斑痕、空鼓、气泡、褶皱；每一墙面纸的颜色、花纹一致；斜视无胶痕，纹理无压平、起光现象；对缝无离缝、搭缝、张嘴；对缝处图案、花纹完整；裁纸的一边不能对缝，只能搭接；墙纸只能阴角处搭接，阳角应采用包角等。

②摸，就是手感检查，主要用于装饰工程的某些项目的检查。如水刷石、干粘石的粘结牢固程度，油漆的光滑度，浆活是否掉粉，地面有无起砂等，均可以通过手摸加以鉴别。

③敲，是运用工具进行音感检查。如对地面工程、装饰工程中的水磨石、面砖、锦砖和大理石贴面等，均应进行敲击检查，通过声音的虚实确定有无空鼓，还可以根据声音的清脆和沉闷，判定属于面层空鼓还是底层空鼓。

④照，对于难以看到或光线较暗的部位(如风道等)用镜子反射或灯光照射的方法对其进行质量检查。

(2) 量测法

量测法是指质量检验人员利用经纬仪、水准仪、直尺或计量仪器等量测工具对建筑物的轴线、标高、垂直度等进行定量测定，把实测数据与施工规范及质量标准所规定的允许偏差进行对照，以判断检查对象的质量是否合格。量测法的要领可以归纳为靠、吊、量、套。

①靠，用直尺、塞尺检查诸如墙面、地面、屋面的平整度等。

②吊，用托线板以及线锤吊线检查垂直度。此外，经纬仪、激光铅垂仪等也是控制垂直的主要工具。

③量，用测量工具、计量仪表检查截面尺寸、轴线、标高、湿度、温度等数值并确定其偏差。

④套，用方尺套方辅以塞尺检查以判断阴阳脚方正、踢脚线垂直度以及预制构件的方

正等。

(3) 试验法

试验法是指通过现场试验或试验室试验等理化试验手段,取得数据,分析判断质量情况。

①理化试验。工程中常用的理化试验包括各种物理力学性能方面的检验和化学成分及其含量的测定等两个方面。力学性能的检验如各种力学指标的测定,包括抗拉强度、抗压强度、抗弯强度、抗折强度、冲击韧性、硬度、承载力等。各种物理性能方面的测定如比重、密度、含水量、凝结时间、安定性、抗渗、耐磨、耐热等。各种化学方面的试验如化学成分及其含量的测定(例如钢筋中的磷、硫含量,混凝土粗骨料中的活性氧化硅成分测定等),以及耐酸、耐碱、抗腐蚀等。此外,必要时还可以在现场通过诸如对桩或地基的现场静载试验或打试桩,确定其承载力;对混凝土现场取样,通过试验室的抗压强度试验,确定混凝土达到的标号;以及通过管道压水试验判断其耐压及渗漏情况等。

②无损测试或检查。借助专门的仪器、仪表等器具探测结构物或材料、设备内部的组织结构或损伤状态。这类检测仪器有超声波探伤仪、磁粉探伤仪、γ射线探伤仪、渗透液探伤仪等,该方法一般可以在不损伤被探测物的情况下了解被探测物的质量情况。

9.6.2 工程质量评定验收

工程质量评定验收是工程项目质量管理的重要内容。建筑工程验收的含义是建筑工程在施工单位自行质量检查评定的基础上,参与建设活动的相关单位共同对检验批、分项工程、分部工程、单位工程的质量进行抽样复验,根据相关标准以书面形式对工程质量达到合格与否做出确认。

1. 工程质量验收依据的文件

(1)《建筑工程施工质量验收统一标准》和有关各专业工程质量验收规范;

(2) 工程勘察、设计文件和设计变更;

(3) 工程质量控制各阶段的验收记录。

2. 工程质量验收项目的划分

为了便于施工质量的检查,保证工程质量符合设计、合同和相关技术规范标准的规定和要求,同时也为了便于衡量承包单位的施工质量水平,全面评价工程的综合质量,在建筑工程项目质量验收时,将整个项目划分为若干个验收单位和层次,逐次进行验收。

(1) 单位工程的划分

单位工程的划分应按下列原则确定:

①具备独立施工条件并能形成独立使用功能的建筑物及构筑物为一个单位工程。

②建筑规模较大的单位工程,可以将其能形成独立使用功能的部分划分为一个子单位工程。

(2) 分部工程的划分

分部工程的划分应按下列原则确定:

①分部工程的划分应按专业性质、建筑部位确定。

②当分部工程较大或较复杂时,可以按材料种类、施工特点、施工程序、专业系统及类别等划分为若干分部工程。

(3) 分项工程的划分

分项工程应按主要工种、材料、施工工艺、设备类别等进行划分,分项工程可以由一个或若干检验批组成,检验批可以根据施工及质量控制和专业验收需要按楼层、施工段、变形缝等进行划分。

(4)检验批

检验批是工程验收的最小单位,是分项工程乃至整个建筑工程质量验收的基础。检验批是施工过程中条件相同并有一定数量的材料、构配件或安装项目,由于其质量基本均匀一致,因此可以作为检验的基础单位,并按批验收。

多层及高层建筑工程中主体分部的分项工程可以按楼层或施工段来划分检验批,单层建筑工程的分项工程可以按变形缝等划分检验批;地基基础分部工程中的分项工程一般划分为一个检验批,有地下层的基础工程可以按不同地下层划分检验批;屋面分部工程中的分项工程不同楼层屋面可以划分为不同的检验批;其他分部工程中的分项工程,一般按楼面划分检验批;对于工程量较少的分项工程可以统一划分为一个检验批。安装工程一般按一个设计系统或设备组别划分为一个检验批。室外工程统一划分为一个检验批。散水、台阶、明沟等含在地面检验批中。

建筑工程的地基与基础以及主体结构的验收项目划分如表 9.6.1 所示,室外工程的划分如表 9.6.2 所示。

表 9.6.1　　　　　　　　建筑工程分部工程、分项工程划分表

分部工程	子分部工程	分项工程
地基与基础	无支护土方	土方开挖、土方回填
	有支护土方	排桩、降水、排水、地下连续墙、锚杆、土钉墙、水泥土桩、沉井与沉箱,钢及混凝土支撑
	地基处理	灰土地基、砂和砂石地基、碎砖三合土地基,土工合成材料地基,粉煤灰地基,重锤夯实地基,强夯地基,砂桩地基,预压地基,高压喷射注浆地基,土和灰土挤密桩地基,注浆地基,水泥粉煤灰碎石桩地基,夯实水泥土桩地基
	桩　　基	锚杆静压桩及静力压桩,预应力离心管桩,钢筋混凝土预制桩、钢桩,混凝土灌注桩(成孔、钢筋笼、清孔、水下混凝土灌注)
	地下防水	防水混凝土,水泥砂浆防水层,卷材防水层,涂料防水层,金属板防水层,塑料板防水层,涂料防水层,细部构造,喷锚支护,复合式衬砌,地下连续墙,盾构法隧道;渗排水、盲沟排水,隧道、坑道排水;预注浆、后注浆,衬砌裂缝注浆
	混凝土基础	模板、钢筋、混凝土,后浇带混凝土,混凝土结构缝处理
	砌体基础	砖砌体,混凝土砌块砌体,配筋砌体,石砌体
	劲钢(管)混凝土	劲钢(管)焊接,劲钢(管)与钢筋的连接,混凝土
	钢结构	焊接钢结构、栓接钢结构,钢结构制作,钢结构安装,钢结构涂装

续表

分部工程	子分部工程	分项工程
主体结构	混凝土结构	模板、钢筋、混凝土、预应力、现浇结构、装配式结构
	劲钢(管)混凝土结构	劲钢(管)焊接、螺栓连接、劲钢(管)与钢筋的连接、劲钢(管)制作、安装、混凝土
	砌体结构	砖砌体、混凝土小型空心砌块砌体、石砌体、填充墙砌体、配筋砖砌体
	钢结构	钢结构焊接、坚固件连接、钢零部件加工、单层钢结构安装、多层及高层钢结构安装、钢结构涂装、钢构件组装、钢构件预拼装、钢网架结构安装、压型金属板。
	木结构	方木和原木结构、胶合木结构、轻型木结构、木构件防护
	网架和索膜结构	网架制作、网架安装、索膜安装、网架防火、防腐涂料

表 9.6.2　　　　　　　　　　室外工程划分表

单位工程	子单位工程	分部(子分部)工程
室外建筑环境	附属建筑	车棚、围墙、大门、挡土墙、收集站
	室外	建筑小品、道路、亭台、连廊、花坛、场坪绿化
室外安装	给排水与采暖	室外给水系统、室外排水系统、室外供热系统
	电气	室外供电系统、室外照明系统

3. 建筑工程质量验收的基本规定

（1）建筑工程质量验收的基本标准

1）检验批

检验批是工程验收的最小单位，检验批合格质量应符合下列规定：

①主控项目和一般项目的质量经抽样检验合格。

②具有完整的施工操作依据、质量检查记录。

主控项目是建筑工程中对安全、卫生、环境保护和公众利益起决定性作用的检验项目。一般项目是除主控项目以外的检验项目。

在制定检验批的抽样方案时，对生产方风险（或错判概率 α）和使用方风险（或漏判概率 β）可以按下列规定采取：

①主控项目：对应于合格质量水平的 α 和 β 均不宜超过 5%。

②一般项目：对应于合格质量水平的 α 不宜超过 5%，β 不宜超过 10%。

关于合格质量水平的生产方风险 α，是指合格批被判为不合格的概率，即合格批被拒收的概率；使用方风险 β 是指不合格批被判为合格批的概率，即不合格批被误收的概率。

2）分项工程

分项工程验收在检验批的基础上进行，一般情况下，两者具有相同或相近的性质，只是批量的大小不同而已。分项工程质量验收合格应符合下列规定：

①分项工程所含的检验批均应符合合格质量的规定。

②分项工程所含的检验批质量验收记录应完整。

3）分部工程

分部工程验收在其所含各分项工程验收的基础上进行。分部(子分部)工程质量验收合格应符合下列规定：

①分部(子分部)工程所含分项工程的质量均应验收合格。

②质量控制资料应完整。

③地基与基础、主体结构和设备安装等分部工程有关安全及功能的检验和抽样检测结果应符合相关规定。

④观感质量验收应符合要求。

需要说明的是，分部工程的各分项工程必须已验收合格且相应的质量控制资料文件必须完整，这是验收的基本条件。此外，由于各分项工程的性质不尽相同，因此对分部工程不能简单地组合而加以验收，尚须增加以下两类检查项目。

涉及安全和使用功能的地基基础、主体结构、有关安全及重要使用功能的安装分部工程应进行见证取样送样试验或抽样检测。关于观感质量验收，这类检查往往难以定量，只能以观察、触摸或简单量测的方式进行，并由个人的主观印象判断，检查结果并不给出"合格"或"不合格"的结论，而是综合给出"好"、"差"的质量评价。对于"差"的检查点应通过返修处理进行补救。

4）单位工程

单位(子单位)工程质量验收合格应符合下列规定：

①单位(子单位)工程所含分部(子分部)工程的质量均应验收合格。

②质量控制资料应完整。

③单位(子单位)工程所含分部工程有关安全和功能的检验资料应完整。

④主要功能项目的抽查结果应符合相关专业质量验收规范的规定。

⑤观感质量验收应符合要求。

单位工程质量验收是该单位工程的质量竣工验收，是工程投入使用前的最后一次验收，也是最重要的一次验收。验收合格的条件有上述五项，除构成单位工程的各分部工程应合格，并且相关的资料文件应完整以外，还须进行以下三个方面的检查。

涉及安全和使用功能的分部工程应进行检验资料的复查，不仅要全面检查其完整性(不得有漏检缺项)，而且对分部工程验收时补充进行的见证抽样检验报告也要复核。这种强化验收的手段体现了对安全和主要使用功能的重视。

此外，对主要使用功能还须进行抽查。使用功能的检查是对土建工程和设备安装工程最终质量的综合检验，也是用户最为关心的内容。因此，在分项工程、分部工程验收合格的基础上，竣工验收时再作全面检查。抽查项目是在检查资料文件的基础上由参加验收的各方人员商定，并用计量、计数的抽样方法确定检查部分。检查要求按相关专业工程施工质量验收标准的要求进行。

最后，还须由参加验收的各方人员共同进行观感质量检查，共同确定是否验收合格。

(2)建筑工程质量不符合时的处理

当建筑工程质量不符合要求时,应按下列规定进行处理:

①经返工重做或更换器具、设备的检验批,应重新进行验收。

②经有资质的检测单位检测鉴定能够达到设计要求的检验批,应予以验收。

③经有资质的检测单位检测鉴定达不到设计要求、但经原设计单位核算认可能够满足结构安全和使用功能的检验批,可以予以验收。

④经返修或加固处理的分项工程、分部工程,虽然改变了外形尺寸但仍能满足安全使用要求,可以按技术处理方案和协商文件进行验收。

⑤通过返修或加固处理仍不能满足安全使用要求的分部工程、单位(子单位)工程;严禁验收。

(3)建筑工程质量验收程序和组织

检验批及分项工程应由监理工程师或建设单位项目技术负责人组织施工单位项目专业质量(技术)负责人等进行验收。验收前,施工单位应先填写"检验批和分项工程的质量验收记录",检验后,由项目专业质量检验员和项目专业技术负责人分别在检验批和分项工程质量检验记录中相关栏目上签字,并填写报验申请表,然后由监理工程师组织验收,并在"检验批和分项工程质量验收记录"上填写监理记录和验收结论,并签字。

分部(子分部)工程应由总监理工程师或建设单位项目负责人组织施工单位的项目负责人和项目技术、质量负责人及相关人员进行验收。由于地基基础、主体结构的技术性能要求严格,技术性强,关系到整个工程的安全,故对于这些分部工程的验收,勘测、设计单位工程项目负责人也应参加相关分部工程的验收。

单位工程完成后,施工承包单位应首先依据质量标准、设计图纸等自行组织相关人员进行检查和评定(自检),在自检符合要求的基础上,填写"工程竣工报验单"和"单位工程质量竣工验收记录",并向建设单位提交工程验收报告和完整的质量资料,请建设单位组织验收。建设单位在收到施工承包单位提交的工程验收报告后,由建设单位负责人组织设计、施工(包括分包单位)、监理单位(项目)负责人进行现场检查和质量控制资料的核查,并将检查结果与合同、规范、标准相对照,根据单位工程中分项工程、分部工程质量检查评定的统计资料,结合单位工程观感质量评议的结果,对单位工程的外观及使用功能等方面作出全面综合评定,最后判断该单位工程的质量是否达到相关规定的要求,是否同意验收。单位工程有分包单位施工时,分包单位对所承包的工程按规定的程序检查评定,总包单位应派人参加。分包工程完成后,应将工程相关资料交总包单位。当参加验收各方对工程质量验收意见不一致时,可以请当地建设行政主管部门或工程质量监督机构协调处理。单位工程质量验收合格后,建设单位应在规定时间内将工程竣工验收报告和相关文件,报建设行政管理部门备案。

习 题 9

1. 质量的含义是什么?什么是建筑工程质量?
2. 试论述全面质量管理的基本思想、特点、工作程序。
3. 简述 2000 版 GB/T19000 族标准的构成及其特点。
4. 如何建立质量保证体系?

5. 设计质量的含义是什么？应如何在施工阶段对工程质量进行控制？

6. 预制厂用拉模生产预应力多孔板，在正常情况下，每班生产 100 块，连续 20 个班的不合格品块数（包括强度、张拉应力、几何尺寸、裂缝等缺陷的不合格品）如题 6 表所示，试绘制其不合格品率控制图。

题 6 表　　　　　　　预应力钢筋混凝土多孔板不合格品统计表

样组号	不合格品件数	样组号	不合格品件数	样组号	不合格品件数	样组号	不合格品件数
1	2	6	5	11	3	16	2
2	4	7	4	12	7	17	12
3	5	8	15	13	9	18	4
4	8	9	9	14	5	19	3
5	3	10	4	15	6	20	4

7. 某工厂生产一种零件，零件长度数据如题 7 表所示（每次间隔 2 小时，每次取样 5 个），试绘制 $\bar{X}$-R 控制图。

题 7 表　　　　　　　某零件长度值数据表　　　　　　　（单位：cm）

样本序号	X_1	X_2	X_3	X_4	X_5
1	49.47	49.46	49.52	49.51	49.47
2	49.48	49.53	49.55	49.49	49.53
3	49.50	49.53	49.47	49.52	49.48
4	49.47	49.53	49.50	49.51	49.47
5	49.47	49.55	49.45	49.53	49.56
6	49.45	49.49	49.49	49.53	49.57
7	49.50	49.45	49.49	49.53	49.55
8	49.50	49.50	49.53	49.51	49.47
9	49.50	49.45	49.51	49.57	49.50
10	49.50	49.48	49.57	49.55	49.53
11	49.47	49.44	49.54	49.55	49.50
12	49.49	49.50	49.50	49.52	49.55
13	49.46	49.48	49.53	49.50	49.50
14	49.53	49.57	49.55	49.51	49.47
15	49.45	49.47	49.49	49.52	49.54
16	49.48	49.53	49.50	49.51	49.50
17	49.50	49.48	49.52	49.55	49.50
18	49.50	49.51	49.47	49.53	49.52
19	49.50	49.49	49.52	49.50	49.54
20	49.50	49.52	49.53	49.45	49.51

8.某工地捣制 C40 混凝土，共收集了 35 个混凝土抗压强度数据如题 8 表所示，试绘其直方图。若已确定控制上限为 47.5N/mm², 控制下限为 38.5N/mm², 试计算不合格品率并分析其工序能力。

题 8 表　　　　　　　　　　混凝土试块抗压强度表

序　号	混凝土试块抗压强度/(N/mm²)				
1	41.2	41.5	35.5	37.5	37.2
2	40.0	40.9	39.6	40.6	41.7
3	40.7	47.1	42.8	42.1	38.7
4	41.4	47.3	49.0	43.5	41.7
5	39.5	47.5	43.8	44.1	36.1
6	40.7	38.0	34.0	43.9	44.5
7	35.2	45.9	41.0	38.9	41.5

9.某预制厂生产泡沫混凝土，共收集了 20 对泡沫混凝土强度与发泡剂掺量相对应的数据如题 9 表所示，试计算相关系数，并分析其相关性。

题 9 表　　　　　　　泡沫混凝土强度与发泡剂掺量相对应数值表

样组号	发泡剂掺量	泡沫混凝土强度	样组号	发泡剂掺量	泡沫混凝土强度	样组号	发泡剂掺量	泡沫混凝土强度
1	2.0	2.5	8	0.8	1.7	15	1.0	1.8
2	2.1	2.0	9	0.7	1.1	16	0.5	1.6
3	1.8	1.8	10	2.3	1.5	17	0.3	0.8
4	1.6	1.4	11	0.5	0.3	18	0.2	0.9
5	1.5	1.0	12	0.5	0	19	0.3	1.4
6	1.3	1.5	13	0.2	0.5	20	0.4	1.6
7	1.2	1.9	14	0.1	0.5			

第 10 章 建筑企业成本管理

§10.1 概 述

10.1.1 成本的概念

建筑产品的成本,是指建筑产品在施工过程中所发生的一切费用的总和,是施工中所消耗的生产资料价值与劳动者活劳动价值两部分之和,是建筑产品价格的主要组成部分。建筑产品的成本包括施工中耗费的各种材料的费用,机械设备等固定资产的折旧费,支付给生产工人、工程技术人员和管理人员的工资,企业为进行生产活动所开支的各项管理费用等。成本应准确地反映生产过程中物化劳动和活劳动消耗,应根据社会平均成本来确定。

成本按其性质或本质来说,具有资本性、价值性、耗费性和盈利性。

资本性是指成本在本质上是资本的组成部分和存在形式,是一种垫付资本,成本履行着资本的部分职能。这一性质要求要像对待资本那样理解成本、管理成本。

价值性是指成本同资本一样,也是一种价值形式,成本要以货币作为计量尺度,同时与一定数量的适用价值相联系。因此,成本同样是价值与使用价值的统一,要求这种统一,实现这种统一,也是成本的内在要求。

耗费性是指成本在本质上是一种价值消耗,是资本的耗费。这种耗费反映为成本所体现的使用价值在形成过程中对经济资源的耗费,这种耗费兼有垫付和花费的性质。成本所反映的价值消耗愈低,使用功能就愈高,企业所面临的风险就愈小,获利的机会就愈大。

盈利性是指成本具有要求盈利的本性。企业支付成本,不仅要考虑能不能收回本钱,还要考虑获利能力。

10.1.2 成本的种类

1. 按成本发生的时间来划分

(1) 预算成本

预算成本又称承包成本,是指建筑企业与建设单位在施工合同中所确定的工程造价减去计划利润后的成本。预算成本反映各地区建筑业的平均成本水平,是建筑企业组织施工,进行材料物资供应准备和经济核算的基础。

(2) 计划成本

计划成本是根据工程的具体情况,考虑如果实现各项技术组织措施的经济效果,所应达到的预期成本,也是建筑企业考虑降低成本措施后的成本计数。计划成本反映建筑企业在计划期内应达到的成本水平,是建筑企业成本控制的基础。

(3)实际成本

实际成本是指在建筑安装工程施工中实际发生的费用总和。是反映建筑企业经营活动效果的综合性指标。用实际成本与计划成本比较,可以揭示成本的节约和超支,考核企业施工技术水平及技术组织措施的贯彻执行情况和企业的经营效果。实际成本与预算成本比较,则可以反映工程的盈亏情况。

2. 按生产费用和工程量关系划分

(1)固定成本

固定成本是指在一定期间和一定的工程量范围内,其发生的成本额不受工程量增减变动的影响而相对固定的成本。如管理人员的工资、办公费、固定资产折旧费等。固定成本不是固定不变的费用,所谓固定,指其总额而言,至于分配到每个项目单位工程量上的固定费则是变动的。

(2)变动成本

变动成本是指发生总额随着工程量的增减而成正比例变动的成本。如直接用于工程的材料费、实行计件工资制的人工费等。所谓变动,也是就其总额而言,至于分配到每个项目单位工程量上的变动费则是固定的。

(3)混合成本

混合成本是指随工程量的增减而变化,但不成正比例变化的成本。混合成本介于固定成本和变动成本之间,同时兼有固定成本和变动成本的特性。

3. 按生产费用计入成本的方法划分

(1)直接成本

直接成本是指直接耗用于并能直接计入工程对象的费用。直接成本包括人工费、材料费、施工机械使用费和措施费四个成本项目。

(2)间接成本

间接成本是指非直接用于也无法直接计入工程对象,但为进行工程施工所必须发生的费用,通常按照直接成本的比例进行计算。间接成本包括规费和企业管理费两个成本项目。

10.1.3 成本管理的意义和原则

成本管理是企业为降低建筑产品即工程项目或劳务、作业等的成本而进行的各项管理工作的总称。成本管理包括对成本的预测、计划、控制、核算、分析和考核等工作。成本管理的目标就是用最小的支出取得最大的收益。成本管理的好坏,直接影响企业所创造利润的多少,影响企业的经济效益,因此企业必须重视成本管理工作。

1. 成本管理的意义

(1)加强成本管理,可以促进改善企业经营管理,提高企业管理水平。

建筑产品的成本是一项重要的综合性指标,通过对成本的计划、控制、分析等管理手段,可以找出企业存在的问题,并进行纠正,从而提高企业的管理水平。

(2)加强成本管理是企业降低成本,增加盈利的根本途径。

增加利润是企业的经营目的之一,也是社会经济发展的动力。在一般情况下,企业可以通过降低成本来增加利润。而企业要降低成本,必须运用各种管理手段和采取切实有效的措施,其中加强成本管理是主要手段之一。

(3)加强成本管理，是促进企业发展的基础，是国家积累资金的重要来源。

随着企业经营管理水平的提高，企业以较少的劳动消耗，完成较多的生产任务，从而企业实现的利润就越多，就能给国家提供更多的积累。

(4)加强成本管理，是适应工程量清单计价模式的需要。

随着工程量清单计价模式的推行，施工企业面临进一步加强成本管理，从而制定适应本企业的成本管理系统的迫切要求。由于在工程量清单计价方式下，一旦合同价款确定，工程造价就基本确定了，承包商只有在项目成本管理上下功夫，最大限度地把成本控制在清单范围内。如果施工成本过高，必然是以降低企业经济效益为代价。因此建立有效的成本管理系统，是工程量清单计价模式中控制成本的有效方法。

2. 成本管理的原则

(1)全面性原则

成本管理涉及项目建设的方方面面，包括从成本预测到成本考核的各个环节，因此，在成本管理中要实行全面性原则。成本管理的全面性包括全过程成本管理、全方位成本管理和全员成本管理。

全过程成本管理是指必须对项目的设计成本、开发建设成本、材料采购成本以及销售成本等进行有效管理，以杜绝各类损失浪费，从而达到节约成本的目的；全方位成本管理是指在强调降低成本的同时，还必须兼顾工程项目的不断创新以及项目质量的保证和提高，以满足委托者的要求以及消费者日益增长的物质生活和文化生活的需要；全员成本管理是指在工程项目成本管理中，除充实专职机构或专业人员外，还必须充分注意发动全体职工参与。

(2)可控性原则

可控成本，是指能列入管理范围的费用，即各职能部门有权对其管理对象发生耗费加以限制和调整的成本；各职能部门对其管理对象所发生耗费不能加以限制和调整的，就属于不可控成本。按可控性原则，成本管理主体只对其可控成本承担责任。

(3)开源与节流相结合原则

成本管理要开源和节流双管齐下，即采取积极控制方法，引进先进技术，抓好项目开工前的成本管理，同企业内部挖潜节流相结合，才能把损失和浪费消灭在项目开工前，有效地发挥成本管理的作用。

(4)责、权、利相结合原则

各职能部门根据各自管理权限对可控成本进行控制，并承担控制结果的经济责任。只有严格贯彻责、权、利相结合的原则，才能真正发挥管理的作用。

(5)例外管理原则

例外管理原则，是指企业在管理过程中，要求管理者将注意力放到不正常、关键性的问题上的一种管理方法。例外管理原则特别适用于对成本指标的日常控制。

(6)目标管理原则

目标管理是一种由企业管理者把既定的目标和任务具体化，并据以对企业的人力、物力、财力以及生产经营管理工作的各个方面所进行的一种民主、科学的管理方法。成本管理是目标管理的一项重要内容，必须以目标成本为依据，对各项成本开支进行严格的控制、监督和指导，力求做到以最少的成本开支，获得最佳的经济效益。

10.1.4 成本管理的任务和程序

1. 成本管理的任务

成本管理的基本任务，是保证降低成本，实现利润，为国家提供更多的积累，为企业获得更大的经济效益，使职工得到适当的利益。具体来说有以下几个方面：

(1) 做好成本管理的基础工作。包括以下内容：

①划清工程成本与其他费用的界限。由于建筑产品的成本构成比较复杂，因此，必须划清成本的各项费用范围。在成本构成中，有的成本费用项目与工程量有关(如直接费)，有的与工程持续时间有关(如间接费)，成本管理工作应在工程成本可能变动的范围，也就是可控制范围内去进行；

②做好施工定额及施工预算的管理；

③建立并做好各项成本信息工作。如对各项原始资料、凭证的全面、及时、准确地掌握；

④建立与健全各项规章制度；

⑤做好各级成本管理人员的培训。

(2) 做好成本计划工作，严格进行成本控制。包括加强预算管理，做好两算(施工图预算和施工预算)分析对比，认真编制成本计划，把降低成本的计划指标、措施落实到各个部门，严格进行成本控制，保证一切支出控制在计划成本之内。

(3) 加强成本的核算与分析，及时总结成本管理工作的经验，克服困难，找出并解决问题，促进整个企业经营管理水平的普遍提高。

2. 成本管理的程序

成本管理的程序框图如图 10.1.1 所示。

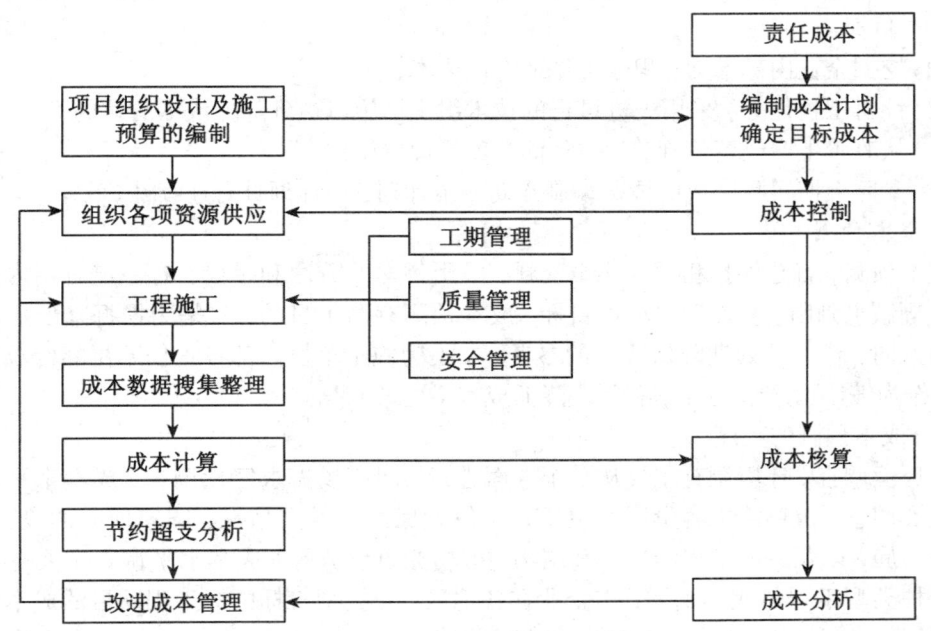

图 10.1.1　成本管理的程序框图

§10.2 成本计划与成本控制

10.2.1 成本计划

成本计划是以货币形式综合反映企业在计划内的成本水平和成本降低程度的计划；是企业施工技术财务计划的一个组成部分。编制成本计划就是确定计划期的计划成本，这一工作是成本管理的重要环节。

1. 成本计划的内容

建筑企业成本计划包括工程成本计划、产品成本计划、作业成本计划及企业管理费用计划等内容。

（1）工程成本计划，综合反映企业及其所属施工项目部在计划期内按成本项目及主要单位工程划分的预算成本、计划成本、计划降低额、计划降低率和降低成本措施计划。

（2）产品成本计划，综合反映企业所属工业企业在计划期内按成本项目划分的产品预算成本、计划成本、计划降低额和计划降低率，以及主要产品单位成本及总成本的降低成本情况。

（3）作业成本计划，综合反映企业及附属机械作业及运输单位在计划期内，按成本项目及作业项目划分的预算成本、计划成本、计划降低额及计划降低率。

（4）企业管理费用计划，反映企业管理费用的收入和支出计划，并附企业管理费用归口管理及开支标准表。

2. 成本计划的编制准则

（1）制定合理的降低成本目标，即按企业工程任务的实际情况制定出企业的、工程的降低成本目标；

（2）挖掘企业内部潜力，积极可靠地降低成本；

（3）针对工程任务，采用先进可行的技术组织措施以达到降低成本的目的；

（4）从改善生产经营管理着手，降低各项管理费用；

（5）参照上期实际完成的情况编制本期成本计划，使计划具有连续性。

3. 成本预测

成本预测，就是根据相关的成本资料，采用科学的方法和手段，对一定时期内成本变动的趋势做出判断，从而确定成本目标。成本预测有两个目的，一是为挖掘降低成本的潜力指明方向，作为计划期降低成本的参考；二是为施工单位内部各责任单位降低成本指明途径，作为编制增产节约计划和制定降低成本措施的依据。

（1）成本预测的程序

①环境调查。环境调查主要从三个方面进行，即市场需求容量调查、成本水平调查和技术发展调查。市场需求容量调查主要是了解国民经济发展情况，国家地区的投资规模，方向和布局，以及主要工程的性质和结构，市场竞争形势等；成本水平调查主要是了解本行业各种类型工程的成本水平，本企业在各地区、各类型投标中标工程项目的成本水平和目标利润，建筑材料、劳务供应情况和市场价格及其变化趋势；技术发展调查主要是了解国内外新技术、新设计、新工艺、新材料采用的可能性及对成本的影响。

②收集预测资料。预测资料一般有纵向和横向两方面的数据。纵向资料是企业成本费用的历史数据，据此分析其发展趋势；横向资料是指同类企业、项目的成本费用资料，据此分析所预测项目与同类项目的差异，并做出估计。

③选择预测方法，建立预测模型。预测方法可以分为定性预测法和定量预测法。选择预测方法，建立预测模型时要考虑预测的时间期限要求、数据要求和精度要求。

④成本的初步预测。根据定性预测法及一些横向成本资料的定量预测，对成本进行初步估计。这一步的结果往往比较粗糙，需要结合当前的成本费用水平进行修正，才能保证预测结果的质量。

⑤预测结果分析。采用预测模型进行预测，其结果只是反映历史的一般发展结果，并不能反映可能出现的突发性事件对成本变化的影响。因此，必须对预测结果进行分析。

⑥确定预测结果，提出预测报告。根据预测分析的结论，最终确定预测的结果，并在此基础上提出预测报告，确定目标成本，作为编制成本计划和进行成本控制的依据。

（2）成本预测的方法

成本预测方法可以分为两大类：定性预测方法和定量预测方法。

1）定性预测方法

定性预测是指成本管理人员根据专业知识和实践经验，通过调查研究，利用已有资料，对成本费用的发展趋势及可能达到的水平所作的分析和推断。

由于定性预测主要依靠管理人员的素质和判断能力，因而这种方法必须建立在对项目成本费用耗费的历史资料、现状及影响因素深刻了解的基础之上。这种方法简便易行，在资料不多，难以进行定量预测时最为适用。

定性预测方法有多种，最常用的是调查研究判断法，即依靠专家来预测未来成本费用的方法，所以也称为专家预测法。其具体方式有：座谈会法和德尔菲法。

①座谈会法　座谈会法是指以会诊形式集中各方面专家面对面地进行讨论，各自提出自己的看法和意见，最后综合分析，得出预测结论。这种方法的优点是能经过充分讨论，所测数据比较准确；缺点是有时可能出现会议准备不周、走过场，或者屈从于领导的意见。

②德尔菲法　德尔菲法也称为函询调查法。该方法是采用函询调查的方式，向有关专家提出所要预测的问题，请他们在互不商量的情况下，背对背地各自做出书面答复，然后将收集的意见进行综合、整理和归类，并匿名反馈给各个专家，再次征求意见，如此经过多次反复之后，就能对所需预测的问题取得较为一致的意见，从而得出预测结果。这种方法的优点是能够最大限度地利用各个专家的能力，相互不受影响，意见易于集中，且真实；缺点是受专家的业务水平、工作经验和成本信息的限制，有一定的局限性。德尔菲法是一种广泛应用的专家预测方法。

2）定量预测方法

定量预测是利用历史成本费用统计资料以及成本费用与影响因素之间的数量关系，通过数学模型来推测、计算未来成本费用的可能结果。在成本费用预测中，常用的定量预测方法有回归分析法、时间序列分析法、高低点法、本量利分析法。这里重点介绍回归分析法。

①回归分析法

回归分析法是利用事物内部因素间发展的因果关系来预测其发展的趋势，即按照影响成本的诸因素变化来预测成本的变化。具体介绍见第 4 章的 4.1.3 节"定量预测方法"有关内容。

例 10.2.1 某施工队 2003 年 3～9 月份成本费用资料如表 10.2.1 所示。如果 2003 年 10 月份和 11 月份预算成本分别为 20 万元和 30 万元，分别预测 10 月份、11 月份的实际成本。

表 10.2.1　　　　　　　　　某施工队成本费用资料　　　　　　　　（单位：万元）

月　份	3	4	5	6	7	8	9	合　计
预算成本 X	17.9	14.2	21.9	26	33.5	38.5	30	$\sum X = 182$
实际成本 Y	19.8	17.4	22.2	24.5	28.9	32.3	27.1	$\sum Y = 172.2$
X^2	320.41	201.64	479.61	676	1122.25	1482.25	900	$\sum X^2 = 5\,182.16$
XY	354.42	247.08	486.18	637	968.15	1243.55	813	$\sum XY = 4\,749.38$

解 根据表 10.2.1 中资料代入公式(4.1.7)计算 a, b 如下：

$$b = \frac{n\sum XY - \sum X \cdot \sum Y}{n\sum X^2 - (\sum X)^2} = \frac{7 \times 4\,749.38 - 182 \times 172.2}{7 \times 5\,182.16 - 182^2} = 0.60$$

$$a = \frac{\sum Y - b\sum X}{n} = \frac{172.2 - 0.60 \times 182}{7} = 9$$

因此，回归方程为　　　　　　　　$Y = 9 + 0.6X$

如果 2003 年 10 月预算成本为 20 万元，即 $X = 20$，则实际成本

$$Y_{10} = 9 + 0.6 \times 20 = 21(万元)$$

实际成本比预算成本将超支 1 万元

如果 2003 年 11 月预算成本为 30 万元，即 $X = 30$，则实际成本

$$Y_{11} = 9 + 0.6 \times 30 = 27(万元)$$

实际成本比预算成本将降低 3 万元。

②时间序列分析法

时间序列分析又称趋势外推，该方法是按时间(年、月、日)顺序排列的历史资料，承认事物发展的连续性，从这种排列成本数据中推测出成本发展的趋势。这种方法简便易行，只要有历史的成本资料，就可以进行预测。但是，这种方法的准确性较差，而且只能在社会经济稳定发展的条件下才有一定的实用价值。所以，时间序列分析法只适用于短期预测。

时间序列分析的方法很多，有简单平均法、加权平均法、指数平滑法等。

③高低点法

高低点法是成本预测的一种常用方法,该方法是以统计资料中完成工程量(产量或产值)最高和最低两个时期的成本数据,通过计算总成本中的固定成本、变动成本和变动成本率来预测成本的。

④本、量、利分析法

本、量、利分析是根据成本、工作量、利润三者之间的关系来进行的,该方法可以用来为达到目标利润,预测应具备工作量的大小;也可以用来在一定工作量和目标利润的条件下,计算目标成本为多少。即

$$目标成本=经营收入-目标利润-各种税金$$

4. 成本计划的编制过程

建筑企业成本计划的编制,是建立在成本预测和一定资料的基础之上的。编制成本计划的具体方法随项目不同而不完全相同,但通常可以分为以下几个阶段:

(1)收集、整理、分析资料,作为编制成本计划的依据。资料主要包括:

①上年度成本计划完成情况及历史最好水平资料(产量、成本、利润);

②企业的经营计划和计划期的生产计划、劳动工资计划、材料供应计划及技术组织措施计划等;

③上级主管部门下达的降低成本指标和要求;

④施工定额及其他相关的各项技术经济定额;

⑤施工图纸、施工图预算和施工组织设计。

(2)确定目标成本及目标成本降低率(额)。目标成本是指在对相关资料进行分析、预测,以及对项目可用资源(劳动力、材料、机械设备等)进行优化的基础上,经过努力可以实现的成本。确定目标成本是成本计划的核心,是成本管理所要达到的目的。成本目标通常以项目成本降低率(额)来定量地表示。其具体步骤如下:

①根据相关资料和预测结果,初步估算出项目降低成本的目标,这个目标值应大于或等于企业下达的降低成本目标;

②将项目合同价减去税金、目标利润和降低成本的目标值,即可以得出项目的总目标成本;

③计算出项目的目标成本降低额和目标成本降低率,其具体计算公式为

$$目标成本降低额=项目的预算成本-项目的目标成本$$

$$目标成本降低率=\frac{目标成本降低额}{项目的预算成本}$$

(3)进行成本指标的试算平衡。为了使初步制定的目标成本和目标成本降低率(额)能落到实处,必须进行反复的试算平衡,测算这类数据的经济效果,看其能否达到目标成本的要求。

具体的降低成本的措施及其效果计算如下:

①提高劳动生产率而降低成本。该方法不仅能够减少单位产品负担的工资和工资附加费,而且能够降低产品成本中的其他费用负担。

$$成本降低率=\left(\begin{array}{c}工资成本占\\工程成本的比重\end{array}\right)\times\left(1-\frac{1+平均工资增长\%}{1+劳动生产率增长\%}\right) \quad (10.2.1)$$

②节约资源、能源消耗而降低成本。在不影响产品质量,满足产品功能要求的前提下,

节约各种物资消耗对降低产品成本作用很大。

$$成本降低率=\begin{pmatrix}所耗资源、能源费\\占工程成本的比重\end{pmatrix}\times\begin{pmatrix}资源、能源\\损耗降低率\end{pmatrix} \quad (10.2.2)$$

③由于采取技术组织措施而降低成本。该方法在整个降低成本中应占很大的比重,是降低成本的主要方面,应按预算的单位工程量编制。

$$成本降低率=\begin{pmatrix}该项目原成本占\\工程成本的比重\end{pmatrix}\times\frac{措施涉及的工程量\times单位量的节约额}{工程成本} \quad (10.2.3)$$

④由于多完成工程任务,使固定费用相对节约而降低成本。在建筑企业成本中,固定费用包括人工费中的标准工资、机械使用费中的折旧、绝大部分施工管理费等。

$$成本降低率=\begin{pmatrix}固定费用占工\\程成本的比重\end{pmatrix}\times\begin{pmatrix}1-\frac{1}{1+完成任务增长\%}\end{pmatrix} \quad (10.2.4)$$

⑤提高产品质量,减少废品与返工而降低损失。在生产中出现废品与返工,分摊到新产品上的原材料消耗量就增大,就会使成本增加。

$$成本降低率=\begin{pmatrix}废品、返工损失\\占工程成本比重\end{pmatrix}\times\begin{pmatrix}废品、返工\\损失降低率\end{pmatrix} \quad (10.2.5)$$

⑥由于节约管理费而降低成本。精简机构,提高管理工作效率,采取现代化管理方法,都可以节约管理费,从而降低工程成本。

$$成本降低率=\begin{pmatrix}管理费占工\\程成本比重\end{pmatrix}\times费用节约\% \quad (10.2.6)$$

将以上各项成本降低率累加,即构成整个工程的成本降低率。若达不到降低率的目标,则还应再作分析、选择和采用另外的降低成本的措施或扩大涉及的范围,有时要进行反复的试算比较才能达到预定的降低成本的目标。

(4)编制成本计划

经过成本预测和成本指标试算平衡,结合企业的经营要求,就可以正式的编制企业的成本计划。成本计划的最终表现形式为成本计划表,成本计划表通常包括责任成本计划表、降低成本措施表、降低成本计划表和成本计划分解表。

(5)进行成本计划的风险分析

成本计划的风险分析,就是对在本项目中可能影响目标实现的诸因素进行事先分析,分析其影响程度和确定消除其影响的对策。风险分析的目的是为了保证成本目标的顺利实现。在工程量清单计价方式下,由于承包合同价格事先确定,使得承包商项目成本管理的重点成为在既定收入的前提下,控制成本支出,并将工程量清单计价方式带来的风险,通过加强成本的目标控制,最终将风险降低到最低点,得到收益的最大化。

10.2.2 成本控制

成本控制是指为实现工程项目的成本目标,在工程项目成本形成的过程中,对所消耗的人力资源、物质资源和费用开支进行指导、监督、调节和限制,及时纠正即将发生和已经发生的偏差,把各项费用控制在规定的范围内。成本控制是降低产品成本的主要手段,是加强成本核算、提高经济效益的前提,是成本管理最核心的部分。

企业成本控制的基本制度是分级分口的成本控制责任制。分级分口成本控制是以公司为主体，把公司、分公司、项目部、承包队、班组的成本控制结合起来，以财务部门为主，把生产、技术、劳动、物资、机械设备、质量等部门的成本控制结合起来。

分级控制是从纵的方面把成本计划指标按所属范围逐级分解到班组乃至个人；分口控制是从横的方面把成本计划指标按性质分解到各职能科室（组），每个科室（组）又将指标分解到职能人员。

实行成本计划指标的分级分口管理，使企业的各级生产组织、各个职能部门以至每个职工都能明确自己在成本管理中应承担的责任，这样就形成全企业的成本控制网。

实行成本控制还要建立成本记录、报告制度以及成本指标考核制度。

1. 成本控制的对象和内容

(1) 成本控制的对象

成本控制的对象可从以下几方面来考虑：

①以项目成本形成过程作为控制对象

施工项目的形成过程就是成本的形成过程，应对成本形成进行全过程、全面的控制。在投标阶段，对投标项目成本进行预测控制，采用定性或定量的方法在合同价格的基础上，详细分析工程量清单中分部分项工程量、措施项目、和其他项目中的工程量、工程内容及其价格组成。合理确定成本目标，作为工程成本控制的上限；在施工准备阶段，依据大纲编制成本计划，并且对目标成本进行风险分析，对成本进行事前控制；在施工阶段，以施工预算、施工定额和费用标准对实际发生的费用进行定额控制；由于业主或设计的变更，对变更后的成本调整进行控制；竣工、交工和保修期阶段，对验收（自验、企业验、业主验）过程中发生的费用和保修期的保修费用的支出进行控制。

②以项目的职能部门、施工专业队和班组作为成本控制的对象

施工过程中每天都在发生各种费用的支出或损失，这些支出或损失都发生在项目经理部各部门、各施工专业队和班组。成本控制的具体内容就是控制日常发生的各种费用或损失，故成本控制应该把这些部门、队、组（实质上是人）作为成本控制的对象。

③以分部工程、分项工程作为成本控制对象

针对工程量清单计价模式下的分部工程、分项工程，结合降低成本的要求以及相关的招标、投标资料，以货币形式规定计划期内产品的生产耗费和各分项的成本水平，作为成本管理的对象。

(2) 成本控制的内容

项目成本受到影响的因素很多，如技术、工艺、方案、质量、进度、各类材料、设备、自然条件、人、制度、政策、等等，但最基本的因素是人，是参与施工和管理的实际操作者。从这个理念出发，项目成本控制，必须由项目全员参加，根据各自的责任成本对自己分工的内容负责成本控制。

1) 施工技术和计划经营部门或职能人员

①根据施工项目管理大纲及业主或发包单位的要求，科学合理地组织施工。要及时组织已完工程的计量、验收、计价、收回工程价款，保证施工所有资金的周转，避免建设单位不拨款的条件下要求加快施工进度，避免无效的资金占用。

②按《建设工程施工合同示范文本》"通用条款"的规定进行施工管理，资金到位组织

施工，避免垫付资金施工。

2) 材料、设备部门或职能人员

①根据施工项目管理规划的材料需用量计划，制定合理的材料采购计划。严格控制主材的储备量，既保证施工需要，又不增大储备资金。

②按采购计划和经济批量进行采购定货，严格控制采购成本。

③签订材料供应合同，保证采购材料质量。供应商违约，可以利用索赔减少损失或增加收益。

④坚持限额领料，控制材料消耗。

3) 财务部门或职能人员

①按间接费用使用计划控制间接费用。特别是财务费和项目经理部不可控的成本费用。如上交管理费、折旧费、税金、提取工会会费、劳动保险费、待业保险费、固定资产大修理费、机械退场费等。财务费用控制主要是控制资金的筹集和使用，调剂资金的余缺，减少利息的支出，增加利息收入。

②严格其他应收预付款的支付手续。例如购买材料配件等预付款，一般不得超过合同价的80%。

③其他费用按计划、标准、定额控制执行。

④对分包商、施工队支付工程价款时，手续应齐全。必须有技术部门及计划验工计价单，项目部领导签字方可支付。

4) 其他职能部门或职能人员

其他职能部门或职能人员，根据分工不同严格控制施工成本。如安全质量管理部门必须做到质量、安全不出大事故；劳资部门对临时工应严格控制发生的工费等。

5) 施工队或职工

施工队包括机械作业队，主要控制人工费、材料费、机械使用费的发生和可控的间接费。

6) 班组或职工

主要控制人工费、材料费、机械使用费的使用。要严格控制领料、退料，避免窝工、返工，注重提高劳动效率。

2. 成本控制的依据和手段

(1) 成本控制的依据

①工程项目的成本费用计划

成本控制的目的就是为了实现成本费用计划的目标，因此成本费用计划是成本控制的基础。

②进度报告

进度报告提供了每一时刻的工程实际完成量、工程费用实际支付情况等重要信息。成本控制工作正是通过实际情况与费用计划相比较，找出二者之间的差别，分析偏差产生的原因，从而采取措施改进以后的工作。

③工程变更

工程变更包括设计变更、技术规范与标准变更、工程量变更、进度计划变更、施工计划变更和施工次序变更等。一旦出现变更，工程量、工期、工程款支付都将发生变化。项目管理人员应根据审批的工程变更定的内容分析、计算索赔额,并报送监理工程师审定,待业主认可后才能生效。因此作为承包商不得随意进行工程变更,否则将会增加工程成本。

④成本管理计划

成本管理计划不同于前面讲到的成本费用计划,成本管理计划主要是为明确如何处理工程实施过程中可能发生的偏差而编制的。通过成本管理计划,可以明确不同问题的不同处理方法,为项目成本管理人员的决策提供参考。

⑤索赔文件

在施工过程中,现场条件、气候环境的变化,招标文件及图纸中的错误等原因经常会导致索赔的发生并造成费用超支。

此外,相关法律法规及合同文本等也都是成本控制的依据。

(2)成本控制的手段

成本控制的手段在成本控制中是必不可少的,成本控制的手段具有强制性和约束性,若只有目标成本,没有必要的控制手段,对成本就起不到控制作用。常用的控制手段如下:

1)制度控制

制度控制是企业对项目成本实施的总体宏观控制。通过制度对成本进行控制,就是通过建立各项工作制度、责任制度、奖惩制度等,对各项成本费用的计划、费用发生的审批、费用开支的范围及限额、违纪行为的监督检查等环节都做出明确规定,并在工作中严格执行。制席控制是企业行使监督、检查、考核兑现、协调及服务职能的依据和前提,也是企业内部管理制度建设中的重要组成部分。

2)定额控制

为了控制项目成本,企业必须要有完整的定额资料,这些定额除了国家统一的建筑、安装工程基础定额以及市场的劳务、材料价格信息之外,企业还应有建设工程工程量清单计价规范和完善的内部定额资料。工程量清单计价采用的是市场价计价的模式,投标各方在审定并确认招标文件所列的工程量后,即可以按国家统一颁布的实物消耗量定额并结合企业本身的内部定额,以人工、材料、机械台班的市场价进行计价,使企业真正具有自主定价的权力,真正具有参与市场竞争的意识,从而实现有效的成本控制。

3)合同控制

合同控制是企业实施成本控制的一个重要方面,合同控制与上述控制办法的主要区别在于前两者属于行政控制,而合同控制是合作双方在自愿协商的基础上产生的具有约束力的控制办法。这些合同包括:

①项目经理部与公司之间的内部经济技术承包合同,又称主合同。该合同由公司与项目经理部之间签订,其主要内容包括项目承包方式、承包内容、承包指标,双方的责任与权限、考核与奖罚。在成本控制方面,该合同对项目经理部成本指标、成本降低额、成本降低率等内容进行了具体规定。该合同是项目经理部实施成本控制的主线。

②项目经理部与公司职能部门之间的专业管理合同,又称横向合同。通过横向合同可以解决企业与项目之间监督与被监督、指导与被指导、协调与被协调、服务与被服务的关系问题,与项目部签订横向合同的部门主要有生产科、技术科、质量科、安全科、材料科、财务科、经营科、科研试验室等。

③项目经理与项目管理班子成员之间的岗位责任合同和承包合同,又称纵向合同。纵

向合同包括项目经理与各专业人员(如成本员、预算员、材料员等)的岗位责任合同;项目经理与项目工程师和项目主工长之间的单项承包合同;项目经理与劳务班组之间的分包人工费承包合同。

4)结算控制

为了加强对成本的控制,可以在企业内部模拟市场运作,建立内部结算中心,内部各单位、部门都在结算中心设立账户,对内部发生的成本费用支出、资金收付行为均办理内部结算。企业可以将内部各单位、部门的成本控制指标分别划入其账户,内部发生的各项费用一律通过结算划款。同时,对外部发生的各项费用可以采用资金集中管理等措施统一办理结算,其费用仍由单位承担。如材料费、电费、租赁费用等,都可以采取结算控制的手段。

3. 成本控制的步骤

在确定了项目的目标成本之后,必须定期地将成本实际值与计划值进行比较。当实际值偏离计划值时,分析产生偏差的原因,采取适当的纠偏措施,以确保成本目标的实现。成本控制的步骤如下:

(1)按照某种确定的方式将成本实际值与计划值进行比较,以发现是否超支。

(2)在比较的基础上,对比较的结果进行分析,以确定偏差产生的原因及严重程度。这一步是成本控制的核心,其主要目的是找出偏差产生的原因,从而采取有针对性的措施以减少或避免再次发生这类问题的可能性。

(3)根据项目实施情况估算整个项目完成时的费用,其目的在于为决策提供支持。

(4)当工程项目的实际成本出现了偏差,应根据工程的具体情况、偏差分析和预测的结果采取适当的措施,以达到使各种偏差尽可能减小的目的。纠偏是成本控制中最具实质性的一项工作,只有通过纠偏才能达到有效控制成本的目的。

(5)对工程的进展进行跟踪和检查,及时了解工程进展状况以及纠偏措施的执行情况及效果,为今后的工作积累经验。

上述五个步骤是一个有机的整体,在实践中构成一个周期性的循环过程。

4. 成本控制的方法

成本控制的方法很多,应该说只要在满足质量、工期、安全的前提下,能够达到成本控制目的的方法都是好方法。但是,什么样的情况下,应采取什么样的办法,这是由控制内容所确定的,因此,要根据不同的情况,选择与之对应的控制方法。下面介绍几种常用的成本控制方法。

(1)以目标成本控制成本支出

在项目的成本控制中,按施工预算,实行"以收定支",或者叫"量入为出",是最直接、最有效的方法之一。这要求施工预算一定要根据实际实施的施工组织设计进行编制,对实际发生的人工费、材料费、施工机械使用费、现场经费和其他直接费进行控制。

(2)以施工方案控制资源消耗

在企业中资源消耗数量的货币表现大部分就是成本费用。因此,资源消耗的减少,就等于成本费用的节约;控制了资源消耗,也等于是控制了成本费用。

采用施工方案控制资源消耗的实施步骤和方法如下:

①项目开工以前,应根据设计图纸和工程现场的实际情况,制定整个工程项目的施工

方案,以此作为指导和管理施工的依据。在施工过程中,若遇工程变更或需改变施工方法,则应及时调整施工方案。

②组织实施。施工方案是进行工程施工的指导性文件,施工方案一经确定,则应是强制性的。有步骤、有条理地按施工方案组织施工,可以避免盲目性,可以合理配置人力和机械,可以有计划地组织物资进场,从而可以做到均衡施工,避免资源闲置或积压造成浪费。

③采用价值工程,优化施工方案。对同一工程施工,可以有不同的方案,选择最合理的方案是降低工程成本的有效途径。采用价值工程,可以解决施工方案优化的难题。通过价值工程,可以寻找实现设计要求的最优化的方案,也是对资源利用最合理的方案。采用这样的方案,必然会降低损耗,降低成本。

(3) 用工期—成本同步的方法控制成本

长期以来,企业都认为编制进度计划是为安排施工进度和组织流水作业服务的,与成本控制的要求和管理方法截然不同。其实,成本控制与计划管理、成本与进度之间有着必然的同步关系。因为成本是伴随着施工的进行而发生的,如果成本与进度不对应,则必然会出现虚盈或虚亏的不正常现象,要及时找出原因,并加以纠正。

为了便于在分部分项工程的施工中同时进行进度与费用的控制,掌握进度与费用的变化过程,可以采用成本计划评审法和赢得值法进行成本控制。

1) 成本计划评审法

成本计划评审法是利用网络计划来进行成本控制。网络计划在施工进度的安排上具有较强的逻辑性,并可以随时对网络进行优化和调整,因此,对每道工序的成本控制也更为有效。

成本计划评审法就是在施工项目的网络图上标出各工作的计划成本和工期,箭线下(右)方数字为工期,箭线上(左)方 C 后的数字为成本费用,如图 10.2.1 所示(费用单位为千元,工期单位为周)。

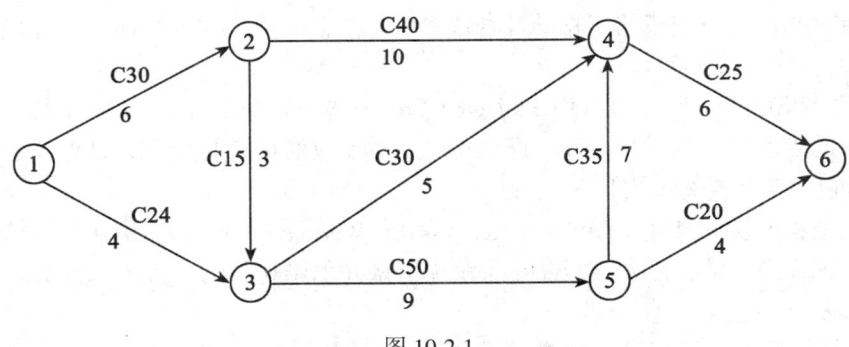

图 10.2.1

在计划开始实施后,将实际进度和开支费用(主要是直接费用)累计计算,并定期将实际成本与计划成本对比,发现偏差,及时采取措施加以纠正。图 10.2.2 为图 10.2.1 的网络计划执行 4 周后的情况。括号中的数字为实际值。

由图 10.2.2 可知,在计划实施 4 周后检查时,工作①~③是按计划完成,费用正好与

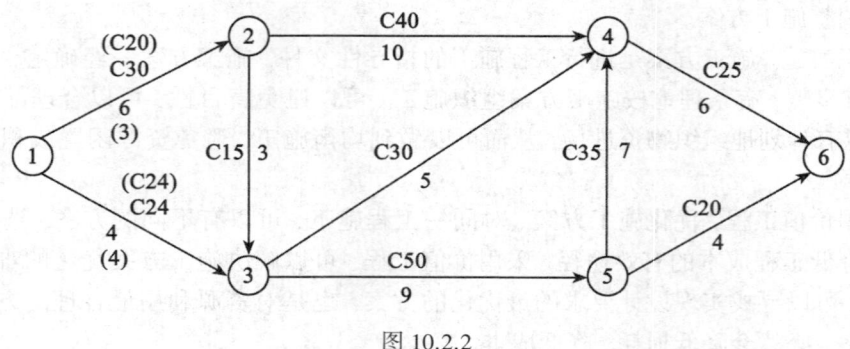

图 10.2.2

计划值相等；工作①~②是非关键工作，工作延误一周，虽然未影响总工期，但按单位时间计算的费用却超支，超出额为

$$\frac{30\times 1\,000\times 3}{6}-20\times 1\,000=-5\,000(元)$$

对工作①~②的费用超支，应及时查明原因，若有异常，应设法予以纠正。

2）赢得值法

赢得值法又称进度费用曲线法，是对项目进行费用、进度综合控制的一种图形表示和分析方法。该方法是通过实际完成工程与原计划相比较，确定工程进度是否符合计划要求，从而确定工程费用是否与原计划存在偏差的方法。该方法为工程项目的集成管理提供了理想的工具，美国于 20 世纪 70 年代开发成功并首先应用于国防工程，由于该方法在实际应用中的成功，国际工程承包公司出于自身利益的考虑，在选择工程公司时，把能否运用赢得值原理进行项目管理和控制作为资格审查和能否中标的先决条件之一。

赢得值法涉及以下几个参数：

①拟完工程的预算费用 BCWS（Budgeted Cost of Work Scheduled）。根据进度计划安排在某一给定时间内所应完成的工程的计划成本。即施工中某一时刻按计划目标应完成的工程量的价值。

②已完工程的预算费用 BCWP（Budgeted Cost of Work Performed）。指在某一给定时间内实际完成的工程内容的计划成本，即赢得值。对承包商而言是指可以从业主处得到的工程款，与承包商实际投入的费用无关。

③已完工程的实际费用 ACWP（Actual Cost of Work Performed）。指在某一给定时间内实际完成的工程内容的实际发生成本，与业主承认并承诺付款的工程价值无关。

说明：

BCWS 线根据施工组织设计的进度计划绘制，可以按（进度计划工作量×目标预控成本/工程中标价）绘制。

BCWP 线根据施工过程逐月完成工作量绘制，可以按（逐月完成工作量×目标预控成本/工程中标价）绘制。

ACWP 线根据施工过程逐月成本支出绘制。

图 10.2.3 是费用、进度综合控制的赢得值原理图。

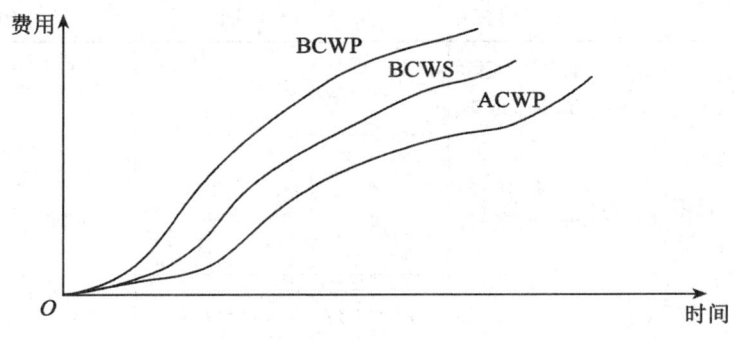

图 10.2.3　某工程赢得值原理图

赢得值分析是将施工过程中任一时刻的成本情况与工期进度情况联系起来。如果上述三个参数在施工中的任一时刻都保持相等(只是理想情况,实际很难做到),则没有任何偏差产生,项目的成本和进度均与各自的计划值相符。若上述三个参数有任何差异,就产生了偏差变量,这些偏差变量有些是有利的,有些是不利的,要进行偏差变量分析。

相应的有两种偏差变量:

① 成本偏差＝已完工程的实际费用(ACWP)－已完工程的预算费用(BCWP)　(10.2.7)

表示偏差中由于人工费、设备费、材料费及分包费等高于或低于原估算值的那一部分成本。

② 进度偏差＝拟完工程的预算费用(BCWS)－已完工程的预算费用(BCWP)　(10.2.8)

表示偏差中由于超前或滞后于计划进度的那一部分成本。

当成本偏差大于零时,表示成本开支超过预算,是不利的,要分析原因进行调整;反之,当成本偏差小于零时,表示成本开支低于预算,是有利的。

当进度偏差大于零时,表示工程进度拖延,是不利的,要分析原因进行调整;反之当进度偏差小于零时,表示工程进度提前,是有利的。

(4)过程控制的财务方法——成本分析表法

前面介绍的成本控制方法既可以用于项目的总成本控制,也可以用于作业成本控制,每种方法都有自己的特点,但都不能说是一种财务方法。下面介绍成本控制的财务方法——成本分析表法。

成本分析表法是工程项目成本控制的一种财务方法,是利用表格的形式调查、分析、研究工程项目的成本,该方法的资料包括成本日报表、周报表、月报表、分析表和成本控制报告等。这种方法是目前在进行工程成本控制时经常采用的方法。成本分析表的编制要求准确、及时和简单明了,表的填制可以每日、每周或每月一次,根据实际需要而定。

常见的成本分析表有以下几种:

① 月成本分析表

月成本分析表分为直接成本分析表和间接成本分析表两种。在该表中,要表明工期期限、费用项目、生产数量、工程成本、单价等,该表既可以用于项目的综合成本分析,也可以用于每一个成本中心的成本分析。

月成本分析表的格式如表 10.2.2 和表 10.2.3 所示。

表 10.2.2 成本分析表

工程名称： 施工单位： 日期： （单位：千元）

编号	工程部位名称	实物单位	工程量				预算成本		计划成本		实际成本		实际偏差		目标偏差	
			计划		实际											
			本期	累计	本期	累计	本期	累计	本期	累计	本期	累计	本期	累计	本期	累计
1	2	3	4	5	6	7	8	9	10	11	12	13	14=8-12	15=9-13	16=10-12	17=11-13

表 10.2.3 成本费用项目分析表

工程名称： 施工单位： 日期： （单位：千元）

编号	成本费用名称	完成工程量	预算成本	计划成本	实际成本	差异		本月计划单位成本	本月实际单位成本	上月实际单位成本
						实际	目标			
1	2	3	4	5	6	7=4-6	8=5-6	9=5/3	10=6/3	

②成本日报表和成本周报表

工程项目管理者应掌握每周的工程进度和成本，迅速发现工作中的弱点和问题，并采取有效措施，对主要工程应该编制成本日报。对于成本日报和成本周报，最重要的是适时而不拖延。要使工程项目管理者清楚每日（周）的工程量和成本变化情况，就必须及时报送成本日（周）报。

成本日报或成本周报要比月成本分析表详细、精确。成本日报的主要内容是记录人工的投入，成本周报则要求反映人工、材料和机械使用费的计划与实际支出情况。

成本日报和成本周报的表格形式如表 10.2.4 和表 10.2.5 所示。

表 10.2.4 成本日报表

工程名称：

分项分部工程名称	月 日		月 日		月 日		月 日	
	数量	单位	数量	单位	数量	单位	数量	单位

表 10.2.5　成本周报表

工程名称：　　　　　　　施工单位：　　　　　　　日期：

编号	工程部位名称	间接成本	数量			单价		成本			比较	
			单位	总计	本周数	预算	实际	总计	实际总计	最终预测	节约	超支

③月成本计算及最终成本预测报告

每月成本计算及最终成本预测报告是工程项目成本控制的重要内容之一。该报告记载的主要内容包括项目名称、已支出金额、到竣工尚需的预计金额、盈亏预见等。报告书应在月末会计账簿截止后立即完成，一般首先由会计人员填写各工程科目的"已支出金额"，其余工作由成本会计师完成。月成本计算及最终成本预测报告随时间推移精确性不断增加。

月成本计算及最终成本预测报告如表 10.2.6 所示。

表 10.2.6　月成本计算及最终成本预测报告

工程名称：　　　　　　　　　　　　工程编号：

主管：　　　　　校核：　　　　　制表：　　　　　日期：

序号	项目编号	名称	已支出金额	调整		备注	现在的成本			序号	到竣工尚需的预计金额			最终预算工程成本			合同预算金额			预算比较	
				金额			金额	单位	数量		金额	数量	单价	金额	数量	单价	金额	数量	单价	亏	盈
				增	减																
1										1											
2										2											
3										3											
4										4											
5										5											
6										6											
7										7											

成本会计师：

§10.3 成本核算与成本分析

10.3.1 成本核算

成本核算是为了计算某一工程或某项产品的实际成本，对相关费用所进行的审核、记录、汇集和分配。通过成本核算可以反映和监督企业各项生产费用的支出，促使企业遵守国家的相关方针、政策、法令和制度，按照计划定额，节约人力、物力和财力。成本核算对加强项目全过程管理、理顺项目各层经济关系、实施项目全过程经济核算、落实项目责任制、增进项目及企业的经济活力和社会效益、深化项目法施工等有着重要作用。

1. 成本核算的意义和原则

（1）成本核算的意义

①加强项目成本核算是建筑企业外部经营环境的要求。建筑企业的外部经营环境，包括政策法规环境、技术环境和市场环境。近20年，我国建筑业先后实施了项目法人责任制、招标投标制、建设监理制和建造师考试认证制度，这些制度的推行，大大改善了我国的建筑环境，为项目的成本核算创造了有利条件。计算机及网络技术在施工管理中的应用，使项目施工成本日益透明化，为成本核算提供了技术支撑。

②加强项目成本核算是建筑企业战略发展的需要。现在，建筑行业发展到了成熟期，企业发展的战略重点转向内部管理，向管理要企业竞争力。许多学者提出了成本战略管理的概念，认为其是企业运用一系列成本管理方法来同时达到降低成本和加强战略位置的有效手段。而成本核算就是战略成本管理的重要一环。企业只有推行成本战略，逐步建立信息资源优势，才能适应战略发展的需要。

③加强项目成本核算，可以为成本管理提供真实、准确的成本资料，有利于考核成本计划的执行情况，强化成本控制；有利于了解成本变动趋势，寻求降低成本的途径；有利于成本预测和决策，满足成本管理的需要。

（2）成本核算的原则

为了发挥项目成本管理职能，提高项目管理水平，项目成本核算就必须讲求质量，才能提供对决策有用的成本信息。要提高成本核算质量，除了建立合理、可行的项目成本管理系统外，很重要的一条，就是遵循成本核算的原则。

1）确认原则

确认原则是指对各项经济业务中发生的成本，都必须按一定的标准和范围加以认定和记录。只要是为了经营目的所发生的或预期要发生的，并要求得以补偿的一切支出，都应作为成本来加以确认。正确的成本确认往往与一定的成本核算对象、范围和时期相联系，并必须按一定的确认标准来进行。在成本核算中，往往要进行再确认，甚至是多次确认。

2）实际成本计价原则

实际成本计价又称历史成本计价，是指成本核算要采用实际成本计价。实际成本计价包含三个方面的含义。

①对生产所消耗的原材料、燃料和动力等费用，都按实际成本计价；

②对于固定资产折旧，必须按其原始价值和规定的使用年限计算；

③对已完工工程要按实际成本计价。

按实际成本计价，能正确计算企业当期的盈利水平。但实际成本计价也有局限性，当物价变动较大时，历史成本将不能确切地反映资产的现值。

3）分期核算原则

企业经营活动是连续不断进行的，为了计算一定时期的项目成本，就必须将生产经营活动划分为若干时期，并分期计算各期项目成本。成本核算的分期应与会计核算的分期相一致，这样便于财务成果的确定。但要指出，成本的分期核算，与项目成本计算期不能混为一谈。不论生产情况如何，成本核算工作，包括费用的归集和分配等都必须按月进行。至于已完施工项目成本的结算，可以是定期的，按月结转，也可以是不定期的，待工程竣工后一次结转。

4）一致性原则

企业在进行成本核算时，可以根据自身特点和成本管理的要求自行确定成本核算方法，但一经确定，就不得随意变动。即企业成本核算所采用的方法应前后一致。只有这样，才能使企业各期成本核算资料口径统一，前后连贯，相互可比。如果因特殊情况需改变原有成本核算方法，应在相关报告中做出解释说明，并对原成本核算单中的相关数字进行必要的调整。

5）重要性原则

在进行成本核算时，所采用的计算步骤、计算方法等，都是根据具体情况进行选择的。对于一些主要费用或对成本有重大影响的工程内容，要作为核算的重点，详细计算；而对于一些次要费用或不太重要的工程内容，可以相对简化计算。坚持重要性原则能够使成本核算在全面的基础上保证重点，有助于加强对经济活动和经营决策有重大影响和有重要意义的关键性内容的核算，达到节约人力、财力、物力，提高工作效率的目的。

6）权责发生制原则

依据权责发生制原则，凡是应计入当期的收入或支出，不论款项是否收付，都应作为当期的收入或支出处理；凡是不属于当期的收入和支出，即使款项已经在当期收付，都不应作为当期的收入和支出。权责发生制的核心是根据权责关系的实际发生和影响期间来确认企业的支出和收益。根据权责发生制进行成本核算，能够更加准确地反映特定会计期间真实的财务成本状况和经营成果。

7）合法性原则

合法性原则是指计入成本的费用必须符合国家相关法律、法规和制度等的规定，不符合规定的费用不能计入成本。

8）及时性原则

及时性原则是指企业成本的核算成本信息的提供应在要求时期内完成。成本核算及时性原则，并非越快越好，而是要求成本核算和成本信息的提供，以确保真实为前提，在规定时期内适时提供，确保不影响企业其他环节核算工作顺利进行。

2. 成本核算的对象和内容

(1) 成本核算的对象

成本核算的对象是指在计算工程成本中，确定归集和分配生产费用的具体对象，即生产费用承担的客体。成本核算对象的确定，是设立工程成本明细分类账户，归集和分配生产费用以及正确计算工程成本的前提。具体的成本核算对象主要应根据企业生产的特点加以确定，同时还应考虑成本管理上的要求。

成本核算的对象一般可以按下列方法确定：

①施工项目成本一般应以每一独立编制施工图预算的单位工程为成本核算对象。如果一个单位工程由几个施工单位分包施工，各施工单位应以同一单位工程为成本核算对象，各自核算自行完成的部分。

②同一建设项目，由同一施工单位施工，并在同一施工地点，属同一结构类型，开工、竣工时间相近的若干单位工程，可以合并为一个成本核算对象。

③规模大、工期长，或推行新工艺、使用新材料的单位工程，可以将工程分段，按其工作部位作为成本核算对象。

④改建、扩建的零星工程，可以将开工、竣工时间接近，属于同一建设项目的各个单位工程合并作为一个成本核算对象。

⑤土方工程，打桩工程，可以根据实际情况和管理需要，以一个单项工程为成本核算对象，或将同一施工地点的若干个工程量较少的单项工程合并作为一个成本核算对象。

成本核算对象确定后，各种经济、技术资料归集必须与此统一，一般不要中途变更，以免造成项目成本核算不实，结算漏账和经济责任不清的弊端。

（2）成本核算的内容

主要核算消耗在工程实体上的人工费、材料费、施工机械使用费和措施费。

①人工费。人工费是指直接从事建筑安装工程施工的生产工人开支的各项费用，包括基本工资、工资性补贴、生产工人辅助工资、职工福利费、生产工人劳动保护费等。人工费应按照劳动管理人员提供的用工分析和受益对象进行财务处理，计入工程成本。

②材料费。材料费是指施工过程中耗费的构成工程实体的原材料、辅助材料、构配件、零件、半成品的费用，包括材料原价、材料运杂费、运输损耗费、采购及保管费、检验试验费等。材料费应根据当月项目材料消耗和实际价格，计算当期消耗，计入工程成本。周转材料应实行内部调配制，按当月使用时间、数量、单价计算，计入工程成本。

③施工机械使用费。施工机械使用费是指施工机械作业所发生的机械使用费以及机械安拆费和场外运费，包括折旧费、大修理费、经常修理费、安拆费及场外运费、人工费、燃料动力费、养路费及车船使用税等。施工机械使用费按项目当月使用台班和单价计入工程成本。

④措施费。措施费是指为完成工程项目施工，发生于该工程施工前和施工过程中非工程实体项目的费用，包括环境保护费、文明施工费、安全施工费、临时设施费、夜间施工费、二次搬运费、大型机械设备进、出场及安拆费、混凝土（钢筋混凝土）模板及支架费、脚手架费、已完工程及设备保护费、施工排水（降水）费等。措施费应根据相关核算资料进行财务处理，计入工程成本。

3. 成本核算的要求

为了圆满地达到施工项目成本管理和核算目的，正确及时地核算施工项目成本，提供对决策有用的成本信息，提高施工项目成本管理水平，在施工项目成本核算中要遵守以下基本要求。

（1）执行国家相关成本开支范围的规定和费用开支标准，加强费用的审核和控制。为了有效地降低成本，保证成本计划的完成以及成本目标的实现，必须依据国家的相关法律、政策及企业内部的规章制度，对各项费用的合理性、合法性进行审核和控制。

（2）正确划分各种成本、费用的界限。为了加强对各种费用的控制，正确、及时地计算工程成本，必须正确划分以下五个方面的费用界限。

①划清成本、费用支出和非成本、费用支出界限。
②划清施工项目工程成本和期间费用的界限。
③划清当期工程成本与下期工程成本的界限。
④划清不同成本核算对象之间的成本界限。
⑤划清未完工程成本与已完工程成本的界限。

上述几个成本费用界限的划分过程，实际上也是成本计算过程。只有划分清楚成本的界限，施工项目成本核算才能正确。这些费用界限划分得是否正确，是检查评价项目成本核算是否遵循基本核算原则的重要标志。

（3）加强成本核算的基础工作。为了保证成本核算工作的质量，使成本核算工作顺利进行并达到预期的目的，必须扎扎实实地做好成本核算的基础工作。

①建立各种财产物资的收发、领退、转移、报废、清查、盘点、索赔制度；
②建立健全与成本核算相关的各项原始记录和工程量统计制度；
③做好各项定额和企业内部计划价格的制定和修订工作；
④完善各种计量检测设施，严格计量检验制度，使项目成本核算具有可靠的基础。

（4）项目成本核算必须有账有据

成本核算中要运用大量数据资料，这些数据资料必须是真实、可靠、准确、完整、及时、审核无误、手续齐备的原始凭证。要设置必要的生产费用账册、正式成本账，并增设必要的成本台账。

（5）创造好成本核算的内部条件和外部条件

成本核算的内部条件有：管理层与作业层分开，企业内部市场的建设，健全的管理制度，完善的成本核算机构和组织体系等；成本核算的外部件有：企业经营管理自主权，建筑市场，计价方式，相关经济法规等。

4. 成本核算的方法

项目成本核算方法的形成在建筑企业是一个渐进的过程。该方法是建立在企业管理方式和管理水平基础上，适应建筑企业特点的一个降低成本开支、提高企业利润水平的主要途径。项目成本核算的方法主要有会计核算、统计核算和业务核算。

（1）会计核算

会计核算是指建立在会计方法基础上，利用会计方法所独有的借贷记账法和收支全面核算的综合特点，按项目施工成本内容和收支范围，组织项目施工成本核算的方法。

会计核算主要是以会计方法为主要手段，组织进行核算。该方法具有核算严密、逻辑性强、人为调节的可能因素较小、核算范围较大的特点。会计核算不仅核算项目施工直接成本，而且还要核算项目在施工生产过程中出现的债权、债务，项目为施工生产而自购的工具、器具摊销，向业主的报量和收款等。这种方法对专业人员的专业水平要求较高，要求成本会计师的专业水平和职业经营较丰富。

使用会计核算项目施工成本，有多种方式，采用何种方式，应根据各单位的具体情况和条件，视在那一个层次上进行核算更能有助于核算工作开展而选定。该方法一般包括三种方式：

①直接核算。项目施工成本在项目一层进行核算称为直接核算。
②间接核算。项目施工成本在企业一层进行核算称为间接核算。
③列账核算。列账核算是介于直接核算和间接核算之间的一种方法。

（2）统计核算

统计核算是综合运用数字指标来反映经济现象的一种核算。该方法定期从大量观察中利用统计方法找出经济活动的规律性，制成各种图与统计表，显示生产经营水平，与一定对象进行比较。该方法是依靠众多部门和单位支持，专业性要求不高。该方法的优点是对比简洁明了，直观易懂，易于操作，适时性好。缺点一是覆盖范围较窄；二是较难实现科学、严密的审核制度，有可能造成数据失真，精度较差。统计核算的方法很多，主要有指数法、平均数法、平衡法和调查法等。

（3）业务核算

业务核算是指不包括在上述两种核算以内的，反映施工企业某项生产经营活动或进度情况所进行的核算。如对预算定额、劳动定额、材料消耗定额的测算等。

企业通过会计核算、统计核算和业务核算三种方法，达到对施工企业生产活动的各种指标进行综合核算的目的，即以生产经营部门为核心的统计核算，以财务部门为核心的会计核算，以技术部门为核心的业务核算。在这一系列活动中，核算贯穿于施工企业生产经营活动的全过程，并在企业一切部门中，对一切人员的全部经济活动，进行全面的核算，从而为企业全面的成本核算创造了良好的环境。

10.3.2 成本分析

成本分析是成本管理的重要组成部分，是指按照一定的原则，采用一定的方法，利用成本计划、成本核算和其他相关资料，控制实际成本的支出，揭示成本计划完成情况，查明成本升降的原因，寻求降低成本的途径和方法，以达到用最小的劳动消耗取得最大的经济效益的目的。

成本分析应随着企业生产经营活动的进展，动态地、多形式地开展，而且要与生产管理相结合。通过成本分析，要及时发现矛盾，解决矛盾，从而改善成本管理工作。

1. 成本分析的作用和依据

（1）成本分析的作用

①对企业过去的成本管理工作做出科学评价。通过成本分析，可以揭示出企业各项成本指标计划的完成情况和原因，从而对企业一定时期内的成本管理工作有比较全面、本质的认识，以便对成本管理工作进行科学的评价。

②有效地寻求降低成本的途径和方法。通过成本分析，可以揭示成本管理中存在的问题和差距，促使企业不断挖掘降低成本的潜力，寻求降低成本的途径和方法。

③提高成本管理水平。通过成本分析，可以认识和掌握成本变动的规律性，从中总结经验和教训，以促使企业不断提高成本管理工作的水平。

④为企业编制成本计划、预算和进行经营决策提供可靠的依据。

（2）成本分析的依据

成本分析的依据主要有：各种经济核算资料，企业的各种成本会计账表，各种成本、费用核算，"管理会计"台账，各种费用开支凭证，施工图预算，施工预算及成本费用计划等。要根据分析内容的不同，有针对性地选择成本分析的依据资料。

2. 成本分析的原则

成本分析的根本目的是为了找出盈亏原因，改善管理工作。因此，从成本分析的效果出发，在成本分析的过程中应遵循以下原则。

(1) 实事求是原则

在成本分析的过程中，如果蓄意掩盖事实或虚假搪塞，则势必影响成本分析的效果。因此，成本分析一定要有充分的事实依据，应用"一分为二"的辩证方法，对事物进行实事求是的评价。

(2) 定量分析原则

定性分析与定量分析相比较，定量分析对实物的评价更精确，更令人信服。因此，成本分析要充分利用统计核算、业务核算、会计核算和相关辅助记录的数据进行定量分析，尽量避免抽象的定性分析。

(3) 及时性原则

及时性原则，就是要求成本分析及时，发现问题及时，解决问题及时。否则，就有可能贻误解决问题的最好时机，甚至造成问题成堆，积重难返，发生难以挽回的损失。

(4) 为生产经营服务的原则

成本分析不仅要揭露矛盾，而且要分析矛盾产生的原因，并为解决矛盾提出积极有效的合理化建议。这样的成本分析，必然会得到项目管理人员的配合和支持，使成本分析更健康地开展下去，从而达到预期的目的。

3. 成本分析的内容

从成本分析应为生产经营服务的角度出发，项目成本分析的内容应与成本核算内容相一致。对于直接费，一般应以分部分项工程为对象进行成本分析，单独分包的分项工程应单独分析。现场经费一般应以工程项目为对象进行成本分析。成本分析的内容应包括以下三个方面：

(1) 随着项目施工的进展而进行的成本分析，包括分部分项工程成本分析、月(季)度成本分析、年度成本分析、竣工成本分析。

(2) 按成本项目进行的成本分析，包括人工费分析、材料费分析、施工机械使用费分析、措施费分析、间接成本分析。

(3) 针对特定问题和与成本相关事项的分析，包括成本盈亏异常分析、工期成本分析、资金成本分析、技术组织措施节约效果分析、其他有利因素和不利因素对成本影响的分析。

4. 成本分析的方法

成本分析的方法很多，如比较法、比率分析法、因素分析法、差额计算法等。具体采用何种方法，应依据成本分析的内容和目的而定。

(1) 比较法

比较法又称指标对比分析法，是通过技术经济指标的对比，检查计划的完成情况，分析产生差异的原因，从而进一步挖掘项目内部潜力的方法。这种方法具有通俗易懂、简便易行、便于掌握的特点，因而得到了广泛的应用。应用比较法，通常有下列几种形式：

①实际指标与计划指标的比较，说明完成计划的程度。通常用于进行成本分析的主要技术经济指标有：实物进度、工程量、质量、劳动生产率、工程成本等。

②本期实际指标与前期实际指标的比较，说明发展速度和经营管理的情况。

③与本行平均水平、先进水平的比较，通过比较找出差距，赶上先进水平。

④核算期产品产量和固定资金、流动资金占用情况的比较，说明经济效果情况。

⑤工程实际成本与工程预算成本的比较，说明企业盈亏情况。

采用比较法，应注意对比指标的可比性，即对比指标采用的计价标准、时间单位、指标内容和计算方法等应具有可比的共同基础。若指标有不可比因素，应加以调整，然后再进行比较。

例 10.3.1 某项目计划工期三年，现在为第二年末。相关劳动生产率的资料为：本年计划 11 000 元，本年实际 12 500 元，上年实际 10 000 元，本企业先进水平为 14 000 元。根据这些资料，进行成本分析。分析结果如表 10.3.1 所示。

表 10.3.1　　　　　　　　　　成本分析表

指　数	本年计划数	上年实际数	企业先进水平	本年实际数	差　异　数		
					与计划比	与上年比	与同行比
年全员劳动生产率/(元/人)	11 000	10 000	14 000	12 500	+1 500	+2 500	-1 500

表 10.3.1 中数据说明，该项目本年实际劳动生产率比计划劳动生产率、上年实际劳动生产率有所提高，但与同行先进水平相比有一定差距，需分析原因，进行改善。

(2) 比率分析法

比率分析法又称相对数分析法，是利用相对指标对比分析的一种方法。采用该方法时，先要将对比的数值变成相对数，然后进行比较对比分析。具体方法如下：

①相关比率分析。将两个性质不同但又相关的指标对比，求出比率，然后再以实际数与计划数进行对比分析，以便从经济活动的客观联系中更深入地认识企业生产的经营状况。成本利润率就是一个相关比率，是指利润总额与成本费用总额的比值，可以用来考察成本费用与利润的关系。

②构成比率分析。对某一经济指标的各项组成部分占总体比重的分析，从而观察经济指标构成内容的变化，掌握该项经济指标的特点和变化趋势。如在总成本中人工费、材料费和施工机械使用费等占的比重就是构成比率。

③动态比率分析。对某项经济指标不同时期的数值进行对比，求出比率，以反映该指标的发展方向和速度，观察其变化趋势。动态比率又分为定基比率和环比比率。定基比率是指以某一期的数值固定为基期数值计算动态比率；环比比率是指以每一比较期的前期为基期数值计算动态比率。

(3) 因素分析法

因素分析法，又称连环代替法，是用来计算几个相互联系的因素对综合经济指标影响程度的一种分析方法。在进行分析时，总是假定众多因素中一个因素变化，而其他因素不变，然后逐个替换，分别比较计算结果，以确定各因素变化的影响程度。

1）因素分析法的特点

①指标构成因素的相关性。构成经济指标的各个因素与经济指标之间客观上存在着因果关系，即组成经济指标的各个因素能够反映经济指标差异的内在原因，否则就失去了分析的意义。

②因素替换计算的顺序性。因素的排列顺序要遵循一定的原则，应确定正确的替代顺序。一般要求先数量指标，后质量指标；先实物量，后价值量；先绝对数，后相对数。

③计算程序的连环性。因素替换和指标对比要连环地进行，使各因素的影响数与经济指标差异相符。因素替换要按顺序依次进行，替换过的数用实际数，未替换的数用计划数。指标对比采用环比计算，即和前一次的结果对比。

④计算条件的假定性。采用因素分析法的前提条件是，分析某一个因素时，假定其他因素不变，因而该方法的计算结果就不免带有假定性，即该方法不可能使每个因素计算的结果都达到绝对的准确。

2）因素分析法的计算步骤

①确定分析对象，即所分析的技术经济指标，并计算出实际数与计划数的差异。

②确定该指标是由哪几个因素组成的，并按其相互关系排序。

③以计划数为基础，将各因素的计划数相乘，作为分析替代的基数。

④将各个因素的实际数按上面的排列顺序进行替换计算，替换后的实际数应保留下来。

⑤将每次替换所得的结果，与前一次的计算结果相比较，两者差异则为该因素的影响程度。

⑥各个因素的影响程度之和，应与分析对象的总差异相等。

例10.3.2 某企业生产甲产品的某种材料消耗成本统计资料如表10.3.2所示，试用因素分析法进行成本分析。

表10.3.2 甲产品的某种材料消耗情况

项目	单位	计划	实际	差异决定值	差异率(%)
产品产量	件	50	60	+10	+20.00
单位产品材料消耗	千克	10	9.5	-0.5	-5.00
材料单价	元	5	5.4	+0.4	+8.00
材料消耗总额	元	2 500	3 078	+578	+23.12

解 影响甲产品的某种材料消耗成本因素分析如表10.3.3所示。

表 10.3.3　　　　　　　　影响甲产品的某种材料消耗成本因素分析表

计算顺序	计算公式	差异	因素分析
计划数	50×10×5＝2 500		
第一次替代	60×10×5＝3 000	+500	由于产量增加10件，成本增加
第二次替代	60×9.5×5＝2 850	−150	由于单位产品材料消耗减少，成本降低
第三次替代	60×9.5×5.4＝3 078	+228	由于材料单价增加，成本增加
合　计	500+(−150)+228＝578	+578	

在利用因素分析法进行成本分析时，应注意以下几点：

第一，计算公式中各因素的替换顺序是不能颠倒的，应按因素替换原则依次替换。

第二，每次替换一个数，用替换后的结果减替换前的结果，所得之差就是替换因素产生的影响。

第三，分析影响值的大小和正负，是否是积极现象不能只看正负号，还应作具体分析。例如，本例中多生产产品的差异是正值，影响是积极的；而单位产品材料消耗减少的差异是负值，影响也是积极的；而材料单价降低要作具体分析，可能是市场降价，也可能是企业经营有方所致。

第四，两表的差异总值(578)应进行对比检查，必须相等才能证明计算正确。

(4) 差额计算法

差额计算法是因素分析法的一种简化形式，是利用各个因素的实际数和计划数之间的差额来计算各因素对计划完成情况影响程度的一种分析法。如例 10.3.2 用差额计算法计算如下：

①由于产量增加对总消耗成本的影响

$$(+10)\times 10\times 5=+500(元)$$

②由于单位产品材料消耗减少对总消耗成本的影响

$$(-10)\times 60\times 5=-150(元)$$

③由于材料单价增加对总消耗成本的影响

$$(+0.4)\times 60\times 9.5=+228(元)$$

④以上三项影响总值为

$$500-150+228=578(元)$$

以上结果与因素分析法的计算结果完全相符。

由于差额计算法计算简便，所以该方法应用比较广泛，特别是在影响因素只有两个时更为适用。

10.3.3　成本考核

项目成本考核是项目成本核算的一个重要部分，是项目落实成本控制目标的关键，是对各责任单位的成本管理所进行的综合性评价。即企业将计划成本或目标成本分解，分别下达给内部责任单位，明确他们完成成本指标的经济责任，同时按期考核，肯定各单位的成绩与不足，并给予必要的经济奖惩，从而调动各单位完成成本指标的积极性，促进企业目标利润的实现。

项目成本考核应分层进行，即企业对项目经理部进行成本管理考核，项目经理部对项目内部各岗位及各作业队进行成本管理考核。项目成本考核的内容应包括计划目标成本完成情况考核以及成本管理工作业绩考核。

成本考核工作的核心问题是确定成本责任主体，根据项目管理岗位要求，项目主要管理者在项目成本考核过程中应承担以下责任：

(1) 项目经理对项目施工成本计划总支出承担责任，并按合适的方法组织项目相关人员，在项目施工成本责任总额基础上，测算项目施工成本计划总支出，并按管理岗位将项目施工成本计划总支出分解成若干个分项指标。与相关管理岗位的人员商量、落实、签定项目的岗位成本责任控制指标、考核办法和奖惩方法。

(2) 成本会计或会计员对项目施工成本核算的准确性承担责任，对项目现场经费的开支承担责任。成本会计要按规定的方法，正确开展项目成本核算，按规定的程序收付款项，保证款项支付的合理规范、真实和准确。在项目施工成本的现场经费的总额内，实施分清耗费对象的项目现场经费控制。根据项目岗位成本核算对象，建立岗位成本的台账，按期组织项目岗位成本核算。岗位考核内容结束后，要立即组织汇总和反映，为兑现和奖罚及时提供其实际耗费数据。

(3) 预算员对项目的分包成本支出总额承担责任。项目预算人员除了承担在项目施工成本核算中的责任外，对项目的分包成本支出也承担责任。预算人员对分包成本核算的控制，主要是控制每个分包内容的单价、工日数和分包结算数，防止工长出于某个原因对分包费用多签认、分包单价和分包工日数多签认。对于分包结算，预算人员在工长确认的基础上，进行审核并承担最后把关的责任。预算人员对项目本身的分包成本也必须承担最后责任。

(4) 材料员对项目材料消耗总量、采购单价和项目租赁的两大工具总支出负责。材料人员要掌握项目总的各种材料的消耗量，以及工程施工过程中，由于设计变更和工程签证而引起的材料计划消耗量的变化，并根据施工过程中的定额消耗，分析材料消耗的合理性。要根据项目的管理岗位的分工，分清各个工长和其他管理岗位，不同管理范围内材料的计划消耗和实际消耗，以及材料使用的合理性。

(5) 劳资、统计人员对各岗位考核成本的收入承担责任。项目的劳资工作由于较少，其统计工作往往占主要内容。统计人员在项目岗位成本考核工作中，重点要落实每个核算期，各个工长和各个岗位的岗位成本考核的收入，以便成本会计计算各个岗位的成本考核情况。

(6) 机械管理员对租赁的机械设备和自有小型机械设备的耗费总额承担责任。一般情况下机械管理员管理范围主要有，对外租入的机械设备和可开支总额，自有小型机械设备的可使用量和使用时间，施工用水、电费的控制金额。

(7) 工长或施工员对管理或责任范围内的成本耗费承担责任。项目的工长(施工员)在项目的岗位成本考核过程中，责任重大。工长的岗位成本考核内容，主要是在其管理范围内岗位成本收支考核。工长岗位成本考核是项目最基本的岗位成本考核，而其他的专业岗位成本考核，主要是防止项目总量的超支和进行单价的控制。

习 题 10

1. 试述成本的概念和种类。
2. 简述成本管理的原则。
3. 成本计划包括哪些内容？如何编制成本计划？
4. 为什么说成本控制是成本管理最核心的部分？
5. 成本控制的对象有哪些？
6. 一般可以通过哪些手段、哪些方法进行成本控制？
7. 简述成本核算的意义和原则。
8. 成本核算有哪些方法？
9. 如何进行成本分析。
10. 项目主要管理者在项目成本考核过程中各自应承担哪些责任？
11. 某建筑企业承接了一项改造工程，合同总价 1 500 万元，总工期 6 个月。前 5 个月各月完成费用情况如题 11 表所示。

题 11 表

月份	拟完工程的预算费用 /(万元)	已经完成工作量 /(%)	已完工程的实际费用 /(万元)	已完工程的预算费用 /(万元)
1	180	95	185	
2	220	100	205	
3	240	110	250	
4	300	105	310	
5	280	100	275	

(1) 计算各月的已完工程的预算费用 BCWP 及 5 个月的 BCWP；
(2) 计算 5 个月累计的拟完工程的预算费用 BCWS、已完工程的实际费用 ACWP；
(3) 计算进度偏差和成本偏差，并进行偏差变量分析。

12. 某工程的材料消耗成本统计资料如题 12 表所示，试分别用因素分析法和差额计算法进行成本分析。

题 12 表　　　　　　　　甲产品的某种材料消耗情况

项 目	单 位	计 划	实 际	差异决定值	差异率/(%)
产品产量	件	100	110	+10	+10.00
单位产品材料消耗	千克	320	310	-10	-3.10
材料单价	元/千克	40	42	+2.0	+5.00
材料消耗总额	元	1 280 000	1 432 200	+152 200	+12.00

第 11 章　建筑企业生产要素管理

建筑产品生产过程中，离不开资金、技术、人、设备和材料，这些就构成了建筑产品生产中的五要素。而建筑企业的生产要素管理，就是财务管理、技术管理、人力资源管理、机械设备管理和材料管理。本章主要介绍除财务管理以外的其他四个要素的管理。

§ 11.1　建筑企业技术管理

11.1.1　建筑企业技术管理的主要任务和内容

建筑企业的技术管理是指对建筑企业的各项技术活动过程和构成施工技术工作的各种要素进行计划、组织、指挥、协调、控制和激励的总称，是企业管理的重要组成部分。

建筑企业的生产活动是在一定的技术要求和技术标准的控制下进行的，科学的技术水平和装备水平是实现项目工期、质量、成本、安全等综合效益的保证。要想使建筑企业的生产技术和装备水平不断进步，就必须不断加强和完善建筑企业的技术管理工作。

建筑企业技术管理工作的主要任务是：正确贯彻国家的技术政策和上级有关技术工作的指示和决定；科学组织各项技术工作，充分发挥技术人员和现有物质技术条件的作用；建立技术责任制，建立良好的技术工作秩序，保证工程质量，提高技术经济效果；推动技术革新和技术革命工作的开展，不断提高技术水平；从技术上采取措施，保证实现安全生产与文明生产；提高技术成果的商品化转换程度。

建筑企业技术管理工作的内容分为基础工作和基本工作。基础工作包括：实行技术责任制，执行技术标准与技术规程，建立与健全技术管理规定，开展科技情报交流，进行技术文件管理等。基本工作包括施工的技术准备工作、施工过程的技术工作、技术开发与技术更新等。这些工作在企业管理中都具有相当重要的地位。

11.1.2　建筑企业技术管理的组织体系与技术责任制

建筑企业技术管理的组织体系是在"统一领导，分级管理"的原则上建立起来的。我国建筑企业大多实行三级管理，因此形成了以公司总工程师为首的三级技术管理体系，如图 11.1.1 所示。

建立技术责任制，就是在建筑企业的技术管理系统中，按照"责、权、利"结合的原则对各级技术机构和技术人员建立明确的职责范围，使他们各负其责，各司其事，并与内部经济责任制结合，推动整个企业的技术工作有效地进行。技术责任制是企业技术管理的基础，对调动各级技术人员的积极性和创造性，认真贯彻国家的技术政策，搞好技术管理，促进建筑生产技术进步，保证工程质量等都起着极为重要的作用。

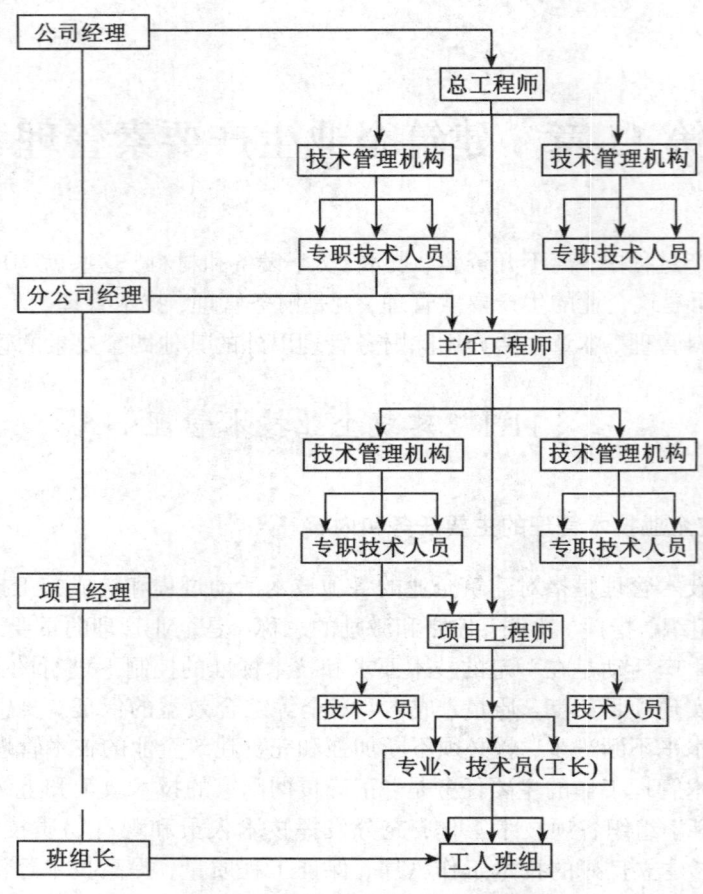

图 11.1.1　建筑企业技术管理组织体系框图

11.1.3　建筑企业的技术标准与技术规程

建筑企业的技术标准和技术规程是建筑企业技术管理、质量管理和安全管理的依据和基础,是技术管理标准化的重要内容。正确制定和贯彻执行技术标准与技术规程,是建立正常生产施工技术程序,完成建设任务的重要前提。

技术标准按其运用范围,可以分为国家标准、部门标准、地区标准和企业标准。技术规程是根据相关规范的要求,对建筑安装工程的施工过程、操作方法、设备和工具的使用,施工安全技术要求等所做的技术规定,是施工及验收规范的具体化。因各地操作方法和操作习惯不同,在保证达到技术标准要求的前提下,技术规程一般由地区和企业自行制定和执行。

技术标准和技术规程反映了一个国家、一个部门、一个地区和一个企业在一定时期内的生产技术及其管理水平。在制定中应实事求是,充分利用现有生产条件和国内外科学技术的先进成就与先进经验,不断发展企业生产技术。随着生产力水平的不断提高,应适时修订技术标准和技术规程,使之满足国家技术和经济发展的需要。

建筑施工技术标准主要有：建筑材料和半成品的技术标准及相应的检验标准；建筑安装工程施工及验收规范；建筑安装工程质量评定标准。建筑安装工程施工及验收规范规定了分部分项工程施工的技术要求、质量标准及检验方法；建筑安装工程质量评定标准则是根据施工及验收规范检验的结果，评定分部工程、分项工程和单位工程质量等级的标准。

常用的建筑企业技术规程主要有：施工操作规程；设备维护的检修规程；安全技术规程。施工操作规程主要规定了工人在施工中的操作方法和注意事项；设备维护的检修规程主要规定了设备日常维护和检修方法；安全技术规程是对保证生产过程中人身安全和设备运行安全所做的规定。

建筑企业技术标准和技术规程在技术管理上具有法律作用，必须严肃认真地执行。对违反标准和规程的做法应及时予以制止和纠正。对造成严重后果者，要进行经济法律制裁和纪律处分。

11.1.4 建筑企业的技术管理制度

建筑企业的技术管理制度是技术管理基本规律和工作经验的总结。建立健全严格的建筑企业技术管理制度，可以将企业的技术工作科学地组织起来，以保证技术管理任务的顺利完成。

1. 图纸学习与会审制度

图纸学习与会审制度的目的就是熟悉图纸内容，领会设计意图，明确技术要求，及早发现并消除图纸中存在的技术问题和差错，从而避免造成技术事故和经济上的浪费，多快好省地完成施工任务。图纸会审是施工准备工作中的一项十分重要的工作，这项工作是改进设计、完善项目建设，挖掘潜力，保证工程质量和顺利施工不可缺少的一个重要环节。

图纸会审，一般由建设单位组织设计单位进行技术交底，施工单位对图纸提出意见，经三方讨论提出会审记要，以正式文件列入工程档案。图纸会审的主要内容有：

（1）设计是否符合国家相关技术政策、经济政策和相关规定；

（2）设计是否符合施工技术装备条件和施工工艺要求，如需要采取特殊措施，技术上有无困难，能否保证安全施工；

（3）有无特殊材料（包括新材料）要求，其品种、规格、数量能否满足要求；

（4）建筑、结构与设备安装之间有无重大矛盾；

（5）图纸及说明是否齐全、清楚、明确，图纸尺寸、标高及管线、道路交叉连点是否相符。

2. 技术交底制度

技术交底是在单位工程和分部分项工程施工之前进行的，其目的是使接受交底者对技术要求做到心中有数、科学进行生产活动的一项工作，要求以制度的形式予以规定。技术交底内容包括施工工艺、劳动组织、技术组织安全措施、控制消耗、规范要求、质量标准等，以及特殊、复杂工程或新结构、新材料、新工艺的特殊要求。同时，技术交底必须有相应的技术交底记录。

3. 材料、构件试验检验制度

一切用于施工的原材料、成品、半成品、构件及设备，必须由供应部门提出合格证明文件；新材料或设计有特殊要求时，在使用前应进行重新试验抽查，证明合格后才能使用。

为了保证工程所用原材料、构件、零配件和设备的质量，以便确保工程质量，必须加强材料、构件试验检验工作，并使检验工作制度化。

4. 工程质量检查及验收制度

为了确保工程质量，必须按相关质量标准逐项检查施工质量。在质量检查的基础上，进行隐蔽工程、分项工程和竣工工程的验收和记录。

隐蔽工程验收，是指对那些在施工过程中上一道工序将被下一道工序掩盖，其质量无法再次进行复查的工程部位的验收。由单位工程负责人或施工队邀请建设单位、设计单位、监理单位共同进行检查、验收，并认真办好隐蔽工程验收签证手续。分项工程验收是在某一分项工程或某一阶段工程完工后进行的验收，包括单位工程的主体结构工程，重点或特殊工程的分项工程，推行新结构、新材料的分项工程等。分项工程验收应做好验收记录并签证归档。竣工验收是工程完工后和交工前进行的综合性检查验收。上述验收凭证都是最后竣工验收的依据。

5. 工程技术档案制度

工程技术档案是工程的原始技术、经济资料，是技术和工程质量管理工作的成果，是建设单位使用、管理、维修、改建、扩建工程所必须的依据，同时也可以作为建筑企业再有类似工程施工时的参考。工程技术档案资料应在整个施工过程中建立，如实地反映情况，不得擅自修改、伪造和事后补做。

工程技术档案的主要内容包括两部分：一部分是交建设单位保管的有关建筑物合理使用、维护、改建、扩建的参考文件，主要有竣工工程项目一览表、竣工图、图纸会审记录、设计变更及技术核定文件、发生和处理工程质量事故的记录、隐蔽工程验收单、材料构件和设备质量合格证明、土建施工的试验记录、施工记录、设备调整、试运转记录，建筑物沉降和变形观察记录、使用注意事项文件，有关该工程的技术决策，地质勘探资料等，这部分资料应永久保存，不得遗失、损坏。另一部分是由建筑企业保管的可以供日后参考的技术档案，主要有施工组织设计及施工经验总结，新结构、新技术、新材料的试验研究资料及其经验总结，重大质量、安全事故情况分析及其补救措施或办法，有关技术管理经验、总结及重要技术决定，施工日记，大型临时设施档案，以及为交工验收准备的资料等，这部分资料应根据工程性质确定其保存期限。

6. 技术措施制度

技术措施是指企业为克服建筑安装和生产中的薄弱环节，挖掘内部潜力，保证完成施工任务并获得良好的经济效益，在提高技术水平方面采取的各种手段和办法。要做好技术措施工作，必须编制和贯彻执行技术措施计划。

(1) 技术措施的主要内容包括以下几个方面：

①加快施工进度方面的技术措施；

②保证和提高工程质量的技术措施；

③节约劳动力、原材料、动力、燃料和利用"三废"等方面的技术措施；

④推广和采用新技术、新工艺、新结构、新材料的技术措施；

⑤提高机械化水平，改进机械设备管理以提高完好率和利用率的措施；

⑥改进施工工艺和操作技术以提高劳动生产率的措施；

⑦保证安全施工措施。

(2) 施工技术措施计划的编制

编制施工技术措施计划，应根据施工组织和施工方案，结合施工实际，同生产计划一样坚持按年、季、月分级编制。公司编制年度技术措施纲要，分公司按年度分季度编制技术措施计划，项目经理部编制月度技术措施计划，单位工程的技术措施计划内容应列入施工组织设计，由编制施工组织设计的单位进行编制。

(3) 技术措施计划的贯彻执行

技术措施计划应与施工计划同时下达，对技术措施计划的执行情况应认真进行检查，发现问题及时处理，督促执行。如果无法执行，要查明原因，进行分析研究。每月底，施工队长、技术员应汇总当月的技术措施执行情况，按报表的要求填写，报到工区技术组，逐级上报。施工队应按月进行总结，公布成果。

11.1.5 建筑企业的技术开发与技术更新

现在国际市场的竞争越来越依赖技术的进步。众所周知，知识是国家富强的动力。经济发展到一定水平之后，为实现下一个飞跃，最重要的就是知识，在建筑企业技术管理中则表现为科技水平的提高。因此，建筑企业必须不断地进行技术开发与技术更新。

建筑企业的技术开发工作包括技术革新、技术改造、科学研究、技术培训等内容。技术开发是提高技术水平和扩大再生产的重要途径之一。

(1) 技术革新

技术革新是对现有技术的改进与更新，技术革新导致技术发展量的变化；技术革命是在技术革新的基础上，使技术发展产生质的飞跃。

技术革新的内容主要包括：改进施工工艺和操作方法；改进施工机械设备和工具；改进原料、材料、燃料的利用方法；采用新的结构形式；进行管理工具和管理方法的革新等。

开展技术革新必须加强领导，发动群众，调动各方面的积极性和创造性。结合建筑安装生产解决带方向性的关键问题；必须尊重科学，组织攻关重大的技术革新项目；要及时做好技术革新成果的巩固、提高和推广工作。革新成果被采纳后，要根据其企业效益和对国家贡献的大小，对科技革新者给予精神与物质奖励。

(2) 技术改造

建筑企业技术改造，是指用现代化的、先进的机器设备和工艺方法对原有技术进行改造，以提高生产能力和技术水平，达到节约能源，降低材料消耗，提高工程质量，缩短工期的目的。

技术改造首先要抓管理现代化，只有管理现代化水平提高了，才能在现有技术装备的基础上发挥更大效益。这是投资少、见效快的关键环节。同时，技术改造要与技术革新相结合，改进施工工艺和操作方法，改进机械设备和工具，改变原材料利用方法，改进产品结构，不断提高劳动效率和劳动生产率。大力开展科学研究，使技术改造建立在科学研究的基础上。还要正确处理技术改造和技术引进的关系，做到"一学、二用、三改、四创"，把学习与独创相结合，努力创造适合我国实际情况的新技术、新设备、新工艺、新产品。

(3) 科学研究与科技情报

科技、生产与市场互相渗透、相互促进，是现代信息社会发展科学技术的趋势。建筑企业必须高度注视商品市场和技术市场信息，重视科学研究，将科学研究与企业生产经营紧密结合在一起，从本企业的生产实际出发，解决生产中提出的技术关键环节或薄弱环节；与技术革新、技术改造结合在一起，解决技术内在规律问题和理论问题。

科技情报是科学研究、技术改造和发展的"耳目"，也是技术管理的一项重要基础工作。科技情报工作的主要任务是：积累、掌握与专业有关的科学、技术等方面的资料和经验；正确和迅速地报道、交流科技成果实践经验，为企业提供必要的技术资料。科技情报工作的内容是收集、整理、加工、存储、报道、提供、交流科技资料，组织编写文摘和简介，翻译科技文摘。建筑系统应组织情报网，建立情报机构，由专职人员负责，组织系统间、企业间、企业内部的情报交流，为企业的生产经营、科技服务。

§11.2　建筑企业人力资源管理

随着人类进入知识时代，建筑企业之间竞争的焦点落在了人力资源的竞争上。谁拥有人才，谁就有可能在市场竞争中取得胜利。因此作为建筑企业核心竞争力的人力资源的开发、利用与管理就显得愈发重要。

11.2.1　建筑企业人力资源管理概述

1. 人力资源的含义

资源是一个经济学概念，资源是指用来进行价值增值的财富，包括自然资源和人力资源。广义的人力资源是指智力正常的人。狭义的人力资源是对能够推动生产力发展，创造社会财富的具有智力劳动和体力劳动能力的人的总称。本节讨论的建筑企业人力资源是狭义的，主要是指建筑企业组织内外具有劳动能力的人的总称。

人力资源作为一种特殊的经济资源，具有以下几个特征：

(1) 生物性特征。人力资源存在与人体之中，具有生命的"活"资源，与人的自然生理特征相联系。

(2) 能动性特征。人具有主观能动性，能积极主动地、有目的地进行活动，能有意识地认识和改造世界。

(3) 时效与动态性特征。人是具有生命周期的生物有机体，从幼年、少年、青年、壮年以至老年，各阶段的体力和智力都在不断变化。因此，对人力资源的开发、分配和使用都要考虑人的时效性与动态性。

(4) 智力性特征。人不仅有主观能动性，而且还是科学文化的载体。人的智力的继承和发展使得人力资源具有劳动力随时间的推移得以积累、延续和发展。

(5) 再生性特征。通过人口再生和劳动力再生产的不断更替，人力资源的再生性得以实现。与一般生物资源再生性不同的是，人除了遵守一般生物学规律以外，还受人类意识的支配和人类活动的影响。

(6) 社会性特征。人是构成社会活动的基本前提。人力资源本质上也是一种社会资源，会受到民族文化和社会环境的影响。

2. 人力资源管理的概念

建筑企业人力资源管理是指运用现代化的科学方法，对与一定物质相结合的人力进行合理的培训、组织和调配，使人力、物力经常保持最佳比例，同时对人的思想、心理和行为进行恰当的诱导、控制与协调，充分发挥人的主观能动性，使人尽其才、事得其人、人事相宜，以实现组织目标。人力资源管理是由传统的仅关注组织目标实现的人事管理发展而来，是将组织目标与员工个人的目标结合起来，注重员工的能动性和内在潜能的开发。因此，有效的人力资源管理应体现满足企业的需要与满足个人需要的有机统一。

人力资源管理的基本目的是把企业所需的人力资源吸引到企业中来，将他们保留在企业之内，调动他们的工作积极性，并开发他们的潜能，以便充分发挥他们的积极作用，为本企业服务。因此，建筑企业人力资源管理具有人员的获取、人员整合、保持和激励、控制与调整、开发等五项基本功能。这些功能相辅相成，互相配合。

建筑企业人力资源管理的作用是创造理想的环境，使员工将所有资源和潜能发挥出来，并通过在组织中的工作满足自己的成长、发展和自我实现的需要；同时，通过人力资源管理还将个人与组织牢固地联结起来，从而在工作中表现出高度的能动性、创造性和责任感。

建筑企业人力资源管理的任务是：不断完善劳动定额，改善劳动组织，合理组织劳动力；加强员工的教育与培训，全面提高员工素质；利用各种调节手段，使人与人之间保持协调的关系，充分发挥企业员工在生产活动中的作用，提高劳动生产率；贯彻安全生产的方针，保护劳动者在生产过程中的安全和健康；科学地进行员工考核和激励。

11.2.2 建筑企业人力资源开发

1. 建筑企业人力资源开发的含义及内容

人力资源开发是伴随着人力资源在现代化经济增长和企业发展中的重要地位和作用日益显现而发生的，有宏观开发和微观开发两大类。建筑企业人力资源的开发属于微观开发。

建筑企业人力资源开发是指建筑公司或企业作为一个独立的经济实体、法人，进行有计划的人力资本投资，采取一系列教育、培训、开发的有效形式，挖掘员工智力潜能，训练、提高其智力、知识和技能水平，培养其企业优秀价值观，充分调动和发挥员工积极性、自觉性和创造性的全过程活动，以促进员工发展，改进行为绩效，保证企业生产经营战略的实施和各项经济与非经济目标的实现。

由于不同的组织代表不同人力资源群体的利益，其宗旨、目标、职责、任务的不同将导致人力资源开发的内容也不尽相同。若抛开人力资源开发主体的组织性质，就主体直接作用于客体的运行过程来考虑，人力资源开发包括能力开发和精神开发两项。能力开发是指体能和智能的开发；精神开发是指对人力资源的政治观念、职业道德、敬业精神、合作意识、企业本位意识和归属意识等的培养、教育和开发。从企业发展对人力资源的需求出发，人力资源开发包括数量开发、质量开发和结构开发。从企业人力资源开发与管理的职能或工作角度来看，人力资源开发包括教育培训开发、职业生涯开发、激励开发、组织开发等。从人力资源开发理论体系的学术研究角度来看，人力资源开发包括心理开发、生理开发、伦理开发、智力开发、技能开发和环境开发。

2. 员工的招聘和选拔

建筑企业人力资源获取的途径有招聘和选拔员工。招聘是通过各种形式吸引候选人应聘企业的空缺岗位；选拔是企业从现有的有效人选中选择新岗位成员。招聘和选拔员工的途径有内部招聘和外部招聘,两者各有利弊,相互互补,如表 11.2.1 所示。

表 11.2.1　　　　　　　　　　内部与外部招聘对比表

	内部招聘	外部招聘
优 点	了解全面,准确性高; 可鼓舞士气,奖励员工选取; 可更快适应工作; 使组织培训得到回报; 选择费用低。	来源广,可选择余地大; 能带来新思想,新方法; 可在一定程度上缓和或平息内部矛盾; 节省培训费用。
缺 点	来源有限,水平有限; 易造成近亲繁殖; 可能产生内部矛盾。	进入角色慢; 对应聘者了解少,可能招错人; 内部员工的积极性可能受挫。

建筑企业内部招聘候选人的来源主要有公开招聘、内部提拔、横向调动、岗位轮换、重新雇佣和召回以前的雇员五种途径。外部招聘的人员来源很广,可能是熟人介绍、自己找上门、职业介绍机构介绍、合同机构或学校推荐等,可能是其他企业的员工、学校的学生,也可能是失业人员。因此,招聘途径的选择需要根据建筑企业的战略计划、招聘的岗位、上岗速度及企业经营环境等因素来具体考虑。通常情况下,内外结合会产生最佳效果。

3. 建筑企业人力资源的培训

(1)培训的作用和意义

中国建筑企业参与国际建筑市场一体化建设,对人才数量和素质的要求都有了较大的提高。由于建筑企业的知识结构比较特别,涵盖了技术、经济、社会、文化、法律、管理等各方面的知识,同时还要求具有团队精神、道德水平、竞争意识、活动能力等非智力素质。而当今市场竞争就是人才的竞争,有了充沛的人力资源,建筑企业才能在建筑市场竞争中立于不败之地。因此,建筑企业应结合目前严峻的国际挑战,抓紧培养既懂专业知识又懂英语和国际法规及 FIDIC 条款的复合型人才。而使现有人员具有这样的文化水平和技术熟练程度的唯一途径,就是全面开展员工培训。加强员工培训,既为本企业建立了稳定的人才队伍,也提高了本企业的内部凝聚力和对外竞争力,是提高企业素质和提高企业经济效益的可靠保证,对我国现代化建设有极其重要的意义。

(2)培训的形式

按培训与工作的关系划分,有在职培训和非在职培训。在职培训的培训对象不脱离岗位,不影响工作或生产,较经济。但这种培训方法往往缺乏良好的组织,不太规范。非在职培训要求培训对象异地脱产培训,费用较大,具体针对性较差,所学内容在实践应用时尚需进一步摸索。为了克服两者的缺点,出现了半脱产培训形式,这是一种兼顾费用和质量的行之有效的好形式。

按培训的层次划分,有高级、中级和初级培训。一般而言,初级培训可以侧重于一般性的知识和技术方法;中级培训可以适当增加相关理论课程;高级培训则应侧重于学习新理论、新观念、新方法。培训的级别越高,所采用的组织形式则越趋小型化、短期化。如初级培训通常要借助正规学校、社会办学的方式实现,而高级培训则可以采用短训班、研讨班,甚至出国考察培训等方式来实现。

按培训目的来划分,有文化补习、学历教育、岗位职务培训等形式。文化补习是针对那些学历较低、从事简单劳动的一般人员。其目的在于增加受训者的科学文化知识,提高受训者基本文化素质,为以后进一步提高奠定基础。学历教育的目的是使受训者的专业素质全面提高,获得更高的学历。岗位职务培训则是以工作的实际需要为出发点,围绕职位的特点而进行的有针对性的培训,偏重于专门技术知识的灌输。

人力资源培训是科技发展的关键,建筑企业应根据岗位分层次、有目的、有计划地进行培训,将专业教育和实践相结合,国内培训和国际培训相结合,寻找适合本企业的培训方式。

11.2.3 建筑企业人力资源计划

建筑企业人力资源计划是建筑企业科学的预测、分析自己在建筑环境变化中的人力资源供给和需求状况,制定必要的政策和措施以确保自身在需要的时候和需要的岗位上获得各种需要的人才,并使组织和个体得到长期的利益。

建筑企业人力资源计划的内容主要包括:总体规划(是指根据建筑企业战略确定的人力资源管理的总体目标和配套政策);配备计划(表示组织中长期处于不同职务、部门或工作类型的人员的分布状况);退休解聘计划;补充计划;使用计划;培训开发计划;职业计划;绩效与薪酬福利计划;劳动关系计划;人力资源预算等相互关联的10个方面。

"人无远虑,必有近忧"。当前的科学技术突飞猛进,产业结构不断调整,建筑企业之间竞争日趋激烈,人力资源的转移也随之加速。因此,在现代建筑企业管理中,人力资源计划发挥着越来越重要的作用。人力资源计划能加强建筑企业对环境变化的适应能力,为建筑企业的发展提供人力保证;人力资源计划有助于实现建筑企业内部人力资源的合理配置,优化建筑企业内部人员结构,从而最大限度的实现人尽其才,提高建筑企业的效率;同时人力资源计划对满足建筑企业成员的需求和调动职工的积极性与创造性等方面起着巨大的作用。

人力资源计划的编制一般要经过以下几个步骤:

(1)收集准备相关信息资料

包括建筑企业的经营战略和目标;职务说明书;建筑企业现有人员情况;员工的培训、教育情况等。

(2)人力资源需求预测

根据建筑企业发展战略计划和本企业的内外部条件选择合适的预测方法,对人力需求的结构和数量进行预测。

(3)人力资源供给预测

包括建筑企业内部人员拥有量预测和外部供给量预测两方面内容。一般情况下,内部人员拥有量比较透明,预测的准确度较高;而外部供给量则有较大的不确定性。因此,预测时应将重点放在建筑企业内部人员拥有量预测上,外部供给量的预测应偏重于企业所需的关键人员。

(4)确定人员净需求

将本企业人力资源需求的预测数与在同期内企业本身可以供给的人力资源数进行比较分析,即可以测算出各类人员的净需求量。这个需求量如果是正的,则表明企业需要招聘新员工或对现有员工进行有针对性的培训;这个需求量如果是负的,则表明企业这方面的人员是过剩的,应精简或对员工进行调配。

(5)确定人力资源目标

当建筑企业的战略计划、年度计划已经确定、目前的人力资源需求与供给情况已经明确时,建筑企业的人力资源目标就可以据此来制定。

(6)制定具体计划

包括制定补充计划、使用计划、培训开发计划、配备计划等。计划中要有指导性、原则性的政策,又要有可操作的具体措施。

(7)对人力资源计划的审核与评估

审查和评价建筑企业人力资源计划所涉及的各个方面及其所带来的效益;审核和控制人力资源计划所涉及的相关政策、措施以及招聘、培训发展和报酬福利等方面的内容。

11.2.4 建筑企业员工绩效考核

1. 绩效考核的含义

建筑企业员工绩效考核是建筑企业人力资源管理的核心职能之一。绩效这个概念可以从工作行为和工作结果这两个角度进行理解。从工作行为角度来看,绩效是指人们所做的与组织目标相关的可观测的事情;从工作结果角度来看,绩效是指在特定的时间内,由特定的组织或活动产生的产出记录。事实上,行为是产生结果的直接原因,而建筑企业员工对建筑企业的贡献是通过工作结果来体现的。为此,绩效可以采用综合的方法来定义:绩效是人们所做的同组织目标相关的、可观测的、具有可评价要素的行为,这些行为对个人或组织效率具有积极或消极的作用。绩效考核就是收集、分析、评价和反馈有关某一员工在工作岗位上的工作行为和工作结果方面的信息情况的过程。

2. 绩效考核的作用

(1)绩效考核是建筑企业人员任用的前提。建筑企业人员任用本着"因事设人、因岗配人、德才兼备、量才适用"的原则进行,做到事得其人,人尽其才。绩效考核是"知人"的主要手段,而"知人"是用人的主要前提和依据。

(2)绩效考核是建筑企业决定人员调配的基础。通过绩效考核可以了解员工使用的状况,人事配合的程度。通过全面严格的考核,可以衡量一些人的素质和能力是否已超过或未达到现职的要求,据此即可以进行职务的升降与调配。

(3)绩效考核是建筑企业进行人员培训的依据。人员培训是人力资源开发的基本手段。培训应有针对性,针对员工的短处进行补充学习和培训。因此,培训的前提是准确了解各类人员的素质和能力,通过考核确定员工素质优劣及存在的问题,进行培训需求分析。同时,考核也是判断培训效果的主要手段。

(4)绩效考核是建筑企业确定劳动报酬的依据。按劳分配是我们公认的建筑企业员工的分配原则,准确的衡量"劳"的数量和质量是按劳分配的前提。只有密切工作绩效与劳动报酬之间的关联性,才能使员工感到公平,激励员工努力工作。

(5)绩效考核是激励员工的有效手段。绩效考核结果决定奖惩的对象及等级,激励先进,鞭策后进,做到奖惩分明,有利于提高员工工作积极性,出色完成工作任务。绩效考核还有助于在建筑企业内部形成"比、学、赶、帮、超"的良好氛围,使员工能够提高自身绩效,从而提高企业竞争力。

(6)绩效考核是促进员工发展的工具。把考核的结果反馈给员工,让员工发现自身的缺陷和不足,可以帮助员工通过自身的努力逐步改进,促进员工的自身成长。

3. 绩效考核的基本内容

绩效考核的内容,简单地说,就是每一位员工工作成绩最重要的体现方面,一般包括员工的工作业绩和工作行为。在人力资源管理规范的企业,可以将职务说明书作为依据,来考核每一位员工的工作绩效。我国许多企业经常从"德"、"勤"、"绩"、"能"四个方面来考核员工的工作业绩。"德"是指员工的思想素质、道德素质以及心理素质。"勤"是指员工的工作态度,涉及工作的主动性、创造性、纪律性和出勤率等。"绩"是指员工的业绩,包括工作效率和效果。"能"是指员工的能力素质,以及在工作中运用知识解决实际问题的能力。这是一种比较全面的概括性的考核,适合作为设计绩效考核内容的初始步骤。在实际操作上还需注意以下两方面的问题:一是考核内容不必过分求全,关键是找出与每一位员工工作业绩关系最为紧密的内容,将其进行深化和细化。二是正确理解这四个方面的内涵。根据绩效的定义,如果从结果上强调绩效,只有"绩"才是我们所说的绩效;强调行为时,则包括"德"、"勤"、"能"等特征。目前比较流行的观点是在考核结果的同时,不局限于工作结果,特别是在工作管理水平比较高、员工个人不能全部决定工作结果的情况下,充分地考虑人们所做的同组织目标相关的、可观测的行为或事情。一般情况下,可以以定量的工作产出为主,辅以对工作态度和能力的考核。

4. 绩效考核的主要方法

(1)分级法(也称排序法)。即按被考评者每人绩效的相对优劣程度,通过直接比较确定每人的相对等级或名次,排出全体被考评者的绩效优劣顺序。分级法易于解释、理解和使用,但这种考绩是概括性的、不精确,所评出的等级或名次只有相对意义,等级差无法确定。

(2)成对比较法。该方法要将全体员工逐一配对比较,按照逐对比较中被评为较优的总次数来确定等级名次。这是一种系统比较程序,科学合理,但该方法通常只考评总体状况,不分解维度,也不测评具体行为,其结果也是仅有相对等级顺序。该方法还要受被考评者总数的限制。

(3)强制分配法。该方法是按统计学上"两头小、中间大"的正态分布规律,先确定好各等级在总数中所占的比例,然后按照每个被考评者绩效的相对优劣程度,强制列入其中的一定等级。强制分配法较适于员工人数较多情况下总体状况考评。该方法简易方便,在样本较大时,符合正态分布规律的可能性较大,可以避免考评者主观片面、过分偏宽、偏严或高度趋中等类偏差。

(4)量表法。量表法是应用得最为广泛的考绩方法。该方法通常作维度分解,沿各维度划分等级,并通过设置量表(即尺度)来实现量化考评。值得注意的是,评分项目都不应是针对员工个性的评价,而应是对员工工作行为的评价。

(5)关键事件法。这种方法需对每一位被考评的员工保持一本"绩效记录",由作考评并知情的人(通常为被考评者的直属上级)通过观察,随时记载员工有关工作成效的关键性事实,依此对员工进行考核评价。

(6)行为锚定评分法。该方法实质上是把量表评分法和关键事件法结合起来,兼具两者之长,关注员工行为的考核,同时兼顾员工行为对工作成果的影响。

§11.3 建筑企业机械设备管理

11.3.1 建筑企业机械设备管理概述

建筑企业的机械设备,通常是指企业自有的、为施工服务的各种生产性机械设备,包括起重机械、挖掘机械、土方铲运机械、桩工机械、钢筋混凝土机械、木工机械以及各类汽车、动力设备、焊接切割机械、测试仪器等。建筑企业的机械设备是进行施工生产必不可少的物质技术基础,是构成生产力的重要因素,也是企业固定资产的重要组成部分。建筑企业的机械设备在施工中起着减轻工人劳动强度、保证工程质量、提高劳动生产率、加快施工进度、改善劳动环境与安全条件等重要的作用。随着建筑工业化、机械化的发展,机械化施工必将逐步代替繁重的体力劳动,机械设备的类型与数量必将逐渐增多,在施工中的作用也会愈来愈大。

建筑企业机械设备管理,是按照机械设备的特点,在施工生产活动中,解决好人、机械设备和施工生产对象的关系,使之充分发挥机械设备的优势,获得最佳的经济效益而进行的组织、计划、指挥、监督和调节等项工作。

建筑企业机械设备管理是企业管理的一个重要方面,要充分发挥施工机械的优越性,就必须加强机械设备管理;正确选择机械设备,合理使用、及时维修机械设备;采用先进的施工技术和科学的管理方法,不断提高机械设备的完好率、利用率;及时对现有设备进行技术改造和更新,不断提高机械化施工水平。这对保证施工质量,完成施工任务和提高企业经济效益都具有十分重要的意义。

机械设备管理的基本任务是:正确贯彻执行国家相关机械管理的方针、政策,采取一系列技术、经济、组织措施,对机械设备的计划、购置、使用、维护、修理、改造、更新、报废等全过程进行系统的综合管理,以获得寿命周期费用最经济,机械综合效能最高的目标。

机械设备管理的内容,包括机械设备运动的全过程,即从选择机械设备开始,经生产领域的使用、磨损、补偿,直至报废退出生产领域为止的全过程。机械设备运动的全过程包括两种运动形态:一是机械设备的物质运动形态,包括设备选择、进场验收、安装调试、合理使用、维护修理、更新改造、封存保管、调拨报废和设备的事故处理等。二是机械设备的价值运动形态,即资金运动形态,包括机械设备的购置投资、折旧、维修支出、更新改造资金的来源和支出等。机械设备的管理应是包含这两种运动形态的综合管理,前者一般称为机械设备的技术管理,后者称为机械设备的经济管理。因此,机械管理的具体工作内容应包括:正确选择和合理使用机械设备;做好机械设备的维护、保养、检查和修理工作;建立和健全机械设备管理制度;做好机械设备的更新改造工作;以及做好技术培训工作。

11.3.2 建筑企业机械设备的配备

1. 机械设备配备的原则

机械设备的配备包括使用形式的确定，机械规格、品种的选择，装备方法（大修、改造或替换）的选定，配备数量的计算和设备的配套等问题。由于建筑产品和建筑施工多变的特点，上述问题就变得十分复杂。但机械设备合理配备的总原则是既要满足施工的需要，又应保证使所有机械都能发挥最大效率，也就是既要满足技术要求，又要满足经济要求。

结合建筑企业生产的特点和我国建筑机械设备生产供应等条件，建筑企业机械设备的合理配置应具体考虑以下原则：

（1）贯彻机械化、半机械化和改良工具相结合的方针。因地制宜地采用先进技术和适用技术，以适用技术为主，形成多层次的技术装备结构。

（2）有重点、有步骤地优先装备非用机械不可的工程（如起重、吊装、打桩等）、不用机械难以保证质量和工期的工程（如大量土石方、混凝土浇捣等），以及其他笨重劳动工种（如装卸、运输等）。对于消耗大量手工劳动的零星分散作业，宜于发展机动工具。

（3）注意机械的配套。包含一个工种的全部过程和环节的配套，主导机械与辅助机械在规格、数量和生产能力上的配套两个方面。

（4）讲求实效，以经济效果为装备依据。要克服"大而全"、"小而全"的小生产经营思想，通过技术经济分析来确定机械装备的选型和数量，充分利用多种形式使用机械。此外，还要作好任务预测和技术发展预测，使机械装备既满足当前需要又适合长远要求。

2. 机械设备的选择

选择机械设备必须考虑设备本身的技术条件，经济条件，以及环保、节能与安全等条件。

（1）技术条件

技术条件是指机械设备对企业生产经营的适用性。主要有：

①生产效率：一般以单位时间内完成的产量来表示（也可以用速率、功率等技术参数表示）。原则上，设备的生产效率越高越好，但也要考虑企业的生产任务，避免设备负荷过低，利用率不高而造成浪费。

②耐用程度及可靠性：指机械设备在使用中是否坚固，零部件是否耐用，安全可靠以及机械设备的精度、准确度的保持性。可靠性常用可靠度表示，即在规定的时间内，在规定的使用条件下，无故障地发挥规定性能的概率。

③维修性能：指维修的难易程度，一般应结构简单，零部件组合合理、通用化和标准化程度高、有互换性，维修时易于拆卸检查等。

④能耗：能源（及材料）消耗的程度，指同一产出条件下的能耗数量。一般以机械设备单位开动时间的能源消耗量表示，也可以用单位产品能源消耗量表示。

⑤灵活性：指机械设备在运输、装拆、操作时的灵活程度。轻便、紧凑、多功能、拼装性强的机械，其工作效率就高。

⑥成套性：指设备的配套程度，即设备本身与其密切相关的设备之间的配套水平。设备配套是形成设备生产能力的重要条件。包括单机配套，机组配套，项目配套三类。

（2）经济条件

经济条件是指技术达到的指标同经济耗费的关系。主要有：

①原始价值：即最初的一次性投资，是最主要的指标。购置的机械除购置价格外，还应包括运输费、安装费等；企业自行研制的机械应包括研究、设计、试制、制造、安装、试验以及资料制作费等。

②使用寿命：即机械设备的有效使用期限。

③使用费用：即机械设备在使用过程中发生的经常性费用，包括使用时装拆、运输、保管、人工、能源消耗、经常性的维护保养和修理费等。

(3) 环保、节能与安全条件主要有：

①环保、节能：指机械设备对环境保护的影响，包括有害物质排放对环境污染的程度，噪声对周围环境的影响以及能源、用水量等方面的消耗等均应作为考虑因素。

②安全性：指生产时对安全的保证程度，对易发生人身事故的机械设备在选择确定时尤应慎重。

3. 机械设备的经济评价

机械设备的经济评价是指在机械设备选购时，通过几种方案的对比分析，选择理想的机械设备，即选购经济上最优的设备。通常有以下两种方法：

(1) 单目标决策法。

所谓单目标决策，就是假定在其他条件相同的情况下，选择其中一个标准作为决策目标的方法。这样可以使问题简单化，计算简便，方法有投资回收期法、年费用法、界限使用时间比较法等。

(2) 综合评分法。

单目标决策法虽然有的方法可以综合考虑部分机械设备的性能指标，但是不够全面。机械设备的优劣，表现为综合性能的高低，所以决策时应全面评价各项性能指标，以综合性能的优劣作为选择的标准。

综合评分法就是一种全面评价机械设备性能的决策方法。其基本做法是：选出机械设备的主要性能指标作为评价的范围，并根据多项指标对设备综合性能的影响程度分别确定其等级系数；对每项指标进行评分，然后以等级系数为各项指标的权数计算设备的综合得分；以综合分数的高低决策出应购置的设备。

11.3.3 建筑企业机械设备的使用

机械设备的使用管理是机械设备管理的基本环节。加强机械设备的使用管理，可以促使正确、合理地使用设备，减轻机械磨损，使机械设备保持良好的工作性能，延长机械设备的使用寿命，充分发挥机械设备的效率，以提高机械设备使用的经济效益。

1. 建立机械设备技术档案

机械设备技术档案是机械设备使用过程的技术性历史记录，机械设备技术档案提供了机械设备出厂、使用、维修、事故等全面情况，是使用、维修机械设备的重要依据。因此，在机械设备使用中必须逐台建立技术档案。机械设备技术档案的主要内容有：机械设备的原始技术文件，如出厂合格证、使用保养说明书、附属装置及易损零件图册等；机械设备的技术试验记录；机械设备的验收交接手续；机械设备的运转记录、消耗记录；机械设备的维修记录；机械设备的事故分析记录；机械设备的技术改造等相关资料。

2. 正确选用与合理部署机械设备

正确选用机械设备是机械使用管理的首要工作。机械设备的选用应遵循切合需要、实际可能、经济合理的原则。在建筑施工中，合理的部署机械设备，是发挥其效能的关键。因此在编制施工组织设计时，要根据工程量、施工方法、工程特点的需要，正确选用机械设备。同时要做好机械设备配套工作。另外还要给机械施工创造良好条件，在安排施工生产计划时，要给机械设备留有维修保养时间。

3. 建立健全规章制度

正确使用机械设备应建立以下几项规章制度：

（1）定机、定人、定岗位责任的三定制度。三定制度即人机固定，就是由谁操作哪台机械设备固定下来不能随意变动，岗位固定，责任分明。

（2）《操作证》制度。凡施工机械操作人员必须进行技术培训，经过考试合格，取得《操作证》者方可持证上岗。

（3）机械设备交接制度。新购入或新调入机械设备向使用单位或向操作人员交机时，或机械使用过程中操作人员发生变动时，或机械送厂大修及修好出厂时以及设备出、入库时，均应办理交接手续，以明确责任。

（4）机械设备大检查和奖惩制度。要定期对机械设备的管理工作和机械设备的使用、保养状态，进行检查、评比，通过评比、交流经验，表彰先进，发现问题，限期改进。

4. 严格执行技术规定

机械设备的技术规定主要包括：

（1）技术试验规定：新购置或经过大修、改装的机械设备，必须进行技术试验，以测定机械设备的技术性能、工作性能和安全性能。确认合格后才能验收，投入使用。

（2）磨合期规定：新购置或经过大修的机械设备，在初期使用时，工作负荷或行驶速度要逐渐由小到大，使机械设备达到完善磨合状态。

（3）寒冷地区使用机械设备的规定：建筑机械设备多数都是在露天作业，在寒冷地区如何使用好机械设备是一个重要课题。因为气温低风雪大，给使用机械设备带来许多困难和麻烦，如起动困难，磨损加剧，燃料润滑油料消耗增加，等等。如果防冻措施不当，机械设备不仅不能保证正常运转，而且还会冻坏机械，影响机械设备使用寿命，造成经济损失。

（4）保养规程和安全操作规程：任何机械设备都有其特定的使用要求、操作方法和保养程序，只有遵守这些规程才能发挥其效能，减少损坏，延长寿命。反之，轻者机械出故障，效率降低，重者机械设备损坏，影响施工生产，甚至还可能发生人身伤亡事故。

11.3.4 建筑企业机械设备的保养和维修

1. 机械设备的保养

机械设备的保养是指为了保持机械设备的良好技术状态，对机械设备进行的清洁、紧固、润滑、调整、防腐、检查磨损情况、更换已磨损的零部件等一系列活动。

机械设备的保养通常分为例行保养和定期保养两种。

（1）例行保养

机械操作人员或使用人员在上下班和交接班时间进行的保养工作称为例行保养，其基本内容是清洁、调整、紧固、润滑与防腐。

(2)定期保养

机械设备定期保养,是根据技术保养规程规定的保养周期,当机械设备运转到规定的工作台班或台时,就要停机进行保养,这种保养称为定期保养。

定期保养,是根据机械设备构造复杂程度和特性等因素,来划分保养等级和保养内容。常见一至四级保养的机械设备有:挖掘机、起重机(轮胎式起重机、履带式起重机)、推土机、压路机、自行式铲运机等。一至三级保养的机械设备有:汽车式起重机、汽车、塔式起重机、内燃机、空气压缩机等。一至二级保养的机械设备有:电动机、发电机(不包括内燃机)、拖车、柴油打桩机、机动翻斗车、混凝土搅拌机、电焊设备等。

除了上述的保养外,机械设备还有几种特殊的保养,如停放保养:指机械设备停用超过1个月以上,在使用前,必须进行1次相当于一级保养作业内容的检查、保养。走合期保养:新机械或经过大修的机械,按照机械设备走合期规定,由操作人员进行保养。换季保养:机械设备在入冬、入夏前进行的季节性保养,主要内容是更换适宜的润滑油和采取防寒降温措施。这些保养尽可能结合定期保养进行。

2.机械设备的修理

机械设备的修理,是对设备因正常的或不正常的原因造成的损坏或精度劣化的修复工作,通过修理更换已经磨损、老化、腐蚀的零部件,使机械设备性能得到恢复。

按照机械设备磨损规律,预防性地、分期分批地对已消耗磨损、变形、损坏、松动的零部件进行更换和调整,排除故障,使机械设备整旧如新的一系列作业活动称为修理。修理作业范围可以分为:日常修理、小修、中修和大修。

11.3.5 建筑企业机械设备的考核指标

机械设备的考核指标,是按机械设备的特点,应用数据比率来衡量机械设备管理工作效果的一种尺度。通过分析比较,能及时反映出机械设备的技术、经济状况,促进管理工作。常用的主要考核指标如下:

1.完好率

完好率是反映企业机械设备完好程度的指标。完好率的高低,反映该单位机械设备的技术状况,也反映机械设备维修、保养的状况。完好率的提高,表明在修时间减少,给机械设备充分利用提供了有利条件。完好率可以分为台数完好率、台时完好率、台班完好率和台日完好率等。建筑施工企业采用台日完好率,其计算公式为

$$台日完好率 = \frac{制度台数日 - 在修台数日 + 例假节日加班台数日}{制度台数日 + 例假节日加班台数日} \times 100\% \quad (11.3.1)$$

其中
$$台日数 = 台数 \times 天数$$
$$制度台日数 = 日历台日数 - 例假节日台日数$$
$$在修台日数 = 机械设备在修时的台日数之和。$$

2.利用率

利用率是反映企业机械设备利用程度的指标。利用率的提高,表明机械设备利用充分。利用率可以分为台时利用率、台班利用率和台日利用率。建筑施工企业采用台日利用率,其计算公式为

$$台日利用率 = \frac{制度台数日 - 停工台数日 + 例假节日加班台数日}{制度台数日 + 例假节日加班台数日} \times 100\% \quad (11.3.2)$$

其中　　　　　　　　　停工台日数＝机械设备非作业台日数之和。

3. 效率

效率是反映企业机械设备生产能力发挥程度的指标。效率的提高表明企业机械设备生产能力发挥充分。其计算公式为

$$效率 = 实际完成总产量/平均总能力 \tag{11.3.3}$$

实际完成总量，以实际统计数为准。以实物量为单位，如米、平方米、吨等。

4. 装备生产率

装备生产率是反映企业机械装备在施工生产中创造价值大小的指标，是企业完成年度工作量与机械设备净值之比。其计算公式为

$$装备生产率 = \frac{年度完成的总工作量(元)}{机械设备的净值(元)} \tag{11.3.4}$$

年度完成的总工作量可以按建筑企业全年完成的建筑安装工作量计算，机械设备净值可以按年末自有机械净值计算。

5. 技术装备率

技术装备率是反映企业机械设备装备程度的指标。技术装备率的提高，表明机械设备投资增加，其计算公式为

$$技术装备率 = \frac{机械设备净值总和}{企业人员总和} \tag{11.3.5}$$

6. 动力装备率

动力装备率是反映企业机械设备动力的指标。动力装备率的提高，表明机械设备动力增加，其计算公式为

$$动力装备率 = \frac{机械设备功率总和}{企业人员总和} \tag{11.3.6}$$

7. 万元产值维修费用

万元产值维修费用是从总工作量角度反映企业机械设备维修程度的指标（一般按年度计算）。这个指标降低，表明机械设备耐用、质量好、维修费用低和效率高，其计算公式为

$$万元产值维修费用 = \frac{维修费用总和}{完成总工作量} \tag{11.3.7}$$

8. 维修费率

维修费率是从机械设备总投资角度反映企业机械设备维修程度的指标（一般按年度计算）。这个指标降低，表明机械设备耐用、质量好、维修费用低，其计算公式为

$$维修费率 = \frac{维修费用总和}{机械设备原值之和} \times 100\% \tag{11.3.8}$$

9. 机械化程度

机械化程度是反映企业在建筑施工中用机械代替体力劳动程度的指标，机械化程度高，表明建筑施工机械化水平高。

（1）工种机械化程度

工种机械化程度也称为实物工程机械化程度，是指某工种工程完成的总量中机械完成量所占的比重。考核的工种工程主要有：土方工程、石方工程、结构吊装工程、混凝土搅拌、垂直运输和场内水平运输等。其计算公式为

$$某工种机械化程度 = \frac{某工种工程利用机械完成的实物量}{某工种工程完成的全部实物量} \times 100\% \quad (11.3.9)$$

(2) 综合机械化程度

各工种机械化程度，不能说明某项工程整个建筑施工的机械化程度。因而，必须要有一个衡量全面机械化程度的指标——综合机械化程度。综合机械化程度，就是各工种利用机械完成的实物工程量之和与全部实物工程量的百分比。但是，各工种的实物工程量的性质不同，计量单位各异，不能直接相加。为了解决这一问题，可以采用折算系数分别乘以各工种实物量，便可以进行运算。其计算公式为

$$综合机械化程度 = \frac{\sum(某工种利用机械完成的实物工程量 \times 相应折算系数)}{\sum(某工种完成全部实物工程量 \times 相应折算系数)} \times 100\%$$

$$(11.3.10)$$

11.3.6 建筑企业机械设备的更新和改造

1. 设备的磨损与补偿

磨损是设备陈旧落后的主要原因，有磨损就要有补偿。补偿有三种形式：修理、更新和改造。这三种方式采用哪种较好，就需要进行经济分析。

设备的磨损有两种形式：有形磨损和无形磨损。

(1) 设备的有形磨损

机械设备在力的作用下，零部件产生摩擦、振动、疲劳、生锈等现象，致使设备的实体产生磨损，称为设备的有形磨损。设备的有形磨损又分为：设备在使用过程中，由于各种力的作用，使零部件产生实体磨损，导致零部件的尺寸、形状和精度发生改变，直至损坏而产生的第Ⅰ种形式的有形磨损；及设备在闲置过程中，由于自然力的作用而生锈腐蚀，丧失了工作精度和使用价值而产生的第Ⅱ种形式的有形磨损。

当设备磨损到一定程度时，设备的使用价值降低，使用费用提高。要消除这种磨损，可以通过修理来恢复，但修理费用应小于新机器的价值。当磨损达到丧失工作能力时，即修理也不能达到恢复功能时，则需用更新的设备来代替原有的设备。

(2) 设备的无形磨损

所谓设备的无形磨损，是指由于科学技术进步而不断出现性能更加完善，生产效率更高的设备，使原有设备的价值降低，或者是生产同样结构设备的价值不断降低而使原有设备贬值。无形磨损也称为经济磨损。由于相同结构设备再生产价值的降低而产生原有设备价值的贬值，称为第Ⅰ种无形磨损。由于不断出现技术上更加完善、经济上更加合理的设备，使原设备显得陈旧落后，因此产生经济磨损，称为第Ⅱ种无形磨损。

在第Ⅰ种无形磨损形式下，设备的结构性能并未改变，但由于技术的进步，工艺的改善，成本的降低，劳动生产率不断提高，使生产这种设备的劳动耗费相应降低，而使原有设备贬值。但设备的使用价值并未降低，设备的功能并未改变，不存在提前更换设备的问题。第Ⅱ种无形磨损的出现，不仅使原设备的价值相对贬值，而且使用价值也受到严重的冲击，如果继续使用原有设备，会相对降低经济效益，这就需要用更新的设备代替原有设备。但是否更换，取决于是否有更新的设备及原设备贬值的程度。

2. 设备的寿命

由于磨损的存在，设备的使用价值和经济价值逐渐消逝，因而设备具有一定的寿命。根据对设备考察方面的不同，可以将设备寿命划分为以下几个范畴：

(1) 自然寿命

自然寿命也称物理寿命，是由有形磨损所决定的设备的使用寿命，指一台设备从全新状态开始使用，产生有形磨损，造成设备逐渐老化、损坏，直至报废所经历的全部时间。正确使用、维护保养、计划检修可以延长设备的自然寿命，但不能从根本上避免其磨损。任何一台设备磨损到一定程度时，必须进行修理或更新。

(2) 技术寿命

由于科学技术的迅速发展，不断出现比现有设备技术更先进、经济性更好的新型设备，从而使现有设备在物理寿命尚未结束前就被淘汰。技术寿命是指一台设备可能在市场上维持其价值的时间。也就是说一台设备开始使用到因技术落后而被淘汰为止所经历的时间，也称为设备的技术老化周期。技术寿命的长短主要取决于技术进步的速度，而与有形磨损无关。通过现代化改装，可以延长设备的技术寿命。

(3) 经济寿命

当设备处于自然寿命后期，由于设备老化，磨损严重，要花费大量的维修费用才能保证设备正常使用。因此，从经济性考虑，要对使用费用加以限制，从而截止自然寿命，这便产生设备经济寿命的概念。设备的经济寿命是根据设备使用成本最低的原则来确定的。所谓经济寿命，是指由设备开始使用到其年平均使用成本最低年份的延续时间长短。经济寿命既考虑了有形磨损，又考虑了无形磨损，设备的经济寿命是确定设备合理更新期的依据。一般说经济寿命短于自然寿命。

(4) 折旧寿命

折旧寿命亦称为会计寿命，即计算设备折旧的时间长度，由国家财政部规定的固定资产使用年数来确定。

3. 设备更新

(1) 设备更新的概念

设备更新是指用技术性能更完善，效率更高，经济效益更显著的新型设备替换原有技术上不能继续使用，或经济上不合算的陈旧设备。进行设备更新是为了提高企业技术装备现代化水平，以提高工程质量和生产效率，降低消耗，提高企业竞争力，获得较高的经济效益。机械设备更新的形式分为原型更新和技术更新。

原型更新又称为简单更新，是指同型号的机械设备以新换旧。机械设备经过多次大修，已无修复价值，但尚无新型设备可以替代，只能选用原型号新设备更换已陈旧的设备以保持原有生产能力，保证设备安全运行。

技术更新是指以结构更先进、技术更完善、效率更高、性能更好、能源消耗更少的设备来代替落后陈旧的设备。技术更新是企业实现技术进步的重要途径。

(2) 设备合理更新期的确定

随着科学技术的飞速发展，技术寿命、经济寿命往往大大短于设备的自然寿命。依靠高额的使用费来维护设备的寿命，在经济上是不合理的。因此设备更新时，既要考虑到设备的自然寿命，也要考虑设备的技术寿命和经济寿命，来确定合理的最优更新期。

常用的方法有：

①低劣化数值法

假定设备经过使用之后其残值为零，并以 K_0 代表设备的原始价值，T 代表已使用的年数，则每年的设备费为 $\dfrac{K_0}{T}$。随着 T 的增长，按年平均分摊的设备费不断减少。但设备使用时间越长，设备的有形磨损和无形磨损越加剧，设备的维护修理费用及燃料、动力消耗越增加，这称为设备的低劣化。若这种低劣化每年以 λ 的数值增加，则第 T 年的低劣化数值为 λT，每年的平均低劣化数值为

$$\frac{\lambda + 2\lambda + 3\lambda + \cdots + \lambda T}{T} = \frac{T+1}{2}\lambda$$

逐年平均总费用为

$$Y = \frac{T+1}{2}\lambda + \frac{K_0}{T}$$

若使设备费用最小，则令

$$\frac{dY}{dT} = 0$$

得

$$T = \sqrt{\frac{2K_0}{\lambda}} \qquad (11.3.11)$$

例 11.3.1 某设备的原始价值为 8 000 元，设备的维护修理费、燃料动力消耗费等随设备使用时间的延长，每年以 320 元的速度增加，则最优使用期 $T = \sqrt{\dfrac{2 \times 8\,000}{320}} \approx 7$ 年，即设备的最优更换期为 7 年。

如果逐年加以计算，也可以得到同样的结果。计算如表 11.3.1 所示。

表 11.3.1　　　　　　　　　　设备最优更新期计算表

使用年限 T	年平均设备使用费用 $\dfrac{K_0}{T}$/元	年平均低劣化值 $\dfrac{\lambda(T+1)}{2}$/元	年平均总费用 Y/元
1	8 000	320	8 320
2	4 000	480	4 480
3	2 667	640	3 307
4	2 000	800	2 800
5	1 600	960	2 560
6	1 333	1 120	2 453
7	1 143	1 280	2 423
8	1 000	1 440	2 440
9	889	1 600	2 489

由表 11.3.1 可见，第 7 年的年平均总费用最低，为 2 423 元，即设备的最优更新期为 7 年。这里，设备最优更新期的计算没有考虑资金的时间价值。在实际生产过程中，往往需

要考虑资金的时间价值，假定一个利率，作适当修正。具体计算请读者练习完成。

②最小年费用法

若机械设备的低劣化值每年不是以等值 λ 增加，而是变化的，各年均不相等，则应采用最小年费用法，计算设备的合理更新期。

4. 设备的改造

为了更快的改变机械设备老旧的面貌，提高机械化施工水平，对现有的机械设备，既要采取以新换旧，还要改旧变新，即对老旧的设备进行改造。

机械设备改造分为简单改装和现代化改装两种形式。简单改装是通过改装扩大或改变设备的容量、功率、体积和形状，以满足产量或加工的要求。这种设备简单改装可以充分利用现有设备，减少新设备购置费，节省投资，但不能提高设备现代化水平，不能实现企业的技术进步。设备现代化改装是应用现代化的技术成就和先进经验，根据生产的具体需要，改变旧设备的结构，或增加新部件、新装置和新附件，以改善旧设备的技术性能与使用指标，使改装后的设备局部达到或全部达到目前生产的新设备的水平。这种现代化改装可以使原设备提高加工质量和生产效率，降低消耗，全面提高经济效益。加强设备的现代化改装，是快速、经济、有效的更新改造方式。

设备现代化改装是对现有企业技术改造的有效措施，在技术上能克服现有设备技术落后的状态，促进设备的技术进步，扩大设备生产能力，提高设备质量。在经济上也是优越的，因为改装是在原有设备的基础上进行的，原有设备的许多零部件可以继续使用，因此所需投资往往比用新设备要少。同时，现代化改装有很大的针对性和适应性，能适应生产的具体要求，在某些情况下，其适应性程度甚至超过新设备，某些技术性能达到或超过现代新设备的水平。由此可见，设备现代化改装较设备更新更具有现实意义。设备现代化改装并不是在任何情况下都能做得到的。当出现一种新的工作原理、一种新的加工方法时，这种先进的原理和方法用原有设备改装，改装量太大，很不经济，因此采用设备更新的办法，用一种新的设备来代替原有设备更为经济些。

§11.4 建筑企业材料管理

11.4.1 建筑企业材料管理的意义与任务

1. 建筑企业材料管理的意义

建筑企业的材料管理，是指运用科学的管理方法，对企业生产过程中所需劳动对象的供应、管理和使用进行合理的组织、调配与控制，以最低的费用，适时、适量、按质地供应所需材料，保证企业生产任务顺利完成的管理工作。这项工作贯穿于材料采购与使用的全过程。

建筑企业施工生产的过程，同时也是材料消耗的过程，材料是企业生产要素中价值量最大的组成要素。因此，加强材料的管理是建筑企业生产管理的重要组成部分。由于建筑生产的技术经济特点，使得建筑企业的材料供应管理工作具有一定的特殊性和复杂性，这表现为：供应的多样性、多变性，消耗的不均匀性，带来季节性储备和供应问题，并且要受运输方式和运输环节的影响与牵制。因此，材料管理工作直接影响到企业的生产、技术、财务、劳动、运输等方面的活动,对企业完成生产任务,满足社会需要和增加利润起着重要作用。加强材料管理是改善企业各项技术经济指标和提高经济效益的重要环节。

2. 建筑企业材料管理的任务

(1) 预测分析市场需求

市场需求的预测分析是材料管理的首要任务。企业要根据本身的生产能力、施工生产计划、市场信息等,对材料的市场供求变化、发展趋势、品种的更新换代进行预测和分析。

(2) 合理制定材料供应计划

为了保证施工生产用料按质、按量、适时、配套、经济合理地供应,必须合理制定材料供应计划,搞好综合平衡。

(3) 搞好流通以加速周转

缩短材料流通时间,加快周转速度,能相对地减少材料在途和在库的数量,从而减少储备资金的占用,减少利息支出,降低材料保管损耗和费用。

(4) 降低消耗和监督使用

要合理地节约使用原材料,不断提高材料综合利用率,防止损失浪费。要制定合理的材料消耗定额和节约材料的技术组织措施,严格实行定额供料、包干使用、余料回收、节约奖励。同时要加强仓库和现场材料管理,减少储备过程的损失。

(5) 加强核算以降低费用

在材料管理的全过程中,要树立经济核算观点,讲究经济效益,降低采购成本。物资供应部门掌握着企业一半以上的生产经营资金,是企业开展经济核算的重点,要建立健全各项规章制度,以确定经济责任,在不断提高经济效益的基础上,合理地分配经济利益,并不断地提高材料管理水平。

11.4.2 材料储备定额与材料消耗定额

1. 材料储备定额

(1) 材料储备定额的含义

建筑材料在施工中逐渐地被消耗并转化成工程实体的组成部分,而各种材料的供应却是间断、分批进场的。为解决这个矛盾,企业就必须建立一定的储备。储备过多会造成积压、影响企业资金的周转,储备过少又不能保证生产的正常运行。因此材料的储备应有一个合理的界限,这个合理的储备界限就是储备定额,即:在一定的生产技术和组织管理条件下,为保证企业施工生产的正常需要而建立的必要的材料储备的数量标准。

(2) 材料储备定额的作用

①材料储备定额是编制材料供应计划,组织采购加工订货的重要依据。

②有了储备定额,才能掌握库存储备,使企业的库存材料经常保持在合理的水平。

③储备定额是企业编制资金使用计划的重要依据之一。储备定额合理与否直接影响到占用流动资金的大小和周转快慢,影响到企业经营成果的好坏。

④储备定额是确定仓库面积、保管设备以及仓库定员的依据。

(3) 材料储备定额的计算

确定材料储备定额,要依据两个原则:储备数量能够满足施工生产需要,并且储备量应该是最低限度的。

建筑企业的材料储备定额,由经常储备和保险储备组成,某些材料如砂、石、砖、瓦等大堆材料,在某些地区因受季节性生产、运输等自然条件的影响,还需要建立季节性储备。

①经常储备定额

经常储备是指在正常情况下材料的储备。所谓正常情况,即前后两批材料进货的间隔时间内不发生意外事故。在这种条件下,每批材料进货时,储备量最高;随着材料消耗,储备量随时间逐步减少;到下一次进货前夕,储备量降到零。然后,再补充进货、再消耗、再进货,如此循环,周而复始。经常储备定额,就是指每一次进货时的储备量。

在经常储备中,每一次进货时的储备量称为最高储备量,每一次进货前夕的储备量称为最低储备量,二者的算术平均值称为平均储备量,两次进货的时间间隔称为供应间隔期。经常储备的循环过程如图 11.4.1 所示。

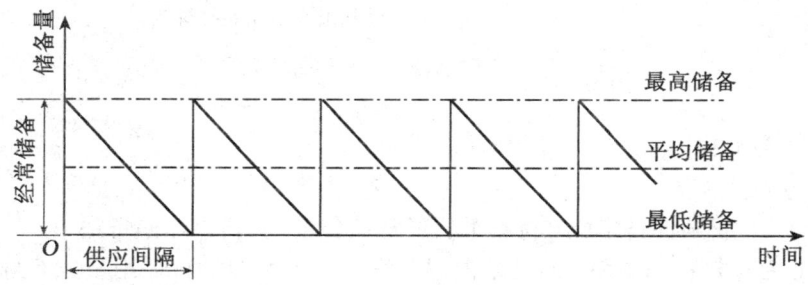

图 11.4.1　经常储备的循环过程图

经常储备定额通常按供应间隔期计算法确定,即用平均供应间隔期和平均日耗量计算,经常储备定额计算公式为

$$C_j = T_g H_r \tag{11.4.1}$$

式中:C_j——经常储备定额;
　　　T_g——平均供应间隔期;
　　　H_r——平均日耗量。

②保险储备定额

在材料供应工作中,经常因为采购、运输等原因造成供应误期,或实际消耗加快的现象。出现这种情况时,经常储备显然无法满足需要,必须建立一定量的保险储备。所谓保险储备,就是为防止异常情况造成待料而建立的储备。

保险储备一般确定为一个常量,无周期性变化,正常情况下不动用,只有出现意外情况致使经常储备中断时才动用。保险储备的数量标准就是保险储备定额。保险储备与经常储备的关系如图 11.4.2 所示。

保险储备定额又称为最低储备定额,保险储备定额加经常储备定额又称为最高储备定额。保险储备定额通常按平均误期天数法制定。其计算公式为

$$C_b = T_w H_r \tag{11.4.2}$$

式中:C_b——保险储备定额;
　　　T_w——平均误期时间;

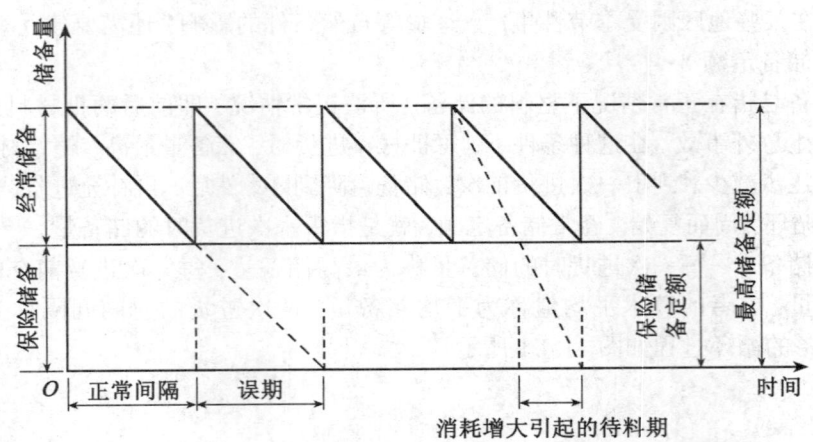

图 11.4.2 保险储备与正常储备的关系图

H_r——平均日耗量。

③储备定额的确定

$$\text{材料储备定额} = \text{材料平均经常储备量} + \text{材料保险储备量} \quad (11.4.3)$$

由于企业库存材料的领用,通常是根据工程施工进度的每日耗用量成有规律递减。在确定材料经常储备定额时,不必按到货期的最高储备计算,通常按库存材料的最大值和最小值平均计算,或以 $\dfrac{\text{期初}+\text{期末}}{2}$ 计算,因此在确定企业某种材料储备定额时可以按"材料经常平均储备量+材料常年保险储备量"计算。

④季节性储备定额的确定

季节性储备定额是指某些材料的资源因受季节性生产、供应的限制而建立的一种储备。如某些农副产品必须在收获季节采购储备,某些砂石材料因受洪、冻季节的影响需提前备料等,这种临时增加的储备,只限于某些特定材料,一般材料不需作季节性储备。

$$\text{季节性材料储备定额} = \text{季节性材料储备天数} \times \text{平均每日消耗量} \quad (11.4.4)$$

2. 材料消耗定额

(1) 材料消耗定额的含义

材料消耗定额是指在一定的生产技术组织条件下,完成单位产品或某项工程所必须消耗的材料数量。所谓一定的生产技术组织条件,就是指先进合理的生产技术组织条件,即在既定的工程对象和结构性质情况下,采用先进合理的施工工艺方法、操作技术水平以及组织管理水平所消耗的材料数量。

(2) 材料消耗定额的作用

①材料消耗定额是编制材料计划,确定材料供应量的依据。
②材料消耗定额是加强经济核算、考核经济效果的重要手段。
③认真执行材料消耗定额是增产节约的重要措施。
④材料消耗定额是开展竞赛评比条件的标准。

(3) 材料消耗定额的种类

建筑工程中使用的材料定额有预算定额、施工定额两类。

①材料消耗预算定额。材料消耗预算定额是建筑工程预算定额的组成部分，是按单位分部工程、分项工程来计算和确定的。这类定额的项目比概算定额细，是用来编制工程预算、施工计划、材料需用量、申请和供应计划的依据，也是完工后办理材料结算的依据。这类定额是建筑企业材料管理中使用的主要定额。

②材料消耗施工定额。材料消耗施工定额是建筑工程施工定额的组成部分，其内容与预算定额相同，但更为细致和具体。施工定额是用来编制作业计划，下达任务书、进行工料分析、限额领料、考核工料消耗的依据。

(4) 材料消耗定额的构成

建筑工程的材料消耗由以下三个部分组成：

①直接构成工程实体的物资消耗。

②工艺性损耗。由两个因素构成：一是在加工准备过程中产生的损耗，如端头短料、边角余料等；二是在施工过程中产生的损耗，如砌墙、抹灰时的掉灰等。这类损耗是不可避免的，但随着科学技术的进步和工艺的改善，能够减少到最低限度。

③非工艺性损耗。这是由于废品、次品、不合格品产生的消耗；运输保养不善而带来的损耗；供应条件不符合要求而造成的损失；以大代小，优材劣用等其他原因造成的损耗。这种损耗是很难完全避免的，有的还不是建筑企业本身原因造成的，因此应充分考虑。

上述材料消耗中，①、②部分即构成材料的工艺消耗定额。施工定额就属于这一类。加上非工艺性损耗，即构成材料综合消耗定额，这种定额又称为材料供应定额，预算定额就属于这一类。从以上分析可以看出，企业要降低材料消耗，就要在降低工艺性损耗和非工艺性损耗上下功夫。

材料消耗定额可以采用统计分析法、试验法、技术计算法、实际测定法、经验估算法等方法来制定。在实际工作中，通常是把上述几种方法结合使用。一般地，主要材料耗用定额的制定应以技术计算法为主，同时考虑必要的生产经验和统计资料来补充和修正；辅助材料消耗定额的制定可以根据不同情况分别采用现场测定法和经验估算法。

11.4.3 材料计划的分类与编制

1. 材料计划的分类

材料计划是指根据施工生产对材料供应的要求以及市场供应情况而编制的各类计划的总称。在市场经济条件下，掌握市场供求信息，搞好市场的预测和分析，预测建设材料在一定时期的供求变化及其发展趋势，已成为编制材料计划的重要依据，材料计划工作可以避免材料采购供应中的盲目性，有利于降低材料采购成本，改善企业经营，提高企业的竞争能力。

(1) 材料计划按用途可以分为：

①材料需用计划：是指建筑企业根据工程合同、生产任务、设计图纸、技术资料和实际需要而编制的计划。

②材料供应计划：是企业各级材料部门，根据材料供应与管理的分工，把基层生产用料单位提出的单位工程各项材料需要计划，按使用方向进行汇总，经企业物资供应部门综合平衡后作出申请订购、采购加工、利库挖潜等供应措施与进货时间安排的计划，是组织、

指导材料供应与管理业务活动的具体行动计划。

③材料申请计划：是企业向国家、地方或业主申请材料而编制的计划。一般在国家预算拨款项目和发包单位自行供货的情况下编制。

④材料订货计划：是指为了委托厂矿企业代为加工产品或参加订货会议与生产厂矿签订产品供货合同而编制的计划。

⑤材料采购计划：是为了给采购人员向市场相关工商企业、乡镇企业联系，据以进行材料采购而编制的计划。

(2) 材料计划按计划周期可以分为：

①年度材料计划：是年度各项材料的全面计划，是全面指导供应工作的主要依据。在实际工作中，由于材料计划编制在前，施工计划安排在后，因此，编制年度材料计划，是十分粗略的。在执行过程中，当施工任务逐步明确，技术资料及条件逐渐完善时，要注意对年度计划的调整。

②季度材料计划：是年度计划的具体化，也是适应情况变化而进行的一种平衡调整计划。

③月度材料计划：是基层单位月份内计划施工生产、用料的计划，也是物资部门组织配套供应，安排运输、控制使用、进行管理的行动计划。月度材料计划是企业材料供应与管理活动中的重要环节。月计划要求全面、及时、准确，由基层用料单位根据施工作业计划，以单位工程为对象，对各工程分部分项逐项核算汇总编制。

④旬材料计划：是月度材料计划的调整和补充性计划。由基层施工单位编制，上报公司物资供应部门作为直接供料的依据。

2. 材料需用计划的编制

需用计划一般按材料的使用类型分为：建筑工程施工用材料需用计划、经营维修材料需用计划、技术改造材料需用计划、脚手架及工具性物资需用计划等。

建筑工程施工用材料需用计划可以采用直接计算法编制。直接计算法的一般计算公式为

$$计划需用量 = 计划实物工程量 \times 消耗定额 \qquad (11.4.5)$$

计划实物工程量是按预算方法计算的在计划期应完成的分部分项工程实物工程量。消耗定额根据计划的用途，分别选用预算定额或施工定额：如果计划用于向上级主管部门申请计划分配材料，或甲乙双方结算材料价款，应选用预算定额；如果计划用于企业内部限额领料及承包等，则应选用施工定额。

建筑企业材料管理工作中，经常将按预算定额编制的材料需用计划和按施工定额编制的材料需用计划加以对比分析，即"两算"对比，用以掌握企业材料预算收入和计划支出量的差异，考核其消耗水平。

3. 材料供应计划的编制

材料供应计划是在材料需用计划的基础上，根据库存材料和储备要求，用平衡原理计算材料实际供应量的计划。通过编制计划，可以明确计划期内材料供应管理工作的主要任务和方向，发现材料供应管理工作中的薄弱环节，从而采取切实可靠的措施，更好地保证正常施工需要和降低材料费用。

材料供应量按下式计算：

材料供应量=材料需用量+期末储备量−期初库存量−计划期内可利用资源　　（11.4.6）

材料需用量为材料需用计划确定的材料数量，采用材料需用量计划中的总量。

期末储备量为计划期期末的材料储备，也就是下一次计划期的期初储备量，这个储备量必须保证正常情况下两次进货间隔期的消耗及必要的意外消耗。如果下一次计划期初正好遇上季节性停货，则应建立必要的季节储备。

期末储备量可以按下面公式计算

$$期末储备量=经常储备+保险储备 \quad (11.4.7)$$

或

$$期末储备量=经常储备+保险储备+季节储备 \quad (11.4.8)$$

期初库存量为计划期初仓库实际拥有的储备量，因为计划一般都需提前编制，所以编制计划时期初库存量还是一个未知数，要进行估算。

期初库存量估算公式为

期初库存量=编制计划时的实际库存+至期初的预计到货量−至期初的预计消耗量

　　　　　　　　　　　　　　　　　　　　　　　　　　　　　　　　（11.4.9）

期初库存量一定要预计准确，否则会影响供应量而给施工生产带来损失。一方面，应深入调查研究，了解订货、发货、在途货物的情况；另外，要根据进度计划估计消耗量。

计划期内可利用资源包括呆滞积压材料的加工改制利用、废旧物资的修复利用、工业废渣利用等可利用资源。

4. 材料供应计划的实施

材料供应计划的编制仅仅是材料管理工作的开始，更重要、更大量的工作是组织计划的实施，即执行计划。主要工作有以下几方面：

(1) 做好材料的申请、订货采购工作。使企业所需的全部材料从品种、规格、数量、质量和供应时间上都能按供应计划得到落实，不留缺口。

(2) 做好计划执行过程中的检查工作。检查的内容有：订货合同、运输合同的执行情况；材料消耗定额的执行和完成情况；材料库存情况和材料储备资金的执行情况等。检查方法主要是利用各种统计资料，进行对比分析，以及深入现场进行重点检查。通过及时检查，发现问题，找出计划中的薄弱环节，及时采取对策，以保证计划的实现。

(3) 加强日常的材料平衡和调剂工作。要相互支援、串换，以便解决急需，调剂余缺，保证施工。

此外，在材料计划执行终了，还应对供应计划执行情况进行全面检查，对计划申请采购量与到货量、计划需要量与实际消耗量、上期库存量与本期库存量进行比较，并对计划执行的准确程度进行全面分析，以求改进供应计划的编制工作。

11.4.4　材料采购的原则及方式

1. 材料采购原则

材料采购占用大量资金，采购的材料价格高低、品质优劣，都对企业经济效益起着重大作用。材料采购必须遵循以下原则：

(1) 执行采购计划。采购计划是采购工作的行动纲领，要加强计划观念，按计划办事，必须消除采购工作中的盲目性。

(2) 加强市场调查，收集经济信息，熟悉掌握市场价格，讲求经济效益。每次材料采购，尽量做到货比三家，对批量大、价值高的材料采购可以采用公开招标办法，降低采购成本。

(3) 遵守国家关于市场管理的政策法规，遵守企业采购工作制度，不做无原则交易，不违反财经纪律。

(4) 提高工作效率，讲求信誉，及时办理经济手续，不拖欠货款，做到物款两清，手续完备。

2. 材料采购方式

材料采购一般有以下几种方式：

(1) 自由选购。对于市场上随时都能购买到的材料，需方可以在市场和生产厂家中自由选购。

(2) 合同订购。对于消耗量大，须提前订货的材料，一般应签订购销合同。用合同的方式把供需关系固定下来，保证供应。

(3) 固定订货。对于消耗量特别大，需求稳定的材料，可以向生产厂家投资联营，包销部分产品，从而使企业拥有稳定的材料来源。

(4) 委托代购。企业由于采购的力量不足，可以委托生产资料服务公司代购所需材料，并付一定的代购费。

(5) 加工订购。如果企业所需材料规格特殊，市场无货源供应，就需加工订购。即委托外单位按要求加工而获得特殊物资的一种订购方式。

3. 材料订购时间和订购批量的确定

采购材料的订购时间、订购批量与库存量有直接关系。订购的时间过早或订购批量过大，会造成库存积压；订购时间过迟或订购批量过小，则会形成供应中断。材料采购决策的内容之一，就是要选择恰当的订购时间和订购批量。主要有下面两种方法。

(1) 定量订购法。即库存的材料消耗到一定量时，就组织订购的方法。采用这种方法，订购批量固定不变；订购时间随仓库材料消耗的快慢而变化，只需要库存降到一定数量就立即组织订购。组织订购时的库存量称为订购点库存量，简称订购点。

如图11.4.3所示，随生产的进行，库存材料逐渐消耗，当达到订购点 A 时，就立即以经常储备为批量组织订货；所购材料在 B 点时到货入库，此时库存又升至最高储备 C 点，以此循环。订购期是指提出订货至到货的时间，包括办理订货手续、运输、加工、验收入库等所需的时间。

①订购点 A 的确定

理想情况下，即材料平均需要量和供应情况不发生任何意外的情况下，订购点 A 为一批材料的订购时间与材料平均需要量的乘积。

若实际需要量超过理想平均需要量，或当采购到货时间超过预定时间时，材料供应则会出现中断，这在施工中是不允许的。这时我们必须建立保险储备，订购点 A 则改为理想情况下的订购点加保险储备量。

②经济订购批量的确定

经济订购批量是指某种材料的订购费用和仓库保管费用之和最低时的订购批量。

订购费用是指使某种材料成为企业库存的相关费用，主要包括采购人员的工资、差旅费、采购手续费、检验费等。材料订购费用通常随材料订购次数的增加而增加；当需要量

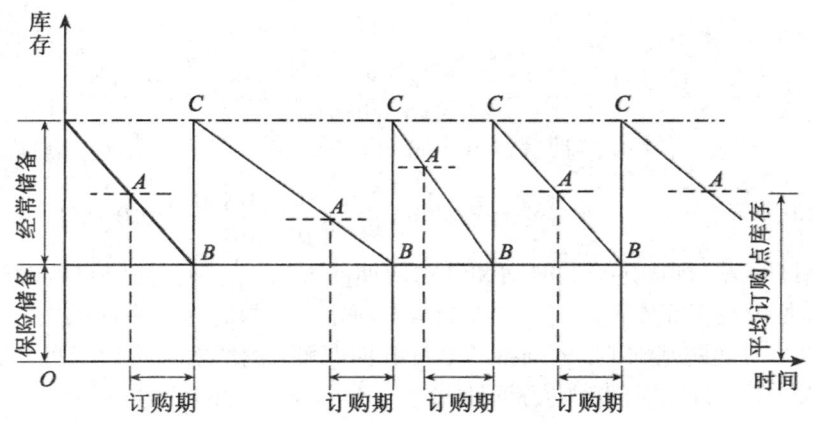

图 11.4.3 定量订购示意图

一定时,订购费用随订购批量的增加而减少。

仓库保管费用是指材料在库或在某一场所需要的一切费用,主要包括库存材料占用流动资金的利息、仓库管理费、库存材料在保管过程中的损耗、以及库存材料由于技术进步而造成的贬值等。仓库保管费用通常随库存量的增加而增加,即与订购批量成正比。

订购批量与订购费用、仓库保管费用、总费用的关系可以用图 11.4.4 表示。

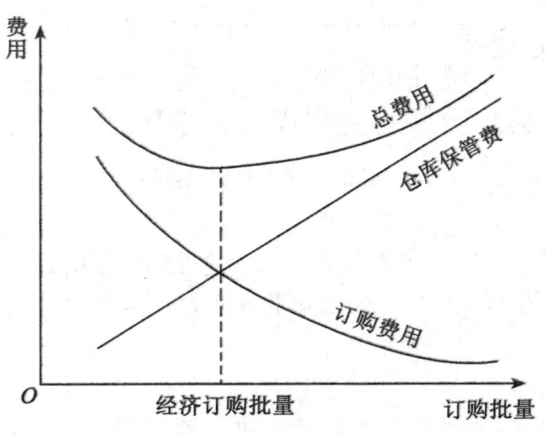

图 11.4.4 订购批量与费用关系图

假设全年某种材料的需要量为 R,该材料的单价为 P,每次订购费用为 A,单位材料年度库存保管费率为 I,每次订购批量为 Q,年度总费用 $T=$ 年度订购费用+年度仓库保管费用,即

$$T = \frac{R}{Q} \cdot A + \frac{PQ}{2} \cdot I$$

要使年度总费用最小,令

$$\frac{dT}{dQ} = 0$$

则
$$Q = \sqrt{\frac{2RA}{PI}}$$

即
$$经济订购批量 = \sqrt{\frac{2 \times 年需要量 \times 每次订购费用}{材料单价 \times 仓库保管费率}} \quad (11.4.10)$$

例 11.4.1 某公司年需要某种材料 10 000 件，每次订购费为 200 元，仓库保管费率为 10%；假设材料单价为 10 元，则经济订购批量 = $\sqrt{\frac{2 \times 10\ 000 \times 200}{10 \times 10\%}}$ = 2 000 件。

（2）定期订购法。即固定订购时间和订购周期的方法。这种方法是订购时间和周期固定不变，订购批量视实际库存而定，如图 11.4.5 所示。订购周期取平均供应间隔期，订购时间在每期进货时间的基础上，向前推一个订购期即可。例如按进货周期每月 20 日进货，订购期为 8 天，那么订购时间就应为每月 12 日。

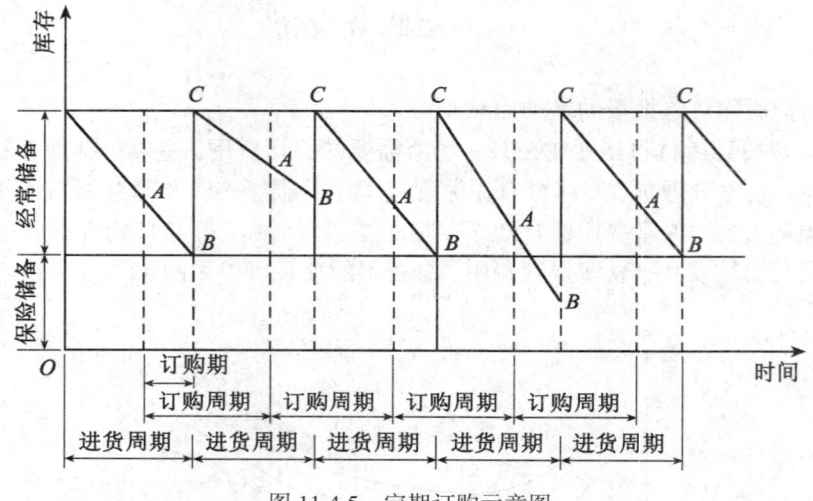

图 11.4.5 定期订购示意图

如图 11.4.5，在订购时间时，库存量为 A 点，进货时库存量消耗至 B 点，经补充库存又回到最高储备 C 点。从图 11.4.5 中可知订购批量即为 C 点和 B 点的差。

11.4.5 材料验收

材料验收是指对工程项目所需材料的特性进行诸如测量、检查、试验、度量，并将结果与规定要求相比较，以确定每项特性合格情况所进行的活动。材料受各种因素的影响，随时会发生变化，这种变化只有通过检验才能发现。因此，材料验收是材料管理中重要的一环。

建筑企业物资部门进行材料验收的意义是：

(1) 通过严把验收关，把不合格材料拒之于门外，保证入库材料都是合格品。

(2) 通过材料验收发现问题，分清责任，及时处理，减少经济损失。

(3) 通过材料验收和自检，摸清材料状况，有针对性地采取养护措施，有利于材料保管。

(4)通过材料检验,严把质量关,不合格品不能进行加工和使用,以确保工程质量。
(5)通过材料检验增强职工的质量意识和质量责任感,提高质量管理的自觉性。
(6)材料的验收是划清企业内部和外部的经济界限,防止进料中的差错事故和因供应单位、运输单位的责任事故造成企业不应有的损失。

11.4.6 材料保管

1. 材料仓库保管
(1)保管的意义

材料保管直接关系到库存材料的数量完整和质量良好程度,直接关系到材料、仓储设施和人身的安全。如果材料保管不善,使材料缺失、变质或损坏,就会造成经济上的损失。这种损失绝不仅限于材料本身的价值,有时会直接影响工程用料的供应,由于库存材料因质量问题不能使用,需要重新采购,这有可能造成停工待料,其间接经济损失是难以计算的,特别是由于材料保管失误或管理失控,引起燃烧爆炸,酿成重大事故时,不但会造成巨大的财产损失,还可能造成人身伤亡。另外,如果在材料保管中,由于某种原因使材料质量下降,而又未能及时发现,把不符合要求的材料用在工程上,会直接影响工程质量,后患无穷。所以加强材料保管是仓储管理的一项重要任务,必须予以高度重视,要投入必要的人力和物力,以确保材料保管质量和工程质量。

(2)料位的编号与分配

建筑企业所建材料仓库多为综合性仓库,库存材料的数量不是太大,但规格品种繁多,如何使库存材料存放秩序有条不紊,主要措施就是加强料位管理。其主要内容是料位编号和料位分配。

1)料位编号

对保管场所的料位进行统一编号,是建立良好保管秩序的有效措施。料位编号一般多采用"四号定位"法,即用4个号码确定一个货位。这4个号码是:库号(库房或料场分区代号);架号(料架或料垛代号);层号(料架或料垛层次代号);位号(料架或料垛各层内料位代号)。"四号定位"法的应用给仓库材料收发及查点作业带来很大方便。

2)料位分配

对每个料位分配适当的用途称为料位分配。其分配方式有两种,即固定料位和自由料位。

①固定料位。严格规定每一个料位只能存放某一品种、规格的材料,即使该料位空闲,也不能存放其他材料。其主要优点是收发查点时容易寻找。可以提高作业效率,减少收发差错。其缺点是料位不能被充分利用,影响储存能力。

②自由料位。亦称随机料位,每个料位只要空闲,均可以存放任何材料。其优缺点与固定料位正好相反,即能充分利用料位,但收发查点不便。

在实际应用中,固定料位和自由料位都有一定的局限性,通常是根据实际需要将两种方式结合运用。对规格品种多、数量少、体积小的物品采用固定料位,使用料架进行保管;而对单一品种、大批量的物料,可以就地堆垛,采用自由料位。这样就能充分发挥两种方式的优点。

2. 施工现场材料保管

(1) 现场保管的任务

现场材料管理是指工程施工期间及其前后的全部材料管理工作，包括施工前物资的准备，施工中组织供应，工程竣工后的盘点回收、报耗、物资转移等内容。

现场材料管理的好坏是衡量建筑安装企业管理水平和实现文明施工的重要标志。同时，现场材料管理工作对于保证工程进度、提高工程质量、合理使用原材料、降低工程成本、提高劳动生产率乃至安全生产，都有十分重要的意义。

施工现场材料保管的任务是：

①全面规划。做好施工现场材料管理规划，设计好总平面图，做好预算，提出现场材料管理目标。

②计划进场。按施工进度计划组织材料分期分批进场，既要保证需要，又要防止过多占有存储场地，更不能形成大批工程剩余。

③严格验收。按照各种材料的品种、规格、质量、数量要求，对进场材料进行严格检查、验收，并按相关规定办理验收手续。

④合理存放。按施工总平面图要求存放材料，既要方便施工，又要保证道路畅通，在安全可靠的前提下，尽量减少二次搬运。

⑤妥善保管。按照各种材料的自然属性进行合理码放和储存，采取有效的措施进行保护，数量上不减少，质量上不降低使用价值。要明确保管责任。

⑥控制领发。按操作者所承担的任务对领料数量进行严格控制。

⑦监督使用。按规范要求和施工使用要求，对操作者手中的材料进行检查，监督班组合理使用，厉行节约。

⑧准确核算。用实物量指标对消耗材料进行记录、计算、分析和考核，以反映实际消耗水平，改进材料管理工作。

(2) 施工前现场材料保管的准备工作

①调查现场环境。包括：工程概况，工程合同的有关现场规定，工程地点及周围已有建筑、交通道路、运输条件、施工方案、施工进度计划、主要材料、机具、构件需用量，临时建筑及其用料情况，等等。

②参与施工平面使用规划。尽量使材料存放场地接近使用地点，以减少二次搬运和提高劳动效率；存料场地及道路的选择不能影响施工用地，避免倒运；存料场地应能满足最大存放量；露天料场要平整、夯实、有排水设施；现场临时仓库要符合防火、防雨、防潮、防盗的要求；现场运输道路要符合道路修筑要求，循环畅通，有周转余地，有排水措施。

(3) 施工过程中的现场材料保管

①建立健全现场材料管理责任制。项目经理全面负责，划区划片，包干到人，定期组织检查和考核。

②加强现场平面管理。要根据不同施工阶段材料供应品种和数量的变化，调整存料场地，减少搬运，方便施工。

③有计划地组织材料进场。要掌握施工进度，搞好平衡，及时提供用料信息，按计划组织材料进场，保证施工需要。

④保持存料场地整齐清洁。各种进场材料构件要按照施工总平面图堆放整齐，做到成

行、成线、成垛、成堆，经常清理、检查。

⑤认真执行现场材料收、发、领、退、回收管理标准，建立健全原始记录及台账，定期组织盘点，抓好业务核算工作。

⑥严格进行使用中的材料管理，采取承包和限额领料等方式，监督和控制班组合理用料，加强检查，定期考核，努力降低材料消耗。

(4)竣工阶段的现场材料管理

这一阶段的工作主要是保证施工材料的顺利转移，其主要工作有：

①严格控制进料，防止大量剩余。在工程主要部位接近完成70%左右时，检查现场存料，估算未完工程用料量，调整原用料计划，削减多余，补充不足，以防止剩料，为完工清场创造条件。

②对不再使用的临时设施提前拆除，并充分考虑这部分材料的再利用，直运新使用地点，避免二次搬运。

③对施工中产生的筛漏、砖渣等及时过筛复用，随时处理不能利用的垃圾。

④工程完工后，及时核算材料消耗，分析节约、超支原因，总结用料经验。

习 题 11

1. 简述建筑企业技术管理的含义及其主要内容。
2. 简述建筑企业技术标准及技术规程有哪些。
3. 简述建筑企业技术管理制度有哪些。
4. 简述人力资源的含义及其特征有哪些。
5. 简述建筑企业人力资源管理的概念及其作用。
6. 简述建筑企业人力资源开发的含义，员工招聘的途径。
7. 简述人力资源计划编制的步骤。
8. 简述绩效考核的作用及方法。
9. 简述机械设备配备原则。
10. 简述机械设备寿命分类，经济寿命的确定方法。
11. 简述材料管理的含义。
12. 简述材料采购原则有哪些。
13. 简述两种材料订购方法的区别。
14. 简述材料验收的意义。
15. 简述材料保管的任务。

第 12 章 建筑企业风险管理

建筑企业在生存发展中时刻与风险相伴随，进入 21 世纪后，随着竞争的加剧和信息技术的发展，企业的风险大大增加。企业在战略选择、制度选择、内部经营管理、发展过程中都存在许多风险。本章主要根据建筑企业生产经营的特点，介绍建筑企业风险与风险管理的定义、风险识别、风险评估和风险处理等内容。

§12.1 概 述

12.1.1 风险的定义

风险是指在特定环境中和特定时期内，某一事件实际发生的情况与人们对此的预期之间发生差异的不确定性及其可能性的大小，以及导致这种差异发生的条件、情况、原因、环境和由此导致的潜在损失的严重程度。

12.1.2 风险特征

风险的具体特征可以归纳为如下 4 个方面：

1. 风险的客观性

风险的存在、发生是不以人的意志为转移的，客观存在的风险是无法从根本上回避和消除的。由于风险的存在和发生有其特定的环境和时间限制，环境和时间发生了变化，风险自然也随之发生相应的变化。总而言之，人们只能在有限的空间和时间内对风险存在和发生的条件加以改变和控制，从而改变和控制风险发生的频率和风险损失的程度。

2. 风险的可变性

风险的可变性是指在一定条件下风险可以转化的特性。包括：(1) 风险性质的变化；(2) 风险量的变化；(3) 某些风险在一定空间和时间范围内被消除；(4) 新的风险产生。

3. 风险的可测性

风险所描述的虽然是未来事件的不确定性，但是，这种不确定性是以现实的环境条件因素为依据的，并不是完全不可预测的纯粹的突发事件。风险的发生是一个特定的时间和空间条件下的概念，风险事件与所处的环境密切相关；风险发生的可能性或不确定性以及风险损失的结果的不确定性，是现实环境因素及其变动的不确定性在未来事件中的反映，是可以通过对现实的环境因素的观察加以预测的。例如，可以根据过去 50 年某一地区的历史自然资料，预测未来 5 年内将会发生哪些自然灾害以及发生的概率有多大。风险管理理论和保险科学的发展正是得益于风险的可预测性。

4. 风险的可控性

风险是特定条件下的不确定性表现，条件改变能够直接引起风险事件后果的改变，因此可以通过改变风险事件环境的手段对风险事件加以控制。在影响风险事件后果的各种环境条件中，有些是企业可能控制和改变的，有些是企业无法或没有能力加以控制和改变的，因此所产生的风险也是部分可控的。

12.1.3 建筑企业的风险类型与内容

1. 建筑企业的风险类型

在市场经济条件下，企业是一个开放系统，随着投资决策、生产、交换、消费等各方面社会化程度越来越高，经营活动日益广泛复杂，市场行情瞬息万变，企业所面临的经营因素的不确定性也有增无减，使得经营成果的不确定性也有增无减，经营与风险已成为孪生兄弟。可以说，经营就意味着风险。

建筑企业的风险，就其产生的原因，一般可以分为：

（1）自然风险：指由于水灾、飓风、各种地质灾害（地震、滑坡、坍塌等）等自然因素引起的风险。对于自然风险，其可能造成的损失额，通常可以进行估计，因而能够通过保险制度使巨额损失分散到社会共同承担，故属于可保险风险。

（2）经营风险：指由于经营不善或经营环境变化引起的风险。经营活动因素的不确定性引起经营活动结果的不确定性是经营风险的主要表现。经营风险可能造成的损失不易估计，因而不能通过保险制度共同分担风险，故属于不可保险的风险。

从经营生产不同阶段看，经营风险又可以再分为投资风险、生产风险、销售风险，但这三种风险是紧密联系的，尤其是投资风险，往往受生产风险和销售风险的影响和制约。

2. 建筑企业经营风险的主要内容

（1）投标决策阶段的风险

投标决策阶段决策的主要内容包括是否进入某市场，是否对某项目进行投标；当决定进入某市场或决定对某项目进行投标时，又必须决定投什么性质的"标"；最后还要决定采取什么策略中标。这一系列的工作都潜伏着各种风险。

①信息缺失风险。信息缺失一方面是指获得的是虚假的投标信息，另一方面是指工程项目的资料掌握不全。由于信息缺失而出现的经济损失的不确定性即是信息缺失风险。

②中介机构或代理商给承包商的风险。承包商依赖中介机构促成业务的同时，也不可避免地要面对一些从事中介业务的人为谋取私利，以某些不实之词诱惑交易双方成交，给交易双方带来风险。代理商给承包商带来的风险：一是水平太低，难以承担承包商的委托代理工作，从而使承包商的利益受到损害；二是代理人为获私利，不择手段，与业主串通，从而使承包商招致损失；三是同时给多家代理，故意制造激烈竞争气氛，使承包商的利益受损。

③报价失误风险。

低价中标：低价中标寄希望于高价索赔。往往是低价中标成功，却难以通过索赔达到预期效果。采用低价中标策略要求对未来市场形势判断准确并且对同类工程有相应的经验。如果判断失误，承包商投入全部精力和资金，并不能从中获利，从而使承包商造成亏损。

高价中标：一是倚仗技术优势报高价；二是倚仗关系优势而盲目乐观报高标价。可能由于价格过高，使自己失去了市场，给企业带来风险。

④合作风险。选择合作伙伴失误。个别合作伙伴缺乏诚实信用原则，搞欺诈活动，给承包商带来风险；合作伙伴实力差，难以独立承担工程项目施工任务，从而造成了损害。

（2）签约和履约阶段的风险

①合同条款的风险。合同确立后，就具有法律效力。各方就要按照合同条款履行自己的权利和义务，若条款的定义和用词含糊不清，在实施过程中就不可避免地发生争议。

②工程管理的风险。做好工程管理工作是承包商获得项目成功的一个很关键的环节。应该注意的是，每个项目都有其特点，任何施工项目都不可能在管理上毫无风险。例如：大型复杂的工程项目，参与实施的分包单位多，相互协调工作难度大；企业内部各职能部门与项目经理部的关系是否和谐；项目管理的其他相关各主体间的配合（如业主、监理、设计、供应各方）；政府相关部门的介入；工程地质、水文、气象等自然条件的变化等均存在较大的变数。若管理跟不上，不能应用现代管理手段，不提高自己的全面素质，结果将导致项目的失败，由此可能造成巨大损失。

③合同管理的风险。合同管理是承包商获利的关键手段，不善于管理合同的承包商是绝对不可能获得理想的经济效益的。合同管理主要是利用合同条款保护自己的合法权益，扩大收益。这就要求承包商具有渊博的知识和娴熟的技巧，要善于开展索赔，否则，不懂索赔，只能自己承担损失。

④物资供应的风险。工程物资包括施工用的原材料、构配件、机具、设备。供应商的供货情况会直接影响到工程的质量和进度，特别是工程材料给工程带来的风险最大。

⑤成本管理的风险。施工项目成本管理是承包项目获得理想的经济效益的重要保证。成本管理包括成本预测、成本计划、成本控制和成本核算，哪一个环节的疏忽都可能给整个成本管理带来严重风险。

⑥业主方履行合同能力的风险。通常，工程业主资金不完全落实或是招标时概预算有缺口，都会造成业主拖延支付工程款，给承包商带来不利。

⑦分包或转包的风险。适当的分包或转包可以降低总承包商的风险，但如果分包或转包单位水平低又疏于监督管理，造成工程质量不合格，分包或转包单位又无力承担返修责任，而总包商要对业主方负责，不得不为分包或转包单位承担返修责任。

⑧不可抗力造成的风险。指暴雨、台风、严寒、洪水、泥石流、地震等人力不可抗拒的自然灾害造成的损失。

（3）工程验收与交付阶段的风险

这一阶段的风险主要体现在竣工验收的条件的设定、竣工验收资料管理、债权债务的处理等方面。

12.1.4 建筑企业的风险管理

1. 建筑企业风险管理的含义

建筑企业主要从事的生产经营活动就是工程项目的建设，因此其经营风险主要就是工程项目的管理风险。建筑企业从事的基础设施建设工程、纵横交错的城市道路工程、桥梁建设工程、高耸的楼宇建设工程、排洪灌溉系统工程、火箭卫星发射和核电站建设等专项工程，所有这些工程建设都是复杂的管理系统，其中隐含着各种各样的风险，如施工人员发生高空坠落等意外伤亡，在建工程倒塌，环境污染，工程因设计或施工不当造成中途停工，因现场管理疏忽导致工程不合格，建材和机械设备等损毁或被盗失，等等，这些都是工程施工中很常见的风险。面对众多的工程风险怎么办？只有进行有效的风险管理，才能降低风险发生的几率，减少事故造成的损失。

从工程风险的属性出发，将工程风险管理定义为：依据工程风险环境和设定的目标，对工程风险分析和处置进行决策的过程。工程风险管理分为两大环节，四个步骤：

第一个环节是工程风险分析，主要采用实证分析的思路对工程风险形态进行尽量准确地描述，从定性和定量两个角度认识工程风险，在此基础上进行风险评价；

第二个环节是采用规范分析的思路，依据工程风险分析的结果并结合工程项目的人员、资金和物资等资源的限制，制定和实施风险处置方案。

从工程风险管理的全过程来看，工程风险管理主要分为工程风险辨识、工程风险估计、工程风险评价和工程风险处理四个步骤，而工程风险辨识是首要的和基本的环节。

2. 建筑企业风险管理的目标

建筑企业在规划和实施管理任务过程中，必须首先定立目标，只有目标明确了，才能使企业的每个成员都向着目标努力，最终取得预期的效果。

一般情况下，企业的风险主要与建设项目密切相关，工程风险管理的对象通常是一些规模或大或小的项目，因此企业的风险可以描述为"任何可能影响项目在合同范围内按工期和质量顺利地完成的因素"。通常的工程项目目标包括成本目标、工期目标、质量目标和安全目标，因此企业的风险因素是影响上述目标实现的主要障碍，必须有效地管理风险才能保证项目目标的实现。因此企业风险管理的目标应与项目管理的目标一致。由于各种工程项目的风险环境、风险属性等因素不同，所以某个具体的工程风险管理的目标也不同。

3. 建筑企业风险管理的基本原则

风险管理是衡量企业素质的重要标准，风险应付能力则是判断企业生命力的重要依据。建筑企业风险管理的基本原则如下：

(1) 以预防为主的原则

由于风险是客观存在的，人们只能使风险降低，而不能完全消灭之，因此要求企业加强风险意识，提高管理水平，适时监控相关要素的运动变化，降低和分散风险。

(2) 安全性原则

建筑企业在生产过程中一定要尽可能地保证人、财、物的安全。当然，强调安全并不等于不赢利，而是为了获取更稳定、更高的收益，为了找到安全与赢利的结合点，为了避免盲目冒险，为了在获取高收益的同时，尽量控制和降低风险。所以，安全是相对的，而不是绝对的。

§12.2 建筑企业的风险识别

12.2.1 建筑企业风险识别的含义

风险识别也称风险辨识，即准确地辨别出可能给企业生产经营活动带来不利影响的风险事件以及风险事件产生不理想结果的条件、情况、原因和环境,并对风险事件发生的可能性大小、不理想后果的严重程度及可能造成的损失作认真分析和估量。然而,任何风险都不是直观显露的,多数情况下,风险隐蔽于企业生产经营活动的各个时期、各个环节和各个方面,很难为人们发现,甚至风险可能存在于种种假象之后,具有极大的迷惑性;同时也应该看到,风险事件具有多发性的特征,通过研究各种风险发生的概率和频率,人们可以摸索出风险事件的某些规律,从而可以辨识其存在,衡量其大小,并采取有效的技术经济手段加以防范。因此,识别和衡量风险在风险管理中极为重要。

12.2.2 风险辨识的基本准则

风险源辨识是企业风险管理中比较重要的基础性工作,这一阶段的工作结果直接影响后面的风险分析和处置。假设在一项大型压力容器焊接工程中,如果风险辨识阶段,没有测出焊缝中的气孔、未焊透、咬边、夹渣、裂缝等焊接缺陷,未能及时采用补救措施,最终可能导致事故发生。因此企业风险管理者应遵循一定的原则做好企业风险辨识工作。

1. 完整性原则

企业风险辨识的完整性原则是指在企业风险计划制定阶段应全面完整地辨识出企业所潜伏的风险。不能因为风险管理者的主观原因而遗漏某些企业风险,尤其是某些重要的工程风险。为了保证风险辨识的完整性,可以采用多种风险辨识方法,从多个角度进行分析和辨识。例如工程风险辨识可以选取的角度包括时间角度、空间角度和施工工艺角度等。

工程风险的时间角度是指按照工程施工各个阶段的风险环境、施工特点等因素进行工程风险的辨识。从时间角度看,工程风险辨识主要分为三个阶段:第一阶段是工程施工准备中的风险辨识;第二阶段是工程施工中的风险辨识;第三阶段是工程竣工试运行阶段的风险辨识。

工程风险辨识的空间角度是指从不同的标段、不同的分部工程或分项工程识别工程风险。工程项目尤其是一些复杂的大型项目,工程常常分成若干标段分包给不同的承包商,各标段的风险环境是有所区别的,这时可以按标段辨识风险。在工程概预算中,一般把工程分为若干分部工程和分项工程,比如一般工业或民用建筑工程可以划分为基础工程、主体工程、地面与楼面工程、装修工程、屋面工程等部分,各个分部工程的专业性质和施工工艺等有很大区别,风险环境和风险属性也是有区别的,因而按照各个分部工程逐一进行风险辨识可以使风险辨识比较完整。如果分部工程很大、很复杂,风险辨识起来比较复杂,还可以将分部工程按照工种、材料或施工工艺等标准进一步细化为分项工程,按照分项工程进行风险辨识。总之,多种方法和多个角度变换和交叉的结果有助于全面而无遗漏地辨识工程风险。

2. 系统性原则与重要性原则

在风险辨识过程中,系统性原则与重要性原则是紧密联系在一起的、重要的风险辨识原则,在系统性原则指导下辨识风险的同时,还应按照重要性原则有所侧重地辨识风险。只有系统性原则与重要性原则相互结合,才能保证风险辨识的效果和效率。

企业风险辨识的系统性原则就是要求在企业风险计划的制定阶段,应从企业全局的角度,系统地辨识企业风险。例如工程风险辨识的系统性主要表现为按照工程的内在施工工艺顺序和内在结构关系辨识风险。为了实现系统地辨识工程风险,风险管理人员应深入了解工程设计和施工工艺，清楚工程施工流程和施工进度，按照工程项目施工系统的自然发展过程进行工程风险辨识。

企业风险辨识的重要性原则是指企业风险辨识应有所侧重。侧重点应放在两个方面：一是风险属性，着力把一些重要的工程风险即期望风险损失较大的风险辨识出来，对于影响较小的风险可以忽略，不必花费太多的时间、人力和物力进行风险分析，这样有利于节约成本，保证工程风险辨识的效率；二是风险载体，那些对整体工程项目都有重要影响的结构，必然是工程风险辨识的重点，以民用房屋建筑结构来说，基础工程和主体工程是全部工程中的重要结构，若这些部分出现风险问题，将对整个项目造成很大影响，所以是风险辨识的重要对象。

从系统性原则与重要性原则的关系看，前者保证了企业风险辨识的效果，而后者保证了企业风险辨识的效率。从企业的总体目标来说，企业风险辨识的效率或效果都是必不可少的，不能偏弃任何一方。系统性原则与重要性原则应配合运用：在重要性原则指导下的企业风险辨识必须站在企业大系统的高度来判断风险或风险载体的重要性，即重要性原则必须以系统性原则为指导，否则，从非系统的角度判断重要性可能会造成遗漏一些原本很重要的风险；在系统性原则指导下的企业风险辨识应在系统地辨识风险的同时，有所侧重地把重要的风险载体的风险和一些比较重要的风险辨识出来。

12.2.3 风险辨识中的关键问题

1. 风险辨识方法的选择

风险管理是一门发展得比较成熟而且具有创新活力的应用性学科，因而风险分析的方法和风险处置的措施非常多。风险辨识的主要任务是定性地判断特定的企业风险是否存在，若存在，企业风险的属性如何，因而企业风险辨识方法通常是一些定性的风险分析方法。各种风险辨识方法在分析角度、分析路线和分析的侧重点等方面有所区别。在风险辨识过程中，应根据具体的风险辨识对象进行各种因素权衡，选择适合的风险辨识方法，这些因素包括施工特点、风险环境、项目进展阶段和现有风险管理资源等。比如在某一分项工程正式施工之前辨识风险，由于此时还没有开工，施工环境还未形成，许多风险因素还未出现，此时比较适合采用资料法、专家调查法等查找风险。

2. 企业风险辨识路线的选择

企业风险辨识是一项复杂的系统工程，风险辨识的路线不同，最终的辨识结果也可能不同。例如按照工程承包的标段进行风险辨识，以每个标段作为风险辨识单位进行风险辨识；按照工程施工顺序进行风险辨识，一般风险辨识是在工程施工之前进行，可以根据类似工程来设想或模拟工程施工顺序，预测风险源和风险事件及其转化的条件；以相对独立的分项工程或分部工程为辨识单位，辨识其动态风险管理过程存在的风险，有时按标段或按施工顺序辨识风险很复杂，可以按照较小的工程单位进行辨识，比如按照分部工程辨识，也可以进一步细分，按照分项工程辨识。

3. 风险系统的预测和以往资料的利用

可以借助以往的类似工程的资料，预测或模拟目标工程的风险系统。建筑领域将工程项目划分为许多类别，相同类别工程的施工工艺和风险环境存在类似之处，因而其他工程的风险经验可以借鉴到目标项目的风险辨识中。也可以通过询问或调查专家的意见，预测目标工程的风险系统。

12.2.4 企业风险识别的具体步骤

风险辨识是一项复杂且细致的工作,要按照特定的程序、步骤,采用适当的方法逐阶段、逐层次地分析各种现象,并实事求是地做出评估。实践中,人们经常谈论的风险有三种:第一种是的确会发生的风险,即无论如何都不可避免地要发生的,称其为真风险。第二种是潜伏的风险。这种风险的发生取决于一定的诱发因素及其变化情况,即这种风险有可能发生,也有可能不发生;第三种是想象中的风险,即只是人们想象或假设的,是心理反应的产物,其实不会发生,这种风险称为假风险。企业经营者在讨论风险时,经常会出现真假风险难辨之争。一些人认为不会发生,另一些人则认为风险会发生。这要求管理者和决策者必须首先辨识风险、统一认识,而后才能制定出相应的管理措施。

风险辨识的过程包括对所有可能的风险事件来源和结果进行实事求是的调查。辨识风险必须系统、持续、严格分类并恰如其分地评价其严重程度。

风险辨识过程通常分为以下 7 个步骤,如图 12.2.1 所示。

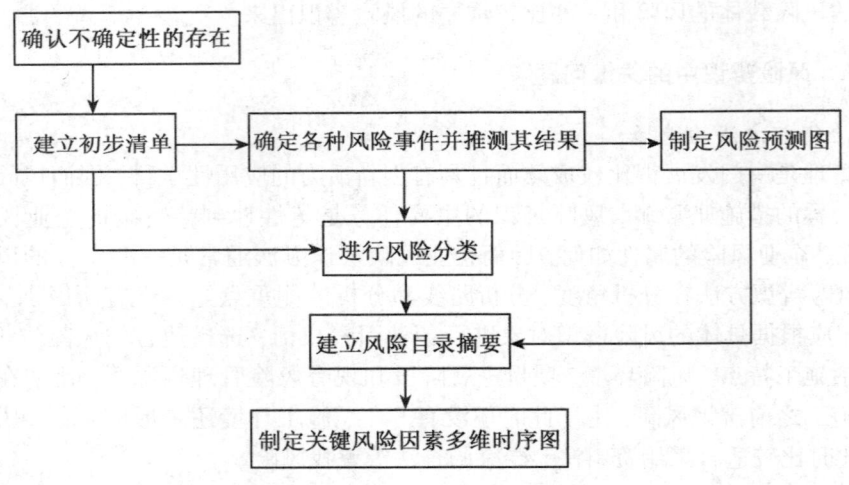

图 12.2.1 风险辨识过程框图

1. 确定不确定性的客观存在

这里强调的是不确定性的客观存在。这项工作包括两项内容:第一项内容是要辨识所发现或推测的因素是否存在不确定性。如果是确定无疑的,则无所谓风险。众所周知的结果不会构成风险;第二项内容是确认这种不确定性是客观存在的,是确定无疑的,而不是凭空想象的。

2. 建立初步清单

建立初步清单是辨识风险的第一步。清单中应明确列出客观存在的和潜在的各种风险,应包括各种影响生产率、操作运行、质量和经济效益的各种因素。人们通常凭借企业经营者的经验对其做出判断。建立清单可以采用商业清单办法或通过对一系列调查表进行深入研究、分析而制定。

3. 确定各种风险事件并推测其结果

根据初步风险清单中开列的各种重要的风险来源，推测与其相关的各种合理的可能性，包括赢利和损失、时间和成本、节约或超支等方面，重点是资金的财务结果。

4. 进行风险分类

对风险进行分类具有双重目的：首先，通过对风险进行分类能加深对风险的认识和理解；其次，通过对风险的分类，辨清了风险的性质，从而有助于制定风险管理的目标。

风险分类有许多种方法，具体分类方法的选择可以根据管理的目的来确定。一般是依据风险的性质和可能的结果及彼此之间可能发生的关系进行风险分类。这样的风险分类能更确切地理解风险、预测其结果，且有助于发现与其关联的各方面的因素。

5. 建立风险目录摘要

通过为各风险因素建立风险目录摘要，可以将可能面临的风险汇总并排列出轻重缓急，给人一幅总体风险印象图。而且能把全体项目人员都统一起来，使个人不再仅仅考虑自己所面临的风险，而且能自觉地意识到项目的其他管理人员的风险，还能预感到项目中各种风险之间的联系和可能发生的连锁反应。显然，风险目录摘要并非一成不变，风险管理人员应随着信息的变化和风险的演变而及时对其进行更新。风险目录摘要清单范例如表12.2.1 所示。

表 12.2.1　　　　　　　　　　风险目录清单范例表

项目名称			
评　　述		日　　期	负　责　人

风险事件：
风险事件摘要：
风险条件变量：

6. 制定风险预测图

风险预测图是衡量风险因素大小的有效工具，如图 12.2.2 所示。图中横轴表示风险发生的概率 P，纵轴表示风险导致的潜在损失 Q。从图 12.2.2 发现，风险的评价值 R 首先与其发生概率相关，其次与潜在的损失相关，图 12.2.2 中的曲线 R 表示不同的概率和损失情况下的等风险曲线。通过这种二维图形可以清晰地评价某一潜在风险的相对重要性。

鉴于风险是一种不确定性，并且与潜在的危害性密切相关，因而风险的大小可以通过一组由曲线族构成的风险预测图表示，如图 12.2.3 所示。曲线族中每一曲线均表示相同的风险，只是不确定性或者说其发生的概率与潜在的危害有所不同；而不同的曲线所反映的风险程度则不同，曲线距离原点越远，表示风险就越大。

为了有效地识别风险，企业风险管理人员首先必须掌握风险发生的可能性及风险损失的可能性分布，然后采取多种识别风险的方法，加以风险控制。但风险往往处于一种不确定状态中，可以类比的历史资料较少，所遇到的风险事件常常不可能做实验，因而不可能根据统计的方法得出客观估计值。一般针对企业生产经营过程中某一阶段的风险采用专家估计的方法，即对可能发生的风险事件的概率 P 和潜在损失值 Q（称为主观损失值）进行估计，即进行风险评估。

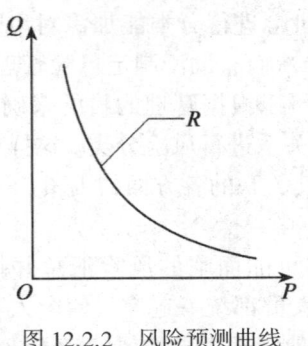

图 12.2.2　风险预测曲线

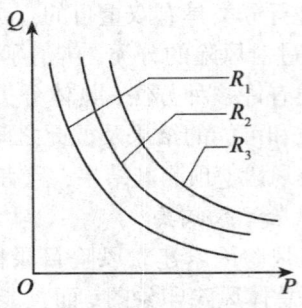

图 12.2.3　风险预测曲线族

§12.3　建筑企业的风险评估

12.3.1　建筑企业风险评估的含义

在建筑企业的风险管理中，风险识别是风险管理的基础，通过风险辨识将工程中可能存在的风险识别出来，但是仅仅知道风险载体可能存在的风险是不够的，还要掌握风险发生的可能性大小以及风险可能带来的损害程度等，这些问题需要进行风险评估来解决。因而风险评估是建筑企业风险管理量化和深化的过程，也是工程风险管理不可或缺的环节。

12.3.2　风险评估的理论基础

1. 大数定理

大数定理描述的是大量随机现象的平均结果呈现出稳定性的规律，该定理是概率论中的重要定理。只要被观察的风险单位足够多，所估测的风险发生的可能性和损失大小的严重程度与实际值就越接近。比如一家建筑企业承担一家高层建筑的施工。就这个工程项目而言，建筑工人在施工中发生高空坠落的风险有多大是不确定的，工程施工中发生部分构件坍塌事故的可能性也是不确定的，但是从以往的类似工程项目的风险事故的统计经验来看，可以计算出这类高层建筑施工平均的事故概率、每次事故平均损失额以及总损失额等。那么该建筑企业可以以这个平均值为参考，估计其目前承担的该项目的损失额和事故频率等。

2. 概率推断原理

建筑企业风险事件的发生是随机的，损失程度也是不确定的。概率论和数理统计理论提供了随机变量的各种分布率。在估计建筑企业风险损失和发生概率时，可以先判断随机变量的取值特点和其他特性，据此判断随机变量符合何种概率分布，确定其参数，从而估计风险事件的统计分布率。

3. 类推原理

许多事件的存在和发展伴随着其他事件的存在和发展，因而这些事件之间存在着相似关系。比如随着工程项目越来越多，功能要求也越来越高，建筑结构也越来越复杂，因而不能达到设计要求的施工风险也越多。类推原理说明了一些相关因素的变化对某一特定因素的影响，这为回归分析法提供了理论基础。在建筑企业风险评估中，往往缺乏风险损失的统计资料，有时因为客观条件的限制很难获取这些资料，这时根据类推原理，借鉴整体或局部类似工程的风险统计资料，可以估计风险载体的风险状况。

4. 惯性原理

事物的复杂除了受外界作用的影响之外，还与初始状态相关，而初始状态是过去发展的结果，过去的行为不仅影响事物的现在，也影响事物的将来，因而事物的发展带有一定的延续性，称其为惯性。利用事物的发展的惯性特征去评估风险，通常要求系统具有相对的稳定性，能够保持其基本的发展趋势。因此在利用搜集的风险资料评估未来的风险状态时，一方面要抓住惯性发展的主要趋势；另一方面还要预测可能出现的偏离程度，提高风险评估的可靠性。

12.3.3 建筑企业风险评估的程序

一般的风险评估包括如下几个步骤：

(1) 确定风险评估的目的、要求，搜集资料。资料是风险评估的基础，风险评估资料包括通过施工现场调查分析取得的第一手资料和从工程文件、其他项目资料中取得的第二手资料。

(2) 选择适当的风险评估方法。风险评估方法很多，不同的风险评估方法得出的结论有差异，因而应根据风险状态特点以及后续的风险处置的需要，选择适当的风险评估方法。

(3) 对建筑企业风险定性分析。通过观察、询问和问卷等方法搜集信息，形成对建筑企业风险状况的总体的定性判断。

(4) 对建筑企业风险定量分析。风险评估应选择评估变量的公式，确定各个变量的表达形式，比如是用相对量、绝对量还是模糊判断的分数表示。

(5) 对建筑企业风险综合评估。

(6) 对评估结果进行修正并得出结论。风险评估过程涉及主观判断，因而得出的结论有可能与风险的客观情况有偏差，对风险结果进行检验和修正使得风险评估结果与客观值更接近。

12.3.4 建筑企业风险损失的概率和大小

风险损失发生的可能性是指具体风险因素取值在一定风险区间的概率。建筑企业的风险因素很多，不同的风险因素，其风险损失概率的分布规律也不近相同，一般采用较多的风险损失的概率分布有四种：正态分布、二项分布、泊松分布和三角分布。

1. 建筑企业风险损失的概率

(1) 正态分布

在企业风险管理过程中,许多随机事件受到许多互不干扰的随机因素的影响,而每个个别因素的影响都不起决定性作用,且影响是相互叠加的。比如某一工程项目质量受设计的合理性、建筑材料、施工现场管理、建筑工人和技术人员的素质等因素的随机变动的影响,因而这些因素在正常状态下是互不干扰的,每一工程因素对工程质量的影响不起决定性作用但可以叠加。

若建筑企业风险因素的随机变量符合以下三项特征,则该随机变量服从正态分布。

①随机事件受到许多互不干扰的随机因素的影响;
②每个个别因素对随机事件的影响都很微小,都不起决定性作用;
③每个个别因素对随机事件的影响是可以叠加的。

正态分布变量是连续型的,其分布函数为

$$f(x) = \frac{1}{\sqrt{2\pi}\,\sigma} e^{-\frac{(x-\mu)^2}{2\sigma^2}} \tag{12.3.1}$$

式中:x——随机变量的样本值即特征值;
μ——正态分布的均值;
σ——标准差。

正态分布规律如图 12.3.1 所示,随机变量越接近均值,则其出现的可能性越大。

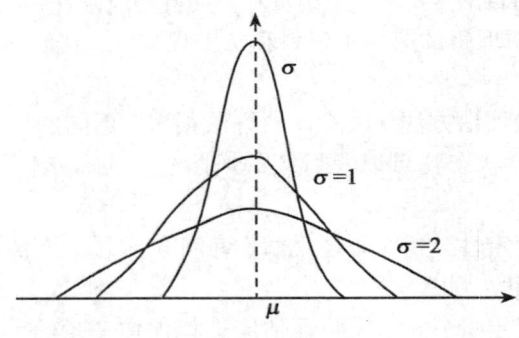

图 12.3.1　正态分布图

大量的风险事实已经证明,在众多的风险分布中,正态分布最恰当地反映了风险事件造成的损失金额的随机分布规律。

(2)二项分布

假设任何一个时点上事件 x 发生的概率为 p,那么该事件不发生的概率为 $(1-p)$。事件 x 在 n 次重复试验中,通过二项分布可以计算事件 x 出现 r 次的概率为

$$p(r) = \frac{n!}{r!\,(n-r)!} \times p^r (1-p)^{n-r} \tag{12.3.2}$$

当事件 x 发生的概率和试验次数取不同值时,二项分布图是不同的,如图 12.3.2 所示。

当建筑企业风险事件发生的规律符合二项分布时,利用二项分布概率公式可以计算风险事件发生 r 次时的概率。例如某建筑企业有 50 台重要的施工机械,假设这些机械的运转

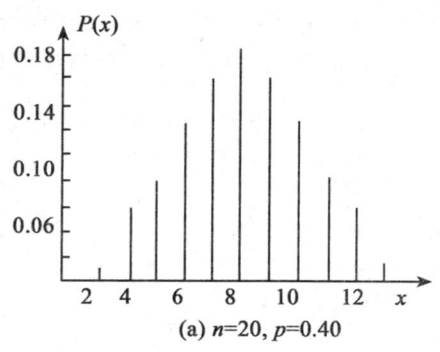 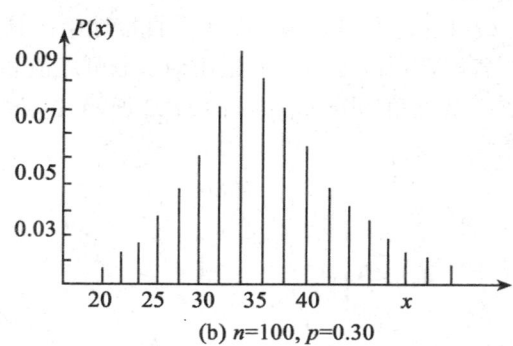

图 12.3.2　不同的 n,p 值二项分布的概率分布图

是相互独立的,并且从历年的施工机械出险的历史经验来看,每台设备因出现事故而遭受比较严重的经济损失的概率为 0.01,根据二项式公式,可以计算出相关的概率分布如表 12.3.1 所示。

表 12.3.1　　　　　　　　　　施工机械出险的概率分布表

机械损失情况	概　率
0 台机械出险	0.605
1 台机械出险	0.306
2 台机械出险	0.076
3 台机械出险	0.012
4 台以上机械出险	0.001 5

(3) 泊松分布

在二项分布式(12.3.2)中,随着风险事件显示单元数量的增加和损失概率的降低,极端情况当 $n\to\infty$ 时,单个随机事件发生的概率 $p\to 0$,则二项分布趋向于以 k 为参数的泊松分布,并且以泊松分布为极限。在建筑企业的风险管理中,泊松分布是应用较多的理论概率分布,比如施工机械和运输车辆的事故损失往往是以泊松分布的方式发生的。泊松分布中风险事件 x 发生的概率按公式(12.3.3)计算

$$p(r)=\frac{k^r \mathrm{e}^{-k}}{r!} \tag{12.3.3}$$

式中:$p(r)$——事件 x 发生的概率;
　　　r——事件 x 出现的次数;
　　　k——期望损失出现的频率。

从风险管理的角度看,当相互独立的风险单元的数量超过 50 个,且任何一项的风险单元的损失概率不超过 0.1 时,泊松分布达到理想状态。

(4) 三角分布

三角分布的一个突出优点是对所讨论的风险变量只需由专家提供其可能发生的最小值、最可能值和最大值，而无需直接地给出具体的概率分布。

若假定风险变量 x 的最小值、最可能值和最大值分别为 a、b、c，那么这三个值就可以构成一个三角形分布，如图 12.3.3 所示。

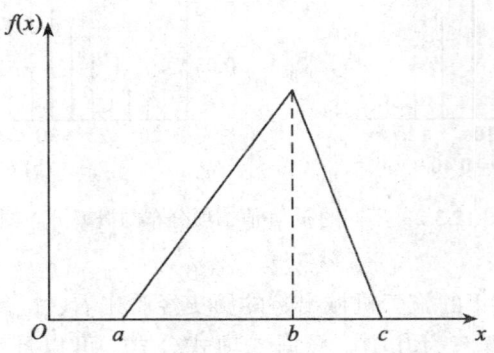

图 12.3.3 三角分布的概率密度函数图

根据图 12.3.3 可以得到风险事件 x 对企业损失影响的概率密度函数为

$$f(x)=\begin{cases}\dfrac{2(x-a)}{(b-a)(c-a)} & (a\leqslant x\leqslant b)\\[2mm] \dfrac{2(c-x)}{(c-b)(c-a)} & (b\leqslant x\leqslant c)\\[2mm] 0 & (x>c,\ x<a)\end{cases} \quad (12.3.4)$$

对应于不同的 x 值（$a\leqslant x\leqslant c$），各点的累计概率 $p(x)$ 为

$$p(x)=\begin{cases}\dfrac{(x-a)^2}{(b-a)(c-a)} & (a\leqslant x\leqslant b)\\[2mm] \dfrac{b-a}{c-a}+\dfrac{(c-b)^2-(c-x)^2}{(c-b)(c-a)} & (b\leqslant x\leqslant c)\end{cases} \quad (12.3.5)$$

在实际应用中，三角分布中所指的最大值和最小值分别是上、下限，低于或高于该值的任何数据被认为不可能，即相应的概率为零。如果在实际的调查咨询中，某位专家认为预期的最小值或最大值并非极限，那就应该作适当的调整。

除了以上四种分布外，还有离散分布、等概率分布、阶梯长方形分布和梯形分布等，在企业的风险管理中，可以根据所分析的风险事件的特征，适当地选择使用。

2. 风险损失幅度

风险损失幅度是指在一定时间内一次风险事故发生可能造成的最大损失，是衡量损失严重程度的量。建筑企业的风险管理者在制定风险管理计划时，需要考虑风险事故可能出现的最坏情况，也就是最大的风险损失程度。在估计风险损失幅度时需要考虑如下几个问题：

（1）同一风险事故所致的各种损失形态

风险事故的损失形态不仅包括直接经济损失，也包括潜在的间接损失。潜在的间接损失既要考虑财产损失，还要考虑潜在的责任损失和人身伤亡损失。

(2) 一项风险可能波及的风险单位数目

一项风险致损的风险单位数目越多，往往损失幅度就越大。比如一场火灾蔓延到几幢建筑物往往比只有一幢建筑物发生火灾的损失程度要大。如果承包商承揽的一项工程包括多幢关联的建筑在面临地震风险时，受到损坏的幅度通常要比单独一幢建筑的损失程度大。有时，工程风险的致损范围仅仅涉及关联的风险单位，例如地基软硬分布不均匀或外界应力扩展等风险因素导致地基沉降差过大超过允许值，造成地上建筑的墙体出现裂缝，这种风险仅在独立的建筑结构内部发生，不会在相对独立的建筑之间蔓延。但是有些风险也可能在多个相对独立的风险单位之间传播，比如地震、海啸、施工现场管理混乱等风险可能在多个相对独立的风险单位之间蔓延。

(3) 考虑损失和总损失的时间效应

风险损失的时间分布不同，损失最终对风险承担者的影响程度也是不同的，这就是风险损失的时间效应。例如，一项风险事故的损失为20万元，其损失分布有两种情况：一种是这20万元的损失是10年内陆续发生的，假设每年损失2万元；另一种是一次性损失20万元。很显然，后者的损失影响程度要大得多。

12.3.5 建筑企业风险评估的方法

建筑企业风险评估的目的是对风险发生的可能性和风险损失程度以及风险的不可控属性等风险状态变量做出判断，许多风险评估方法都能从不同的角度分析得出这些风险状态变量。目前建筑企业的风险评估主要基于主观的概率判断。建筑企业所承担的工程项目呈现出用途的多样化和建筑结构和施工过程的复杂化，这就要求针对具体工程项目的风险状况选择适合的风险评估方法。

1. 定性评估方法

(1) 主观评分法

主观评分法就是采用德尔菲法进行风险评估，请 n 个专家对风险因素进行打分。如果规定0代表没有风险，10代表风险最大，则其他的风险极值介于0~10之间的一个数。采用主观评分法后，把各个风险的极值加起来，再同风险评价值相比较，由此判断该项目整体风险水平是否可以接受，是否可以继续进行下去。

(2) CIM 法

CIM 法即"CIM 模型"（Controlled Interval and Memory Models），又称控制区间记忆模型，是由英国学者 C.B.Chapman 和 D.F.Cooper 于1983年提出的。该方法的特点是应用分级分类的方法组织各个风险因素，这种组织方法与工程项目进行投资概算的结构较一致，使风险因素的识别、量化过程较科学合理。该方法用直方图表示变量的概率分布，用"和"代替概率函数的积分，并按串联或并联响应模型进行概率叠加；利用"控制区间"可以减少叠加误差，提高计算精度；利用"记忆"的方式考虑前后变量之间的相互关系。该方法既能处理风险因素相互独立的情况，又能处理风险因素相关的复杂情况。该方法是一种对复杂风险变量概率分布进行综合叠加的有效方法，也是现代风险分析理论中进行风险因素组合、量化评价的一种新技术。

在 CIM 模型中，变量的概率分布采取经验分布的表示形式，使得风险因素的量化过程变得简单、直观。使用直方图表示变量的概率分布，利用直方图具有相同宽度区间的特点进行概率叠加，使概率分布的叠加得以简化。概率分布叠加的误差通过"控制区间"进行控制，即通过对概率分布直方图区间的细分，可以减小概率叠加的误差。当有多个随机变量需要进行概率叠加时，CIM模型利用"记忆"的方式处理前后变量之间的联系，即把前面概率分布叠加的结果记忆下来，应用"控制区间"的方法再与随后变量的概率分布进行叠加，直到将所有变量的概率分布叠加完毕。如果几个风险因素都可能对某项目投资产生影响，并且可以分别估计出诸风险因素各自单独出现时对项目投资的影响程度，则此时这些风险因素之间就形成了并联关系，使用CIM并联响应模型对这些风险因素的影响进行叠加，就可以获得这些风险因素对项目投资的综合影响。如果几个风险因素都只是分别对项目投资的不同局部产生影响，则此时这些风险因素之间就形成了串联关系，使用CIM串联响应模型对这些风险因素的影响进行叠加，就可以获得这些风险因素对项目投资的综合影响。

（3）层次分析法（AHP法）

层次分析法是定性分析和定量分析相结合的建筑企业风险评估方法，这种方法在建筑企业风险管理中应用得比较普遍。其处理问题的步骤是：(1)确定评估的目标；(2)明确评价方案的准则；(3)把评估目标、评价准则连同行动方案一起构造一个层次结构模型。在这个模型中，目标、评价准则连同行动方案处于不同的层次，彼此之间有无关系用线段表示，如图12.3.4所示。

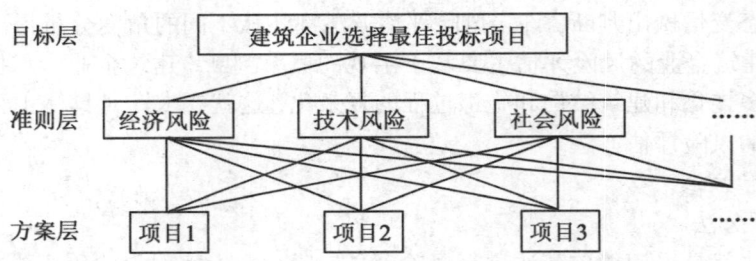

图12.3.4 建筑企业选择投标项目风险评估层次框图

层次结构模型做出之后，评估者根据自己的知识、经验和判断，从第一个准则层开始向下，逐步确定各层诸因素相对于上一层各因素的重要性权数，然后经过计算，排列出各方案的风险大小顺序。

采用AHP法进行风险评估大致要经历四个步骤：

①以递阶层次结构辨识建筑企业所面临的风险因素，递阶层次展现了各种风险因素，需要从中选择某一风险进行下一步的风险评估。

②选择专家，通过专家确定各层不同因素相当于上一层各因素的重要性权数，其值根据专家判断打分确定。

③整理专家判断结果，形成判断矩阵A，其中$A=[a_{ij}]_{n\times n}$。a_{ij}是通过两两比较得到的，如表12.3.2所示。P_i比P_j极端重要，$a_{ij}=9$；P_i比P_j重要得多，$a_{ij}=7$；P_i比P_j明显重要，$a_{ij}=5$；P_i比P_j稍微重要，$a_{ij}=3$；P_i与P_j同样重要，$a_{ij}=1$。另外，矩阵中的元素$a_{ij}=\dfrac{1}{a_{ji}}$。

表 12.3.2　　　　　　　　　　　判断矩阵表

P	P_1	P_2	P_3	…
P_1	a_{11}	a_{12}	a_{13}	…
P_2	a_{21}	a_{22}	a_{23}	…
P_3	a_{31}	a_{32}	a_{33}	…
⋮	⋮	⋮	⋮	…

④根据判断矩阵计算该矩阵的最大特征根及其对应的特征向量,将该特征向量归一化处理,确定权重并进行一致性检验。若未能通过一致性检验,则组织专家重新判断,得出新的判断矩阵,再进行一致性检验,反复修正直至最终通过为止。

2. 定量评估方法

定量评价风险因素可以采用等风险图法。等风险图包括两个因素:损失的概率和损失的后果。这种方法把已知识别的风险分为低、中、高三类,如图 12.3.5 所示。低风险是指对项目目标仅有轻微不利影响,发生概率也小(低于 0.3)的风险。中等风险是指发生概率大(0.3~0.7),且影响项目目标实现的风险。高风险是指发生概率很大(高于 0.7),对项目目标的实现有非常不利影响的风险。

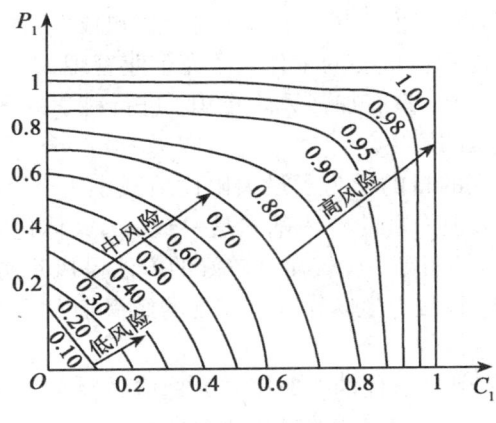

图 12.3.5　等风险图

用 P_1 和 P_2 分别表示项目失败和成功的概率,而 C_1 和 C_2 分别表示项目失败的后果效用值和项目成功的后果效用值。根据效用理论,C_1 和 C_2 满足关系:$C_1+C_2=1.0$,$0<C_1<1$,$0<C_2<1$。项目风险系数用 R 表示,其定义是

$$R = 1 - P_2 C_2 = 1 - (1-P_1)(1-C_1) = P_1 + C_1 - P_1 C_1 \tag{12.3.6}$$

有了等风险图,就可以把具体的风险系数拿来与之对照,并据公式(12.3.6)计算风险系数。其中:

$$P_1 = \frac{P_{11}+P_{12}+P_{13}+\cdots+P_{1n}}{n},\text{其中 } n \text{ 是风险个数;}$$

$C_1 = \dfrac{C_{11}+C_{12}+C_{13}+\cdots+C_{1n}}{m}$，$m$ 是风险的后果个数。

3. 综合评估方法

单独使用定性风险评估法或定量风险评估法都有局限，若将两者综合使用，则可以扬长避短，于是风险综合评估法应运而生。风险综合评估法比较适合采用模糊综合评估法。在一般情况下，多数企业很难确切地确定风险发生的概率和风险损失额是某一确定的数值，一般只能模糊地估计出所属的区间。工程风险的这个特性恰好符合模糊数学的思想，因此模糊综合评估法对各种工程风险进行评估是比较适合的。

运用模糊综合评估法进行工程风险评估分为五个基本步骤：一是根据企业风险系统存在的风险因素、风险属性和风险管理者对风险控制能力，选择评价因素，确定评价准则；二是根据评价要求和评价准则，划分等级，构造评标集合。一般的评标集合包括可靠、安全、临界、危险四个等级；三是选择相关专家和施工现场的技术人员和管理人员组建评判专家组，由他们独立评判风险因素，根据评判结果构建判断矩阵；四是根据各种风险因素导致风险事故的影响程度不同，确定风险因素的权重；五是进行模糊数学运算，计算评估结果。

§12.4 建筑企业风险处理

每个企业在经营中都有可能发生风险，但如何化解和减少风险是企业经营者必须进行研究的，企业的风险管理是一项重要的工作。作为企业管理人员首先要明确有哪几种风险，然后有的放矢地采取措施。只有加强风险意识，进行科学的管理和科学的决策，建立起相应的制度才能避免风险的发生。

建筑企业风险处理研究的目的是为了最大限度地减小生产经营管理风险所造成的损失，在这一点上所有企业管理人员的看法基本是一致的，大体包括风险规避、风险化解、风险防范、风险转移、风险补偿等。比较而言较好的方法是风险防范，因为该方法既没有风险规避所表现出的怯懦，也没有风险转嫁所体现的嫁祸于人的嫌疑，且其附带有风险化解和风险补偿的特点。

在建筑企业的风险管理中，具体的企业风险处理措施很多，一般将其分为两大类：一类是财务策略的风险管理对策；另一类是非财务策略的风险管理对策。前者包括风险的财务转移和建立风险准备金，后者包括风险规避、风险自留、损失管理和风险转移。

12.4.1 财务策略的风险处理

1. 风险的财务转移

风险的财务转移是指转移人寻求用外来资金补偿确实会发生或业已发生的风险损失。风险的财务转移包括保险的风险财务转移(即通过保险进行转移)和非保险的风险财务转移(即通过合同条款达到转移的目的)。

保险的风险财务转移的实施手段是购买保险。通过保险，投保人将自己本应承担的归咎责任(因他人过失而承担的责任)和赔偿责任(因本人过失或不可抗力所造成损失的风险责任)转嫁给保险公司，从而使自己免受风险损失。

非保险的风险财务转移的实施手段则是除保险以外的其他经济手段,如根据承包合同,业主可以将其对公众在建筑物附近受到伤害的部分或全部责任转移至承包商,这种转移属于非保险的财务风险转移,而承包商则通过投保第三者责任险,又将这一风险转移至保险公司。非保险的风险财务转移的另一种形式是通过担保银行或保险公司开具保证书或保函。

2. 风险准备金

风险准备金是从财务的角度为风险做准备,在计划(或合同价)中另外增加一笔费用。例如,在投标报价中,承包商经常根据工程技术、业主的资信、自然环境、合同等方面风险的大小、发生的可能性,在报价中加上一笔不可预见风险费。从理论上说,准备金的数量应与风险损失期望值相等,即为风险发生所产生的损失与发生的可能性(概率)的乘积。即

$$风险准备金 = 风险损失 \times 发生的概率$$

除了应考虑到理论值的高低,还应考虑到项目边界条件的状态。例如,对承包商来说,决定报价中的不可预见风险费要考虑到竞争者的数量、中标的可能性、项目对企业经营的影响等因素。如果风险准备金高,报价竞争力降低,中标的可能性很小,不中标的风险就大。

12.4.2 非财务策略的风险处理

1. 风险规避

风险规避是中断企业风险源,遏制风险事件发生或发展的措施。主要通过主动放弃和终止承担某一任务,从而避免承担风险。在面临灾难性风险时,采用规避风险的方式处置风险是比较有效的。例如某企业在给某客户供货过程中发现该客户财务状况急剧恶化,濒临破产,便可以果断中止供货以避免更大损失。某企业自制某零配件,经分析发现生产成本居高不下,且屡有工伤事故发生,就可以寻找适当的合作者代为生产,以转移风险。

2. 损失控制

损失控制是风险管理中最积极主动处置风险的策略。损失控制包括两个方面的工作:

(1) 预防损失

预防损失是指采取各种措施减少损失发生的机会。如在组织生产时加强对职工的安全教育,在施工现场安装火灾警报系统,强化安全、防护设施等。

(2) 减少损失

减少损失是指在风险损失已经发生的情况下,通过各种措施降低损失的严重程度或限制其扩展范围使其不再蔓延或扩展,即遏制损失的加剧,设法使损失最小化。

如承包商在业主付款延误超过合同规定期限情况下,应采取停工或撤出施工队伍并提出索赔要求,甚至提取诉讼;当施工中事故发生后采取紧急救护措施等,以达到减少风险的目的。

3. 风险自留

风险自留是将风险留给企业自身承担,即凭自身力量预防、处理风险,承受风险损失的财务后果。风险自留分为有意风险自留(经营者有意识、有计划地将风险主动留给自己,这表明经营者已做好了处理风险的准备)、无意风险自留(经营者有时没有意识到、没有预测到潜在风险,或企业别无选择)、全部风险自留、局部风险自留。无论是哪种情况,风险

自留后都应该采取有效的措施控制风险的聚集和扩散。风险控制措施着重于改变风险源和风险因素在时间和空间上的分布,从而限制风险扩散的速度。另外,风险控制措施把风险因素与可能遭受风险损失的人、财、物隔离,减少风险聚集和扩散的载体。

4. 非保险转移

非保险转移是指企业有意识地将潜在风险转给其他组织或个人(保险公司除外)承担的办法。主要通过各类合同实现风险转移,如租赁合同、承包合同、供给合同、销售合同等。在企业风险管理中,广泛使用的非保险风险转移方式有:一是在招投标阶段通过设定保护性合同条款将风险转移给合同对方;二是通过保证担保,将风险转移给担保人。

第一种方式利用合同的保护性条款来降低或规避某些风险的转移成本相对较低。第二种方式需要向被转移者支付一定的风险保障费用,而设置保护性条款的转移费用支出是隐性的,不必直接支付转移费用。通过合理设置合同的保护性条款来转嫁风险的成本包括损失发生后的处理成本和合同履行成本,这里的合同履行成本是由于合同设置了保护性条款,使得合同的履行变得复杂,由此而增加的成本。

工程担保是将风险转移给第三方的重要途径。工程担保分为信用担保和财产担保,信用担保是以人担保债权的实现,即保证担保,按照担保的用途不同主要分为投标保证、履约保证和承包商要求业主提供的支付保证。

5. 投保转移风险

保险是迄今为止采用最普遍、也最有效的风险管理手段之一。当风险不能靠企业自身力量消除或降到可承受的水平时,应购买可补偿巨额损失的商业保险(Commercial Insurance)。对那些对企业经营无重大影响的风险,可以根据实际情况决定是否投保。通过保险,企业将威胁自身的风险因素转移给保险公司,以保证企业财产免受损失。投保转移风险需要注意下列局限性:

①除少数发达国家外,多数国家的保险公司只承保纯风险,而对投机风险,特别是期货交易风险、商业投机风险等业务很少经营。

②一般情况下,一家保险公司不得同时经营多种或全部险种,如财产保险、责任保险等必须由不同的保险公司分别经营。

③保险公司不积极承揽赔偿巨大的或无法预测的风险如洪水造成的损失。

随着建筑市场和保险市场的进一步发展,工程保险必将成为风险转移的主流方式。投保工程保险的项目出险后发生的合理的处理费用都计入应赔款中,因而对于投保方而言,工程保险的风险转移成本主要是保险费,属于显性的费用支出。但与其他工程风险处理方式相比,工程保险的风险转移成本相对较高。

习 题 12

1. 什么是风险?风险的定义包括哪几层含义?
2. 什么是风险因素?什么是可控风险因素?什么是不可控风险因素?
3. 风险的本质是什么?
4. 风险有哪些基本特征?
5. 什么是工程风险?工程风险有哪些特点?

6. 建筑企业有哪些工程风险？
7. 什么是工程风险管理？工程风险管理包括哪几个步骤？
8. 试说明企业风险辨识的含义以及风险辨识的基本原则。
9. 如何进行风险辨识？
10. 什么是企业风险评估？风险评估建立在哪些理论基础上？
11. 什么情况下可认为风险随机事件服从正态分布？
12. 什么是风险损失幅度？在确定风险幅度时要考虑哪些问题？
13. 风险评估方法有哪些？
14. 建筑企业生产经营管理中有哪些风险？建筑企业如何防范风险？

第 13 章　建筑施工企业财务管理

　　财务管理是现代企业管理的重要组成部分。财务管理是商品经济条件下企业最基本的管理活动，商品经济越发展，财务管理越重要。特别是在现代建筑市场中，竞争日趋激烈，财务管理已成为建筑企业生存和发展的重要环节，也是提高经济效益的重要途径。

§13.1　建筑施工企业财务管理概述

13.1.1　建筑施工企业的财务活动

　　建筑施工企业财务，是建筑施工企业在生产经营中的财务活动及其与相关各方发生的财务关系。财务一般是指与钱物有关的事务，企业的财务活动实际就是企业的资金运动。

1. 建筑施工企业的资金运动

　　建筑施工企业的资金运动是一个不断循环的过程，每一循环的过程是：

　　货币资金形态→储备资金形态→生产资金形态→商品资金形态→货币资金形态

　　这个过程说明，资金从流通过程进入生产过程，进而又回到流通过程。在流通过程中，通过商品出售取得货币收入，其中一部分用来补偿生产费用，回到货币资金形态，加入到下一个资金循环过程中去，另一部分是生产工人为社会创造的剩余价值，在国家和企业中进行分配。

　　资金的运动过程可以分为三个阶段，即资金筹集、资金运用和资金分配。

　　资金筹集就是企业为进行生产经营活动通过确定资金需要量和选择资金来源渠道并取得所需的资金。取得资金的途径不外乎两种，一种是接受投资者投入的资金，形成资本金；另一种是向债权人借入资金，是企业的负债。根据投资主体的不同，资本金包括国家资本金、法人资本金、个人资本金和外商资本金。企业筹资的方式有国家投资、各方集资或发行股票等。企业负债包括长期负债（如长期借款、应付长期债券、长期应付款等）和短期负债（如短期贷款、应付短期债券、预提费用、应付及预收款项等）。

　　资金的运用就是把筹集到的资金投放在生产经营活动过程，这个过程既是资金形态变化的过程，又是资金耗费和资金增值的过程。

　　资金的分配是企业将取得的营业收入用来补偿成本和费用、缴纳税金和企业利润。企业的税后利润又按下列顺序进行分配，缴纳被没收的财物损失，支付滞纳金和罚款，弥补企业以前年度的亏损，提取法定公积金，提取公益金，向投资者分配利润。

2. 建筑施工企业的资金运动所体现的经济关系

　　建筑施工企业的资金运动是在各相关单位的经济往来中进行的。在资金的筹集、使用和分配之中，产生了广泛的社会联系，形成了复杂的经济关系，即企业的财务关系。建筑施工企业的财务关系如下：

(1) 建筑施工企业与国家之间的财务关系。主要是指企业与政府各主管部门之间的关系，这种关系反映出国家与企业之间的资金授权关系以及国家对企业的宏观调控关系。其中包括国家投资机构与企业间的投资关系，企业对国家税务机关的纳税关系，以及必要时国家对企业的政策性补贴关系等。

(2) 建筑施工企业与金融机构之间的财务关系。这主要是存贷关系以及银行对企业资金运用的指导关系。

(3) 企业与其他企业之间的财务关系。这一关系是一种等价交换原则相互提供产品或劳务的关系，也体现出各企业间的社会分工协作关系。

(4) 企业内部各部门之间的财务关系。企业内部各部门业务性质不同，经营资金的来源和用途也不一样，并分别使用、分别核算，形成了企业内部各部门之间的资金分配和往来结算关系。

(5) 企业与职工之间的财务关系。职工为企业创造财富，企业支付职工劳动报酬，体现了企业内的分配关系。

(6) 企业与投资者的关系。这种关系是投资者的产权与企业法人财产权之间的关系，同时也通过企业而表现出各投资主体间的利润分配关系。

13.1.2 建筑施工企业的财务管理及任务

1. 建筑施工企业的财务管理

建筑施工企业的财务管理，是企业按照生产经营活动的需要，对自身的财务活动进行计划、组织、控制的总称，是企业管理的重要组成部分，是企业组织资金运动、处理企业同各方面的财务关系的一项经济管理工作。

根据企业资金运动的经济内容，企业财务管理的内容包括：企业资金筹集、各种资产的管理、成本及其运用的管理、销售收入的管理、企业纯收入管理及财务收支管理等。

2. 建筑施工企业财务管理的任务

建筑施工企业财务管理的根本任务是遵循国家的政策、法令、制度，为实现企业的经营目的服务。其具体任务如下：

(1) 合理筹措资金，满足企业生产经营的需要。在筹措资金时必须认真考虑企业资金结构的合理性、所承担的风险和资金成本大小等因素，从中选择满意的筹资方案。

(2) 合理使用资金，提高资金运用效果。要做好资金使用计划、控制、核算、调配、分析工作，增收节支，少花钱，多办事，办好事。要根据企业的财务状况，及时组织资金偿债及把握投资机会，保护和利用资产，考核、检查、分析各种资产利用情况，不断提高资金利用效果。

(3) 降低成本和费用，增加企业盈利。降低成本的根本途径是降低消耗，降低费用的根本途径是减少支出。降低成本和费用是企业盈利的主要来源。增加企业盈利的途径很多，但必须利用财务管理手段才能见效。

(4) 正确分配盈利。企业的营业收入扣除成本费用的余额，就是盈利，盈利是企业职工创造的剩余产品的货币表现。合理分配盈利，关系到国家、企业和职工、投资者的经济利益，因此，必须按国家相关规定和财务制度进行合理分配。

(5) 实行财务监督，维护财经纪律。

§13.2 建筑施工企业资产管理

13.2.1 资产的定义和分类

1. 资产的定义

资产，英文为 Assets，是指会计主体在生产经营中所拥有的、用来获取预期收益的各项财产、债权和其他权利的总和。根据国家财政部颁发的《企业会计准则》规定：资产是企业拥有或者控制的能以货币计量的经济资源，包括各种财产，债权和其他权利。作为资产，一般具有以下基本特点：

①作用于企业现在和将来的生产经营活动；
②有助于从物质形态方面提高企业经济效益；
③具有不同的具体形态。

2. 资产的分类

(1) 按资产在生产经营过程中的周转情况，资产可以分为固定资产和流动资产。

(2) 按资产是否具有货币性质，资产可以分为货币资产和非货币资产。货币资产主要包括现金、银行存款、应收账款、应收票据和有价证券等；非货币资产主要包括固定资产、库存材料、库存商品、低质易耗品等。

(3) 按资产是否具有实物形态，资产可以分为有形资产和无形资产。有形资产如现金、固定资产和库存商品等，无形资产包括专利权、商标权、专有技术、土地使用权和商誉等。

13.2.2 建筑施工企业的流动资产管理

1. 建筑施工企业流动资产的概念与分类

建筑施工企业的流动资产是指可以在一年内或超过一年的一个营业周期内变现或运用的资产，包括现金、各种存款、存货、应收款及预付款等。流动资产的货币表现称为流动资金。所以流动资金是企业用于购买、储存劳动对象以及在生产过程和流通过程中占用的那部分周转资金。流动资金处在不断地运动过程中，周而复始地从货币形态、储备资金形态、生产资金形态、成品资金形态，又回到货币形态，发挥其在再生产中的功能，建筑施工企业的流动资金循环如图 13.2.1 所示。

2. 流动资金的管理

建筑施工企业流动资金各种占用形态的具体项目，如图 13.2.2 所示。

在一定的生产任务和供、产、销条件下，企业流动资金需要量主要取决于流动资金周转时间的长短。流动资金管理的基本任务就是保证生产经营所需资金得到正常供给，减少资金占用，加速资金周转，并要正确处理盈利和风险的关系。

(1) 货币资金管理

货币资金包括库存现金和银行存款，控制流动资金首先要从货币资金开始。货币资金是一种非盈利性或盈利微弱的资产。

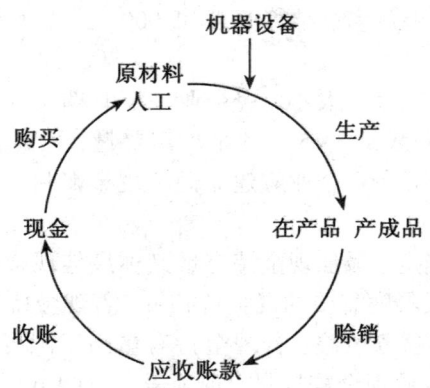

图 13.2.1　建筑施工企业流动资金循环图

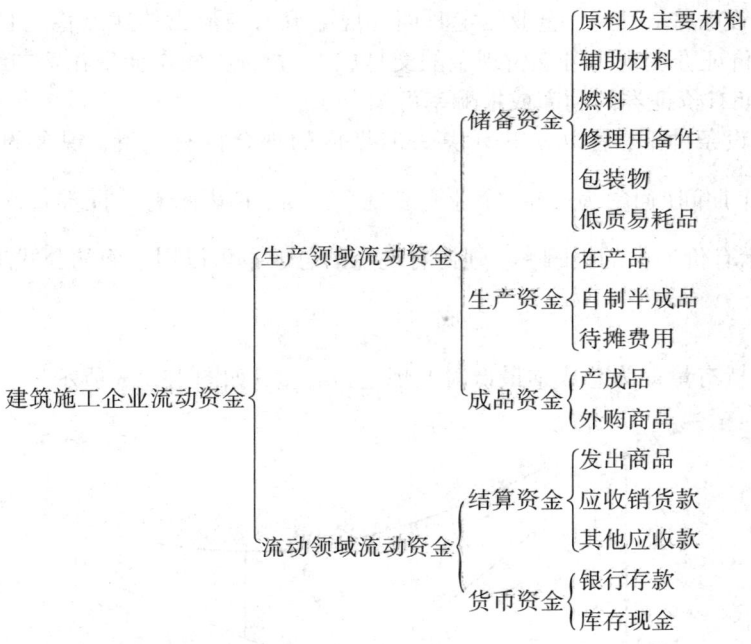

图 13.2.2　建筑施工企业流动资金占用形态图

企业持有现金的动机主要有以下三个方面：①支付动机。即指持有现金以满足日常支付的需要，如用于购买材料、支付工资、交纳税款、支付股利等。②预防动机。即指持有现金，以应付意外事件对现金的需求。③投机动机。即指企业持有现金，以便当有价证券价格剧烈波动时，从事投机活动，从中获得收益。

货币资金管理的目的就是要求有效地保证企业能够随时有资金可以利用，并从闲置的资金中得到最大的利息收入。

①现金的使用范围。现金是专门用来预备支付企业日常零星开支的。现金只能用于支付职工工资和各种工资性津贴。支付个人劳务报酬，支付个人奖金，支付各种劳保、福利

费用及符合国家相关规定的个人其他现金支出,收购单位向个人收购农副产品和其他物资支付的价款,出差人员携带差旅费,结算起点(1 000元)以下的零星支出,确实需要现金支付的其他支出。

②库存现金限额。库存现金量大小,视企业一定时期实际支付的现金总额(不含工资及其他一次性支出)而定,一般是3~5天的平均需要量,最高不得超过15天的日常开支。企业收入现金应于当日送存银行。企业应建立健全现金账目,逐笔记载现金支付,日清月结,账款相符。

③最佳现金持有量的确定。最佳现金持有量又称最佳现金持有余额,是指正常情况下能保证企业生产经营的最低限度需要的现金持有量。若现金持有量低于限度会影响企业资金的正常周转,增加企业的财务风险;若现金持有量高于限度又会降低企业的经济效益。现金的最佳持有量一般与企业现金需要量、现金需要量的可预测性、有价证券的利率以及现金与有价证券的兑换费用等因素直接相关。企业在对上述因素逐一分析的基础上建立数学模型定量确定最佳现金持有量。预测现金最佳持有量常用的数学模型是存货模型,首先需满足以下假设条件:其一,企业一定时期内现金流入与流出的速度稳定且可以预测;其二,每次将有价证券变现为可支付现金的交易成本(指证券每次变现花费的经纪费用等)已知;其三,短期有价证券的利率或报酬率可知。

在以上假设条件下,若以 m 表示某一时期内的现金持有总量,现金的平均持有量为 $\frac{m}{2}$;T 表示整个期间(通常为一年)企业交易现金总量;C 表示有价证券每次交易发生的固定成本;I 表示有价证券的报酬率。则持有现金的总成本可以用下面的公式表示

$$总成本 = \frac{T}{m} \times C + \frac{m}{2} \times I \tag{13.2.1}$$

最佳现金持有量即为总成本最低时的现金持有量,如图13.2.3所示。

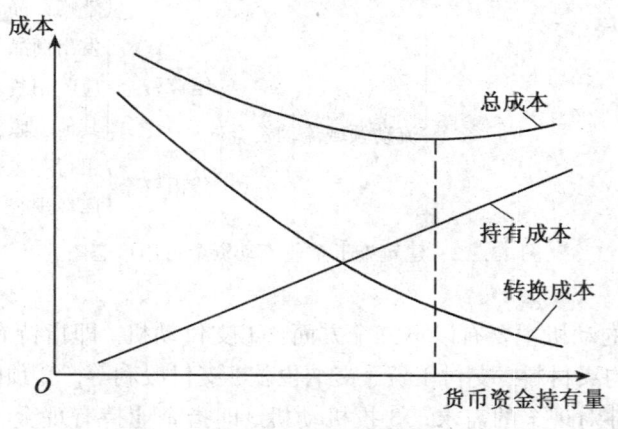

图13.2.3 货币资金成本图

要使总成本最低,对总成本求导即可以求得最佳现金持有量,其计算公式为

$$m_{opt} = \sqrt{\frac{2TC}{I}} \tag{13.2.2}$$

例 13.2.1 某企业预计一个月内交易所需现金持有总量为 500 万元，准备用短期有价证券变现取得，有价证券每次变现的费用为 10 元，债券的市场年利率为 12%，则企业的最佳现金持有量为：

$$m_{opt} = \sqrt{\frac{2TC}{I}} = \sqrt{\frac{2 \times 5\,000\,000 \times 10}{12\% \div 12}} = 100\,000(元)。$$

（2）应收工程款管理

应收工程款是指建筑施工企业在承担施工任务过程中预先垫付的资金等。应该指出，应收工程款的存在，必然占用企业的资金，如果数额过大，就会引起资金短缺，影响资金周转，从而产生不堪设想的后果。企业应收工程款的多少，通常决定于市场经济情况和企业的信用政策。市场经济情况是企业无法控制的，但企业可以运用信用政策来调节应收工程款的数额。为了加强流动资金管理，企业应制定合理的信用政策。

①信用标准。信用标准是建筑施工企业同意向建设单位提供商业信用而提出的基本要求。通常以预期的坏账损失率为判别标准。如果企业的信用标准过严，只对信誉好、坏账损失率低的客户给予垫资，则会减少坏账损失，减少应收账款的机会成本，但这可能不利于扩大建设量，甚至会引起承包量的减少；反之，如果信用标准过宽，虽然会增加销售，但会相应增加坏账损失和应收账款的机会成本。企业应根据具体情况，进行合理权衡。只有信用标准变化带来的收益大于其成本时，才能采纳。

②信用条件。信用条件是企业要求建设单位支付垫付工程款项的条件，主要包括信用期限和折扣率。信用期限过短，会影响企业建设规模的扩大，延长信用期限对扩大建设规模固然有利，但企业得到的利益有时会被增加的费用抵消，结果得不偿失。因此，企业必须规定适当的信用期限。折扣率是客户早付款时给予的优惠。许多企业为了加速资金周转，及早收回工程款，减少可能的坏账损失，往往在延长信用期限的同时，规定客户提前偿付工程款的折扣率和折扣期限。在这里，制定政策的基本规则是总收益要大于总成本。

③建立健全收款办法体系。企业对应收工程款应按期催收。可以对预期付款的客户规定一个允许拖欠的时间，预期则催。收款政策要宽严适度。当客户超过允许拖欠期限后，应发函通知对方；如果无效，则打电话或登门催交货款；如果确有困难，可以商谈延期付款办法；如果以上办法均无效，可以诉诸法律。要注意收账费用与坏账损失的关系，一般说来，收账费支出愈大，坏账损失愈小，但并非呈线性变化。

（3）存货管理

存货是指建筑施工企业在生产经营过程中为生产或销售而储备的物资。为生产建设而储备的物资主要是指各种原材料、各种构配件、协作件以及内耗自制半成品等库存。为销售而储备的物资主要是指商业企业的商品库存和工业企业的产成品、外购配套商品以及外销自制半成品等库存；存货在生产经营周转过程中处于相对停留状态，存货是联系生产与销售的一个重要环节。存货管理的好坏，不仅决定了生产经营的保证程度，还决定了存货投资的大小，存货周转率的高低。所以，加强存货管理，以最低的存货成本提供维持企业生产经营所需的物资意义重大。

加强存货管理，一要建立健全存货的检验、收发、领退、保管的清查盘点制度，保证存货的安全完整；二要合理确定存货量，节约使用资金；三要提高存货的利用效果，加速存货周转。

3. 固定资产管理

(1) 固定资产的概念及其特点

固定资产是指使用期限较长、单位价值在规定标准以上，并且在使用过程中保持原有实物形态的资产。

固定资产是企业资产的主要构成项目，具有以下基本特点：①使用期限较长，一般超过一年或一个经营周期，并具有为企业产生收益而长期服务的潜力。②在使用中能保持原有实物形态，但其服务潜力逐渐衰竭。③供企业经营使用，而不是销售。企业购置固定资产不是为了销售而受益，而是为了在经营过程中利用其服务而受益。④在日常经营过程中，固定资产的价值随实物形态的磨损，逐渐计入成本等费用中，脱离其实物形态，并从销售收入中得到补偿，直到固定资产报废，其价值将完全脱离实物形态。

(2) 固定资产的分类

①固定资产按经济用途分为生产经营用固定资产和非生产经营用固定资产。前者直接参加生产经营过程或直接服务于生产经营过程；后者是指不直接服务于生产经营过程的固定资产。

②固定资产按使用情况分为使用中、未使用和不需用的固定资产。使用中的固定资产是指正在使用过程中的生产经营用或非生产用的固定资产，由于季节性原因和大修理等原因而停用的、在车间内替换使用的，也列作使用中的固定资产，未使用的固定资产是指尚未开始使用的新增固定资产、调入尚待安装的固定资产，正在进行改建、扩建的固定资产及长期停止使用的固定资产。不需用的固定资产是指不适合本企业生产需要、目前至今后都不需用、准备处理的各种固定资产。

③固定资产按所属关系可以分为自有固定资产、投资转入固定资产和租入固定资产。自有固定资产是指企业以各种方式取得的拥有所有权的各种固定资产，包括自建、接受捐赠、盘盈等方式取得的资产。投资转入的固定资产是指企业在与其他单位开展联营、合营、合资、合作等业务时所接受的各种固定资产投资。租入的固定资产是指企业以经营租赁和融资租赁方式租入的各种固定资产，企业对租入的固定资产有使用权，但无所有权。按照固定资产所属关系分类，可以反映企业全部固定资产的组成和使用情况。

根据不同分类要求计算各类固定资产的比例关系、结合企业规模、生产特点，在本企业进行不同时期比较，在同类企业中进行对比分析，有利于揭示固定资产配置和投资使用方面的情况和存在的问题，有利于调整投资方向、合理使用固定资产，提高其利用率。

(3) 固定资产的计价

固定资产的计价方式有三种：

①原始成本计价。原始成本又称历史成本或原始购置成本。是指企业购置某项固定资产并使之达到可使用状态时所发生的一切合理、必要的支出。一般包括固定资产的价款、运输费、安装费、包装费、途中保险费以及购置时应缴纳的税金等。企业在新购置固定资产，确定计提折旧的依据时，均采用这种计价方法。

由于按照有支付凭据的实际支出计算，因而原始成本计价具有客观性和可验证性的特点。但这种方法也存在缺点，当经济环境和市场价水平发生变化时，购置固定资产所发生的原始成本与现时价值就可能出现差距，固定资产的原始价值就不能真实反映现时的经营规模，由此所反映的企业财务状况也不会真实。

②重置完全价值计价。又称现时重置成本，是指在当时的生产技术条件下，重新购置同样固定资产所需要的全部支出。采用重置完全价值计价可以真实反映企业固定资产的现时价值。但是，现时重置价值经常变化，而且会引起一系列的特殊财务处理问题，具体操作也比较复杂，因此，这种方法仅在无法确定原始价值时使用，如在清查财产时发现盘盈固定资产时，可以使用重置计价。也可以作为正式财务报表的补充资料以弥补原始成本的不真实。

③按净值计价。又称折余价值，是指固定资产的原始价值或重置价值减去已提折旧的净额。折余价值可以反映企业实际占用固定资产的数额和固定资产的新旧程度。这种方法主要用于计算盘盈、盘亏、毁损固定资产的溢余或损失。

（4）固定资产的价值构成

固定资产的价值构成是指组成固定资产价值的具体项目。固定资产价值应包括企业为购置某项固定资产达到可使用状态前所发生的一切合理、必要的支出。在这些支出中，既包括直接发生的支出（如固定资产的价款、运杂费、安装费和安装成本等），也包括间接发生的支出（如应分摊的借款利息、外币借款折合差额和应分摊的其他间接费用等）。

由于固定资产的来源渠道不同，其价值构成的具体内容也不同，主要有以下几种：

①购入的固定资产，按照买价加上实际支付的运输费、保险费、包装费、安装成本和缴纳的税金等确定。国外进口设备的原价中还应包括按相关规定支付的关税和工商统一税。

②自行建造的固定资产，按照建造过程中实际发生的全部支出确定。

③投资者投入的固定资产，按评估确认或合同、协议约定的价值确定。

④融资租入的固定资产，按租赁协议或合同确定的价款，加上运输费、保险费、安装调试费等确定。

⑤接受捐赠的固定资产，按发票所列金额加上由企业承担的运输费、保险费、安装调试费等确定；无发票单据的，按同类设备市价确定。

⑥在原有基础上进行改建、扩建的固定资产，按其原价，加上改扩建发生的支出，减去改扩建过程中发生的固定资产变价收入后的金额确定。

⑦盘盈的固定资产，按同类固定资产的重置完全价值确定。

企业从各个渠道取得的固定资产经计价入账以后，一般不能任意变动，但发生下列情况时，可以进行调整：根据国家规定对固定资产重新估价；增加补充设备或改良装置；将固定资产的一部分拆除；根据实际价值调整原来的暂估价值；发现原登记的固定资产价值有错误。

（5）固定资产折旧管理

〈1〉固定资产折旧的概念

固定资产在使用过程中将不断发生两种损耗，一种是有形损耗，另一种是无形损耗。有形损耗是指固定资产在使用过程中由于使用磨损和自然力的作用而引起使用价值和价值的损耗；无形磨损是指由于科学技术进步和劳动生产率的提高而使原有固定资产发生贬值和损耗。

根据固定资产发生损耗的程度不同，其价值将逐步转移到所生产的产品中，以折旧费的形式构成产品成本的一部分，通过产品销售的实现，从产品销售收入中得到补偿，收回相当于产品成本中的折旧费。固定资产因损耗而转移到产品中的那部分价值,称为固定资产折旧。

〈2〉固定资产折旧的范围

按现行财务制度规定,应计提折旧的固定资产包括:企业的房屋、建筑物;在用的机器设备、仪器仪表、运输车辆、工具器具;季节性停用和修理停用的设备;以经营租赁方式租出的固定资产;以融资租赁方式租入的固定资产。

不计提折旧的固定资产包括:房屋、建筑物以外的未使用,不需用固定资产;以经营租赁方式租入的固定资产;已提足折旧继续使用的固定资产;破产、关停企业的固定资产;以前已经估价单独入账的土地。

另外,国家还规定,月份内开始使用的固定资产,当月不计提折旧,从下月开始计提折旧;月份内减少或停用的固定资产,当月仍照提折旧,从下月起停止计提折旧。

〈3〉固定资产折旧的计算方法

1)平均年限法。该方法是将固定资产的损耗价值均衡地分摊到规定的折旧年限内,其计算公式为

$$固定资产年折旧额 = \frac{固定资产原始价值+清理费用-残值}{规定的折旧年限} \times 100\% \quad (13.2.3)$$

在实际工作中,通常利用折旧率计算固定资产的折旧额。折旧率指折旧额占原始价值的比率,反映固定资产的损耗程度,其计算公式为

$$固定资产年折旧率 = \frac{年折旧额}{固定资产原值} \times 100\% = \frac{1-净残值率}{固定折旧年限} \times 100\% \quad (13.2.4)$$

固定资产折旧率一般有三种:个别折旧率,类别折旧率和综合折旧率。个别折旧率按每项固定资产分别计算;类别折旧率则按性质、结构和使用年限大体相同的固定资产归并为不同类别计算;综合折旧率则就整个企业的全部固定资产而综合计算。企业应根据核定的折旧率计提折旧,未经上级主管部门和相关财政部门批准,不得任意变更折旧率。

2)工作量法。该方法是根据固定资产完成的工作量或工作时间计算折旧的一种方法,适用于运输汽车和大型精密设备的折旧计算。

①按行使里程计算折旧

$$单位里程折旧额 = \frac{原始价值 \times (1-预计净残值率)}{规定的总行使里程} \quad (13.2.5)$$

②按工作小时计算折旧

$$每工作小时计算折旧 = \frac{原始价值 \times (1-预计净残值率)}{规定的总工作小时} \quad (13.2.6)$$

③按台班计算折旧

$$每台班折旧额 = \frac{原值 \times (1-预计净残值率)}{规定的总工作台班数} \quad (13.2.7)$$

3)快速折旧法。

快速折旧法是指在固定资产投入使用的早期多提折旧,而在使用后期少提折旧,在整个折旧期间,折旧额呈逐年递减趋势。所以,快速折旧法又称为递减折旧费用法。

实行快速折旧法主要基于以下原因:第一,固定资产在开始使用时,提供服务较多,效率较高,使企业受益较大,理应多提折旧,这样符合收入与成本费用相配比的原则。第

二,固定资产在开始投入使用时发生的修理费用少,随着使用年限的增加,固定资产变旧,所需修理费用增加,所以前期多提折旧与后期少提折旧相结合,将使各期负担的固定资产使用成本基本均衡。第三,在固定资产使用早期收回大部分投资,可以减少无形损耗带来的损失,也可以避免资金时间价值的影响。第四,采用快速折旧法与平均折旧法相比,在整个固定资产使用期间内的折旧总额相等,但由于使用前期负担了较多的折旧费而减少了应纳税所得额,使企业可以在使用前期少纳所得税而延迟到后期交,实际相当于企业获得了国家的一笔无息贷款,对企业融通资金极为有利。

常用的快速折旧法主要有年数总和法、余额递减法和双倍余额递减法。

①年数总和法

年数总和法是用一个递减的分数乘以固定资产应计提折旧额而计算折旧额的一种方法。递减的分数即第 n 年的折旧率等于固定资产的尚可使用年数与逐年使用年数总和之比。

假设固定资产的原值为 P,预计净残值为 F,预计可使用年限为 n,则第 t 年的折旧率为

$$第\ t\ 年折旧率 = \frac{尚可使用年数}{逐年使用年数之和} \times 100\% = \frac{n-t+1}{1+2+\cdots+n} \times 100\% = \frac{2(n-t+1)}{n(n+1)} \times 100\%$$

$$第\ t\ 年折旧额 = (P-F) \times \frac{2(n-t+1)}{n(n+1)} \times 100\% \tag{13.2.8}$$

例 13.2.2 某项固定资产预计可以使用 5 年,假设固定资产原值为 30 万元,其净残值为 2 万元,试计算该固定资产逐年计提的折旧额。

解

(1)计算各年的折旧率

$$第\ 1\ 年折旧率 = \frac{2(5-1+1)}{5(5+1)} = \frac{1}{3}$$

$$第\ 2\ 年折旧率 = \frac{2(5-2+1)}{5(5+1)} = \frac{4}{15}$$

$$第\ 3\ 年折旧率 = \frac{2(5-3+1)}{5(5+1)} = \frac{3}{15}$$

$$第\ 4\ 年折旧率 = \frac{2(5-4+1)}{5(5+1)} = \frac{2}{15}$$

$$第\ 5\ 年折旧率 = \frac{2(5-5+1)}{5(5+1)} = \frac{1}{15}$$

(2)计算各年的折旧额

$$第\ 1\ 年折旧额 = (30-2) \times \frac{1}{3} = 9.333(万元)$$

$$第\ 2\ 年折旧额 = (30-2) \times \frac{4}{15} = 7.466(万元)$$

$$第\ 3\ 年折旧额 = (30-2) \times \frac{3}{15} = 5.60(万元)$$

$$第\ 4\ 年折旧额 = (30-2) \times \frac{2}{15} = 3.733(万元)$$

$$第5年折旧额 = (30-2) \times \frac{1}{15} = 1.556(万元)$$

②余额递减法。该方法是以固定资产的净值作为计算折旧的基数,固定资产折余价值逐年递减,在每年折旧率不变的条件下,每年提取的折旧额逐年下降。

设固定资产的原值为 P,年折旧率为 R,净残值为 F_n,预计使用年限为 n,则:

第1年折余价值 $\qquad P_1 = P - PR = P(1-R)$

第2年折余价值 $\qquad P_2 = P_1 - P_1 R = P(1-R)^2$

第3年折余价值 $\qquad P_3 = P_2 - P_2 R = P(1-R)^3$

⋮

第 n 年折余价值 $\qquad P_n = P(1-R)^n = F_n$

所以 $\qquad R = 1 - \sqrt[n]{\dfrac{F_n}{P}}$

第 t 年的折旧额为 $\qquad D_t = P(1-R)^{t-1} R$

例 13.2.3 某项固定资产原值为 30 万元,预计可以使用 5 年,其净残值为 2 万元,试采用余额递减折旧法进行折旧。

解 折旧率

$$R = 1 - \sqrt[5]{\frac{2}{30}} = 1 - 0.5818 = 0.4182$$

按该折旧率计算各年折旧额如表 13.2.1 所示。

表 13.2.1　余额递减折旧法计算固定资产各年折旧额表

年份	每年计提折旧额	累计折旧额	年末资产净值
(1)	(2)=上年(4)×R	(3)=(2)+上年(3)	(4)=上年(4)-(2)
			300 000
1	300 000×41.82%=125 460	125 460	174 540
2	174 540×41.82%=72 993	198 453	101 547
3	101 547×41.82%=42 467	240 920	59 080
4	59 080×41.82%=24 707	265 627	34 373
5	34 373×41.82%=14 373	14 373	20 000

余额递减折旧法的特点是:随着固定资产年折余价值的逐年下降,年折旧额也相应逐年减少,并且是以等比例递减。由于该方法使用的折旧率相等,所以又称为定率递减法。

③双倍余额递减法。双倍余额递减法计算折旧的原理与余额递减法相同,也是用固定的折旧率,乘以各年年初的折余价值而计算折旧额。该方法的固定折旧率采用的是双倍于直线法的折旧率。其计算公式为

$$年折旧率 = \frac{2}{折旧年限} \times 100\% \qquad (13.2.9)$$

$$年折旧额 = 固定资产账面净值 \times 年折旧率 \qquad (13.2.10)$$

在采用双倍余额递减法计算折旧时,不能使折余价值小于预计残值。同时,在固定资产使用的后期,一旦发现折旧额小于按平均年限法计算的折旧额,可以改用平均年限法计提折旧。为操作方便,实行双倍余额递减法的固定资产,应在其折旧年限到期前两年内,将固定资产账面净值扣除预计净残值后的净额平均摊销。

例 13.2.4 某项固定资产原值为 30 万元,预计可以使用 5 年,其净残值为 2 万元,试采用双倍余额递减折旧法进行折旧。

解

$$折旧率 = \frac{2}{5} \times 100\% = 40\%$$

其折旧额的计算过程如表 13.2.2 所示。

表 13.2.2　　　　双倍余额递减折旧法计算固定资产各年折旧额表　　　(单位:万元)

年 份	年初账面净值	年折旧率	年折旧额	累计折旧额	年末账面净值
1	30.0	40%	12.0	12.0	18.0
2	18.0	40%	7.2	19.2	10.8
3	10.8	40%	4.32	23.52	6.48
4	6.48	-	2.24	25.76	4.24
5	4.24	-	2.24	28.0	2.0

双倍余额递减折旧法的计算原理与余额递减法的计算原理基本相同。其特点也与余额递减法相似,只是其折旧速度比余额递减法略慢,但快于直线法的折旧速度。

(6)固定资产修理

固定资产各个构成部分的物质结构、负荷程度、工作条件不同,使用以后损耗的快慢也不一样。为了维护固定资产的性能,保证生产能力,需要对固定资产进行维护和修理。企业发生的固定资产修理支出,计入相关费用,修理费用发生不均衡、数额较大时,可以采用待摊或预提的办法。采用预提办法时,可以将实际发生的修理支出冲减预提费用,实际支出数大于预提费用的差额,计入相关费用;小于预提费用的差额冲减相关费用。

(7)固定资产的清理和清查

①固定资产的清理。对企业决定的固定资产进行拆除、搬运、清理现场、残体整理和变价处理等工作的总称,就是固定资产清理。固定资产清理应进行技术鉴定,按相关规定程序办理报废手续,经批准后才能清理,并在清理固定资产备查簿内做出记录。

②固定资产清查。固定资产清查的目的是核实固定资产账面数与实存数是否相符,是否完好无损,固定资产的利用情况和管理情况,这是财务管理的需要,也是加强管理的需

要。清查后盘盈的固定资产,按同类资产的重置完全价值减去估计累计折旧后的净额,计入营业外收入、盘亏、毁损、报废的固定资产,按其原值扣除累计折旧、变价收入、过失人或保险公司赔偿以及残值后的净损失,计入营业外支出。但是,企业在筹建期间发生的固定资产的盘盈、盘亏和清理净损益,计入开办费。

4.无形资产的管理

(1)无形资产的概念

无形资产是指不具备物质实体,并在较长时间内为企业提供某种权利或特权,带来经济效益的资产。无形资产包括权利资产和非权利资产,如表13.2.3所示。

表 13.2.3　　　　　　　　　　　无形资产的类型表

权利资产						非权利资产
土地使用权	知识产权					专利技术
	工业产权			文化产权		
	专利权	商标权	商誉	著作权	版权	

(2)无形资产的特点

与其他资产相比,无形资产具有以下特点:

①无实物形态。无形资产不具备实物形态,但往往要依附于一定的实体或观念表现其存在和效能,如商誉依附于企业而存在,土地使用权依附于土地而存在等。

②未来收益具有高度的不确定性。无形资产所能提供的未来经济利益一般难以准确地计量。而且某些无形资产(如商誉)的有效期间又是无法确定的。

③具有高度垄断性和独占性。无形资产的产生与特定的主体有关,并受到法律、制度的保护,任何非所有者均不得无偿取得与占用。

④使用时间较长。无形资产将在长时期内为企业提供经济利益、由于有效期不同,各种无形资产提供的经济利益的期限也不一样。

⑤变现性较差。这是由于无形资产的产生与企业本身或企业组织所发生的某种能力有关,与企业获取的收益有密切联系。

(3)无形资产的计价原则

无形资产是具有价值和使用价值的特殊商品,企业在取得或转让无形资产时,必须对其价值进行估计,其估价原则有四。

①成本计价原则。即以无形资产取得时的实际耗费或开支成本计价。例如土地,使用权是以取得时支付的征用费计价;企业自行开发的专用技术等,按研制开办费用,如增添的专用设备支出、对原有设备改造支出、试制人员工资、材料损耗及设备折旧费、其他费用等计价。

②效益计价原则。以无形资产应用后可能带来的经济效益确定其价值,这是无形资产估价的基本方法。广泛适用于商标权、专利权、专有技术等计价。

③行业对比计价原则。即将无形资产与国内外同行业企业对比确定价值的方法,如商

誉就是在比较本企业与外企业综合获利能力后确定价值。

④技术寿命计价原则。即以无形资产有效寿命周期长短为计算因素，参照其效益情况确定无形资产价值，如专利权等。

无形资产在计价时必须具备详细资料，包括所有权或使用权证书的复印件，作价的依据和标准等。其中非专利技术、商誉的计价，应经法定的评估机构评估确定。商誉只有在企业合并或接受商誉投资时才能评估计价，否则不能作为无形资产管理。

(4) 无形资产的管理

1) 无形资产取得的管理

无形资产作为商品，有其本身的价值。企业取得无形资产的途径大体有三条：购入、自制和其他单位投资转入。

企业购入或按相关法定程序申请取得的各种无形资产，按实际支出数记账；其他单位投资转入的无形资产，按联营双方确定价值记账。由于无形资产的价值具有不确定性的特点，为慎重起见，只有能够确认为取得无形资产而发生的支出，才能作为无形资产的成本入账。否则，即使企业确实拥有某项无形资产也不能将其本金化，作为无形资产管理。例如，一个企业由于其经营管理水平高，或所处的地理位置好，能够获得比同类企业要高的利润，也就是这个企业已拥有商誉，但由于这个企业继续经营，并没有准备转让或出售的迹象，就不能将其所拥有的商誉入账。如果这个企业转让给其他企业，购买方以高于企业净资产的价格购买了这个企业，这时，购买方可以将买价与净资产的差额作为无形资产管理。

2) 无形资产转让的管理

企业所拥有的无形资产，可以依法进行转让。企业转让无形资产的方式有两种：

①转让其所有权。无形资产的所有权，是指企业在法律规定的范围内，对其无形资产所享有的占有、使用、收益、处分的权能。所有者在行使其所有权时，可以在法律规定的范围内，根据自己的意志和利益，将其使用权分离出去，由非所有者享有。

②转让其使用权。无形资产的使用权，是指企业按照无形资产的性能和用途加以利用，以满足生产经营的需要。使用权是所有者所享有的一项独立权能。非所有者行使使用权时，必须根据相关法律和合同的规定，按指定的用途使用。

在财务处理上，无论是转让无形资产所有权，还是转让其使用权，所取得的收入均应作为企业的其他销售收入处理。

3) 无形资产投资的管理

企业所拥有的无形资产，有的已作价入账，有的却没有作价入账。因此，企业用无形资产对外投资时，要区别以下情况处理：

①按照联营协议规定，企业用无形资产的所有权投资，企业应按评估确认或合同、协议确定的价值作为长期投资。双方确认的价值若与无形资产账面价值有差额，其差额作为资本公积金处理。

②企业如果不是用无形资产的所有权投资，而是以出让无形资产的使用权与其他单位联营，双方若无投资协议，应按出让无形资产使用权的方法处理，不能作为无形资产的投资。因为企业出让无形资产使用权后，仍然拥有该项无形资产的所有权，企业仍有继续使用、转让该项无形资产的权利。所以，在取得出让收入时，直接作为经营收益处理。

③企业用无形资产使用权向其他企业投资，若企业的无形资产使用权没有入账反映，其账面价值为零，那么，首先要将无形资产使用权作价入账，作为递延投资损益处理，在投资期限内或按不少于规定的期限内分期平均摊销，纳入企业的利润进行管理。若企业的无形资产使用权已入账反映，则应比照无形资产所有权投资进行管理。

4) 无形资产摊销的管理

无形资产没有残值，其作用于企业生产经营过程不直观，无形资产所具有的价值的权利，总会在持续一个阶段后终结或消失。因此，无形资产应从开始使用之日起，逐步地在有效使用期限内摊销。无形资产摊销的关键是确定摊销期限。摊销期限应按下列原则确定：

①法律、法规、合同或企业申请书分别规定有法定有效期限和使用年限的，按照法定有效期限与合同或企业申请书规定的使用年限孰短的原则确定。

②法律、法规无规定有效期限，企业合同或企业申请书中规定使用年限的，按照合同或企业申请书规定的使用年限确定。

③法律、法规、合同或企业申请书均没有规定期限的无形资产，按预计使用期限确定。

④使用期限难以预计的无形资产，按不少于 10 年的期限作为摊销期限，如商誉摊销期限一般为 10 年。

各种无形资产应在摊销期限内采用分期等额摊销法平均摊销。

5. 递延资产的管理

(1) 递延资产的概念

递延资产是指不能全部计入当年损益，应在以后年度内分期摊销的各项费用，包括开办费、以经营租赁方式租入的固定资产改良支出、摊销期在一年以上的固定资产修理支出等。

(2) 开办费的管理

开办费是企业在筹建期间发生的费用，包括：筹建期间人员工资、办公费、培训费、差旅费、印刷费、注册登记费、不计入固定资产和无形资产购建成本的汇兑损益和利息等支出。

下列费用不应计入开办费：应由投资者负担的费用支出；为取得各项固定资产、无形资产所发生的支出；筹建期间应计入资产价值的汇兑损益、利息支出等。

除了筹建期间不计入资产价值的汇兑净损益外，从企业开始生产经营月份的次月起，按照不短于 5 年的期限将开办费平均摊入管理费用。

(3) 租入固定资产改良工程支出的管理

企业从其他单位的经营租赁方式租入的固定资产，所有权属于出租人，但企业依据相关合同享有使用权。在双方协议中通常规定，租入企业应按规定的用途使用，并承担对租入固定资产进行修理和改良的责任，即发生的修理和改良支出的全部费用由承租方负担。这部分费用不应作为当期的费用，而应作为递延资产管理，在经营有效期间内分期摊入制造费用或管理费用。

(4) 超过一年的待摊费用管理

如果生产经营期间发生的待摊费用的摊销期不超过一年，则属于流动资产，超过一年的属递延资产。例如固定资产的大修理支出，因为数额较大，为均衡费用负担，便在数年摊销,应按实际发生的支出正确计价,按其受益期平均摊销。

§13.3 建筑施工企业的收入与利润管理

收入与利润是建筑施工企业的生产经营成果,综合而直接地反映出企业行为的最终状况,是企业在生产经营中的两项根本性的经济指标。

建筑施工企业的收入主要是指营业收入,而利润是指营业收入总额扣减成本、费用总额及税金之后的余额,也称为企业的纯收入。

13.3.1 建筑施工企业的营业收入管理

1. 营业收入的概念和构成

建筑施工企业的营业收入是企业因工程施工、提供劳务、作业、房地产开发,以及销售产品等所取得的收入,是企业经营成果的价值表现。

建筑施工企业营业收入包括:工程价款收入、劳务、作业收入、产品销售收入、材料销售收入、多种经营收入、设备租赁收入,以及其他业务收入。建筑施工企业的基本营业收入主要是工程价款收入,包括:工程价款结算收入、工程索赔收入、向发包单位收取的临时设施基金、劳动保险基金、施工机构调遣费等。工程价款结算收入包括:直接工程费、间接费、利润及税金等。

2. 建筑施工企业营业收入的管理

(1)企业营业收入的确认

企业营业收入的确认是以营业收入的实现或成立为依据。确认工程价款收入的总的原则是,建筑施工企业出具"工程价款结算账单",经发包单位签证后确认为销售收入的实现。因此,工程价款收入的实现依赖于建筑施工企业工程价款的结算办法。目前,建筑施工企业工程价款的结算方式主要有:

①按月结算。即实行旬末或月中预支、月终结算、竣工后清算的办法。对于跨年工程,年终进行工程盘点,办理年度结算。该办法的结算对象为分部分项工程。对这类结算工程,应分期确认合同价款的实现,即月终承包与发包双方进行已完工程价款结算时,确认为承包合同已完部分的工程收入实现。

②分段结算。对于工期超过1年的工程,可以按工程阶段或形象进度,划分为不同阶段进行结算。分段结算可以按月预支工程款。分段结算总额不超过总造价的90%,其余留待工程竣工后结算。因此实行分阶段结算的工程,应按合同规定的形象进度分次确定已完阶段工程收入的实现。

③竣工后一次结算。如果承包与发包双方实行合同完成后一次结算工程价款,则在合同完成后所进行的工程价款的结算,确认为收入的实现。该结算办法适用于建设项目或单项工程全部建筑安装工程建设期在1年以后,或工程承包合同在100万元以下的工程。可以按月中预支工程款,竣工后一次结算。

④其他结算办法。除了以上三种方式外,承包与发包双方还可以签订其他的结算方式。实行其他结算方式的工程,其合同收益应按合同规定的结算方式和结算时间,在与发包单位结算工程价款时,确认收入是一次实现或分次实现,本期实现的收入额,是本期结

算的已完工程价款或竣工一次结算的全部合同价款。

建筑施工企业除了工程价款收入外,还有其他营业收入。其他营业收入的确认,是建筑施工企业销售产品或商品、租赁设备、销售材料或半成品、提供劳务时,以收到货款或取得了收取货款凭证后,确认为营业收入的实现。

(2)建筑施工企业营业收入的实现过程

1)预付备料款

工程开工前,发包单位向承包单位预付备料款数额,由工程承包合同根据工程主要材料占产值的比重、工期长短、承包方式(包工包料还是部分包料或不包料)等情况经承包与发包双方议定。一般应按当年计划完成建筑安装工作量计算。建筑工程(包括水、暖、电等房屋设备安装工程)按年工作量的25%~30%,外购预制构件、多层钢结构等主要材料占产值比重大的工程还可以提高到40%。安装工程按年安装工作量的10%(若材料用量较多的可以提高到15%)。此外,工期短的工程预付款要高些,包料比重大的要高些,包工不包料的则可以不预付备料款。收取备料款的限额是

$$预付备料款的限额 = \frac{全年施工产值 \times 主要材料所占比重}{年度施工天数} \times 材料储备天数 \quad (13.3.1)$$

预付备料款在工程中后期随着所需材料和结构件储备量的减少,以抵冲工程进度款的方式,陆续从每月应付给施工企业的工程价款中扣回。

一般当未施工工程所需材料费与预付备料款相等时,开始扣预付备料款,即

未施工工程工作量(Q)×材料费占工作量的比重(P)= 预付备料款数额(M)

$$(13.3.2)$$

设工程承包合同价款总额为T,预付备料款的起扣点为K(即开始扣预付备料款时各月已完工作量累计所达到的金额)。上式可以简写为

$$Q \times P = M \quad (13.3.3)$$

由于$Q = T - K$,经代换上式变为

$$(T - K) \times P = M \quad (13.3.4)$$

因此,预付备料款的起扣点为

$$K = T - \frac{M}{P} \quad (13.3.5)$$

2)中间结算

中间结算的一般作法是,月初(或月中)由承包企业按当月计划向发包单位提出预支工程款账单,经发包单位同意后由经办银行支付上半个月的工程款。月末,承包企业再提出本月实际完成工程月报表和工程款结算账单,经发包单位或委托的工程监理进行质量、数量和价款审核,对确认的款额通知经办银行办理当月结算,扣除本月预支款后支付结算的余额。

当工程款拨付累计达到预付备料款时,开始在当月结算额中按比例扣还预付备料款,然后支付其余额。当工程款拨付累计达到合同造价的95%时,拨付即行停业。预留的5%作为工程尾款,在工程竣工办完竣工结算后或保修期完成后拨付。

3)竣工结算

竣工结算在工程竣工验收后进行。施工企业完成承包合同所规定的全部工程内容，办理完竣工验收手续后，办理工程价款的竣工结算。竣工结算的计算式为：

竣工结算工程价款＝合同价款±施工过程中合同价款调整数额－预付及已结算工程价款

(13.3.6)

（3）工程价款结算举例

例 13.3.1 某工程承包合同价 1 000 万元，主要材料和构配件占工程造价的比重为 65%，每月实际完成工程量如表 13.3.1 所示。试计算每月结算工程款。

表 13.3.1　　　　　　　　工程价款结算表　　　　　　　（单位：万元）

行次	价款种类	1月	2月	3月	4月（竣工）	合计	加预付备料款总计
1	月完成工程量	170	285	285	260	700	
2	累计完成工程量	170	455	740	1 000	1 000	
3	月结算款	170	285	204	91	750	1 000
4	累计结算款	170	455	659	750	750	750

解

(1) 预付备料款：$M = 1\,000 \times 25\% = 250$（万元）

(2) 预付备料款起扣点：$K = T - \dfrac{M}{P} = 1\,000 - \dfrac{250}{65\%} = 615$（万元）

(3) 1月完成工程量 170 万元，全部结算 120 万元，累计结算 120 万元。

(4) 2月完成工程量 285 万元，若全部结算，累计结算 455 万元。未达到起扣点，可以全部结算。

(5) 3月完成工程量 285 万元，若全部结算，将累计结算 740 万元，已超过预付款起扣点，因此未超过前的部分全部结算，计为

本月完成工程量金额－前一个月累计结算金额＝615－455＝160（万元）

其余部分按比例扣预付备料款后，结算额为

$(285 - 160) \times (1 - 65\%) = 43.75$（万元）

因此，本月累计结算价款为　160 + 43.75 = 203.75（万元）

(6) 4月（竣工）完成工程量价款 260 万元，应结算

$260 \times (1 - 65\%) = 91$（万元）

从表 13.3.1 看，到竣工结算，累计结算工程款 750 万元，加上预付备料款 250 万元，共结算 1 000 万元，达到合同价款数额。若在施工中有价款调整，应经审查后照核实数拨付。

13.3.2　建筑施工企业的利润管理

建筑施工企业的利润是建筑施工企业在一定时期内经营活动所取得的财务成果，该利润由营业利润、投资净收益、营业外收支金额组成，即

$$利润总额=营业利润+投资净收益+营业外收支金额$$

1. 施工企业的营业利润和税收

施工企业的营业利润,由工程结算利润和其他业务利润组成,其结算公式为

$$营业利润=工程结算利润+其他业务利润-管理费用-财务费用 \qquad (13.3.7)$$

(1) 工程结算利润

建筑施工企业的工程结算利润,是指建筑施工企业(含其内部独立核算的施工单位)已向工程发包单位(或总包单位)办理工程价款结算而形成的利润。其计算公式为

$$工程结算利润=工程价款收入-工程实际成本-工程结算税金及附加 \qquad (13.3.8)$$

(2) 其他业务利润

建筑施工企业的其他业务利润,是指除工程价款收入以外的其他业务收入扣除其他业务成本及应负担的费用、流转税金及附加后所得的利润。建筑施工企业主要有以下几种其他业务利润。

①产品销售利润。是指企业内部独立核算的工业企业销售产品所形成的利润。即

$$产品销售利润=产品销售净收入-产品制造成本-产品销售税金及附加 \qquad (13.3.9)$$

其中 产品销售净收入=销售收入-销售退回、折让、折扣

产品销售税金及附加包括产品销售税、消费税、城市维护建设税、教育经费附加。企业收到出口产品退税及减免税退回的税金,作为减少产品销售税金处理。

②材料销售利润。是指企业及其内部独立核算的材料供应部门销售材料所实现的利润。

③其他销售利润。是指除上述各销售利润以外的其他销售的利润。如企业内部非独立核算的辅助生产部门、对外单位或企业内部其他独立核算单位提供产品和劳务所实现的利润。

④多种经营利润。是指企业举办一些与工程施工无直接联系的其他行业的经营业务,其营业收入减营业成本、营业税金等后形成的利润。

⑤机械设备租赁利润。是指企业对外单位或企业内部其他独立核算单位出租工程机具和生产设备的租金收入,减租赁成本和营业税金后形成的利润。

⑥其他利润。包括:无形资产转账利润,联合承包节省投资分成收入,提前竣工投产利润分成收入等。

(3) 管理费用和财务费用

由于这两部分属期间费用,按《企业财务通则》规定,应直接计入当期损益。

(4) 流转税及附加税

流转税是对商品生产、流通和提供劳务的销售额或营业额征税的各个税种的统称。流转税的税源大,收入及时稳定,国家可以通过调整流转税调节生产和流通,建筑施工企业应缴纳的流转税及附加税有:营业税、城市维护建设税及教育费附加等。

2. 投资净收益

投资净收益是指投资收益和投资损失的差值,是企业利润总额的构成部分。

(1) 企业对外投资收益

企业对外投资收益包括:

①对外投资分得的利润。是指企业以现金、实物、无形资产等进行对外投资或联营合作分得的利润。

②股利。是指企业以股票形式投资分得的股息和红利收入。

③债券利息。是指企业以购买债券形式投资获得的利息收入。

④企业对外投资到期收回或中途转让取得的超账面差额，以及按"权益法"核算股权投资在被投资单位增加的净资产中所拥有的数额。

（2）企业对外投资损失

投资损失包括对外投资分摊的亏损，投资到期收回或中途转让取得的低于账面价值的差额，按"权益法"核算的股权投资被投资单位减少的净资产中所分担的数额等。

3. 营业外收支净额

企业营业外收支净额是营业外收入与营业外支出的差额，是企业利润总额的组成部分。

（1）营业外收入

企业营业外收入是指企业生产经营活动虽无直接因果关系，但与企业有一定联系的收入，营业外收入包括以下内容：

①固定资产的盘盈和出售（报废清理）净收益。盘盈的固定资产净收益是按原价减估计折旧后的差额。出售固定资产净收益是指变卖固定资产所取得的价款减清理费后的数额与固定资产账面净值的差额。

②罚款收入，包括罚款、索赔款、赔偿金、违约金等。

③因债权人单位变更或撤销等原因而无法支付的应付款项。

④教育费附加返还款，是指教育部门返还教育经费附加给企业补贴办学经费款。

（2）营业外支出

营业外支出是指与企业生产经营没有直接关系，但却是企业必须负担的各项支出，包括：

①固定资产毁损、盘亏、报废和出售的净损失。

②非季节性和非大修理期间的停工损失。

③职工子弟学校和技工学校经费支出与收入差额。

④非常损失。是指自然灾害造成的企业全部损失扣除保险赔偿款及残值等的净损失，以及由此造成的停工损失和善后清理费用。

⑤公益救济性捐赠。

⑥未履行经济合同支付的赔偿金、违约金、罚款等。

以下支出不得列入营业外支出，应从收益总额中扣除：违法经营的罚款和被没收的财务损失；税收滞纳金、罚金和罚款，自然灾害或意外事故损失要赔偿的部分；超过国家规定允许扣除的公益、救济性捐赠以及非公益、救济性的捐赠，各种非广告性质的赞助支出；与取得收入无关的其他各项支出等。

4. 利润的分配

按现行财务制度规定，企业所获利润总额，按照国家相关规定作相应调整后，按33%的所得税率上交所得税。企业发生的年度亏损，可以用下一年度的税前利润弥补。下一年度利润不足弥补的，可以在5年内延续弥补，5年内不足弥补的，可以用税后利润弥补。

企业在交纳所得税后的净利润，加上上一年度未分配的利润，即为企业内可以供分配的利润。该净利润应当首先按照相关规定或相关的协议，提取各种盈余公积，其余额可以再划分为两部分：一是向投资者分配利润；二是留做下年度进行分配的利润。上述分配过程可以归纳如下：

(1) 交纳所得税。企业应纳税款为：

$$\text{所得税纳税额} = \text{企业计划期内应纳税所得额} \times \text{所得税率} \quad (13.3.10)$$

其中企业计划期内应纳税所得额为在利润总额的基础上，经过相关项目的调整得到。

例 13.3.2 某企业某月份的产品销售收入为 500 万元，产品销售成本为 220 万元，销售费用 45 万元，流转税税金及附加为 95 万元，其他业务收入 45 万元，其他业务支出为 40 万元，管理费用 5 万元，财务费用 2 万元，投资收益 15 万元，营业外收入 7 万元，营业外支出 10 万元，试问应缴纳多少所得税？

解

企业利润总额 = (500−220−45−95) + (45−40) −5−2+15+7−10 = 150（万元）

$$\text{应纳所得税额} = 150 \times 33\% = 49.5（万元）$$

(2) 提取盈余公积。企业盈余公积包括法定盈余公积、任意盈余公积和公积金。法定盈余公积提取额为可供分配利润×10%，若企业法定盈余公积超过注册资金的 50%，则不再提取，法定盈余公积可以用于弥补亏损和转增资本金。对于转增，应以转增后公积金不少于注册资金的 25% 为限。任意盈余公积根据企业实际需要提取，其中形成的固定资产可以转入为企业的固定资产。公益金的提取额通常为可供分配利润的 5%。

(3) 应分配利润。应分配利润主要是指向企业投资者分配的那一部分利润，其分配依据是投资份额或事前协议。

(4) 未分配利润。未分配利润是指企业决定留待以后年度再行分配的利润。

§13.4 建筑施工企业的财务报告与财务评价

13.4.1 建筑施工企业的财务报告

1. 财务报告的概念

财务报告是指反映企业财务状况和经营成果的总结性书面文件，财务报告包括财务报表和财务情况说明书两部分。

财务报表是指一个会计循环最后阶段提出企业财务状况和经营成果的信息载体，是总结反映企业财务资料的手段，是企业财务报告的重要组成部分。财务报表全面、系统、集中地反映了企业资本金的投入和运用、净收益的取得、企业内部积累、负债的筹措和运用、企业各项资产的形态和运用以及现金收支活动等有关企业在一定时期的经营成果或一定日期内的财务状况的财务信息，以便企业管理人员、内部职工和企业外部关系方面制定相关政策。

财务情况说明书，是指用文字形式，通过运行各种财务分析和经济分析方法，对企业财务状况和经营成果做出"为什么"的回答，以便于企业管理人员、内部职工和企业外部关系方面正确理解和把握企业财务报表的信息，避免因对企业财务状况的不确切认识或歧义而给企业经营带来不利的影响。

2. 财务报表体系

(1) 财务报表的种类

从不同的角度，财务报表可以分为以下几类：

1) 按照财务报表的经济内容分类

①反映企业财务状况及其变动的财务报表，如会工 01 表"资产负债表"(月报) 和会工 03 表"财务状况变动表"(年报)。

②反映企业经营成果及其分配的财务报表，如会工 02 表"损益表"及会工 02 表附表 1 "利润分配表"和附表 2"商品销售利润明细表"。

2) 按财务报表的从属关系分类

①主要财务报表，即反映企业经济活动情况的财务报表，如资产负债表、损益表和财务状况变动表。

②附表，即反映企业经济活动某一方面的财务报表，如利润分配表和商业销售利润明细表。

3) 按财务报表编制时间分类

①月报，如资产负债表和损益表。

②年报，如财务状况变动表、利润分配表和商品销售利润明细表。

4) 按财务报表编制单位分类

①单位财务报表，即独立核算的企业单位根据日常核算资料编制的财务报表。

②汇总财务报表，即由各级汇总单位，根据所属企业单位报送的财务报表连同本单位的财务报表汇总编制的财务报表。

5) 按财务报表的使用单位分类

①内部财务报表，即企业为加强内部管理需要而编制的各种财务报表，如财务计划表、进价成本表、费用明细表等。

②外部财务报表，即企业为对外报送而编制的各种财务报表。

6) 按财务报表所反映的资金运动状况分类

①静态财务报表，即反映"时点"情况的财务报表，如资产负债表。

②动态财务报表，即反映"时期"情况的财务报表，如损益表。

(2) 资产负债表

资产负债表是指反映企业在某一特定日期财务状况的财务报表。资产负债表提供企业在一定日期所掌握的资产、所负担的债务、企业所有者在企业所持有的权益、企业的偿还能力等重要信息、资产负债表用以反映企业以往发生的经济业务累积影响，是一种历史性的财务报表；资产负债表揭示的是企业财务状况的"时点"情况，同时，也是一种静态报表。

资产负债表根据"资产=负债+所有者权益"这一基本公式，把企业在某一特定日期的资产、负债、所有者权益按一定的分类标准和次序予以适当地排列。资产负债表可以供领导决策使用。资产放在表的左侧，负债和所有者权益放在表的右侧，并使资产负债表的左右两侧平衡，其结构如表 13.4.1 所示。

表 13.4.1 资产负债表

会工 01 表

编制单位： ＿＿＿＿年＿＿月＿＿日　　　　　　　　　　单位：元

资产	行次	年初数	期末数	负债及所有者权益	行次	年初数	期末数
流动资产：				流动负债：			
货币资金	1			短期借款	46		
短期投资	2			应付票据	47		
应收票据	3			应付账款	48		
应收账款	4			预收账款	49		
减：坏账准备	5			其他应付款	50		
应收账款净额	6			应付工资	51		
预付账款	7			应付福利费	52		
其他应收款	8			未交税金	53		
存货	9			未付利润	54		
待摊费用	10			其他未交款	55		
待处理流动资产净损失	11			预提费用	56		
一年内到期的长期债券投资	12			待扣税金	57		
其他流动资产	13			1年内到期的长期负债	58		
流动资产合计	20			其他流动负债	59		
长期投资：				流动负债合计	65		
长期投资	21						
固定资产：				长期负债：			
固定资产原值	24			长期借款	66		
减：累计折旧	25			应付债券	67		
固定资产净值	26			长期应付款	68		
固定资产清理	27			其他长期负债	75		
在建工程	28			长期负债合计	76		
待处理固定资产净损失	29			所有者权益：			
固定资产合计	35			实收资本	78		
无形及递延资产：				资本公积	79		
无形资产	36			盈余公积	80		
递延资产	37			未分配利润	81		
无形及递延资产合计	40			所有者权益合计	85		
其他资产：							
其他长期资产	41						
资产总计	45			负债及所有者权益总计	90		

补充资料：1.已贴现的商业兑汇票＿＿＿＿＿＿元；
　　　　　　2.融资租入固定资产原价＿＿＿＿＿＿元。

(3) 损益表及其附表

损益表是指企业在一定期间内经营成果的报表,是一种动态的财务报表。损益表提供企业在一定时期营业收入的取得、成本和费用的发生、利润或亏损的实现情况。根据该表所反映的财务信息,可以评价盈利企业在经营管理上的成果程度,了解资金是否保持原始投资金额数值,可以用来预测未来一定时期内企业的盈利趋势。建筑施工企业损益表的结构如表13.4.2所示。

表13.4.2　　　　　　　　　　　损　益　表

会施02表

编制单位：　　　　　　　　　　　　年度　　月份　　　　　　　　　　单位：元

项　目	行　次	本月数	本年累计数
一、工程结算收入	1		
减：工程结算成本	2		
工程结算税金及附加	4		
二、工程结算利润	7		
加：其他业务利润	9		
减：管理费用	10		
财务费用	11		
三、营业利润	14		
加：投资收益	15		
营业外收入	16		
减：营业外支出	17		
四、利润总额	20		

利润分配表是损益表的附表,反映企业利润的分配与亏损弥补的过程与结果,是年度报表。其结构如表13.4.3所示。

表13.4.3　　　　　　　　　　　利润分配表

会02表附表1

编制单位：　　　　　　　　　　　　　年度　　　　　　　　　　　　单位：元

项　目	行　次	本年实际	去年实际
一、利润总额	1		
减：应缴所得税	2		
二、税后利润	3		
减：应交特种基金	4		
加：年初未分配利润	6		
上年利润调整	7		
减：上年所得税调整	8		
三、可供分配的利润	12		
加：盈余公积补亏	13		

续表

项目	行次	本年实际	去年实际
减：提取盈余公积	15		
应付利润	16		
四、未分配利润	20		

(4) 财务状况变动表

财务状况变动表，英文为 Statement of Changes in Financial Position，又称为资金来源与运用表，是指综合反映一定会计期间营业资金来源与运用及增减变动情况的报表，是一种动态会计报表。财务状况变动表依据资产负债表、损益表和利润分配表的资料编制。其作用是：向会计信息的使用者提供报告期内企业财务状况变动的全貌，说明报告期内运营资金的增减变动情况及其变动的原因，起到连接资产负债表和损益表桥梁的作用。

财务状况变动表分为左、右两方，左方反映流动资金的来源和流动资金的运用情况，其差额为流动资金增加净额；右方反映流动资产和流动负债的增减情况，其差额也为流动资金增加净额，左右两边的计算结果相等。即

$$流动资金来源 - 流动资金运用 = 流动资产 - 流动负债$$

财务状况变动表的结构如表 13.4.4 所示。

表 13.4.4　　　　　　　　　　财务状况变动表

会 03 表

编制单位：　　　　　　　　　　　　年度　　　　　　　　　　单位：元

流动资金来源和运用	行次	金额	流动资金各项目的变动	行次	金额
一、流动资金来源			一、流动资产本年增加数	41	
1.年末利润	1		1.货币资金	42	
加：不减少流动资金的费用和损失			2.短期投资	43	
(1) 固定资产折旧	2		3.应收票据	44	
(2) 无形资产、递延资产摊销	3		4.应收账款净额	45	
(3) 固定资产盘亏（减盘盈）	4		5.预付账款	46	
(4) 清理固定资产损失（减收益）	5		6.其他应收款	47	
(5) 其他不减少流动资金的费用和损失	6		7.存货	48	
小计	12		8.待摊费用	49	
2.其他来源			9.一年内到期的长期债券投资	50	
(1) 固定资产清理收入（或清理费用）	13		10.待处理流动资产净损失	51	
(2) 增加长期负债	14		11.其他流动资产	52	
(3) 收回长期投资	15		流动资产增加净额		
(4) 对外投资转出固定资产	16		二、流动资产本年增加数		
(5) 对外投资转出无形资产	17		1.短期借款	53	
(6) 资本净增加额（减少资本以"-"号表示）	19		2.应付票据	54	
小计	22		3.应付账款	55	

续表

流动资金来源和运用	行次	金额	流动资金各项目的变动	行次	金额
流动资金来源合计	23		4.预收账款	56	
二、流动资金运用：			5.其他应付款	57	
1.利润分配：			6.应付工资	58	
(1)应交所得税	24		7.应付福利费	60	
(2)提取盈余公积(用盈余公积补亏以"-"表示)	25		8.未交税金	61	
(3)应付利润	26		9.未付利润	62	
(4)应交特种基金	27		10.其他未交款	63	
(5)调减上年利润(调减上年利润以"-"号表示)	28		11.预提费用	64	
小计	32		12.待扣税金	65	
2.其他运用			13.一年内到期的长期负债	66	
(1)固定资产和在建工程净增加额	33		14.其他流动负债	67	
(2)增加无形资产、递延资产及其他	34		流动负债增加净额	69	
(3)偿还长期负债	35		流动资金增加净额	70	
(4)增加长期投资	36				
小计	38				
流动资金运用合计	39				
流动资金增加净额	40				

13.4.2 建筑施工企业的财务分析与评价

1. 企业财务分析的含义、依据和程序

企业财务分析是财务管理的重要手段，企业应定期或不定期地对迄今的财务状况(包括偿债能力、资金周转能力、获利能力、综合状况)、发展趋势以及资产管理状况等进行研究和评价，借以反馈信息，为企业下一步的财务预测、决策及管理状况的改善提供依据，实现对财务活动乃至整个企业生产经营活动的良好控制。

企业的财务分析是以企业的会计核算资料为基础，通过对会计所提供的核算资料进行加工、整理，得出一系列科学、系统的财务指标，并依据这类指标进行比较、分析和评价。

企业财务分析是一种日常性的分析，这项工作与投资项目可行性研究经济评价中的财务评价在分析评价的原理、原则、方法和判断标准等方面基本上都是相同的，但也存在某些不同，其区别主要是：

①日常的财务分析是事后分析，可行性财务评价是事前分析；
②日常财务分析是近期分析，可行性财务评价是阶段性与全过程的分析；
③日常的财务分析是静态分析，可行性评价是动、静结合，以动为主的分析；
④日常的财务分析所依据的参数是已经发生的事实数据，可行性财务评价的基础数据是预测性或借用性的不肯定数据。

财务分析的主要程序是：
①确定财务分析的范围，搜集相关的经济资料；

②选择适当的分析方法进行计算对比、分析,明确存在的各种问题;
③进行因素分析,抓住关键问题;
④根据全面分析做出综合评价,为新的经营决策提供各种建议。

2. 企业偿债能力分析

企业偿债能力是指企业偿还各种到期债务的能力。企业偿债能力是反映企业财务状况与活力的重要方面,因此,企业偿债能力分析是财务分析的一个重要内容。企业偿债能力主要包括短期与长期偿债能力两个方面。

(1) 短期偿债能力分析

企业短期偿债能力是指企业偿付流动负债的能力。所谓流动负债就是在一年内或超过一年的一个营业周期内所需偿付的债务,一般需要以流动资产进行偿付。因此,可以根据企业流动负债与流动资产之间的合理关系(判断指标)来分析、判断企业短期偿债能力。

通常,评价企业短期偿债能力的判断指标是流动比率与速动比率。

①流动比率。是一个衡量企业短期偿债能力的重要财务指标。流动比率大,说明企业的短期偿债能力强,但若过高,则说明企业对合理负债经营的好处认识不足,利用外部资金不够。根据经验,流动比率的值等于 2 较为合理。

②速动比率。由于流动资产中的存货及应收账款等项目的流动性较难控制,不一定能完全保证其流动性。因此,仅用流动比率不能完全说明企业的实际短期偿债能力。为克服流动比率使用中的局限性,引入速动比率作为评价企业的短期偿债能力的指标。一般认为速动比率≥1 为宜。

(2) 长期偿债能力分析

企业长期偿债能力分析是从企业偿还负债总额的角度对企业的偿债潜能所进行的评判。判断企业长期偿债能力的指标有:负债比率与利息所得倍数。

①负债比率。资产负债比率是企业负债总额与资产总额的比率,也称资产负债率或举债经营率。负债比率反映企业的资产总额中多少是通过借债而得到的。负债比率也反映企业对债务偿还的保障程度,其值越大,则偿债保障越差,债权人的风险越大;一般认为负债比率为 50% 较为适宜。

②利息所得倍数。利息所得倍数是企业所得税税前利润(即企业利润总额)加利息费用之和与利息费用的比率,利息所得倍数反映企业以经营所得的税前利润支付债务的能力。其计算公式为

$$利息所得倍数 = (利润总额 + 利息费用) \div 利息费用 \tag{13.4.1}$$

式中利息费用包括:进入财务费用的利息及举债形成的固定资产的利息。

利息所得倍数过低,说明企业难以保证用经营所得来按时按量支付债务利息,一般认为应使利息所得倍数≥1。

3. 企业资金周转状况分析

企业资金周转状况与企业生产经营过程中的供、产、销各个环节密切相关,任何一个环节发生故障都会影响资金的正常运转。资金周转速度指标反映企业的营运能力;在产品价格高于生产经营耗费的情况下,周转速度的加速意味着分析期内创利频率(次数)与利润总额的增加。因此,进行资金周转状况分析,既可以了解企业的营业状况与管理水平,也可以间接地反映企业的创利能力。

常用的周转指标如下：

(1)应收账款周转率。应收账款周转率是企业赊销收入净额与应收账款平均额的比率，应收账款周转率反映企业应收账款的回流速度，其计算公式为

$$应收账款周转率 = 赊销收入净额 \div 分析期应收账款平均数额 \qquad (13.4.2)$$

式中，赊销收入净额是指分析期应收账款实现的回收数额，而应收账款平均数额则为分析期初应收账款与期末应收账款两值的平均值。

(2)存货周转率。存货周转率是销货成本与平均存货成本的比率，存货周转率是衡量企业运营能力的一个重要指标，该指标说明了一个企业销货能力的强弱和存货是否过量，反映了存货利用的效率，其计算公式为

$$存货周转率 = 销货成本 \div 平均存货 \qquad (13.4.3)$$

$$平均存货 = (年初存货余额 + 年末存货余额) \div 2 \qquad (13.4.4)$$

用平均存货的目的是：如果企业生产经营带有很强的季节性，那么年度内各季销货额、销货成本、存货会有很大幅度的波动，利用平均存货计算，就减轻了季节性变动带来的不良影响。

存货周转率指标越高，则存货周转速度越快，存货利用得越充分，存货周转率指标低，则存货周转慢，可能表明企业产品积压过多，销售不出去，在销售环节出现毛病，或表明产成品中残次品增多，不适应市场需求，或表明在生产环节出现障碍，或表明有过多的库存材料，以至呆滞起来，不能更多地供生产经营之用。当然，存货周转率也不能过高，否则，也可能说明企业经营管理出现一些问题，例如：库存材料量太低，致使生产经营出现中断，为了满足生产经营需要，只得增加采购次数，从而增加企业生产费用。

(3)总资产周转率。总资产周转率也称为总资产利用率，是企业销售收入与资产总额的比率。其计算公式为

$$总资产周转率 = 销售收入 \div 资产总额 \qquad (13.4.5)$$

这一比率指标可以用来分析企业全部资产的使用效率。指标越大，则说明企业利用其资产进行经营的效率越高。

4.企业获利能力分析

企业获利能力是债权人、投资者、股东管理者最关心的问题。企业经营的直接目的就是追求更多的利润，企业经营的好坏在于利润的多少。企业获利能力分析即企业取得利润的能力分析。反映企业获利能力的指标主要有下列四项：

(1)资产利润率。企业资产是指通过各种渠道筹集并可以由企业在经营中支配的价值，通常可以表达为：资产=负债+所有者权益。资产利润率是企业所拥有的资产与所获利润的比值。资产利润率反映企业资产的利润效果，其计算公式为

$$资产利润率 = 利润指标 \div 资产总额 \qquad (13.4.6)$$

式中的利润指标可以是利润总额，也可以是净利润。相应计算出的指标即为税前资产利润率与税后资产利润率。

(2)资本金利润率。资本金利润率是衡量投资者投入企业资本金的获利能力，并反映企业的经营效率。

(3)销售利润率。销售利润率是反映企业销售额的获利效果的指标。其计算公式为

$$销售利润率 = 利润总额 \div 销售额 \qquad (13.4.7)$$

(4)成本费用利润率。成本费用利润率是分析期内生产企业经营中的全部耗费与所创利润的比率。其计算公式为

$$成本费用利润率 = 利润总额 \div 成本费用总额 \quad (13.4.8)$$

其中　　　　　　　成本费用总额＝产品制造成本＋期间费用

5. 企业财务状况的综合分析

前述各项指标虽可以从各个不同的侧面反映企业的财务状况，但却不能反映企业经营状况的全貌，为此，企业还要进行财务状况的综合分析。财务状况综合分析的方法一般是运用综合指数分析法，其基本程序如下。

(1)根据企业具体情况，适当选定参与综合评价财务状况的各种比率。
(2)根据各项比率的重要程度，由相关专业人员集体分别评定其权重。
(3)确定各项比率的标准值。
(4)计算分析期各项财务比率的实际值。
(5)求出各项财务比率实际值与标准值的比率(称为关系比率)。
(6)求出各项关系比率的综合指数及其合计值。综合指数为关系比率与权重之积。
(7)进行分析，对所计算出的综合指数进行分析，一般认为，综合指数越接近于1，表明企业财务状况越接近于所要达到的标准要求；反之，若与1差距越大，则说明企业经营状况偏离标准越远。

例如，某企业财务状况指数分析结果如表13.4.5所示。

表13.4.5　　　　　　　　某企业财务状况分析结果

财务指标	权重 (1)	标准值 (2)	实际值 (3)	关系比率 (4)=(3)÷(2)	综合指数 (5)=(1)×(4)
流动比率	0.16	2	2.2	1.1	0.176
速动比率	0.11	1	1.2	1.2	0.132
负债比率	0.12	0.5	0.46	0.92	0.110
应收账款周转率	0.10	15次	14.5次	0.97	0.097
总资产周转率	0.15	2.5次	2.35次	0.94	0.141
成本费用周转率	0.12	35%	34%	0.97	0.116
销售利润率	0.12	25%	29.3%	1.17	0.140
资产利润率	0.12	30%	34.5%	1.15	0.138
合　计	1.0				1.05

从计算结果可以看出，该企业财务的总体状况较好，综合指数接近于1，但其中有几项指标低于1。较差的是资产负债率，实际值为标准值的92%，企业在今后的经营活动中应加强管理，改善企业的经营条件，提高企业的经济效益。

§13.5 国际企业财务管理简介

13.5.1 国际企业财务管理的概念和特点

1. 国际企业财务管理的概念

国际企业财务管理(International Financial Management)是现代财务管理的一个新领域,是按照国际惯例和国际经济法的相关条款,根据国际企业的财务收支的特点,组织国际企业财务活动,处理国际企业财务关系的一项经济管理工作。这里所说的国际企业是相对国内企业而言的,国际企业泛指一切超越国境从事生产经营活动的企业,包括跨国公司、外贸公司、合资企业,以及其他多种形式的处于不同国际化演进阶段的企业。可以说,国际企业是从事国际经营活动的经济实体的总称。因此,一个国际企业可能不是跨国公司,但任何跨国公司都是国际企业。

2. 国际企业财务管理的特点

国际企业财务管理和国内企业财务管理的基本原理和方法是一致的,只是由于国际企业的跨国经营活动,使其财务活动受到诸多国际性因素的影响,比国内经营企业财务管理复杂。与国内企业财务管理相比,国际企业财务管理具有如下特点。

(1) 国际企业的理财环境具有复杂性

国际企业的理财活动涉及多国,而各国的政治、经济、商业法律及惯例、会计制度、资本市场、市场机制、外汇管制和文化环境等都有许多差异。国际企业在进行财务管理时,不仅要考虑本国的各方面环境因素,而且要密切注意国际形势和其他国家的具体情况,如汇率的变化、外汇的管制程度、通货膨胀和利率的高低、税种税率、资本抽回的限制程度、资金市场的完善程度和政治上的稳定程度等。由此可以看出,影响国际企业财务管理的环境因素相当复杂,国际企业财务管理人员在进行财务决策之前,必须对理财环境进行认真的调查、预测、比较和分析,以便提高财务决策的正确性和及时性。

(2) 国际企业的资金筹集具有更多的可选择性

无论是国际企业的资金来源还是筹资方式,都呈现多样化的特点,这使得国际企业在筹资时有更多的可选择性。国际企业既可以利用母公司地主国的资金,也可以利用子公司东道国的资金,还可以向国际金融机构和国际金融市场筹资,国际企业可以利用这种多方融资的有利条件,选择最有利的资金来源,以便降低企业的资金成本。

(3) 国际企业的资金投放具有较高的风险性

从某种意义上来说,从事国际投资活动就是预测风险、避免风险的过程。国际企业除面临国内企业所具有的风险外,还面临国际政治、经济环境中的各种风险。经济环境中的风险主要包括:汇率变动风险、利率变动风险、通货膨胀风险、经营管理风险和其他风险。政治变动的风险主要包括:政府变动的风险、政策变动的风险、战争因素的风险、法律方面的风险和相关的其他风险。

但另一方面,风险与机遇是共存的,复杂环境提供了组织财务活动的更大灵活性,国际企业由内部一体化出发,可以利用各所在国资本市场、法令等差异,创造许多套利机会获取新的经济利益。国际企业在税收套利、金融套利、法规套利等方面具有得天独厚的优势。

国际企业财务管理的内容包括外汇风险管理、国际营运资本管理、中长期融资管理、国际投资管理和国际税收管理。下面主要介绍前两种管理。

13.5.2 外汇风险管理

外汇风险管理是国际企业财务管理的一个主要内容,国际企业财务管理中的资金筹集、投资管理、营运资金管理,都涉及外汇问题。

外汇是一国持有的、以外币表示的、用以进行国际之间结算的支付手段。根据我国《外汇管理条例》规定。我国外汇包括外国货币、外汇支付凭证、外国有价证券、特别提款权、欧洲货币单位及其他外汇资产。其中,外国货币包括外国的纸币和铸币;外汇支付凭证包括票据、银行存款凭证、邮政储蓄凭证;外国有价证券包括政府公债、国库券、公司债券、股票等;特别提款权是国际货币基金组织创设的一种用于会员国之间结算国际收支逆差的储备资产。由于不同国家之间的货币制度不同,一国货币不能在另一国流通使用,所以,外汇就成为清偿国际债权的手段。

外汇汇率又称汇率、外汇行市、汇价,是指一国货币单位兑换另一国货币单位的比率或比价,是外汇买卖的折算标准。折算两个国家的货币,要选定以哪一个国家的货币单位为标准,由于标准不同,外汇汇率就有两种标价方法:直接标价法和间接标价法。

直接标价法又称应付标价法,是以一定单位的外国货币为标准,折算为一定数额的本国货币的方法。当前世界上除英美少数国家外,都采用直接标价法。如我国人民币汇率,就是采用这种方法。

间接标价法也称收进报价法,以一定数额的本国货币为标准,折算成若干单位的外国货币的标价方法。当一定单位的本国货币可以兑换较多的外国货币时,说明汇率上升,本国货币升值。反之,当一定数额的本国货币只能兑换较少的外国货币时,说明汇率下降。本国货币贬值。美国纽约外汇市场过去曾采用直接标价法,但从1978年9月1日起改为间接标价,以便与国际上美元交易的做法一致,但美元对英镑的汇率,仍沿用直接标价法。

1. 外汇风险的种类

外汇风险是指在国际贸易交往中,由于货币汇率变动可能遭受的损失。外汇风险包括经济合同涉及的交易双方国家货币及第三国货币汇率变动所造成的经济损失。具体地说,若有某种特定的外币债权、债务或以外币计价的合同,在将来某个时候要与本币或其他外币兑换时,若汇率发生了变动,则其外币价值就存在贬值的风险。外汇风险是多种多样的,可以概括为以下三类:

(1)交易风险

交易风险是指企业因进行跨国交易而取得外币债权或承担外币债务时,由于交易发生日的汇率与结算日的汇率不一致,可能使收入或支出发生变动的风险。交易风险主要表现在以下几个方面:①以外币表示的借款或贷款;②以外币表示的商品及劳务的赊账业务;③尚未履行的期货外汇合约;④以其他方式所取得的外币债权或应承担的外币债务。例如,我国某跨国施工企业贷款600万美元引进一生产设备,当时的汇率为1美元=5.4元人民币,设备价款折算人民币为3 240万元,到还款时,汇率变为1美元=8.35元人民币,进口设备价款折算人民币为5 010万元,只是还本,该企业就要损失人民币1 770万元。因此，对于国际施工企业来说，有效地预防外汇交易风险是很重要的。

(2) 折算风险

折算风险又称会计风险、会计翻译风险或转换风险，是指企业把不同的外币余额，按一定的汇率折算为本国货币的过程中，由于交易发生日的汇率与折算日的汇率不一致，使会计账簿上的相关项目发生变动的风险。国际企业的外币资产和负债项目，在最初发生时，都是按发生日的汇率入账的，但在编制财务报告时，要对其中的某些项目用编表日的汇率进行换算。当某项资产或负债项目的发生日的汇率与编表日的汇率不一致时，经过换算后，就会给企业带来会计账面上的损益，这种损益并不影响企业当期的现金流量，但在进行财务分析时，却会使各种财务比率发生变动。

(3) 经济风险

经济风险是指由于汇率变动对企业的产销数量、价格、成本等产生的影响，从而使企业的收入或支出发生变动的风险。由于经济风险涉及企业财务、销售、供应、生产等各个方面，因此，一般对经济风险的管理由企业的经营管理部门承担，而交易风险与折算风险的管理一般都由财务部门来承担。

2. 外汇风险管理的程序

外汇风险管理是一项十分复杂的工作，必须按科学的程序进行。这一程序应包括如下几个方面：

(1) 确定恰当的计划期

确定计划期的目的是为了预测汇率变动，估计受险金额的可能的时间范围。一般而言，计划期应在一年以内，并要按季度来划分，如果汇率变动幅度较大，要适当缩短计划期。

(2) 计算外汇风险的受险额

确定计划期后，计算该期间内的外汇风险受险额，以及外汇风险受险额的分布结构，如币种、计算期等。现以交易风险为例说明如下：交易风险的受险额等于结算期限相同的外币债权与外币债务之间的差额。为了正确计算企业所有的交易风险的受险额，应分别按不同的币种、不同的结算期来分别计算。在计算过程中，若外币债权大于外币债务，其差额为正受险额，反之则称为负受险额。

(3) 预测汇率变动情况

外汇风险产生的根本原因是汇率的变动，预测汇率的变动情况是外汇风险管理的关键和难点。汇率变动的预测包括相互联系的三个方面：变动的趋势、变动的日期和变动的幅度。进行汇率变动情况的预测需要综合考虑以下因素：①贸易差额的变化；②通货膨胀程度；③金融与财政政策；④贸易政策；⑤其他影响汇率的因素。

(4) 综合分析外汇风险，采取适当的避险方法

这个步骤要求在前面分析的基础上，综合考虑各方面的影响因素，针对国际企业的外汇业务的实际情况，判断外汇汇率的变动对本企业外汇业务的影响，以及存在风险的程度，采取规避措施，选择最有效、最经济的规避方法。

3. 外汇风险的规避方法

目前，国际上避免外汇风险的方法较多，这里介绍几种最常见的方法。

(1) 远期外汇交易

远期外汇交易又称期货外汇交易,是指外汇买卖双方预先订立合同,规定买卖外汇的币种、数额、汇率和实际交付日期,到期才办理实际交付的外汇交易。为了避免交易风险,国际企业可以与办理远期外汇交易的外汇银行签订一份合同,约定将来某一时间按合同规定的远期汇率买卖外汇。利用远期外汇交易,不仅能保证国际企业进、出口业务时避免外汇损失,而且对证券投资、国外存款、直接投资等以外汇表示的资产,以及向国外资本市场借入资金等以外汇表示的负债都有保值避险的作用。例如:我国甲工程公司于某年1月1日向美国乙公司购入一批材料,应付400万美金,双方约定5月1日付款。在我国,1月1日的外汇报价是:即期汇率1美元=8.5元(人民币);5月1日的远期汇率是1美元=8.6元(人民币)。甲公司预测,5月1日的即期汇率应为1美元=8.7元(人民币)。根据预测,甲公司1月1日在期货外汇市场上按期汇汇率进行期汇交易,签订期汇合同,约定5月1日用3440万元人民币购入400万美元,以偿还到期货款。若5月1日,即期汇率果然如甲公司预计的1美元=8.7元(人民币),则这笔远期外汇交易使甲公司减少外汇损失40万元人民币。

(2)外汇期权交易

期权是在一定时期内按一定汇价买进或卖出一定数量外国货币的权利。外汇期权可以分为买进期权和卖出期权。买进期权是指购买外汇期权的一方,有权在合同期满时或在此以前按规定的汇率购进一定数量的外币。卖出期权是指购买外汇期权的一方有权在合同期满或在此以前按规定的汇率卖出一定数额的外币。期权交易买入的是购买或卖出某项货币的权利,但又不承担相应的义务。也就是说,期权卖方提供给期权买方的一种可以在合约期内或在到期时,买卖或放弃买卖预先达成的期货合约的权利。有利于购买期权方时,就行使买卖权;反之,则放弃买卖权。

外汇期权是一种有效的避险形式,归纳起来有如下几个优点:

①对期权合同的购入方来说,外汇期权类似于保险。因为期权合同购入的是权利而又不必承担义务。如果期权交易无利可图,则可以放弃这种权利。例如,某国际企业在购入买进期权后,外币汇率一直下跌,即市场价格低于协定价格,则该企业可以放弃这项合同。

②对期权合同的购入方来说,使用外币期权可以使保值成本成为确定因素,不管汇率发生多大变动,期权持有者的保值成本都不会超过期权的购买价格即"期权费"。

(3)适当调整外汇受险额

国际企业可以采用适当的方法来调整外汇的受险额,以达到避免外汇风险的目的。国际企业的总公司与国外的分公司之间以及国外的各分公司之间通常有许多的资金往来。例如,在材料采购、产品销售、管理服务、资金筹措等方面都会产生资金调度问题,这便可以通过提前或延缓支付的方式来调整外汇受险额。提前或延缓支付的基本原则是:当预计某种外币即将贬值时,应加速收款而延缓付款;当预计某种外币即将升值时,应推迟收款而加速付款。例如,日本某跨国公司在美国设一子公司,按计划该子公司将于6月份向母公司支付股息和红利,在3月份,母公司预计5月份美元将贬值,因此,母公司指令子公司将上述款项于4月份提前支付,这样,可以使母公司避免因美元贬值而带来的外汇风险。

(4)平衡资产与负债数额

平衡资产与负债数额是指采用特定的方法,使企业资产负债表上的受汇率变动影响的资产与负债数额相等,使汇率变动的影响同时出现在资产、负债两个方面,数额相等而方向相反,使它们能自动地相互抵消。这样,就可以使汇率变动所形成的换算风险尽可能地缩减到最低程度。

(5)多角化经营

多角化经营是控制经济风险的最有效方法。经济风险涉及生产、销售、财务等各个领域,这些领域相互联系、相互影响,通过多角化经营,使相关各方面产生的不利影响能相互抵消。多角化经营主要体现在如下几个方面:

①生产多角化。在生产安排上,产品的品种、规格、质量尽可能做到多样化,使之能更好地适应不同国家、不同类型、不同层次的消费者的需求。

②销售多角化。在销售上,力争使所生产的产品能尽快打入不同国家的市场,并力求采用多种外币进行结算。

③采购多角化。在原材料、零配件的采购方面,尽可能做到从多个国家和地区进行采购,并力争使用多种货币结算。

④筹资多角化。主要从优化资本结构,降低资金成本和减少财务风险上考虑。

⑤投资多角化。要尽可能向多个国家投资,创造多种外汇收入,避免单一投资带来的风险。

除此之外,国际企业还可以从外汇的币种选择,签订货币保值条款,早付迟收,早收迟付等方法规避外汇风险。

13.5.3 国际企业的投资管理

国际企业投资是指国际企业以期获得比国内更高的利润为目的,跨越国界投入一定数量的资金或其他生产要素的活动。随着贸易经济的发展,国际企业的投资越来越居于重要的地位。

1. 国际企业的投资方式

国际企业的投资方式是企业进行国际投资时所采用的具体形式,目前主要有:国际合资投资、国际合作投资、国际独资投资、国际证券投资等。现根据国际惯例,介绍各种投资方式的特点。

(1)国际合资投资

国际合资投资是指某国投资者与另外一国投资者通过组建合资经营企业的形式所进行的投资。这里的合资经营企业通常是指两个或两个以上的不同国家或地区的投资者按照共同投资、共同经营、共负盈亏、共担风险的原则所建立的企业,该方式是国际投资的一种主要方式。目前合资企业的组织形式有无限公司、有限公司、两合公司和股份有限公司等四种形式,合资企业的出资方式可以是现金、实物或工业产权。

国际合资投资的主要优点是:①进行国际合资投资可以减少企业的投资风险。进行合资经营,由东道国企业参与投资,东道国投资者毕竟对自己国家的经济情况了解得比较多,因而,能减少经营上的风险。②由于与东道国投资者合资经营,共负盈亏,外国投资者除可以享受特别优惠外,还可以获得东道国对本国企业的优惠政策。③进行合资投资,能迅速了解东道国的政治、社会、经济、文化等情况,并能学习当地投资者的先进管理经验,有利于加强企业管理,提高经济效益。

国际合资投资的主要缺点是:①进行国际合资投资所需时间比较长。一般来说,进行合资投资必须寻找合适的投资伙伴，但这比较困难，需要较长时间。另外，在国外设立合资企业，审批手续比较复杂，需要时间也比较长。②很多国家都规定，外资股权不能超过50%，所以，国外投资者往往不能对合资企业进行完全控制。

(2) 国际合作投资

国际合作投资是通过组建合作经营企业的形式所进行的投资。这里的合作经营企业又称契约式的合营企业，是指国外投资者与东道国投资者通过签订合同、协议等形式来规定各方的责任、权利、义务而组建的企业。

国际合作投资的优点是：①进行合作投资所需时间比较短。兴办合作企业的申请、审批程序比较简便，合作经营的内容与方式没有固定格式，便于双方协商，容易达成协议。②进行合作投资比较灵活。合作企业的合作条件、管理形式、收益分配方法以及合作各方的责任、权利、义务都比较灵活，均可以根据不同情况，由合作各方协商在合同中加以规定。

国际合作投资的缺点主要在于这种企业组织形式不像合资企业那样规范，合作者在合作过程中容易对合同中的条款发生争议，影响合资企业的正常发展。

(3) 国际独资投资

国际独资投资是指通过在国外设立独资企业的形式所进行的投资。独资企业是指根据某国的法律，经过该国政府批准，在其境内兴办的全部为外资的独资企业，国际独资投资在东道国一般会有许多限制条件，这是因为各东道国根据其国家的经济结构、产业结构等的需要，制定不同的限制措施，以保护本国基础比较薄弱的行业，或国家必须拥有绝对控制权、关系国计民生的重要领域。

国际独资投资的优点是：①进行国际独资投资由投资者自己提供全部资本，独立经营管理，因而在资金的筹集、运用和分配上，都拥有自主权，不会受到其他人干涉。②进行独资投资有利于学习所在国的先进技术和管理经验，有利于使投资者在更广大的范围内来配置资源和生产能力。③进行独资投资可以利用各国税率的不同，通过内部转移价格的形式，进行合理避税。

国际独资投资的缺点是：①进行独资投资，对东道国的投资环境调查起来比较困难，不太容易获得详细的资料，投资者承担的风险较大。②在许多国家，独资企业设立的条件都比合资企业和合作企业要苛刻，经营范围受到很大限制。

(4) 国际证券投资

国际证券投资是指投资者将其资金投资于非本国的公司、企业或其他经济组织所发行的证券上，以期在未来获得收益的投资方式。在国际证券市场上可以供企业投资的证券不仅限于股票和债券，还包括国库券和可转让的票据，如商业票据。可转让存单、银行存兑汇票等。

证券投资的优点是：①进行国际证券投资比较灵活方便。证券不像进行合资经营那样要经过谈判、协商和复杂的审批手续，只要有合适的证券，几乎可以立即进行投资。②进行国际证券投资可以降低风险。国际证券在发行时一般要经过国际公认的资信评估机构确认发行人的资信等级，有的还需经过发行人所在国家的政府担保，因而，证券投资的风险一般要比合资、合作、独资投资的风险低。③进行国际证券投资可以增加企业资金的流动性和变现能力。企业持有国际证券，随时可以转让出售变成现金，因而，投资于证券比投资于实物资产更具有流动性。

进行证券投资的缺点是证券投资只能作为一种获得股利或利息的手段,而不能达到学习国外先进的科学技术和管理经验的目的。

2. 国际企业的投资决策

企业进行国际投资,比进行国内投资风险更大,因此必须按科学程序进行投资分析和决策。进行国际企业的投资决策一般遵循以下程序:

(1) 根据本企业生产经营的需要,决定是否投资。

企业进行国际投资应根据自身经营的特点和国际市场状况,提出进行国际投资的设想。企业进行国际投资的动机很多,主要包括:

①利用国际投资以谋取更高的投资回报率,获取更多的利润。例如,20世纪70年代后期,美国国内制造业平均利润率为13%,而1979年,美国制造业在发达国家直接投资的利润率达19%,在发展中国家则高达32%。

②利用国际投资有利于占领国际市场。随着国际竞争的加剧和贸易保护主义的日趋严重,企业占领国际市场越来越困难,国际投资越来越成为占领国际市场的有效方式。

③利用国际投资有利于保证原材料的供应。原材料的供应,对任何国家的企业来说都是非常重要的,像日本那样国内自然资源贫乏的国家,则更是性命攸关。许多主要依靠进口原材料的企业,不得不对外进行投资,控制原材料生产以便保证原材料供应。

④进行国际投资有利于取得所在国的先进技术和管理经验。进行国际投资,就要雇用当地的技术人员和管理人员,通过他们,可以迅速获得国外的先进技术和管理经验。

总而言之,企业的投资动机一般是以上各种情况的综合,但每个投资企业都有其最主要的优势动机,所以,每个企业都要根据自身的优势,制定相应的投资目标、计划和实施的策略。

(2) 进行认真研究和分析,选择合适的国际投资方式。

国际投资方式一般有合资经营、合作经营、独资经营、证券投资等多种方式,每种投资方式都有不同的特点,这就需要进行认真的分析和研究,选择最适合本企业需要的投资方式。

(3) 选用适当的方法,对国际投资环境进行评价。

投资环境,又称投资气候,是指在国外投资时所面临的特定生产经营条件。各国的政治、经济、社会文化条件不一样,从而对投资效益会产生不同的影响,为此,就需要用特定的方法,对投资环境进行研究,以选择投资环境比较好的国家进行投资,减少投资风险,提高投资效益。

(4) 利用合适的投资决策指标,对投资项目的经济效益进行评价。

对国际性投资项目进行评价,可以采用净现值、内部报酬率、现值指数、投资回收期和获利指数等指标,这些指标的含义和评价方法与国内投资基本相同。但进行国际投资必须采用双重评价法,即先用子公司东道国的货币,对子公司的投资项目进行评价,然后,按一定汇率折算成母公司所在国的货币,再从母公司的角度对投资项目的效益进行评价。因此,在对国际性投资项目进行可行性分析时,其过程要比单一的国内投资复杂得多。

13.5.4 国际企业的营运资金管理

营运资金(Working Capital)是指企业的流动资产减流动负债后的余额。因此,营运资金的管理包括流动资产的管理和流动负债的管理。国内企业流动资金管理的基本原理和方法,同样适合于国际企业的营运资金管理。但是由于国际企业理财环境比较复杂和企业营运资金自身的流动性与易变性,增加了企业营运资金管理的风险,使营运资金的管理更居于重要的地位。

不同的国际企业或同一国际企业在不同的发展时期,其战略目标不同,对营运资金的管理提出不同的要求,但无论其最终目标怎样变化,国际营运资金管理的最终目标可以概括为:国际企业通过资金在全球的合理流动和有效配置,以期实现各种流动资产持有水平的最优化,保证企业营运资金管理最终目标的实现。因此营运资金管理的内容包括两个方面:营运资金的存量管理和营运资金的流量管理。

营运资金的存量管理主要着眼于各种类型的资金处置。目的是使现金金额、应收账款和存货处于最佳水平。在国内企业中,存量管理的一般原则是:以最少量的营运资金,从营业活动中获得最大的边际收益率。国际企业的管理原则与之类似,但国际商业环境的复杂性决定了国际企业必须立足于全球制定其发展战略,即必须将其资源在全球范围内进行最有效的配置,以实现全球经济效益的最大化。

营运资金的流量管理主要着眼于资金从一个地方向另一个地方的转移,其管理的目的是使资金得到合理的安置,确定最佳的安置地点和最佳的持有币种,以避免各种可预见的风险和损失。

习 题 13

一、思考题

1. 建筑施工企业财务活动的过程和内容是什么?
2. 建筑施工企业的财务关系有哪些?
3. 财务管理的含义和内容是什么?
4. 你是如何理解财务管理目标的?
5. 什么是流动资产?如何区分流动资产和固定资产?
6. 如何确定现金最佳持有量?
7. 企业制定应收账款的信用标准的原则是什么?
8. 什么是固定资产?固定资产有何特点?
9. 什么是固定资产折旧?计提折旧的范围是什么?
10. 常用的折旧方法有哪些?各有何特点?
11. 简述资金成本的作用。
12. 举例说明财务杠杆的作用。
13. 什么是财务分析?简述财务分析的意义与局限性。
14. 怎样评价企业的短期偿债能力?有哪几种指标?各自的评价标准是什么?

15. 建筑施工企业的利润由哪几部分构成？
16. 企业利润分配时主要考虑的因素有哪些？
17. 企业经营亏损应如何弥补？
18. 试述国际投资的主要方式，我国建筑施工企业进行国际投资时应注意的主要问题有哪些？

二、计算题

1. 某企业一个月需用现金 80 000 元，可以采用有价证券转换。该企业每天现金收支平衡，有价证券每次转换成本为 100 元，有价证券利率为 12%。试计算该企业月内最合理的现金持有量及月内有价证券转换次数？

2. 某企业每日净货币流量的标准差为 800 元，若有价证券的年利率为 9%，每次转换的固定成本为 75 元，1 年按 365 天结算。试问该企业最佳现金持有量，最佳上限和平均货币资金余额各为多少？

3. 某企业欲对一种股票做 5 年的投资，股票的市价为 20 元，预计 5 年后股票市价上涨为 35 元，每年每股股利预计增长 10%，当年股利为 2 元，贴现率为 12%。试计算该企业是否应该对该股票进行投资。

4. 某项固定资产原始价值为 30 000 元，估计残值为 2 000 元，折旧年限为 5 年。试用双倍余额递减折旧法计算各年折旧额。

5. 某项固定资产原值为 15 300 元，预计清理费为 200 元，预计残值为 500 元，折旧年限为 5 年。试用年数总和法计算各年的折旧。

6. 某施工企业拟筹资 2 000 万元进行一项技术改造，其中发行债券 600 万元，票面利率 10%，筹资费率 2%，所得税率 33%。发行优先股筹资 400 万元，股息率为 14%，筹资费率 3%，发行普通股筹资 1 000 万元，筹资费率 5%，预计第一年股利率为 12%，以后每年按 6% 递增。试计算：

(1) 债券成本率；
(2) 优先股成本率；
(3) 普通股成本率；
(4) 企业综合资金成本率。

7. 某企业 2003 年实现利润 200 万元，企业所得税率为 15%。该企业 1999 年亏损 300 万元，2000 年实现利润 20 万元，2001 年实现利润 60 万元，2002 年实现利润 40 万元，企业按照规定提取法定公积金和法定盈余公益金（提取比例为 10%）后，按 20% 的比例提取任意盈余公积金，之后向投资者分配利润。试计算应分配的利润额。

附录 标准正态分布概率

表中的数据是 $Z=0$ 与一个正的 Z 值之间曲线下面积的大小。$Z=0$ 与 Z 为负值时曲线下面积等于其对称面积，面积表示累计概率。如 $Z=0$ 与 $Z=2$ 之间的曲线下面积是 0.4772，因此当正态分布时，表示 $Z>2$ 的概率是 $0.500-0.4472=0.0228$。通过对称法，$Z<-2$ 的概率也是 $0.5000-0.4772=0.0228$。$\Phi(Z)$ 为小于 Z 值的所有面积之和，如 $\Phi(2)=0.5+0.4472=0.9472$；如 $\Phi(-2)=0.5-0.4472=0.0228$。

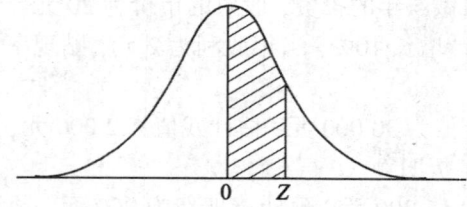

Z	0.00	0.01	0.02	0.03	0.04	0.05	0.06	0.07	0.08	0.09
0.0	0.0000	0.0040	0.0080	0.0120	0.0160	0.0199	0.0239	0.0279	0.0319	0.0359
0.1	0.0398	0.0438	0.0478	0.0517	0.0557	0.0596	0.0636	0.0675	0.0714	0.0753
0.2	0.0793	0.0832	0.0871	0.0910	0.0948	0.0987	0.1026	0.1064	0.1103	0.1141
0.3	0.1179	0.1217	0.1255	0.1293	0.1331	0.1368	0.1406	0.1443	0.1480	0.1517
0.4	0.1554	0.1591	0.1628	0.1664	0.1700	0.1736	0.1772	0.1808	0.1844	0.1879
0.5	0.1915	0.1950	0.1985	0.2019	0.2054	0.2088	0.2123	0.2157	0.2190	0.2234
0.6	0.2257	0.2291	0.2324	0.2357	0.2389	0.2422	0.2454	0.2486	0.2517	0.2549
0.7	0.2580	0.2614	0.2642	0.2673	0.2703	0.2734	0.2764	0.2794	0.2823	0.2852
0.8	0.2881	0.2910	0.2939	0.2967	0.2995	0.3023	0.3051	0.3078	0.3106	0.3133
0.9	0.3159	0.3186	0.3212	0.3238	0.3264	0.3289	0.3315	0.224	0.3365	0.3389
1.0	0.3413	0.3438	0.3461	0.3485	0.3508	0.3531	0.3554	0.3577	0.3599	0.3621
1.1	0.3643	0.3665	0.3686	0.3708	0.3729	0.3749	0.3770	0.3790	0.3810	0.3630
1.2	0.3849	0.3869	0.3888	0.3907	0.3925	0.3944	0.3962	0.3980	0.3997	0.4015
1.3	0.4032	0.4049	0.4066	0.4082	0.4099	0.4115	0.4131	0.4147	0.4162	0.4177
1.4	0.4192	0.4207	0.4222	0.4236	0.4251	0.4265	0.4279	0.4292	0.4306	0.4319
1.5	0.4332	0.4345	0.4357	0.4370	0.4382	0.4394	0.4406	0.4418	0.4429	0.4441

续表

Z	0.00	0.01	0.02	0.03	0.04	0.05	0.06	0.07	0.08	0.09
1.6	0.445 2	0.446 3	0.447 4	0.448 4	0.449 5	0.450 5	0.451 5	0.452 5	0.453 5	0.454 5
1.7	0.455 4	0.456 4	0.457 3	0.458 2	0.459 1	0.459 9	0.460 8	0.461 6	0.462 5	0.463 3
1.8	0.464 1	0.464 9	0.465 6	0.466 4	0.467 1	0.467 8	0.468 6	0.469 3	0.469 9	0.470 6
1.9	0.471 3	0.471 9	0.472 6	0.473 2	0.473 8	0.474 4	0.475 0	0.475 6	0.476 1	0.476 7
2.0	0.477 2	0.477 8	0.478 3	0.478 8	0.479 3	0.479 8	0.480 3	0.480 8	0.481 2	0.481 7
2.1	0.482 1	0.482 6	0.483 0	0.483 4	0.483 8	0.484 2	0.484 6	0.485 0	0.485 4	0.485 7
2.2	0.486 1	0.486 4	0.486 8	0.487 1	0.487 5	0.487 8	0.488 1	0.488 4	0.488 7	0.489 0
2.3	0.489 3	0.489 6	0.489 8	0.490 1	0.490 4	0.490 6	0.490 9	0.491 1	0.491 3	0.491 6
2.4	0.491 8	0.492 0	0.492 2	0.492 5	0.492 7	0.492 9	0.493 1	0.493 2	0.493 4	0.493 6
2.5	0.493 8	0.494 0	0.494 1	0.494 3	0.494 5	0.494 6	0.494 8	0.494 9	0.495 1	0.495 2
2.6	0.495 3	0.495 5	0.495 6	0.495 7	0.495 9	0.496 0	0.496 1	0.496 2	0.496 3	0.496 4
2.7	0.496 5	0.496 6	0.496 7	0.496 3	0.496 9	0.497 0	0.497 1	0.497 2	0.497 3	0.497 4
2.8	0.497 4	0.497 5	0.497 6	0.497 7	0.497 7	0.497 8	0.497 9	0.497 9	0.498 0	0.498 1
2.9	0.498 1	0.498 2	0.498 2	0.498 3	0.498 4	0.498 4	0.498 5	0.498 5	0.498 6	0.498 6
3.0	0.498 7	0.498 7	0.498 7	0.498 8	0.498 8	0.498 9	0.498 9	0.498 9	0.499 0	0.499 0

参 考 文 献

[1] 宋国防、贾湖主编.工程经济学(第一版).天津：天津大学出版社，2000
[2] 黄有亮、徐向阳等编.工程经济学(第一版).南京：东南大学出版社，2002
[3] 刘津明编著.建筑技术经济(修订本).天津：天津大学出版社，2002
[4] 武献华、宋维佳、屈哲编著.工程经济学.大连：东北财经大学出版社，2002
[5] 关柯、王宝仁、丛培经主编.建筑工程经济与企业管理(第二版).北京：中国建筑工业出版社，1997
[6] 黄仕诚主编.建筑工程经济与企业管理(第二版).武汉：武汉工业大学出版社，1996
[7] 陈锡璞主编.工程经济.北京：机械工业出版社，2000
[8] 张春河等编著.新编工业企业管理学.北京：企业管理出版社，2000
[9] 龚晓海主编.工程建设企业质量管理-2000版ISO9000族标准在工程建设企业的应用.北京：中国水利水电出版社，2002
[10] 杨华峰等主编.投资项目经济评价.北京：中国经济出版社，1997
[11] 郭献芳编.工程经济学.北京：中国电力出版社，2004
[12] 刘伊生主编.建筑企业管理.北京：北方交通大学出版社，2003
[13] 杜葵主编.工程经济学.重庆：重庆大学出版社，2001
[14] 李慧民主编.建筑工程经济与项目管理.北京：冶金工业出版社，2002
[15] 国家计委、建设部发布.建设项目经济评价方法与参数(第二版).北京：中国计划出版社，1993
[16] 虞和锡著.工程经济学.北京：中国计划出版社，2002
[17] 赵世强编著.房地产开发风险管理.北京：中国建材工业出版社，2003
[18] 王坚平编著.国际企业管理学.北京：科学出版社，2000
[19] 李丽华、周慧兴主编.现代企业管理学.重庆：重庆大学出版社，2001
[20] 建筑工程施工项目管理丛书编审委员会.建筑工程施工项目成本管理.北京：机械工业出版社，2004
[21] 夏志宏著.国际工程承包风险与规避.北京：中国建筑工业出版社，2004
[22] 唐健人、陈茂明主编.建筑企业经营管理.北京：机械工业出版社，2004
[23] 刘伟主编.工程质量管理与系统控制.武汉：武汉大学出版社，2004
[24] 冯文权主编.经济预测与决策技术(第四版).武汉：武汉大学出版社，2002
[25] 陶燕瑜、张宜松主编.工程技术经济学.重庆：重庆大学出版社，2002
[26] 葛宝山、邬文康主编.工程项目评估.北京：清华大学出版社，2004
[27] 刘晓君.建筑技术经济学.北京：中国建筑工业出版社，1998

[28] 孙三友、马荣全等著.建筑工程施工成本管理体系.北京：中国建筑工业出版社，2001

[29] 王勇、方志达编著.项目可行性研究与评估.北京：中国建筑工业出版社，2004

[30] 建设部标准定额研究所编.建设项目经济评价参数研究.北京：中国计划出版社，2004

[31] 王景山著.项目投资与管理.北京：机械工业出版社，2004

[32] 葛素洁、杨洁等主编.现代企业管理学.北京：经济管理出版社，2001

[33] 李平生编.国际企业管理.北京：工商出版社，1997

[34] 陈寰编.现代企业管理.北京：化学工业出版社，1997

[35] 崔援民主编.现代企业管理学.北京：中国经济出版社，1988

[36] 邹昭主编.国际企业管理概论.北京：北京经济学院出版社，1996

[37] 庄恩岳等编著.新财务管理方法（修订本）.北京：中国审计出版社，1995

[38] 冉茂盛等编著.财务管理学.重庆：重庆大学出版社，1997

[39] 李海波主编.财务管理.上海：立信会计出版社，1996

[40] 庄恩岳、陈国民主编.财务管理分析方法.北京：经济管理出版社，1997

[41] 栾庆伟、迟国泰主编.财务管理.大连：大连理工大学出版社，2001

[42] 樊进科等著.财务管理学.北京：经济管理出版社，2002

[43] 张鹏翥等著.企业转产风险管理理论与实践.北京：高等教育出版社，2002

[44] 阮连法编著.建筑企业管理学.浙江：浙江大学出版社，1999

[45] 邓卫编著.建筑工程经济.北京：清华大学出版社，2000

[46] 赵国杰主编.工程经济与项目评价.天津：天津大学出版社，2001

[47] 庞永师等主编.建筑工程经济与管理.广州：广东科技出版社，2003

[48] 郑连庆等主编.建筑工程经济与管理.广州：华南理工大学出版社，1997

[49] 黄仕诚主编.建筑工程经济与企业管理.北京：中国建筑工业出版社，1997

[50] 郝杰忠主编.建筑工程施工项目招投标与合同管理.北京：机械工业出版社，2003

[51] 刘允延主编.建设工程项目成本管理.北京：机械工业出版社，2003

[52] 任汉波等主编.工程项目责任成本管理与控制.北京：中国建材工业出版社，2001

[53] 孙三友等主编.建筑工程施工成本管理体系.北京：中国建筑工业出版社，2001

[54] 曹德芳等主编.成本管理学.沈阳：东北大学出版社，2003

[55] 中华人民共和国建设部主编.建设工程项目管理规范.北京：中国建筑工业出版社，2002

[56]《投资项目可行性研究指南》编写组编.投资项目可行性研究指南（试用版）.北京：中国电力出版社，2002

[57] 耿永常、王光远编.工程项目可行性论证的理论、方法与应用.北京：高等教育出版社，2007

[58] 王诺、梁晶编.建设项目经济评价案例教程.北京：化学工业出版社，2008

[59] 张毅主编.工程项目建设指南.北京：中国建筑工业出版社，2003

[60] 王勇、方志达编.项目可行性研究与评估.北京：中国建筑工业出版社，2004
[61] 何亚伯主编.工程经济学.北京：机械工业出版社，2008
[62] 何亚伯.建筑工程经济与企业管理[M].武汉：武汉大学出版社，2005
[63] 肖跃军等.工程经济学.北京：高等教育出版社，2004
[64] 赵国杰.工程经济学(第2版).天津：天津大学出版社，2004
[65] 余建星等.工程经济.北京：中国建筑工业出版社，2004
[66] 谢识予.计量经济学教程.上海：复旦大学出版社，2004
[67] 张晓峒.计量经济学基础.2版.天津：南开大学出版社，2005